张友伦史论集

南开大学中外文明交叉科学中心资助

张友伦文集

张友伦◎著

南开大学历史学院◎编

天津出版传媒集团

天津人民出版社

图书在版编目（CIP）数据

张友伦史论集 / 张友伦著；南开大学历史学院
编 . —— 天津：天津人民出版社，2022.2
（张友伦文集）
ISBN 978-7-201-17796-0

Ⅰ . ①张… Ⅱ . ①张… ②南… Ⅲ . ①美国—历
史—文集 Ⅳ . ①K712.07-53

中国版本图书馆CIP数据核字(2021)第226773号

张友伦史论集

ZHANG YOULUN SHI LUN JI

出　　版	天津人民出版社	
出 版 人	刘　庆	
地　　址	天津市和平区西康路35号康岳大厦	
邮政编码	300051	
邮购电话	(022)23332469	
电子信箱	reader@tjrmcbs.com	

总 策 划	王　康　　沈海涛	
项目统筹	金晓芸　　康悦怡	
责任编辑	张　璐	
特约编辑	康悦怡	
装帧设计	明轩文化·李晶晶	

印　　刷	河北鹏润印刷有限公司
经　　销	新华书店
开　　本	710毫米×1000毫米　1/16
印　　张	34.5
字　　数	520千字
版次印次	2022年2月第1版　　2022年2月第1次印刷
定　　价	264.00元

前　言

　　张友伦先生是国内外知名的美国史、世界近现代史和国际共产主义运动史学家,1959年毕业于苏联列宁格勒大学历史系,回国后于南开大学历史系、历史研究所从事教学、研究工作。张先生曾任南开大学历史研究所所长、美国史研究室主任、校学术委员会委员,长期担任教育部人文社科重点研究基地南开大学世界近现代史研究中心学术顾问、教育部国别与区域研究(备案)基地南开大学美国研究中心学术顾问,主要学术兼职有中国美国史研究会理事长(1986—1996)及顾问(1996—　　),中华美国学会常务理事、《美国研究》编委等。张先生撰写和主编的学术著作、教材和工具书有二十余种,在《历史研究》《中国社会科学》(英文版)、《世界历史》《美国历史杂志》等国内外重要的学术刊物上发表了数十篇论文。值得特别指出的是,张先生还曾参与历史知识的普及工作,由其编写的《共产主义者同盟》《第一国际》《第二国际》等通俗历史读物,行销百万册,甚至出版发行了少数民族文字版。张先生指导过近三十名硕士和博士研究生,其中数位已经成为中国世界史学界的栋梁之材和骨干力量。张先生在世界史尤其是美国史领域的学术探索、学科建设、人才培养等方面做出了卓越贡献,推动了中国世界史研究的纵深发展,堪称"老一代和新一代史学家之间的桥梁"。

　　由天津人民出版社编辑出版的多卷本《张友伦文集》,在张先生及其家人、众多张门弟子、南开师友与出版社众位领导、编辑的共同努力下终于问世。这套文集由南开大学历史学院主持编选,现就一些事项做说明如下:

　　《张友伦文集》收录张先生所著的多部学术著作及四十余篇学术论文,这些论著写作时间跨度很长,难免带有时代烙印,并且著述体例规范各异,给文集的整理和编辑工作带来了较大困难。此次出版除对个别字句的误植进行订正和对人名、地名、译名的核改外,尽量保持最初发表及出版时的样貌,其间涉及俄文注释的篇章,保留了张先生对部分俄文的翻译,充分体现学术发

1

展的脉络和时代性,以便后人更好地理解中国世界史研究的发展态势。

为保证文集的学术水平和编纂质量,南开大学历史学院与天津人民出版社密切合作,联手打造学术精品。经张友伦先生授权,由南开大学历史学院主持文集编选工作,成立以杨令侠教授、丁见民教授、张聚国副教授为主导的编选委员会,带领研究生收集旧版书稿、整理编选、核对史实、翻译注释,并拟定各卷顺序及目录。其中,美国研究中心的博士及硕士研究生杜卓阳、栗小佳、马润佳、赵航、郝晋京、陈阿莉、吴昱泽等同学出力尤多,在旧版书稿与扫描文稿间多次折校。东北师范大学梁茂信教授,北京大学王立新教授,复旦大学李剑鸣教授,南开大学杨令侠教授、赵学功教授和付成双教授,分别对各卷文稿进行专家审读,以避免年世浸远而引起的篇牍讹误。

感谢南开大学中外文明交叉科学中心江沛教授、南开大学历史学院余新忠教授为文集出版所做的努力和所提供的支持。中外文明交叉科学中心负责人江沛教授在担任历史学院院长时,启动了《张友伦文集》的出版工作,并指派专人负责文集资料的收集与整理工作。余新忠教授担任历史学院院长后,也十分关心文集出版的后续进展,提出了不少建设性意见。

天津人民出版社刘庆社长、王康总编辑和沈海涛副社长带领团队全力以赴,成立专门的编辑小组。小组全体编辑倾情投入,付出了艰巨的劳动,她们是金晓芸、孙瑛、张璐、王小凤、康悦怡、燕文青、康嘉瑄。在此向天津出版传媒集团和天津人民出版社表示衷心的感谢。

2021年,恰值张友伦先生九十华诞,这套历时三年精心打造的文集是献给张先生的寿辰贺礼!张先生长达半个世纪的学术生涯是在南开大学度过的,他对南开大学历史学院及世界史学科常怀眷眷之心,退休后依然关心历史学院的发展,希望南开史学后继有人。先生的殷殷嘱托,时常响于耳畔,勉励我辈奋发图强。

衷心祝愿先生健康长寿!

《张友伦文集》编选委员会

2021年11月18日

作者附言

天津人民出版社为我出的这套文集,差不多把我一生所写的文章和书都收进去了。过去,只有知名的老教授才能获得这样的机会,但获得的人数极少。我虽然也是退休老教授,却没有什么知名度。所以,从来没有出这种文集的奢望。

作为一名教师,出版文集也是心所向往却又不容易的事情。我有幸出过两本文集,但部头都不大。每本只有二十几篇文章,三十多万字。那时已有幸遇知己的感觉,满怀高兴和感谢之情。对于那些从未谋面或交往不多的知我者一直念念不忘。

这次的感受更不同了。当我听到要出多卷本文集的时候,立刻被震动了,喜出望外,深感出版社的知遇之情,同时也明白自己同"知名"还有距离。我被拔高了,心中有所不安。常言道实至名归,我却是实尚未至,名却归了。

出版社的工作抓得很紧。2019年初,金晓芸编辑就带着她的编辑出版计划到我家来商讨,时任南开大学历史学院院长的江沛教授和曾任中国加拿大研究会会长的杨令侠教授一直关心文集的出版,也参加了这次商讨会。大家都觉得,出版社的计划很具体,也很周密,按专题分卷,并列出了每卷收入的著作和文章,可操作性很强。大家都同意这个计划,但觉得部头大,编辑工作很繁重,我应当配合出版社做的事情也很多,恐怕我这个耄耋老人承担不了。大家的担心不是多余的。只是查找和收集分散在外的文章这一项工作就得跑遍资料室和图书馆,是我无法办到的。我的听力不行,用电话和编辑沟通也比较困难,肯定会影响工作的进展。我确实有些为难了。江沛教授察觉到我的心情,当场就指定张聚国老师全力帮助我。

聚国是我的同事,办事认真、仔细。有他帮助,我就如释重负了。那段时间，在他的帮助下，我比较快地完成了应做的事情。现在工作已经到了校对阶段，离完成的日子不远了。可以说，聚国是此事的一大功臣。现任南开大学历史学院院长余新忠教授和副院长丁见民教授也为这部文集的出版费了不少心力，我谨在此对他们和所有关心、帮助过文集出版的先生、学友致以诚挚的谢意。对出版社的诸位领导和编辑除了深深的感谢以外，还要对他们为了事业，不计得失，果断出版多卷本、大部头史学文集的气魄表示由衷的敬佩。

在我的附言中不能不提到我那已经去世的老伴李景云。她也是南开大学历史系的教师。在我们共同生活的五十五年中，她总是主动承担着几乎全部的家务，否则我是写不出这些著作和文章的。这套文集背后有她的辛勤劳动和无限关心，没有她的支持也就不会有这套文集。我心里总觉得文集是我们两人共同努力的结晶，所以要在这里写上一笔。

张友伦

2021年11月10日

目　录

1

第三编　史学史

第四编　其他

导　言

　　本卷收编了近五十篇文章,不包括译文、书评、报纸上发表的文章、序言和通俗性文章,所收入的文章和我在教学、研究中遇到的难点、重点,以及我感兴趣的问题有关。文章的质量虽然不高,但涉及的问题都比较重要,也许还有点参考价值。

　　文章分为四类。

　　第一类是关于美国社会基本情况的文章。读一下可以对美国重大历史事件的背景有所了解,就不会对有些现象感到奇怪,无法理解。例如,在人们的印象里,美国是一个工业大国,是不是农业特别落后?我在研究了美国社会状况以后,觉得这种看法是不正确的,随即写了一篇文章,叫作《美国农业的两次大突破及其基本经验》,发表在《美国研究》1996年第2期,对美国农业的两次大突破提出了自己的看法。这篇文章已收入本卷,读者可以看看。

　　第二类是有关美国工人运动史的文章,总共有十几篇,大体上可以反映出美国工人运动的发展脉络。其中尤为重要的有四篇:《试论美国早期工人运动的特点》涉及对美国工人运动的评价;《“五一”大罢工是美国工人运动的重要里程碑》和《世界产业工会联合会的兴衰》讨论的都是美国工人运动的亮点;《二次大战后美国工人阶级结构的变化——兼评美国学者关于阶级的理论》是对美国工人运动现状和所涉及的理论问题的分析。

　　在四类文章中,史学史这一类最重要,收入的文章也比较多。说它重要,因为它是一切研究工作必不可少的初始阶段。着手研究任何课题都必须了解它的研究现状和已经取得的成果与经验教训,否则就会有很大的盲目性。也许你的课题别人已经做过了,而且成果很完美,你还在那里从头做起,费尽力气也只是无效劳动。也许你的课题很好,同时做的还有其他人,但你不知道,只能孤军作战,费时费力,效果也不好。当然,研究史学史确实要花费不少时间和精力,但这是值得的,必需的。

另有几篇文章是对于伊朗、墨西哥历史的一些零星的看法,一概收入"其他"这一类,望读者同志批评指正。

张友伦

2019年3月5日

第一编

美国的社会发展与西进运动

试论北美独立战争的必然性

1775年到1783年的北美独立战争是早期三大资产阶级革命之一。它同英法资产阶级革命一样,是资本主义制度发生发展的一个重要里程碑。因此,在世界史研究和教学中,北美独立战争始终是引人注目的问题。近年来,美国史学界围绕战争起因问题展开了激烈的争论,而且出现了否认战争必然性的趋势。本文仅就这个问题谈几点看法。

一

美国史学界关于独立战争起因的争论由来已久。学者们先后发表了许多专著和文章,众说纷纭,不过归纳起来不外乎偶然论者和必然论者两大派。

偶然论者主要是帝国学派和新保守主义学派的史学家,这两派都是美国史学流派中倾向于保守和反动的派别。帝国学派的观点盛行于19世纪末20世纪初,即美国正式加入列强重新瓜分世界筵席的时期。而新保守主义者则是第二次世界大战以后,也就是在美国称霸世界时期成长起来的史学家。这两个派别都是在美国政府向外扩张高潮时期出现的,而且在不同程度上反映了官方的观点。他们为了替帝国主义国家的殖民政策辩护,不惜贬低独立战争的意义和歪曲独立战争的性质,竭力把它说成是一种偶然事件,甚至是一场历史误会。帝国学派的史学家就曾经对北美殖民地的独立深表遗憾,认为独立战争造成了"盎格鲁-撒克逊民族"的解体,并且号召美洲讲英语的国家同英国重新联合起来。

具体来说,他们的论点大致如下:(一)独立战争是1763年以后英国错误的殖民政策造成的,而"1763年以前所实行的殖民制度同1776年革命的爆发没有多少关系"[①]；（二）"美国革命是1754年到1763年间英法在新世界冲突的后果"[②]，即七年战争是独立战争的主要原因；（三）独立战争不是一场革命，而只是一种维护自治权利的运动，假如英国政府不推行侵犯民主自治权利的政策，独立战争是不会爆发的。

必然论者主要是浪漫主义学派、经济学派和思想史学派的"进步史学家"。他们从政治、社会、思想和经济方面的不同角度，论证独立战争的深刻原因及其必然性。主要论点大致可以归纳如下：

（一）独立战争是英国的专制统治同殖民地民主倾向的冲突。《航海条例》就是英国对殖民地采取强制政策的集中表现，因此"《航海条例》包含了美国最终独立的征兆"[③]。（二）英国和北美殖民地的经济矛盾是独立战争的根源，而且这种矛盾由来已久。英国政府从"地主和商人的利益出发，接连通过了控制美洲经济事务的国会法令，并采取了具有同样目的的政府措施。这些法令和措施绝不是在1760年乔治三世继位的时候突然蹦出来的，恰恰相反，它们从克伦威尔统治下重商主义派兴起开始，延续了一个多世纪"[④]。（三）独立战争是英国重商主义思想影响的结果。"移民长期生活在重商主义控制下，已经接受了重商主义思想。如果英国的统治不能使他们成长和扩展，不能使北美殖民地经济的中心问题得到解决，那么，移民们就会起来掌握引导他们经济发展的权利和权力。""这样，英国重商主义的另一个后果就是美国革命。"（四）独立战争的深刻根源可以追溯到18世纪初期，从那时开始的社会变化及其对英国政治结构的影响，使60年代和70年代的突变成为符合逻辑的、不可避免的事情。因为差不多每一个重大的改变都对北美殖民地移民的思想产生了影响。这样就逐渐形成了殖民地移民反对英国统治、争取自由和独立的思想体系。独立战争首先是一场思想革命。

毫无疑问，偶然派的论点是站不住脚的。他们的根本弱点在于把引起独立战争的某些直接原因夸大为根本或者唯一的原因，而没有把这些事件同历

---

①③ Gerald Grob and George Billias, *Interpretations of American History*, Vol.1, New York: Free Press, 1972, p. 89.

② Abraham Eisenstadt ed., *American History: Recent Interpretations*, New York: Harlan Davidson, 1965, p. 158.

④ Charles A. Beard and Mary Beard, *The Rise of American Civilization*, New York: Macmillan, p. 193.

史上的问题联系起来看。必然派的观点虽然是接近事实的,有许多可取之处,但又都没有同资本主义制度直接联系起来,因而也就不可能科学地、全面地说明战争的必然性。

二

北美独立战争是一次以民族独立运动形式出现的资产阶级革命,绝不是什么偶然发生的战争。它有着深刻的社会历史原因,是当时欧美资本主义发展的必然产物。

北美殖民地自觉的独立运动是在18世纪中期殖民地经济有了充分发展,殖民地各州共同利益日益增多,资产阶级不断成长和民族意识逐步形成的情况下开展起来的。那时候,殖民地的造船工业已经具有相当大的规模,差不多三分之一的英国商船是在北美殖民地建造的。[①]酿造业、谷物加工业均有显著发展。切萨皮克湾各港口逐渐成为谷物和面粉的主要输出地。新英格兰北部和北卡罗来纳生产出口大量造船木料、沥青和柏油。南卡罗来纳则由于输出蓝靛和稻米而聚集了大量财富。1731年这一年,仅从查尔斯顿输出的大米就有2100百万磅[②]。发展最快的是纺织业。起初它只是一种家庭手工业,后来逐渐发展为分散的和集中的手工工场。除此以外,冶铁业和制帽业也得到了较大的发展。

随着经济的发展,各殖民地之间交通运输条件也有所改善。18世纪初,各殖民地之间建立了邮政联系,接着又陆续修筑了一些驿道。1739年建成的朴次茅斯至查尔斯顿的驿道,沟通了北至新罕布什尔、南至南卡罗来纳的各个殖民地。1756年,纽约与费城客运线的开辟又进一步加强了这一联系。各殖民地间人员交往和贸易运输的发展,表明殖民地经济上互相依赖程度的加深,并且形成了一些作为共同经济生活支撑点的繁华的大城市。其中有著名的工商业城市波士顿、纽约、费城和工业城市林恩、威尔明顿、海佛希尔,这些城市的工商业者同其他殖民地的工商业者保持着经常的联系。

---

① O. P. C. Wood et al., *The American People: A History*, New York, 1962, p. 48.

② 英制质量单位,1磅合0.4536千克。

到18世纪中期,北美殖民地的资产阶级已经成长起来,并成为独立运动的领导力量。殖民地的民族意识在经济上互相依赖程度和共同利益的增长,思想文化交流的加强,以及共同的语言、共同的斗争而日益成长起来。

民族意识成长的表现是各殖民地在政治上结合问题的提出。

最早提出建立反对殖民统治大联合的是17世纪60年代弗吉尼亚农民起义领袖纳撒尼尔·培根。不过,他当时所说的大联合只包括弗吉尼亚邻近的几个殖民地,而不是北美十三个殖民地的大联合。第一个提出建立北美十三个殖民地联盟,加强殖民地独立性的思想家是本杰明·富兰克林。1754年6月,他以马萨诸塞代表的身份参加了阿尔巴尼诸殖民地代表大会。他向大会提出了建立北美殖民地联盟的方案。根据这个方案,联盟应当设立以大总统为首的全殖民地政府。这个政府有权管理对外贸易、陆军、海军及赋税政策。全殖民地首脑——大总统由英王任命和支付薪俸,全殖民地的立法权力则属于三年改选一次的大议会。富兰克林的这个方案虽然不是一个完全独立自主的方案,但对于促进殖民地统一和扩大其独立性是有重要意义的。富兰克林曾经这样说:"为了诸殖民地的生存","为了它们的互相保护和安全,为了北美的不列颠移民区的扩大","诸殖民地的联盟是绝对必需的"。

殖民地民族意识成长和独立运动最强大的推动力是人民大众。

1765年前后出现的许多俱乐部和团体是殖民地人民共同利益形成的重要标志,其后在反英斗争中起了非常重要的作用。许多组织都严正地提出了政治上独立的要求,并且以实际行动促使摇摆不定的资产阶级走上同宗主国彻底决裂的道路。在各个团体中,影响最大的是以工人、手工业者和城市小资产阶级为主的民主团体——自由之子社。1772年和1773年间,波士顿、马萨诸塞的八十个市镇,以及弗吉尼亚、康涅狄格、罗德岛、新罕布什尔等地建立了通讯委员会。这些组织的成立标志着爱国力量的进一步团结。福斯特曾经认为通讯委员会是"组织革命力量的强有力的工具"[1]。到1775年独立战争前夕,在自由之子社和通讯委员会的积极努力下,殖民地人民已经组织好一支强大的民兵,随时准备痛击英殖民军的一切挑衅行动。

---

① [美]威廉·福斯特:《美洲政治史纲》,生活·读书·新知三联书店,1956年,第158页。

三

偶然论者总认为,假如英国政府能够执行明智的殖民政策,独立战争本来是可以避免的。这种说法是不正确的。因为英国政府殖民政策的总方针取决于资本主义制度,而不取决于某个王朝或者某个政府。尽管由于各个时期的情况不同,英国的具体殖民政策可能有所变动,但是压榨殖民地、满足宗主国利益的根本宗旨是不会改变的。

英国对待北美殖民地的政策大致可以分为三个阶段。

第一个阶段是初期的殖民政策,其特点是以控制北美殖民地的进出口贸易为主。这一时期英国政府颁布了一系列条例,来巩固自己海运强国的地位和加强对殖民地的控制。1650年,英国政府颁布了第一个《航海条例》,规定外国商人必须经英国政府允许才能与英属殖民地通商。接着又在1651年、1660年及其后一段时间,颁布了关于航海和运输方面的条例。这些条例规定,进出大英帝国的货物,必须使用英国和英属殖民地的船只装运,英属殖民地出产的食糖、烟草、棉毛织品、蓝靛、生姜、菩提树染料等货物只能运往英国,而从欧洲运往美洲殖民地的许多货物则必须经过英国转口,并交付税款和佣金。

关于英国《航海条例》对北美十三个殖民地的影响,在美国史学界争论了很久,存在着两种对立的观点。以乔治·班克罗夫特(1800—1891)为代表的浪漫主义学派认为《航海条例》是束缚北美殖民地政治经济发展的枷锁,因而也是独立战争的重要原因。他写道:"美国的独立就像一条国家的大河一样,有许多源流,而主要的、压过其他源流的源头就是《航海条例》。"①以乔治·比尔(1872—1920)为代表的一派则认为,英国的《航海条例》对北美殖民地有利有弊,所以《航海条例》同独立战争无关。

其实,《航海条例》的实质及其造成的直接后果是两个不同的问题。由于《航海条例》在北美殖民地从未得到认真执行,同时条例中某些规定对殖民地的航运事业有一定好处,所以殖民地人民对《航海条例》的反抗并不激烈,这是事实。但是,《航海条例》本身是一种强制性措施,是英国政府殖民政策的

---

① Gerald Grob and George Billias, *Interpretations of American History*, p. 128.

一个组成部分,其目的在于加强对殖民地的控制和掠夺,从根本上说是同北美殖民地的利益相抵触的。如果说《航海条例》已经种下了独立战争的原因,并不过分。

第二个阶段是中期的殖民政策,其特点是限制殖民地的工商业,禁止向殖民地输出技术。于是"阻挠一切制造业的发展,并且准确报道这些制造业的一切活动"就成为殖民地总督的一项重要职责了。例如,18世纪初,柯恩柏里公爵曾经在给英国商务局的信中,叙述长岛和康涅狄格建立羊毛工业和生产哔叽的情况,并指出如果殖民地的人们一旦"看出不要英国的帮助就能够穿得不仅舒服而且漂亮,那么,那些已经不太顺从英国政府的人们,会把他们长期以来隐藏在心里的计划实现出来"①。

1699年,英国国会通过《毛呢法令》,禁止殖民地出口毛织品,或者在织造地和种植园以外销售毛织品。1731年,英国国会在英国制帽商的要求下,进行了一次专门调查,发现纽约和新英格兰每年制造的高级宽边皮帽有10000顶,于是通过一条法令,从1732年起禁止北美殖民地向英国和各殖民地之间输出呢帽,并限制制帽业徒工的人数。1750年,英国为了从北美殖民地进口更多的生铁和棒铁,取消了这两种产品的进口关税,但同时禁止北美殖民地修造新的铁制品工厂和钢工具熔炼炉,以便保证英国铁制品和钢材畅销世界市场。除此以外,英国政府还禁止工匠和技术流入北美殖民地。

在这个阶段,英国同北美殖民地的经济矛盾虽然已经趋于明朗化,但还没有达到十分尖锐的程度,政治上英国对北美殖民地的控制也由于七年战争而不得不有所放松。宗主国同殖民地的种种矛盾还在酝酿当中。

第三个阶段是七年战争以后的殖民政策,其特点是全面加强对北美殖民地的控制。宗主国同殖民地的各种矛盾迅速激化,最终爆发了独立战争。

七年战争使英国国债达到14000万英镑。战前英国的年预算为650万英镑,战争期间翻了一番,达到1450万英镑。英国政府通过税收和其他途径把战争费用部分地转嫁到殖民地身上。北美十三个殖民地因而先后出现了财库空虚的问题。英国政府紧接着又颁布了《食糖条例》(1764)、《印花税法》(1765)、《驻营条例》(1765)和《唐森德税法》(1767),对北美殖民地从西印度

---

① [美]福克讷:《美国经济史》上卷,商务印书馆,1964年,第144—145页。

群岛进口的蔗糖征收关税,并征收报纸期刊、法律证件、商业单据的印花税。这一切都使得殖民地社会各阶层的利益受到损害,从而引起了殖民地人民的强烈反抗,再加上英国驻军的横行霸道,结果造成了1770年的波士顿惨案和1772年的波士顿倾茶事件。1774年"五项不可容忍法令"的颁布使这种紧张气氛达到了极点。这五项法令分别是:(一)封闭波士顿海港法令,强迫波士顿人民必须先偿还倾茶事件中损失的茶叶价款,然后才能恢复同外界通商;(二)取消马萨诸塞自治条例;(三)新驻营条例,授权英殖民军自由驻扎殖民地的所有旅馆、酒店和其他公共建筑;(四)司法权条例,规定犯罪的英国官吏必须送回英国或加拿大英军驻地受审;(五)魁北克条例,规定把俄亥俄河以北、宾夕法尼亚以西的广大地区划为英王直辖地魁北克管理。

上述法令蛮横地侵犯了北美殖民地的自治权、司法权和领土完整,并且企图用饥饿迫使波士顿人民屈服。五条法令的公布适得其反,使殖民地人民群情激愤,纷纷起来支援波士顿人民,并且加强了团结,殖民地人民准备共同抵御外侮。1774年9月5日,由各殖民地选派代表在费城召开第一届大陆会议,讨论对付英国的方法。各地的通讯委员会都表示支持并接受大陆会议的领导。大陆会议决定同英国断绝一切输入、输出和消费的关系。大陆会议的激进代表帕特里克·亨利甚至激动地宣布:"我们不应当认为我们还是弗吉尼亚人、宾夕法尼亚人、纽约人和英格兰人。我不是一个弗吉尼亚人,却是一个美国人。"美国经济学派史学家比尔德曾经对当时的形势做过这样的评价:"宗主国同殖民地之间的紧张关系现在已经达到危险程度,只要有一点过火行动就可以使大陆燃起战火。"①果然,不久以后,北美独立战争不可避免地爆发了。

总而言之,英国政府的殖民政策是一贯的、多年延续下来的,独立战争正是这种政策发展的必然结果。

最后还应当指出,围绕北美独立战争起因的争论,直接涉及对它的评价问题。只有把它放在历史进程中加以考虑才能做出恰如其分的结论。任何否认北美独立战争必然性的说法都会导致贬低其历史作用的结果。

原载《历史教学》1982年第8期

---

① Charles A. Beard and Mary Beard, *The Rise of American Civilization*, p. 231.

伟大的资产阶级革命家托马斯·潘恩

——纪念潘恩诞生二百五十周年

在新罗歇尔北街,有一个不大的基地,中间有一座小小的朴实无华的纪念碑,碑上铭刻着一行字"《常识》的作者托马斯·潘恩"。潘恩是美国独立战争时期的著名革命活动家和思想家。他的大半生都是在革命活动中度过的,不仅对美国革命而且对世界革命都做出了不可磨灭的贡献。他的光辉事迹至今仍然留存在人们心中,成为宝贵的精神财富。在他的二百五十周年诞辰来临之际,回忆他的生平,实在令人振奋和鼓舞。

一、探索和革命的一生

托马斯·潘恩生于 1737 年 1 月 29 日。他的家乡是英国诺福克郡的塞特福德,距离伦敦只有 70 英里①,是一个地区的商业中心。他的父亲是一位基督教教友会信徒,做过小农和裁缝。他的家境不富裕,幼年,潘恩曾在地方学校读过六年书,十三岁那年,由于家中经济困难,不得不辍学,到裁缝店当学徒,艺成后曾当过游乡帮工。他也曾幻想当一名水手,而且参加过一次小小的航行。1759 年,潘恩得到一位工匠的资助,在桑威奇开设了一家小成衣店。1762 年,他在家乡考上了税务官,在林肯郡的奥尔福德当了三年低级税务吏,1766 年到 1767 年,又在伦敦地方学校教授英语,年薪只有 25 英镑。在伦敦期间,他听过本杰明·马丁和詹姆士·弗格森的课程,获得了重要的科学基础知识。1768 年,潘恩又在税务部门找到了年薪较为丰厚的职务,在苏塞克斯郡的刘易斯城工作了五年,他在那里的职责是查缉走私犯和征收烟酒税。

---

① 英制单位,1 英里合 1609.344 米。

潘恩青年时期的不稳定生活和职业的不断变换使他有机会广泛接触和了解英国社会,发现这个社会的许多弊病。刘易斯城那段生活对潘恩政治观点的形成尤为重要。刘易斯城是当时英国的共和主义者活动的中心,潘恩的思想在此受到很大的触动。后来,潘恩回忆说,他正是在刘易斯城停留期间开始考虑"政府体制"的。他曾在一封致刘易斯居民的信中写道:"你们当中的许多人将会回想起,当我居住在你们中间的时候,在支持自由原则方面,没有人比我更坚决和更坦率的了。"①

1772年至1773年,在刘易斯城发生了税务人员争取提高工资的运动。潘恩是这次运动的积极发起者。他撰写了第一本政论性小册子《税务官员的状况》,来鼓舞人们的斗志。潘恩在这本小册子里表露了对18世纪英国社会的极端不满,这同他未来共和主义思想的形成有着密切的联系。潘恩认为,18世纪的英国社会充满着由于物价高涨而造成的"贫困和苦难",而这种状况将会导致人们的思想堕落和道德败坏。税务部门的贪污就是由于税务官吏的年薪太低引起的。"穷困和机会会使很多最正直的人受到腐蚀。"②潘恩的这种观点,在当时来说,无疑是一种激进的新见解。他已经意识到社会上的邪恶绝不只是个人的问题,而是政府体制问题。

这次运动八位积极倡议者曾经草拟和签署了一份请愿书,潘恩就是其中的一位。1772年底到1773年初,他住在伦敦,为寻求请愿书的支持者而到处奔走。潘恩当时没有认识到,像英国这样的社会,单靠请愿来改变不合理的现象是很难办到的,他所发起的这次运动也由于受到社会的冷遇而失败了。潘恩还因此被上司解雇,成为一名失业者。

在这段时期,潘恩的家庭生活也非常不幸。他结过两次婚,但婚后和妻子共同生活的时间都很短暂。这次失业导致他同第二个妻子离婚。结果潘恩不仅失去了家庭,而且也失去了一切财产。这是他走向社会以后所遭受到的第一次严重的打击,同时,他对英国社会各种弊端的认识也因此深入了一步。于是他愤然离开英国,怀着无限的希望到美洲去寻找新的生活。

1774年11月30日,潘恩到达北美殖民地,在费城定居。他随身带来富兰

① Eric Foner, *Tom Paine and Revolutionary America*, New York: Oxford University Press, 1976, p. 14.

② Eric Foner, *Tom Paine and Revolutionary America*, p. 15.

克林在伦敦会面时为他写的介绍信,从而得到了在《宾夕法尼亚杂志》担任编辑的机会。杂志社的编辑工作为他广泛地接触北美殖民地创造了良好的条件。当时北美殖民地同英国的矛盾已经尖锐化,英国政府对北美殖民地的反动政策的一切恶果昭然若揭。北美殖民地人民的解放运动正在走向高潮,自由之子社和通讯委员会等抗英组织纷纷成立,第一届大陆会议已经召开,波士顿港口由于倾茶事件而遭到封闭。这一切都促进了潘恩革命思想的形成。于是他挥笔上阵,写出了一篇又一篇的反抗英国的战斗檄文,成为当时最负盛名的革命思想家。

独立战争全面展开以后,潘恩于1776年上半年离开《宾夕法尼亚杂志》编辑部加入宾夕法尼亚民团,下半年被任命为格林将军的参谋,驻守新泽西的黎堡。1776年11月至12月,军队撤出新泽西,潘恩离开军队回到费城。1777年,他又被任命为大陆会议的外交部长。不久后,他由于揭发大陆会议代表赛拉斯·迪恩利用法国的援助进行舞弊,同后者发生争吵。1779年1月,潘恩辞去外交部长职务,并于同年12月在宾夕法尼亚州议会工作。

潘恩对这种安定的生活和消磨意志、无所作为的处境是极不习惯的。他的革命和改革热情促使他离开美国,回到形势动荡不定的欧洲。在这段时间,潘恩曾一度对研制铁桥发生了浓厚的兴趣。1787年,潘恩带着一个铁桥模型返回欧洲,在英国定居,并为铁桥的建造工作往返于伦敦、巴黎,寻求科学机构和政府部门的支持。但是,潘恩并未因此放弃政治活动。他在英国一直是改革派会社宪法通讯会社的名誉会员,并同改革派的重要人物约翰·卡特赖特、约翰·霍恩·图克、托马斯·霍利斯等人保持经常的联系。由于潘恩积极活动并发表了大量的支持法国革命的言论,英国政府决定对他进行审讯。不过,在逮捕令发出的时候,潘恩已经在赴法途中了。

潘恩去法国并非畏罪潜逃,而是去参加即将于1792年9月21日召开的国民公会。早在1792年8月,法国的立法会议就通过决议,给予十七名著名外国革命活动家和改革者以法国公民的权利,其中也包括潘恩。接着在法国国民公会选举中,他和一位普鲁士革命者当选为代表。在国民公会中,潘恩倾向于吉伦特派。他的朋友都是像布里索这样的吉伦特派领导人。由于不熟悉法国的社会情况和语言上的障碍,潘恩不仅未能同法国社会的中下层人物建立联系,而且在国民公会中的活动范围也很小。在吉伦特派同雅各宾派的激烈斗争中，潘恩力图保持中立，并且认为这是一场权力之争。他写道："我看不出他们有什么区别，不过是企图争权而已……我自认为是一个国民公会成员，不同任何党派发生联系。"①但是在战争问题和审判国王问题上，他都倾向吉伦特派。潘恩在国民公会中的主要工作是参加新宪法的起草，对政局没有什么影响。

1793年6月2日，巴黎发生起义，群众包围了国民公会，要求立即拘捕二十二名吉伦特分子。潘恩的名字虽然未列入这个名单，但处境已经非常危险。他对雅各宾专政极为不满，整日在家中以酒消愁。他很少去国民公会，到那里"仅仅是为了报一下到，因为他不能卷入那无穷无尽的法令之中，而反对他们则是毫无用处和危险的"②。10月，潘恩的名字被列入叛逆名单。12月，他和另一名外国代表被清除出国民公会，不久被关进卢森堡宫，一直到1794年才被美国驻法大使詹姆士·门罗保释出狱。1802年，潘恩返回美国，但未能重新登上政治舞台，他的政治生命就此宣告结束。

二、杰出的资产阶级革命思想家

乔尔·伯洛夫曾经说过："伟大的美国的事业应该同等地归功于潘恩的笔和华盛顿的剑。"这句话说得十分中肯。潘恩确实用他的笔准确生动地表达了自己的革命思想，影响了整整一代美国革命者。美国的开国元勋之一约翰·亚当斯也认为："历史把革命的功劳归于托马斯·潘恩。"③

潘恩参加《宾夕法尼亚杂志》编辑部的工作以后，很快就开始了革命的文学宣传。从1775年1月到9月，潘恩用笔名或不署名在杂志上发表了一系列诗歌和文章。这些作品已经明显地表现出潘恩支持殖民地人民的独立运动、反对英国统治的立场。例如1月24日他发表的第一篇文章就把一切放荡和荒淫归于英国政府，把一切美德归于殖民地。

1776年1月9日④，潘恩的《常识》问世。这是一本通俗易懂、充满战斗激

---

① Eric Foner, *Tom Paine and Revolutionary America*, p. 230.

② Eric Foner, *Tom Paine and Revolutionary America*, p. 244.

③ John H. Hazelton, *The Declaration of Independence*, New York: Da Capo Press, 1906, p. 23.

④ 大英百科全书新版认为是1776年1月10日。

情的小册子。它号召殖民地人民马上拿起武器为争取自由独立而战。《常识》的手稿在付印前曾经富兰克林、亚当斯和里顿豪斯等革命活动家阅读，并做过一些小的修改，但是基本观点和思想是属于潘恩一个人的。潘恩原来打算用"平凡的真理"这个书名发表，后经本杰明·拉什建议，定名为《常识》。

在《独立宣言》通过以前，《常识》是独立战争唯一的强大的思想武器。它的发表在美国引起了极大的轰动，受到革命者和北美人民的热烈赞扬，广为流传，但同时也遭到了反动分子的极端仇视。从1776年1月到7月，费城和其他城市的重要报刊几乎每周都登载有赞成或者反对《常识》的文章，美国社会的各个阶层都在阅读和传诵潘恩的《常识》。在短短时间内，《常识》连续出了二十五版，销量超过五十万册。[1]这在当时来说，是一个很大的数字。美国史学界一致认为，无论就发行量，还是就影响的广度来说，在18世纪的美国，《常识》是绝无仅有的。许多美国史学家把《常识》作为一个历史的界碑，认为独立战争的航向就是由此确定的。例如，杰克·哈迪认为："潘恩的小册子扭转了局势，从那时起事态就不可改变地向独立发展了。"[2]O. P.奇特伍德这样写道："这个光辉的文献向人民发出了伟大的号召，并且在所有地区被人们广泛地诵读着。"的确，这种评价是不算过分的。《常识》发表以后，美国的社会气氛从上到下都有了显著的变化。激进的革命思想开始占主导地位。约翰·佩奇曾经报道说："在我穿越弗吉尼亚的路途中，我发现老百姓热烈赞成独立……我除去听到赞扬《常识》和独立以外，再没有听到赞扬其他事情的话了。"[3]当时的一些革命运动领导人也受到了《常识》的启迪和鼓舞。约翰·亚当斯在1776年4月29日给妻子的信中写道："《常识》犹如新的启示之光及时地扫清了我们的疑团，确定了我们的抉择。"[4]

《常识》是潘恩的政治观点的第一次全面表述，为以后一系列政论性著作定下了基调。潘恩在1806年回忆说："以《常识》为开端，我的所有著作的动因

① *Encyclopedia Britannica*, No.13, London, 1980, "Paine". 在其他一些著作中估计销售最大为十五万册。Richard Hofstadter, *The United States：The History of a Republic*, Englewood Cliffs: Prentice Hall, 1957, p. 102.

② Jack Hardy, *The First American Revolution*, New York: International Publishers, 1937, p. 89.

③ John H. Hazelton, *The Declaration of Independence*, p. 73.

④ Moncure Daniel Conway, *The Life of Thomas Paine*, Vol. 2, New York: G. P. Putnam's Sons, p. 227.

和目的……是把人们从专制、错误的制度和错误的伦理原则中拯救出来,并使他们获得自由。"①《常识》也是北美独立战争时期最激进、最富有鼓动性的纲领性文献。它以犀利的笔调猛烈地抨击了英国政府的暴政和英国的封建专制政体,坚决主张北美殖民地独立,并建立自己的共和政体。

《常识》把争取独立和反对封建的任务有机地结合在一起,成为一个光辉的资产阶级革命文献。潘恩在这个文献中用了大量篇幅揭露封建社会和世袭制的种种弊端,探讨了产生这种制度的根源,同时对英国的政体及其危害性也做了深刻的分析。他认为英国的政体具有一定的欺骗性,因为它不是一个单纯的君主制政体,而是一种混杂着某些新共和政体因素的两种古代暴政的肮脏残余。

第一,由国王所体现的君主暴政的残余。

第二,由上议院所体现的贵族政治暴政的残余。

第三,由下议院所体现的新的共和政体的成分;而英国的自由便是以下议院为基础的。②

事实上,这种政体仍然是君主主宰一切。潘恩写道:"英国政体之所以有毛病,只是因为君权已经毒害了共和,国王已经垄断了下议院。"③

就革命的坚决性和彻底性来说,《常识》所达到的水平无疑高于不久后问世的《独立宣言》。有种种迹象表明,《独立宣言》是在《常识》的影响和启示下草拟出来的,一部分美国史学家甚至认为《独立宣言》的真正起草人不是杰斐逊而是潘恩。1947年,约瑟夫·刘易斯在纽约出版了一本书,书名就叫作《托马斯·潘恩:独立宣言的作者》。他们的论点是:(一)潘恩是唯一的自始至终坚决主张独立的革命家,只有他才能写出《独立宣言》这样的历史文献,而杰斐逊在草拟文件的时候,没有达到这样的思想境界;(二)《独立宣言》原稿的语气和用字同潘恩的文笔很接近,例如,潘恩在行文中喜欢用大写词头来强

---

① Eric Foner, *Tom Paine and Revolutionary America*, p. 75.

② [美]潘恩:《潘恩选集》,商务印书馆,1981年,第6页。

③ [美]潘恩:《潘恩选集》,第18、19页。

调某个词的重要性，并且经常使用古体字Hath，这两个特点在《独立宣言》原稿中都很突出；（三）在《独立宣言》手抄稿中可以找到很长一段谴责奴隶制度的话，在修改过程中才把这段话去掉。当时杰斐逊还不具备这样的思想，一直到1796年他仍然认为取消奴隶制的条件不成熟。他写道："看来，公众的情绪还不能接受这个提议，甚至到今天(1796)仍然不能接受。"①只有潘恩才是坚决反对奴隶制的。1775年，他到北美殖民地后在《宾夕法尼亚杂志》发表的第一篇文章就把矛头对准了奴隶制，文章的题目是《一篇关于美洲的非洲奴隶制的文章》。

我们这里姑且不去考证《独立宣言》的真正作者是谁，但有一点是可以肯定的，即《独立宣言》的基本思想来自潘恩的《常识》，而在起草委员会修改以后，在某些方面有所后退。刘易斯认为《常识》是"独立宣言的前奏"②，这个提法是可以接受的。《常识》使潘恩的成就达到顶峰，超过了他的同代革命家，成为整整一代人的旗帜。即使他就此退出政治舞台，"杰出的资产阶级革命思想家"这个称号对他来说也是当之无愧的。

独立战争全面展开以后，潘恩在1776年到1783年间以《美国的危机》为总标题，陆续发表了十几篇文章。他以激昂的文字和饱满的热情不断鼓舞美国人民和士兵，艰苦奋斗去争取独立战争的最后胜利。其中的第一篇文章是在大陆军队节节败退、形势极为险恶的时刻发表的，文章开头一句话就是："这是考验人们灵魂的时刻。"③华盛顿看到这篇文章以后很受鼓舞，立刻为全军战士订购这篇文章。

潘恩在旅居英国期间曾经同旧友埃德蒙·伯克围绕法国革命问题发生了激烈的争论，最后导致两人的彻底决裂。1790年以前，伯克是一个很有影响力的改革派人物，曾经赞助过北美独立战争，于1788年至1789年间同潘恩过从甚密。1790年，伯克出版了一本小册子叫作《法国革命的反响》。这本小册子猛烈地攻击了法国革命和平等、人权等革命思想，赞扬了英国的政治制度

---

① Thomas Jefferson, *The Writings of Thomas Jefferson*, Vol.1, Washington: The Thomas Jefferson Memorial Association, 1904, pp. 72–73.

② Joseph Lewis, *Thomas Paine: Author of the Declaration of Independence*, New York: Free Thought Press Association, 1947, p. 99.

③ *Encyclopedia Americana*, Vol. 21, 1956, "Paine".

和保守、墨守成规、循序渐进的观点。潘恩看到伯克的小册子以后极为震惊和愤怒，立即着手撰写《人权论》来回应伯克的攻击。

伯克和潘恩的论战是一场典型的传统和进步、等级和平等、秩序和革命的争论。潘恩在《人权论》中针对伯克的观点，着重阐发了天赋人权的思想。他强调人人生而平等，不仅同当代人平等，而且同前代人、后代人都是平等的。自由是天赋的不可剥夺和转让的权利，任何国家都无权干涉个人的见解。世界上不允许存在子孙万代都得永远受其约束的权力。"政府是为活人而不是为死人服务的，所以，只有活人才对他有权。"[1]"只要稍稍动一下脑筋就会明白，在某一世代制定的法律，尽管经过好几代还继续生效，可是这些法律继续生效是因为得到活着的人的同意。"[2]从这些原则出发，潘恩揭露了封建专制的等级制度和君主政体的不合理，并且坚决主张人民拥有进行暴力革命的权利。

《人权论》刚刚发表，潘恩立即着手撰写它的续编。1792年5月21日，续编以《人权论：第二部分》为名正式出版。这本小册子重新论述了《常识》中已经阐发过的基本思想，对社会和政府进行严格的区分。潘恩认为，社会是自然的、和善的，它建立在人类相互需要和固有的"社会情感"的基础上，而政府则完全不同，至少可以说旧社会的政府是一幅"人类的令人作呕的图画"。潘恩再一次激烈地抨击了英国的政治制度和所有的君主政体。他认为，君主政体是社会上的"一群暴徒"搞起来的，这些暴徒在控制了整个国家以后，就使他们的头目去掉了盗贼的名称而变为君主。在潘恩看来，只有共和制才是新的理想的政治制度，并且把理想中的一切东西都同这个制度联系在一起，使共和制染上空想的色彩。他把美国独立后建立的共和政府理想化，把1776年《宾夕法尼亚宪法》作为蓝本，要求人们按照这个样板去改造自己国家的旧政府。潘恩写道："那里的穷人不受压迫，富人没有特权，工业的发展不因负担宫廷挥霍无度的费用而受到限制。他们交的税少，因为他们的政府是公正的。"[3]

---

① [美]潘恩：《潘恩选集》，第119页。

② [美]潘恩：《潘恩选集》，第18页。

③ [美]潘恩：《潘恩选集》，第233页。

当然,事实并非潘恩所写的那样。美利坚合众国固然比任何君主政体都先进得多、合理得多,但是它绝对不可能消灭阶级压迫和特权。美国独立后不久爆发的谢司起义就是最好的证明。

在英国,人们对于《人权论》的反应是极为强烈的。大约在一年时间内,《人权论》销售了二十多万册,几乎每个城镇、每个角落都有人阅读和谈论这本小册子。英国的许多工匠和帮工按照自己的理解来接受潘恩的思想,在18世纪90年代掀起了激进的改革运动。1791年,谢菲尔德成立了宪法通讯会社,接着在其他城市也出现了类似的激进组织,其中以伦敦通讯会社最为著名。

潘恩在法国期间,于卢森堡监狱中完成了1793年开始撰写的著作《理性时代》。潘恩在这本小册子中系统地阐述了自己的宗教观。他主张信仰自由,反对专门"恐吓、奴役人类,垄断权利和利益"的现存的宗教。他认为宗教的宗旨应当是为人类谋福利。他写道:"我相信人类是平等的,并且我相信宗教的职责在于做正义的事情,爱仁慈,力图使我们的同胞得到幸福。"①

晚年,潘恩的思想发生了一些变化。过去,他认为作为个人劳动果实的私有财产,如同自由权利一样是不可侵犯的。而在他的《土地公平》一书中,却开始把财产分为两种:一种是自然赠予人类的财富,另一种是劳动创造的财富。前一种是"人类的共同财富",土地就是属于这一类的,应当平均分配,每一个成年人都应当获得自己的一份。所以凡是土地持有者均应向国家缴纳"基本地租",国家用这笔收入设立土地基金,每一个年满二十一岁的成年人都可以从这项基金里得到15英镑作为对他的土地权利的补偿费。

潘恩的后半生虽然经历了不少曲折,但是他的这支笔却一直没有放下,在不同形势下写出了一篇又一篇的战斗文章,激励着人们在革命和改革的道路上奋勇前进。

三、受到冷落的功臣

作为一个杰出的资产阶级革命思想家,潘恩对独立战争和年轻的美利坚合众国的贡献是不可磨灭的。然而革命胜利后,他却没有得到实现政治主张

---

① [美]潘恩:《潘恩选集》,第348页。

的机会。政府给予他的只是一笔3000美元的奖金和一座位于罗歇尔的拥有300英亩①土地的农庄。对于进取意志消退的人来说这是可以接受的,但潘恩却弃之如敝屣。他所追求的是继续改革和革命,在美国得不到,就远走他乡。

1802年9月,潘恩在欧洲饱经沧桑之后,从法国重返美国。这时,他已被联邦政府彻底地遗忘了。这当然是不公平的,为此事鸣不平的人比比皆是。1909年,詹姆士·B.埃利奥特在纪念潘恩逝世一百周年大会上感慨万千地说:"除去罗伯特·莫里斯或者布莱尔·麦克伦南以外,还找不到对其他英雄人物的怀念,像对托马斯·潘恩那样为联邦政府所极端忽视的。"②

英雄末路,潘恩就此被困在农庄中度过几年默默无闻的时光,后又迁居纽约园林街59号,1809年6月8日清晨,在自己的纽约住宅里悄然病逝。几天以后,他的亲友为他举行了极为简朴的葬礼,遗体安葬在他的农庄里。

许多年过去了,联邦政府从来没有为潘恩建造纪念碑的打算。杰克逊总统曾经解释说:"托马斯·潘恩不需要人工建造的纪念碑,他已经在爱好自由的人们心中树立了纪念碑。"③这句话并不错,但出自一位总统之口就不合适了。在美国这样一个习惯于为名人树碑立传的国家,偏偏不为潘恩建造纪念碑,无论如何是难以自圆其说的。

十年后,一个名叫威廉·柯伯特的英国人打算利用潘恩的英名在英国发起一场反对政府的运动,特地到潘恩的墓地把他的尸骨取走,带往英国。后来潘恩的遗骨丢失,久寻不获。1833年,柯伯特的成衣匠在伦敦发现潘恩的遗骨,并得到一块头骨和少许头发。后来这块头骨又落到美国历史学家 M. D. 康韦手中,成为潘恩遗骨中唯一保留下来的东西。

只有美国的老百姓没有忘记这位革命先驱。1839年,基伯特·维尔和怀念潘恩的人们发起一次募捐,为潘恩建造了一座不大的纪念碑。这座纪念碑就树立在离潘恩生前住处不远的地方。1881年,又有人集资加以修茸。十八年后,威尔逊·麦克唐纳终于完成了为潘恩铸造的半身铜像,并把它安放在纪

---

① 英制单位,1英亩合4046.86平方米。

② James B. Elliott, *Rededication of the Paine Monument and Assignment of Its Custody to the City of New Rochelle*, University of California Libraries, 1905, p. 4.

③ James B. Elliott, *Rededication of the Paine Monument and Assignment of Its Custody to the City of New Rochelle*, p. 9.

念碑上。

1906年9月11日，学术界的一些热心人，在纽约成立了托马斯·潘恩全国历史协会，会址设在纽约莱克星敦大街120号。历史学家康韦被选为第一任主席。由于缺少官方和私人的资助，协会的财政拮据，只能组织一些小型纪念会，印刷会议报告和文件。经过多方努力也只开办了一间小小的展览室。

潘恩逝世后，资产阶级舆论界长期保持沉默，没有给予公正的评价。直到1937年1月30日，伦敦《泰晤士报》才称他为"英国的伏尔泰"。美国虽然出过一些关于潘恩的传记和文章，但迟至20世纪50年代才引起社会的重视。1952年5月18日，在纽约大学的费蒙大厅里第一次隆重地安放了潘恩的塑像。

潘恩生前和死后受到冷落绝不是个人恩怨造成的，根本原因在于他的思想过于激进，超过了美国资产阶级所能接受的限度。在独立战争时期，同仇敌忾，潘恩自然而然地成为抗英战争的旗手。美利坚合众国的奠基者们几乎都是在潘恩的带动下走上坚决独立的道路的。直至1775年7月6日，第二次大陆会议还公开宣布不准备破坏同英国的联合，甚至像富兰克林这样的革命家也认为"独立不是美洲的目的"[①]。《独立宣言》的起草人杰斐逊曾多次表示，希望"同大不列颠的彻底决裂能够避免"[②]。要是没有潘恩的影响和形势的逼迫，他们的转变是不会很快完成的。

然而，战争胜利以后，情况就完全不同了。潘恩的天赋人权的思想，不分种族、不分贫富、自由平等的主张都不是当权者所能接受的。潘恩认为："如果不按共和国的原则办事，或者换句话说，不以公众的利益作为其独一无二的目的，都不是好政府。共和政府是为了个人和集体的公共利益而建立和工作的政府。"[③]独立战争后建立起来的共和国政府同潘恩的设想相距甚远，这个政府并没有把人民的权利和利益放在第一位而加以认真地维护。美国第二任总统约翰·亚当斯就职以后很快就掀起了镇压民主运动的高潮，连续颁布了四项摧残人民权利的法令，即《归化法》《客籍法》《敌对外侨法》《镇压叛

---

① John H. Hazelton, *The Declaration of Independence*, p. 39, 17.

② Gilbert Chinard, *Thomas Jefferson*, Boston: Little, Brown and Company, 1929, p. 63.

③ [美]潘恩：《潘恩选集》，第244页。

乱法》,结果大兴冤狱,使一些持不同政见的人无辜被捕,民主共和党的十八名记者就曾先后以"谋叛"的罪名被投入监狱。

在处理西部土地问题时,美国政府违背广大拓荒者的利益,大面积出售土地,使大量土地落入投机者手中,造成了半个多世纪的土地纠纷,美国政府对待债务囚犯制度、奴隶制度的政策是同潘恩的主张背道而驰的,无论是邦联政府还是联邦政府都没有触动奴隶制度。19世纪上半期,奴隶制还有所加强和扩张,对民主制度构成日益严重的威胁,内战前的历届政府几乎都对奴隶主势力采取姑息、纵容,甚至偏袒的态度。从共和国成立到南北内战这一段历史来看,美国当政者根本无意把这个国家建成潘恩式的自由民主共和国。

尽管美国的政治家们可以随意抛弃潘恩,不接受他的政治主张,但潘恩的功绩是无法抹杀的。他的光辉革命思想和对待革命事业的无比热忱,使他成为伟大的资产阶级革命思想家而永垂不朽。

原载张友伦、米庆余编:《日美问题论丛》,
天津教育出版社,1989年

美国民主制度的形成、发展和问题

　　美国是当今资本主义世界中民主制度比较完备而又颇具特色的国家,从《美利坚合众国宪法》[①]通过之日算起,已有二百多年的历史。经过如此长久的检验,美国人不但接受了这个制度,而且引以为豪。但是,如果认为这一制度已尽善尽美,那就全然错了。它从形成伊始就存在许多问题,甚至是极其严重的问题。本文仅就美国民主制度的形成、发展及存在的问题做一历史考察,或许不无裨益。

一、美国民主制度形成的历史条件

　　美国最早的移民来自英国,那时正是英国资产阶级革命的酝酿时期。从整个欧洲来看,中世纪的封建制度已经动摇,宗教改革运动此起彼伏。英国的清教运动也随之兴起,成为受加尔文教影响而发展起来的一支重要的改革力量。这个运动虽然有浓厚的宗教色彩,但实质上是一场民主改革运动,它主张改革教会,打倒君主,实行民主共和。恩格斯曾说:"加尔文的信条适合当时资产阶级中最勇敢的人的要求……加尔文教会的组织是完全民主和共和的,而在上帝的王国已经共和化了的地方,人间的王国还能够仍然从属于君王、主教和领主吗?"[②]正是这种历史潮流在17世纪上半期席卷了整个英国,唤醒了英国平民,并推动他们向封建统治进行冲击。社会地位低下、生活贫困的清教徒站在运动的前列,成为英国资产阶级革命的中坚力量。

　　这种强烈反对宗教迫害、反对封建专制统治的激情,随着英国的移民被带到了北美大陆,这里的居民对于任何形式的专制和集权都不能容忍。正如

---

　　① 以下简称联邦宪法或美国宪法。(编者注)

　　②《马克思恩格斯选集》第三卷,人民出版社,1972年,第391页。

E.E.爱德华兹所说:"所有积极主动移居美洲的人都是不愿意服从其他人支配的那一类人。"[①]随着时间的推移,这种观念逐渐成为北美殖民地人民即后来的美国人民的传统,这就是美国的民主制度能够顺利形成并得以巩固的根本原因。

另外,对于民主制度的形成和发展来说,北美的客观环境也是得天独厚的,其中最重要的条件就是不存在封建社会和封建势力的阻挠。恩格斯说过:"美国从一诞生起就是现代的、资产阶级的;美国是由那些为了建立纯粹的资产阶级社会,而从欧洲的封建制度下逃出来的小资产者和农民建立起来的。"[②]在英国及其他欧洲国家,封建统治都存在了几百年,甚至上千年,可谓根深蒂固。就是在资产阶级革命时期,封建势力仍然相当强大,革命力量所受到的压力也是相当巨大的。英国革命经过了反复曲折以后才于1688年达成了妥协,最后在英国建立起来的是君主立宪制而不是共和制。

北美殖民地情况就完全不同了。这里没有封建社会,也没有封建势力的直接干预,最大的障碍来自远隔重洋的英国。英国王室虽然曾不断企图加强对北美殖民地的控制,但它受到了两方面的制约而不能为所欲为。第一是英国国内的资产阶级革命使王室力量大为削弱,在相当长时间内无力干涉北美殖民地的事务。第二是鞭长莫及,即使在英国资产阶级革命结束后,英国政府对北美殖民地的控制也由于远隔重洋而力不从心。英国王室只好用保留某些封建残余和培植代理人的办法来维持自己在北美殖民地的统治,例如推行代役租、长子继承制、嗣续法等。英国王室还通过赐予、出售和颁发特许状,把大片土地转交给业主和公司,企图制造一批大土地所有者作为统治北美殖民地的支柱。例如,卡罗来纳的约翰·科利顿爵士、安东尼·阿什利·库珀等八个业主在1663年获得英国王室赐地以后,便立即划出大片土地作为自己的私田,后来又于1669年把赐地的1/5土地划为私田,成为那里的大地主。[③]此外,北美殖民地的官吏、公司股东、土地投机者,通过营私舞弊、"人头权

① Everett E. Edwards, *American Agriculture—The First 300 Years*, Washington: U.S. Department of Agriculture, 1940, p. 179.

②《马克思恩格斯选集》第三十九卷,人民出版社,1974年,第147页。

③ Curtis P. Nettels, *The Roots of American Civilization*, New York: Appleton-Century-Crotts, 1938, p. 137, 138.

利"①、廉价购地等途径获得和扩大自己的地产,逐步形成一个颇有影响的大地主阶层。然而,由于北美地广人稀,用土地束缚农民的办法不能奏效,地主们只能满足于征收数额不大的代役租。这在当时还可以勉强为部分农民所接受,于是代役租就成为英国王室和大地主赖以维护微弱的封建关系的一种手段。

然而,即使这种比较微弱的封建关系,对于一部分移民来说也是不能容忍的。他们从一开始就坚决反对缴纳代役租。在新英格兰和中部殖民地,这种反抗最为激烈,那里的大地主根本无法征收代役租。1650年,马萨诸塞殖民政府不得不予以废除。在其他地区抗租事件也层出不穷,有的甚至发展为小型的武装冲突。有的农户离开地主的庄园到边远地区垦殖"自由土地",以此摆脱代役租的束缚。于是在反对代役租的同时又出现了声势更大的占地运动,使得本来就十分微弱的封建残余又遭受到沉重的打击。正如内特尔斯所说,北美殖民地抗租占地的那些农民,"在美国革命最后摧毁佩恩、巴尔的摩、格兰维尔和费尔法克斯的大地产以前,一直采取无视领主权力占用土地和拒付代役租的办法,毫不妥协地破坏着当时的领主制度"②。由此可见,在独立战争以前,从欧洲带到北美殖民地的某些封建残余,由于受到广大移民的抵制而逐渐丧失其影响,不可能成为建立新的社会制度的严重障碍。从这个意义上说,美国是得天独厚的,任何欧洲国家都不具备如此优越的条件。

但是,另一方面北美殖民地也存在着不利于民主制度发展的因素。因为在此时,南部殖民地的种植园中已经逐步使用奴隶劳动,黑人奴隶逐步丧失了人身自由。第一批黑人是在1619年由一艘荷兰船只运抵詹姆斯敦,进入北美殖民地社会的,当时,他们的奴隶身份并没有正式确定。1661年,弗吉尼亚立法机构制定法律,宣布黑人为奴隶,完全剥夺了他们的人身自由。1680年,弗吉尼亚当局又制定了《黑人法典》,随后其他殖民地相继效仿。按照《黑人法典》规定,奴隶主和监工可以随意拷打、杀害黑人奴隶而不受法律追究,奴隶不得保有财产和擅自离开种植园,奴隶逃亡要受到缉捕,格杀勿论。这样,

---

① "人头权利"是按吸引移民人数授予经办人土地的规定,始于1618年,最初在弗吉尼亚实行,规定每运进一名移民,授田50英亩。

② Curtis P. Nettels, *The Roots of American Civilization*, p. 398.

在崇尚自由、民主的北美殖民地社会,却存在着最野蛮的、最不民主的现象。

与此同时,北美殖民地是在驱赶和屠杀印第安人的背景下建立和发展起来的。最初的移民只在尚未站稳脚跟、需要印第安人帮助的时候才同他们和平相处,一旦情况好转,便转而对印第安人烧杀劫掠,无所不用其极,挑起了一次又一次的战争。在欧洲移民的眼里,"土著美洲人是异己的、愚昧的、未开化的另一种人,欧洲人自然要采取不同态度来对待这种劣等民族。而印第安人作为劣等民族则注定要被征剿、被征服、被奴役"[①]。正如美国历史学家弗朗西斯·保罗·普鲁查指出的,欧洲人的倾向和愿望就是要"把美洲土著人当成纯粹的自然环境的一部分,就像看待森林、野兽一样,视之为'进步'或'文明'的障碍"[②]。在北美殖民地社会里,印第安人完全没有位置,是被隔离在外并不断遭受屠杀、驱赶的民族。他们没有起码的民主、自由权利,他们要不断地为维护自己的生存权利而进行殊死的斗争。

除此以外,从欧洲社会带来的传统的轻视妇女的思想也使北美殖民地的妇女处于不平等的地位。这些问题严重地损害了美国民主制度的完备性,使种族歧视、性别歧视成为美国民主制度的两大缺陷。

二、殖民地时期民主制度的两种模式

英国移民在北美大陆最早建立的两个殖民地是弗吉尼亚和新英格兰。由于两个殖民地最初移民的社会成分和思想倾向不同,所采用的民主制度的模式也有所不同。

第一种模式是弗吉尼亚模式。弗吉尼亚原是公司殖民地,建于1607年,由公司任命总督进行管理,谈不上什么民主制度。移民的成分比较复杂,有没落的绅士、被释放的囚犯和失业的手艺人。他们起初对民主制度并没有迫切的要求,后来,随着移民人数的增加和社会成分的变化,民主管理问题才逐步提上日程。具有自由主义思想的新公司领导层采纳了民众的意见,命令新

---

① Alvin M. Josephy Jr., "The Historical and Cultural Context of White-Native American Conflicts", *The Indian Historian*, Vol. 12, Issue 2, 1979, p. 7.

② Francis Paul Prucha, *United States Indian Policy*, Bloomington: Indiana University Press, 1977, p. 7.

任总督尽快建立代议制机构。1619年7月30日,二十二名经选举产生的居民代表,代表十一个城镇与总督及其参事会共同在詹姆斯敦的教堂举行会议,商讨弗吉尼亚的政务。这便是弗吉尼亚最初的议会。严格来说,它只是议会的雏形,并没有多少实权,它所通过的为数不多的几项法律必须经公司核准后才能生效。尽管如此,议会的产生毕竟是弗吉尼亚民主化进程的第一个里程碑,"是新世界最早的一个代议制机构"①。

1624年,由于弗吉尼亚公司经营不善,弗吉尼亚被英王收回改为直辖殖民地后,议会得以保留下来,并继续发挥作用。不过,总督和参事会成员改由英王任命,殖民地官员多半来自英国的上层社会,英国国教会的势力也日益扩大。1643年,清教徒集会被定为非法,英国国教会的《公祷书》被定为祈祷必用的经典。正如莫里森所说,"弗吉尼亚是最英国化的一个英属殖民地",它的民主管理制度也主要来源于英国。由于殖民地远离英国本土,而且向往民主自由的移民越来越多,这里的民主制度又独具特色,因而其民主化程度也就远比英国高。后来,弗吉尼亚议会通过的《权利法案》就是很好的证明,它不仅是美国的第一项权利法案,而且被美国宪法所沿袭。

弗吉尼亚《权利法案》规定一切权利属于人民的原则,从法律上奠定了美国民主制度的基础。法案的第二条明确宣布:"所有的权利都属于人民,因而也来自人民;长官是他们的受托人与仆人,无论何时都应服从他们。"②为了避免出现凌驾于人民之上、作威作福的政府,法案还强调了人民有改变和废黜政府的权利。法案第三条确定了政府和人民的关系:"政府是为了或者应当是为了人民、国家或社会的共同利益、保障和安全而设立的。在所有形式的政府当中,最好的政府是能够提供最大幸福和安全的政府,是能够最有效地防止弊政危险的政府。当发现任何政府不适合或违反这些宗旨时,社会的大多数人享有不容置疑、不可剥夺和不能取消的权利,得以公认为最有助于大众利益的方式改革、变换和废黜政府。"③

第二种模式是新英格兰模式。新英格兰的情况和弗吉尼亚大不相同。

① [美]塞缪尔·埃利奥特·莫里森等:《美利坚共和国的成长》上卷,天津人民出版社,1980年,第55页。

② [美]裴孝贤编:《美国历史文献选集》,美国驻华大使馆新闻文化处,1985年,第18页。

③ [美]裴孝贤编:《美国历史文献选集》,第18—19页。

1620年,最初到达这里的是一批离开英国到荷兰莱登避难的"独立派"清教徒和英国平民。他们的目的地原是弗吉尼亚,但由于途中遭遇风暴偏离了航向,所到之处是科德角港口,这里是一片杳无人烟的荒地。他们发现自己无依无靠,处境艰难,但也有一个意外收获,那就是这里完全不受弗吉亚殖民当局的管束,可以自行其是。于是他们在所乘的"五月花号"船舱里签订了一份公约,确定了集体民主管理原则,史称《五月花号公约》。公约大体上确定了一个按照少数服从多数原则实行自治的共和政体,每一个成员都拥有平等、自由、选举等民主权利。公约郑重宣布:"我们联合组成一个公民团体来改善我们的处境和生存的各种方法。为此目的,我们的团体可以按时颁布、制定、厘定最合乎和最有利于殖民地共同利益的公正而平等的法律、法令、议案、典章,并选出官吏。我们保证服从各项法律,并履行各项义务……"①《五月花号公约》虽然还不是一个完备的法律条文,但却是一个体现民主、自由精神的重要历史文献。它所确立的原则为当时的移民所自觉遵守,对新英格兰民主制度的模式和后来美国民主制度的确立产生了深远影响,所以后人称之为"北美民主的一块基石"。

新英格兰的移民以清教徒为主体,清教中的民主成分也促进了世俗政治的民主化。正如佩里·米勒所说:"上帝与人类确定的、从而达到其目的的观念日益淡化,而人民由于自己的原因、为了自己的目的而订约立国的观念则越来越明确。"②新英格兰人民在后来的岁月里,在《五月花号公约》的基础上逐步形成了民主管理制度。新英格兰殖民地以城镇为基本行政单位,在城镇里实行《五月花号公约》式的直接民主选举,城镇长官都是由城镇大会选举产生的,他们的职责是执行城镇大会的决定,而无权超越这个限度,任何重大事务和法律都必须由城镇大会审理通过。这种直接的民主管理同古希腊的民主制度极为相似。法国旅行家托克维尔根据实地考察所得出的印象,对新英格兰的民主体制做了如下的评述:新英格兰承认英王的最高统治权力,原则上隶属于这个王国,但是它的地方行政机构都是民主的、共和的。"早在1650

---

① Henry S.Commager, *Documents of American History*, New York: Appleton-Century-Crofts, 1958, pp. 15-16.

② Penny Miller, *Errand into Wilderness*, New York: Harper & Row, 1956, p. 47.

年,在新英格兰,地方社区已经完全确立。""新英格兰的城镇不采用代议制机构,犹如雅典一样,共同关心的问题在市场举行的全体公民大会上决定。"①

新英格兰城镇的直接民主制度一直延续到联邦成立以后。以马萨诸塞为例,到1790年,这里共有305个城镇,总人口为610014人,城镇平均人口为2000人。②城镇于每年4月或5月举行镇民大会,选举三名委员和十六名其他官员办理日常事务。他们按照城镇大会的决定执行法律,维护社会治安、征税、管理财务、建筑维修公共工程。所有城镇官员,包括三名委员在内都不能擅自处理重大事务,任何超越城镇大会决定的问题都必须召集城镇大会加以解决,三名委员只能担任大会的主席而无权影响或干预大会的决定。③

在新英格兰,城镇以上的行政机构由于人口众多和幅员辽阔不可能实行直接的民主选举和管理,而只能采取间接的代表选举制。马萨诸塞殖民地政府就是通过间接选举产生的。当时并不是所有居民都有选举权,只有两种人可以投票,一种是自由居民,"由他们的代表集会投票。另一种等级的人则以个人身份投票,但不是那些士绅,而是经选举担任公职的人,例如总督、副总督、参事会成员和助手等"④。起初,由各地推选的代表和总督及其助理们共同议事,1644年又单独分离出来形成下议院,构成了两院制议会。

然而,无论是弗吉尼亚模式还是新英格兰模式都不是成熟的民主制度,还存在着种种缺陷。例如,南部各殖民地,包括弗吉尼亚在内,对黑人奴隶是从不讲民主的。美国革命前夕的一本小册子曾辛辣地嘲讽了这种现象,其中写道:"你们这些假冒的自由崇奉者真该脸红,你们这些微不足道的爱国党人!虚妄地自炫为人类自由的维护者,却正在践踏非洲人神圣的天赋权利和特权,以此来嘲弄你们自己的表白。因为你们一向行斋戒、做祈祷、不输入、不输出、提抗议、表决心和进行辩护,力图恢复你们的特殊权利,而同时你们还继续干这种不法的、残暴的、无人性的和可憎恶的奴役你们同类的勾当。"⑤

---

① Alexis De Tocqueville, *Democracy in America*, Garden City, New York: Doubleday, 1966, p. 44.

② Alexis De Tocqueville, *Democracy in America*, p. 63.

③ Isaac Goodwin, *Town Officer, Or, Law of Massachusetts*, Worcester: Dorr, Howland and Co., 1929, p. 186.

④ *The Annals of America*, Vol. 1, Chicago: Encyclopedia Britannica, 1970, p. 150.

⑤ [美]塞缪尔·埃利奥特·莫里森等:《美利坚共和国的成长》上卷,第279页。

新英格兰的殖民地政府也只对一部分人讲民主。例如,清教徒当政的马萨诸塞殖民地实行政教合一的体制,常以反对异端的形式赶走持不同政见者。除此以外,对待印第安人和妇女的野蛮行径也是所有北美殖民地尚未最后形成的民主体制的严重污点和缺陷。

三、独立战争的胜利和美国民主制度的确立

对于北美殖民地人民来说,民主、自由的最大障碍是英国的殖民统治。《独立宣言》列举了英国政府在北美殖民地的倒行逆施,令人信服地说明独立战争是由于英国政府粗暴地侵犯殖民地人民的民主自由而引起的。《独立宣言》还强调天赋人权的不可侵犯性,说明英国政府无权违背北美殖民地人民的意愿而任意行事。宣言指出:"人人生而平等,造物主赋予他们若干不可剥夺的权利,其中包括生命权、自由权和追求幸福的权利。为了保障这些权利,人类才在他们之间建立政府,而政府之正当权力,是经被治理者的同意而产生的。当任何形式的政府对这些目标具有破坏作用时,人民便有权利改变或废除它。"[1]

独立战争胜利推翻了英国政府的殖民统治,建立了独立自主的共和国。美国人民开始按照自己的方式来确立美国的民主制度。他们在吸取欧洲历史经验的过程中,对中央集权政府产生了一种异乎寻常的不信任感,结果在相当长时间内未能建立起有一定权力并对各州有约束力的中央政府。联邦政府建立后,州权与联邦政府权力之争仍然持续了很长时间,时至今日仍有余波。在独立战争中建立起来的大陆会议只不过是十三个殖民地的联合机构,并不拥有中央政府的职权。它曾于1776年5月10日通过决议,要求各个殖民地成立自己的新政府。在其后的一年内,除少数州以外,大多数州都通过了州宪法。在这些州宪法中,对个人的权利做了明确的规定。归纳起来,大体包括如下内容:出版、言论、集会、请愿自由,私人住宅不可侵犯,不得无偿征用财产和无证捕人,不在和平时期戒严,或者强迫人民提供不利于自己的证词,多数派有改组或更换政府的自由等。

---

① [美]裴孝贤编:《美国历史文献选集》,第12—13页。

原则上,人民拥有选举权和被选举权。但是,这些民主权利并不是所有的居民都能享受的,几乎在所有州都有较高的财产资格限制,有些州还有宗教信仰方面的资格限制。例如,在新泽西和马里兰,州参议员候选人必须拥有1000英镑的财产,而在南卡罗来纳则为2000英镑。在各州的宪法中都试图贯彻分权的原则,州长的权力受到削弱,大多数州长都没有否决权。司法官员由议会任命,但司法部门有相对的独立性,法官不得被任意撤换或受到降低薪俸的处罚。

各州宪法所包含的基本内容日后都反映在联邦宪法中。可以说,各州的制宪活动是美国民主制度形成的初始阶段。不过,这一制宪活动是有缺陷的,尤其在制宪程序上,十分明显。大多数州都没有成立得到公民授权的制宪会议,事后,宪法草案也未经公民代表审核即付实施。只有马萨诸塞和新罕布什尔两州曾选出制宪会议,并对宪法草案进行公民投票。

邦联政府取代大陆会议只不过是名义上的变化,其职权同大陆会议差不多。邦联国会也是由各州选派出的代表组成的。尽管邦联政府在名义上拥有某些中央政府的权力,但诸如宣战、媾和、举债等重大事项都必须取得十三个州中九个州的同意,所以它实际上只是各个州的松散联合,是一个软弱无力的政府。托马斯·杰斐逊曾经针对弗吉尼亚议会专权的问题评论说:"一百七十三个暴君肯定和一个暴君同样专横。"[1]事实上,在邦联时期,美国并没有在创建民主制度方面取得明显进展,却经历了一个中央政府一筹莫展,各州政府自行其是、分崩离析的困难时期。美国人民从自己的痛苦经历中发现,缺少足够权威的中央政府是年轻共和国的致命弱点,而中央政府的软弱并不等于民主制度的健全。

事实上拥有足够权力的中央政府并不一定就是不民主的政府。恰恰相反,美国民主制度的确立就是同联邦宪法的通过紧密联系在一起的。1787年,在费城召开的制宪会议上主张中央政府相对集权、反对主权在州的人,几乎都强调人民主权原则,主张把制定和批准宪法的权力从各州议会手中转交给民选代表。这在法律程序上来说显然是更为民主的。麦迪逊曾经强调说:

---

① Alfons J. Beitzinger, *A History of American Political Thougt*, New York: Dodd, Mead, 1972, p. 180.

对宪法"应该以必不可少的方式交由人民自身的最高权力去批准"①。在制宪会议上,各种力量经过长期的激烈辩论以后,终于达成妥协,确定了众议院议员按人数比例分配名额,并由公民选举的原则,参议院则由每州的州议会选举两名参议员组成。

美国联邦宪法是世界上第一部比较民主的宪法,它的制定和批准标志着新的资产阶级政体的产生和美国民主制度的确立,无论在美国的社会发展史上还是在整个资产阶级革命史上都算得上一大创举。按照联邦宪法的规定,美国的新政体摒弃了欧洲立法机构至上的传统,采取了立法、司法、行政三权分立而又相互制衡的原则。这里且不去比较欧洲和美国的政体孰优孰劣,但可以肯定,美国的政体是符合美国国情并为美国人民所接受的。

四、美国民主制度的问题

总的来说,美国的民主制度在西方国家中是比较发达和完备的,但也存在着严重的问题。对于这些问题,美国人民从来就是不满的,他们曾发起了数次规模不等的社会运动进行抗议,力图加以纠正。但他们却遇到了重重障碍和阻挠,进展十分缓慢。如果说二百多年来,美国的民主制度有所改进和完善的话,那也应当归功于美国人民坚持斗争的精神。

联邦宪法草案刚一脱稿时就暴露出一个重大的原则问题。这部标榜为民主的宪法竟然没有写入保障人民权利的条款,因此在颁布后,反响十分强烈,一时间舆论哗然。只有少数人为草案辩护,认为宪法保障人民权利是不言而喻的,没有必要见诸文字,也有人认为这是偶然的疏漏。但大多数美国人认为这是不能容忍的错误,坚决要求把保障人民权利的条款写进宪法。几乎在全国各地都出现了抗议活动,有的地方甚至发展为武装冲突。在这种形势的逼迫和推动下,麦迪逊起草的十二条宪法修正案于1789年在国会通过,并提交各州批准。1791年12月15日,修正案的前十条获得3/4的多数州批准,成为正式的宪法修正案,统称为《权利法案》。

---

① Gaillard Hunt and James Brown Scott eds., *The Debates in the Federal Convention of 1787*, New York: Oxford University Press, 1920, p. 59.

《权利法案》包含了1776年弗吉尼亚州《权利法案》的内容。《权利法案》第一条宣布,美国人民拥有宗教信仰、言论、出版及举行和平集会并向政府申诉的自由。第四条规定,美国人的人身、住所、通信及财物不可侵犯。第五条规定未经适当的法律程序不得剥夺公民的生命和财产权,即使为公共目的而征用私人财产,也必须给予合理的补偿。毫无疑问,所有这些条款对于保障美国人民的基本权利确实非常重要。这些条款被写入宪法,标志着美国的民主制度又前进了一步。不过,《权利法案》第十条把未授予合众国政府行使,而又不禁止各州行使的各种权力赋予各州和人民,为州权主义者反对联邦政府留下了一个可以利用的空隙,以致后来引起了许多纷争。

如果说缺少《权利法案》这种疏漏能够在较短时间内以温和的方式加以弥补的话,那么反映在联邦宪法中严重的种族歧视和性别歧视则要经过几代人的努力,甚至采取流血冲突和内战的形式才逐步得以解决。

殖民地时期的种族歧视在联邦宪法中留下了深刻而又难以抹去的痕迹。联邦宪法完全把黑人奴隶和印第安人排斥在外,没有给予他们合众国公民的权利。他们根本没有资格参加选举,只是在计算众议员的名额分配时才提到他们,而且还附上带有侮辱性的限制。联邦宪法第一条第二款规定,在计算各州人口数目以确定众议员名额时,黑人奴隶按3/5计算,即黑人还算不上是一个完整的人。第四条第二款还规定:"凡根据一州之法律应在该州服役或服劳役者,逃往另一州时,不得因另一州之任何法律或条例,解除其服役或劳役,而应依照有权要求该项服役或劳役之当事者一方的要求,把人交出。"[1]按照这项条款规定,如果在南部种植园服劳役的黑人奴隶逃亡到其他州,必须将其引渡给原来的主人。这就为后来的《逃奴追缉法》提供了宪法依据。这些赤裸裸的、野蛮的种族歧视规定竟然写进了一个自由国家的宪法,不能不说是一种极大的讽刺。难怪美国学者利昂·F.利特瓦克说:"宪法在最初的七十八年内始终是一部维护种族奴役和种族歧视的文献。"[2]

联邦宪法中的这些条款对于美国的社会生活产生了极为严重的影响,其

---

① [美]裴孝贤编:《美国历史文献选集》,第42页。
② 中国美国史研究会、江西美国史研究中心编:《奴役与自由:美国悖论》,贵州人民出版社,1995年,第546页。

后联邦政府的一系列种族歧视法令都在这里找到了根据。例如，1793年和1850年《逃奴追缉法》都是以联邦宪法为根据的。《逃奴追缉法》是残酷奴役黑人的法令，根据这项法令，黑人奴隶完全失去了获得人身自由的机会，即使他们幸而逃到北部自由州也可能随时遭到缉捕和引渡，有时连自由黑人也被当成奴隶缉捕出卖，这种事件甚至在首都华盛顿也时有发生。查尔斯·狄更斯在《游美札记》中曾这样写道："在华盛顿，在那个以美国自由之父命名的城市里，任何治安法官见到任何在街上走过的黑人，都可以给他戴上脚镣，把他关在监狱里。"1850年颁布的《逃奴追缉法》更为野蛮。该法令责成全国的司法官员捕捉逃亡奴隶，并授予他们必要时可以动用地方军队的权力。法令违反宪法的规定，取消了对逃亡奴隶案件的陪审制，剥夺了被捕者向法庭申诉的权利。案件由分驻各地的联邦检察官单独审理，一般对被捕获的奴隶不经审讯就遭返给原来的奴隶主。法令还规定，凡藏匿或帮助逃亡奴隶者，一经发现，将被判处1000美元罚款和6个月徒刑，并赔偿逃亡奴隶的身价。立法者的愿望是把全国变成一张严密的大网，使逃亡的奴隶无处藏身，但没有料到，这项法令的颁布激起了美国人民的义愤，抗议之声此起彼伏。纽约的工业改革者大会怒斥这项法令"严重地违反了宪法，是不名誉的越权行为，是一个暴虐的法律"[1]。

联邦宪法对其后有关印第安人的立法也存在严重影响。联邦宪法规定在按人口分配众议员名额时，未被课税的印第安人不包括在内。而当时拥有足够数量财产或收入需要纳税的印第安人屈指可数，绝大多数印第安人是被排斥在这种人口基数之外的。当时，印第安人虽然生活在美国境内，但不断受到主流社会的排斥、迫害和追剿，对于印第安人来说，当务之急不是争取公民权的问题，而是求得稳定、生存的保障。但他们从联邦宪法中没有得到生命和财产安全的保障，其地位同殖民地时期毫无二致。在殖民地时期对印第安人来说根本不存在什么立法问题，在殖民者眼里，他们不过是劣等民族，理应听从白人的支配和控制。各个殖民地政府完全根据自己的需要，或者通过讨伐战争，或者通过签订欺骗性的条约，把印第安人赶离家园，从他们手里夺

① Bernard Mandel, *Labor Free and Slave: Working Man and the Anti-Slavery Movement in the United States*, New York: Associated Authors, 1955, p. 256.

取一片又一片的土地。由于联邦宪法没有为印第安人提供保障,因而联邦时期,政府能够继续对印第安人为所欲为,不必担心受到宪法的约束和制裁。联邦政府在成立后不久就动用军队,连续对西北地区的印第安人进行征剿,迫使他们于1795年8月3日签订了《格林维尔条约》。参加这次签约的印第安人代表和酋长达1130人之多,几乎所有居住在密西西比河和俄亥俄河地区及大湖区的印第安部落都有人参加。根据这项条约,印第安各部落只能保留印第安纳境内的一个三角地带和伊利湖沿岸的土地,另外还保留了交通线上十六个不大的据点。这样,西北地区的大部分土地就落入了联邦政府手中。联邦政府仅向这些地区的印第安人提供微不足道的一万美元年金作为补偿。连年讨伐战争和《格林维尔条约》的签订表明,印第安人的生命、财产、土地完全得不到联邦政府的法律保护。

《格林维尔条约》只能暂时满足联邦政府对印第安人土地的要求。随着美国经济的发展和人口的增加,要求进一步剥夺印第安人土地的呼声越来越高。1803年购买路易斯安那以后,美国上下出现了把印第安人赶到密西西比河以西的要求。宾夕法尼亚、纽约、弗吉尼亚、佐治亚等州迫不及待地粗暴地驱赶本州土地上的印第安人。1829年初,曾经有几位切罗基人的代表给联邦陆军部写信,控告佐治亚州议会非法夺取印第安人土地的行为。他们万万没想到,从陆军部得到的回答不是法律上的保障,而是催促他们向密西西比河西岸迁移的建议。陆军部长约翰·H.伊顿在4月18日的回信中说:"应当指出,除去经常提到的,在此以前已经请你们考虑的向密西西比河彼岸迁移的方案以外,没有值得一提的办法,只有在那里能够为你们提供保护与和平。对此你们应当明白,总统命令我再次把这个方案提出,请你们认真地、严肃地加以考虑。继续停留在你们现在居住的地方,即停留在独立州的领土内,除去骚扰和忧虑不安以外,你们什么也得不到。"这项建议虽然不是法令,但来自联邦的高级官吏,至少表达了联邦政府的官方意见。1829年12月8日,杰克逊总统在致国会的年度咨文中进一步表述了这种看法。他说:"我告诉居住在佐治亚和亚拉巴马土地上的印第安人,他们建立独立政府的企图是不会得到联邦允许的,建议他们迁移到密西西比河彼岸去,否则就要遵守那些州的法律。"[①]这样,迁移印第安人的

---

① Francis Paul Prucha, *United States Indian Policy*, p. 46, 48.

问题就在政府文件中正式出现了。此后,联邦国会就这个问题展开了激烈的争论。1830年5月28日,《印第安人迁移法》终于获得通过。根据这项法令,杰克逊总统受权处理迁移问题,国会为此拨款50万美元以便实现这项计划。

《印第安人迁移法》的颁布,从法律上剥夺了印第安部落在密西西比河以东地区居住的权利,从而在全国范围内掀起了驱赶印第安人的狂潮,给印第安人带来了无穷无尽的苦难。《印第安人迁移法》虽然信誓旦旦地向印第安人保证,密西西比河以西的土地将在他们定居后永远属于他们而不会遭到白人的侵扰,但这只是一个骗局。事实上,法令还墨迹未干,这项保证就一再遭到破坏。许多印第安部落在西部定居后又不断遭到驱赶。这种状况同民主自由是背道而驰的,即使用人道主义的标准来衡量,也是不能容忍的。只要印第安人得不到联邦宪法的保护和享受平等的公民权利,美国的民主制度就不能算是完备的。

无论是在殖民地时期还是在联邦政府成立以后,美国的妇女都处于无权地位,联邦宪法和《权利法案》都没有对妇女的权利问题做出规定。按说她们应当享有同男性公民同样的民主权利,但是按照从英国带来的传统,美国妇女的政治、司法、财产、选举多项权利都被剥夺殆尽。这也构成了美国民主制度的一个严重缺陷。

五、社会运动是纠正美国民主制度缺陷的动力

在美国的历史经验中,还找不到政府决策人主动纠正民主制度缺陷的例证,许多重要法令的出台都是在不同程度的社会运动的压力下完成的。而某些带有普遍性和根本性的法令甚至需要规模巨大、形式激烈的社会运动的推动才可能颁布。美国的南北战争就是最大、最激烈的一次,假如没有这场战争,林肯总统废除奴隶制的《解放黑人奴隶宣言》就不可能公布,黑人奴隶也就不可能获得自由。

废除奴隶制是一场根本性的变革,是经过长期酝酿和不断推动才得以完成的。内战前废奴运动曾历时近半个世纪。最早起来批评奴隶制的是宗教界人士,其后,美国的开国元勋中也有人主张限制和废除奴隶制。但那时只限于个人的行为,还没有形成运动。1794年,十个州的废奴派在费城举行第

一次全国代表大会,这时废除奴隶制的斗争才从个人的分散活动转变为社会团体的、有组织的行动,同时也突破了宗教圈子,成为世俗的民主运动。

1833年,美国反对奴隶制协会的成立把废奴运动推向了高潮。协会在1833年12月4日通过的纲领中宣布:美国立国之本是《独立宣言》所确认的人人生而平等的原则。纲领谴责了奴隶制度,指出"奴隶制度是同客观正义、共和制政府及基督教教义相对立的"①。纲领把争取有色人种的公民权利作为奋斗目标,其中宣布:"本协会旨在通过鼓励提高有色人种的文化、道德和宗教水平,通过消除宗教偏见来提高有色人种的地位和改善其处境,使他们能够按照他们的文化和道德水平同白人平等分享公民社会和宗教的特权。"②

在废奴运动中,废奴主义者和黑人奴隶采取了各种斗争形式:抗议活动、舆论宣传、怠工、毁坏农具、逃亡等,其中影响最大、持续最久的是地下铁路运动。由废奴主义者和同情黑人奴隶的人士组成秘密交通网,掩护黑人奴隶逃往自由州,并在那里取得自由人的身份。废奴运动本身虽然没有发展为一场暴力革命,彻底铲除奴隶制度,甚至未能促使联邦政府在立法上采取改善奴隶处境的措施,但在消除种族偏见方面起到了相当重要的作用,为后来废除奴隶制奠定了思想基础。假如没有废奴运动的长期酝酿和准备,那么废除奴隶制的法令就不可能得到社会的广泛支持。

《解放黑人奴隶宣言》的颁布虽然使黑人在政治上获得自由,但并不等于黑人受压迫、受歧视的问题已经彻底解决。如果没有后来的一系列社会运动,无论是林肯解放黑人奴隶的法令,还是内战后的重建都不可能使"自由民"获得真正的平等、民主和自由。正如美国学者艾伦·温斯坦和弗兰克·奥托·甘特尔所说:"自由是战争的名义上的遗产,迄今只是口头上告诉奴隶说他已经获得自由,却未使他们成为自由人。归根结底,黑人不得不通过纯属他们自己的和自觉的行动来确立他们的自由。"③

由于废奴主义者的不懈努力和激进的改革派在国会内外的活动及广大黑人的顽强奋斗,继《解放黑人奴隶宣言》之后,联邦国会又于1870年通过了

---

① ② Joanne Grant, *Black Protest: History, Documents and Analyses, 1619 to Present*, Greenwich: Fawcett Premier Book, 1968, p. 69.

③ Allen Weinstein and Frank Otto Gatell, *The Segreation Era, 1863–1954*, London: Oxford University Press, 1970, p. 31.

宪法第十五条修正案。修正案第一款规定："合众国政府或任何州政府,不得因种族、肤色或以前曾服劳役而拒绝给予或剥夺合众国公民的选举权。"[①]这是美国立法机构在纠正种族问题上的又一进步。相当多的废奴主义者对于这一进步过分乐观,在回顾反奴隶制斗争的历程时,认为他们为之献身的黑人奴隶解放事业已经随着宪法第十五条修正案的颁布而胜利完成,并决定解散废奴组织。然而,严酷的事实使他们大失所望。宪法第十五条修正案颁布以后,黑人的选举权仍然被剥夺或被限制,种族隔离越来越严重。例如,1871年波托马克河上一艘轮船的船长,公然拒绝弗雷德里克·道格拉斯到轮船餐厅用餐。马萨诸塞的废奴主义者吉尔伯特·黑文报道说,佐治亚州黑人乘坐的二等车简直是"肮脏的猪圈"。对此,温德尔·菲利普斯感叹地说:"在这一代人还健在的时候,黑人可能还需要他们朋友的特殊的同情。我们的事业还没有完成,我们可能活不到亲眼看到它完成的那一天。"[②]后来,尽管联邦国会通过了《1875年民权法案》,禁止在铁路和航运等公共交通部门、旅馆、学校和陪审团实行种族隔离,但很快就被1883年最高法院判决为违宪而失去效力。

种族隔离长期存在和黑人的基本权利被长期剥夺,既有法律方面的原因也有社会方面的原因。而且社会偏见和人们头脑中的种族主义思想更为顽固,更加不易清除,即使已制定了保护黑人的法律,也往往是有法不依。所以美国黑人为了获得真正的民主和自由不得不进行长期的、坚持不懈的斗争。1883年,在最高法院宣布《1875年民权法案》违宪以后,一部分黑人群众立即在华盛顿集会,要求国会通过"不分种族、肤色和过去服役状况","完全、平等地保障"公民权利的法律。集会还呼吁在全国范围内组织民权协会,以便进行捍卫黑人公民权利的宣传和开展实际工作。[③]差不多在同一时间,在其他一些城市中也出现了类似的群众集会,要求联邦政府采取措施保障黑人的生存权利,并提出了将俄克拉何马的公共土地分配给黑人移民的方案。

黑人为争取实现自己的合法权益的另一种斗争形式是广泛建立各种组

① [美]裴孝贤编:《美国历史文献选集》,第50页。

② James M. McPherson, *The Abolitionist Legacy: From Reconstruction to NAACP*, Princeton: Princeton University Press, 1977, p. 13.

③ Herbert Aptheker, *A Documentary History of the Negro People the United States*, Vol. 2, New York: Citadel Press, 1970, p. 658.

织,其中影响较大的全国性组织是美国黑人同盟。同盟成立于1890年,是一个主张开展合法斗争的团体。同盟的章程规定,其目的是通过由刊物、讲坛、公众集会和演讲等形式创造健康的公众舆论,向法庭呼吁重新审理所有被否定的合法的和宪法赋予的权利来实现。"本同盟的宗旨是通过合法的与和平的、法律准许的方法来取得我们所追求的结果。"

南部的黑人往往采取集体移民的形式来对付奴隶主势力的卷土重来。1879年初,大批黑人离开路易斯安那南部,移居北部或其他州。当地的一个黑人组织曾解释说:"自由民的一切权利被否定,所有关于公平的劳动报酬的要求被拒绝,或者在农场主和雇工之间的诚实关系被禁止,公正成为嘲讽,法律成为欺骗,法庭的那些官员们本身就是暴乱的制造者和法律的破坏者。在我们州的许多教区给黑人留下的唯一出路就是移民。"随后,在南部的许多州都发生了黑人集体迁移的事件。当时的堪萨斯曾经被当成理想的移居地,由于大批黑人的涌进,该地人口从1870年的36.4万增加到19世纪80年代初的142.8万人。①

在19世纪和20世纪之交,还发生了历史上有名的塔斯克基运动和尼亚加拉运动。塔斯克基运动的创始人是布克·华盛顿,他主张通过工业技术教育,培养黑人的谋生技能,从而使他们能够在主流社会中取得一席之地。他认为:"一个人只要能做一点世界上需要做的事情,终究会腾达起来,不论他属于哪一个种族。"②所以只要改变黑人的愚昧和无能状况就可以改善他们的处境。尽管运动避开了人们所关心的取消种族隔离问题,但在帮助黑人就业方面做了大量实际工作,因而受到了黑人群众的欢迎和支持,具有相当大的影响。

尼亚加拉运动是20世纪初的一个比较激进的黑人反种族歧视运动,运动的领袖是著名的黑人学者杜波依斯。他不同意塔斯克基运动单纯依靠教育拯救黑人处境的纲领,曾经讽刺地指出这个纲领是"'工作和金钱'的福音书",实际上是"接受了黑人民族是下等民族的那种毫无根据的说法",是让黑

---

① Herbert Aptheker, *A Documentary History of the Negro People the United States*, pp. 708–714.

② [美]威廉·福斯特:《美国历史中的黑人》,生活·读书·新知三联书店,1961年,第445页。

人"屈服的方案"。①杜波依斯认为,应当把争取黑人的政治权利的斗争放在首位,其次才是受教育的问题。他写道:"黑种民族必须成年累月、始终不渝地坚持,选举权对现代人是必要的,种族歧视本身是野蛮行为。"②黑孩子跟白孩子一样应享有受教育的权利。

但是,无论是塔斯克基运动还是尼亚加拉运动都没有收到预期的效果。在现实生活中,种族隔离仍然严重存在,种族迫害变本加厉,拷打黑人致死的事件时有发生。据1892年3月24日费城《基督记事报》报道说,宾夕法尼亚州的有色人种往往因为一些微不足道的事而无故遭受私刑拷打。"一些人被吊在电线杆上,另一些人被烧死在烟囱上,还有一些人像狗一样被枪杀。最近三十天来这个州至少有八个以上的有色人受私刑。几天前在特克萨卡纳就有一个人被烧死在烟囱上……"③看来,没有一场暴风雨式的民权运动,黑人的基本权利仍然是得不到法律的保障的。

20世纪50年代后半期,美国社会终于迎来了波澜壮阔的席卷全国的民权运动,运动的主要目标是实现各族平等,使黑人的公民权利得到充分保障。种族歧视和反种族歧视之争在1957年的小石城事件中达到高潮。该地的白人种族主义者置国家法令于不顾,顽固地坚持种族隔离,煽动一批白人包围一所白人学校,阻止九名黑人学生入校就读。当九名黑人学生勇敢地走近学校时竟遭到毒打,连在场的反对种族隔离的人和记者也难幸免。最后,艾森豪威尔总统不得不出面干预,向全国发表电视讲话,并派遣101空降师的一千名士兵到小石城制止暴徒迫害黑人的行径。

小石城事件激怒了广大黑人群众,从而触发了一场波澜壮阔的民权运动。美国许多地方的黑人采取静坐示威、和平进军等方式强烈抗议美国社会的种族隔离。1960年2月初,在北卡罗来纳格林斯伯勒开始的静坐示威很快就得到其他地区的响应,全国有二十多个州计二十多万学生参加了静坐示威。自由乘客运动也是黑人抗议种族隔离的一种有效行动,曾经迫使州际商务委员会下令禁止在州际运输中实行种族隔离。1963年8月28日,二十五万

---

① William Du Bois, *The Souls of Black Folk*, Chicago: A.C. McClurg & Co., 1903, p. 43.

② William Du Bois, *The Souls of Black Folk*, p. 47.

③ Herbert Aptheker, *A Documentary History of the Negro People the United States*, p. 793.

黑人和同情者组织的规模空前的争取就业、争取自由的"自由进军"震动了联邦政府。肯尼迪总统一方面派军警监视事态的发展，另一方面又接见发起进军的十个黑人组织的代表，表示愿意考虑黑人的要求。

除此以外，以马尔科姆·爱克斯为代表的革命暴力派主张"以暴力对付暴力"，采取武装斗争反对种族隔离。这一派人数虽少，却给联邦政府施加了相当大的压力。

黑人所采取的上述种种行动，是20世纪60年代美国通过《民权法案》的巨大推动力。早在1963年6月19日，肯尼迪总统就已迫于形势向国会递交了一项消除种族隔离的《民权法案》，但国会一直到他遇刺身亡后才于1964年通过这项法案，7月2日经约翰逊总统签署后生效。法案禁止在公共场所实行种族隔离，违者将受到起诉。

1965年和1968年，联邦国会又先后通过了两个《民权法案》以保障黑人行使选举权，并禁止在住房方面的种族隔离。20世纪60年代三个《民权法案》的通过，终于使黑人的权利在法律上得到了可靠的保证。在此以前，印第安人已于1924年基本上取得了公民权，而1920年第十九条宪法修正案的通过又使美国妇女的选举权得到保障。从表面上看，美国的民主制度至此已趋于完备。但是，美国社会上严重的种族歧视、性别歧视和实际上的不平等仍然存在，要消除这些弊端，绝非一朝一夕之功，需要几代人或者更长时间的努力。

总体来看，美国的民主制度就是具有美国特色的民主制度，它适合美国的历史条件和国情，所以为美国人民所接受，并引以为豪。毫无疑问，我们应当尊重美国人民的选择，予以高度评价。但它绝不是一种完美无缺、放之四海皆准的政治制度，有优点，也有缺点，甚至存在严重的缺陷。因此，我们只可以借鉴，不可以照搬，更不能将其作为一种衡量民主化程度的准绳。

原载《历史研究》1996年第2期

美国资本主义制度的确立和现代化的开端

　　什么是美国的现代化？如果单从经济和技术发展的角度加以考察，往往把工业革命作为现代化的开端。毫无疑问，这是现代化的核心问题之一，也可以说是现代化的物质技术基础，但绝不是现代化的全部内容。现代化应当包括社会、政治、文化、思想各个方面，应当是一个总体概念，同社会制度的变革有着不可分割的关系。从历史的进程看，现代化几乎是随着资本主义制度的产生而被提上日程的，美国的情况也不例外。如果把欧美各国向近代社会过渡作为现代化的开端，那将是易于理解的和比较可取的。

一

　　现代化最明显的标志就是经济和技术方面的巨大变化，这是看得见摸得着的东西。人们往往把它作为判定某个国家现代化的开端和进程的最重要的尺度，这是完全可以理解的。但毕竟这是表面的、容易被人观察到的现象。如果从更深的层次看问题，思想观念的转变恐怕也是实现现代化的非常重要的一个方面。现代化绝对不可能发生在封建社会，而只能随着资本主义制度的建立而出现。因为统治中世纪的神权思想崇尚迷信、反对科学，根本不允许研究人的自身价值及人和大自然的关系。任何科学成就都要遭到非难和追究，甚至被视为"异端邪说"而被严令禁止，创立学说的科学家也要受到宗教裁判所的残酷迫害。伟大的天文学家、数学家哥白尼的具有划时代意义的《天体运行》一书，由于教会的阻挠和刁难一直到他逝世前才于1543年刊印成书，1616年，罗马教皇又宣布这本书为"禁书"。

　　意大利学者乔尔丹诺·布鲁诺的遭遇更为悲惨。他公开支持哥白尼的日心说，并发表了《论无限宇宙和世界》，随即受到罗马教廷的追缉。1592年布鲁诺在威尼斯被捕后,被囚禁于教廷监牢中达七年之久,1600年最终被宗教裁判所加以"异端"的罪名,在罗马鲜花广场活活烧死。近代实验科学的奠基人伽利略于1632年出版《关于托勒密和哥白尼两大世界体系的对话》后,也被宗教裁判所传讯,并受到火刑的威胁,最后不得不宣布放弃自己的学说。由此可见,不打倒神权思想,科学技术的发展是根本不可能的。英国学者W. C. 丹皮尔说得好:"要明了中世纪的欧洲在自然知识方面不能有所进步的原因,我们必须探讨中世纪思想的发展。"[①]他认为,在中世纪逐渐取得统治地位的教父神学就是阻碍进步的主要原因,它诱使人们把注意力集中于祈求在天堂得救,避免炼狱的可怕惩罚,从而对世俗知识失去兴趣,乃至仇视科学,结果使得黑暗愚昧"变成大家恭维的德行"[②]。

由此可见,现代化的一个非常重要的因素就是用同社会进程相适应的新思想观念来代替旧的思想观念。这个新思想观念就是伴随着资本主义经济萌芽而出现的人文主义。人文主义提倡人道,反对宗教统治下的黑暗与愚昧,它使人们的注意力从虚幻的天堂、炼狱转回到大自然和人的本身。由此,重视科学知识追求民主自由之风沛然,它成为文艺复兴的思想基础,推动了宗教改革和自然科学的发展。恩格斯特别重视文艺复兴所带来的"科学的伟大复兴",他强调:"这是地球从来没有经历过的最伟大的一次革命。自然科学也就在这一场革命中诞生和形成起来,它是彻底革命的。"[③]恩格斯还认为,只有在资本主义社会,自然科学才可能得到发展。他说:"随着中等阶级的兴起,科学也大大地复兴了,天文学、机械学、物理学、解剖学和生理学的研究又重新进行起来。资产阶级为了发展它的工业生产,需要有探察自然物体的物理特性和自然力的活动方式的科学。而在此以前,科学只是教会的恭顺的婢女,它不得超越宗教信仰所规定的界限,因此根本不是科学。"[④]

美国与欧洲国家不同,它没有经历过封建社会,因此在发展自然科学方面不存在思想的障碍。来自欧洲的移民首先面对着的是美丽富饶却又冷酷无情的大自然,不是他们用双手去征服大自然,向大自然索取生活资料和财

① [英]W. C.丹皮尔:《科学史及其与哲学和宗教的关系》,商务印书馆,1979年,第109页。

② [英]W. C.丹皮尔:《科学史及其与哲学和宗教的关系》,第113页。

③《马克思恩格斯全集》第20卷,人民出版社,1971年,第533页。

④《马克思恩格斯选集》第三卷,第390页。

富,便是大自然把他们吞噬。他们不仅需要勤奋劳动,更需要科学知识和技术。在同茫茫荒原的搏斗中,移民们多半以家庭为单位,逐渐形成了以个人为中心、一切从实际需要出发的性格。他们的价值观、衡量事物的标准就是是否对个人有利。在这种思想指导下,他们勇于开拓,到处创业,但同时,土地投机、杀人越货、目无法纪的事件也层出不穷。马克思、恩格斯所说的资产阶级"使人和人之间除了赤裸裸的利害关系,除了冷酷无情的'现金交易',就再没有任何别的联系了",这个现象在美国早期历史中得到了淋漓尽致的展现。

如果从传统的道德观念看问题,这种思想当然是一种邪说。然而,正是这种离经叛道的、重视自我价值的实用主义和个人主义新观念,推动了美国的经济发展和技术进步,迎来了美国现代化的开端。还在殖民地时期,北美殖民地政府不但没有阻止先进生产技术的引进,而且还出资予以鼓励。例如,1638年塞勒姆地方政府曾提供30英镑贷款,帮助当地玻璃商。18世纪初,罗得岛政府先后向威廉·博登的帆布厂贷款3500英镑。①

宗教方面也出现了大觉醒运动,进一步改革北美的宗教,以适应资本主义发展的需要。北美殖民地本来不存在天主教会的统治,新英格兰移民大半是受英国国教迫害的清教徒,他们已经奉行廉价的世俗化的新教。但由于仍然存在封闭、专断、缺乏信教自由等问题,不完全适应殖民地资本主义发展的需要,后来的大觉醒运动才使宗教民主化、多元化和大众化。

二

资产阶级政治统治的确立就是政治现代化的开始。中世纪的政治是封建割据的政治,即使在绝对君主制时期,那也是一种专制统治,对于现代化大生产只能起阻碍作用。从根本上说,原封不动地保持旧有的生产方式是封建阶级赖以生存的首要条件。资产阶级是现代化大生产的产物,它的政权才能够代表大生产的需要,促进社会的迅速发展和实现现代化。马克思、恩格斯

---

① Victor S. Clark ed., *History of Manufactures in the United States*, Vol. 1, New York: McGraw-Hill, 1929, pp. 42–43.

在《共产党宣言》中说过:"资产阶级除非使生产工具,从而使生产关系,从而使全部社会关系不断地革命化,否则就不能生存下去。"①

资产阶级的统治是逐步建立起来的。它曾经是君主国中的第三等级,在有些地方也组成过独立的城市共和国,只是在现代的代议制国家里才夺得了独占的政治统治,使国家政权成为管理资产阶级事务的委员会。美国的情况比较特殊,资产阶级政权的建立同争取独立的斗争结合在一起。在殖民地时期,各个殖民地依附于英国,虽然也采用了代议制,但还谈不上是什么独立的资产阶级政权,北美殖民地的政治家、思想家不仅对英国的殖民政策不满,而且反对英国的君主立宪制政体。托马斯·潘恩认为,英国政体是一种"羼杂着一些新共和政体因素的两种古代暴政的残余"②。国王体现了君主政体暴政的残余,上议院则体现了贵族政治暴政的残余。他主张北美殖民地获得独立后应当建立一个共和国,而不是英国那样的君主立宪制国家。他有一句名言:"在专制政府中国王便是法律,同样的,在自由国家中法律便应该成为国王。"③潘恩的这个思想为美国独立后的政体定下了基调。

潘恩在《常识》中所论述的政权形式仅仅是独立战争时期的大陆会议。它虽然只是各州共同对敌的联合机构,但已在某种程度上行使统一政权的职能,并且是由各州选出的代表组成的,可以说是美国政体的雏形。美国学者伯恩斯认为:"根除英国的权力是建立美国共和国的第一步。"④独立战争结束后邦联取代了大陆会议,这是建立共和国的第二步。由于各州对中央集权政府十分警惕,不愿意赋予中央政府以"太多"的权力,因而才出现了邦联这种形式。它仅仅是一个在保障各州权力的基础上建立起来的松散的、缺乏强制手段的联盟,或者说是"一个按照《邦联条例》规定的权力有限的中央政府"。伯恩斯甚至认为:"条例缔造了一个脆弱的友谊联盟而不是国家政权。"⑤

经过几年实践,历史证明邦联还是一个极不完备、极不成熟的政体。它所采取的全国政府和地方政府的权力分配,过分偏重于地方,致使中央政府失去了调节全国政治、经济的能力,从而使年轻的共和国面临严重的困难而

①《马克思恩格斯选集》第一卷,人民出版社,1965年,第254页。

②[美]潘恩:《潘恩选集》,第6页。

③[美]潘恩:《潘恩选集》,第35—36页。

④⑤ James Burns et al., *Government by the People*, Englewood Cliffs: Prentice-Hall, 1987, p. 9.

无力摆脱。一些有远见的政治家,包括詹姆斯·麦迪逊、诺亚·韦伯斯特在内,在邦联成立伊始就已经觉察到作为一种政权,国会缺少强制执行其命令和决定的权力是很难进行工作的。随着时间的推移,越来越多的人认识到这一点。1786年9月,五个州的代表在安纳波利斯举行会议讨论挽救邦联的对策。次年5月21日,国会邀请各州派代表在费城举行会议,准备对《邦联条例》进行修改(罗得岛未派代表参加)。开始,会议的权限只是草拟对"条例"的修正条款,但在会议的进程中,草拟一个新宪法、建立新的全国政府的呼声越来越高。费城会议最终成为一次制宪会议。

1787年9月17日,《美利坚合众国宪法》获得通过,大多数与会代表在宪法文本上签了字。但在批准宪法的过程中出现了一场激烈的斗争,纽约州只以微弱的多数通过了批准宪法并加入联邦的决议。罗得岛一直到1790年才批准了宪法。1788年,邦联国会在多数州批准宪法以后宣布了国会和总统的选举日期,并确定当选总统将于1789年3月4日就职。

根据美国宪法建立起来的国家是联邦制国家,它实行三权分立、相互制衡的体制,同时又具有必要的权力和行使权力的手段。美国宪法的第一条第八款和第六条对此做出了两点明确的规定:第一,国会为了行使宪法所赋予的权力,"以及行使本宪法赋予合众国政府或其各部门或其官员的种种权力时,制定一切必要的和适当的法律"①。第二,强调美国宪法是至高无上的,各州必须无条件服从。美国宪法第六条指出:"本宪法,依本宪法所制定之合众国法律,以及合众国已经缔结及将要缔结一切条约,皆为全国的最高法律;任何一州的法官,均须予以遵守,即使任何一州的宪法或法律与之有抵触时,亦是如此。"②

美国宪法和宪法所确定的政体并不是完美无缺的,相反还存在着种种问题和缺点。例如,在制定宪法的过程中,甚至连人民的基本权利都被忽略了,后来又不得不补充通过《权利法案》。至于奴隶制问题,宪法根本就没有涉及。尽管如此,美国宪法的通过和联邦政府的成立毕竟是美国资产阶级政治统治确立的标志,也是美国政治现代化的开端。两百多年的实践证明,这个

① [美]亨利·S.康马杰编:《美国历史文献选萃》,香港今日世界出版社,1979年,第30页。

② [美]亨利·S.康马杰编:《美国历史文献选萃》,第38页。

宪法和这个政府在美国现代化进程中一直在发挥作用。

三

　　从经济和技术的角度看,美国现代化的开端要略晚于思想和政治方面的变革。比较多的学者认为,美国的现代化始于18世纪末19世纪初。巴里·W.波尔森指出:"1790年以后,美国向现代经济发展过渡。19世纪的高速持续不断的经济增长给这个国家带来了令人惊异的转变。"①这大体上同美国工业革命开始的时间相吻合。工业革命及随之而产生的大机器生产恰恰就是资本主义社会的物质技术基础。从根本上说,大机器生产代替手工作坊是现代化在经济方面最主要的标志和条件。也有一些美国学者从另外一个角度来判定现代化的开端。例如,道格拉斯·诺斯认为,从个人收入增长的情况可以看出美国现代化开端的大致年代。他引用了许多统计数字证明,19世纪初美国的人均收入比内战前的任何十年都高,而1793—1808年又是上述时期里人均收入最高的顶峰时期②,因此美国现代化的开端应当定在18世纪和19世纪之交。

　　美国学者当中的另一种观点是强调对外贸易增长和美国经济发展的关系,把拿破仑战争时期给美国对外贸易造成的极好机会看成是美国经济向现代化过渡的一个重要因素。美国学者约翰·B.麦克马斯特指出:"几乎整个欧洲的航运商务都掌握在美国手中……除去英国以外,每一个交战国的商船旗帜都从海上消失了。"③海上贸易大部分是由美国商船来承担的。道格拉斯·诺斯和乔治·罗杰斯·泰勒也都把1790年到1807年美国的经济增长同对外贸易联系在一起,并估计这一时期的出口额大约增加了五倍。④诺斯还认为拿破仑战争以后的年代外贸的增长与美国经济的发展仍然有直接的关系,19世

---

① Barry W. Poulson, *Economic History of the United States*, New York: Macmillan, 1981, p. 185.

② Douglas North, *The Economic Growth of the United States*, Englewood Cliffs: Prentice-Hall, 1961, pp. 53−69.

③ John B. MacMaster, *A History of the People of the United States*, Vol. 3, New York: D. Appleton and Company, 1976, p. 225.

④ George R. Taylor, "American Economic Growth Before 1840: An Exploratory Essay," *Journal of Economic History*, Vol. 24, No. 4, Dec. 1964, pp. 427−444.

纪20年代和30年代棉花出口的增长和贸易条件的改善尤有重要作用。

　　过于强调对外贸易的论点颇为牵强,引起的争论较多。例如,波尔森就反对这种说法。他提醒人们注意,在整个19世纪,美国对外贸易的产值平均只占国民经济总产值的6%,在拿破仑战争时期也不过占10—15%,总的来说低于殖民地时期对外贸易所占的比重。而如果从外贸人均产值的情况来看,1790为6美元,1800年为10美元,此后,在禁运时期和1812年战争中连续下降,直到内战时期均未恢复到1800年的水平。由此可见,19世纪美国的对外贸易在整个国民经济中所占的份额有限,不可能对经济发展起决定性的作用,也不可能成为向现代化经济过渡的决定性因素。[①]波尔森的分析是有根据的,也是颇为可取的。另一种观点认为美国现代化的开端应当定在19世纪中叶。沃尔特·W.罗斯托认为,美国的现代化并不是一个持续不断、长期发展的过程,而是一个突变,有一个"起飞"阶段,并认为这个阶段发生在1843—1860年。[②]查尔斯·比尔德和路易斯·哈克也把现代化定在19世纪中叶,并且认为南北战争是美国政治、社会、经济生活的转折点,1861—1865年是经济迅速发展,生产和就业两旺的年代。[③]

　　尽管美国学者界定现代化的标志不同,对现代化开端的时间也各有看法,但他们的论据都同大机器生产的出现和发展有直接的关系,或者说他们捕捉到大机器生产产生的某些现象以后,从一个侧面来窥测现代化进程,因而提出了不同的说法。不过,许多美国学者在表述向现代化经济过渡的时候喜欢使用结构变化(structural change)这个词,在这一点上倒是颇为一致的。在他们看来,结构变化是全面的,涉及各个经济部门,但起主导作用的却是工业部门的发展,或者说是工业革命。波尔森认为:"在美国,向现代经济发展过渡涉及经济活动的一系列结构变化。在那些最重要的结构变化中有工业生产的飞速增长,交通运输部门的发展,以及地区之间、乡村与城市之间的经

---

　　① 巴里W波尔森《美国经济史》麦克米伦出版公司1981。

　　② Walt W.Rostow, "The Take-off into Sustained Growth", *Economic Journal*, Vol. 66, No. 261, Mar. 1956, pp. 25-48.

　　③ Charles A. Beard and Mary R. Beard, *The Rise of American Civilization*, Vol. 2, New York: Macmillan, 1930; Lottis M. Hacker, *The Triumph of American Capitalism*, New York: Simon and Schuster, 1940.

济活动空间的再分配。"①在这里,工业发展显然被置于结构变化的首位。约瑟夫·熊彼特又为结构变化这个词注入了新的更为明确的内容。他认为向现代化经济过渡是伴随着技术发明及其推广应用而逐步实现的,而企业家则是创造发明的鼓励者和推动者。他写道:"我们看到,企业家的职能就是通过采用发明,或者一般地说,是通过利用生产新产品的新技术或者利用新方法生产老产品的技术的可能性,通过开发供应原料的新来源或者销售产品的新市场,通过改组工业等途径来改革和革新生产模式。"②熊彼特所表述的看法主要涉及工业革命的内容,他关于资产阶级历史作用的论述同马克思、恩格斯的说法也有惊人的相似之处:"资产阶级除非使生产工具,从而使生产关系,从而使全部社会关系不断地革命化,否则就不能生存下去。"③

总体来看,资本主义经济的现代化应当以工业革命为开端。

四

工业革命之所以重要,在于它以大机器生产代替手工工场,为资本主义奠定了物质技术基础。只有这时才能说资本主义制度已经确立,也只有在这时才能说现代化已经开始。英国是工业革命的发源地,恩格斯认为:"产业革命对英国的意义,就像政治革命对于法国,哲学革命对于德国一样。"④"当革命风暴横扫整个法国的时候,英国正在进行一场比较平静的但是威力并不因此减弱的变革。蒸汽和新的工具机把工场手工业变成了现代的大工业,从而把资产阶级社会的整个基础革命化了。工场手工业时代的迟缓的发展进程变成了生产中的真正的狂飙时期。"⑤对于美国的社会发展,工业革命也具有同样重要的意义。

美国工业革命首先从纺织业开始,这个工业部门迅速机械化,生产效率成倍提高,生产规模也迅速扩大。手工工场已经容纳不下如此巨大的生产规

---

① Barry W. Poulson, *Economic History of the United States*, p. 185.

② Joseph A. Schumpeter, *Capitlism Socialism and Democracy*, New York: Harper, 1942, p. 132.

③《马克思恩格斯选集》第一卷,第254页。

④《马克思恩格斯选集》第二卷,人民出版社,1972年,第254页。

⑤《马克思恩格斯选集》第三卷,第728页。

模,很快被工厂所取代,实现了生产的工厂制。在美国,这种工厂制还得到进一步的发展。1814年秋,弗朗西斯·C.洛厄尔在马萨诸塞州的沃尔塞姆创办了世界上第一家包括从梳棉、纺纱到生产布匹全过程的综合工厂,使工厂制更加完备。因此有人认为:"英国奠定了工业结构的基础,即所谓的生产的工厂制,而美国则砌完了圆拱门的最后一块石头。"①

在蒸汽机投入使用,蒸汽机代替人力、畜力成为工业动力以后,美国工业取得了更大的发展。大机器生产不仅在纺织部门取得了统治地位,而且扩展到许多重要的工业部门,连服装和制鞋业都采用了机器生产。1860年,全国生产了111000台缝纫机,使服装业的产值迅速提高。②制鞋业由于采用了机器生产,年产值达到了91891948美元。③

更为重要的是钢铁业、机器制造业等重工业部门的发展,这些部门是美国形成独立的工业体系的基础。1850年,美国的生铁产量达到了50万吨。④到19世纪60年代,在纽约、宾夕法尼亚、俄亥俄、弗吉尼亚等地形成了十个主要钢铁基地。钢铁业的发展为美国的交通运输和各个工业部门提供了急需的钢材,使工业化的进程加快。

美国的机器制造业在19世纪50年代已初具规模,并且形成了自己的特色。它不仅能生产性能优异的各种机床,而且创造了先进的标准化生产方法。按照这种方法生产的机器部件,规格是统一的,达到了可以互相替换的精确程度,人们能够随意从成千上万的部件中拿出一套部件组装成机器。这种方法为大批量生产提供了方便,而且使机器的维修工作大为简化。

标准化生产方法在工厂制发展的过程中是一次重大的革新,极大地加快了工业化的步伐。1851年,当美国人在伦敦的水晶宫工业博览会上展出可替换的军火部件的时候,立即引起英国工业界的关注⑤,他们称这种方法为"美国制造体系"。不久后,英国还派出议会代表团访问马萨诸塞州斯普林菲尔德的美国联邦军械厂。

----

①③ Carroll D. Wright, *The Industrial Evolution of the United States*, New York: Charles Scribner's Sons, 1895, p. 131.

② Victor S. Clark ed., *History of Manufactures in the United States*, p. 43.

④ Louis R. Wells, *Industrial History of the United States*, New York: Macmillan Company, 1922, p. 187.

⑤ Nathan Rosenberg, *Technology and American Econmic Growth*, New York: Routledge, 1972, p. 90.

美国的工业革命为农业提供了高效率的农具，为交通运输部门提供了使用蒸汽动力的交通工具，后来又为通讯部门提供了电报机、电话机，从而全面促进了美国主要经济部门的发展。到19世纪末，美国的经济发展超过了欧洲的许多国家，一跃而跻身于世界先进国家之列。

波尔森把交通运输作为结构变化的第二个重要方面，不是没有根据的。美国是一个大国，拥有广袤的未经开发的西部，对它来说，交通运输的技术革新和发展具有特别重要的意义。殖民地时期和独立之初，东西部的交通极为不便，毛皮商、猎人和拓荒者只能沿着印第安人的羊肠小道和河流，困难而又缓慢地进入西部地区。如果不迅速改变这种状况，根本谈不上什么现代化。

最早采取的措施是修筑收费公路，1785年，弗吉尼亚建成了第一条收费公路，19世纪20年代筑路规模达到高峰，到1830年建成公路达1.1万英里，耗资3000万美元，其中约2500万美元是私人资本。①收费公路网的形成使货物运费从19世纪初的每英里每吨30美分降到19世纪中叶的15美分。然而，收费公路的覆盖面不大，货运量有限，运费虽然一再降低，但仍然比较昂贵，不能满足当时经济发展的需要，于是在19世纪初美国掀起了挖掘运河的热潮。

第一条成功的运河是连接哈得逊河和伊利湖的伊利运河，完成于1825年，给纽约州和纽约市的经济发展带来了极大的好处。此外，俄亥俄、印第安纳和伊利诺伊等州也都建成了自己的运河网。美国在修筑运河方面总共耗资2亿美元，其中2/3是州的拨款，外国投资也占相当比重。②水路运输在美国的交通系统中发挥了相当重要的作用，汽船投入使用后，这种作用更为显著。据统计，19世纪40年代中期，在西部河流航行的汽船达1200艘之多，每年货运量超过1000万吨。③然而，开挖运河毕竟受自然条件的限制，在河流稀少的地区是不可能进行的，只有后来兴起的铁路才适用于所有地区。

铁路建筑是随着火车的发明和投入使用而开始的，是美国交通运输中的一次重大革命。

经济学家约瑟夫·熊彼特对铁路在美国经济发展中的作用给予了很高的

---

① Barry W. Poulson, *Economic History of the United States*, p. 276.

② Barry W. Poulson, *Economic History of the United States*, p. 279.

③ [美]A.C.毕灵:《美国经济生活史》,商务印书馆,1947年,第170页。

评价。他在《经济发展理论》①一书中指出,19世纪后半期美国的经济史主要是铁路部门发展的历史,把铁路视为这一时期的主导因素。持相同观点的还有沃尔特·罗斯托,他也认为,铁路是美国向现代经济成长过渡的起飞阶段的主导工业。这种说法并不是没有根据的,我们只要从铁路投资增长和资金用途的情况就不难看出这一点。内战后每隔十年投资都有巨大增长。1890年,投入铁路的资金超过了60亿美元,其中外国资本约占1/3强②,这在当时是一个相当大的数字,而这些资金又主要用于购置铁路设备和铁轨。1869年,用于设备的资金为11200万美元,用于铁轨的资金为162900万美元,以后逐年增长,到1879年大约翻了一番,分别为28600万美元和301100万美元。③如此巨额的资金都流入了冶金、机器制造和有关的工业部门,其对工业发展的影响可想而知。

更为重要的是,随着铁路线的增长,美国各个地区逐渐被四通八达的铁路网连接在一起,对于统一市场的形成和发展起着十分重要的作用。美国的现代化因而也能够顺利地向横广方向发展,逐步遍及各地。

总而言之,现代化进程是伴随着资本主义制度的确立而开始的,但它持续不断,只要人类社会还存在就不会停止。所以,有资本主义的现代化,也有其后的社会形态——社会主义的现代化。人们为了便于理解,往往根据不同时期、不同目标把现代化分为若干阶段,在达到某些目标以后宣布某一时期的现代化已经实现,这是可以理解的,绝不意味着现代化的进程已经终结或者中断。

原载中国美国史研究会编:《美国现代化历史经验》,

东方出版社,1994年

---

① *The Theory of Economic Development*, Cambridge, 1934

② Barry W. Poulson, *Economic History of the United States*, p. 284.

③ Dorothy S. Brady ed., *Out-put*, *Employment and Productivity in the United States After 1800*, Vol. 3, New York: National Bureau of Economic Research, 1966, p. 606.

关于美国《1787年西北领地组织法令》的评价问题①

1787年7月13日,当美国邦联国会中的要人云集费城参加制宪会议之际,在纽约举行的国会在部分议员缺席的情况下以多数票(仅1票反对)通过了《1787年西北领地组织法令》,确定了处理西部土地的原则,这对其后西部土地的开发和新州的建立起了极其重要的作用。然而,美国史学界对这个法令褒贬不一,苏联史学界和我国史学界则贬多于褒,很有研究澄清的必要。但是,重新评价这个法令,并非本文的主要目的,重要的是研究这个法令出台的历史背景,它所要解决的主要问题,以及其后对美国政治、经济的影响。只有通过对这些问题的研究才可能正确把握1787年法令的性质、作用和意义,并从中汲取经验和教训。

一

18世纪80年代,美国有关处理西部土地的法令一共有三个:托马斯·杰斐逊主持制定的1784年法令、丈量和出售土地的1785年法令和内森·戴恩主持制定的1787年法令。本文所探讨的是最后一个法令,其具体内容大致如下:(一)规定西北地区为一个独立的领地,由国会委派一名总督和三名法官进行管理,但国会有权否定该领地通过的法令,以后领地还将继续划分,并在上面建立三到五个新州;(二)任何一个再划分后的领地,拥有选举权的男性居民

---

① 原论文名为《关于美国1787年西北法令的评价问题》,收录时改为《关于美国〈1787年西北领地组织法令〉的评价问题》。18世纪80年代,美国先后颁布过三个针对西北地区的法令,统称《西北法令》,分别为《1784年西部领地组织法令》(以下简称1784年法令)、《1785年西部土地出售法令》(以下简称1785年法令)、《1787年西北领地组织法令》(以下简称1787年法令)。(编者注)

达5000人时,即可建立两院制议会,并向邦联国会选派一名无表决权的代表;(三)当领地居民达到60000人时,可以组建为新州,经国会批准后加入邦联,并享有同原有诸州平等的权利。

1787年法令是美国政府向西扩张和开发西部的一系列法令中的一个。美国历史上的西进就是按照资本主义方式夺取和开发广大的西部地区,并使其按照自己的模式组织起来,从而扩大联邦的版图,加强联邦的实力。1787年法令第一次在政治上确定了处理西部土地的原则,因而是一项奠基性的法令,它直接关系到未来西部地区的命运。可以说是邦联政府所颁布的唯一的最具有远见卓识的法令,也是邦联政府对合众国的一大贡献。

然而,1787年法令并非某个聪明的政治家,或者某个明智的政治团体构想出来的,它是美国特定历史条件下的产物。

北美独立战争结束后,根据《巴黎和约》的规定,美国的疆界越过了阿巴拉契亚山,直抵密西西比河。同这片土地接壤的几个州曾经提出土地要求,经过激烈争夺后才陆续放弃对西部土地的要求,并将自己所占领的西部土地交给邦联国会处理。这样就出现了密西西比河以东、俄亥俄以北的西北地区,包括现今的密歇根、威斯康星、俄亥俄、印第安纳、伊利诺伊五个州。如何治理这片广阔的土地? 这是邦联国会所面临的一个重大问题。合众国的政策制定人对此忧喜参半。正如奥努弗所指出的:"革命结束后,美国的政策制定人怀着期待和焦虑的复杂心情来看待西部。"[1]他们对于合众国的领土成倍扩大感到高兴,并且希望通过西部土地来增加国家的财政收入,但同时担心西部土地的开放可能引起各州的纷争和社会秩序的混乱,从而导致邦联的解体。

邦联政府决策人的担心并不是多余的,当时的西北地区绝非无主的空地。在那里已经有许多美洲土著人——印第安人的部落星罗棋布地分散在各地,其中相当多的部落曾经同英国人和法国人结成联盟,反对年轻的合众国,对邦联政府一直持敌对态度。同时,那里又是无人管辖的地区,人们在那里的行动不受法律和政府的约束,简直是无法无天。不断涌来的移民和土地投机者自行其是,时常同土著人或者相互之间发生冲突,往往酿成流血惨案。

---

① Peter S. Onuf, *Statehood and Union: A History of the Northwest Ordinance*, Bloomington: Indiana University Press, 1987, p. 1.

更令邦联执政者担心的是,欧洲的一些强国仍然虎视眈眈地威胁着西北地区的安全。英国从北部、西班牙从南部和西部窥伺着西北地区,并且推波助澜,使那里的混乱状况进一步恶化。他们清楚地认识到,只要走错一步棋,就会使西部发展的梦想破灭,留下无穷的后患。

当时有两种可供选择的办法摆在合众国面前:一种办法是步欧洲殖民主义者的后尘,把西北地区作为合众国的殖民地,使其在政治上处于从属地位,社会方面处于劣等地位,经济上处于依附地位。这样可能激起西北地区居民的无休止的反抗,甚至导致规模不等、连绵不断的战争,最终可能造成这个地区完全脱离合众国。另一种办法是为这块土地制定一个建州的程序,并给予该地区在条件成熟时以平等地位加入合众国的权利。重视西部土地,积极推动西进的议员们反对第一种办法,他们希望广大西部地区能够成为合众国"不可分割的"一部分,并且力图用发展西部经济和加强东西部经济联系的办法来巩固这种联合。他们认为,发展边疆的商业将促使整个邦联的财富和人口持续增长,同时可以协调东部和西部的利益,如果没有这种协调,邦联将难以存在。①出于这种考虑,邦联的决策人选择了第二种办法。于是,《西北法令》得以迅速制定。历史证明,这一选择是远见卓识的,其意义极为深远。

然而,确定处理西部土地的原则和办法,并且用国家法令的形式固定下来,绝不是一件轻而易举的事情。邦联国会曾经于1784年4月23日和1785年5月20日先后通过两个法令,其目的在于保障西部新州的平等地位,并通过预先限定新州的面积和划定边界的办法来预防未来可能产生的法律纠纷,同时期待西部土地能够迅速出售,以增加国库收入,减轻合众国的债务负担。1784年法令实际上是未来新建州和旧州之间的一种协定,确定了两者相互平等的原则,也就是说"美国应当是各个州的联合"②。但是,在1784年法令制定后,由于西部人烟稀少,各州的土地划拨工作尚未结束,再加上保守势力的阻挠,一直未能实施。1785年法令是关于测量西部土地并按地段出售的法令,但由于出售的限额为640英亩,且售价太高,一般西进移民无力购买。因此,

---

① Robert F. Berkhofer, "The Republican Origin of the American Territorial System", in Allan G. Bogue, Thomas D. Phillips and James E. Wright eds., *The West of the American People*, Etasca: F. E. Peacock Publishers, 1970, p. 3.

② Peter S. Onuf, *Statehood and Union*, p. 49.

不得不一再修改法令所规定的售地限额、土地售价和付款办法,最后为1862年的《宅地法》所取代。1784年和1785年的两个法令虽然当时没有实施,或者产生的作用不大,但毕竟为确定西部土地的处理原则奠定了基础,这从美国国会内外围绕西部土地问题的激烈争论中可以一目了然地看到。

当时有一部分人主张把西北地区作为《巴黎和约》划归美国占领的殖民地,公开宣布"要在西部建立殖民政府",或者建立"一个管理西部国家的殖民政府"。①直到1786年5月,在新的《西北法令》提案辩论中,威廉·格雷森还扬言:"弗吉尼亚有权利得到它用自己的军队占领的地区,美国则有权占领这块土地(即西北地区)的其余部分。"②如果他们的企图得逞,合众国将面临完全不同的前途,不可避免地陷入老殖民主义者的泥沼而不能自拔。

另一部分人认为,向西部移民将使东部受到损害,而在西部各州兴起之后,合众国的分裂将很难避免。因此,这部分人不鼓励向西移民,甚至主张加以遏制。1786年6月,鲁弗斯·金对埃尔布里奇·格里说:"大自然以广阔的连绵不断的山脉严峻地把两个地区分开,不同的利益和地利将使它们分离,而我们已经分崩离析的政府的软弱政策不可能把它们联合起来。由于这个原因,我反对鼓励向西移民。位于大西洋沿岸的各州政府,人口本就不多,失去了我们的人口就是失去了我们财富的重要源泉。"③金还认为,"从大西洋各州出去的每一个移民对邦联来说都是永久失去的人。"④甚至连麦迪逊这样的人也曾对西进的后果表示深深怀疑。他在致杰斐逊的信中提到,"留在大西洋各州"的人"将会由于鼓励移居西部而受到损失",原有各州将会"人口减少",土地将会"贬值"。⑤《马里兰报》1787年5月4日还发表文章,担心西部新建的州将会像佛蒙特那样变得"富有""幸福"而脱离邦联。这些人的基本立场是以不发展西部为代价来维持邦联现状。

① Edmund Cody Burnett, *Letters of the Members of the Continental Congress*, Vol. 8, Washington D. C.: Carnegie Institution, 1936, pp. 470–472.

② Edmund Cody Burnett, *Letters of the Members of the Continental Congress*, p. 353.

③ Edmund Cody Burnett, *Letters of the Members of the Continental Congress*, p. 18.

④ Edmund Cody Burnett, *Letters of the Members of the Continental Congress*, p. 380.

⑤ "Madison to Jefferson, August 20, 1784", in Robert A. Rutland et al., *The Papers of James Madison*, Vol. 8, Chicago: University of Chicago Press, 1962, p. 180.

对上述两种意见所起的破坏作用不应当过低估计。因为"18世纪80年代是美国邦联的危机时期"①，年轻的合众国正处在十字路口，正确的意见并未占明显优势。当时作为政府决策人之一的门罗曾受到各种意见的影响而犹豫不决。直到1786年1月19日他才致函杰斐逊，表示支持西进和迅速处理西部土地问题，并同那些持消极保守甚至反对态度的人划清界限。他写道："我们的意见很明确……他们（对西部）的兴趣即使不是同我们的政策背道而驰的，那也是关系不大的。"②

　　1786年，门罗受命领导一个委员会，负责修订1784年法令。委员会面临的一个棘手问题就是在建立新州以前，如何实施对当地居民的管理。门罗主张应当由他们"自己管理自己"③。但是许多国会议员对西部移民的忠诚表示怀疑，认为这种自由主义政策是轻率的、不负责任的。1784年法令的许多条文因此受到攻击。一些国会议员主张按自然边界划分新州，另一些国会议员则认为新州的设立也会带来新的"不平等"。因为计划中的新州偏小，申请建州的人数限额偏低，他们加入合众国后，在居民人数方面和财富方面将大大低于旧州，但却享有同旧州相等的政治权利。④

　　以门罗为首的委员会讨论了各方面的意见，认为法令应当保障有秩序地移民，而地方自治权力过大则会影响这种秩序，因此确认杰斐逊主持制定的1784年法令是不适宜的。1786年7月13日，邦联国会听取和通过了委员会的报告，要求制定一个西北地区的临时管理办法，并宣告1784年法令无效。⑤国会还决定，根据形势的需要在西北地区建立的新州将不少于三个，不多于五个，其规模比1784年法令所规定的十六个大得多。

　　1784年法令中建立小州的思想来自杰斐逊。在他看来，在西北地区建立新州的过程不会太长，小州便于实行居民自治和发挥民主。毫无疑问，杰斐逊恪守民主原则的精神是应当予以充分肯定的，但西北地区的形势比他预料

　　① Peter S. Onuf, *Statehood and Union*, p. 15.

　　② Edmund Cody Burnett, *Letters of the Members of the Continental Congress*, p. 284.

　　③ *Annals of the Congress of the United States,1789-1824*, Vol. 11, p. 1103.

　　④ Edmund Cody Burnett, *Letters of the Members of the Continental Congress*, pp. 380-382.

　　⑤ Julian P. Boyd ed., *The Papers of Thomas Jefferson*, Vol. 10, Princeton: Princeton University Press, 1950, pp. 112-113.

的要复杂得多。那里的无政府状态实际上已经造成了社会的极度混乱,开发这个地区必须首先在那里建立正常的社会秩序,以保障移民们的生命和财产安全。对此,小州的自治机构是无能为力的。正如奥努弗说的,"到1787年,事情已经显而易见,只要没有颁布'刑法和民法'以保障可能成为那里第一批居民的粗犷人们的'和平和财产',国会就不可能售出它的土地"①。由此可见,在一定的历史条件下,社会秩序比所谓的民主制度更为重要。如果不能建立起码的社会秩序,民主也就成为一种可望而不可即的东西。鉴于此,美国国会加紧进行新的《西北法令》的制定工作。1786年9月,国会成立了一个新委员会,负责审定。委员会的成员有马萨诸塞的内森·戴恩、康涅狄格的威廉·塞缪尔·约翰逊、南卡罗来纳的查尔斯·平克尼等人。1787年4月和5月,新《西北法令》草案在国会顺利地通过了两次审读,但在第三次审读时,由于国会法定人数不足而未能付诸表决。此后国会又指定弗吉尼亚的爱德华·卡林顿、理查德·亨利·李和南卡罗来纳的约翰·基恩参加草案的修订工作。至此,1787年法令的制定工作基本完成,剩下的事情就是提交国会表决通过了。

二

1787年法令虽然是在1784年法令的基础上制定的,但却做了较大的修改,在民主原则、奴隶制问题上确实是较为温和的,对此美国的激进历史学家曾经做了尖锐的批评。但是,历史的发展是不以人们的意志为转移的,在一定条件下"倒退"是必要的、不可避免的,1787年法令的出台就属于这种情况。

自1787年法令通过以来,人们对它的批评主要集中在三个问题上。这些批评都有一定的根据和道理,但这并不能否定法令本身的重大意义,只要结合当时的历史条件加以考察就不难看出。

第一,关于禁止奴隶制问题。在禁止奴隶制方面,1784年法令草案的确含有一个激进的条款。该条款规定,在1800年以后新建的任何州都不允许奴隶制和强制劳动存在。这一条款引起了激烈的争论。在表决时,梅森-迪克逊线以北各州的代表都投了赞成票,以南各州的代表,除杰斐逊以外,都投了

---

① Peter S. Onuf, *Statehood and Union*, p. 54.

反对票。①结果,有关根除奴隶制的内容最终被删除。获得通过的1787年法令只宣布在西北地区禁止奴隶制和各种形式的强制劳动,而没有规定必须立即废除在这个地区已经存在的奴隶制。对于奴隶主来说,这显然是一个温和的而且颇有伸缩性的方案,因而它能在南部各州代表占多数的情况下顺利通过。在当时的具体条件下,应当说此条款的通过是一个相当了不起的成就。不能因为它比较温和、有伸缩性,就斥之为"保守"和"倒退"。由于宣布了在西北地区禁止奴隶制的原则,从而赋予了1787年法令以更多的进步意义。

诚然,1787年法令关于禁止奴隶制条款的实施是缓慢的,甚至在法令颁布后仍有一些州在申请引进少量奴隶和契约奴,但到19世纪30年代,实施法令最慢的印第安纳和伊利诺伊两地的奴隶制也终于被废除了。如果同全国的形势相比较,西北地区无疑走在前头。当时,南部的奴隶主不断进逼,奴隶制的势力范围不断扩展,直到内战爆发,南部的进逼势头仍未见削弱。在19世纪中叶以前,南北双方围绕奴隶制问题的多次冲突都是以北部的退让而宣告结束的,1820年密苏里妥协案和1850年妥协案尤其明显。可见,1787年法令在保证西北地区取消奴隶和强制劳动方面确实起过积极的作用。

第二,关于1787年法令的民主性问题。在西北地区建立新州的过程中所经历的"领地阶段",往往被认为是1787年法令不民主的表现,因为领地的首脑是由邦联政府,后来是联邦政府任命的,并非由当地居民选举产生。从形式上看似乎不民主,因而在当时就引起了人们的强烈反应,以致有人把西北地区第一任总督圣克莱尔称为开倒车退回老殖民地的总督。托马斯·沃辛顿于1801年评论说:"现在的仲裁政府更适合于英国的和法国的殖民地,而不适合于美国的公民。"②甚至有人指出圣克莱尔的政府就是仲裁政府。更多的人对领地内的居民不具备美国公民的权利这一状况提出指责。对于这种指责,当时就有人加以解释,认为这并非独裁,而是居民们同领地政府的一种契约关系,"是美国和所有居民之间的一种契约"③,之所以形成这种关系是由于

① William Barton, *The True lnterest of the United States and Particularly of Pennsylvania Considered*, Philadelphia, 1786, p. 11.

② Peter S. Onuf, *Statehood and Union*, p. 71.

③ William Henry Smith ed., *The St. Clair Papers: The Life and Public Service of Arthur St.Clair*, Vol. 2, Cincinnati: Robert Clarke & Co., 1882, p. 54.

"居民们同意暂时放弃他们的权利,以便使国会能够维持秩序并发展国有土地,而美国则保证欢迎新建的西北各州加入联邦作为回报"①。这种解释后来被称为契约论。姑且不论这种解释是否合理,但稳定西北地区的社会秩序的确是当时的首要问题。本文前面提到,那里不仅存在严重的无政府状态,而且受到西班牙、英国和法国的威胁。戈登·西沃特认为:"老西北地区是受外国影响和攻击,以及从内部反对新美国的不安全的附属物。"②从这个意义上说,设置西北领地政府是必要的过渡阶段,不能因为这一条款存在的种种缺陷,甚至是严重的缺陷而否认它的意义。

第三,关于俄亥俄公司的影响问题。人们曾经指责1787年法令是在俄亥俄公司的负责人梅纳西·卡特勒的影响下通过的,它有利于土地投机者而不利于移民。弗朗西斯·菲尔布里克甚至认为该法令"极为反动,是美国政治生活中的倒退"③。这种指责不是毫无根据的,但并不全面。

俄亥俄公司是于1786年3月在波士顿组建的,倡导人是梅纳西·卡特勒、鲁弗·帕特南和本杰明·塔珀等新英格兰的退伍军人。它是一个股份公司,拥有资本100万美元,但都是大陆会议支付革命时期军人的证券,其业务主要是经营土地买卖。1787年3月,在一次公司会议上确定派卡特勒赴纽约进行院外活动,以促进国会通过有利于土地投机的法令。大致在1787年7月上旬,卡特勒抵达纽约进行院外活动。他有机会听取了有关法令草案的报告,并向国会建议,尽快在领地建立政府,以便吸引更多的移民。卡特勒在国会表决法案以前离开了纽约。卡特勒懂得,在领地内建立必要的社会秩序是进行大规模土地投机的先决条件,此行的目的就在于促使国会通过在领地建立政府的条款。他的目的基本上达到了。但是,这仅仅是邦联国会通过1787年法令的一个小小的助力,所占的分量是微乎其微的。

邦联决策人设置领地政府的目的有三:一是加快土地的出售以增加财政收入;二是加强邦联政府对西北地区的控制;三是阻止自由占地的趋势。

---

① Peter S. Onuf, *Statehood and Union*, p. 73.

② Frederick D. Williams, *The Northwest Ordinance: Essays on Its Formulation, Provisions and Legacy*, East Lansing: MIchigan State University Press, 1989, p. 26.

③ Francis S. Philbrick ed., *The Laws of Illinois Territory, 1809–1918*, Springfield: Illinois State Historical Society, 1950, pp. 184–185.

1785年法令颁布后到1787年，只售出72934英亩土地，共得款117108美元，这笔收入微不足道。邦联国会希望能够尽快建立领地政府，吸引更多的移民到西北地区，加快售出土地的速度，并且转而求助于私人公司。当时，俄亥俄公司的负责人卡特勒表示，他将尽快建成一个"真正强大的移民点"，其条件是在西北地区获得大片的廉价土地。[①]后来，俄亥俄公司果然以50万美元的价格，获得了150万英亩土地，造成了土地投机方面的一大丑闻。

关于西北地区是否能同邦联保持密切的关系，成为合众国不可分割的部分，一直是美国政府决策人十分关心的问题。他们曾担心俄亥俄领地在人口迅速增加、实力强大以后会像佛蒙特那样自行其是，因此主张设立领地政府以加强控制。正如奥努弗所说："国会在边疆移民未同邦联建立联系以前，不可能让他们自己管理自己的事务。"[②]

占地者很早就涌入西部，分布很广，曾经建立了一些非法的移民点。1785年乔赛亚·哈曼上校带领政府军到达俄亥俄地区时曾告诫说，冒险过河的人相当多，而且每天都在增长。许多评论家也都担心，越过俄亥俄河，自由占地的人数将会越来越多，其势不可阻挡。邦联国会希望在领地政府建立后，占地的趋势能够得到控制。

从上面的分析可以看到，俄亥俄公司的目的和邦联国会决策人的想法有某些共同之处，因此它的院外活动容易取得成效。但绝不能由此得出结论说，1787年法令是受到该公司的压力才得以通过的。事实上，即使没有俄亥俄公司的推动和游说，邦联国会也将通过1787年法令，而且内容也不会有什么变动。

总之，1787年法令是美国一定历史条件的产物，不可避免地受到历史条件的限制而存在种种缺点。因此我们在评价它的时候不应当过分侧重那些缺点，而应当看法令的主导方面，看它是否是一个关系全局的重大措施，是否解决了当时美国社会的根本性问题。

---

① Peter S. Onuf, *Statehood and Union*, p. 29.

② Peter S. Onuf, *Statehood and Union*, p. 45.

三

前面已经提到,1787年法令关系到整个西部的命运,是一个具有开创性的法令。而任何一个开创性的法令起初总是不完备的,在执行过程中不可避免地要产生这样和那样的问题。1787年法令的实施情况正是如此。例如,1787年法令关于新州边界的划分不合理,曾经引起俄亥俄和密歇根的边界争端。根据法令规定,西北地区北部两个州和南部三个州的边界线应当以密歇根湖的南端为基点。这样,南部三个州就完全失去了进入大湖区的口岸,因此,他们要求按自然地形划分州界。南北两个地区的新建州和领地曾经围绕边界问题展开激烈的争论,最后甚至差点诉诸武力。俄亥俄在建州的时候,其北部将建立一个密歇根领地,但两者之间的边界线并未划定。1835年2月,俄亥俄第一次向密歇根提出土地要求,以便在密歇根湖建立自己的口岸。当时俄亥俄已经作为新州加入联邦,在联邦国会中有自己的席位,而且可以得到印第安纳和伊利诺伊领地代表的支持,企图迫使密歇根领地让出有争议的土地。但密歇根领地总督史蒂文斯·梅森坚决不退让。他在1835年2月15日致约瑟夫·W.布朗将军的信中表示:"我们是站在正义一边的,并且从不抛弃弱者,对惩罚不正义者从不手软,在阁下的指引下,我们在反对强大邻州的侵犯中不会退缩。"约翰·昆西·亚当斯也告诫众议院说,"西北领地的宪法"是"神圣的契约"。[1]争执双方最后屯兵边界,互相对峙,几乎引起武装冲突,历史上称之为托莱多战争。

联邦国会中多数议员认为,1787年法令关于划分边界的原则不利于西北地区南部各新州的经济发展,倾向于俄亥俄州的立场。国会于1836年6月最终通过了《密歇根授权法》,把有争议的地区划归俄亥俄州,但把密歇根领地在半岛北部的边界向西扩展,作为补偿。

1787年法令第六条关于在西北地区禁止奴隶制的条文由于缺少必要的约束力,在执行中遇到了种种阻碍。弗吉尼亚军事区居民认为,禁止奴隶制的规定是不符合宪法精神的。曾有人在《共和党人》上发表文章说,给我"四

---

[1] *Michigan Whig*, March 12, 1835.

十名奴隶和富裕的生活,我就满意了"①。有的人甚至公开宣传要废除第六条。在俄亥俄建州过程中,约翰·C.梅肯、约翰·S.威尔斯主张废除第六条,其理由是,新建州应当享受同原有州完全平等的权利。因此,他们主张,是否禁止奴隶制的问题只能由新州自行决定。②

1796年1月12日,约翰·埃德加、威廉·莫里森、威廉·圣克莱尔、约翰·杜穆林在伊利诺伊的卡斯卡斯基亚,向国会发出了第一份废除1787年法令第六条的请愿书。他们认为禁止奴隶制的条款使得这项法令颁布前已经拥有奴隶的人迁往邻近的路易斯安那,从而给伊利诺伊造成人口和财产的损失。③伊利诺伊支持奴隶制的力量在19世纪20年代进行了疯狂的反对第六条的活动。1822年12月,爱德华·科尔斯被选为州长后,曾要求州议会修改该州的《黑人法典》,逐步解放原来法国殖民时期留下的奴隶。州议会中支持奴隶制的势力加以反对,声言只有召集州的代表大会才能修改法典,企图通过大会使奴隶制合法化。在州议会中,支持和反对奴隶制的势力进行了激烈的争论。支持奴隶制的势力竭力贬低1787年法令的作用,强调:"人民才是一切政治力量的真正源泉",拥有绝对的和无限的"权力"和"责任"来修正、变换或者更改管理形式,法令契约不得超越人民的主权范围。④

反对奴隶制的力量则坚决维护1787年法令的权威性,要求大家以实际行动来捍卫它。伊利诺伊州议员乔治·丘吉尔劝告人们说:"依靠自己吧,1787年国会已经怀着父辈的慈爱把神圣恩赐的自由托付给你了。你的义务就是维护它和保存它。"⑤他们的优势在于有1787年法令第六条作为法律依据,同时还可以从道义上来号召选民支持禁止奴隶制的规定。

支持奴隶制的势力还从经济发展的角度提出问题,企图说服州议会和选民支持他们取消1787年法令第六条的动议。《卡斯卡基亚共和党人》于1824年5月4日登载了肯塔基一个种植园主致他的伊利诺伊友人的一封信。他预

① *The Marietta Republican*, July 6, 1802.

② *Scioto Gazette*, September 10, 11, 1802.

③ Jacob Piatt Dann ed., "Slavery Petitions and Papers", *Indiana State Historical Society Publications*, 1894, pp. 447-452.

④ *Edwardsville Spectator*, March 1, 1823.

⑤ George Churchill, "To the People of Madison County", *Edwardsville Spectator*, March 15, 1823.

言，一旦奴隶制合法化，"（伊利诺伊）居民人数的增长将超过预料"，"密集的移民……将把其他州的财富随身带来"。①他们还期望在大量使用奴隶劳动以后，可以把大自然赐给西北地区的丰富资源迅速开发出来。托马斯·伯吉斯在州农业展览会上祝酒说，"把足够数量的奴隶给我们"，大自然就"将贡献出它的宝藏"。②《伊利诺伊报》还发表《致伊利诺伊居民》一文，总结了奴隶制的种种好处，"如果奴隶制被允许存在，我们的家乡将有大量人，并拥有大量财富，金钱将加速流转——这将给商业带来新的春天"③。

在当时条件下，对于西北地区来说，移民人数的增加具有头等重要的意义。支持奴隶制势力的宣传是很有诱惑力的，曾经在伊利诺伊州造成巨大的声势。

然而事物本身的发展却与支持奴隶制势力的愿望和宣传背道而驰。肯塔基和俄亥俄两州的统计材料充分说明了这个问题。两个州的疆域、气候、交通及土地肥沃程度几乎相当，但根据1820年的统计材料，在前二十年中，俄亥俄人口的增长比肯塔基大约多20万人。④肯塔基州是允许奴隶制存在的州，而俄亥俄州却是禁止奴隶制的州。可见，自由州对移民具有更大的吸引力。1824年8月，伊利诺伊人在权衡得失之后，以6640对4972的多数票，否决了支持奴隶制势力召集州代表大会重新审查奴隶制问题的动议。⑤1787年法令第六条得到了伊利诺伊人的认可。

在印第安纳，1787年法令遇到的挑战尤为严重。印第安纳领地第一任总督威廉·亨利·哈里森于1802年在文森斯召开领地会议，讨论1787年法令第六条时决定，以"印第安纳居民"的名义将该条款的生效期推迟十年。在这以后，印第安纳领地政府一再企图使奴隶制合法化。1805年，又通过了《领地引进黑奴法》，允许将黑奴带入印第安纳领地。1816年，印第安纳建州并加入联邦后，仍然有相当数量的奴隶。不过，为了避免联邦的干涉，奴隶主们往往把奴隶叫作仆人。直到19世纪30年代，俄亥俄州成为西北地区自由州的典范

① *Kaskakia Republican*, July 20, 1824.

② *Edwardsville Spectator*, April 17, 1823.

③ *Illinois Gazette*, July 5, 1823.

④ Peter S. Onuf, *Statehood and Union*, p. 127.

⑤ Theodore Calvin Pease, *Illinois Election Returns, 1818-1848*, SpringField, 1923, pp. 27-29.

而在经济上获得飞速发展以后，印第安纳州才逐渐废除了奴隶制。

俄亥俄不仅是西北地区中最早、最坚定支持1787年法令的州，而且是经济发展最迅速、居民人数增长最快的一个州。到19世纪20年代，它已拓展了自己的运河网，拥有几十个商业、工业繁荣的城市。有人认为，俄亥俄的发展主要得益于1787年法令，它是使这个"庞大森林"发生巨变的钥匙。①还有人认为，自由和繁荣是不可分割地联系在一起的。威廉·M.科里指出，1787年法令"拓开了无穷无尽的移民源流"。新闻工作者爱德华·D.曼斯菲尔德认为，法令"对那个巨大的、现在是人数众多的地区的繁荣和幸福"具有"看不见的重大的影响"②。

到内战前夕，一切都清楚了，大多数人都认为1787年法令是建国时期重大的政府文件之一。伊利诺伊一位资深陪审团成员甚至在19世纪20年代就认为："如果说我们国家政府的才能在其形成时期在某件事情上有所表现的话，那就是确定限制奴隶制。"③印第安纳州的作家艾萨克·内勒为该州的"惊人的进步和繁荣感到骄傲"，并认为这完全受惠于1787年法令。他在未发表的《克拉克县拓荒者的生活》一文中写道："惊人的进步和繁荣"的"原因是1787年法令中禁止奴隶制的第六条……而其近因则是自由人，自由思想、出版自由和自由劳动"。"这个条款对印第安纳来说比所有加利福尼亚的黄金更宝贵。"④

四

1787年法令最重要的贡献就是宣布了"在一切方面均与原有诸州平等的地位上"加入邦联的原则，这是广大西进移民梦寐以求的最佳选择。因为1787年法令使这种办法具有法律效力，反映了广大移民的愿望，消除了东部各州打算西进的居民惧怕丧失原有政治地位的顾虑，总之，使西进移民受到了极大的鼓舞。正如雷·艾伦·比林顿所说，由于1787年法令的颁布，"人们现

---

① Caleb Atwater, *A History of the State of Ohio*, Cincinnati: Glezen & Shepard, 1838, p. 353.

② Edward D. Mansfield, *The Political Grammar of the United States*, New York: Harper, 1834, p. 145.

③ *Edwardsville Spectator*, May 4, 1824.

④ 文稿存于印第安纳历史协会。

在可以离开原有州，并且确信他们并没有放弃他们的政治特权。国会不仅拯救了共和国，而且消除了西进运动的一大障碍"①。

1787年法令颁布以后，越来越多的人渴望加入西进的队伍。但由于1785年法令所规定的售地最低限额为640英亩，实际上只给富有的农民提供了购买土地的机会，众多的普通移民只能望洋兴叹。这给土地投机者提供了绝好的机会，他们组织股份公司，抓住时机，以低廉的价格从国会购得大片土地，然后在那里兴建城镇、村庄以吸引移民。在这项土地投机活动中，俄亥俄公司走在前头。它于1787—1788年冬天组织了第一批向西北地区的移民，其成员从马萨诸塞出发，在俄亥俄河上游登舟沿河而下。船队于4月7日到达哈曼要塞，并在离要塞不远的下游建立了马里塔城，后来又在内地建立了阿森斯城。此后一批又一批的移民以高价从俄亥俄公司手中购得小片土地，在马里塔和阿森斯附近建立了自己的家园。还有一批移民从小土地投机者手中购买了在斯托本维尔附近的土地，在俄亥俄东部定居下来。

新泽西政治家约翰·克利夫斯·西姆斯也对西部土地产生了浓厚兴趣。1787年10月，他向国会申请大迈阿密河、小迈阿密河之间100万英亩土地。1788年春天，他在尚未得到国会许可状的情况下，带领一小队人向迈阿密河进发，并于1788年11月在距小迈阿密河不远的地方建立了哥伦比亚城。这是当时俄亥俄最西部的城镇。另一批移民则不甘心忍受土地投机商的盘剥，直接进入大迈阿密河以东未经丈量的土地，在那里安家落户。他们的人数越来越多，后来一直扩展到格林维尔。

土地投机者纳撒尼尔·马西在俄亥俄河北岸建立的驿站于1790年扩大为一个城镇，即后来的曼彻斯特。随后，伊斯雷尔·勒德洛于1795年先后建立了汉密尔顿和戴登两座城镇。1796—1803年，陆续兴建的城市还有朴次茅斯、哥伦布、威廉斯堡、迪尔菲尔德和齐尼亚等。在俄亥俄居民和土地投机者的强烈要求下，国会于1796年拨款修建了第一条贯穿俄亥俄的道路——赞恩便道。

19世纪初，俄亥俄地区已经具备了建州的条件，但如果作为西北领地的

---

① Ray Allen Billington, *Westward Expansion: A History of the American Frontier*, New York: Macmillan, 1974, p. 213.

一部分则不能单独建州。西部移民对于大领地是不满意的,它的权力过于集中,缺乏自治,总督的绝对否决权及选民和议员的高额财产资格限制等,都是同边疆人的独立自主精神格格不入的。他们急于摆脱西北领地的控制,不断向国会施加压力。联邦国会乃于1803年接纳俄亥俄为联邦在西北地区的第一个州。

从土地投机者手中购地,只是开发西部土地的一种方式,而且是代价昂贵的方式。对于广大移民来说,降低土地售价,减少最低限额,直至免费分配西部土地才是最合理、最根本的办法。他们为此进行了长期的斗争,并且不断取得成果,为西进清除了一个又一个障碍。1800年,联邦国会通过土地法,规定最低限额为320英亩,地价除1/4必须交现金外,其余部分可以分期陆续付清。国会随即又于1804年和1820年两次降低售地限额,减少为160英亩。①此后,联邦政府还通过了一系列土地法令,曾将出售土地限额降低到40英亩。1841年的《先买权法案》,允许拓荒者以低廉价格优先购买所开垦的土地。

土地立法的不断改革有利于向西北地区移民。随着西北地区居民人数的增长,印第安纳于1816年、伊利诺伊于1818年先后建州,并加入联邦。西北地区北部两个州,密歇根和威斯康星由于居民人数增长比较缓慢,直到1837年和1848年才先后建州。尽管西北地区各个州建立的时间前后相差甚远,从1803年一直到1848年,但建州的过程却是比较顺利的,这不能不归功于1787年法令。

尤其重要的是,1787年法令关于建立新州的各项规定基本上切合实际,得到公众的认可,因而顺利地推广到西北地区以外,成为一项建立和接纳新州的普遍原则。甚至在西北地区第一个新建州——俄亥俄加入邦联之前,位于俄亥俄河以南的肯塔基和田纳西已分别于1792年和1796年以平等地位加入邦联。其后,在西北地区完成建州的过程中,在中西部和远西部又有十二个新州加入邦联。这些州在加入邦联时除了在奴隶制问题上发生过激烈争执外,在建州原则、建州程序方面没有遇到什么麻烦,以后建立新州的情况

---

① Benjamin Horace Hibbard, *A History of the Public Land Policies*, Madison: University of Wisconsin Press, 1965, pp. 69–80.

也大致如此。

由于新建州同原有各州在政治上处于平等地位,州与州之间的摩擦较少,即使发生,也不至于影响邦联的统一。从这个意义上说,1787年法令对于巩固邦联,加强各州的凝聚力起了十分重要的作用。如果从法令制定时的情况看,其作用尤其明显。众所周知,邦联是一个在大陆会议基础上建立起来的各个州的松散联盟。邦联国会既无管理征税和贸易的权力,又无行政首脑和司法长官,对于各州违抗邦联国会的行为根本不可能采取任何有效的制裁措施。邦联国会没有经常性收入,完全依靠各州的善心施舍来维持日常的开支,当然更没有力量偿还国家债务,国家的信誉处于崩溃边缘。英国王室曾经扬言不同邦联打交道,要同十三个州分别举行谈判。各州之间也不断发生争吵,国家分裂的迹象日益明显。十三个州的联合能否继续存在下去,已经成为问题。根据《巴黎和约》划归美国的阿帕拉契亚山以西、密西西比河以东的大片土地的前途殊堪忧虑。当时能够阻止分裂、挽救合众国存在的只有两个重要的历史性文献:第一是联邦宪法,第二就是1787年法令了。

1787年法令解决了西部土地的归属问题,加强了西部土地对邦联的向心力。正如比林顿所说:"除宪法以外,1787年法令对使邦联永久化所做的事情比其他任何一个文件都多。"[1]

总的来说,西部建州大体上经过了如下的共同过程:土地扩张(包括购买和夺取土地、驱赶印第安人)、移民、组成领地、建州、加入联邦。通过这个过程,联邦就可以轻而易举地把广袤的西部土地改建为州,使之成为它的新成员,从而不断扩大自己的基础,增强自己的实力。当然也有例外,如得克萨斯,在加入联邦以前就曾经是独立的孤星共和国,而不是一个新建州。

一般来说,联邦政府在夺取土地和驱赶印第安人时往往诉诸武力,但在移民和建州过程中却多半采用和平方式。唯一引起争执或导致流血冲突的是建立蓄奴州还是自由州的问题,而不在于是否加入联邦的问题。例如1854—1856年的堪萨斯内战,就是由此而引起的。马克思认为,这次流血冲突是美国内战的开始。内战结束后,引起联邦分裂的祸根——奴隶制被铲除,此后在接纳新州时就未再出现激烈的争执了。塞缪尔·埃利奥特·莫里森

---

[1] Ray Allen Billington, *Westward Expansion*, p. 213.

曾做过这样的总结："1787年法令是美国伟大的创造性贡献之一,因为它显示了怎样消除殖民地与宗主国相互关系上的摩擦。1785年法令和1787年法令的各项开明的规定,为美国的领地制度和殖民政策奠定了永久的基础,并使合众国得以向西一直扩展到太平洋,从十三个州扩大为五十个州,相对来说没有遇到什么麻烦。"[①]

　　1787年法令虽然已经成为历史,但它的颁布、实施,以及对美国国家发展所起的作用颇能发人深省,并且可以给我们提供某些启迪。

　　第一,最切合实际的法令和最有效的法令不一定是最激进的法令。1787年法令虽然是一个有进步意义的法令,但在当时并非最激进的法令,同1784年法令相比较,它是相对保守的,在基本问题上倒退了一步。国内外史学界指出这一点并加以批评无疑是正确的。不过,应当承认,1784年法令虽好,却很难为当时的美国社会所接受。法令刚刚通过就被有关当局以各州让与土地过程尚未完结为理由而搁置起来。实际上,1787年法令是在1784年法令基础上经过修改,为当时的社会所接受后才出台的,是一个切合实际的法令,所以它能够很快生效,并显示出巨大的作用。

　　第二,考察一个法令是否重要,并不是看它是否完美无缺,而是看它是否具有开创性,是否对国家和社会的发展趋势有影响。1787年法令虽然不是一个完备的法令,在实施中曾经出现过这样或那样的问题,但它所涉及的是广大西部土地的归属、地位和开发问题。这是一个具有战略性的方针政策。假如法令确定的原则不切实际,将会造成原有各州同西部地区之间的激烈冲突,甚至可能导致西部地区争取政治上的平等和独立的运动。美国社会将因此长期动荡不安,甚至形成四分五裂的局面。广大西部的开发和社会经济发展都将受到严重阻碍,合众国的扩展和强盛也将成为问题。我们仅仅从西部面积在整个合众国版图上所占的比重就不难看出正确处理西部土地的重要性。1900年,美国领土面积为3618667平方英里(不包括菲律宾、波多黎各、关岛、萨摩亚),而西部和中西部的面积为2657979平方英里(不包括佛罗里达),

---

　　① [美]塞缪尔·埃利奥特·莫里森等:《美利坚合众国的成长》上卷,第297—298页。

约占总面积的73%。①

诚然,广大西部的迅速开发和发展取决于许多因素,但不可否认,正确的政府政策是其中一个相当重要的因素。事实上,1787年法令在推动西部开发中的重大作用已经载入美国史册而为后人所承认。然而,开发西部是美国特定历史时期的现象。1787年法令也因此随着建州过程的结束而失去了效用,成为一个历史文献。随着时间的推移,其作用往往为人们所淡忘和忽视。但是如果要追溯美国的发展和强大的渊源,就不能不探讨1787年法令。

第三,1787年法令也有缺陷,比如缺乏民主和自治精神等,但这不是笔者所指的"阴暗面"。真正的问题在于,1787年法令加速了驱赶印第安人的步伐。所谓移民、建领地、建州,都是和夺取印第安人的土地同时进行的。在这个法令颁布后,圣克莱尔总督和其后的韦恩将军等人对西北地区的印第安人进行了三次大规模的讨伐,最后于1795年签订了《格林维尔条约》,从印第安人手中夺取了大片土地。以后随着移民的西进,驱赶和屠杀印第安人的战争愈演愈烈。这不仅是1787年法令的污点,也是美国历史上的污点。美国政府决策人的目的就是要把西部土地控制起来,把原来的主人赶走或消灭。过去,这一政策在相当长的时期内得到美国史学界的肯定,只有少数学者曾予以尖锐批评。20世纪30年代以后,批评这项政策的学者日益增多。例如,杰克·雷可夫就曾指出:"美国人把居民区以外的土地叫作'旷野'或者叫作'无主'的土地,但这些土地自然是印第安人所拥有的。他们完全有权认为他们祖先的故土就是他们自己的土地。"②

原载《历史研究》1993年第4期;

《中国社会科学》(英文版)1995年第3期

---

① William Barton, *The True Interest of the United States and Particularly of Pennsylvania Considered*, p. 23.

② Jack N. Rakove, "Ambiguous Achievement: The Northwest Ordinance", in Williams, *The Northwest Ordinance*, p. 15.

美国农业资本主义发展道路初探

在美国历史上,农业资本主义发展道路是一个值得研究的重要问题,同当代美国农业高度发展密切相关。1940年美国农业年鉴有一段话说得好:"为了了解美国农业的形式和实质、成就和问题,必须回顾过去,从头研究它的历史,因为那些情况曾给我们的实践和制度打下烙印,而且从那时开始直到今天还在起作用。"[①]然而,1949年以来,在美国史研究中,专门探讨美国农业资本主义发展道路的文章,极为罕见。近年来,《世界历史》和其他一些刊物陆续发表了几篇有关这个问题的文章,开始引起人们的注意。本文仅就此谈几点粗浅的看法。

一

农业资本主义发展的美国式道路的含义是什么? 多年来人们不断引用列宁如下一段话的全文或者大意作为美国式道路的确切定义:"消灭农奴制残余可以走改造地主经济的道路,也可以走消灭地主大地产的道路,换句话说,可以走改良的道路,也可以走革命的道路……"

"这两种客观上可能存在的资产阶级发展道路,可以叫作'普鲁士式'的道路和美国式的道路。在前一种情况下,农奴制地主经济缓慢地转化为资产阶级的容克式的经济,同时分化出少数'大农',使农民在几十年内受着最痛苦的剥夺和盘剥。在后一种情况下,地主经济已不再存在,或者已被没收和粉碎封建领地的革命捣毁了。农民在这种情况下占着优势,成为农业中独一

[①] Everett E. Edwards, *American Agriculture——the First 300 Years*, Washington: U. S. Department of Agriculture, 1940, p. 171.

无二的代表,逐渐转化为资本主义的农场主。"①毫无疑问,列宁这段话具有高度的概括性和准确性,是在充分研究一系列资本主义国家农业发展材料的基础上做出的科学结论,当然是我们研究美国式道路的理论根据。然而,列宁这段话是在一个无产阶级革命政党的土地纲领中讲出来的,侧重于谈生产关系的变革。如果用这一段话作为美国式道路的全面概括和最终结论,而没有同时了解列宁关于美国农业资本主义的全面论述,那么就很容易把美国式道路看成改变旧生产关系所采取的方式、过程和结果,从而忽略了生产力变革在美国式道路中的地位和作用。事实上,列宁在这方面是讲过不少话的。例如,他在《19世纪末俄国的土地问题》中就曾经明确指出:"农业中使用机器愈来愈多,使劳动生产率不断提高,结果必然会发展纯粹资本主义的生产关系。"②上面我们所引的列宁那一大段论述中也包含有生产力变革的意思,因为宗法式的农民转变为资产阶级农场主的过程,同时也是从小生产转变为大生产的过程。假如没有农业机械化,资本主义农场是不可能得到广泛发展的。但是,这一点往往容易被忽略。

我认为,农业发展的资本主义道路同18、19世纪的工业革命一样,都是从封建制度向资本主义制度过渡所必须经历的生产关系和生产力的变革。美国式道路应当包括这两个方面。

二

美国式道路同工业革命不同。工业革命从工具机的发明开始,而不是从生产关系的变革开始。马克思曾经明确指出:"工具机,是18世纪工业革命的起点。"③美国式道路却是从铲除封建土地制度残余,由土地国有化从而奠定资本主义的自由土地所有制的基础上开始的。在这方面,美国具有极其优越的历史条件。

首先,美国是一个封建残余势力比较弱小的国家。在美国历史上没有出

①《列宁全集》第13卷,人民出版社,1963年,第219页。

②《列宁全集》第13卷,第67页。

③《马克思恩格斯全集》第23卷,人民出版社,1972年,第410页。

现过封建社会,也没有形成像欧洲国家那样的封建土地所有制。正如恩格斯所说,"美国是一个独特的国家,它是沿着纯粹资产阶级的道路发展起来的,没有任何封建的旧东西,但在发展过程中却不加选择地从英国接受了大量封建时代遗留下来的意识形态残余"[1]。

美国殖民地时期的封建残余主要是英国王室、业主和大地主从欧洲移植来的,他们一直企图在北美殖民地建立封建秩序。有人指出,这"是在新世界重建中世纪制度的尝试"[2]。除新英格兰地区以外,其他殖民地实行的管理制度基本上是从欧洲封建社会搬来的。业主和公司有权任命公职人员,赏赐爵号,审判"罪犯",宣战媾和,俨然是一个大封建主。一些业主也曾经企图在所属领地内搞分封制度。

然而,英国王室、业主和大地主在北美殖民地建立封建秩序的企图都遭到了失败。首先,这是因为北美殖民地人烟稀少,拥有大量未开垦的处女地。从1607年第一个殖民地建立开始,在相当长时间内,只有沿海一带有比较稠密的居民点,广阔的内地,很少有人定居和拓殖。移民能轻而易举地摆脱封建束缚,逃往内地安家落户。有的殖民当局甚至采取措施鼓励和强迫居民向内地、边境迁移。例如,1694年,马萨诸塞政府颁布法令,禁止边界市镇居民擅自离开居住地,返回东部沿岸地区。[3]1701年,弗吉尼亚殖民当局决定在西部边远地区建立"社团"[4],实行武装移民。[5]这样,在边远地区就出现了为数众多的小农户。当时,无论是英国王室、业主、公司还是大地主,都只有采取低额地租的办法来维持大庄园的劳动力。代役租的数额一般为每百英亩每年2至4先令。[6]随意提高代役租的例子是很难找到的。1637年,英国王室接管弗吉尼亚以后,也只能按照弗吉尼亚公司原来规定的数额,每百英亩2先

---

① 《马克思恩格斯全集》第36卷,人民出版社,1975年,第522页。

② Everett E. Edwards, *American Agriculture—The First 300 Years*, p. 175.

③ Louis B. Schmidt and Earle D. Ross, *Readings in the Economic History of American Agriculture*, New York: Macmillan Company, 1925, p. 109.

④ "社团"是一种同新英格兰边远市镇相近似的武装移民组织。每个"社团"拥有20名战斗人员,1万到3万英亩土地。"社团"的每一个成员都可以获得一份宅地和200英亩农地,二十年内免交一切赋税。

⑤ Louis B. Schmidt and Earle D. Ross, *Readings in the Economic History of American Agriculture*, p. 115.

⑥ Curtis P. Nettels, *The Roots of American Civilization*, p. 398.

令征收地租。[1]代役租数额虽小,但它是一种不根据土地市价而规定的封建的"固定地租",是北美殖民地的主要封建残余。至于封建徭役,在绝大多数地区是不存在的。只有少数大庄园保留了一些徭役的痕迹。例如,在荷兰裔大地主温·伦塞勒家族的大庄园同佃户签订的契约中规定,每一个佃户除去用小麦支付地租外,在一年中要用自己的马和马车为地主服一定天数的劳役,并且交付一定数量的家禽。[2]

可见,北美殖民地的大庄园(除南部种植园外)并不是完全意义上的封建庄园。在美国一些历史著作中往往把它叫作"半封建庄园"[3]。

其次,"所有积极主动移民美洲的人都是不愿意服从其他人支配的那一类人"。他们渴望自由,最富于冒险精神,反对一切形式的封建束缚。在整个殖民时期,小农移民反对大地主霸占土地,拒绝交付地租的斗争持续不断。美国土地所有制方面的封建残余不断遭到破坏和削弱,小农经济因而在许多地区取得了较快的发展,越来越明显地呈现出美国式道路的倾向。

除此以外,长子继承制和教权统治也都是来自欧洲的封建残余。新英格兰的清教徒和马里兰的天主教徒都建立了自己的神权统治,疯狂地迫害异教徒。

在北美殖民地,采取暴力手段铲除封建残余的革命乃是1775—1783年的独立战争。在战争进程中,投靠英王的托利党人的地产被全部没收,并按500英亩一份出售。宾夕法尼亚大业主佩恩家族、纽约大地主约翰逊和菲利普斯的庄园和地产也都被没收充公。[4]长子继承制和代役租也在绝大多数地区先后被废除。美国东北部地区确立了资本主义的自由土地所有制,为农业资本主义的迅速发展创造了良好的条件。

更为重要的是,独立战争的胜利把美国的边界向西推进到密西西比河,美国的领土面积因而差不多扩大了一倍。在美国历史上第一次出现了广阔

---

[1] Anna Rochester, *American Capitalism 1607–1800*, New York: International Publishers, 1949, p. 21.

[2] Fred Shannon, *American Farmer's Movements*, Princeton: Van Nostrand, 1957, p. 130.

[3] N. S. B. Gras, *A History of Agriculture in Europe and America*, New York: F. S. Grofts, 1925, p. 259.

[4] Everett E. Edwards, *American Agriculture—The First 300 Years*, p. 179.

的西部国有土地,使当时国有土地的面积达到全国土地总面积的75%。①以后国有土地的面积又随着不断地向西部扩张而迅速扩大。到19世纪60年代初,国有土地面积增加到1048608英亩。②

广阔的西部国有土地的形成,使小农有可能在最有利的条件下,甚至无偿获得土地,从而造成大量的小土地所有者。这样,美国的农业资本主义就能够在自由的小土地私有制的基础上获得最纯粹的发展。这就是美国式道路的基本条件和主要特点。列宁说土地国有化"是资本主义迅速发展的条件"。"从理论上来说,土地国有化就是保证资本主义在农业中得到'理想的'纯粹的发展。"③即保证把"大量的后备土地"按"名义价格"分给农民,使土地私有制在新的、完全资本主义的基础上发展起来。由此可见,国有土地的存在和分配标志着美国式道路的开始。

三

富有讽刺意味的是,美国资产阶级政府并不愿意按照最有利于农业资本主义发展的方式来完成土地所有制的改造,即通过无偿分配的办法,把国有土地转变为自由农场主的自由土地。这一转变是完全依靠美国广大农民的坚决斗争才得以实现的。用列宁的话说,为新的资本主义的生产方式"创造新的土地制度这一使命,是由美国平分土地运动,由40年代的抗租运动……由份地法等等来完成的"④。

早在殖民地时期,美国移民就已经开始了争取自由土地的斗争。经常有相当数量的自费移民、逃亡契约奴和东部地区的破产小农,不顾英王室和殖民地的法律约束,跑到内地占用业主的闲置土地,成为实际上的小土地所有者。他们拒绝为自己所占用的土地支付任何地租和代价。据说,尽管宾夕法尼亚的大业主佩恩家族在"1719年仅以每英亩2先令和1732年以3先令的价

---

① Г. Л. Куропятнцк о Пути Развития Капитализмя СЩА в Домонополитцчскую эпоху.《论垄断前资本主义时期美国农业中资本主义发展的道路》,《近代现代史》,1958年第4期,第42页。

②[苏]列·伊·祖波克:《美国史纲》,生活·读书·新知三联书店,1962年,第28页。

③《列宁全集》第13卷,第296页。

④《列宁全集》第13卷,第254页。

格出售西部土地,但是这一时期仍然有将近2/3的土地是未经业主们准许而被占用的"①。公开起来同业主争夺土地的人在北卡罗来纳约占当地移民人数的一半,在弗吉尼亚约占1/3,在马里兰约占1/4。在北部各殖民地也有类似的情况。除此以外,从缅因到南卡罗来纳一带的偏僻地区,还出现过由小农和猎手组成的特殊的社会。他们的财产很少,但相当勇敢和活跃,完全不受大地主的管辖。②

毫无疑问,这种采取激烈形式的占地运动反映了美国小农争取民主解决土地问题的强烈要求。它在摧毁旧的封建土地所有制,建立新的资本主义土地所有制的过程中曾经起过重要的作用,对后来的土地运动产生了深刻的影响。正如美国著名学者柯蒂斯·P.内特尔斯所说,占地者"在美国革命最后摧毁佩恩、巴尔的摩、格兰维尔和费尔法克斯的大地产以前,一直采取无视领主权利占用土地和拒付代役租的办法,毫不妥协地破坏着当时的领主制度"③。

独立战争胜利后,这场争取自由土地的斗争采取了新的形式,具有更大的规模。斗争的焦点集中到西部国有土地的分配问题上,斗争的形式也从过去自发的、分散的占地转变为大规模的占地和争取民主的土地立法,取得无偿分配国有土地的权利。在相当长的时间里,斗争基本上是围绕三个方面的问题进行的,即售地的最低限额、地价和支付条件。

美国资产阶级政府一开始就把西部国有土地作为国家的重要财政收入来源,宁愿把土地卖给投机商、大地主,而不愿意满足农民无偿分配土地的要求。《1785年西北土地出售法令》规定了不利于小农的出售西部国有土地的具体办法,出售土地的最低限额为640英亩,售价为640美元,而且必须在一个月内交款。这就等于剥夺了小农和其他劳动人民购买土地的机会。于是,美国的小农和移民就用成群结队向西部迁徙、占用荒地的办法来对抗1785年的法令。据统计,仅1788年11月就有18370人分乘967只船沿俄亥俄河而下,向广阔的处女地进发。④

除去大规模占地运动以外,从19世纪20年代开始,东部工人首先提出了

① Curtis P. Nettels, *The Roots of American Civilization*, p. 396.

② Everett E. Edwards, *American Agriculture—The First 300 Year*, p. 192.

③ Curtis P. Nettels, *The Roots of American Civilization*, p. 398.

④ 黄绍湘:《美国早期发展史》,人民出版社,1957年,第305页。

平分土地的要求。1828 年,《机器工人自由报》在刊发的文章中初步反映了这种思想。后来,平分土地运动的领导人乔治·亨利·伊文思把平分土地作为人的一种基本权利正式提出来,使运动拥有明确的政治纲领。他认为:"如果一个人有权存在于这个世界上,他就应该有权获得足够的土地来建造自己的房屋。如果他有权生活下去,那么他就应该有权获得足够的土地来耕种可以维持他的生活的粮食。"①他呼吁政府立即停止出售西部土地,并向每个移民提供 160 英亩土地、必要的农具和路费,以便使东部的工人有可能获得一份土地。

19 世纪 30 年代末 40 年代初的抗租运动也同土地问题有密切关系。抗租运动主要发生在纽约州大地产占统治地位的地区。运动的目标不仅仅局限于抗交地租,而且直接提出了反对大地产的问题,赫得森河和摩和克河河谷的佃户还进一步要求获得土地所有权。运动最后发展为争取土地的武装起义,参与者同地方政府对抗达两年之久。在群众运动的强大压力下,当地最大的地主温·伦塞勒家族和利文斯顿家族被迫同意将一部分土地分成小块减价出售给佃户。

美国农民争取土地斗争的成果集中反映在土地立法上。从 1785 年到 1832 年,美国政府连续颁布了六个关于变动出售西部国有土地条件的法令。售地限额从 640 英亩降低到 40 英亩,每英亩价格从最高 2 美元下降到 1.25 美元。1841 年又颁布了《先买权法案》,凡占地不满 320 英亩的垦殖者,均有优先购买 160 英亩所垦殖土地的权利。特别值得指出的是,第一个《宅地法》已经由密苏里议员托马斯·哈特·本顿于 1824 年向国会提出。从那时起,历届国会就不得不讨论这个使资产阶级政府十分头疼的问题。

内战爆发以前,奴隶主首先不愿意放弃任意占领西部土地的机会,是《宅地法》的顽固反对者。资产阶级中的大多数人也企图在土地投机中捞取好处,对《宅地法》十分冷淡。只有内战爆发后的严酷现实才迫使林肯政府采取了通过《宅地法》的断然措施。所以,《宅地法》首先是美国农民多年来争取无偿分配西部土地斗争的伟大成果。林肯能够顺应潮流,满足农民的土地要求,从而把成千上万的农民动员到内战的第一线。

---

① [美]方纳:《美国工人运动史》,第 1 卷,生活·读书·新知三联书店,1956 年,第 285 页。

《宅地法》实现了无偿分配西部国有土地的原则,造成了数量众多的小农户,从而奠定了美国资本主义农业的基础,标志着美国式道路的形成。小农户的自由土地所有制的确立,使封建土地所有制的残余形式一扫而光,杜绝了旧的土地所有制复辟的可能性。正如列宁所说:"土地国有化等于由农民来破坏旧土地所有制,这是美国式道路的经济基础。"[1]从此以后,美国式道路就沿着确定不移的方向迅速发展,直至终结。

四

就美国式道路作为对农业的资本主义改造而言,只能是一个特定时期的历史现象,有开头也有终结。在宗法式的小农转变为资本主义农场主、资本主义农场在农业经济中占主导地位以后,美国式道路就宣告终结。就生产关系的变革而言,资本主义农场的普遍发展需要具备两个条件:第一,必须有一整批按资本主义方式经营农场的农场主,即农业资本家;第二,必须有更多的出卖劳动力的"自由的"雇佣劳动者,即农业工人。

农业资本家和农业工人从哪里来? 一部分是从过去的大地主、佃农、工商业资本家、产业工人和移民转变而来,大部分是小农户向两极分化造成的。

从官方统计材料来看,《宅地法》颁布以前,1860 年的农场数为 2044000 个,总面积为 407213000 英亩,农场平均面积为 199 英亩。[2]在这些农场中占主导地位的是宗法式小农所经营的土地。由于西部地区大多数农户都是移民,而且以粗放的耕种方法为主,所占土地面积虽然比较大,但仍然是以自给自足为主的自然经济。据记载,在 19 世纪三四十年代,艾奥瓦的移民是按照所谓"维生农业"的方式耕种土地的。每一个农户都需要在自己的耕地上播种小麦、玉米、燕麦、大麦和亚麻,饲养猪只和牛羊,一般都使用简陋的农具和铸铁犁。[3]他们无力把自己多余的产品运销远处,只有等待粮食商收购转运。于是随着小农居民点的不断扩展,在西部地区出现了许多粮食转运口岸。有

---

① 《列宁全集》第 16 卷,人民出版社,1959 年,第 117 页。

② *Historical Statistics of the United States: Colonial Times to 1970*, Vol. 1, Washington: Bureau of the Census, 1975, p. 456.

③ Harry N. Scheiber, *United States Economic History*, New York: Alfred A. Knopf, 1964, p. 138.

人说:"密西西比河流域犹如一个巨大的殖民地社会,生产着简单原始农业的农产品。"[1]

西部是小农的天地,移民可以通过三种途径取得土地。第一,购买国有土地。1820年土地法规定地价下降到每英亩1.25美元,限额降到80英亩。法令颁布后的第二年,国有土地出售额上升到100万英亩,到1827年,达到1900万英亩。[2]当然,这个数字也包括一些土地投机商套购的土地。第二,购买公司、铁路、土地投机商的土地。随着移民人数的增加,土地投机商购买国有土地的数量也大为增加,1836年竟然高达20074871英亩。[3]第三,占地。据统计,在19世纪30年代的占地高潮中,亚拉巴马和密苏里有将近2/3的居民是占地者。[4]

《宅地法》颁布后,农场数量的增加超过了农地面积的增加。这个情况说明,小农户的数量还在不断增长。据统计,1870年和1880年,农场数分别为266万个和400多万个,而土地面积增长不大,农场平均面积下降为153英亩和134英亩。[5]然而,小农经济本身是不稳定的,随时都在分化。《宅地法》造成的小农的理想王国不过是昙花一现的短暂历史现象,随之而来的就是剧烈的竞争,大生产排挤小生产,兼并和破产层出不穷,在小农户的废墟上出现了大批的资本主义农场。

美国资本主义农场是沿着两个方向发展起来的:第一,在兼并和集中土地的基础上建立资本主义大农场;第二,提高集约经营水平,在较小的土地上进行大生产。无论哪一种方向都使小农户的利益和生存受到直接的威胁和损害。

土地集中的趋势在《宅地法》颁布以后就已十分明显,许多银行家、土地投机者和政客纷纷抢购西部土地,成为大地产拥有者。土地集中的情况在西

---

① Percy W. Bidwell and John I. Falconer, *History of Agriculture in the Northern United States 1620–1860*, Washington: Carnegie Institution of Washington, 1925, p. 173.

② Ernest L. Bogart, *Economic History of the United States*, New York: Longmans, 1918, p. 246.

③ Ernest L. Bogart, *Economic History of the United States*, p. 266.

④ Борьба за Земли так Называемого Общественного Фонда США В 20—30 голах ⅩⅨ века. 《19世纪二三十年代争夺所谓美国社会基金土地的斗争》,《近代现代史》,1962年第1期,第115页。

⑤ *Historical Statistics of the United States: Colonial Times to 1970*, Vol. 1, p. 457.

部几个新州尤为突出。例如,加利福尼亚州就有成百万英亩土地集中在少数人手里,这里最大的地主查普曼一人就拥有近百万英亩土地,其他两个大地主米勒和米奇尔也各拥有十万英亩以上的土地。①在达科他和内布拉斯加也有类似情况。

土地集中带来了两个后果:一是大农场和租地农场数目急剧增加;二是小农迅速丧失土地沦为佃农和农业工人。从1860年到1880年,面积在1000英亩以上的大农场增加了23000个。1900年,大农场的数字达到47000个②,占地面积为200324000英亩,接近农场占地总面积的1/4。农业资本家和佃农从大地产所有者手中租用的农场数字也不断增长。1880年租地农场占农场总数的25.5%,1890年增加到28%,1900年增加到35%。农民抵押土地的情况也十分严重。据统计,1890年美国抵押农户占农户总数的28.2%,1900年上升到31%。③这种情况在西部几个拥有大量宅地的新州尤为严重。据估计,1890年,堪萨斯的抵押地占纳税土地的60%,内布拉斯加占55%,艾奥瓦占47%。④当然,这里不排除少数抵押农户是为了增加投资、改良土壤、提高耕作水平才抵押土地的,但大多数抵押农户都是负债累累,濒于破产的。这些不完全的材料可以表明,宅地农民已处于风雨飘摇、朝不保夕的困境。《美国农业中垄断资本的统治》一书的作者,在20世纪中叶做了一个有趣的调查,证明"在目前所有农场主中,其土地来源可以查明是由他的祖先经由《宅地法》取来的,不满2%"⑤。破产的宅地农民成为农业工人的主要来源。1900年,全国农业雇佣工人约为2000000人,1910年达到3381000人,超过了农业总人口的10%。⑥

在新英格兰和大西洋沿岸中部各州,许多被列入小农户的农场,由于集约化程度较高,投资数额和生产规模都比较大,实际上是资本主义农场。在这些农场中,采用精耕方法种植的牧草、蔬菜、水果等经济作物在农业总产值

① *Agricultural History*, Vol. 33, No. 3, p. 134; Harry N. Scheiber, *United States Economic History*, p. 252.

② *Historical Statistics of the United States: Colonial Times to 1970*, Vol. 1, p. 467.

③ Ernest L. Bogart, *Economic History of the American People*, New York: longmans, Green and Co., 1959, p. 507.

④ 卡纶·弗雷特烈克斯:《美国农业中垄断资本的统治》,财政经济出版社,1956年,第27页。

⑤⑥ *Historical Statistics of the United States: Colonial Times to 1970*, Vol. 1, p. 457, 468.

中占有较高的比例,而属于粗耕方法生产的谷物较少。就单位面积所提供的农牧产品的数量来看,高度集约化地区远远超过了美国的平均水平。例如,1900年新英格兰地区每个农户平均拥有奶牛5.8头,而全国平均却只有3.8头,小农场占优势的新英格兰地区成了全国牛奶业的巨大基地。

资本主义农场的大量涌现和雇佣劳动大军的形成标志着美国农业资本主义改造的完成,也即美国式道路的终结,时间大致在19世纪末期。

<h1 style="text-align:center">五</h1>

生产关系的变革是以生产力的发展为基础的。没有大机器生产就没有近代的资本主义制度,同样,没有农业机械化就不可能实现农业资本主义发展的美国式道路。美国式道路之所以是革命的道路,归根结底就在于它同迅速发展的生产力结合在一起。在这方面,它不仅比封建制度优越,而且比改良道路优越。

独立战争以后,由于广大西部土地的存在和不断扩展,美国农业发展是依靠扩大种植面积向广度进军来实现的。但是,这种情况只能维持一个短暂时期。大约在19世纪二三十年代,农业技术改革问题已经提上了日程,中心问题就是要用农业机械逐步代替农业中的手工劳动,使大生产逐步代替小生产。

事实上,一些有识之士早就看出了这个问题的重要性,并为此做了一些有益的准备工作。美国第一任总统华盛顿在他最后一份致国会的咨文中,就正式提出了建立关心农业事务的机构,鼓励学习农业科学知识的建议。[1]18世纪末,许多地方成立的改进农业协会在传播农业技术知识方面也曾经起过促进作用。1839年,美国国会正式拨款给专利委员会作为农业研究经费,开创了国家资助农业科研事业的先例。

农具的改良和农业机械的发明都是从扩大耕地面积的考虑出发,直接同开发西部土地有关。正如杰斐逊所说的:"在欧洲,由于劳动力的充足,就应该以尽量利用土地为目的;而在我国,由于土地充足,就应该以善于利用劳动

---

[1] Joseph R. H. Moore, *An Industrial History of the American People*, New York: Macmillan, 1921, p. 48.

力为目的。"①农具改革首先从犁开始。1825年以后铁犁开始推广,后来约翰·狄尔、詹姆斯·奥力维尔又发明了全钢犁和硬钢犁,为开发西部土地肥沃的大草原提供了锋利的农具。接着在19世纪30年代,出现了一个研制新式农业机械的高潮。奥贝德·赫西和赛拉斯·麦考米克的收割机先后试制成功并获得了专利权。到1860年,麦考米克的工厂可以年产4000台收割机。1835年,哈斯卡尔的马拉收割机也试验成功,不仅节省了人力,而且降低了收割费用,每英亩只需82美分收割费用,大大低于当时每英亩所需312.5美分的。②除此以外,先后试制成功并投入使用的还有圆盘耙、马拉草耙等新式农具,耕作效率大为提高。马萨诸塞的《皮茨菲尔德太阳报》上有一段记载说,马拉草耙"使一个人只用一匹壮马和一个小孩就能够完成至少相当于六个壮汉所能堆积的干草垛,并且收拾得同手推干草耙通常所做的一样干净"③。

从19世纪30年代开始,美国农业技术革新所取得的进展是巨大的。正如福克讷所说:"从1830年到南北战争的这一时期,美国的农业出现了一个革命性的开端。"④也正是由于有了这样一个基础,西部土地的开发才能够取得迅速的进展,美国式道路才能够越走越宽,而不至于半途而废。

《宅地法》公布以后的四十年是美国式道路发展和完成时期,在生产力方面的表现就是农业实现了半机械化和机械化。许多美国学者把19世纪60年代作为农业革命的开始。福克讷认为:"可以正确无误地说,美国农业革命,在使用机器方面,是出现于1860年以后的那半个世纪。"⑤

内战前夕,美国拥有的收割机已经超过了10万台,内战结束那一年达到25万台,在短短的四年里翻了一番还多。从内战结束到1900年,大约有12000多项农业技术发明取得了专利权。从备耕到收获农作物的每一个环节差不多都实现了机械化和半机械化,农业机械的性能也不断得到改进。1878年,阿普耳比发明的盘绕扎谷机比旧的铁线扎谷机的效率提高了八倍。卡维

① [美]福克讷:《美国经济史》上卷,第279页。

② *Agricultural History*, Vol. 32, No. 1, p. 15.

③ Percy W. Bidwell and John I. Falconer, *History of Agriculture in the Northern United States 1620-1860*, p. 214.

④ [美]福克讷:《美国经济史》上卷,第278页。

⑤ [美]福克讷:《美国经济史》下卷,商务印书馆,1964年,第8—9页。

尔教授强调说:"在这个时期,盘绕扎谷机比任何其他单独的机器或工具还更能使我国增加粮食的生产,特别是小麦的生产。全国按人口计算的产量,从1860年的大约5.6蒲式耳增加到1880年的9.2蒲式耳。"[①]除此以外,谷捆搬运机和20匹马牵引的康拜因机的发明和使用,进一步缩短了谷物的收获过程,集约了劳动力。据估计,1830年,需要用三个多小时,付出18美分才能收获到1蒲式耳小麦,1896年,只需10分钟,支付3.5美分即可得到。[②]

农业机械化和半机械化促进了美国耕地面积和粮食产量大幅增加。1800年到1900年,耕地面积从113000000英亩增加到414810000英亩,增加三点五倍。1860年到1900年,小麦产量增加三点五倍,玉米增加三倍。

应当指出,19世纪下半期,美国农业机械化和半机械化基本上是建立在使用畜力的基础上的。70年代刚开始使用蒸汽拖拉机,直到20世纪20年代,现代化的拖拉机和运输工具才得到推广,而农业的全盘机械化大约是在1940年完成的。不过,作为一个发展阶段来看,19世纪末期美国农业已经实现了初步的机械化和半机械化,同当时的资本主义农场的规模和生产状况是相适应的。

总之,美国式道路应当包括生产力和生产关系两个方面变革的内容。它开始于独立战争,形成于《宅地法》的颁布,终结于19世纪末期。由于南部问题具有特殊性,需要进行专题探讨,因此本文没有涉及南部农业资本主义发展的道路问题。

原载《世界历史》1982年第2期

---

① [美]福克讷:《美国经济史》下卷,商务印书馆,1964年,第8—9页。

② N. S. B. Gras, *A History of Agriculture in Europe and America*, p. 378.

美国农业的两次大突破及其基本经验

美国不仅是工业高度发达的国家,而且也是当今世界最先进的农业大国之一。其农产品的数量和农业劳动生产率都达到了很高的水平,居于世界的最前列。每一个农业人口生产的农产品可以满足八十个人的需要,农产品的价格也十分低廉。按照20世纪80年代的价格计算,平均每一个美国家庭用于食品的开支仅占其收入的14.5%。[1]大约有2/3的谷物、60%的大豆和20%的棉花可供出口,出口农产品的收入能够提供130万个就业机会。[2]

美国农业之所以能够取得如此高的效率,绝非一朝一夕之功,至少经历过两次重大的突破和持续不断的发展。第一次突破发生在19世纪中期,第二次是在第二次世界大战前后。两次大突破都为美国的农业带来了高速发展,其间的经验极为丰富,值得我们研究和吸取。

一

美国是一个移民国家。在历史上,农业曾经是最初的移民们赖以维生的唯一手段。他们虽然从欧洲带来了耕作技术,但在杳无人烟的茫茫荒原中只能使用简单的农具从事粗放的农业,有时还必须以采集和渔猎作为补充才能勉强维持生存,历史上称之为"谋生农业"。以后随着移民人数的增加、经济的发展,拓荒者逐步获得了更多的后勤支援和更完善的农具,美国农业才进入了以农业为主、以手工业和商业为辅的拓荒农业阶段。

尽管美国拓荒农业的耕作技术和所采用的农具均落后于英国和欧洲的一些先进国家,但凭着没有封建束缚和土地广阔这两大优越条件,经过了一

---

① *1989 Fact Book of U. S. Agriculture*, Washington: U. S. Department of Agriculture, 1989, p. 2.

② A. C. Manchester, *Agriculture's Links with U. S. and World Economy*, Washington D. C., 1985, p. 38.

代又一代人的努力,得到了显著的发展。还在殖民地初期,美国的农产品就不仅能够满足国内的需要而且还可以出口。据统计1698年出口大米10407磅,1708年增加到675327磅,1728年又增加到12884950磅。①在很长一段时间内,农业都是美国整个社会的最主要的经济部门。90%以上的人口是农村人口,城镇人口中间也有相当数量的人从事与农业直接有关的手工业或者商业。1810年的统计材料表明,超过10000居民的城市只有八个,大约有6%的居民生活在5000或5000人以上的城镇中。而居住在小城镇的居民并没有完全脱离农业,他们一般都拥有相当大的一块土地,可以利用闲暇时间种菜、养猪、养牛、养马,实际上是"半农民"。②

在这段时间发展农业的进程中,农具和耕作技术都有不断的改进,但总的来说还是落后于欧洲先进国家的,直到19世纪60年代美国农业才取得第一个重大的突破。美国学者福克讷认为:"从1860到1910年这半个世纪内,经历了一次农业革命,其中包括着农业机器的发明和科学耕种方法的日益推广,也产生了政府迅速和不断地对农业加以注意和协助,以及农业教育运动的广泛开展。"③这次农业革命的最大成果是加快了垦殖西部土地的进程,使耕地面积迅速扩大,农产品数量急剧增长。据统计,19世纪70年代共增加了15亿英亩耕地。农产品数量的增长可以从出口粮食增长中窥见一斑。据J.道奇估计,1883年以前的五十八年间美国总计出口20.64亿蒲式耳小麦,其中一半以上是在1874年以后出口的④,即最后十年的出口量超过了前四十八年出口量的总和。这次农业革命使美国的农业获得了长足的进步,美国一跃而跻身于世界先进农业国之林。然而,这次农业革命虽然采用了机械化农具,改进了耕作技术,但更多的是依靠扩大耕地面积来增加农作物产量,劳动生产率还有待大幅度提高,农业机械化也没有全盘实现。直到1920年,农用拖拉机只有24.6万台,还不足以全部取代畜力农业机械,那时美国全国还拥有1720万匹马和460

---

① *Historical Statistics of the United States: Colonial Times to 1970*, Vol. 1, p. 1192.

② Paul W. Gales, *The Farmer's Age: Agriculture 1815–1860*, M. E. Sharpe, 1960, p. 1, 2.

③ [美]福克讷:《美国经济史》下卷,第3页。

④ Louis B. Schmidt and Earle D. Ross, *Readings in the Economic History of American Agriculture*, p. 436.

头骡以供农用。①平均每个农业人口生产的粮食也不够丰裕,十年后才达到供养七个人的水平。这时美国的农业还不是真正意义上的高效农业。

美国农业要继续取得高速发展就必须实现第二个重大突破,其主攻方向是提高劳动生产率而不是扩大耕地面积。美国学者巴蒂和希利认为,美国农业在发展过程中至少遇到过两次难关。第一次是19世纪初劳动力奇缺的难关,那一次是通过使用畜力和农业机械来度过的。第二次是20世纪初出现的由于边疆关闭而造成的耕地限制的难关,这个难关只有依靠提高劳动生产率才能度过。②

美国农业生产的第二次重大突破发生在第二次世界大战期间。这次大突破的特点是在不增加耕地面积的情况下,实现全盘机械化和广泛采用化学肥料,并运用生物工程和电子技术等高科技部门的初步成果来大幅度提高农作物产量,同时减少农业人口,从而实现劳动生产率的成倍提高。正如美国学者阿尔布雷特和默多克所说的:"1940年以后是美国农业的迅速变革时期。农业的技术发展在生产过程中继续取代人的劳动,并且使得个体农业生产者可以收割比过去的生产者所能收割的多许多倍"③他们的这一结论是有充分根据的。我们可以从下列几种数字的变化清楚地看到美国农业在1940年以后几十年间高速发展的情况。拖拉机数目,1940年为150万台,1985年为460万台,增加了三倍多。④干各种农活需要的总工时,1940年为200.55亿小时,1984年减少为37亿小时。农业人口,1940年为1100万,1984年减少到350万。每个农业人口平均生产的农产品,1940年可以满足10.7人的需要,1984年可以满足77.3人的需要。农业人口减少了68%,而劳动生产率却提高了70%。⑤这些指标足以说明,美国的农业在经历过第二次大突破以后,已经成为举世瞩目的高效农业。

① Sandra S. Batie and Robert G. Healy, *The Future of American Agriculture as a Strategic Resource*, Washington: Conservation Foundation, 1980, p. 495, 496.

② Sandra S. Batie and Robert G. Healy, *The Future of American Agriculture as a Strategic Resource*, p. 16.

③ Don E. Albrecht and Sheve H. Murdock, *The Sociology of U. S. Agriculture: An Ecological Perspective*, Ames: Iowa State University Press, 1990, p. 45.

④ Don E. Albrecht and Steve H. Murdock, *The Sociology of U. S. Agriculture*, p. 93.

⑤ Don E. Albrecht and Steve H. Murdock, *The Sociology of U. S. Agriculture*, p. 95.

二

两次大突破的一个共同特点就是利用工业革命和技术革新的成果实现农业半机械化和机械化,采用畜力代替人力,后来又采用蒸汽和汽油推动农业机械以取代畜力。这样就使得耕作和收获的效率成倍和成几十倍地提高,美国的农业也就从原来的比较落后的拓荒者的农业变为拥有先进装备和先进技术的现代化农业。这个转变过程大概经历了一个半世纪。

美国农业的第一次大突破主要表现在农业的半机械化和机械化方面。[①]早在19世纪初,由于开发西部的需要,已经出现了改良的农具。例如,约翰·狄尔和詹姆斯·奥力维尔制造的专供草原地区使用的钢犁就比木犁和铁犁的效率高出许多。其后,在30年代,奥贝德·赫西和赛拉斯·麦考米克两人又相继发明各自的收割机,打谷机、中耕机、播种机、圆盘耙也陆续制成并投入使用,不过这时的农业机械都是以畜力作为牵引力和动力的。这些改良农具和简单的农业机械投入使用后,农业生产效率已有明显提高。1860年的《国情调查》曾这样写道:"使用改良后的工具,就等于3匹马中节约了1匹马的劳动力,利用播种机撒播2蒲式耳的种子,就等于用手撒播3蒲式耳的种子,而每亩的产量可以增加6蒲式耳到8蒲式耳。农作物成行地生长出来,可以使用马拉的锄草锹……收割机比用人工割或耙可以节省1/3的劳力……打谷机可以比旧式的手提边枷节省2/3的劳力……"然而,30年代和40年代,改良农具和农业机械的使用仅仅是开始,真正的推广和普及发生在内战时期。福克讷曾经指出:"可以正确无误地说,美国的农业革命,在使用机器方面,是出现于1860年以后的那半个世纪。"

"的确,在内战前,使用农业机械的重要性还没有被普遍地认识到。"[②]例如,内战爆发前一年,艾奥瓦州一个县的报告写道:"现在,各种谷物播种机中唯一投入使用的是一种双马牵引的播种机,而且使用范围极其有限。其他不同类型的手推播种机虽然曾经试用过,但都未予采用。农民中普遍流行的看

---

① [美]福克讷:《美国经济史》上卷,第282页。
② [美]福克讷:《美国经济史》下卷,第8页。

法是：播种谷物的最好方法是小心用手播种，用锄盖土。"①但是，内战爆发后，许多农民加入了联邦军队，劳动力奇缺，越来越多的农民改变了传统的耕作观念，广泛地采用农业机械。投入使用的新式农具和农业机械的数目迅速增加。1861年到1865年，收割机从10万台左右增加到25万台，割草机从2万台增加到7万台，其他农业机械也有大幅度的增长。

内战后的三十五年间，美国的农业机械不仅数量不断增长而且质量不断提高，过去由人力操作的工序也逐步实现机械化。例如，约翰·阿普尔比1878年发明的盘绕扎谷机就解决了收割过程中的打捆问题，使工效提高八倍。又例如，在西部使用的二十匹马牵引的康拜因机具有收割、脱粒、捡净、装袋多种功能，进一步提高了机械化程度。据估计，在盘绕扎谷机投入使用的第二年，"美国所种植小麦的4/5是用机械收割的"②。到19世纪末20世纪初，从种植到收割、储存的各个环节差不多都实现了机械化。不过，大部分农业机械都是用畜力带动的，使用蒸汽做动力的农业机械为数不多。据统计，美国农场拥有的耕畜，在1900年达到了2400万头。勒鲁瓦·博兰曾经评论说："美国的农业优势是通过联合使用机器和家畜使处女地的肥力转变为财富而取得的。"③

拖拉机的发明和投入使用是采用新的动力代替畜力的一个重大突破，但其全面推广使用是在第二次世界大战以后实现的。从1940年到1950年的十年间是推广拖拉机最快的时期，美国的拖拉机总台数从150万增加到339.4万，翻了一番多，从1950年到1960年又增加到468.8万。此后，拖拉机的台数基本稳定下来，每年略有增减，不过拖拉机的马力仍有较大幅度的增长。其他采用新动力的农业机械也有大幅度增长，到50年代末都能够满足农业生产的需要，其数量也趋于稳定。1950年，谷物收割机为71.4万台、玉米收割机为45.6万台、干草打捆机为19.6万台、青饲料收割机为8.1万台、载重汽车为220.7万辆，到1960年分别增加到104.2万台、79.2万台、68万台、29.1万台和283.4万辆。此后，上述机械的数字都不再增加，谷物收割机还大幅度减少，

---

① Louis B. Schmidt and Earle D. Ross, *Readings in the Economic History of American Agriculture*, p. 326.

②③ Ernest L. Bogart, *Economic History of the American People*, New York: Longmans, 1959, p.500.

1986年下降到64万台。①这时,田野作业的耕种、收割等环节才完全排斥了畜力,实现了真正意义上的机械化。

尤其重要的是,一批新的多用途的农业机械和园艺机械的陆续发明和投入使用,使得大豆、土豆和其他种类的块根作物,以及水果、蔬菜的种植收获都实现了机械化。这时,只有在这时才能说美国农业的全盘机械化已最后完成。其结果不仅提高了劳动生产率,而且保证了农产品的质量,为美国的现代化高效农业打下了坚实的基础。

三

美国农业两次大突破的另一个重要条件是农业教育和农业科学研究事业的发展,以及科学技术成果不断转化为生产力。独立后,美国的农业教育和科学技术水平都远远落后于欧洲。直到19世纪初,由一些有志于发展农业的有产者和知识分子组成的农业改进协会,还把从欧洲引进先进的农业科学知识和技术作为奋斗目标。马萨诸塞农业改进协会的会章就曾规定:"本协会的一个重要目的是取得和发展其他国家关于改进农业的报告,并获取他们的优良机器模型。"②美国的农业教育也开展得比较晚。19世纪20年代和30年代才出现几所规模不大的农业学校,其影响力非常有限。真正的农业科学研究事业和农业教育是在美国农业的第一次大突破以后才蓬勃发展起来的,而农业教育和科学技术的发展又反过来促进农业革命的不断深化。

1862年7月2日,林肯总统签署了《莫里尔土地法》,开创了联邦政府以土地资助农业教育的先例。根据这项法令,大约有1300万英亩土地授予各州。各州利用出售土地的款项开办了一批高等学校,其中包括著名的马萨诸塞理工学院和农学院。1855年在宾夕法尼亚创建的农业专科学校也升格为州农业学院。1887年国会通过的《哈奇法》又要求各州建立农业实验站以推广农业科技成果。美国农学院的师生由于参加实验站的工作而获得了更多的实

---

① *Economic Indicators of the Farm Sector: Production and Efficiency Statistics*, Washington: Department of Agriculture, 1988, p. 31.

② Percy W. Bidwell and John I. Falconer, *History of Agriculture in the Nortbern United States 1620–1860*, p. 185.

践机会,对于提高教学质量,推动研究工作,以及研究成果的推广运用都有很大的好处。美国农业也因此获得了更快的发展。有的美国学者甚至认为,通过《哈奇法》的"1887年是美国农业发展的新阶段"①。

19世纪后半期,联邦政府和各州政府也对农业的科学研究工作给予了充分注意,并做出了重要的贡献。1862年,在农业委员会下设专门的农业局,负责农业资料的传播和良种的推广等工作。1889年初,农业局升格为农业部,下设畜牧局、林业局、农业和化学工程局、昆虫与植物检疫局等。美国农业部不仅是一个行政机构,而且也是一个重要的科研机构。例如,植物工业局在消灭植物病虫害,改良和推广农作物品种方面做了大量的科研和组织工作。美国学者穆尔认为:"农业部的工作虽然没有引起公众舆论的注意,但确实是我们政府的一个奇迹。"②

在19世纪70年代至90年代,佐治亚、田纳西、北卡罗来纳、弗吉尼亚、亚拉巴马、纽约、宾夕法尼亚等州都相继建立了自己的农业管理部门,使美国的农业管理体制得到进一步加强。

如果说,农业教育和科研工作巩固和加强了美国农业第一次大突破的物质技术基础,那么它们对第二次大突破所起的作用就更为直接更为重要。

第二次大突破的主要任务是提高劳动生产率,在不增加耕地面积并减少劳动投入的条件下大幅度增加产量。要实现这项任务就必须改良农作物和牲畜的品种,使用高效肥料和多功能的农业机械等先进的设备和技术。由于当时微电子、生产自动化、生物工程、新材料等高科技部门已经出现和兴起,美国农业技术再次改造的物质基础已经具备,因此广泛使用高科技的成果是这次大突破的一大特点。同时,又由于环境污染问题、自然资源耗费问题已相当严重,并引起人们的高度关注,这次农业技术改造还必须对节省自然资源、保护环境、维持生态平衡给予充分注意。应当说,美国农业第二次大突破所要解决的问题难度远远超过了第一次大突破。在现代科学技术的条件下,只有集中各方面的财力和人力,才可能取得重大的研究成果。《农业生物工程》一书的作者特别强调这一点。他举例说,大牲畜生长激素的发

---

① Louis B. Schmidt and Earle D. Ross, *Readings in the Economic History of American Agriculture*, p. 115.

② Joseph R. H. Moore, *An Industrial History of the American People*, p. 337.

明就是二十六所美国大学、三个美国农业部的研究中心和六所外国大学共同研究的成果。[①]

在组织协调农业科研工作中,美国农业部、科学院、州政府都起到了十分重要的作用,主要表现在下列几个方面:

第一,提出全面的农业科学研究规划。1977年,美国科学院确定了到20世纪末的一百多个农业科学研究项目,后来又经两千多名学者的论证,提出了二十二个重点方向供农业科研机构参考。归纳起来,在农业生产方面有育种、遗传控制、生物固氮、光合作用、气候变化、防止病虫害的生物方法、水利灌溉、水资源保护、新品种肥料的研究、减少农作物收获损失的方法等;在农产品流通方面有扩大市场的可能性研究、农产品的贸易政策、通信系统等。

第二,加强农业教育,培养大批农业技术人员。美国农业教育的主要基地是州的农学院和州立大学。他们从联邦政府和州政府得到农业教育经费拨款,用于培养大学生、研究生。全国具有博士学位的农业专家中有90%是从这里培养出来的。在国家机构中工作的农业专家有79%是从这些学校获得博士学位的。

第二次世界大战以后,美国联邦政府和州政府都注意发展农业教育。高等学校中的农业专业和自然资源专业的大学生人数和博士生人数都有明显增长,分别由20世纪50年代的60000和316人增加到80年代的113400人和1158人。[②]与此同时,有条件的院校为了培养更高层次的人才还设置了农业学科的博士后流动站。1984年,美国国会又通过决议拨款1000万美元,作为支持农业部博士后计划的费用。[③]

经过几十年的努力,到20世纪80年代中期,美国已拥有一支实力雄厚的农业专家和技术人员队伍,其中包括11500名学者、17000名在农业生产中推广新

---

① Luanne Lohr, Harold O. Carter and Samuel H. Logan, "Agricultural Biotechnology Research: An Overview", Working Paper No. 86-1, Agricultural Issues Center, University of California, Davis, September, 1986, p. 78.

② G. L. Johnson and S. H. Wittwer, *Agriculture Technology Until 2030: Prospects, Prior ities and Policies*, Michigan State University, Agriculture Experiment Station, Special Report 12, 1984, p. VI.

③ G. L. Johnson and S. H. Wittwer, *Agriculture Technology Until 2030*, p. 6.

技术的专家,另外还有15700名教师专门从事农业技术人员的培训工作。①不过,从80年代末开始,这支队伍已呈日益缩小的趋势。

第三,保证对农业科学研究事业的投入。美国政府的农业拨款自第二次世界大战以后一直呈增长趋势。如果以1966年为基数,到1982年为止的增长情况如下:用于科学研究的经费1966年为35900万美元,1975年为75500万美元,1982年为139400万美元;用于推广应用的经费1966年为20100万美元,1975年为44800万美元,1982年为85400万美元。两项费用相加后的增长幅度大体上是,1966—1975年增加215%,1975—1982年增加87%。②

除此以外,私人公司也对农业科学研究投入了几乎同政府拨款相等的大量资金。据估计,在80年代,私人公司每年约投入21亿美元,其中95%用于公司自己的实验室,其余5%用于高等学校承担的研究项目。③

值得注意的是,生物工程在农业中的应用已经提上日程。尽管由于技术原因和人们对生物工程可能引起的后果的审慎态度,而未能大规模开展研究和将所获得的成果投入使用,但其重要意义已经逐步为人们所认识。进入80年代以后,无论是联邦政府还是私人企业都开始向生物工程投资。1983—1985年,农业部的拨款增加了两倍多。④据国家科学基金会的估计,1983年联邦政府的拨款数达到5.6亿—6亿美元。根据1984年的调查材料,大约有100家公司拨款支持农业方面的生物工程项目,从事这项研究工作的专家技术人员达到7100人,当年拨出的研究经费达到54600万美元。⑤

生物工程,如像许多著名学者所认为那样,堪称20世纪第四次伟大的科学技术革命,其发展前途不可限量,对农业可能产生的影响也将很难估计。

---

① Thomas D. Synder ed., *Digest of Education Statistics*, Washington: National Center for Education Statistics, 1988, p.167, pp. 210–213.

② *Technology, Public Policy and the Changing Structure of American Agriculture*, Washington: U. S. Government Printing Office, 1986, p. 267.

③ *Agricultural Biotechnology: Strategies for National Competitiveness*, Washington: National Academies Press, 1987, p. 70.

④ Luanne Lohr, Harold O. Carter and Samuel H. Logan, "Agricultural Biotechnology Research: An Overview", p. 12.

⑤ Luanne Lohr, Harold O. Carter and Samuel H. Logan, "Agricultural Biotechnology Research: An Overview", p. 16.

但有一点是明确的,那就是它将使美国农业发生又一次巨大的革命,成为空前的举世无双的高效农业。

<h1 style="text-align:center">四</h1>

交通运输和水利灌溉也是美国农业取得大突破的基本条件。交通运输对农业的重要性是不言而喻的,农产品和农用物资的流通都要依靠交通运输,所以美国农业的第一次大突破是在收费公路、水路运输和铁路运输都已颇具规模的时候出现的。收费公路最早出现于19世纪初,发展很快,主要是由私家公司出资修筑的。到1838年,仅在宾夕法尼亚州境内就建成收费公路2500英里。①19世纪上半期,联邦政府拨款修筑了东起马里兰州的坎伯兰、西至伊利诺伊州的范代利亚城,全长600英里的国道。毫无疑问,这些道路的建成对于移民的西进和西部地区农业的发展都具有重要意义。不过公路的运输量不大,而且涉及的地区极其有限,远远不能满足日益扩大的西部农业的需要。水路运输的兴起曾经在相当程度上缓解了这种供需之间的矛盾。1825年,连接大湖区和东海岸的伊利运河通航后,水路运输发挥了尤其重要的作用。在1847年前后,已有1200艘汽船在西部的各条水路上航行,年货运量超过1000万吨。②

然而水路运输也有很大的局限性。那就是河流分布不平衡,很多地方都没有可以通航的河流。在开发草原和大平原的时候,这个问题尤其突出。幸好那时已经发明了火车和铁路。从1830年起,美国逐年修筑自己的铁路,而且进展很快,到1840年,美国已建成2818英里铁路,其长度仅次于英国,而成为世界第二铁路大国。③铁路的优越性在于运输量大,不受地区的限制,虽然有时也要遇到不利的地形,但可以采取另选靠近的线路或者增加造价的办法加以解决。大批铁路的修筑和投入使用推动了西部草原和大平原地区农业的发展。正如美国学者保罗·W.盖茨所说:"铁路提供了打开草原

---

① [美]A.C.毕灵:《美国经济生活史》,第158页。

② [美]A.C.毕灵:《美国经济生活史》,第170页。

③ *Historical Statistics of the United States: Colonial Times to 1970*, Vol. 1.

大门的钥匙。"①

中西部草原地区的铁路建筑晚于东部地区,在1850—1860年间才出现了第一个筑路高潮。1850年,印第安纳、伊利诺伊、密苏里和艾奥瓦四个州的铁路总长度只有339英里,1860年猛增到6635英里。其中伊利诺伊州铁路网的发展尤为迅速,1850年拥有的铁路长度在全国各州中只占第十四位,1860年就上升到第二位。伊利诺伊州的铁路网不仅发展快,而且主要是在草原地区修筑的。例如,全长700英里的伊利诺伊中央铁路就有525英里通过草原地区。②其他三个州的铁路也多半是贯穿草原的线路。随着铁路网的逐步形成,在50年代大约有220万移民迁入这四个草原州,约占全国四十一个州居民增加总人数的25%,而其中又以伊利诺伊增加人口最快最多。尽管迁入的移民中有相当数量的人进入了大城市,但从事农业的人还是占大多数。据统计,在50年代,这四个州共增加了199724个新农户,佃农还不包括在内。③

进入19世纪60年代以后,随着横贯大陆铁路的建成和通车,远西部地区的铁路网也逐步形成,开发西部的进程也大为加快。小麦、玉米等农作物的主要产地不断向西移动。中西部的十二个州和远西部的十一个州逐步取代了东部地区,成为产粮中心。据统计,1899年,中西部十二个州生产的小麦占全国小麦总产量的67%,远西部十一个州生产的小麦占13.7%。④

汽车的发明和普及、高速公路网的落成,以及大型飞机的投入使用,使美国已经十分发达的交通体系向立体化和现代化发展,为美国农业的第二次大突破提供了极为有利的条件。

美国耕地的灌溉问题虽然不是一个全局性问题,但牵涉到广大西部的干旱和半干旱地区。早在几百年前,西南部地区的印第安人就已经修筑了一些小规模的原始的水利工程。在大量移民涌向西部地区以后,灌溉问题就显得特别突出了。1877年,联邦政府曾通过《荒芜土地法案》,要求购买土地的农户在三年之内灌溉一定数量的土地,但收效甚微。1894年,联邦国会又通过《凯里法令》。法令授予位于干旱地区的每一个州100万英亩土地,用于水利

① Paul W. Gales, *The Farmer's Age: Agriculture 1815–1860*, p. 183.

② Paul W. Gales, *The Farmer's Age: Agriculture 1815–1860*, p. 184.

③ Paul W. Gales, *The Farmer's Age: Agriculture 1815–1860*, p. 185.

④ Louis B. Schmidt and Earle D. Ross, *Readings in the Economic History of American Agriculture*, p. 375.

建设,同时允许私人经营灌溉工程。

1902年,联邦国会通过的《垦荒法令》进一步推动了干旱地区灌溉工程的建设,法令规定十六个干旱州必须把出售土地的钱作为专项基金,修筑灌溉工程。此后,联邦政府还拨专款投入上述地区的灌溉事业,经过将近半个世纪的努力,在西部地区建成了一系列水利工程。其中最著名的有亚利桑那和内华达两州交界处的胡佛水坝、爱达荷州的剑岩水坝、新墨西哥州的巴特大象水坝等。这些水坝灌溉着几百万英亩土地,使戈壁变为良田,并且为当地的农业生产提供了大量电力,收到了很好的效益胡佛水坝在还未交工以前就起到了调节水量的作用。1934年,当科罗拉多河水位急剧下降的时候,胡佛水坝开闸放水,使育马和帝国峡谷地区的旱情得以缓解,保住了农作物的产量。1935年夏天,当科罗拉多河洪峰下泄,水位猛涨的时候,胡佛水坝起到了拦洪的作用,使50000立方英尺[①]/秒的流速降低到14900立方英尺/秒,从而为下游地区解除了一次水患。

20世纪60年代和70年代是美国农田灌溉面积增长最快的时期。据统计,1959—1969年增加了17%,1969—1978年增加了30.3%。1982年,美国的可灌溉地面积已经达到耕地面积的14%。[②]

灌溉系统使美国的许多不毛之地变成重要的农业基地。在几种主要的农产品中,有灌溉系统地区的产量在总量中占有相当的比重。大约有70%的食用土豆,65%的甜菜,23—25%的棉花,35%的大麦是在这些地区收获的。[③]同时,这些地方的农作物由于浇灌及时,单位产量普遍高于缺少灌溉系统的地区。据估计,土豆产量约高43%,甜菜约高20%,棉花约高220%,玉米约高40%,大豆约高28%。[④]

不过,近年来美国在扩大灌溉面积方面处于停顿状态。这是因为水利建设需要大量资金,只有在那些效益比较明显的地区才可能收回成本。在这些地区的水利工程建成以后,无论是国家还是私人企业对进一步扩大灌溉系统都止步不前。另外,大面积的人工灌溉,特别是在大量使用地下水的地区,往

---

① 英制单位,1英尺合0.3048米。

② Farmer's Digest, Vol. 51, No. Ⅱ, 1988, p. 65.

③④ *1978 Sensus of Agriculture*, Vo1.5, Washington: Government Printing Office, 1981, p. 4.

往造成地下水位下降、土地碱化。如何正确处理这些问题也是美国农业进一步发展中必须面对的现实。

美国农业高速发展的经验很多。除去上面所提到的几种最基本的以外，还有许多其他方面的经验，诸如采取休耕补贴维护农产品价格，采取出口补贴鼓励农产品出口，甚至由联邦政府出面动用外交手段推动粮食外销，改进肥料质量，使用化学肥料，加强农产品生产、销售储存的社会服务等。但由于国情不同，有些经验不适用于中国，例如，休耕补贴、出口补贴等。有一些经验虽然可以而且应当吸取，但必须充分考虑其负面影响并加以防范。例如，化学肥料的广泛使用。不可否认，化学肥料的广泛使用也是美国农业第二次大突破的一项主要内容。这个过程大体上始于20世纪50年代初，到80年代完成。美国全国化学肥料的用量大约每十年翻一番，到1981年达到了顶点，此后略有下降。今天，美国已经是世界上使用化学肥料最多的国家，其用量约占全世界用量的16%。据统计，1950年美国全国化肥的总用量为40.58亿吨，其中氮肥10.05亿吨，磷肥19.5亿吨，钾肥11.03亿吨。1960年化肥的总用量为7463亿吨，其中氮肥2738亿吨，磷肥25.72亿吨，钾肥2153亿吨，1981年化肥的总用量为23678亿吨，其中氮肥11924亿吨，磷肥5434亿吨，钾肥6320亿吨。[①]

由于广泛使用化学肥料，美国农产品的产量确实得到提高，但同时在美国也出现了环境污染、农产品污染，以及土地质量下降等严重问题。这些问题早已引起美国学术界和社会的重视，但还没有找到有效的解决办法。

总起来看，农业在国民经济中任何时候都是一个非常重要的部门，即使美国这样一个经济高度发达的国家也没有放松对农业的注意。以农立国的思想对于我国尤其重要，在今天的形势下以农立国还有更高的要求，那就是要改变农业落后的状态，迅速实现农业的现代化，赶上世界先进国家的水平。

原载《美国研究》1996年第2期

---

① *Economic Indicators of the Farm Sector: Prod Uction and Efficiency Statistics*, p. 27.

评价美国西进运动的几个问题

在美国历史上,从殖民时期开始到美利坚合众国成立后一百年间,向西部广大地区扩张、移民和进行开发,即所谓的西进运动,一直是美国政治、经济生活中的一个中心问题,对于美国社会的发展产生过举足轻重的影响,甚至今天美国的工农业布局也同当年的西进运动有着直接的关系。然而,西进运动同时也包括对墨西哥的侵略和对印第安人的掠夺、屠杀。因此,如何全面地实事求是地评价西进运动是一个值得研究的问题。本文仅就什么是西进运动的主流,对于美国政府在西进运动中的作用如何评价,如何看待驱赶、屠杀印第安人,以及美国西进运动史学的演变等问题进行初步探讨,请大家指正。

一

西进运动是在资本主义条件下开发美国广大西部土地的过程,是美国历史发展上的战略性措施。其规模之大、影响之深远,在资本主义国家中是极为罕见的。在某种意义上说,它对美国的发展曾经起过决定性作用。这是西进运动的主流,应当是我们评价西进运动的基本出发点。

西进运动发生在美国资本主义上升时期。这一时期的资产阶级是一个创业者,它必须"奔走于全球各地,它必须到处落户,到处创业,到处建立联系"[①]《共产党宣言》中对资产阶级上升时期的历史作用做过这样的概括:"资产阶级在它的不到一百年的阶级统治中所创造的生产力,比过去一切世代创造的全部生产力还要多,还要大。自然力的征服,机器的采用,化学在工业和农业中的应用,轮船的行驶,铁路的通行,电报的使用,整个大陆的开垦,河川

---

① 《共产党宣言》,《马克思恩格斯选集》第一卷,人民出版社,1972年,第254页。

的通航,仿佛用法术从地下呼唤出来的大量人口——过去哪一个世纪能够料想到有这样的生产力潜伏在社会劳动里呢?"①如果用这段话来概括美国的西进运动,那也是再恰当不过的了。

北美独立战争结束时,美国的西部边疆只达到密西西比河,领土面积不过827844平方英里,约相当于后来全部领土的1/4。在密西西比河以西3/4的广大西部土地上,只有少数移民点,那里还是浩瀚无边的未开垦的荒原和森林。在合众国境内,密西西比河以东阿勒格尼山以西的地区也还处于开发阶段。一直到19世纪30年代,这一地区的大部分土地才转入政府手中,并逐渐为移民所占用。根据1833年美国陆军部长的报告,"俄亥俄以北,密西西比以东,包括俄亥俄州、印第安纳州、伊利诺伊州和福克斯河、威斯康星河以内的密歇根地域"的印第安部落已经基本肃清,在这个地区残留的印第安人不到5000人。②当地的移民已经占绝对多数,据统计,1830年,单是伊利诺伊就有157000人。③

如果以19世纪30年代为上限,到美国政府宣布西部边疆结束为止,开发密西西比河以西广大土地的时间不过半个世纪,其艰巨程度和开发速度都是相当惊人的。

19世纪四五十年代,大约经过了二十年,美国的农业地区随着西进人流,扩展到密苏里、明尼苏达、艾奥瓦、堪萨斯和内布拉斯加一带。到1860年,在阿勒格尼山以西地区先后建立了十七个新州,土地面积约为103万平方英里。不过,西进运动的最大浪潮是在1862年《宅地法》颁布以后出现的。在19世纪60年代,虽然有南北战争的严重影响,西部土地开垦面积仍然达到50万英亩。而在70年代,开垦面积一下子就增加到1.9亿英亩,相当于英法两国土地面积的总和。④在1880年到1900年的二十年间,又增加了303百万英亩耕地。⑤

西进运动使美国成为一个农业大国,无论就耕地面积还是就农产品数量

---

① 《共产党宣言》,《马克思恩格斯选集》第一卷,第256页。

② Helen H. Jackson, *A Century of Dishonor*, Minneapolis: Ross & Haines, 1974, p. 47.

③ Louis B. Schmidt and Earle A. Ross, *Readings in the Economic History of American Agriculture*, New York: Macmillan, 1925, p. 252.

④⑤ Ernest L. Bogart, *Economic History of the American People*, p. 495, 496.

来说,都在世界上名列前茅。同时,西部各州在全国农产品中所占的份额不断增长,美国的农业布局也发生了显著的变化。以小麦的产量为例,1859年全美小麦产量为173104924蒲式耳,1899年增加到658000000蒲式耳以上,增加了三倍多。①中西部和远西部所占的份额大致如下:1859年,中西部的十二个州生产了全国54.9%的小麦,总产量为9500多万蒲式耳,每人平均产量为104蒲式耳;远西部十一个州和地域生产了全国4.4%的小麦,总数为760多万蒲式耳,每人平均产量为12.4蒲式耳。②这个数字说明,当时西部已经成为比东部更为重要的粮食基地,生产着一半以上的小麦。1899年,中西部十二个州的小麦生产份额上升到67%,远西部十一个州的小麦产量份额达到了13.7%,而东部产麦诸州的份额却降到了10%以下。如果按人口平均计算,中西部地区每人平均产量为16.8蒲式耳,远西部地区为22.1蒲式耳,东部地区则在4蒲式耳以下。③其他重要农作物的生产情况也大致如此。可以说19世纪末的西部地区已是美国的主要粮仓,在农业生产中起决定性的作用。

西进运动的重要意义不仅仅在于促进美国农业的横广面发展,更重要的是推动了农业机械化和半机械化的进程。开垦上亿英亩的西部茫茫荒原,仅仅依靠人力劳动和原始农具是绝对不可能的,何况当时的西部一直严重缺乏劳动力,因而对高效率的农具和农业机械提出了迫切的要求。于是,改进农具和研制农业机械就成了一种十分有利可图的行业,改进农具、研制农业机械的商家和个人不断增加。1825年以后,新式铁犁开始取代原始的木犁。1833年和1834年,奥贝德·赫西和赛勒斯·麦考米克分别向政府注册各自发明的收割机。接着脱粒机、打谷机、马拉单耙相继研制成功。到1855年,美国已经拥有十万台第一流的收割机。农业机械,特别是收割机的发明和投入使用加速了西进的步伐。有人认为:"收割机使边疆以每年三十英里的速度向西

---

① Louis B. Schmidt and Earle D. Ross, *Readings in the Economic History of American Agriculture*, p. 371.

② Louis B. Schmidt and Earle D. Ross, *Readings in the Economic History of American Agriculture*, p. 375. 这里所说的中西部十二个州包括俄亥俄、印第安纳、伊利诺伊、密歇根、威斯康星、密苏里、艾奥瓦、明尼苏达、堪萨斯、内布拉斯加和南北达科他,比一般所指的中西部的范围要广。远西部的十一个州和地域包括蒙大拿、怀俄明、科罗拉多、新墨西哥、亚利桑那、犹他、内华达、爱达荷、加利福尼亚、俄勒冈、华盛顿。

③ Louis B. Schmidt and Earle D. Ross, *Readings in the Economic History of American Agriculture*, p. 375.

推进。"①

　　然而,美国农业的迅速实现半机械化是同19世纪60年代以后西进运动的高潮结合在一起的。从那时起到19世纪末,出现了一个突变时期。据统计,1861年美国投入使用的收割机超过十万台,1865年内战结束前夕达到二十五万台,差不多翻了一番。从内战结束到1900年有12000多项农业发明获得了专利,从备耕到收获农作物的每一道工序几乎都实现了机械化或半机械化。19世纪末,当美国政府宣布西部边疆宣告终结的时候,美国农业已经达到当时世界的先进水平。农业机械的价值在1860年与1890年间增长一倍以上。美国经济学家福克讷曾经这样评价说:"美国的农业革命,在使用机器方面,是出现于1860年以后的那半个世纪。"②

　　西进运动也带动了交通运输和铁路事业的大发展。19世纪前四十年是收费公路和运河的兴旺时期,移民队伍沿着这些道路涌向西部。火车的发明和铁路的兴建,为西进提供了更为有效、更为廉价的渠道。铁路建设在西进运动中起到了越来越重要的作用,其建设速度也是十分惊人的。如果说1830年美国建成的铁路不过40英里,通车的不过23英里。但经过二十年,美国的铁路线猛增到9021英里,一跃而超过英国,后来居上,成为世界上铁路线最长的国家。③铁路逐渐取代了公路和运河而成为西进最重要的渠道。

　　西进移民的迅速增加,大规模的铁路建筑,农业的机械化和半机械化以及西部地区的丰富资源,为美国的工业提供了广阔的商品和原料市场,从而加速了工业的发展。不仅东北部的工业基地得到扩大和加强,而且在中西部和远西部地区也出现了巨大的新兴工业,工业中心随着西进运动的进展而向西移动。

　　19世纪五六十年代,东北部地区的工业革命刚刚完成,西部地区几乎没有什么大工业,工业品和机器的主要来源是东北部。根据1860年的联邦统计资料,全国工业的总投资数是1009855715美元,工业总产值为8885861676美元。新英格兰和大西洋沿岸中部几个州的工业产品占全部产品的67%④,工

① Ernest L. Bogart, *Economic History of the American People*, p. 495.

② [美]福克讷:《美国经济史》下卷,第8页。

③ *Historical Statistics of the United States: Colonial Times to 1970*, Vol. 1, p. 427.

④ Carroll D. Wright, *The Industrial Evolution of the United States*, p. 159.

业中心显然是在这两个地区。不过,从50年代开始,工业中心已经出现了西移的趋势。有人认为,这种移动于"1850年从宾夕法尼亚的哈里斯堡附近开始,1880年延伸到匹兹堡北边,而在1900年达到了俄亥俄州坎顿以西约五十英里的地方"①。

从19世纪60年代开始,中西部的密苏里、艾奥瓦、明尼苏达的工业都取得了高速发展,从1860年到1870年间,工业产值大约增加两倍。俄亥俄、伊利诺伊、印第安纳出现了新兴的钢铁基地,农机制造业中心从纽约转移到俄亥俄和伊利诺伊一带,面粉工业中心从罗切斯特、纽约转移到明尼阿波利斯,屠宰业和肉制罐头业从辛辛那提转移至芝加哥和奥马哈。②芝加哥的发展最突出,到19世纪70年代,它已成为拥有先进炼钢厂、农机制造厂、车辆制造厂、屠宰场和服装厂的重要工业中心,全市的工厂总数达到2271家。③

在远西部,加利福尼亚、俄勒冈、华盛顿的捕鱼业和木材业都发展成为规模庞大的工业,科罗拉多的钢铁业也欣欣向荣、发展迅速。

西部工业的崛起,是美国工业总产值大幅度上升的重要原因。1894年,美国的工业总产值猛增到949800万美元,为英国的两倍,法国的三倍多,美国从而成为资本主义世界首屈一指的先进工业国家。

应当强调指出的是,西进运动的累累硕果都是美国人民和广大移民的劳动和智慧的结晶,功劳应当归于他们。例如,美国第一条横贯大陆的铁路就是主要依靠华工筑成的。中央太平洋铁路公司总裁利兰·斯坦福也不得不承认:"没有华工,这条重要的国家交通干线的西段,就不能在国会法案所要求的时限内完工。"④

来自欧洲和其他地区的移民在开发西部的过程中都起过十分重要的作

---

① Louis R. Wells, *Industrial History of the United States*, p. 356.

② Ernest L. Bogart, *Economic History of the American People*, p. 569.

③ Victor S. Clark ed., *History of Manufactures in the United States*, Vol. 2, New York: Peter Smith, 1929, p. 185.

④ 亚历山大·塞克斯顿:《十九世纪华工在美国铁路的功绩和牺牲》,《世界历史译丛》1979年第4期,第92页。

用。1850年以后的八十年间,大约有3500万移民涌入美国。①移民不仅为美国资本家提供了开发西部的大量廉价劳动力,而且带来了先进的技术。恩格斯在《共产党宣言》1882年俄文版序言中特别指出了欧洲移民所起的重要作用:"……正是欧洲移民,使北美能够进行大规模的农业生产……移民还使美国能够以巨大的力量和规模开发其丰富的工业资源,以至于很快就会摧毁西欧特别是英国迄今为止的工业垄断地位。"②

二

对于美国政府在西进运动中的作用如何评价,也是一个需要研究的问题。不可否认,美国政府的西进政策有侵略扩张的一面,对墨西哥的侵略以及对印第安人的驱赶和屠杀都是应当予以揭露和批判的。同样不可否认,美国政府西进政策的出发点是维护和满足资产者的利益和需要,而置广大移民的根本利益和生命安全于不顾。广大移民的西进完全是自发的,基本上得不到政府的保护和资助。在西进中,成为资产阶级政策牺牲品的移民不在少数。被抛弃的篷车和冻馁而死的移民的白骨,在西进道路两旁不时可以发现,甚至在西进运动结束多年以后,仍然可以找到某些不幸者留下的痕迹。

然而,这一切都是资本主义制度本身所固有的弊病,在资本主义发展中也都是不可避免的。另一方面,虽然美国政府所采取的奖励工商业,奖励技术革新,分配和出售西部国有土地,以及发展交通运输等一系列政策的得利者首先是资产者,但是这些措施对西进运动也起到了巨大的推动作用。假若没有美国政府的参与,如此广阔的西部土地是绝对不可能在较短的时期内开发出来的。

西部广大自由土地的存在和美国政府处理西部土地的政策是西进运动的前提。1784年、1785年、1787年,联邦政府连续制定了三个土地法令,在美国历史上第一次确定了处理西部土地的三条原则:(一)西北土地国有化;

---

① Wesley M. Gewehr, *American Civilization: A History of the United States*, New York: McGraw-Hill, 1957, p. 296.

②《共产党宣言》,人民出版社,1971年,第5页。

(二)在西北地区根据人口增长的情况逐步建立权力完全平等的新州;(三)按地段出售国有土地。虽然这些原则是为俄亥俄河以西和以北地区制定的,但后来推广适用于整个西部地区。这些原则对广大移民是具有巨大吸引力的。虽然当时出售地段规定为640英亩,每英亩售价2美元,而且必须一次付清,远非一般移民所能负担,但毕竟已经显示了依法获得西部土地的可能性。这一时期西部出售的土地绝大部分落到了土地投机者手中。例如,1787年仅俄亥俄公司就垄断了200万英亩土地,西进移民再从他们手中用高价购买小块土地。移民为了避免土地投机者的盘剥,从那时候起围绕缩小出售地段、降低售价和延长付款时间问题展开了长达半个多世纪的斗争。结果,林肯政府于1862年颁布了《宅地法》,向西进移民免费提供每份为160英亩的土地,这一措施调动了广大农民西进的积极性。列宁曾经说:"美国资本家实行的是什么政策呢? 他们无偿地分配土地,于是农民便跟着他们走,他们就用平等之类的空话来安慰农民。"[1]

尽管《宅地法》有很多弊病,而且往往为土地投机者所利用,但它仍然算得上是一个创举,在开发西部和美国农业资本主义发展中起过重要作用。《宅地法》实施以后的四十年间,共颁布了60万份宅地证书,宅地总面积为8000万英亩,估计宅地农民人数和宅地面积大约各占西部农民人数和耕地面积的六分之一。[2]即每100新移民中就有84人需要从土地投机者、铁路或者老移民手中购买土地。

在宅地农民中究竟有多少人能够独立经营,不受土地投机者的支配? 很难找到一个精确的数字。据香农估计,迄至1900年为止,大约有40万户、200万人。[3]尽管宅地农民在西部移民中不是多数,但却是一支自筹资金的农垦大军,在开发西部的茫茫荒原中发挥了重要作用。

应当指出,美国政府的土地政策也造成了大规模的土地投机和土地垄断,使大多数西进农民遭受到沉重的盘剥。19世纪前半期,大量购买土地是

---

[1]《在莫斯科五金工人扩大会议上的演说》,《列宁全集》第32卷,人民出版社,1958年,第100—101页。

[2] Fred Shannon, *The Farmer's Last Frontier: Agriculture, 1860–1897*, New York: Rineheart, 1973, p. 51.

[3] Fred Shannon, *The Farmer's Last Frontier*, p. 55.

不受什么限制的,一直到1889年,堪萨斯的部分地区、内布拉斯加、大湖区、海湾地区和太平洋沿岸各州出售土地仍然没有限额。那时,一次购买10万到60万英亩土地是司空见惯的。1784至1880年间,政府出售土地总数为19700万英亩,折合20900万美元,而其中十分之七的土地是在《宅地法》颁布以后出售的。^①这些土地落到了私家公司、个人和外资企业手中。据统计,29个外资辛迪加和个人就拥有土地20747000英亩,另外还有11个木材厂拥有1200万英亩土地^②。除此以外,无偿赠予铁路公司的土地超过18300万英亩,约相当于286000平方英里,面积超过得克萨斯州,等于联邦领土的十分之一。^③

铁路、私家公司和个人手中掌握的大量土地,一般是以高价转售给新的移民的,结果一方面使财富集中在土地垄断者手中,另一方面加重了移民的负担。例如,19世纪70年代,圣菲铁路在堪萨斯出售的土地每英亩售价在5美元以上,就连得克萨斯州政府出售资助学校土地的售价也高达每英亩2.88美元到4.72美元,即一个拥有100英亩土地的新农户,为其土地所付出的资金为288美元到500美元不等。^④不过,应当看到,这种土地投机也是资本原始积累的一种形式,是美国资产阶级开发西部的一种手段。

美国政府发展交通运输的政策吸引大量私人资本投入建设通往西部的交通体系,对西进运动的迅速开展有着直接的关系。

19世纪前半期,联邦政府和州政府的主要注意力集中在发展收费公路和开凿运河上面。私人资本力量雄厚的诸州多半采取向私家公司颁发特许状的办法。据统计,1811年前后,资本总额为750万美元的130家公司取得了纽约州颁发的特许状,在新英格兰地区,得到特许状的公司约有200家。^⑤1822年,在宾夕法尼亚州修筑收费公路投资总额600万美元中,私人资本约占2/3。^⑥一些缺少私人资本的州则采取直接拨款和投资的办法。1830年以前,南卡罗来

① Fred Shannon, *The Farmer 's Last Frontier*, p. 67.

② Fred Shannon, *The Farmer 's Last Frontier*, p. 72.

③ George Rogers Taylor, *The Transportation Revolution, 1815-1860*, New York: Holt, Rinehart and Winston, 1951, p. 65.

④ Fred Shannon, *The Farmer 's Last Frontier*, p. 68.

⑤ [美]A. C. 毕灵:《美国经济生活史》,第158页。

⑥ George Rogers Taylor, *The Transportation Revolution, 1815-1860*, p. 25.

纳和印第安纳的公路基本上是由州政府投资兴建并进行管理的。弗吉尼亚州政府曾购买荒原沼泽运河公司股票19万美元，约占该公司全部资金的39%。[1]联邦政府则向一些重点项目投资和资助，购买运河公司的股票300万美元[2]，拨给公路和运河的国有土地达到300万英亩[3]，并拨款修筑通向西部的全长600英里的坎伯兰大道，耗资700万美元。

由于政府的支持，到19世纪40年代，已经形成了通往西部的水陆干线。运河的里程达到3326英里[4]，不仅缩短了运输时间，而且降低了运费。过去从纽约经水路到中西部需要两次登陆换乘马车，行程1500英里。伊利运河通航后缩短路程500英里，省去了中途登陆转运的麻烦，大量的物资可以源源不断地运往西部。据统计，1846年左右，在西部诸河航行的汽船就有1200艘，每年货运量在1000万吨以上。[5]

美国政府在铁路建筑上所花费的投资和精力远远超过了收费公路和运河，其效果是十分显著的。从19世纪40年代算起，仅仅用了半个世纪的时间就建成了横贯大陆、四通八达的交通网，把整个大西部同东北部工业地区连成一个整体，这对大西部的开发起了决定性作用。

根据联邦国会1824年法令和1838年法令，早期铁路勘探是由联邦政府负责进行的。联邦政府派出工程师、培训工程技术人员并支付勘探费用。当时有六分之一的道路是由联邦铁路工程师勘探确定的，联邦为此支付了75000美元。[6]

19世纪50年代初，随着修筑铁路高潮的兴起，联邦国会于1850年9月20日通过用土地资助铁路的法案。该法案规定将伊利诺伊、密西西比和亚拉巴马境内的国有土地拨予各州，以资助修筑东起伊利诺伊、拉萨尔，西至亚拉巴马、莫比尔的铁路，并规定将沿铁路线两侧纵深为六英里的间隔地段划归该铁路所有。这个法案所规定的原则也被运用于其他地区的铁路线。巨额的

---

① George Rogers Taylor, *The Transportation Revolution, 1815–1860*, p. 50.

② George Rogers Taylor, *The Transportation Revolution, 1815–1860*, p. 49.

③ Fred Shannon, *The Farmer's Last Frontier*, p. 64.

④ George Rogers Taylor, *The Transportation Revolution, 1815–1860*, p. 52.

⑤ [美]A. C. 毕灵：《美国经济生活史》，第170页。

⑥ George Rogers Taylor, *The Transportation Revolution, 1815–1860*, p. 95.

土地资助,为铁路公司解决了资金问题,许多铁路公司都以抵押土地的收入作为建筑费用的主要来源。例如,1856年伊利诺伊中央铁路落成后的总造价是23436668美元,5/6的费用是用公共土地售价支付的,由股东筹集的资金只占1/6。①据统计,内战前政府赠予铁路的土地总数达到3736005英亩。②

然而,大规模资助铁路是从19世纪60年代开始的。根据1862年和1864年两项国会法案规定,太平洋联合铁路和中央太平洋铁路沿线,每建一英里铁路就可以得到20平方英里(在各地域境内)或10平方英里(在各州境内)土地。后来兴建的大部分太平洋铁路获得的土地比这个数字还要高一倍。③除此以外,铁路公司还可以向政府领取补助金,平原地区每英里16000美元,丘陵地区32000美元,山区48000美元。④

由于这种优惠条件的刺激,大量私人资金投入了铁路建设,外资也受到吸引。1873年以前投入美国铁路修筑的资金达到30亿美元,其中外资约占一半。⑤

除此以外,美国政府所采取的发展技术教育、大规模吸引移民、设置农业试验站、兴修水利及鼓励工商业的政策,也都是开发西部不可缺少的重要措施。总的来说,美国政府在西进运动中所起的作用是不可低估的。

三

西进运动是人类历史上罕见的血腥的种族灭绝暴行,是美国历史上洗刷不了的污点。这在我们的美国史研究和教学中是不存在争议的,就连美国史学界也不乏揭露、谴责西进运动暴行的学者。近年来美国出版了不少有关这方面的著作,在新版百科全书和某些工具书中也有所反映。最早出版的一部非常重要的具有代表性的著作是一百年前著名女作家海伦·亨特·杰克逊撰写的《可耻的世纪》。她在书中对西进运动中的掠夺者表示了无比的义愤,她

---

① ② George Rogers Taylor, *The Transportation Revolution, 1815–1860*, p. 96.

③ George Rogers Taylor, *The Transportation Revolution, 1815–1860*, pp. 96–67.

④ [美]福克讷:《美国经济史》下卷,第154页。

⑤ Ralph V. Harlow, *The Growth of the United States*, Vol. 1, New York: Henry Holt and Company, 1943, p. 55.

揭露说:"只要我们的边疆还剩下一平方英里掌握在弱小的、孤立无援的主人手里的土地,就会有一个壮实无耻的移民企图去夺取它,而且还有一个文质彬彬的政客为了获得选票和金钱在背后支持他。"她认为纠正错误的唯一希望在于"依靠美国人民的良心发现",因此,她向政府呼吁,要求1880年的国会带头出来制止这一"国家的暴行和篡改历史的行为",努力清除"可耻的世纪在美国这个名称上留下的污点!"①

的确,在西进运动中屠杀印第安人的罪行是罄竹难书和令人发指的。几乎每一次向西挺进的人流都踩着印第安人的白骨和血迹。1637年五六月间,在梅斯提克河畔对佩克特人的大屠杀就是殖民时期的一个典型例子。马萨诸塞殖民讨伐队指挥官约翰·安得黑尔自己供认,曾在这次讨伐中把拥有四百人的印第安村寨烧杀一光,幸存者不过四五人,村寨内血流遍地,尸骨成堆,简直难以通行。②

独立战争胜利后,美国资产阶级政府对印第安人的掠夺和屠杀不但没有停止,反而变本加厉。19世纪30年代佐治亚和佛罗里达的讨伐,使许多印第安村落夷为平地。一个又一个的部落遭到毁灭,幸免于难的印第安人不得不重新聚集,渡过密西西比河,退居西部"印第安人之乡"的荒凉地区。当时在美国统治者当中曾经流行着这样两句穷凶极恶的口号:"野蛮人必须消灭!""一个好印第安人就是死了的印第安人!"

问题不在于应不应当谴责屠杀印第安人的暴行,而在于如何看待这种历史现象。马克思主义者同庸俗的人道主义者不同,不仅仅局限于同情印第安人,站在他们一边,歌颂他们的抗暴斗争,或者哀悼他们的悲惨命运,而是想得更深远,把这一现象同资本主义制度联系起来看。

对于北美印第安人的悲惨遭遇一洒同情之泪,对于殖民者的残暴罪行加以最彻底的揭露,对于印第安人的英勇抗暴斗争加以歌颂,都是理所当然的,但这绝不是西进运动的主要内容。作为西进运动的一个侧面,应该进行专门研究,例如印第安人的抗暴斗争就值得大书特书。的确,印第安人在抗击入侵者的斗争中曾经谱写过许多可歌可泣、动人肺腑的篇章。他们用自己的鲜

---

① Helen H. Jackson, *A Century of Dishonor*, pp. 30–31.

② Fred Shannon, *American Farmer's Movements*, p. 100.

血和宝贵的生命证明，印第安人绝不是一个任人宰割的民族。早在十七世纪初，第一批欧洲移民刚刚踏上北美土地不久，印第安人就表明了反对奴役、誓死抵抗外侮的坚定决心。1609年，弗吉尼亚境内阿尔冈钦人最大部落联盟的首领波哈坦在会见约翰·史密斯队长时就警告他说："你们可以通过友爱向我们取得的东西，为何一定要用武力夺取呢？我们的人一向以食物供给你们，为什么要用武力毁灭我们呢？你们通过战争能够获得什么呢？……我们没有什么武装，如果你们采取友好态度，我们愿意供给你们所需要的东西……收起你们那些刀枪吧，否则你们也会同样遭受灭亡的。"①

1830年，当安德鲁·杰克逊总统发出无理要求印第安人西迁信件的时候，一位彻罗基人义正词严地驳斥了这封信。他指出，当白种人登上海岸的时候，穆斯考格人曾经给他们土地，帮助他们生活并且保护过他们。但是，当白种人"在印第安人的篝火面前暖和过来，并且饱食印第安人的玉米粥以后，变得非常壮大"，俨然以伟大的父亲自居，不断对"红孩子"说："你稍微往远处挪动一下，免得我不注意踩着你！"过去说："再走远一点，走过奥康尼河和奥克姆尔基河去，那里是一片乐土，而且永远属于你。"现在又说："你居住的那块土地不属于你，渡过密西西比河去，那里才是乐园，只要青草在生长，溪水在奔流，你就可以永远住在那里。"②对于殖民者和美国政府的背信弃义和得寸进尺的野心，印第安人是记忆犹新的，并且随时保持着警惕。

许多印第安部落曾经毫不犹豫地拿起武器抵抗掠夺者，并且取得过胜利。例如19世纪30年代在伊利诺伊和威斯康星境内的黑鹰战争中，勇敢善战的印第安人就曾多次重创敌人，最后由于众寡悬殊、缺乏武器才被打败。印第安人领袖黑鹰被俘，宁死不屈。1835年8月，他在就义前的讲话就是一曲非常悲壮的诗篇。他说道：黑鹰"现在是白人的囚徒，他们可以随意处置他。但他经得起拷打，把生死置之度外，他无所畏惧。黑鹰是一个印第安人"。

"他没有做过使印第安人感到羞耻的事情。他曾经为他的乡亲们，以及他们的妻室儿女而战，反抗那些年复一年欺骗他们、掠夺他们土地的白人……

---

① Virginia I. Armstrong ed., *I Have Spoken: American History Through the Voices of the Indians*, Chicago: Swallow Press, 1971, p. 1.

② Wayne Moquin and Charles Van Doren eds., *Great Documents in American Indian History*, New York: Da Capo Press, 1973, pp. 149–150.

"黑鹰是一个真正的印第安人,不屑于像女人那样号叫。他为他的妻子、儿女和朋友们担心。他不计较个人的安危。他关心他的民族和印第安人,他们将要遭受苦难。他为他们的命运感到悲伤……"①

　　印第安人在战争中也曾不止一次地取得辉煌胜利,不仅使整个美国,而且使全世界都感到震惊。1866年开始的红云之战使联邦军队处于困境。在这一年12月21日的战争中,红云率领的印第安战士全歼了上尉威廉·费特曼率领的80名骑兵和步兵。美国许多历史学家也都认为红云"是一个非常勇敢的汉子,是苏族中最聪明的战略家"②。1876年6月25日小华霍思战役是印第安人所取得的又一次巨大的胜利。美国和国际新闻界都曾连篇累牍地报道这一次战役。这一天几千名苏族战士在年轻的部落领袖克拉兹·霍斯的正确指挥下,打败了内战时期著名的"少年将军"乔治·卡斯特上校的军队,在印第安人的抗暴斗争史上写下了光辉的一页。

　　然而,不能由此得出结论说,一部西进运动史主要是印第安人的抗暴斗争史。这绝不是运动的主流。西进运动不同于一般的武装冒险,不能简单地用抗暴斗争来概括整个运动的性质,也不能根据印第安人的抵抗能力和决心来解释运动的进程。从根本上说,西进运动是资本主义发展在美国历史条件下的产物。它的发生和发展是顺应历史潮流的。印第安人之所以不能阻止西进运动,其根本原因就在于此。印第安人的深重灾难和悲惨命运完全是西进运动中资本主义发展所带来的。正如马克思所指出的那样,"资本来到世间,从头到脚,每个毛孔都滴着血和肮脏的东西"③。在资本原始积累和资本主义发展过程中,弱小民族被剿灭、被屠杀、被蹂躏的例子是不胜枚举的。马克思曾经说:"美洲金银产地的发现,土著居民的被剿灭、被奴役和被埋葬于矿井,对东印度开始进行的征服和掠夺,非洲变成商业性地猎获黑人的场所:这一切标志着资本主义生产时代的曙光。"④印第安人的抗暴斗争史就是这样一部充满悲剧的历史。

　　然而,资本主义制度的产生和发展是不以人们意志为转移的社会进步,不

---

① Wayne Moquin and Charles Van Doren eds., *Great Documents in American Indian History*, pp. 154-155.

② Benjamim Capps, *The Indians (Old West Time-Life Series)*, New York: Time-Life Books, 1973, p. 195.

③《马克思恩格斯选集》第二卷,第265页。

④《马克思恩格斯选集》第二卷,第255页。

能由于它身带血污而全盘否定它,也不能只揭露它的血污一面而不去研究它所起的进步作用。在这方面,科学社会主义的奠基人马克思、恩格斯给我们做出了榜样。他们是最先起来深刻揭露和严厉谴责资本主义制度的伟大导师,同时他们也充分肯定了资本主义制度在一定历史时期的进步性及其对社会发展所曾经起过的重大作用。一位著名美国史学家在评论印第安人问题时指出:"从根本上说,由于欧洲人拥有更先进的技术,能够征服印第安人,即令是在他们的家乡作战。但是,在评价完成这次征服的资本主义性质时,具有重大意义的是征服的方式:彻头彻尾的野蛮、伪善和残暴。资本主义制度的这些特点,紧附于它的每一个发展阶段:从早期对美国印第安人的政策的性质,直到末期的帝国主义政策的性质。"①这个说法有可取之处,值得参考。

四

美国资产阶级史学对西进运动的评价也有一个发展过程。19世纪90年代以前,控制美国史学界的是"第一代史学家",占统治地位观点的是从德国传来的"生源论"。他们认为盎格鲁－撒克逊民族所特有的议会制、陪审制、平等选举权一类资产阶级民主制度起源于日耳曼人的公社制度,这种制度又随着清教徒移民传到了美国。美国的文明和传统来自欧洲,美国没有自己独特的东西,西进运动不过是欧洲文明的向西推移。因此,他们对西进运动和西部历史未曾给以足够的重视,研究的重点始终放在东部。

1893年,一个年仅三十二岁的年轻学者弗雷德里克·特纳(1861—1932)在美国历史学会特别会议上做了一个以《边疆在美国历史中的意义》为题的报告,对传统的"生源论"进行大胆的挑战,第一次全面论述了西进运动和西部历史的重大作用。这个报告奠定了特纳学派边疆学说的基础,在美国史学界引起了极大的轰动。从此,美国的西部历史和西进运动史开始成为一个新的研究领域而引起人们的注意。边疆学派不仅垄断了西进运动史的研究,而且对整个美国史学产生了巨大的影响。英国史学家贝洛特曾经这样评价说:"在1893年到1932年他死去这段时间内,没有哪一个人像他那样,对美国的

①[美]赫伯特·阿普特克:《美国人民史》第1卷,生活·读书·新知三联书店,1962年,第23页。

研究和著述拥有如此深远的影响。"①一些美国学者也做了这样的评价："美国历史已经因他而予以重新解释或改写"②，"几乎没有一本（历史）著作没有他的影响的痕迹"③，特纳的报告"产生了历史学的'边疆学派'……他的假说不是转变为对美国史的某一种解释，而是转变为唯一的一种解释"④。

特纳的边疆学说之所以能够一举打垮了多年的传统观点，对美国史学界产生如此巨大的影响，其根本原因在于它迎合了当时资产阶级的需要。19世纪末期的美国已经成为资本主义世界首屈一指的大国，不仅取得了政治上、经济上的完全独立，而且走上了帝国主义侵略扩张的道路，"生源论"已经有辱于一个大国的地位。美国统治阶级需要自己的史学理论来证明美国有自己的文化和传统，证明美国人是一个高等民族。特纳的学说比较圆满地解决了这个问题。

特纳的边疆学说有两个明显的特点，而这也是它的根本弱点。第一，它有明确的政治倾向。特纳本人并不讳言："每个时代都重新研究它的历史，并且是以那个时代的精神所决定的兴趣去进行研究的，这是一个众所周知的观点……毫无疑问，每一个研究者和作者都要受到他所生活的时代的影响，这个事实也同样使历史学家具有倾向性，同时也向他提供了处理其研究课题的新手段和新思想。"⑤特纳的目标很明确，就是要用"新理论"代替"生源论"，独占美国史坛。他曾经感叹说："我们的早期历史是研究欧洲生源在美国历史条件下的发展。学院的大学生给予德国根源过多的注意而对美国因素注意太少。"⑥特纳是很希望尽快扭转这种情况的。问题不在于这种情况是否应当扭转，而在于扭到什么方向去。特纳用自己的错误理论来代替传统的错误理

---

① Hugh H. L. Bellot, *American History and American Historians: A Review of Recent Contributions to the Interpretations of the History*, Norman: University of Oklahoma Press, 1952, p. 24.

② Stuart A. Rice, *Methods in Social Science: A Case Book*, Chicago: The University of Chicago Press, 1931, p. 367.

③ Louis M. Hacker, "Sections or Classes", *Nation*, No. 137, 26, July, 1933, p. 108.

④ Ray Allen Billington, *Frontier and Sections Essays of F. J. Turner*, Englewood Cliffs: Prentice-Hall, 1961, p. 5.

⑤ Frederick J. Turner, *The Frontier in American History*, New York: Henry Holt and Company, 1921, p. 313.

⑥ Frederick J. Turner, *The Frontier in American History*, p. 4.

论,反映了垄断资产阶级的需要,从一种错误走向另一种错误。"边疆论"同"生源论"都具有浓厚的政治色彩,反映了资产阶级在不同时期的不同观点。

第二,特纳的著作大多是描述性的,模糊不清的,缺乏严密的科学论证。贝克尔在批评特纳的时候说:"他的一切发表的论著中,如果说有五页直截了当的记事,谁知道在什么地方可以找到。他的著作基本上是描述性的、阐述性的和解说性的。"[1]

由于上述原因,特纳学说是经不起驳斥的。近年来我国史学工作者曾经著文对特纳边疆学说的几个主要论点进行令人信服的说理批判,不仅揭露了这个学说的资产阶级性质,而且揭示出其理论上的错乱。

边疆论的中心思想是要证明欧洲对美国的影响只限于东部沿海一带,往西就逐渐消失了,代之而起的是美国的文明和传统,美国的文明产生于西部。用特纳的话来说,只有大西洋沿岸才是"真正意义上的欧洲边疆。在向西推进中,边疆愈来愈成为美国的了"[2]。至于美国文明传统为何能够产生于西部,特纳则用西部的特殊环境来加以解释。他认为西部荒原和森林的严酷的自然条件迫使来自欧洲的移民抛弃他们在欧洲享受的一切物质文明,生活在原始状态的社会中,并且用自己的双手重建一个文明社会。由于美国西部存在着广大的自由土地,边疆总是随着人们的西进而不断推移,这种重建社会的过程周而复始,持续不断,结果使得一代又一代移民不仅在改造荒原和森林中重建了物质文明,而且创造了自己的文化和传统,美国的民主制度、民族性格随之产生。特纳的结论是:"民族主义的成长和美国政治制度的演进都取决于边疆的进展。"[3]

如果特纳的边疆论只是论述美国文明的起源,那么上述论点还可以算是西进运动史学中的一种资产阶级学术观点。然而,醉翁之意不在酒,特纳把这个论点加以引申,使之成为宣扬侵略扩张的理论。特纳的活动边疆说就是在这种情况下产生出来的。特纳把边疆的不断推移和扩展作为美国社会赖以生存和发展的前提,并且公开为征服和扩张辩护。他宣称:"拓荒者首先的

---

① Carl Becker, "Frederic Jackson Turner", in Fin Howard W. Odun, *American Masters of Social Science*, New York: Holt, 1927, p. 313.

② Frederick J. Turner, *The Frontier in American History*, p. 4.

③ Frederick J. Turner, *The Frontier in American History*, p. 24.

理想就是征服的理想","美国人民从不断扩张中获得他们的性格……美国的精力将继续要求一个更广阔的用武之地"。①起初,特纳所指的扩张范围还局限于美国现今的西部地区,而在"自由土地的供应耗竭,同时作为美国发展的有效因素的西进运动宣告终结"②以后,就把扩张的范围扩展到美国国土以外。他说:"无怪乎我们发现美国又再度卷入世界政治……西班牙战争尚未处理的岛屿:波多黎各和菲律宾群岛,以及夏威夷群岛、古巴、巴拿马地峡运河和中国所呈现的问题,这一切都指明了国家大船的新航向,于是我们转而注视海外。"③

后来,特纳的继承者又进一步引申了这个说法,使之具有更明显的扩张主义色彩。R.F.尼可尔斯认为,西进已经不能说明新的历史情况,"关于美国文化发展的一种更现实更详尽的学说无疑是将由一些新特纳来创立。这种学说可能仍旧以人口移动这一重要因素为依据,但是这种移动不是单一的向西移动,而是一种复杂的伸向四面八方的运动"④。不幸的是尼可尔斯的预料并没有错,后来果然出现了新边疆论者。他们时而说,美国的新边疆在遥远的太平洋岛屿上,时而又说在莱茵河畔。总之,他们可以随心所欲地把美国的新边疆推进到世界上任何地方。这简直是十足的侵略扩张理论。

更有甚者,特纳还把西进运动和西部自由土地的存在说成是美国民主制度的根源和缓和社会矛盾的"安全阀"。特纳的错误就在于过分夸大了西进运动的历史作用,把它看成是历史的推动力和解释一切历史事件的唯一根据。实际上,西进运动是资本主义向西横广发展,即资本主义范围推广到新的领土内。超越这个范围来评价西进运动,必然会得出错误的结论。

20世纪二三十年代,边疆学派的统治地位开始动摇,一批年轻一代的历史学家纷纷起来批判特纳的学说。批判主要是围绕三个论点进行的:

(一)边疆的西移不是美国历史发展的推动力,也不能解释一切事件。经济学派的创始人查尔斯·比尔德在《新共和》杂志上连续发表两篇文章专门论

---

① Frederick J. Turner, *The Frontier in American History*, p. 37.

② Frederick J. Turner, *The Frontier in American History*, p. 244.

③ Frederick J. Turner, *The Frontier in American History*, p. 246.

④ Gene Gressley, "The Turner Theses: A Problem in Historiography", *Agricultural History*, Vol. 32, No. 4, Oct. 1958, p. 249.

述这个问题。他认为："自由的边疆曾经对美国发展超过一系列的作用，然而作用有多大？什么性质的作用？对我来说仍然是一个悬而未决的问题。我坚信，它是不能解释美国发展的。""我认为，特纳过高地估计了边疆经济对民主思想的增长、国家政策的形成以及宪法解释的影响。"①哈克明确指出，边疆论不能正确解释美国历史，"只有通过对美国资本主义和帝国主义的产生和发展进行研究，我们才可能看透今天我们所面对的问题的实质和复杂性"②。

（二）西部边疆不是美国民主的发源地，哈佛大学教授赖特发表文章指出，"民主来自美国森林"的说法是不正确的，"它的基本原则是装在苏珊·康斯坦号船上运到弗吉尼亚的，是装在五月之花号船上运到普里茅斯的，是由成千的接踵而来的船只运来的"。③

（三）边疆学说缺乏科学的论证。耶鲁大学教授皮尔逊认为，特纳的许多结论都缺乏证明，"往往使用同样的语言，甚至从未使用新的调查材料加以验证"④。

在上面提到的史学家中，哈克的批判最尖锐。他公开号召说："下一代历史学者需要摧毁特纳的捏造，这些捏造不仅是'虚构'的而且是绝对有害的。"⑤然而，迄至今日，特纳学派在美国西进运动史的研究中仍然具有相当的影响。特纳的学生和继承人帕克森、谢弗、默克和比林顿都是这个领域的权威和知名人物。1980年默克所编写的《西进运动史》和1982年比灵顿的新版《向西扩张》都是研究西进运动的重要著作。

另一方面，20世纪50年代和60年代，还有相当多的学者完全抛弃了特纳边疆论的观点，重新确立自己的研究方向。他们转而研究城市史、边疆结束以后的西部史和西部经济史，其中以西部经济史的研究开展最为迅速。1964年，杰拉尔德·纳什写了一篇叫作《作为一个研究领域的西部经济史》的文

---

① *New Republic*, Vol. 97, Feb. 1939, p. 361, 360.

② Louis M. Hacker, "Sections or Classes", *Nation*, No. 137, 26, July, 1933, p. 110.

③ Benjamin Wright, "American Democracy and the Frontier", *Yale Review*, Vol. 20, Dec. 1930, p. 365.

④ George Wilson Pierson, "The Frontier and American Institutions: A Criticism of the Turner Theory", *New England Quarterly*, Vol. 15, June 1903, p. 249.

⑤ Louis M. Hacker, "Sections or Classes", *Nation*, No. 137, 26, July, 1933, p. 108.

章①,强调这个新的研究项目的独立地位。1966年,吉恩·格雷斯利主编出版一本专门论述经济史问题的专集:《美国西部——新的倾向》,该文集已经作为第32卷收入怀俄明大学丛书。

对于西进运动史的评价和研究,也有一个发展过程。美国资产阶级西进运动史学曾经经历过反动时期,并为扩张主义者所利用。20世纪五六十年代以后,才出现了比较激进的趋势,重新确立自己的研究方向。目前逐渐走向具体的和比较深入的研究。近年来,比较史学方法也开始运用于西进运动史的研究。俄克拉荷马大学先后出版了两期《边疆——比较研究》。1980年,杰罗姆·斯蒂芬的《比较边疆:对美国西部研究的一个建议》也问世了。而西进运动中的印第安人血泪史已经成为印第安史学的一个重要组成部分。

总的来说,美国的西进运动是按照资本主义方式开发西部的一个历史过程。屠杀印第安人、侵略扩张和残酷剥削劳动人民都是这个历史过程中不可避免的罪恶现象。我们揭露和批判这些罪恶现象的目的在于揭露资本主义制度的不合理,而不在于全面否定西进运动的作用。揭露和批判只是研究西进运动的一个方面。美国资产阶级学者从不同的角度研究西进运动,曾经长期独霸美国史坛的特纳学派暴露了明显的反动性和反科学性,然而,时间是最好的试金石,越来越多的美国学者不同意特纳学派的观点。可以相信,随着时间的推移,西进运动史的研究必将更加深入,更加全面。

原载《历史研究》1984年第3期

---

① Jerald D. Nah, "Western Economic History as a Field for Research", *Economic Inquiry*, Vol. 3, Sept. 1964, No. 1, pp. 86−98.

19世纪美国西部开发中的三大核心问题

19世纪,在美国发生的关系全局、关系长远发展的大事之一就是西进运动。这个过程持续一个世纪之久,其间既有疯狂的土地扩张,腥风血雨的侵略战争,对印第安人的掠夺和屠杀,又有广大移民向西推进、开发西部的壮举。美国西部经过不断扩展以后成为一个极为广阔的地区。如果把老西部算进去,大约相当于美国现今国土大陆部分的3/4。在移民西进以前,那里到处都是一望无际的荒野和连绵不断的丛林,经过一个世纪的开发就出现了沃野千里的景象。不但有农田、牧场,而且有繁华的城市、便利的交通和工厂、矿山。这不能不说是一个奇迹。回过头来看一下,觉得有许多值得关注的问题。土地、交通、水资源就是其中的三个。美国人是如何对待的,有哪些经验教训? 很值得我们借鉴。

一

合众国成立之初,自从有关州放弃对西部的土地要求,并把所占领的西部土地归还邦联政府以后,它就在西部拥有大量的公共土地。这是一笔巨大的财富,也是吸引移民西进的巨大动力。丹尼尔·布尔斯廷说得很清楚,正是获得土地的美好愿望"驱使他们从一个地方走向另一个地方"。可以说"美国在19世纪向西部开拓的运动归根结底乃是土地热的一种表现"。[①]从这个意义上说,公共土地就是可以带动西部开发的火车头,只要能使公共土地私有化,成为千百万拓荒者可以指望的生产资料和个人财产,这个火车头就会迅速地运转起来。

建国之初,邦联政府还没有颁布三个土地法令之前,已经有不少拓荒者

①[美]丹尼尔·布尔斯廷:《美国人:建国历程》,美国大使馆新闻文化处出版,1987年,第85页。

越过阿巴拉契亚山向俄亥俄河一带移民。他们在那里占地耕种,建立自己的家园,但对所垦殖的土地并没有合法的所有权,被称为"僭居者"。美国政府的决策人最初没有意识到西部公共土地有如此巨大的吸引力,只是把它作为应付各方面要求的一种手段,用来增加财政收入,作为对退伍军人的补偿和代替现金向交通运输和教育事业提供资助。他们在颁布1784年、1785年和1787年三个土地法令的时候,首先考虑的不是方便移民,满足他们的需要,鼓励移民去开拓西部土地,而是把土地当作充实国库的财源。1875年西部土地出售法规定以640英亩为出售单位面积,售价不低于每亩1美元,并用硬币支付。为了吸引大西洋沿岸的富豪的注意,还把公开拍卖地点设在东部。正如丹尼尔·布尔斯廷所说,在政府官员们看来,"最简单和最有次序的办法,也即能最快得到报酬的办法,就是把这大批土地卖给东部拥有雄厚财力的人,而那些没有适当契约文书就到西部定居的人是靠不住的"[1]。事实上,拓荒者——西部土地的直接使用人是根本买不起这样大块的地段的,而东部的富豪们又认为无利可图,反应冷淡。除了土地投机者外,成片购置西部土地的人寥寥可数。1785年土地法令颁布后直到1787年,售出的土地不过72934英亩,得款只有117108美元。[2]这笔钱对于十分困窘的国库简直是杯水车薪,无济于事。美国政府曾经不得不压价出售部分西部土地。例如,纽约的一次大拍卖共售出土地108431英亩,售价为176000美元,比规定价格低29872美元。[3]

然而,尽管1785年法令的售地办法对拓荒移民极为不利,但公共土地私有化的原则已经确定,大规模的土地市场也随着出现,拓荒者可以通过种种渠道来购买自己所需要的小块地段。这对于移民西进仍然起到了巨大的推动作用。同样重要的是1787年《土地法令》确立了未来建立的西部新州同原有各州具有完全平等地位的原则,从而解除了准备西去的移民将会丧失某些政治权利的担心。这几项法令构成了英国西部土地开发政策的基础,为广大移民提供了法律上的保障,使那里的土地具有更强大的吸引力,其意义是十

---

① [美]丹尼尔·布尔斯廷:《美国人:建国历程》,第85页。

② Peter S. Onuf, *Statehood and Union*, p. 29.

③ Benjamin Horace Hibbard, *A History of the Public Land Policies*, p. 41.

分重大的。美国学者乔纳森·休斯甚至认为，这"也许是一件与制定美国宪法有同等重要意义的成就"①。

最早同联邦政府达成大宗土地交易的不是东部的某一个富豪，而是俄亥俄公司。这是一家退伍军人组成的股份有限公司。1787年12月7日，这家公司同美国政府签订了购地契约。契约规定，俄亥俄公司购买的150万英亩土地位于第七地段以西俄亥俄河沿岸，售价为每英亩1美元。契约含有非常有利于买方的付款条件。首先要扣除地价的1/3作为劣质地的补偿费，其次可用纸币付款。当时的1美元纸币只相当于12美分。此外，地价的1/7还可以用战争时期发放的军人证券支付。这样，每英亩的实际售价不过几美分。②

据丹尼尔·布尔斯的估算，每英亩为8美分。③俄亥俄公司转手就可以获利十几倍，甚至更多。可以说这是最早的一次大规模土地投机。美国政府从这一类的大宗售地中得不到多少好处。

土地投机者固然要从拓荒者身上收取更多的售地费，但毕竟为他们提供了获得小块耕地的可能性。俄亥俄公司就曾成功地吸引大批移民在俄亥俄河沿岸定居，形成了一系列居民点并迅速扩展为早期城镇。

然而，广大西部移民的最高目标是无偿获得西部土地。作为第一步，他们要求政府降低售地单位面积和地价，放宽付款条件。这种要求越来越强烈，在国会议员中也有所反映。1789年5月27日，来自宾夕法尼亚州的国会议员托马斯·斯科特在国会演讲，主张把公共土地分成小块，直接出售给居住在那里的移民。他认为这种办法比大片出售土地的收益更高。根据他的估算，老西部的土地可以容纳200万农户，"最保险地说也可以容纳100万农户。政府从中可以得到500万美元的售地款"④。不过，他的主张没有得到多数议员的认可。

此后几十年间围绕土地的出售单位面积、售价和支付条件的争论一盎十分激烈。售地单位面积一再减少，最低为40英亩。地价和支付条件也一再变动。

① Jonathan Hughes and Louis Cain, *American Economic History*, Glenview: Scott, Foresman, 1983, p. 94.

② Benjamin Horace Hibbard, *A History of the Public Land Policies*, p. 49.

③ [美]丹尼尔·布尔斯廷：《美国人：建国历程》，第59页。

④ Benjamin Horace Hibbard, *A History of the Public Land Policies*, pp. 56–57.

虽然每一个土地法令的通过都是西部移民争取土地斗争的结果,但距离无偿宅地还很远。越来越多的移民采取直接占用土地的办法来对抗政府的种种限制。19世纪二三十年代占地之风又盛行一时,争取"自由土地"的农民运动迅速发展,出现了"真正的美国人协会""土地权利协会"等颇有影响的组织。后来自由土地党和共和党都把争取"自由土地"的要求写进纲领。广大西部移民正式向联邦国会提出了请愿书。

在西部移民强烈要求的影响下,来自密苏里的国会参议员托马斯·哈特·本顿于1824年正式向国会提出宅地法案。是年4月8日,他在参议院做了一次题为《自由土地是理财的良方》的报告。他提醒国会:"在边疆州和领地有成亿英亩的空闲土地和成10万没有自由土地的公民。"应该给他们土地,使他们对国家产生感情。[1]

然而,联邦国会对宅地法案采取拖延的态度,企图将其束之高阁或者议而不决,直到1862年5月经林肯总统签署后才成为正式法案。《宅地法》规定,每个家庭户主或年满二十一岁的美国公民,以及取得美国国籍而又未曾使用武力对抗美国的外来移民均可无偿地获得西部公共土地160英亩,连续耕种五年以后即可拥有对该片土地的所有权。宅地法的颁布使西部公共土地得到了合理的分配,为农业的美国式发展道路奠定了稳固的基础,对美国西部开发起到了巨大的推动作用。涌向西部的移民如同不可阻挡的春潮,1900年,去西部定居的农户达到5737000,所拓殖的耕地为838392000英亩,其中根据《宅地法》无偿分配给移民的土地为8000万英亩。据估计,宅地农民人数和宅地面积大约相当于西部农民人数和耕地面积的1/6。[2]

广大移民获得土地的直接后果是美国农业的飞速发展。过去的荒原不断缩小,耕地不断增加,农产品的产量也急剧攀升。以小麦产量为例,原来小麦产量很少的俄亥俄、印第安纳、伊利诺伊、密歇根、威斯康星、密苏里、艾奥瓦、明尼苏达、堪萨斯、内布拉斯加、南北达科他十二个州到1899年生产了全国小麦产量的67%。同年,远西部的蒙大拿、怀俄明、科罗拉多、新墨西哥、亚

① Marion Mills Miller ed., *Great Debates in American History*, Vol. 10, New York: Current Literature Publishing Company, 1913, p. 9.

② Fred Shannon, *The Farmer's Last Frontier*, p. 51.

利桑那、犹他、内华达、爱达荷、加利福尼亚、俄勒冈、华盛顿十一个州的小麦产量也达到全国产量的 13.7%。[1]中西部和远西部已经取代了东部产麦区的地区而成为美国的粮仓。

农业的突飞猛进带动了西部经济的全面发展，使西部开发走上了良性循环的轨道。

二

西部虽然很有吸引力，但无路可通，只有印第安人踩出的羊肠小道和几条水路，旅途艰难而又危险。能够越过阿巴拉契亚山西进的移民屈指可数，只有佛蒙特、肯塔基、田纳西和俄亥俄的某些地区，以及圣路易斯、密西西比河下游一带才有不多的移民点。[2]随着时间的推移渴望西去寻找乐土的人越来越多，交通问题更加突出。

一批精明的投资者敏锐地感觉到修筑收费道路将是一桩十分有利可图的事业，在18和19世纪之交出现了一个筑路高潮。在新英格兰、纽约州和宾夕法尼亚州，由私人集资修筑了众多的收费道路。据统计，到1812年，纽约州的收费道路达到600英里，宾夕法尼亚州也有4000英里。[3]纽约州的收费道路一直延伸到布法罗附近，同伊利湖的水路连接，为西进移民打通了一条比较方便的通路。联邦政府也着手修建从马里兰的巴尔的摩，经坎伯兰通往西部的国道，这就是历史上著名的坎伯兰大道。1818年，这条道路修筑到弗吉尼亚和俄亥俄边界上的惠林，1833年又延伸到俄亥俄的哥伦布，最后低达伊利诺伊的范代利亚，全长600英里，耗资700万美元，成为西进的便利快速的通道。它使行车速度加快，旅行时间缩短，从巴尔的摩到惠林的时间从八天减少到三天。

然而，西去的道路仍然是太少了。为了缓解巨大的压力，联邦政府还向有关州和筑路公司赠送土地以推动道路建设。早在1823年国会就通过决议

---

① Louis B. Schmidt and Earle D. Ross, *Readings in the Economic History of American Agriculture*, p. 375.

② Paul W. Gales, *The Farmer's Age: Agriculture 1815−1860*, p. 1.

③ George Rogers Taylor, *The Transportation Revolution, 1815−1860*, p. 23.

向俄亥俄赠送连接伊利运河和康涅狄格西部道路所需的土地,并将沿路两侧1英里宽的地带赠予承包道路的建筑公司。[1]随后又多次为道路建筑提供了赠地,总数达到3276646.21英亩。[2]

收费道路既平坦又坚固,便于行车,同原有的崎岖不平的狭窄道路相比,其优越性是显而易见的。西进移民、游客和往来行商趋之若鹜,客运兴盛繁忙。但货运由于费用太高并不景气,因而只有屈指可数的几家公司略有赢利,其股息在最繁荣的年代也不过1%—8%。[3]收费道路的修筑和营运日趋衰落。

运河和收费道路差不多都是在1812年美英战争后才受到人们关注的。不过,运河需要较多的资金和技术,发展比较缓慢。直到1816年只修筑了100英里运河,通航的运河不过三条,其航运里程各有两英里多。[4]1817年,纽约州议会先后于4月和7月通过修筑伊利运河和尚伯兰运河的决议。伊利运河起自纽约州东部的阿尔巴尼,西至连接大湖区水路的布法罗,全长364英里,是通往西部的重要水路。尚伯兰运河是通往北部边远地区的水路。两条运河分别于1825年和1823年完成,通航后伊利运河就立即显示了运费低廉、旅途方便的优越性。西部移民的农产品、木材、矿石可以经伊利运河大批地运往纽约,东部的工业品和日用品也可以通过这条运河运到沿河的移民点。伊利运河给纽约带来了繁荣,使它成为东部受益最大的港口。1850年,纽约的人口和财富都已超过费城、波士顿、巴尔的摩而居于美国大城市之首。

伊利运河的成功掀起了修筑运河的高潮。新英格兰各州、宾夕法尼亚、弗吉尼亚和俄亥俄的州政府和私人公司都把巨额资金和人力投入这项事业。宾夕法尼亚州担心伊利运河将会使费城的地位受到纽约的威胁,在这条运河通航后的第二年就决定修筑一条连接费城与匹兹堡的水道与其抗衡。这条水路也是一项巨大的工程,全长395英里,在穿越阿勒格尼山时还要靠铁路连

---

[1] Everett N. Dick, *The Lure of the land: A Social History of the Public lands from the Articles of Confederation to the New Deal*, Lincoln: University of Nebraska Press, 1970, p. 160.

[2] Benjamin Horace Hibbard, *A History of the Public Land Policies*, p. 236.

[3] Frederic Wood, *The Turn Pikes of New England and Evolution the Same Through New England, Virginia and Maryland*, Boston: Marshall Tones Company, 1919, p. 35.

[4] George Rogers Taylor, *The Transportation Revolution, 1815-1860*, p. 32.

接。俄亥俄、印第安纳、威斯康星等州也都在修筑自己州内的运河。

联邦政府最初对开凿运河持观望态度,没有给予财政支持,只是在伊利运河发挥作用以后才开始重视,并用公共土地资助修筑运河的州和公司。到1860年拨出的土地总数达到400万英亩。[1]

运河只能连接已有的河流,地理上有较大的局限性,铁路才是连接东部和西部的最有效的、不受地区限制的、最强大的交通设施。联邦、州和地方政府都对此给予了充分重视和支持,早在1824年到1838年间联邦政府就出资并派遣技术人员勘探线路,1830年到1834年间又降低了铁路建设所需进口器材的关税,使这一时期的铁路建筑少花费600万美元。[2]内战前三十年间,联邦政府偶尔也向铁路公司赠送土地,但数量不算太大,而且大多集中在19世纪50年代。其中数量巨大的是1850年9月20日联邦国会通过的赠地法案。该法案规定,伊利诺伊、密西西比和亚拉巴马州应以位于州内的公共土地资助从伊利诺伊的拉萨尔到亚拉巴马州的莫比尔的铁路建设,把沿铁路线两百英尺宽的土地和两侧六英里内的间隔地段赠予铁路公司,赠地总数达到3736005英亩。[3]

1850年法案是作为个案来处理的,不能沿用于其他铁路。后来的许多项类似的土地申请都被国会驳回。不过,1852年、1853年和1857年国会还是通过了几项赠地法案,使十个州的四十五条铁路得到资助。19世纪60年代及其后才是向铁路建设赠地的高峰期,仅联合太平洋铁路一家在修筑横贯大陆铁路时就获得了11935121.46英亩。这一时期的赠地总数达到91239389.27英亩,再加上60年代以前的赠地37789169.23英亩,赠予铁路的土地总数为129028558.50英亩。[4]

不少州政府也于19世纪三四十年代投入大量资金修筑铁路。其中有佐治亚州的亚特兰大——查塔鲁加铁路、密歇根州的中央铁路和南部铁路、印第安纳州的印第安纳波利斯——麦迪逊铁路。一些州和地方政府还拨专款支持私人铁路公司。据统计,内战前十五年间有关州为拨付铁路建设赠款举

① George Rogers Taylor, *The Transportation Revolution, 1815–1860*, p. 49.

② George Rogers Taylor, *The Transportation Revolution, 1815–1860*, p. 95.

③ George Rogers Taylor, *The Transportation Revolution, 1815–1860*, p. 96.

④ Benjamin Horace Hibbard, *A History of the Public Land Policies*, p. 246.

债9000万美元之多。①由于得到了各级政府的大力支持,美国铁路建设后来居上。到1840年美国铁路的总长度达到2818英里,仅仅次于英国而跃居世界第二位,十年后又增加到9021英里,超过了英国,稳居世界第一。

庞大的铁路系统不仅促进了美国整个国家的经济发展,而且源源不断地把成批移民运送到西部各个地区,加速了西部开发的进程。即便那些边远荒僻的无人地区也由于铁路的贯通而出现了勃勃生机,出现了星罗棋布的移民点和城镇。

三

随着移民的西进,西部的地理概念也在不断变化。西进刚刚开始的时候,阿巴拉契亚山以西的地区都被看作西部。后来移民抵达大平原边沿、跨过50公分雨量线②就发现了一个完全不同的、不适宜农作物生长的干旱世界。这条雨量线从北到南,正好把美国大陆分成东西两个面积大体相等的部分。越来越多的人认为,这个干旱世界才是真正的西部。1931年,美国历史学家沃尔特·普雷斯科特·韦布在他的名著《大平原》一书中提出应当把西部的地域概念固定化的想法,并认为西经98°就是美国西部的东界。③另一位西部史学家迈克尔·马隆完全同意这个观点,并且强调说:"的确,西部应当包括西经98°以西的整个地区。这是一个降雨量逐渐减少的界线。它北起南达科他的东边,往南穿过得克萨斯的中部。"④美国官方推荐的读物《美国地理简介》也阐述了相同的看法:"在美国,最重要的地理界线之一,是50公分雨量线。这条线由北而南贯穿全国,几乎通过美国中央……此线以西的特征是人造的灌溉系统,耐旱作物,在草地上放牧,人口稀少。"⑤根据对西部地区的这种界定,原来的雨量较大,水资源比较丰富的中西部基本上被排斥在外。这个真正的

---

① George Rogers Taylor, *The Transportation Revolution, 1815–1860*, p. 92.

② 公分为厘米的旧称,50公分雨量线为今500毫米等降水量线。(编者注)

③ Walter Prescott Webb, *The Great Plains*, Boston: Ginn and Co., 1931, pp. 8–9.

④ Michael Malone ed., *Historians and the American West*, Lincoln: University of Nebraska Press, 1983, p. 2.

⑤ 美国大使馆文化处编译:《美国地理简介》,美国大使馆文化处出版,1981年,第7页。

西部所面临的最大难题就是水资源极为短缺。初到干旱世界的移民宁愿穿越大平原、跨过落基山到太平洋沿岸雨水充沛的地区定居,决不在干旱世界停留。直到19世纪60年代50公分雨量线以东的土地分配殆尽以后,才不得不进入这片不毛之地谋求生存。

最早进入大平原并在那里定居的是牧场主和牧民。他们所需用的水相对较少。牧草虽然不茂密,但土地广阔,足以养活牛群。挖掘深井取水可以满足人畜饮用。随后迁来的农户遇到的困难就更大了。牛群侵扰耕地、水源短缺给他们带来了很大的麻烦。幸亏19世纪70年代发明了风车和廉价带刺铁丝网才使他们克服困难,终于定居下来。铁丝网可以用来圈围耕地,有效地防止牛群的践踏,风车能够提取深井的水供人畜饮用和灌溉菜园,这样就可以保障农户的最低生活需要。至于大片耕地所需的用水则只有靠老天爷的赐福了。几乎所有的农户都采取粗犷的耕作方法,广种薄收,到处破坏表层土壤。在年景好的时候,他们可以得到不错的收成,一般年景也还可以生存下去。进入干旱世界的移民因而也逐渐增多。内华达、科罗拉多、犹他、亚利桑那、新墨西哥等地区的居民人数相继达到建州标准,并加入联邦。随着大平原的不断开发,土地表层也不断受到破坏,本来就干旱的地区又遭到进一步沙漠化的威胁,潜伏着更大的危险。

对西部干旱地区的水利问题,联邦政府并不重视。1869年,犹他州政府曾向联邦国会建议将一定数量的土地划拨给干旱州,由州政府用出售这些土地的收入兴修水利设施,帮助干旱地区的农户发展农业。也有人建议用公共土地直接资助灌溉渠的建设,按每英里四十八个地段的标准把兴建渠道沿线的公共土地划拨给承建单位。[①]但联邦政府对这两种意见均未予考虑,而倾向于吸引比较富裕的农户到干旱地区,靠自己的力量解决灌溉问题,准备用扩大售地面积的办法来满足富裕农户的需要。

1875年,国家公共土地委员会研究了加利福尼亚拉森县的荒漠法,认为这是一个值得考虑的方案。其实这就是一个扩大售地面积的法案。法案规定,垦殖者可以优先占用任何一块不超过640英亩的荒地(包括未经勘测的荒地),只要在两年内加以灌溉就可以按政府规定的最低价购买这块土地。同

---

① Benjamin Horace Hibbard, *A History of the Public Land Policies*, p. 424.

年秋天,格兰特总统视察了几个干旱州,也认为扩大出售土地面积以增强垦殖者承担灌溉费用的能力是一个好办法。他在当年12月的总统咨文中要求国会任命一个委员会对于旱州进行调查。国家土地总局局长也持有类似的观点。正是这种倾向勾画了1877年《荒漠土地法》蓝图。

1876年12月,《荒漠土地法》被提交国会,并在参众两院获得通过,1877年3月3日经总统签署后成为法律。法令规定,出售荒芜土地最高限额为640英亩,每英亩价格为1.25美元(先付25美分,3年内付清),只需在三年内灌溉其中的部分土地即可拥有对整个地段的所有权。不过,这项法令有明显的漏洞,既未规定应当灌溉的面积,又没有设立必要的检查制度,这就为土地投机者打开了方便之门。正如美国学者福克讷所说:"这项法令除了鼓励土地的舞弊之外,是没有达到什么目的的。"①在法令颁布后七年间,每年售出的干旱地约为50万到100万英亩,其中只有几千英亩得到灌溉。②1887年,亚利桑那的总测量员曾经估计,那年大约有40万英亩土地落入了居住在芝加哥、圣路易斯等地的投机者手中。③事实表明,法令的执行情况相当糟糕,同联邦政府的意图背道而驰。1888年,国会对售出的干旱土地的灌溉情况进行了一次调查,但未采取任何措施。

对于如何杜绝这种只买地不按规定灌溉土地的行为,联邦政府内部存在意见分歧。土地总局认为《荒漠土地法》的规定是不切合实际的,没有哪一个农户能够单独承担灌溉费用,应当废除这项法令,实行现金交易,把干旱地卖给那些有能力在地段上修筑水利设施的农户。国会则主张对原有法令进行修正和补充。

1891年8月,国会又通过一个干旱土地法,把出售土地的份额改为320英亩,只允许本州居民购地。法令还规定购地者必须连续三年按每英亩1美元投入改善费,用来配置水利设施,并要求把不少于1/8的土地开拓为耕地。法令还鼓励相邻地段的农户合力修建水利设施。然而1891年干旱地法令仍然没有收到显著效果。事实证明,联邦政府仅仅以优惠条件出售干旱土地是远

① [美]福克讷:《美国经济史》下卷,第19页。

② Benjamin Horace Hibbard, *A History of the Public Land Policies*, p. 428.

③ Benjamin Horace Hibbard, *A History of the Public Land Policies*, p. 429.

远不够的,还必须提供更多的、更有效的帮助才可能解决干旱地的灌溉问题。要求政府兴修水利工程的呼声日益高涨,也有人主张把公共土地划拨给有关干旱州政府,由州政府处理售出干旱地的灌溉问题。俄勒冈州国会参议员多尔弗和怀俄明州国会参议员沃伦都曾在国会发言支持这种主张。但国会一时难于决断,对不同意见未置可否,随即在众议院设立一个干旱地区水利委员会来专门研究这个问题。国会还派出专家到西部考察,对开发这一地区的价值进行评估。

经过一段时间的酝酿以后,联邦国会于1894年8月通过了《凯里法令》。这是一个折中的法令,既未将全部公共土地交给所在干旱州,又没有联邦直接参与水利工程的规定,只是向各干旱州拨出每州不超过100万英亩的公共土地,由有关州负责吸引移民定居,兴修水利设施,并要求定居农户垦殖一定数量的土地。法令还规定,出售给每个人的份额不得超过160英亩,每英亩价格为50美分。各干旱州不得出租所得到的土地,或者将土地移作其他用途。法令颁布后有十个干旱州各获得了100万英亩土地。后来,怀俄明、爱达荷和科罗拉多三州又共获得400万英亩。①

事实证明,干旱州各自为政地解决水利问题是很难奏效的,因为任何一个州都不具备承建大型水利工程的能力。法令颁布后十五年,得到灌溉的土地只有288553英亩,还不到出售土地的1/10。联邦政府的不少高官,包括农业部长和内政部长都从长期的实践中越来越清楚地看到这个问题,主张由联邦政府直接负责大型水利设施建设,有效地解决相关地区的用水问题。但反对派的势力相当强大,他们以西部农业的崛起将损害东部农民利益,不应当用东部纳税人的钱修西部水利设施为借口顽固地在国会内进行抵制。从《凯里法令》颁布到1902年十一个有关垦荒法案均未能通过。直到19世纪结束联邦政府都没有采取决定性措施来改变西部严重缺水的状况。

定居在干旱地区的农户们当然不能坐等政府的帮助,都在因地制宜地发掘和利用水源。靠近落基山麓的农户占有地利,可以在溪流边修筑小土坝,拦蓄从山上流下的溪水。在远离河流的地区,不少农户依靠自己的不懈努力,挖掘深井来解决用水问题。犹他州盐湖城南边的小农户就是依靠挖出的

---

① Benjamin Horace Hibbard, *A History of the Public Land Policies*, p. 437.

深井取得了骄人的成就,他们使600万英亩土地得到灌溉,或得到部分灌溉。①但这样的灌溉面积在广阔的干旱世界里所占的分量实在是太小了。19世纪中叶就曾有一位名叫沃曾克拉夫特的医生提出用科罗拉多河水灌溉阿拉莫峡谷的计划。四十三年以后,年轻的灌溉工程师查尔斯·鲁滨孙·罗克伍德筹集了足够的资金实现了这项计划。他在19世纪和20世纪之交,挖通了从科罗拉多河西岸到阿拉莫峡谷的运河,引来了源源不断的河水,使整个谷地变成了绿洲。但是,由于缺少可以控制河水的大坝,两三年后这片绿洲就被狂暴的科罗拉多河冲毁,造成严重的灾难。联邦政府不得不拨出大笔专款来拯救灾区。罗克伍德终于明白建筑一座可靠的水坝的重要性,同时他也明白那样庞大的工程没有政府的投入是不可能完成的。

四

土地、交通、水资源三大要素在19世纪西部开发过程中起到了决定性的作用。美国民众、美国政府在这三方面所做的巨大努力和所取得的卓越成就是应当予以充分肯定的。但必须看到,美国移民的大举西进完全是自发的,拓荒者追求个人私利的欲望不受任何控制。美国各级政府又缺乏规划和对移民的指导和帮助,联邦政府的各项有关政策几乎都是在广大移民的推动和形势的逼迫下才制定出来的,总是处于被动状态,在处理水利问题方面行动更为滞后,直到19世纪结束也没有做出关键性的决策,把这个问题留到了下一个世纪,影响到西部干旱地区的开发。这中间存在的问题不少,影响最大、最突出的问题大致有如下三个。

(一)盲目开发大平原,毁灭性地破坏生态环境,酿成了骇人听闻的大灾难。西部有的是广阔无垠的处女地。拓荒者多半采用广种薄收的耕作方法,从不施肥,在地力耗竭的时候再把它卖出去或者干脆弃掉,再到更远的西部去垦殖新的土地。密苏里的一位观察家把这种滥用土地的耕作方法叫作"剥皮式"制度。一位名叫摩里斯·伯克贝克的欧洲旅行家在他的《伊利诺伊的来信》中惊异地写道:"土地的地力会因收获而耗竭,从而必然施用肥料,这样的

---

① Fred Shannon, *The Farmer's Last Frontier*, p. 216.

概念还没有进入西部种田人的考虑之列。"①拓荒者在进入大平原以后也采用这种粗犷式的耕作方法。他们完全没有生态保护的知识和概念,对于破坏环境将会酿成什么样的恶果也一无所知,在那里心安理得地破坏着干旱地的表层,经过大约半个世纪最终酿成了举世震惊的大灾难。1935年5月11日晨,几百万吨的尘土被大平原的狂风刮进了大西洋,在2800公里的上空形成一个混浊昏黄的天幕,持久不散。大平原的水井、溪流被沙土填塞,完全干涸,牲畜成群死亡,成千上万的农户逃离家园,流落他乡。这场大风使全国1/6的土地受灾。大平原又回到无人居住的状况。

这场大灾难深刻地教训了人们,盲目拓殖,不管环境保护所付出的代价实在是太惨重了。重新回到大平原安家的农户开始注意土壤保护。他们遵照农业技术人员的建议,实行作物轮种法,在休耕的土地上种植紫花苜蓿和其他豆科作物以改良土壤,营造植被;在斜坡上采用横向耕作法,修筑梯田,开挖小型塘堰,尽可能储存雨水滋润表层土壤。他们还选择耐旱的冬麦广为种植,使大平原重新变成小麦的海洋。

(二)在交通运输方面缺乏统一规划,建设项目重复,造成巨大的浪费,尤以运河修筑为最。19世纪20年代,伊利运河的巨大成功激起了修筑运河的高潮。印第安纳州雄心勃勃,企图建立自己的水路交通网。到1841年发现,该州为改善交通运输所负的债务已经达到900万美元。②该州庞大的运河系统因而被迫停工,只保留了怀特沃特和沃巴什—伊利两条运河。怀特沃特是连接印第安纳的坎布里奇和俄亥俄河的水路,全长76英里,转由私人公司经营,1846年完成投入营运。沃巴什—伊利运河是连接印第安纳腹地和俄亥俄河的主干水道,仍由州政府修筑。1849年,从托莱多到特雷霍特河段通航。1853年通航到俄亥俄河畔的伊万斯维尔。运河总长450英里,是美国最长的运河。由于下游河段有其他通路的竞争,生意清淡,而且常常受到水灾的影响,又缺少维护资金,不得不于1860年停运。1872年,上游航线也宣告关闭。这条运河投入的资金800万美元,收回的只有550万美元,其中一半以上还是

① [美]福克讷:《美国经济史》上卷,第201页。

② George Rogers Taylor, *The Transportation Revolution, 1815-1860*, p. 47.

出售联邦赠地所得。[1]

从全美范围来看，除去伊利运河等少数几条运河外，大多数运河都由于计划不周，重复建设而陷入入不敷出的窘境。19世纪60年代，运河的修筑完全停止。

收费道路和铁路建筑也或多或少地存在类似问题。如果能够统筹规划，就会节省大笔资金，收到更好的效益。

（三）当断不断，使重大的水利建设滞后，延迟了干旱地区的开发。19世纪20世纪之交，由联邦政府投资兴修重大水利设施已经成为多数人的共识，但国会迟迟不做决定。直到西奥多·罗斯福入主白宫，形势才有所转变。他的态度非常明确，在第一个致国会的咨文中就郑重地表示："在国有干旱土地上定居的拓荒居民都把家园安排在河流沿岸，从那里获得用水来浇灌自己的土地。这样的机会事实上已经消失了。但那里仍有广阔的国有土地可以作为私人事业的宅地。这里的水利工程应当由联邦政府来修建。"[2]

1901年夏，十一个西部州的议员在怀俄明的夏延聚会，商讨干旱地区的开垦问题，通过了由内华达州参议员弗朗西斯·G.纽兹兰起草的《垦荒法令》（又名《纽兹兰法》），要求联邦政府将出售西部公共土地的部分款项用于干旱地区的水利设施。这个法案在国会两院获得通过，1902年6月17日经罗斯福总统签署正式生效。这就是具有重要意义的《垦荒法令》。同时还成立了土地开发署，负责西部灌溉工程的立项和管理。[3]法令规定，十六个指定的西部干旱州将出售土地的款项保留下来作为灌溉基金，统筹使用，由内政部长审定各项水利工程合同。在工程覆盖的土地上定居五年并开垦一定数量土地的农户可以获得80英亩土地，但必须每年向有关水利机构支付20—30美元的灌溉费，十年内把应摊付的工程费付清（1914年土地法把付款期改为二十年）。这样就使得这笔灌溉基金可以滚动使用。

《垦荒法令》的颁布标志着联邦政府直接参与西部水利建设的开始，对于西部干旱地区的开发具有极为重要的意义。到1950年，联邦政府为西部花费

---

[1] George Rogers Taylor, *The Transportation Revolution, 1815–1860*, p. 48.

[2] Benjamin Horace Hibbard, *A History of the Public Land Policies*, p. 440.

[3] David A. Shannon, *20th Century America*, Vol. 1, Chicago: Rand McNally College Publishing Company, 1974, p. 38.

的水利工程的探查、建筑和营运费用多达3亿美元以上，使得到灌溉的土地超过227500英亩，每年可以生产价值2.5亿美元的农产品。[1]

1929年6月25日，胡佛总统签署了博尔德工程法案，1931年3月正式动工兴建。这是一项战略性工程，包括巨大的博尔德水坝和通往阿拉莫峡谷的全美运河，历时四年多才告落成。博尔德水坝是当时世界上最大的混凝土拱形坝，高221米，拱顶长达379米，浇灌混凝土248万立方米。高耸的水坝拦住了科罗拉多河的急流，在上游地带形成185公里长的大型水库——米德湖，起到了拦洪蓄水的作用，使一百多万英亩干旱地得到灌溉，还为周边和下游地区的城市提供了廉价的电力。1974年，联邦国会为了纪念胡佛总统，将博尔德水坝更名为胡佛水坝。

大坝还未全部竣工就曾发挥重要作用。1935年6月30日，大坝使50000立方英尺/秒的特大洪峰减少为14900立方英尺/秒，保障了下游地区免受洪水的破坏。

胡佛水坝的极大成功使联邦政府和干旱州政府深受鼓舞，很快掀起了在西部主要河流上兴建水坝的热潮。这个热潮持续了几十年，使美国西部形成了以科罗拉多河和哥伦比亚河为中心的两大系统水利工程。

20世纪30年代动工修筑的几个大水坝投入使用后都发挥了极为重要的作用，使干旱地区的许多城市和乡村的经济得到了迅速的发展，吸引了大批移民到西部定居，形成了一个新的移民高潮。据统计，1940年到1969年间，西部人口增长率达到136%，远远超过了27%的全国平均人口增长率。[2]美国的人口重心也于1990年西移到密苏里州的斯蒂维尔市附近。[3]

联邦政府吸取了过去的经验和教训，对待西部水利建设是积极的、坚决的，在其后的时间里继续在那里投资建坝。从1940年到1963年，在密苏里河有佩克堡、加里森、兰德尔堡等巨型水坝先后落成。此外，在费瑟河、里奥格兰德河、圣路易斯河也修筑了规模相当大的水坝。在其他非主干河流修筑的

---

① [美]福克讷：《美国经济史》下卷，第20页。

② Robert Estall, *A Modern Geography of the United States: Aspects of Life and Economy*, Penguin Books, 1972, p. 16.

③ U. S. Bureau of the Census, *A Statistical Abstract of the United States: 1944*, Washington: U. S. Government Printings Office, 1995, table 25.

中小型水坝为数更多。到 1965 年 12 月 31 日止,美国的水坝总数达到 2931 个,成为世界上人工水坝最多的国家①,在世界上二十个巨型水坝中美国占有九个。②

提出上述问题并非苛求美国人民和美国政府,而是在于总结经验教训。美国人在走前人没有走过的路,出现种种问题和应对上的差错几乎是不可避免的。好在这些问题和差错随着时间的推移都得到了处理和纠正。美国人的这段不平凡的经历和所采取的措施给世界各国提供了宝贵的经验。

原载张友伦:《孔见集》,中华书局,2003 年

---

① *Encyclopedia Americana*, Vol. 8, p. 446.

② *Encyclopedia Americana*, Vol. 8, p. 449.

略论水利设施对美国西部开发的重大意义

美国西部在历史上曾经是一个不固定的地域概念。在拓荒者开始西进的时候,阿巴拉契亚山以西的地区算是西部。随着疆土的扩张和经济的发展,美国西部的地域概念不断扩大和变化。直到大批移民跨过50公分雨量线,进入大平原后,西部的地域概念才固定下来。人们才逐步认定这条雨量线以西的地区就是美国的西部,其特点是干旱少雨。最早对之做出界定的是美国学者沃尔特·普雷斯文科特·韦布。1931年,他在《大平原》一书中强调把西部的地域概念固定下来的必要性,并认为西经98°就是美国西部的东界。①后来,迈克尔·马隆进一步指出:"西部应当包括西经98°以西的整个地区,这是一条降雨量逐渐减少的界线,它北起南达科他州的东边,往南贯穿得克萨斯的中部。"②美国官方发行的读物《美国地理简介》也明确指出,美国最重要的地理分界线之一,是50公分雨量线。这样,西部就成为干旱世界的同义语。因此开发西部首先就要向干旱宣战。一个多世纪以来,美国人在充分利用、开发西部水源,建设水利设施方面取得了巨大成绩,也留下了深刻的教训,很值得研究。由于其自然条件同我国西部极为相似,尤其有借鉴的价值。

一、移民自发行动的成就和严重后果

在西进运动和西部开发的过程中,打头阵的总是拓荒者、移民。政府的行动远远落在后面,且其所做的唯一事情就是派军队把印第安人赶走。由于移民西进完全是一种自发的无组织的行动,他们只有依靠自身的力量来应付

① Walter P. Webb, *The Great Plains*, p. 8, 9.

② Micheal Malone ed., *Historians and the American West*, Lincoln: University of Nebraska Press, 1983, p. 2.

陌生的环境。在雨水充沛的地区，他们遇到的困难虽然很多，但尚可克服，拓殖的速度相对比较快。而面对西部干旱世界的险恶环境，绝大多数移民就裹足不前了。直到19世纪60年代，50公分雨量线以东地区土地分配殆尽，才有人冒险进入这片土地谋生。最早进入大平原并在那里定居的是牧场主和牧民。由于土地广阔，稀疏的牧草可以养殖牛群，人畜用水可以从深井中提取，干旱对他们造成的困难相对较小。随后迁来的农户遇到的困难就多得多了。牛群侵扰和水源短缺这两个难题都给他们带来了极大的麻烦。①幸亏70年代发明了廉价带刺铁丝网和风车，才使他们有可能在大平原定居下来。某些地方，如犹他州盐湖城以南的小农户在解决用水方面取得过骄人的成就。他们使600万英亩土地得到灌溉，或至少得到部分灌溉。②但大多数农户采取粗犷耕作方法，广种薄收，随着大平原的不断破坏，土地表层也不断受到破坏，稳定的表层越来越少。本来就是遍地荒漠的干旱地，又进一步沙漠化，经过大约半个世纪最终酿成了举世震惊的大灾难。1934年5月11日晨，几百万吨的尘土被大平原的狂风刮进了大西洋，浓密的尘土遮天蔽日，在2800公里的上空形成一道混浊昏黄的天幕，久久不散。大平原的水井、溪流被沙土填塞，完全干涸，牲畜成群死亡，成千上万的农户逃离家园，流落他乡。这场大风使全国1/6的土地受灾。大平原又回到原来无人居住的状况。

这场大灾难沉重地教训了人们，只管开拓、不管环境保护所付出的代价实在是太沉重了。后来回到大平原重建家园的人们开始注意土壤保护，农民还选择了耐旱作物冬麦广为种植，使得大平原变成了小麦的海洋。不过，这里的天气难测，有时候一整年不下雨。遇到这种年景，人们还是束手无策。农业需要水、城市和工业也需要水，没有足够的水，西部就不可能得到充分的开发。少数有远见的人曾经试图通过个人的努力筹建较大规模的灌溉工程，把更多的荒漠变为良田。1892年发现阿拉莫峡谷的查尔斯·鲁滨孙·罗克伍德就是其中的一个。这是一片由于缺水而荒漠化的冲积土壤，偏离科罗拉多河河道不远。只要挖一条运河就可以引水灌溉这片广阔的谷地使它成为富饶的绿洲。为此，罗克伍德组建了加利福尼亚开发公司，1901年完成了运河

---

① Ray Allen Billington, *Westward Expansion*, p. 60.

② Fred Shannon, *The Farmer's Last Frontier*, p. 26.

的开挖工程,河水经运河滚滚流入阿拉莫峡谷,峡谷也因此换了一个响亮的名字"帝国峡谷"。计划十分成功。农牧产品的产量超过了公司的预计产值,达到70万美元,居民人数也迅速增加,1904年达到7000人。[1]然而,这种繁荣是建立在不稳定的基础上的。这项工程并不坚固.缺乏防洪和防淤能力。1905年和1907年的水灾使"帝国峡谷"的良田被淹没和摧毁。1910年,联邦国会不得不拨款100万美元来治理这一带的洪水。总之,在当时的条件下,私人的努力只能取得一时的成就,不可能达到根治的目的,反而还会导致严重的后果。

二、联邦政府的态度和措施

对西部干旱地区的水利问题,联邦政府在移民西进初期并不重视,几乎没有采取任何措施。随着越来越多的移民进入这个干旱世界,联邦政府才开始考虑如何鼓励他们开发水源、征服干旱,但未直接参与水利设施的兴建。犹他州政府曾向联邦建议将一定数量的国有土地划拨给干旱州,由州政府用出售土地的收入兴修水利设施,帮助在干旱地区定居的农户。也有人建议按每英里四十八个地段的标准把渠道沿线的国有土地作为兴修渠道的补助。[2]但联邦政府对这两种意见都未予考虑,而倾向于扩大售地面积以增加购地农户对建设水利设施的兴趣和承受能力。

1875年,国家公共土地委员会考察了加利福尼亚拉森县的《荒漠法》,认为这是一个值得研究的方案。该法令规定,垦殖者可以优先占用任何一块不超过640英亩的荒地,只要在二年内加以灌溉就可以按政府规定的最低价购买它。同年秋天格兰特总统视察了几个干旱州,也得出了扩大售地面积以增强垦殖者承担灌溉费用能力的结论,并要求国会任命一个委员会对干旱州进行视察。1877年《荒漠土地法》通过。法令规定,出售土地最高限额640英亩,每英亩价格为1.25美元(先付25美分,三年内付清余款),只要在三年内灌溉其中的部分土地,即可拥有对该地段的所有权。但该法令有明显的漏洞,既

---

① [美]约瑟夫·E.史蒂文斯:《胡佛水坝》,辽宁大学出版社,1993,第13页。

② Benjamin Horace Hibbard, *A History of the Public Land Policies*, p. 434.

未规定应当灌溉的面积,又没有严格的检查制度,反而为土地投机者打开了方便之门。正如美国学者福克讷所说:"这项法令除了鼓励土地的舞弊之外,没有达到什么目的。"[①]在法令颁布七年以后,根据土地总局局长的报道,每年售出的干旱地约为50万到100万英亩,其中只有几千英亩得到了灌溉。[②] 1887年,亚利桑那的总测量员报道,大约有40万英亩土地落入了居住在芝加哥、圣路易斯等地的投机者手中。[③]如何杜绝这种只买地而不按规定灌溉的行为,联邦政府内部有不同意见。土地总局认为,《荒漠土地法》的规定不现实,没有哪一个农户能单独承担灌溉费用,应当废止这项法令,采取现金交易,把旱地卖给那些有能力在地段上修筑水利设施的人。国会则倾向于对原有法令进行修正和补充。1891年,国会又通过一个干旱土地法令,把出售土地的限额改为320英亩,只允许本州居民购买,买地者连续三年按每英亩1美元投入改善费,以使所购土地得到灌溉,并要求不少于1/8的土地成为耕地。法令还鼓励邻近地段的居民联合建造水利设施。但该法仍未收到预期的效果。人们越来越清楚地看到,联邦政府仅以优惠条件出售干旱土地是远远不够的,要求政府兴建水利工程的呼声日益高涨。同时有人主张把国有土地拨给所在干旱州政府,由州政府负责处理售出后的干旱地的灌溉问题。国会一时难于决断,众议院设置了一个干旱地区水利委员会专门研究这个问题。国会还派专家到西部干旱地区实地考察,评估开发这些地区的价值。

1894年,国会通过了采取折中办法的《凯里法令》。联邦拨给每个干旱州不超过100万英亩的干旱地,由有关州负责吸引移民定居、兴修水利设施并垦殖其中的部分土地,出售给每个人的限额不得多于160英亩,每英亩50美分。但各州不得出租所得到的土地,或将土地移为它用。事实证明,由各干旱州各自为政地解决水利问题很难奏效。因为任何一个州都不具备承担大型水利工程的能力。法令颁布后十五年.得到灌溉的土地只有28.8553万英亩,不到售出土地总数的1/10。[④]看来,只有联邦政府的直接参与才可能在西部干旱地区完成巨大的、有效的系统水利工程。无论是农业部长、内政部长等政府

① [美]福克讷:《美国经济史》下卷,第19页。

② Benjamin Horace Hibbard, *A History of the Public Land Policies*, p. 428.

③ Benjamin Horace Hibbard, *A History of the Public Land Policies*, p. 429.

④ Benjamin Horace Hibbard, *A History of the Public Land Policies*, p. 437.

高官,还是有影响的媒体都持有这种看法。但由于东部利益集团的反对,在1902年以前十一个有关的垦荒法案未能在国会获得通过。直到西奥多·罗斯福入主白宫后局面才大为改观。罗斯福的态度非常明确,他在第一个国会咨文中说:"这里的水利工程应当由联邦政府来修建。"①

1901年,十七个西部州议员聚会商讨干旱地区的开垦问题,提出新的垦荒法案,要求联邦政府将出售西部国有土地的部分款项用于干旱地区的水利设施。该法案最后成为有重要意义的1902年《垦荒法令》。同时成立了土地开发署,负责西部灌溉工程的修建和管理。②法令规定,十六个经指定的西部干旱州出售国有土地的款项可以保留下来作为灌溉基金,由内政部长审定各项水利工程的合同,然后实施。在工程覆盖的土地上定居五年并开垦一定面积土地的农户可以获得80英亩土地,但必须每年向有关水利机构交付20—30美元的灌溉费,大体上在十年内把工程费用付清。这样就使得这笔灌溉基金得以永久保存下来,并有效运转。

《垦荒法令》的颁布标志着联邦政府直接参与西部水利建设的开始,对于西部干旱地区的开发具有极为重要的意义。当然,这并不是说一切问题都已迎刃而解,但最重要的是原则已经确立,剩下的只是时间和努力了。在执行法令的过程中,很快就发现农户对归还水利工程费用的期限颇有怨言。1914年国会通过一个土地法令,把十年归还期改为二十年。此后联邦政府还为西部干旱地区不断拨付水利专款。据统计,到1950年,耗费在干旱地区水利工程的探查、建筑和营运上的费用达3亿美元。而经过灌溉后投入耕种的土地在22.75万英亩以上,每年可以生产价值2.5亿美元的农产品。③

三、大规模系统水利工程的重要意义

小型水利工程只能灌溉小范围的干旱地,对于开发广阔西部所起的作用十分有限。具备兴修大型水利工程条件的西部河流虽然不多,但如果加以有

---

① Benjamin Horace Hibbard, *A History of the Public Land Policies*, p. 440.

② David A. Shanon, *20th Century American*, Vol.1, Chicago: Rand McNally Colleger Publishing Company, 1974, p. 38.

③ [美]福克讷:《美国经济史》下卷,第30页。

计划的开发,形成系统的水利工程,其作用将是非常巨大的。可如果没有联邦政府的直接参与,这样的设想只能是望梅止渴,无法实现。而这项工程需要巨额资金,冒巨大的风险,还要遭到东部利益集团的强烈反对,使得联邦政府一时也难下决心。

西部有三条水源比较丰富的大河可以开发利用,即科罗拉多河、哥伦比亚河和密苏里河。联邦政府最先考虑的是在狂暴而经常泛滥成灾的科罗拉多河修建一个巨型水坝和发电厂。这样不仅可以灌溉周边大片干旱土地,而且可以从根本上治理这个水患不断的河流,以及向附近的城镇提供廉价电力。该河流水量丰富,怒啸的急流夹着大量的泥沙奔腾而下,把干旱的高原切割成深深的连绵不断的峡谷。世界驰名的科罗拉多大峡谷就是其杰作。河水流出峡谷地区后进入清地经莫哈韦和索诺兰沙漠,从尤马进入墨西哥,流入加利福尼亚海湾。河水常常越出河道,造成灾害。"帝国峡谷"的遭遇表明只修筑灌溉渠道而不从根本上控制科罗拉多河水的流量是必然要失败的。1922年,垦务局局长向国会提交调查报告,建议联邦政府拨专项资金在博尔德峡谷一带建大坝拦洪蓄水,向南加州提供电力,然后在帝国峡谷修筑全美运河,引水灌溉那里的土地。该工程将使科罗拉多等西部七个州明显受益。在该工程动工之前,这七个州就签订了规定各州用水份额的条约。1923年,国会通过了博尔德峡谷工程法案。但之后实际选坝地址不是博尔德峡谷,而是附近的岩基更坚固、地质结构更优越、峡谷宽度更小、运输比较方便的黑峡谷,不过工程名称仍叫博尔德峡谷工程(1947年为纪念胡佛总统而改名为胡佛水坝)。然而由于该工程需巨额拨款,受益的却只有西部几个州,因而遭到多方面的反对。直至1928年底才最后经总统签署生效。1929年联邦政府为博尔德水坝和全美运河拨款1.65亿美元。但此时美国已进入大萧条时期,拨款不能到位。直到1931年工程才正式开始。

博尔德水坝工程浩大而艰巨,历时四年半才完成,是当时世界上最大的混凝土拱形坝。高耸的水坝拦住了科罗拉多河的急流,在上游地带形成了长185公里的米德湖水库,拦洪蓄水,使一百多万英亩干旱地得到灌溉。大坝还未完全竣工就发挥了重要作用。在1935年6月30日的洪水到来之时保障了育马和帝国峡谷免遭洪水的冲击。洪水过后又出现了干旱,米德水库开闸放水满足了下游地区的用水。而廉价的电力使南加州和附近城市得到迅速发展。胡佛水坝的巨大经济和社会效益很快就显现出来。内政部长艾克斯早就预测说:"就在这巨大的水坝之后慢慢积累起来的财富,将远远超过西部的所有矿山迄今为止生产出来的财富。"①

胡佛水坝的极大成功使联邦政府和干旱州政府深受鼓舞,很快掀起了在西部主要河流兴建水坝的热潮。这个热潮持续了几十年,使美国西部形成了以科罗拉多河和哥伦比亚河为中心的两大水利工程体系。在密苏里河上也修筑了几个巨型水坝。此外,在费瑟河、里奥格兰德河、圣路易斯河也修建了规模相当大的水坝。在其他河流沿线兴修的中小型水坝为数更多。到1965年12月31日,美国的水坝总数达到2931个,成为世界上水坝最多的国家之一。②在世界上二十个最大的巨型水坝中美国就占有九个。③20世纪30年代动工兴建的几个大型水坝投入使用后,到40年代初都发挥了极为重要的作用,使干旱地区的许多城市和乡村的经济得到迅速发展。定居西部的人口大幅度增长,形成了一个新的移民高潮。如果说19世纪后半期西部移民高潮是由于东部土地分配殆尽引起的,那么20世纪40年代开始的又一次高潮则是由于大型水利设施的出现、干旱地区的根本改变所引起的。据统计,1940到1969年间,西部人口增长率达到136%,远远超过27%的同期全国平均人口增长率。④美国的人口重心也迅速西移,1990年到达密苏里州的斯蒂维尔市附近。诚然,西部人口增长的原因很多,但如果缺水问题得不到解决,那里的经济就很难发展,人口不但不会增长,还会逐渐流失。

然而,美国西部缺水问题实在是太严重了,其中一些州特别突出。经济的发展使用水需求越来越大,水已经成为这些州进一步发展的瓶颈。在缺水最严重的新墨西哥州,合理分配用水更是州政府的头等大事。在灌溉系统比较完备的亚利桑那州也只形成了菲尼克斯和图森两块绿洲,其他地区多年来是荒凉的沙漠,急需用水。如何进一步开发和合理使用水资源依然是美国西部的长期难题。

总结起来,美国开发西部的经历至少给我们如下启迪:第一,充分开发和

① [美]约瑟夫·E.史蒂文斯:《胡佛水坝》,辽宁大学出版社,1993年,第242页。

② *Encyclopedia Americana*, Vol. 8, p. 446.

③ *Encyclopedia Americana*, Vol. 8, p. 449.

④ Robert Estall, *A Modern Geography of the United States*, p. 16.

合理使用水资源是开发干旱地区的先决条件;第二,开发和利用干旱地区的水资源是十分艰巨的系统工程,既有民办的、州办的中小型水利设施,也有联邦修建的大型水坝;第三,联邦修建的大型水坝是解决西部用水的关键所在,其作用远远超过了中小型水利设施,是美国西部繁荣昌盛的最根本的保证之一;第四,开发和合理利用水资源是保护环境的必要措施。大平原地区由于缺水而广泛采用的粗放式的旱地耕作方法所造成的巨大灾害,至今犹令人谈之色变。即使像美国那样在开发和使用水资源方面取得巨大成就的国家,仍然有众多的难题有待解决。对于我国刚刚起步的西部开发,解决水资源的开发和使用问题更是任重而道远。

原载《湛江师范学院学报》第23卷第4期

美国印第安人历史研究中应当澄清的几个问题

在美国,印第安人的历史长期受到歪曲和忽视。[①]直到20世纪60年代美国的民权运动蓬勃发展以后,印第安问题才引起了美国学术界的关注。越来越多的历史学家,特别是印第安裔的历史学家要求把被歪曲的历史纠正过来。印第安裔史学家詹尼特·亨利为此查阅了大量的教科书和专著,发现里面除了对印第安人的污蔑就再没有别的东西。他气愤地呼吁说:"我们并不要求你们记载我们所做的一切事情,但我们要求你们予以理解。一个真正的美国史纲首先应当给予美国印第安人的文化和历史以重要的地位。"[②]改革开放以来,我国学术界对印第安人问题也给予了较多注意。学者们先后在《民族译丛》《世界史研究动态》等杂志发表了一批译文和文章,但多半是介绍性的。丁则民教授的《19世纪下半叶美国政府对印第安人政策的演变》一文恐怕是80年代最有代表性的学术文章了。进入90年代后,青年学者李剑鸣教授连续在《历史研究》《中国社会科学》发表几篇关于印第安人的历史命运、保留地制度和社会文化变迁的文章,1994年又出版了《文化的边疆:美国印第安人与白人文化关系史论》一书,把国内的印第安人史研究进一步推向深入。然而,美国主流社会多年来对印第安人的污蔑所造成的影响至今仍未完全消除,在中国也是一样。对某些基本问题有必要予以矫正和澄清。

一、印第安人绝不是劣等民族

在人类演进的历史长河中,各个民族的发展是不平衡的。在某一阶段一些民族滞后,而在另一阶段某些落后的民族又可能跃居前列。他们交替领

---

① 张友伦:《美国印第安史学的兴起》,《世界史研究动态》1993年第7期。

② Jeannttee Henry, *Textbooks and the American Indian*, San Francisco: Indian Historian Press, 1970, p. 3.

先,不管是先进的还是落后的都应是人类大家庭中地位平等的成员,不存在什么劣等民族。所谓"印第安人是劣等民族"的谬论无非是殖民主义者掠夺他们的借口。欧洲殖民主义者从登上美洲大陆那天起就不把当地土著人——印第安人当成和自己同等的人看待。美国学者托马斯·戈塞特在《美国种族思想史》中指出:"在西班牙,一场关于新世界的印第安人是真正的人类,是野兽,抑或是人兽之间的生物的议论持续了整个16世纪。"[1]在西班牙的社会舆论和书本中,印第安人被污蔑为劣等民族,而"作为劣等民族是注定要被征服、被征剿、被奴役的"。[2]

不幸的是,这种殖民主义者的观点也传入了美国,在美国的文字记载和历史著作中也把印第安人说成是"野蛮人""杀人不眨眼的魔鬼"。美国学者弗朗西斯·保罗·普鲁查在编辑印第安史学著作目录时查阅了大量书籍,从中做出了如下结论:"'边疆史'和'印第安人白人关系史'往往……把美洲土著人当成纯粹的自然环境的一部分,好像看待森林、野兽一样,视之为'进步'或'文明'的障碍。"[3]这样的观点在美国史学界、文艺界、影视界流毒多年,20世纪60年代以来虽然不断受到批判,但其影响仍然不可低估。

我国的读者由于看不到关于印第安人的全面的、客观的记载和报道,从翻译文章和国内有限的著作中也很难看清全貌,对他们缺乏应有的了解。其实,美国印第安人是一个具有悠久历史文化的古老民族,绝不是什么"劣等民族""野蛮人",或者介乎人兽之间的生物。大多数学者认为,印第安人是从亚洲迁移过去的。他们的祖先在若干万年前或者由于饥荒,或者由于敌对部落的追逼,不得不踏上漫长的征途,跨过白令海峡到阿拉斯加避难。[4]又经过若干世纪,幸存者才向美洲其他地区扩散,并在几个地方创造了自己的古代文明。玛雅文化、阿兹特克文化和印加文化都曾经历过辉煌时期,成为世界文

---

① Melvin Steinfield, *Cracks in The Melting Pot: Racism and Dis-crimination in American History*, New York: Macmillan, 1973, p. XXI.

② Alvin M. Josephy Jr., "The Historical and Cultural Context of White-Native American Conflicts", *The Indian Historian*, Vol. 12, Issue 2, 1979, p. 7.

③ Francis Paul Prucha, *United States Indian Policy*, p. 7.

④ [美]塞缪尔·埃利奥特·莫里森:《美利坚共和国的成长》上卷,第3页。

明史上的重要篇章。[①]以玛雅文化为例,大概在3—4世纪,在尤卡坦半岛南部就形成了玛雅人的城市国家,并且留下了石碑和铭文。据记载,玛雅人已经学会农耕,有统治者与被统治者之分。他们不仅有象形文字和历史记载,而且在数学和天文学方面有很高的成就。玛雅人的历法是当时最准确的历法,所计算的太阳年误差还不到一分。

什么时候在美国境内出现印第安人?至今仍是一个谜。美国学者只是大致地把境内印第安人的历史分为史前时期和有历史时期。[②]经过考古学家和人类学家多年的发现和研究,史前时期的许多遗址可以证明印第安人的祖先在公元前许多世纪已经生活在这块土地上了,但困难在于找出这些遗址和现存印第安部落的关系。根据已经取得的研究成果,只能证明少数文化遗址可能是某些印第安部落的祖先曾经居住过的地方。例如,亚拉巴马中西部芒特维尔的祭祀中心就是密西西比河口和西北佛罗里达之间的克里克、恰克托和契卡索部落祖先的文化遗址。另外一个可以肯定的印第安文化发源地是现今圣路易附近的卡霍基亚,即所谓的奥奈塔文化。属于这个文化的部落有艾奥瓦人、密苏里人、奥托人和温纳贝戈人。在威斯康星北部和苏必利尔湖沿岸居住的阿尔冈钦部落与密西西比河上游的埃菲基高台文化有联系。而居住在大湖区南端和纽约州中部的易洛魁部落和奥瓦斯科文化之间的联系恐怕要算是最明显的了。1000年是这个文化最繁盛的时期,那时已经出现了玉米、大豆等农作物,说明他们已开始从狩猎、采集向农耕过渡。但是,在弗吉尼亚境内发现的埃托瓦高台庙宇文化和在俄亥俄河谷发现的霍普韦尔文化群同附近的印第安部落没有什么关系。

大约1.2万年前草原地区就已经有印第安部落居住。此后经历过许多发展阶段,但只有始于1000年的最后一个阶段——草原村庄阶段才为后人所知。一百多年前还可以从密苏里河上游的曼丹人那里找到痕迹。

---

① Neal Salisbury, "American Indians and American History", in Calvin Martin ed., *The American Indian and The problem of History*, pp. 47-54.

② 尼尔·索尔兹伯里在《美国印第安人和美国历史》一文中认为印第安人最早的历史是"白令人时期",大约在公元前40000—前12000年,但主要局限在阿拉斯加境内。进入"古印第安时期"(公元前12000—前6000)才遍布美洲,恐怕这个时期美国境内(阿拉斯加除外)才有印第安人的踪迹。见 Calvin Martin ed., *The American Indian and The problem of History*, pp. 47-54。

在美国西南部有筐篮文化和普依布罗文化（又名岩居者文化）。筐篮文化大约在200年到700年之间形成。筐篮人已经从事农耕，以玉米为主要农作物，善于用丝兰草和兔皮编织篮子、背包、便鞋等日用品，用柳条编制盛物品的筐子。但他们还不会使用金属，到晚期才学会制造陶器。筐篮文化土层之上还有一个完全不同的土层。土层里埋藏的是普依布罗文化，其形成时间大约是1050年到1250年。普依布罗人也以农耕为主，能够制作更精美的陶器，上面画有复杂美丽的图案。出土的陶器数量比较大，美国的许多博物馆都有这类展品。这个文化的最大特点就是居住地集中，有时有上百间房屋建筑在一起。房屋是用石头建造的，最高的有三四层，一般都建在山头或山岩下，所以普依布罗人又被叫作岩居者。

从上述文化遗址所留下的文物来看，美国境内的印第安人也曾创造过辉煌的文明。他们虽然没有文字记载的历史，但都流传着动人的传说和神话故事，对美国文学有相当的影响。他们在艺术上有相当的成就，善于绘制几何图案并用以装饰衣着。印第安人也是能歌善舞的民族。他们的音乐旋律已经融入了美国的交响乐和歌剧。他们的舞蹈既是一种艺术，又是一种祈祷仪式。每一种重大行动都有相应的舞蹈，其中经常举行的有太阳舞、熊舞、玉米舞、战舞、蛇舞、鬼魂舞。印第安人还有丰富的地理知识，他们根据自己的经验和观察为所到过的地方取各种不同的名字。这些地名对拓荒者识别新世界极为重要，使他们在茫茫荒原中找到西进的道路，许多地名至今仍然在沿用。据估计，美国的州、地区、城市、河流、山岳有一半以上使用的是印第安名称。

在农业方面，印第安人的贡献尤大。他们的村居部落，特别是西南部的村居部落善于建筑小型的水利工程，使那里的水土保持了几个世纪。19世纪中期，那些水利工程被白人移民破坏造成严重的水土流失。仅里奥格兰得河流域就因水土流失而使2/3的耕地受到损害。据推算，中西部的印第安人在公元前5000年就懂得种植农作物，公元1000年形成了以玉米、大豆、南瓜为主的农业种植体系。①18世纪中期，东南部的五大文明部落还开始种植烟草、

---

① Richard A. Yarnell, "Early Plant Husbandry in Eastern North America", in Charles E. Cleland ed., *Cultural Change and Continuity*, New York: Academic Press, 1976, pp. 94–95.

白菜、土豆、大蒜、豌豆、韭菜和桃。①玉米、土豆、南瓜、西红柿、各种豆类、花生、巧克力都是印第安人的宝贵贡献。单就西红柿来说，它已成为世界各国人民不可缺少的食品。印第安人的农耕技术和农作物对于北美最初的移民尤为重要，是他们赖以为生的主要物质基础。正如E.E.爱德沃兹所说："如果说美洲印第安农业和欧洲农业的结合是美国农业的开端，并且奠定了美国农业取得巨大发展的基础，这是不算过分的。"②

总之，美国印第安人的悠久历史和所创造的文明是客观存在、不容抹杀的。随着考古学和人类学的发展，一定会发现更多的历史文物来说明印第安社会的发展过程和所取得的种种成就。

二、谁是"背信弃义者"?

在众多的美国历史教科书和专著中，印第安人被描写为"不负责任""不遵守条约规定的人""背信弃义者"。其根据是印第安人在签订条约后从来不遵守、出尔反尔。如果只看表面现象，这种事例随处可见。但只要稍微考察一下事件的起因和经过，那么这个罪名无论如何也不能加诸印第安人身上，恐怕美国政府都难辞其咎。

从18世纪80年代美国邦联政府同印第安人签订条约开始，就出现了印第安人不遵守条约的事件。出现这种现象的根本原因在于邦联政府把夺取土地的条约强加于印第安人。美国政府的政策是不断夺取印第安人的土地，"以满足政府的一切需求，在一定时期内不仅能容纳来自联盟其他州的移民，而且能容纳来自外国的移民③。根据这项政策，邦联政府派出的印第安事务官员强迫居住在东北地区和南卡罗来纳的印第安部落签订了《斯坦威克斯条约》(1784年10月22日)、《麦金托什条约》(1785年1月20日)、《霍普维尔条约》(1785年11月28日)和《芬尼条约》(1786年1月31日)等四项条约。

这四项条约有几个共同特点。第一，谈判地点都是政府军驻防的军事要

---

① William Fenton and John Gulick eds., *Symposium on Cherokee and Iroquois Cultures*, Washington: U. S. Government Printing Office, 1961, pp. 94–96.

② Everett E. Edwards, *American Agriculture—The First 300 Years*, p. 174.

③ Francis Paul Prucha, *Documents of United States Indian Policy*, Nebraska Press, 1990, p. 1.

塞,身处其中的印第安部落代表只有接受政府的条件,顺从地签字,别无选择。第二,条约十分苛刻,所剥夺的土地数量巨大,影响到印第安部落的日常生活。例如,《斯坦威克斯条约》使易洛魁人和俄亥俄河流域的诸部落失去了安大略湖南端和伊利湖东南沿岸的大片土地。《麦金托什条约》把西北领地的印第安部落限制在伊利湖南岸一块矩形土地里,使他们丧失了大片西北土地的所有权。霍普维尔条约则迫使切罗基人让出几乎全部的现今肯塔基州的土地和西弗吉尼亚州、南北卡罗来纳州的部分土地。第三,参加谈判的代表不代表所有的有关部落,也没有得到本部落成员的推荐和授权。他们签订的条约自然得不到部落的认可,更不可能为未参加谈判的部落所接受。

上述三个特点注定了这几项条约不可能得到遵守。俄亥俄河流域的非易洛魁部落在《斯坦威克斯条约》签订后立即愤怒地声明,易洛魁部落的代表无权为他们签订这项条约。就是参加签约的易洛魁人也由于条约威胁着他们的生存而拒绝承认,并且扬言如果条约要付诸实行就要攻击靠近易洛魁土地的移民点。《麦金托什条约》签订时也出现了类似情况,肖尼人拒绝签字,勉强签字的部落也不准备遵守。[1]切罗基人根本不承认自己代表所签订的《霍普维尔条约》,奋起抵抗占地者达五年之久。在政府军的包围下被迫在《芬尼条约》上签字的肖尼人代表返回村庄以后,立即宣布拒绝承认这项强加给他们的该死的条约。

不错,印第安部落确实首先撕毁了条约,但这些条约是强加给他们的、损害他们根本利益的条约,而且签订条约的人又没有合法的代表权。他们有充分理由拒绝这些掠夺性的条约,同一般的背信弃义的行为毫无共同之处。反观联邦政府的行为倒可以得出背信弃义的结论。邦联政府在同印第安部落签订每一项夺地条约的时候都要信誓旦旦地保证,只要印第安部落在限定的地区内居住,就可以得到政府的保护,不受任何人的侵犯。但是,条约的墨迹未干,印第安部落的土地就一再遭到侵占而得不到政府的任何保护。例如,《斯坦威克斯条约》签订后,新划定的易洛魁人的土地就不断被夺走。到1790年,易洛魁人的土地已丧失殆尽,只剩下几个孤零零的居住点。

不过,这时联邦政府背信弃义行为给印第安部落造成的损失相对地说还

---

[1] Ray Allen Billington, *Westward Expansion*, p. 206.

不算太大，一般只涉及个别部落，或者某一地区的部落。但是在19世纪二三十年代外来移民大量涌入美国以后，对土地的需求大幅度增长。联邦政府不顾过去对印第安人的承诺，企图把他们全部赶到密西西比河以西去。早在1802年，佐治亚政府就曾与联邦政府签订协议，要求联邦政府通过和平途径，以合理的价格购买印第安人在该州拥有的土地，以换取该州放弃对西部土地的要求。路易斯安那购买完成后，在联邦政府内部也出现过把密西西比河以东所有印第安部落迁移到河西去的论调。但由于当时西北领地内的土地尚待开发，没有大动干戈的必要。直到1825年1月27日，门罗总统才正式向联邦国会提出迁移印第安部落的咨文。咨文阐述了迁移印第安部落的必要性、应当注意的原则和可能采取的方案。咨文还指出："应当完成的一件大事是把这些部落迁移到指定的领地，迁移的条件必须使他们满意，又使联邦政府不丢脸。"[①]

联邦国会虽然未就门罗总统的咨文做出任何决定，但迁移印第安人的问题已经正式提上了国会的议事日程，而地方政府出面驱赶印第安人的事件也越来越多。1829年初，几名切罗基部落的代表给联邦陆军部写信，控告佐治亚州议会非法夺取印第安部落的土地，指控"佐治亚议会违背联邦法律"，擅自宣称他们剥夺切罗基人土地的法令条款将于1830年对切罗基人产生法律效力。他们要求陆军部对佐治亚议会的非法行为进行干预。当时的陆军部长约翰·H.伊顿于4月18日写了一封回信，信中坚决贯彻杰克逊总统的意图，已经明确地表示了要把东部的印第安部落迁移到密西西比河以西的构想。他写道："应当指出，除了常常提到的，在此以前已经请你们考虑的向密西西比河彼岸迁移的方案以外，没有值得一提的办法，只有在那里能够为你们提供保护与和平。对此你们应当明白，总统命令我再次把这个方案提出，请你们认真地、严肃地加以考虑。继续停留在你们现在居住的地方，即停留在独立州的领土内，除去骚扰和忧虑不安以外，你们什么也得不到。在密西西比河彼岸你们的前景将会不同。你们会发现那里没有利害冲突。联邦的权力和主权不会受到具有高度权威的州司法权的牵制，而完全依靠它自己的力量，它将可以用你们民族的语言对你们说，只要树木生长或者溪水长流，土地

---

① Francis Paul Prucha, *United States Indian Policy*, p. 39.

就将是你们的。"①

1830年5月28日,美国联邦国会经过激烈辩论后通过了《印第安迁移法》,在法律上剥夺了印第安部落在密西西比河以东地区居住的权利,侵占了他们世代相传的家园和土地。涉及面很广的法令,使许多印第安部落深受其害。但如果此后联邦政府真的遵守诺言,那么这些部落迁往密西西比河西岸以后还有一线生机。然而政府的诺言一再被破坏,印第安人的土地一再被剥夺,最后只剩下一些不大的贫瘠的保留地。从1778年同特拉华人签订第一个条约起,到19世纪70年代共签订了370项条约。②差不多每项条约都同剥夺印第安人的土地有关,都同背叛以前美国政府的承诺有关。印第安部落为保卫自己的土地、争取生存权利而拒绝承认那些被迫签订的割地条约就算不得什么"背信弃义"了。

三、谁是"残忍的杀手"?

欧洲殖民者踏上北美的土地屠杀土著居民是众所周知的事情,但在美国的史书中,这个事实被颠倒了。印第安人被描写成"残忍的杀手",常常把印第安人对征剿者的反抗说成是屠杀,而对那些剿杀印第安人的战役和指挥作战的军官则大加赞扬,称之为保卫战和保护移民的功臣、伟大的英雄,等等。印第安裔学者詹尼特·亨利在审阅了大量教科书后愤怒地质问:"如果卡斯特战役被说成是屠杀,那么伤膝谷(事件)③又当做何解释呢?""印第安人杀白人,因为白人夺去了他们的土地、破坏了他们的狩猎场、毁掉了他们的森林、消灭了他们的野牛。白人把我们围圈在保留地中,然后又夺去我们的保留地。那些出来保护白人财产的人被称为爱国志士,而同样在保护自己财产的印第安人却被叫作杀人者。"④

教科书尚且如此,如果翻开有关印第安人历史的专著,那就会发现更多

---

① Francis Paul Prucha, *United States Indian Policy*, p. 46.

② Harold W. Chase ed., *Dictionary of American History*, Vol. 3, New York: Charles Scribner's Sons, 1976, p. 404.

③ 指1790年第七骑兵团在伤膝谷屠杀二百名饥饿病弱的苏族人的惨案。

④ Jeannttee Henry, *Textbooks and the American Indian*, p. 2.

的更加肆无忌悼地歪曲历史的现象。在这些著作中备受称道的倒树之战和小毕格霍恩战役就是两个典型的例子。

倒树之战发生在1794年8月,是由安东尼·韦恩将军指挥的一次掠夺印第安人土地的讨伐战争。按照《1785年西部土地出售法令》和《1787年西北领地组织法令》的规定,居住在俄亥俄河和马斯金格姆河汇流处的大片土地上的印第安部落须把土地交给政府丈量出售,但遭到拒绝。从1790年开始,乔赛亚·哈默将军和西北领地总督圣克莱尔两次出兵征剿,均遭惨败。韦恩将军在倒树之战中,一举击溃印第安人,迫使印第安诸部落同意交出自己的土地。于是韦恩便成为拓荒者心目中的英雄和联邦政府的功臣,大众媒体也大肆宣传他的丰功伟绩。韦恩书信集的编辑理查德·C.克诺夫这样写道:"假如没有韦恩在军事上、外交上的胜利,西进运动就可能夭折于襁褓之中,或者将大为延缓,国家的声誉也可能一落千丈。尽管有外交协议,西部土地仍然可能脱离美国而并入其他国家。"①

对联邦政府来说,倒树之战是一次大胜仗,小毕格霍恩战役却是一次大败仗。但这次作战身亡的指挥官照样受到政府和社会舆论的赞扬,而且博得更多的同情。这次战斗于1876年6月25日发生在蒙大拿南部的小毕格霍恩河畔印第安人的营地附近。乔治·A.卡斯特上校身经百战,双手沾满印第安人的鲜血,但在小毕格霍恩战役中,轻敌深入,被打死。他带领的征讨军也几乎全军覆没。这是一场不义之战,卡斯特的死咎由自取本是不言而喻的事情。然而他还是成了"英雄"人物,受到政府和舆论界的赞颂。报刊和后来的电影都争相报道和宣传他,关于他的图书和小册子也种类繁多,让目不暇接。

不可否认,西进移民确实也曾遭到印第安人的杀害。他们的蓬车队和居民点都曾受到过袭击。许多事件在美国的历史书中都有详细的记载,而且往往用"屠杀"这样的字眼作为标题。有的事件甚至作为单独的词条列入了美国历史词典。其中,1622年的詹姆斯顿大屠杀和费特曼大屠杀往往被作为印第安人残酷杀害移民的佐证。但如果我们探查一下事件的起因,就不难得出完全不同的结论。

---

① Richard Knopf ed., *Antony Wayne: A Name in Arms, Soldier, Diplomat, Defender of Expansion Westward of a Nation*, Pittsburgh: University of Pittsburgh Press, 1960, p. 1.

发生在1622年的大屠杀,从表面上看是印第安人的部落酋长奥培昌堪娄发动的,是对分布在詹姆斯敦城堡外的居民点的一次突然袭击。但是,这次袭击绝非印第安人蓄意挑起的,而是对白人多次征剿的还击。在第一批英国移民在北美大陆站稳脚跟后,就兵分两路侵犯曾经接济过他们的印第安人的村庄,抢劫土地和粮食。当时的部落酋长波瓦坦就曾警告入侵者说:"你们可以用友爱向我们取得东西,为何一定要用武力夺取呢?……收起你们那些引起我们戒惧的刀枪吧,否则你们也会同样遭受灭亡的。"①可惜殖民者并没有认真对待这个警告,而是越来越频繁地侵袭印第安人的村庄,强占他们的土地。直到1622年4月,新酋长奥培昌堪娄才大兴问罪之师,拔除了分散在詹姆斯敦以外的许多移民点。当然,发生这种事件是非常不幸的,但责任不在印第安人方面。

1866年12月21日发生在怀俄明的菲尔·卡尼要塞附近的"费特曼大屠杀",是政府军与印第安人的战斗,和屠杀平民无关。事情是由联邦政府修筑从拉腊米要塞到西蒙大拿金矿区的道路引起的。由于这条道路要占用印第安部落的土地和破坏沿途的狩猎场,因而引起苏族人和肖尼人的顽强抵抗。在苏族领袖红云的领导下,沿线的印第安部落不断袭击筑路队和护路军以阻止工程的进展。战斗的规模不大,但持续的时间颇长,史称红云之战。威廉·费特曼上尉正是在一次护路战斗中连同他的80名士兵被印第安人全部歼灭的。交战双方各有伤亡,谈不上什么屠杀。如果硬要说这是印第安人屠杀政府军队,那也只好说那些阵亡者是联邦政府印第安政策的牺牲品。

从殖民者踏上北美大陆到合众国成立,白人移民和英国殖民政府同印第安人的战争连绵不断,有时达到相当大的规模。合众国成立后,美国政府成为驱赶和迫害印第安人的主角,战争的规模和残酷性不断升级,最终迫使印第安人含泪进入贫瘠而狭小的保留地。1890年伤膝谷之战标志着印第安人有组织武装抵抗的结束。如此旷日持久地进行战争的原因只有一个,那就是剥夺和反剥夺的殊死较量。交战双方互相残杀,都要置对方于死地,但他们的目的却完全不同。印第安人杀白人是为了保卫自己的家园,白人杀印第安人是为了夺取他们的土地。《美国历史词典》有一段文字说得很好:"在美国,

---

① Virginia I. Armstrong ed., *I Have Spoken*, p. 1.

土著印第安人是暴力迫害的第一个对象,因为他们在1607年建立詹姆斯敦以后的二百五十多年中一直在防止白人入侵者侵犯他们的家园和狩猎场。"①

在印第安人历史中需要矫正和澄清的问题远远不止上述几点。即使上述三个问题也不可能用一篇文章讲透彻。所以本文只能算一个开头,大量工作还在后面。詹尼特·亨利在1970年3月美国印第安人协会在普林斯顿大学举行的印第安学者会议上提出了一个需要矫正和研究问题的清单。其中包括印第安人的古代文明,印第安人在农业方面的经验和贡献,特别是普依布罗人修筑小型水利灌溉工程的技术和作用,联邦政府立法对印第安部落的影响,政府和印第安人的关系,保留地时期印第安部落的运动以及将近四百年的战争和准战争。②由于存在着太多的歪曲和忽视,亨利特别呼吁研究印第安战争史,并列举了需要认真研究的从1537年佩特克人战争以来的六十八次重要战争。他指出,这些"冲突的完整历史还没有得到说明……我们曾同入侵者作战。我们在他们跨进我们土地的每一步都在作战。是的,今天,我们的形象是一个战败民族,但我们是甚至在被击溃后也要不断重新站起继续战斗的民族"③。

诚然,近半个世纪以来,越来越多的美国学者对联邦政府的印第安政策和白人的种族偏见持批判态度。但是,要把长期被颠倒的历史矫正过来,岂是一两代人所能做到的事情?即使那些对过去的错误持批判态度的历史学家的一些看法也还值得商榷。例如,印第安人史专家弗朗西斯·保罗·普鲁查就曾为杰克逊总统的《印第安人迁移法》辩解。他认为,把无视印第安人的权利和感情的罪名归于杰克逊总统是不公平的。④作为美国总统,杰克逊当时有许多需要考虑的问题,所以杰克逊还把"迁移看成是保护文明化进程,为白

① Harold W. Chase ed., *Dictionary of American History*, Vol. 7, New York: Charles Scribner's Sons, 1976, p. 190.

② *Indian Voices: The First Convocation of American Indian Scholars*, San Francisco: Indian Historian Press, 1970, pp. 110–115.

③ *Indian Voices*, p. 111.

④ Francis Paul Prucha, *American Indian Policy in the Formative rears: The Indian Trade and Intercourse Act, 1790–1834*, Lincdn: University of Nebraska Press, 1970, pp. 224–225.

人移民提供土地、抵御外国入侵和平息佐治亚反对联邦政府争吵的手段"①。同他持相同观点的还有奥尔登·沃恩、道路拉斯·利奇和伯纳德·希恩等人。

最令詹尼特·亨利担心的是,戴维·萨维尔·马奇的污蔑印第安人的历史书还在被印第安事务局用来做儿童读物继续散放毒素。②亨利也对一些著名历史学家有意回避印第安问题和散布错误论点感到遗憾。他认为小施莱辛格在《杰克逊时代》一书中不写杰克逊反对印第安人的罪行,不写印第安人"眼泪之路",是不正确的。他还认为查尔斯·比尔德、卡尔·贝克尔等人的著作都忽视了印第安人在美国历史上的作用。尤其使詹尼特·亨利感到气愤的是边疆学派创始人弗雷德里克·杰克逊·特纳蔑视印第安人的观点,至今仍有很大影响。特纳把印第安人说成是开发西部的"共同危险",需要"采取联合行动"对付这种危险,把印第安人的土地说成是无人占用的"自由土地"。③这种观点在当今的著名西部史学家雷·艾·比灵顿那里仍有反映,他认为夺取印第安人的土地是"社会不断更新的因素"④。

回顾过去,再看看今天,矫正错误观点,还印第安人历史以本来面目这项工作的艰巨性和复杂性,就显而易见了。不过,只要史学工作者不懈努力,这项工作终究会完成的。

原载《南开学报》1999年第5期

---

① Francis Paul Prucha, "Andrew Jackson Indian Policy: A Reassessment", *The Journal of American History*, Vol. 56, No. 3, Dec. 1969, p. 534.

② *Indian Voices*, p. 106.

③④ *Indian Voices*, p. 109.

试论19世纪美国工业后来居上的几点原因

美国是一个年轻的资本主义国家。当18世纪后半期英国开始工业革命的时候,美国还是英国在北美洲的十三个殖民地,科学技术和经济发展都远远落后于英国和其他资本主义国家。但是,独立战争以后,特别是19世纪,美国工业以惊人的速度飞快发展,后来居上,从微不足道的地位跃居世界第一。列宁曾经说过:"无论就19世纪末和20世纪初资本主义发展的速度来说,或者就已经达到的资本主义发展的高度来说,无论就根据十分多样化的自然历史条件而使用最新科学技术的土地面积的广大来说,或者就人民群众的政治自由和文化水平来说,美国都是举世无匹的。这个国家在很多方面都是我们资产阶级的文明的榜样和理想。"①

美国为什么能够用大约一个世纪的时间赶上和超过当时世界上最先进的资本主义国家,后来居上成为"资产阶级的文明的榜样"呢? 这个问题很值得研究。当然,美国地大物博,自然资源十分丰富,有一个比较长时期的和平环境等优越的客观条件都对工业的迅速发展起过十分重要的作用,但更使我们发生兴趣的是:美国人民、美国政府的政策和措施以及美国的新兴的资本主义制度在发展工业中所起的作用。

一、两次革命是美国工业高速发展的根本保证

"从马克思主义观点来看,革命究竟是什么意思呢? 这就是用暴力打碎陈旧的上层建筑,即打碎那由于和新的生产关系发生矛盾而到一定的时机就要瓦解的上层建筑。"②18世纪70年代北美殖民地的独立战争和19世纪60年

---

① 《列宁全集》第22卷,人民出版社,1958年,第1页。

② 《列宁全集》第1卷,人民出版社,1974年,第616页。

代的美国内战都起到了这样的作用,是美国资本主义制度发生和发展中的两次重大革命。从世界范围内说,这一时期,封建制度已经趋于腐朽衰落,丧失了生命力,到处成为发展生产力的障碍,并逐步为更先进的资本主义制度所取代,资本主义制度使生产力得到一次大解放。"资产阶级在它的不到100年的阶级统治中所创造的生产力,比过去一切世代所创造的全部生产力还要多,还要大。自然力的征服,机器的采用,化学在工业和农业中的应用,轮船的行驶,铁路的通行,电报的使用,整个大陆的开垦,河川的通航,仿佛用法术从地下呼唤出来的大量人口——过去哪一个世纪能够料想到有这样的生产力潜伏在社会劳动里呢?"[1]美国两次资产阶级革命就是要解放生产力,革命所确立的资本主义制度从根本上保证了美国工业的高速发展。

美国在发展资本主义方面具有特别有利的条件。正如恩格斯所说的,同欧洲资本主义国家相比较,"美国是一个独特的国家,它是沿着纯粹的资产阶级的道路发展起来的,没有任何封建的旧东西,但在发展过程中却从英国不加选择地接受了大量封建时代遗留下来的意识形态残余"[2]。美国资本主义的发展没有遭受正统的封建制度的阻挠,它所遇到的主要障碍是英国的殖民统治和在其支持下的北美殖民地的封建残余。

独立战争前,美国是英国的十三个殖民地,在政治上和经济上都受到英国的控制,殖民地本身的政治经济发展受到压制。英国为了加强自己对北美十三个殖民地的统治,在那里扶持封建残余势力,力图使殖民地永远停留在经济附庸的地位。一位美国学者曾经这样描写说:英国人关于殖民化的概念就是"殖民地应该为着宗主国的利益而存在,在这个意义上,殖民地应该生产宗主国所需要的东西,应该向宗主国提供可以出售其产品的市场"[3]。

英国政府为了本国工业的利益,对北美殖民地采取了许多限制性措施。如1699年英国禁止北美殖民地输出毛织品,1732年又禁止输出帽子,并规定殖民地的制帽作坊不得拥有两名以上的学徒。英国政府为了防止北美殖民地的铁器在国际市场上同英国竞争,于1750年通过法令禁止殖民地扩大铁制

---

[1]《马克思恩格斯选集》第一卷,第256页。

[2]《马克思恩格斯全集》第36卷,人民出版社,1972年,第522页。

[3] Joseph R. H. Moore, *An Industrial History of the American People*, p. 48.

品的生产。此外,英国政府还向北美殖民地征收苛重的赋税,严重地损害了殖民地的经济和工业。只有一些同英国利益有密切关系的工业部门得到了畸形发展。例如,殖民地的造船业就是由于英国缺乏木材,迫切需要利用殖民地的丰富木材资源就地造船而发展起来的。据统计,在殖民地时期,大约有 1/3 的英国商船是在北美殖民地建造的。[1]但是,总的看来,殖民地的工业还是很不发达的。正如美国学者 L. R.韦尔斯所说的:"一般地说,在整个殖民地时期,工业仅仅是农业的副产品而已。"[2]

独立战争推翻了英国的殖民统治,肃清了东北部的封建残余,建立了独立的美利坚合众国。殖民枷锁被彻底粉碎,生产力获得一次大解放。从此美国的工业得到了资本主义制度和独立的国家政权的保障和支持,逐步摆脱落后状态,进入迅速发展时期。1790 年,美国开始了工业革命。但是,殖民地给美国留下的经济和工业都是破烂不堪的,经过战争破坏以后,曾经出现过灾难性的局面。刚刚取得独立的年轻共和国负债累累,财政濒于破产,国家的信用发生危机。在邦联时期,国家没有固定收入,全凭各州议会摊派款项来维持开支。从 1781 年到 1786 年间,各州向国家缴纳的款项总数平均为每年 50 万美元。凭靠这笔微不足道的收入连政府的日常开支都很难维持,根本无法偿付战争时期向法国、荷兰等国家所借外债的本息。工业生产也是不能令人满意的。1790 年,农民约占整个劳动力的 90%,工业品几乎都要依靠家庭手工业提供。直到 1810 年,大约有 2/3 的衣服、针织品、家用亚麻布仍然由家庭手工业提供。

面临重重困难的年轻的资产阶级政权采取果断措施,迅速扭转局面,为工业革命铺平了道路。[3]1789 年至 1791 年间,美国国会先后通过了授权总统发行新债券以偿付国家的内债外债,挽回公共信誉的基金法,统一币制,颁发允许部分由私人投资、建立国家银行的特许状。[4]美国政府还采取建立固定

---

[1] O. P. C. Wood et al., *The American People: A History*, p. 111.

[2] Louis R. Wells, *Industrial History of the United States*, p. 148.

[3] Alfred D. Chandler Jr., *The Visible Hand: The Management Revolution in American Business*, Cambridge: Harvard University Press, 1977, p. 51.

[4] 特许状有效期二十年,规定银行资金总额为一千万美元,政府出资二百万美元,其余部分由私人投资。

的税收制度,增加关税收入,实行保护关税,发展民族工业等措施,在短期内稳定了共和国的经济。1791年,美国第一任财政部长汉密尔顿提出了著名的关于制造业问题的报告,谈到了美国首先需要发展的十七种制造业的状况和前景,要求政府实行保护关税,采取颁发奖金、补助金等能够刺激制造业发展的办法。虽然汉密尔顿的报告没有立即得到国会的支持,但是它的影响是颇为深远的。

美国政府正式征收关税开始于1789年。这一年通过的关税法规定对一般进口商品按其价值的5%—15%征收关税,并对大约三十种货物征收特殊关税。[1]从1789年到1808年又通过了十二个关税法,关税税额逐步提高。但是,这一时期征收关税的目的主要在于增加国库的收入,还不是真正的保护关税。真正的保护关税是从1816年颁布的关税法开始的。当时美国的年轻工业正遭到1812—1814年战争后英国商品向美国大规模倾销的袭击。1814年,从英国进口货物的价值总共1200万美元,1815年达到1.13亿美元,1816年又上升到1.47亿美元。[2]美国的工业品在国内市场受到排挤,美国的年轻的制造业面临破产的危险。1816年的法令把关税普遍提高到20%,棉纺织品的关税在最初三年曾经提高到25%,以后又减少到20%。[3]美国政府又在国内制造商的不断要求下,于1819年提出新的关税法案,把关税普遍提高到30%以上,但由于遭到一部分人的反对,这个法案一直到1824年以后才开始生效。保护关税加强了美国工业品在国内市场的竞争能力,使美国的民族工业能够生存和发展下去。

联邦政府和各州政府对于修筑公路、运河、铁路和发展制造业都给予了经济上的支持和鼓励。例如,纽约州议会就曾经在1817年通过决议为伊利运河筹款700万美元,从而保证该运河能够在1825年竣工通航。

由于有独立的资产阶级政府的支持和保护,美国工业革命才可能在半个多世纪的时间里,首先在北部工商业发达地区胜利完成。但是,独立战争后,南部的封建残余势力并未触动,建立在奴隶制度基础上的种植园经济还在继

---

① Louis R. Wells, *Industrial History of the United States*, p. 114.

② L. C. A. Knowles, *Economic Development in the Nineteenth Century*, p. 290.

③ L. C. A. Knowles, *Economic Development in the Nineteenth Century*, p. 291.

续发展。正如列宁所说的,"奴隶制度的经济残余同封建制度的经济残余丝毫没有区别"①,南部奴隶制度是一种生产率极低的强制劳动制度,它的存在阻碍着较为先进的资本主义雇佣劳动制在南部的形成和发展。南部奴隶制度还同一切因循守旧的东西密切相连,是技术革新的严重障碍。到19世纪60年代初,美国的历史发展已经把南部的奴隶制度和北部的资本主义制度推向势不两立,非决一死战不可的地步。1861年至1865年的南北战争就是在这种情况下发生的。战争使南部奴隶制度崩溃,使美国的生产力又一次得到解放。由北部资产阶级独揽大权的政府,采取了进一步发展资本主义的有力措施,使工业资本在全国范围内取得胜利。

还在1861年3月,资产阶级政府就制定了《莫里尔关税法》,对同美国工业品竞争激烈的商品征课高关税,内战爆发后又通过一个比一个更高的关税法,使平均关税率上升到47%。内战爆发后的1862年,林肯政府又接连通过《铁路兴建法》和《莫里尔土地法》,拨出大量国有土地资助横贯大陆铁路的修筑和各州的教育事业。1862年5月20日通过的《宅地法》,一举解决了小农的土地问题,最后奠定了农业中发展资本主义的美国式道路的基础。此外,1863年的《国家银行法》和1864年的《契约劳工法》都有利于资本主义的发展。《契约劳工法》使外国的契约工人入境获得了法律依据,移民人数急剧增加,满足了日益增大的对劳动力的需求。1850年以后的三十年间约有3500万移民涌入美国。②《美国的文明》的作者认为:"联邦政府的政策——高关税、《宅地法》、源源不断的移民、1863年的《国家银行法》为这种迅速的工业增长奠定了法律基础。"③1860年,美国在北部地区完成工业革命以后,工业总产值就已经从微不足道的地位进入了世界前四名的行列,仅仅次于英国、法国和德国。南北战争进一步加快了美国工业发展的速度,使工业革命迅速扩展到经济发展落后的南部地区。因此,有人认为南北战争是一次工业革命,并把它作为划分美国工业发展阶段的界碑。④在这以后,美国工业史上出现了一个狂飙时期,显示了美国工业的巨大潜在能力。到19世纪末,美国的工业总产值又

---

① 《列宁全集》第22卷,第11页。

② Wesley M. Gewehr, *American Civilization: A History of the United States*, p. 296.

③ Wesley M. Gewehr, *American Civilization: A History of the United States*, p. 294.

④ Carroll D. Wright, *The Industrial Evolution of the United States*, pp. 142–143.

接连超过法国、德国和英国，后来居上。据统计，1890年美国工业生产总额占全世界生产总额的31%，而英国则下降到22%。美国钢产量达到434.5万吨，超过英国70.5万吨。[①]

二、交通运输先行是高速发展工业的先决条件

美国的疆域广阔，许多重要资源和由于西进运动而形成的广大的国内市场都在交通不便的中西部和遥远的西部地区，就是大西洋沿岸地区也由于开发时间不长而没有建成一个有效而便利的交通网。因此交通运输问题是美国发展工业首先遇到的一个迫切问题。独立后，美国的民办、州办和联邦兴办的交通运输事业处于优先地位，发展很快，一直走在工农业的前面，到19世纪中期已经成为世界上交通运输事业最发达的国家之一。交通运输事业的迅速发展缩短了工农业产品和原料的运转时间，降低了运费，满足了工业迅速发展的需要，同时也为扩大对外贸易创造了条件，使国家能够获得更多的资金来发展经济。

美国改进交通运输是从修筑公路和开挖运河开始的。1794年费城兰卡斯特公路的竣工掀起了一个筑路热潮。到1838年，仅仅在宾夕法尼亚一个州，私家公司就筹资3700万美元，筑路2500英里。[②]联邦政府也开始修建一条长600英里，穿越马里兰、宾夕法尼亚和俄亥俄等州的昆布兰大道，逐步构成了美国国内的公路网。在公路沿线先后出现一批新兴工业城镇，各大工业城市之间的旅程也大大缩短。例如巴尔的摩到惠林的路程从八天缩短到三天。

开挖运河的计划在18世纪后半期就已经提出，并且进行了长期酝酿，独立战争后的二十年间完成了一些小型运河。19世纪初开始大规模挖掘运河，其中最大的一条运河是连接美国东北部和西部的伊利运河。它使布法罗到纽约的路程从二十天缩短到八天，货运费从每吨100美元降低到15美元。[③]从这以后到19世纪30年代形成了开挖运河的高潮，许多州都从出售公共土

---

① 中国科学经济研究所世界经济研究室编：《主要资本主义国家经济统计集1848~1960》，世界知识出版社，1962年，第2、3页

② [美]A. C. 毕灵：《美国经济生活史》，第158页。

③ L. C. A. Knowles, *Economic Development in the Nineteenth Century*, p. 230.

地的款项中拨出经费资助运河事业。运河沟通了美国的一些重要河流,扩大了内河航行网。汽船的发明和使用使这个内河航行网在美国的国民经济中发挥越来越重要的作用。自从1807年富尔敦发明汽船到1846年,单是在西部河道上就有近1200艘汽船在航行,每年运输货物1000万吨以上,价值432621240美元,约相当于同年美国对外贸易的二倍。[①]不过,水路运输在铁路,事业发展起来以后逐步退居次要地位。

铁路的兴建和火车的使用对于革新美国的交通运输事业起到了头等重要的作用。美国是继英国之后,世界上第二个建成铁路的国家。1830年,美国建成铁路40英里,其中通车的只有23英里。[②]经过十年,美国铁路猛增到2818英里,仅仅次于英国。1850年,美国的铁路线已经长达9021英里,超过英国,成为世界上铁路线最长的国家。[③]1844年以前,美国筑路所需的铁轨主要是从英国进口的,从这以后开始迅速发展自己的铁轨制造业,逐步做到自给有余,这对19世纪后半期的铁路建筑无疑是一个重大的推动力。这一时期,联邦政府和各州政府都拨出大量土地资助铁路建筑,使之成为一种非常有利可图的事业,大量资金和人力都被吸收到这个部门来。许多铁路巨头顿时成为最大的土地投机商。单是伊利诺伊中央铁路就得到土地259.5万英亩。在新的筑路热潮中,中央太平洋铁路和联合太平洋铁路于1869年5月10日在犹他州的普罗蒙托里角接轨,出现了第一条横跨大陆的铁路,随后逐渐形成了沟通东、西、南、北的密织的铁路网,结果使美国的工业中心从东部向西部移动了350公里,更加接近原料产地。[④]有人曾经对19世纪后半期美国工业中心西移的情况做了进一步说明,指出:它的西移,"1850年从宾夕法尼亚的哈里斯堡附近开始,1880年延伸到匹兹堡北边,而在1900年达到了俄亥俄的坎顿以西约50英里的地方"。[⑤]

在这一时期,中西部的工业有很大发展。密苏里、艾奥瓦、明尼苏达地区

① [美]A. C. 毕灵:《美国经济生活史》,第170页。

② *Historical Statistics of the United States: Colonial Times to 1957*, Washington: Government Printing Office, 1960, p. 427, 428.

③ *Historical Statistics of the United States: Colonial Times to 1957*, p. 427.

④ [苏]列·伊·祖波克:《美国史纲》,第3页。

⑤ Louis R. Wells, *Industrial History of the United States*, p. 356.

的工业产值从1860年到1870年的十年间增加了两倍,从1870年到1890年的二十年间又增加了两倍。①在中西部一些城市,不仅出现了加工农牧产品的屠宰业、食品工业和包装业,而且在俄亥俄、伊利诺伊出现了新兴的庞大的钢铁基地。在遥远的西部、加利福尼亚、俄勒冈、华盛顿,捕鱼和木材业都发展成为庞大的工业,在加利福尼亚南部出现了大批油井,在科罗拉多出现了新兴的钢铁工业。

铁路运输的发展,特别是横跨大陆铁路的通车也使农牧产品的出口大幅度增长。1867年,只有相当于总产量8.3%的小麦能够输送出口,仅仅经过三年时间到1870年就增加到20%,1880年又增加到40%。出口农产品的价值也从1870年的361188483美元增加到1880年的685961091美元,差不多翻了一番。②肉类和牲畜的出口也有较大的增长。由于运费的降低,美国边远西部丰富的畜产品可以大量东运,而在1878年使用冷冻车厢之后,更可以远销欧洲,这在美国的畜牧业面前展现出更为广阔的前景。边远西部的大牧场体制因而得到迅速发展和完善,形成了庞大的畜牧业基地,为出口提供越来越多的牲畜和肉类。美国中西部则成为同时发展谷物、畜牧业和养猪业的综合基地。农牧产品的增加使美国的食品工业和有关工业部门也得到相应的发展。

交通运输事业不仅能够为工农业服务,它所需要的大量车辆、器材和设备还直接刺激了钢铁工业和机器制造业的飞速发展。总起来看,无论是在美国或是在其他国家,优先发展交通运输是发展工业的一个重要的先决条件。

三、兴盛的农业是美国工业化的雄厚基础

马克思认为:"一切资本主义的发展,按自然基础来说,实际上都是建立在农业劳动的基础上的……超过劳动者个人需要的农业劳动生产率,是一切社会的基础,并且首先是资本主义生产的基础。"③美国幅员广阔,气候适宜,自然条件十分优越,原来是一个以农立国的国家。从殖民时期到今天已经有两三

---

① Louis R. Wells, *Industrial History of the United States*, p. 356.

② L. C. A. Knowles, *Economic Development in the Nineteenth Century*, p. 233.

③《资本论》第3卷,人民出版社,1975年,第885页。

百年,美国的工农业都发生了巨大的变化,美国早已成为一个先进的工业大国,在世界上处于遥遥领先的地位。美国工业之所以能够取得如此辉煌的成就,重要原因之一就在于它有强大的农业作基础。从殖民地时期到今天,美国的农业不仅能够不断满足美国国内对粮食和农产品飞速增长的巨大需求,而且能够大量出口换取巨额的资金,使美国成为现代最大的粮食出口国。

美国的农业是从拓荒者开始的,它有一个十分明显的特点,那就是摆脱了封建束缚,基本上按照资本主义的方式进行自由的生产。在各领地业主们企图把封建关系强加给他们,向他们征课地租的时候,他们当中的许多人就起来反抗,占用业主和大地主的闲置土地而拒绝缴纳租税,实际上成为小土地所有者。根据记载,"尽管佩恩1719年仅以每英亩2先令和1732年以3先令的价格出售西部土地,但是,这一时期将近2/3的土地是未经业主们准许而被占用的"①。由于移民们能够按照自己的意志进行自由生产,他们在生产工具和技术没有重大改进的情况下,仍然能够使美国成为一个农产品输出国。美国向欧洲出口面粉和谷物,"世界市场范围内的面粉贸易正是美国首先进行的"②。据统计,1791年美国出口面粉619千桶,1793年达到10007万多桶。1817年前后,美国每年输出农产品价值达到5700万美元。③美国农业总产值的增长也是十分惊人的,从1800年的3.43亿美元,猛增到1850年的15.21亿美元,差不多增加四倍。④这一时期,农业在美国的国民经济中占有绝对的优势地位。1839年,工农业的比重为26%比74%。⑤

独立战争后,虽然一些有远见的政治家和实业家觉察到在农业中采用科学技术成果,实现近代化和机械化的必要性,但尚未引起联邦政府和社会的足够重视。农业科学技术的传播和运用,农具的改革,农业机械的研制都在19世纪30年代才开始提上日程。然而普遍实行半机械化和机械化却是从19世纪60年代开始的。因此福克讷的《美国经济史》把1860年到1910年作为美国的农业革命时期。其主要特点就是封建残余的完全消除,资本主义土地所

---

① Curtis P. Nettels, *The Roots of American Civilization*, p. 396.

② [德]马克思:《机器、自然力和科学的应用》,人民出版社,1978年,第11页。

③ Joseph R. H. Moore, *An Industrial History of the American People*, p. 306.

④ 中国科学经济研究所世界经济研究室编:《主要资本主义国家经济统计集1848~1960》,第23页。

⑤ 中国科学经济研究所世界经济研究室编:《主要资本主义国家经济统计集1848~1960》,第14页。

有制成为唯一的所有制,广泛采用农业机器,从播种到收割的各个环节使用畜力代替人力,劳动生产率大大提高。与此同时,农业教育、科学研究也都得到蓬勃发展,政府的农业部门在推动农业教育和科学研究方面起到越来越重要的作用,农产品产量成倍增长,甚至出现了"过剩"的危机。

《宅地法》的实施促进了西部土地的开拓和农业资本主义的发展。《宅地法》规定凡年满二十一岁的公民都可在西部地区领取160英亩土地,只要缴纳10美元登记费在宅地上耕种五年,土地即归个人所有。这个法令用资产阶级的民主革命方法解决了美国建国以来一直未能获得彻底解决的西部土地问题,这在世界历史上也是一个创举。法令颁布后,尽管大量土地被铁路巨头、大资本家和土地投机商通过各种渠道非法夺取,但农民移民依据《宅地法》,迄19世纪末共得到8100万公顷土地,农民人数也从1860年的200万人增至1900年的570万人,出现了大批小农,为农业资本主义发展创造了有利的前提。

农业教育、科学研究的开展以及联邦和各级地方农业部门的建立无疑都对农业起到了巨大的推动作用。美国最早的农学院是1857年建立的密歇根农业学院。但是农业教育的蓬勃发展是在1862年《莫里尔土地法》通过之后。法案规定:按照以1860年入口调查为依据而确定的国会参议员和众议员的名额计算,每有一名参议员和众议员即授予3万英亩土地,总共约有1300万英亩土地授予各州。各个州利用这笔经费开办了一批新的大学和农业学院。著名的马萨诸塞理工学院和农学院(即现今在阿姆斯赫特的马萨诸塞州立大学)就是在这个时候成立的。一些州的大学和学院,开始附设农业和机械工程学校。有的农学院还开办了冬季的短期课程和补习班,并通过函授、散发学习材料等途径来扩大教学范围。

开展科学研究的重要基地农业实验站,首先于1875年在康涅狄格建立,接着在纽约和新泽西相继出现。1887年,美国国会肯定了农业实验站的作用,通过《海琪法令》,要求各州普遍建立农业实验站,使美国的农业教育和科学研究进一步结合起来。到1893年已经达到每州至少建立一个实验站的要求,全国共有56个,稍晚又增到66个。美国的高等学校,特别是农学院由于能够直接参加实验站的工作,不断取得重大研究成果,使美国农产品的价值成亿美元地增长。

美国政府的管理体制也在19世纪后半期逐步建立和完善起来,并且成为领导和进行科学研究的中心。美国的农业局成立于1862年,1869年升格为农业部。到20世纪初这个部门已经成为一个拥有四十个局和处的机构。单是它的植物局就引进了三万多种外国植物。它的昆虫局在各州均设有野外实验站,在防治农作物病虫害方面取得了卓越的成果。美国学者穆尔曾经这样评价说:"农业部的工作虽然没有引起公众舆论的经常注意,但确实是我们政府的一个奇迹。"[1]在联邦农业部建立后不久,各州也陆续建立了农业管理部门,使整个农业体制得到加强。[2]

19世纪60年代以后,美国农业达到了空前的速度。双轮犁、播种机、收割机等农业机械的发明和推广使用,使翻耕、播种、施肥、收割、打谷、装袋各个工序实现了机械化和半机械化,大大提高了劳动效率。由于马希式收获机的推广使用,使收获谷物的速度提高一倍。1878年,约翰·阿普耳比发明的,盘绕扎谷机代替了旧式的铁线扎谷机,使收获速度提高了八倍。此外,谷捆搬运机和二十匹马牵引的康拜因机的发明和投入使用也都使谷物的收获过程大大缩短。据估计,1830年一个男劳动力用六十一个小时所收割的谷物,1900年只需三小时就能完成。[3]1830年,收获一蒲式耳小麦需要三个多小时,花费十八美分,1896年,只需十分钟,花费三美分半。[4]

由于这一时期美国政府采取了种种发展农业的措施,耕地面积和粮食产量都大幅度增长。1850年到1900年间,耕地面积从11300万英亩增加到41481万英亩。从1860年到1900年,小麦增加三点五倍,玉米增加三倍。

美国农业不仅为发展工业提供了大量资金、充分的原料和粮食,而且还为轻重工业开辟了广阔的市场,成为美国工业的雄厚基础。直到1884年,美国工业即将赶上世界最先进的工业国——英国的时候,美国的工业比重才刚

① Joseph R. H. Moore, *An Industrial History of the American People*, p. 337.

② 如佐治亚(1874)、田纳西(1875)、北卡罗来纳(1877)、弗吉尼亚和亚拉巴马(1888)、纽约(1893)、宾夕法尼亚(1895)均建立了农业管理部门。Norman S. B. Gras, *A History of Agriculture in Europe and America*, New York: F. S. Crofts & Compong, 1925, p. 393.

③ S. E. Morison and H. S. Commager, *The Growth of the American Republic*, Vol. Ⅱ, New York: Oxford University press, 1962, p. 125.

④ Norman S. B. Gras, *A History of Agriculture in Europe and America*, p. 378.

刚超过农业比重，为百分之53.4%比46.6%。[①]

美国的工业革命首先是从同农业有密切联系的轻纺工业部门开始的。1790年，塞缪尔·斯莱特按照英国人的设计在美国造成纺纱机，这个日子被当作美国工厂制的起点。[②]轻工业需要的投资少，所需要的原料也容易得到，在短时间内即可建厂投产并获得利润，因此在工业革命初期发展十分迅速。18世纪90年代，只是在费城、罗得岛、南北卡罗来纳等少数沿河地区建立了为数不多、规模不大的纺织厂。就是在"美国制造业之父"斯莱特的工厂里也只有72枚纱锭。[③]经过一二十年的时间，到19世纪初，美国的棉纺织业已经初具规模。据美国国会报告，1815年底，在罗得岛已有99家纱厂，共拥有纱锭75678枚；在马萨诸塞有纱厂57家，共拥有纱锭45650枚；在康涅狄格有纱厂14家，共拥有纱锭12886枚。全国共有纱厂170家，纱锭134214枚。[④]在国际市场上，美国生产的棉纺织品已经开始向英国挑战了。马克思曾经指出：英国"从1815年到1830年，开始同欧洲大陆和美国竞争"[⑤]。在这一时期，美国棉纺织工业在完善工厂制方面也取得了进展。1814年秋，在马萨诸塞州沃尔瑟姆建立了一个装备强力织机，拥有1700枚纱锭的大型工厂。这个工厂是世界上最早的从加工原料到制成产品的综合工厂。

有人曾经这样比喻说："英国奠定了工业结构的基础，即所谓的生产的工厂制，而美国则砌完了完成圆拱门的最后一块石头。"[⑥]当然，真正的完备的工厂制的形成还要晚一些，但"无论如何，纺织工厂是现代生产技术的先驱"[⑦]。

19世纪40年代和50年代，许多轻工业部门都取得了较快的发展。服装业、制革业、制鞋业也都开始实现机械化，并且向国外出口产品。

美国的重工业是在农业、轻工业、交通运输业的推动下，在19世纪四五十年代迅速发展起来的。最初机器和其他重工业产品主要依靠进口。就生铁

---

① 中国科学经济研究所世界经济研究室编：《主要资本主义国家经济统计集1848~1960》，第14页。

② Carroll D. Wright, *The Industrial Evolution of the United States*, p. 128.

③ [美]康乃尔、[美]弗罗格：《美国实业发展史》上册，商务印书馆，1945年，第188页。

④ [美]康乃尔、[美]弗罗格：《美国实业发展史》上册，第189页。

⑤ 《马克思恩格斯全集》第23卷，人民出版社，1972年，第502页。

⑥ Carroll D. Wright, *The Industrial Evolution of the United States*, p. 131.

⑦ Alfred D. Chandler Jr., *The Visible Hand: The Management Revolution in American Business*, p. 76.

的产量来说，一直到 1830 年也只有 16.5 万吨[1]，而且主要是用木炭冶炼出来的。40 年代是美国冶铁业蓬勃发展的年代。1840 年，第一座使用无烟煤的先进的熔铁炉开始点火。到 1849 年，这种熔铁炉发展到 60 座，1853 年又增加到 121 座。[2]一批又一批新的较大的使用蒸汽鼓风熔炉建成投产，使生铁产量一翻再翻，1850 年达到 50 万吨。[3]1844 年，美国开始轧制重型铁轨，经过 6 年时间，轧制铁轨工厂发展到 16 家，年产量达 10 万吨。19 世纪 50 年代，由于许多工业部门大量使用机器，促进了机器制造业的迅速发展。1850 年左右，艾姆斯制造公司在奇科比、普拉特，惠特尼公司在哈福、布朗，夏普在普罗维登斯、塞勒斯，布兰克福特在费城，建立了机器制造厂，奠定了机器制造业的基础。[4]美国开始用机器制造机器，并且在一些重工业部门推广标准化生产，为发展大规模生产准备了极为重要的条件。19 世纪后半期，美国各个工业部门全面迅速发展，重工业所占的地位越来越重要。无论就钢铁的产量，或者煤和机器的产量来说，美国都居于世界的前列，而在石油和电力等新的具有重大经济意义的工业部门，更是处于领先的地位。

以农业为基础，这是美国经济发展过程中自然形成的一种做法，它符合美国的客观实际，因而也取得了辉煌的成果，值得借鉴。

四、引进先进技术同时重视独创也是高速发展工业的重要原因

从一个落后的农业国家变为先进的工业国家当然首先要依靠自己的艰苦努力，但是如果闭关自守、拒绝外援、无视先进技术就必定会贻误时机，延缓工业化的进程，使国家的整个经济发展受到阻碍。在这方面 19 世纪美国的工业发展给我们提供了一个成功的经验。它在取得独立后，从实际情况出发，在相当长一段时间内，采取了大量引进外国先进技术及为此而需要的外国资金的政策，来提高自己发展工业的起点和加快发展的速度，并且在这个过程中注意创新，在生产技术方面迅速走进先进国家的行列。

---

[1] Louis R. Wells, *Industrial History of the United States*, p. 187.

[2] Alfred D. Chandler Jr., *The Visible Hand: The Management Revolution in American Business*, p. 76.

[3] 中国科学经济研究所世界经济研究室编：《主要资本主义国家经济统计集 1848~1960》，第 61 页。

[4] Carroll D. Wright, *The Industrial Evolution of the United States*, p. 121, 122.

差不多在整个 19 世纪,外国资金在美国的经济发展中都占有重要的地位。一直到 1914 年第一次世界大战爆发,美国还是债务国,在美国约有 70 亿美元的欧洲国家的投资,其中半数以上是英国的投资。[①]这些资金使美国能够源源不断地从国外引进先进技术和设备。到 1897 年,由于美国工农业已经高度发展,不需要继续谋求欧洲的贷款,并且拥有国外投资 68450 万美元。特别值得注意的是,国外投资中有 15100 万美元是投向欧洲国家的。到第一次世界大战爆发时,美国国外投资又增加到 25 亿美元。[②]第一次世界大战结束后,美国才偿清了债务,由债务国变为债权国。

美国在引进先进技术的时候并不是一帆风顺的,一开始就碰到英国实行技术封锁造成的困难。英国政府为了独享技术成就,于 1774 年、1781 年和 1782 年先后颁布了禁止哈格里夫斯、阿克莱的技术发明和纺织技师出境的法令,对于查获的机器和图纸课收巨额罚金。在这种情况下,美国只能依靠来自英国的移民和美国公民在国外的私人活动来获取英国的先进技术,同时美国政府和私人团体则在可能范围内采取一些措施来奖励发明和技术革新。早在 18 世纪 80 年代末,一些地方的政府部门和私人团体就不断向技术革新者提供一定数目的奖金和补助金。例如,马萨诸塞政府曾经向罗伯特和亚历山大·巴尔颁发 200 英镑奖金,资助他们改革纺织机械。1790 年,联邦正式成立专利局来管理发明创造和技术革新。

美国国内鼓励发明,发展工业的做法也吸引着英国工匠的注意。"美国制造业之父"斯莱特就是在报纸上偶然读到这方面的消息而被吸引到美国去的。斯莱特出生于英国的德比郡,曾经是阿克莱的合伙人斯特拉特的学徒,后来又在斯特拉特的工厂工作多年。他不仅熟悉英国纺织机的全部构造,而且了解工厂管理方法。1789 年,他把这些东西牢记在脑子里带进了美国,使英国的海关检查人员无法觉察。美国不费分文得到了当时英国的比较完备的先进纺织技术和工厂制度。通过斯莱特引进的先进技术对美国工业的发展具有重大的意义。美国学者阿诺德·韦尔斯认为,斯莱特为美国带来了革命。1813 年,美国波士顿商人洛厄尔又用同样方法,把英国的先进的强力织布机的制造技术引进美国。直到 19 世纪 20 年代中期,英国逐步解除技术封

---

①② [美]福克讷:《美国经济史》下卷,第 257、274 页。

锁以后,美国才能够较大规模地引进英国的各种先进机器来加速工业的发展。在19世纪上半期美国使用的机器和工业设备大部分是从英国进口的。

　　但是,美国并没有照搬国外的技术,而是根据自己国家的具体情况加以改进或改造,使之能够充分发挥作用。例如1804年伊文斯根据瓦特蒸汽机的原理造成的船舶和车辆均可使用的蒸汽机,结构比较简单,但耗煤量比较大。这对于当时缺乏技术人才、严重缺乏劳动力而煤矿资源十分丰富的美国来说是比较适用的。与此同时,美国在发展工业过程中也有自己的独创。1793年惠特尼轧棉机的发明使清理棉花的效率提高一百多倍,而在采用蒸汽作动力后,1个工人可以完成1000个工人的劳动量。这项发明的重大意义可以同哈格里夫斯的珍妮纺纱机相媲美。1808年,惠特尼在军火生产中采用的标准化生产,在19世纪后半期得到应用和推广。标准化生产是美国从法国学来的先进方法。这个方法在法国没有被广泛采用,在美国却得到了完善的发展。后来,标准化生产就叫作美国的工业制度。按照这种生产方法所生产的零件相当精密,可以互相替换,为大规模生产创造了极为重要的技术条件。在美国的机器制造业中也出现了精密度比较高的六角车床和多轴机床。甚至像英国这样的"世界工厂"也向美国购买生产步兵武器的工厂设备。美国的农业机械在19世纪中叶就在欧洲市场享有盛誉,效率超过了英国的产品。例如美国的麦考米克收割机在同6台英制收割机进行比赛并取得胜利后,曾经被英国大量引进,在比较短的时期内就从美国进口4.5万台,在英国国内还仿造了3000台。①

　　如果说19世纪上半期,美国的科学技术发明还没有出现重大的突破,那么在60年代以后,随着美国教育和科研事业的蓬勃发展,无论在基础理论和工业技术方面都涌现了大批人才。他们在当时的一些尖端领域取得了辉煌成就,特别值得提出的是电力的应用和推广。电讯和电力的发现虽然都比较早,但真正投入使用还是从美国开始的。1837年,莫斯造成第一台可供实用的简陋的电报机。1844年,华盛顿至巴尔的摩的第一条电报线开通。1851年,电报开始在铁路线上广泛使用,成为美国的一种重要的通信手段。这时在美国营业的电报公司超过了50家。1876年,贝尔发明电话。电话逐渐成为

---

① N. S. B. Gras, *A History of Agriculture in Europe and America*, p. 378.

简便的通信工具。到1900年,全国已有电话机135.5万架,1879年,爱迪生发明电灯,1882年又发明电车,开始把电力运用到照明和交通运输部门。1879年在旧金山建立了第一座发电站,第二年又在纽约建立了一座,但都是直流电站,只能用于短距离照明。交流电的发现才使输电距离达到一个县的范围,并降低了成本。到1898年,发电厂增至2774个。1893年,康涅狄格州的纺织厂开始使用电动机,接着在所有工业部门迅速推广。动力工业发生了第二次革命,电力的运用使生产获得空前的提高,远远胜过了蒸汽所造成的奇迹。如果说蒸汽时代是从英国开始的,那么电气时代则是从美国开始的。

正是由于美国在发展工业过程中,既吸收了外国的先进技术和科学方法又有自己的独创,因而能够为美国的大工业奠定相当先进的技术基础,使它逐步摆脱对外国的依赖走上独立发展的道路,而且在较短时间内后来居上,成为资本主义世界首屈一指的工业大国。

19世纪美国工业的迅速发展显示了资本主义制度在解放生产力方面所曾经起过的重大作用。但是,就是在这个时候,社会化生产和资本主义私人占有的不相容性也日益表现出来。同其他资本主义国家一样,美国在19世纪也曾经发生了多次经济危机。尽管这些危机还没有给美国资本主义社会造成毁灭性打击,但却已充分说明,美国工业的进一步发展必将遭遇到越来越大的困难。今天,这些困难已经成为美国工业的严重障碍。19世纪工业发展的高速度,只不过是美国工业发展史上留下的一个美妙的回忆而已。

原载中国美国史研究会编:《美国史论文集》,
生活·读书·新知三联书店,1980年

第二编

美国工人运动

试论美国早期工人运动的特点
——关于美国和西欧工人运动的比较研究

美国是一个工业大国，又是当今世界上举足轻重的国家。全面研究美国的重要意义是十分清楚的。美国工人运动则是美国社会的一个重要方面，同时也是我们了解甚少、最缺乏研究的方面。研究这个问题的必要性就更为突出了。不过，研究这一课题有很大的难度。美国工人运动不同于正统的西欧工人运动，常常给人一种背离传统、捉摸不定的感觉。但是，如果我们注意美国工人运动的特点，实事求是地分析这些特点，那么就有可能对美国工人运动的一些现象做出正确的解释。由于美国工人运动的基本特点在运动初期就已显露端倪，与同期西欧运动的对照又特别鲜明。对这一时期的运动做一点比较，可能收到较好的效果。这就是笔者选择这个题目并发表管见的原因。但愿对读者有所帮助。

一

美国早期工人运动的特点之一是没有经受过革命风暴的考验，也没有经历过激烈的阶级对抗，而是采取了比较温和的合法斗争的形式。众所周知，当时西欧正处在资产阶级革命前夕，存在着尖锐的社会矛盾和阶级矛盾。那里的工人阶级不仅在经济上受到沉重的剥削，而且在政治上处于无权地位。欧洲1848年革命爆发后，除英国以外，西欧的工人阶级几乎都带着自身的要求投入革命，起先是反对封建势力，随后又同资产者发生对抗。这次革命虽然是一次资产阶级革命，但处处都显示了无产阶级的存在。法国工人在二月革命中提出了"社会共和国"的要求，并且向资产阶级临时政府施加压力，迫使它通过了废除选民财产限制、缩短工时、保障工人劳动权利的法令，并设立了专门研究工人问题的常设委员会(卢森堡委员会),从而给共和国打上了社会烙印。随着革命的深入,法国工人还举行了约有4万人参加的大规模的六月起义,把矛头直接对准了资产阶级。这次起义具有明确的无产阶级性质。马克思认为:"这是现代社会中两大对立阶级的第一次伟大战斗。这是为保存或消灭资产阶级制度而进行的战斗。"[1]德国工人阶级也成为著名的三月革命的主力军。

诚然,西欧工人的武装起义是被迫的,并且在缺乏准备的情况下蒙受了巨大的损失。但另一方面西欧工人经过革命战火的锤炼,加深了阶级意识,进一步认识到自身的使命。这对于西欧工人阶级队伍的巩固和发展无疑是十分重要的。正因为他们有这一段经历才能够经受住革命退潮的考验,度过了运动的低谷时期,迎来了19世纪60和70年代的高潮。

美国早期工人运动是在美国革命结束后开展起来的。其后的自由州与奴隶州之间的斗争经常以自由州的退让而暂时达成妥协,不具备任何社会革命的形势。美国工人虽然同样遭受剥削,但由于劳动力缺乏,工资往往高于西欧工人。更为重要的是美国工人已经得到了选举权,虽然存在着财产限制和《债务监禁法》等干扰,但在19世纪上半期这些干扰都被各州政府相继排除。例如,罗德岛和康涅狄格州于19世纪40年代通过了男性公民普选法,废除了财产限制。1838年佛蒙特、俄亥俄,1839年新罕布什尔、马萨诸塞,以及其后康涅狄格、新泽西、宾夕法尼亚等州都相继废除了《债务监禁法》。[2]这样,就使得美国工人有可能真正行使自己的选举权利。

对于当时的美国工人来说,既不需要像英国的工人那样发动政治运动去争取普选权,也没有条件像德国和法国的工人那样投身革命。他们的早期活动主要集中在两个方面:一是争取缩短工时;二是参加选举,争取把能够代表自己利益的人选进地方政府和议会。总的来说,运动的规模不大,而且比较分散,往往局限于一个行业,或者一个地区。早在1791年,费城工人就举行罢工要求把工作日工作时间缩短为十小时,并不得减少工资。他们的口号是:"从6点到6点,十小时工作,两小时吃饭"。在这以后,十小时工作制运动逐

---

①《马克思恩格斯选集》第一卷,第415页。

② Joseph G. Rayback, *A History of American Labor*, New York: The Free Press, 1966, p. 89.

渐开展起来,涉及许多城市和工业部门。1827年成立的费城技工工会联合会就是在争取十小时工作制中产生的,以后运动的规模越来越大,组织性越来越强,并且取得了一定的成效。1835年,在波士顿、费城等地都发生了争取十小时工作制的大罢工。费城大罢工的声势尤为浩大,最后迫使该城的工厂主们接受了罢工者的要求,在那里实行十小时工作制度。

19世纪40年代后半期,十小时工作制运动的规模有所扩大,其影响也有所增强。一些州议会曾经被迫通过十小时工作制法令,使这个制度具有法律效力。例如在新英格兰地区和邻近各州,由于新英格兰工人协会的努力和罢工运动的蓬勃发展,新罕布什尔、宾夕法尼亚等州议会先后通过了十小时工作制法令。这是19世纪上半期,美国工人运动所取得的重大胜利。然而,从总的情况来看,罢工运动是失败多于胜利的。罢工者或者受到法庭的制裁,或者被资产者的分化政策和高压政策所瓦解。即使已取得的成果,也往往由于资产者的破坏而受到损害。例如,在通过十小时工作制法令有关州的工厂主向各自州议会施加影响,促使其通过法令允许厂方同工人签订超十小时工作制的特别合同。然后由厂方以解雇相威胁,迫使单个工人同厂方签订这样的合同,从而使十小时工作制法令失去作用。

联邦宪法赋予美国工人选举权,但美国工人相当长时间内没有意识到有效使用这项权利的重要性。直到1827年才有一本未署名的小册子向费城工人郑重地提出有效使用选举权的问题。上面写道:"的确,在这个可爱的国家里我们享受着珍贵的'普选权'的优越性……我们有权选择我们自己的议员,但是,这个优越性……在我们掌握足够知识可以恰当地使用它以前,是不会对我们产生进一步的好处的……当前这个优越性由于我们的无知而被少数人用来算计我们的财富和福利。这些人的利益是同我们的利益相对立的。"[1]随后在费城工人党成立大会决议中又强调了工人在选举运动中的独立性。决议指出:"本会议建议技工和工人只支持那些立誓使用自己处理公务的能力来维护工人阶级的利益和需求的人,参加市议会和州议会的选举。"决议还保证,会议所制定的措施不同其他政党的"部署相混淆"[2]。

---

[1] Alden Whitman, *Labor Parties, 1827–1834*, New York: International Publishers, 1943, p. 19.

[2] Alden Whitman, *Labor Parties, 1827–1834*, p. 24.

然而可惜的是,这种认识当时只有少数先进工人具有,没有成为广大工人行动的指南。正是由于这个原因,为参加选举而建立起来的工人党仅仅存在短短的几年就自行瓦解了。另一方面,美国的资产阶级政党往往把工人的某些要求列入政纲,或者向国会提出符合工人要求的法案,以便争取工人的选票。例如,马丁·范布伦和理查德·约翰逊都曾向国会提出废除债务监禁法的议案。①他们偶尔也支持个别观点接近的工人代表进入国会。例如,总工会的第一任主席伊利·穆尔就因为支持杰克逊总统而被民主党推选为众议员。②这样,缺少斗争经验的美国工人运动活动家和美国工人就把资产阶级政党作为依托,纷纷加入进去,并且作为其中最激进的分子投入运动。

　　在两大资产阶级政党中,当时的民主党无疑是对美国工人更具有吸引力的。杰克逊作为民主党的代表出面竞选总统以后尤其如此。杰克逊不仅以平民代表的形象出现,而且提出了工人们最关心的反银行、反垄断的问题。当时的工人运动活动家乔治·亨利·伊文斯、埃比尼泽·福特、勒里·D.斯拉蒙、约翰·康默福德、亚历山大·明·罗伯特·汤森、伊利·穆尔等都加入了民主党的塔马尼派。许多工人作为民主党党员支持杰克逊出任总统,但他们很快就发现杰克逊总统反对的只是合众国银行,却是某些地方银行的支持者,总统的政策并不符合工人的利益,同时民主党也不是工人的政党。正如莫里森等美国学者所说的:“杰克逊并不是穷人的维护者,甚至也不是‘普通人’的维护者。”③这时,只有在这时,民主党塔马尼派的工人党员才认识到政治上独立的重要性,于是他们奋起反对杰克逊政府的政策,反对民主党上层出卖工人利益的行为。他们于1834年下半年建立了工人总委员会,第二年夏天又组成权利民主平等派来反对民主党派候选人的提名。10月23日,权利平等派成员挤满了塔马尼大厅,准备否决该派领导人及其支持者炮制的以银行派为主的候选人名单。但塔马尼派的领导人及其支持者不顾多数人的反对,悍然宣布名单,并立即退出会场,甚至关闭了所有的煤气灯以阻止会议继续进行。与会的工人代表们对于这种践踏民主的行动极为愤怒,随即擦燃了洛卡弗卡牌火

---

①　Arthur M. Schlesinger Jr., *The Age of Jackson*, Boston: Little, Brown and Company, 1953, p. 135.

②　Arthur M. Schlesinger Jr., *The Age of Jackson*, p. 193.

③　[美]塞缪尔·埃利奥特·莫里森等:《美利坚合众国的成长》上卷,第47页。

柴,点亮蜡烛继续开会,并提出了自己的候选人名单,开展独立的竞选活动。这就是美国历史上的火柴民主党人运动。其重要意义就在于美国工人阶级在选举运动中采取了独立行动来维护自己的利益。

二

美国早期工人运动特点之二是理论上的贫乏和思想上的混乱。这一时期的运动是在同马克思主义相隔绝的情况下开展起来的。欧洲1848年革命失败以后,虽然有一批"四八年战士"为了躲避反动政府的搜捕流亡到美国,并带来了马克思主义,但马克思主义主要是在德国移民中传播,其影响极其有限。真正能够影响美国工人运动的却是一些空想社会主义、冒牌社会主义和改头换面的改良主义。

19世纪20年代到50年代是空想社会主义在美国传播和试验时期。空想社会主义虽然起源于英国和法国,但只有美国才是把空想社会主义的设想付诸实践的乐土。欧文和卡贝都曾在美国亲身主持这项试验。傅立叶本人虽然没有机会到美国,但他的学生却在美国按照他规定的模式创办了法朗吉①。美国的空想社会主义者不仅在各地创办公社和法朗吉,而且直接投身工人运动。例如,空想社会主义大师罗伯特·欧文和他的儿子罗伯特·台尔·欧文,在参加"新和谐公社"试验以后,加入了纽约工人党,并曾担任该组织的领导人。

对美国早期工人运动影响不算太大,但性质颇为恶劣的是海尔曼·克里盖的假共产主义。克里盖是侨居美国的德国移民。他自称是德国共产主义组织在美国的代表,并且提出用平分土地的办法在美国实现共产主义。他认为,只要把美国"尚未落入强盗般的投机分子手中的14亿英亩土地保留起来,作为全人类不可让渡的公共财产",就可以"在大地上建立起充满天国的爱的村镇"。克里盖的共产主义说教概括起来就是抽象的爱加平分土地。这当然是对共产主义的极大歪曲,使共产主义者的声誉受到极大的损害。马克思、恩格斯为此以布鲁塞尔共产主义通讯委员会的名义起草了《反克里盖的通

---

① "法朗吉"一词源于希腊文,意为严整的方阵,是法国空想社会主义傅立叶设想的"和谐社会"中的社会基层组织。(编者注)

告》，并要求克里盖在他的《人民论坛报》上公开发表。

通告承认土地改革运动在美国的进步意义，赞成美国工人在一定时期加入和支持这一运动，但反对把这个运动同共产主义混为一谈，反对把这个运动说成是"全人类的事业"和"一切运动的最终和最高的目的"。通告指出："如果克里盖把解放土地运动看作无产阶级运动在一定条件下的必要初步的形式，如果他认为这个运动由于发动它的那个阶级的生活状况必然会发展成为共产主义运动，如果他说明为什么美国共产主义的意向最初应该以似乎和共产主义相矛盾的土地运动形式出现，那么他的意见也就没什么可反对的了。但克里盖却把某些实在的人的这种只有次要意义的运动形式夸大为全人类的事业。克里盖把这件事说成一切运动的最终的最高的目的……从而把运动的特定目标变成十分荒唐的胡说。"[1]

由于广大西部自由土地的存在，平分土地的思想在早期美国工人运动中起着支配作用。这一时期的主要工人运动活动家都把这个问题作为奋斗目标。纽约工人党的领导机构五十人委员会的政治报告中就曾指出："从这个国家的第一届政府建立伊始，土地分配就应当是平等的。"[2]随后，平分土地的思想集中反映在乔治·亨利·伊文斯的主张中，并且激起一场土地改革运动。伊文斯是纽约工人党的领袖之一，他的土地改革计划是在1841年纽约工人党早已解体后提出的。其要点如下：第一，获得生存所必需的土地是每个人的自然权利。他写道："如果一个人有权存在于这个世界上，他就应该有权获得足够的土地来建造自己的房屋。如果他有权生活下去，那么他就应该有权获得足够的土地来种植可以维持他的生活的粮食。"[3]第二，工人之所以不得不受工厂主控制是由于他们丧失了土地所有权。第三，只有平分土地可以改变工人的贫困处境。无论是取得土地因而流向乡村的人，还是继续留在工厂的人，"全都一样能得到享受舒适生活的机会"[4]。伊文斯认为实现这一计划并不困难，关键在于唤起工人群众。"如果全国工人都团结起来，那只要投一次

① 《马克思恩格斯选集》第一卷，第93—94页。

② John R. Commons et al., *History of Labor in the United States*, Vol. 1, p. 238.

③ Helen Zahler, *Eastern Workingmen and National Land Policy, 1829–1862*, New York: Columbia University Press, 1941, p. 45.

④ Helen Zahler, *Eastern Workingmen and National Land Policy, 1829–1862*, p. 35.

票就能得到了。"①为此他不断在《工人拥护者》和《纽约论坛报》上发表文章，并创立了全国改革协会，通过刊物和协会的活动广泛宣传自己的思想。

上述几种思想都同马克思主义背道而驰，不可避免地造成了美国工人队伍的思想混乱，从而阻碍了马克思主义在美国的传播，使美国工人运动的理论水平长期得不到提高。其影响是极为深远和严重的。直到19世纪90年代，恩格斯致弗里德里希·阿道夫·佐尔格的信中还说，美国是"一个以'求实精神'自诩而在理论方面却惊人落后的民族"②。

西欧工人运动的情况显然不同。那里的工人阶级在作为独立的力量登上政治舞台后不久，就受到了科学社会主义的熏陶。虽然当时也存在着各式各样的空想社会主义、冒牌社会主义的思想影响，但都受到了马克思、恩格斯和他们的战友们的及时、严厉的批判。西欧的工人运动逐步走上了同马克思主义相结合的道路。所以就理论水平来看，美国的工人运动确实远远落后于西欧。

三

另外一个特点是美国的早期工人运动几乎是和美国工人党的成立同时开始的。从表面上看来，这同西欧工人运动有很大的不同，似乎已走在西欧的前面。众所周知，西欧工人运动开展以后在相当长时期内不具备在任何一个民族国家建立工人政党的条件。马克思、恩格斯为之努力奋斗的是建立一个国际无产阶级组织，为将来民族国家建党创造条件。共产主义者同盟，乃至第一国际都只能是无产阶级政党的雏形。直到19世纪下半期，才首先在德国建立了工人阶级自己的政党。如果从1828年费城工人党的成立算起，那么美国工人党的成立要比德国工人党早半个世纪。

问题在于美国工人党够不够满足一个工人政党的条件。因为判定一个党的性质和水平不在于它的名称，而在于它的纲领、章程和组织状况。首先，美国工人党缺少作为工人政党应当具有的纲领和章程。不过，在工人党的决

————————

① [美]方纳：《美国工人运动史》第1卷，第288页。

②《马克思恩格斯全集》第39卷，人民出版社，1974年，第53页。

议和其他文件中也曾反映出某些自身独立的要求。例如，1828年8月费城工人党的中央机构曾经通过一项决议，明确地表示了工人将"直接支配自己利益"的决心。决议指出："费城市区和郊区的技工和工人决定，从今以后将作为一个阶级把对自己利益的支配置于自己的直接控制之下。"①在这个决议中还提出了同资产阶级政党划清界限的问题。决议中有如下两段话："兹决议，大会建议本市技工和工人只支持那些保证将以自己的公务能力支持工人阶级的利益和要求的人，竞选市议员和州议员。""兹决议，我们保证不允许这次会议所采取的措施同任何正在竞争的政党关于总统问题和国会竞选的安排混同一起。"②至于工人阶级的自身解放和解放全人类的宏伟目标这样的重要内容，在美国工人党的文件中是根本找不到的。所以从严格意义上说，它不是一个工人阶级政党，充其量只可以说它是美国工人阶级争取政治独立的一种组织。美国史学家海伦·L.萨姆纳在论述美国工人党的历史的时候，特别强调这一点。她说："在秋季竞选之前，那些曾经宣布脱离老政党并且下决心为了自己的利益而登上政治舞台的农民、技工和工人的组织布满全州。"③

如果硬要说美国工人党是一个政党，那它也不过是按美国资产阶级政党模式组织起来的党。它纯粹是为竞选而组织起来的，并没有严密的组织系统，也没有经常的党务工作。它虽然有一个领导机构，但从总体上来说是一个十分涣散的组织。而且由于党的领导机构内部存在着严重的思想混乱，党的领导层一再分裂，直接影响到工人党的活动。例如，纽约的工人党在成立不久后就分裂为三派：斯基德莫尔派、欧文和伊文斯派、古扬派。前两个派别逐渐同自由土地运动合流，后一派于1831年下半年同国家共和派融合，成为资产阶级政党的组成部分。

另一方面，应当看到，由于众多工人参加竞选，美国工人党在选举中曾经取得过可喜的成绩，工人党也曾经得到迅速的发展。在1829年地方选举中，费城工人党所提出的54名工人候选人中有20人当选为市区和郊区的政府官员。④第二年在萨莱纳全部工人候选人都顺利当选，担任不同的地方职务。

---

①② Alden Whitman, *Labor Parties, 1827–1834*, p. 24.

③ John R. Commons et al., *History of Labor in the United States*, Vol. 1, p. 263.

④ Alden Whitman, *Labor Parties, 1827–1834*, p. 27.

在特洛伊,除去一个区外,其他各区的工人代表全部当选。而在奥本尼工人党的候选人则取得了"完全的胜利"。康芒斯学派的史学家认为:"1830年春天,地方选举结果对于工人来说是十分令人鼓舞的。"[1]在这一段时间里工人党的组织也得到了迅速的发展。除去费城、纽约等城市的工人党以外,布鲁克波特、哈特福德、华盛顿县、金斯伯里、兰辛堡、格伦斯福尔斯、帕尔迈拉的工人党,在布鲁克林、布法罗等地举行了多次工人集会,商讨成立工人党的问题,其中不少城市很快就建立了工人党。然而由于缺乏一个正规政党所应具备的基本条件,美国工人党的存在只能是短暂的,1834年以后差不多就销声匿迹了。事实上,美国工人党还没有达到共产主义者同盟那样的发展程度。

四

美国工人运动的开端比较早,但工人阶级形成和运动的发展却晚于西欧,这是美国早期工人运动的又一特点。无产者反对资产者的活动在工业革命初期就已经出现,但那还不能算作真正的工人运动。只有在工人阶级作为独立的力量登上政治舞台以后,才能说工人运动已经开始。如果用这个标准来衡量,那么西欧的工人运动应当始于19世纪三四十年代,而美国的工人运动则始于19世纪20年代后半期。关于这一点,我们可以在许多美国工人运动史学家的论述中找到一些颇有参考价值的看法。垄断美国工人运动史坛多年的威斯康星学派的史学家指出:"我们把工人运动的开端定在1827年,地点在费城。那一年,在那个地方,美国工薪阶层第一次不分行业地作为一个阶级联合起来反对雇主。"[2]这是"美国工人阶级认识自己阶级利益的第一次觉醒[3]。美国老左派史学家方纳认为,美国的工人运动大体上始于1827—1828年,在费城出现了各行业工会的联合和共同行动之后。[4]爱德华·佩森也明确指出:"所谓的真正的美国工人运动于1827年诞生于费城,那时候过去参

① John R. Commons et al., *History of Labor in the United States*, Vol. 1, p. 262.

② John R. Commons et al., *History of Labor in the United States*, Vol. 1, p. 126.

③ John R. Commons et al., *History of Labor in the United States*, Vol. 1, p. 25.

④ [美]方纳:《美国工人运动史》第1卷,第164页。

加入单独行业的技术工人把他们的组织联合到技工工会联合会中去了。"①还有不少美国学者也持这种看法,他们的依据就是1827年费城工人大罢工和罢工期间建立起来的联合工会。

1827年罢工提出的主要要求是实现十小时工作制,限制工场主的残酷剥削。费城技工工会联合会还通过了一个纲领,在纲领的序言中有这样一段话:"这个联合会的真正目的在于……把技工和生产阶级提高到真正独立的地位","在于均等地促进整个社会的幸福、繁荣和福利。"②罢工结束后,1828年5月,技工工会联合会还推出自己的候选人竞选,以代表工人阶级的利益。

以这次罢工和联合会所提出的要求同三大工人运动的战斗口号相比较,至少可以找到两个共同点。第一,两者都提出了政治上的独立要求。尽管所采取的斗争形式和具体内容有所不同,但要求作为独立政治力量的愿望却是一致的。第二,两者都反对资产者的压迫和剥削。无论是美国工人开展的十小时工作制运动,还是所提出的财富均享的要求,同三大工人运动所提出的"工作不能生活,毋宁斗争而死!"的口号基本是一致的。所不同的是,美国工人采取的是罢工的形式,没有同资产者发生直接的流血冲突,也没有像英国工人那样发起全国性的政治运动。从运动的激烈程度和规模来看,美国的运动确实逊色于西欧。但我们没有必要因此对美国工人运动开始的时间提出质疑。因为我们界定开始时间的主要标准是美国工人阶级是否作为独立的力量来行动。至于运动的激烈程度和规模取决于许多因素,不应当作为主要的衡量标准。

美国的历史条件不同,当时美国工人所受压迫和剥削也不如西欧三国工人所受的那样沉重和难以忍受,其反抗的形式和程度当然会有所不同。又由于美国工人已经获得了选举权,自然也不需要像英国工人那样去开展轰轰烈烈的争取普选权的全国性宪章运动。考虑到这些历史条件,把1827年作为美国工人阶级觉醒的标志和近代工人运动的开端是有充分理由的。

另一方面,美国工人阶级队伍的固定化和美国运动的发展却远远落后于

---

① Edward Pessen, *Most Uncommon Jacksonians, The Radical Leaders of the Early Labor Movement*, New York: State University of New York Press, 1967, p. 3.

② John R. Commons et al., *History of Labor in the United States*, Vol. 1, p. 190.

西欧。马克思曾经指出:"在那里,虽然已有阶级存在,但它们还没有完全固定下来,它们在不断的运动中不断更新自己的组成部分,并且彼此互换着自己的组成部分。"[1]当然,这里也包括工人阶级在内。美国工人队伍的不固定首先表现在作为运动核心力量的工业无产阶级还十分弱小,而且还不断在流动,直接影响着牢固的阶级队伍的形成。据估计,直到1850年,在美国的制造业中,手工工场的产品仍占总生产量的70%,手工工人仍占压倒多数。[2]相对来说,手工工人具有更大的流动性和分散性。除此以外,接连不断的移民浪潮和西进也影响着美国工人阶级的固定化,美国学者丹尼尔·贝尔在分析美国的早期工人运动时,也认为缺乏一个固定的雇佣工人阶级是这一时期工人运动的特点之一。[3]美国工人阶级队伍的不固定还反映在运动的水平上。在整个19世纪上半期,美国的工人运动一直是分散的、规模不大的,不但没有全国性行动,甚至在一个城市中也不能步调一致。尽管也发生过罢工,出现过早期的工会组织,建立过工人党,但都是短暂的,缺乏明确的斗争目标和政治要求,没有对资产者构成重大的压力。从运动的发展程度看,大概落后于西欧四十年。恩格斯在1886年11月29日致佐尔格的信中说:"美国的运动正处在我们的运动在1848年以前所处的那种阶段上,真正有才智的人物首先应当在那里起共产主义者同盟1848年以前在各个工人联合会中所起的那种作用。"[4]

美国早期工人运动的这些特点并没有随着时间的推移而逐步消失,反而日益发展,对日后的运动产生了极为重大的影响。美国工人运动因而具有了显著的特殊性。如果不了解或者不承认美国工人运动的特殊性,往往就会用一般的标准加以衡量,那么就很容易对美国工人运动得出否定的结论,或者说它落后,或者说它缺乏革命性。但如果我们认真研究一下美国的历史条件和运动发展的轨迹,那么就会发现,美国工人运动的特殊性是美国的客观环境造成的,和美国的国情分不开。我们不可能期望美国工人在缺乏革命形势

---

①《马克思恩格斯全集》第8卷,人民出版社,1961年,第130页。

② Joseph G. Rayback, *A History of American Labor*, p. 52.

③ Donald Drew Egbert and Stow Persons, *Socialism and American Life*, Princeton: Princeton University Press, 1952, p. 216.

④《马克思恩格斯全集》第36卷,第567页。

的条件下,像德国和法国工人那样投身革命,进行武装斗争。事实上,美国工人在运动早期所进行的合法斗争、罢工运动、十小时工作制运动和竞选活动都是维护自身利益的有效手段,其作用不可低估。在不具备革命形势的条件下,尤其应当予以重视。

另一方面,我们当然也反对夸大特殊性、否认共同性的错误态度,尤其要坚决反对那种别有用心的谬论。美国的资产阶级学者曾经利用夸大美国工人运动特殊性的手法炮制了美国例外论,企图证明美国不存在激烈的阶级对抗,美国的现存制度也不会像其他资本主义国家那样受到冲击。事实上,美国工人运动的特殊性是第二位的,它在根本问题上从属于共同的规律。美国工人运动的历史证明,美国工人阶级和资产者之间的矛盾是绝对的、不可调和的。尽管有时达成妥协,但那是局部的、暂时的。两个阶级对抗的形式虽然有所不同,但对抗却从未停止。同西欧工人一样,美国工人阶级也有自己光荣的革命传统。他们参加过南北战争,为黑人的解放事业做出了应有的贡献。他们曾经支持过第一国际的事业,成为第一国际的一个巨大的支柱,纽约还曾经成为第一国际总委员会的驻在地。美国工人还举行过规模宏大的1877年铁路工人大罢工、1886年的五一大罢工,等等。总之,只要美国的资本主义制度继续存在,劳资的矛盾和对抗就不可避免。至于采取什么形式,激烈程度如何,那将取决于具体的主客观条件。因此我们在研究美国工人运动的特殊性时,千万不要忘记工人运动的共同规律。

原载《河北师院学报》1996年第1期

美国工人运动和社会主义无关吗

1977年,哥伦比亚大学出版社出版了休厄林·比勒和索菲娅·斯拉泽合编的《当代激进主义的起源》一书。该书第二章是斯坦福大学的研究人员西摩·马丁·利普塞特撰写的。题目叫《美国为什么没有社会主义》按照他的说法,似乎社会主义是纯欧洲的产物,同美国及美国的工人运动没有什么关系。其实,这种看法在美国学术界早已存在。1906年,H. G.韦尔斯就已正式提出,以后路易斯·哈茨等人又陆续论述过。①利普塞特搜集和整理了各家的看法,形成了系统的观点,在美国学术界颇有影响。②

不可否认,利普塞特所列举的各家看法都有一定道理,其中有些论点值得我们认真思考。但是,从根本上说,把社会主义看成是"欧洲舶来品"、同美国工人运动格格不入的结论是站不住脚的,至少是不符合历史事实的。本文仅就这个问题谈谈粗浅的看法。

一、空想社会主义的第二故乡

从历史上看,美国并非不能接受社会主义的国家。恰恰相反,当欧洲刚刚开始流传空想社会主义学说的时候,美国很快就成为空想社会主义者的广阔活动场所。威廉·福斯特曾概括地谈到空想社会主义在美国迅速传播的情

---

① 韦尔斯认为,从18世纪开始,洛克的自由主义或者说辉格主义已在美国思想意识中占统治地位。美国既没有封建社会,又不存在贵族传统。因此,它也就没有托利党和社会主义党存在的基础。20世纪50和60年代,哈茨在著作《美国的自由传统》(Louis Hartz: *The Liberal Tradition in America*, New York: Harcourt Brace, 1955)和《新社会的创立》(*The Founding of New Societies*, New York: Mariner Books, 1964)中,进一步论述了这个观点。

② Seweryn Bialer and Sophia Sluzar, *Sources of Contemporary Radicalism*, Boulder: Westview Press, 1977, pp. 21–149.

况和原因。他写道:"这些乌托邦计划虽然主要是在欧洲创始的,却在美国获得了最广泛的发展。仅仅几年之内,至少有二百个乌托邦计划在美国实施。美国的国土对这些计划特别有吸引力。因为在美国,有许多可以廉价得到的土地,人民在政治上所受的封建限制很少,对伟大的独立革命经验记忆犹新的群众便很容易赞成社会改革的尝试和试验。"①

最早来到美国进行空想社会主义试验的是罗伯特·欧文。1824年11月4日,他偕同长子台尔和几名弟子抵达纽约。欧文希望联邦政府对他的试验进行资助,曾两次在国会发表演说,并拜会总统和高级官员,但都遭到了冷遇,最后不得不依靠自己的财力开办试验公社。1825年1月3日,欧文用15万美元在印第安纳州沃巴什河岸购买了三万英亩土地和一个居民点,取名"新和谐村"。在居民点里有生活用房,有学校、公共管理机构和教堂等建筑物②,最兴盛的时候有一千多人。起初,欧文很满意这个试验,希望新和谐村能够成为理想社会的起点,让它"从公社传到公社,从国家传到国家,从洲传到洲,最后遍及全球"。然而,随着时间的推移,空想社会主义的缺陷日益暴露,试验趋于失败。1827年6月下旬,欧文不得不向新和谐村居民告别,结束了试验。

欧文的试验是有影响的。除新和谐村以外,在田纳西、印第安纳、俄亥俄、纽约、宾夕法尼亚、威斯康星等州也先后进行过不同规模的欧文式空想社会主义的试验,据估计,大约有十八个公社。③其中比较著名的有:黄泉公社(俄亥俄州,1825—1826)、汪勃罗合作协会(1825)、富兰克林公社(纽约州,1826—1828)、弗里斯特维里公社(1826—1827)、堪达尔公社(俄亥俄州,1826—1828)、维利弗治公社(宾夕法尼亚州,1826)、兰泉公社(印第安纳州,1826—1827)、纳绍巴公社(田纳西州,1826—1828)、鹅塘公社(宾夕法尼亚州,1843)、平等公社(威斯康星州,1843—1846)等。④

19世纪40年代,继欧文试验之后,傅立叶主义也曾经在美国风行一时。傅立叶本人没有到过美国。他于1837年逝世,生前,他虽然精心制订和论证

① [美]威廉·福斯特:《美国共产党史》,世界知识出版社,1957年,第11页。

② Robert S. Fogarty, *American Utopianism*, Itasca: F. E. Peacock, 1972, p. 44.

③ [美]方纳:《美国工人运动史》第1卷,第269页。

④ John F. C. Harrison, "The Owenite Socialist Movement in Britain and the United States", *Labor History*, Vol. 9, Issue 3 1968, pp. 325–326.

了理想社会的蓝图,并且提出了法朗吉计划,但始终未能进行试验。他万万没有想到,他的学说竟然在美国引起强烈的反应。傅立叶的学说是经过他的美国信徒阿伯特·布里斯班、霍拉斯·格里利、帕克·戈德温、德纳等人传到美国的。1840年,布里斯班出版了一本系统介绍傅立叶学说的书,叫作《人的社会命运或工业的联合及其改组》。这本书在传播傅立叶主义方面起了非常重要的作用。格里利、德纳、戈德温等人都是报纸的编辑,他们把报纸作为阵地不断刊登介绍傅立叶主义的文章。

布里斯班等人的宣传产生了积极的影响,在美国全国各地出现了一批傅立叶主义者。1844年4月4日,傅立叶主义者在纽约克林顿大厅举行了全国大会。在美国,傅立叶的影响甚至超过了欧文。经过傅立叶主义者的努力,各地先后建立了四十一个试验公社,其中最著名的是北美法朗吉和布鲁克农庄。这两个公社都曾在某些方面取得一定的成就。例如,布鲁克农庄的教育是颇为有名的。公社拥有一个包括幼儿园、小学、预备学校、高等学校四个部的完备的学校,并曾聘请一些当时知名学者在这里讲学。值得特别指出的是,傅立叶主义的影响也渗透到了工人队伍中。1843年5月,阿尔巴尼和纽约的一批技工组成了宾夕法尼亚公社,试图通过试验摆脱工厂主的剥削和改善工人的处境。

法国的空想社会主义者卡贝也认为建设理想王国的乐土不是欧洲而是美国。尽管他在法国拥有几十万信徒,但仍然于1848年初带着一批追随者到美国进行伊卡利亚试验。他们经历了许多艰难曲折,先后建立了三个公社,试验一直延续到1858年。

从欧文、傅立叶和卡贝的试验情况来看,可以毫不夸大地说,空想社会主义在美国的影响确实远远超过了欧洲。完全有理由认为,美国是空想社会主义的第二故乡。

我们说美国是空想社会主义的第二故乡还有一层意思。那就是空想社会主义试验所提供的极为重要的教训,从某种意义上说,其意义并不下于空想社会主义学说本身。马克思在《道德化的批判和批判化的道德》一文中指出:"社会主义和共产主义不起源于德国而起源于英国、法国和北美。"[1]三位

---

①《马克思恩格斯选集》第一卷,第173页。

空想社会主义大师都不是美国人，但是马克思的话确实反映了空想社会主义的试验大盛于美国的事实。

在美国进行的空想社会主义的试验有一个重要的结论。那就是，在资本主义条件下任何形式的社会主义的"理想天国"都是不可能实现的，即使在美国这样一个具备种种理想条件的国家，空想社会主义的计划也只能是昙花一现，不能持久，而且试验的规模也都是很小的。例如，欧文公社的平均寿命不超过两年，傅立叶公社的平均寿命只有一年半。但是这种经过反复实践检验的经验，为科学社会主义的创立和发展提供了丰富的、准确的例证。马克思、恩格斯在《共产党宣言》中，关于批判的空想社会主义的论述就包括了这方面的材料。[1]可见美国空想社会主义实验家们的贡献同欧洲空想社会主义者相比是毫不逊色的。

二、第一国际[2]总委员会的驻在地

从全世界范围来看，科学社会主义传到美国的时间是不算晚的，比俄国和中国都要早得多。到19世纪70年代初，第一国际海牙代表大会以后，纽约就成为新总委员会的驻在地了。这当然是美国工人运动强大的标志，也是美国社会主义思想发达的标志。

最早把科学社会主义带到美国的是流亡北美的"1848年革命先驱"、共产主义者同盟盟员。马克思曾在《国际工人协会成立宣言》中回顾说："在1848年革命失败后，大陆上工人阶级所有的党组织和党的机关报刊都被暴力的铁腕所摧毁，工人阶级最先进的子弟在绝望中逃亡到大西洋彼岸的共和国去。"[3]在这批先驱者的名单中有约瑟夫·魏德迈、弗里德里希·阿道夫·佐尔格、阿道夫·克路斯、约翰·席克尔、亨利希·迈耶尔、古斯达夫、厄鲍姆、罗萨、雅可比、克莱茵等人。

最早要求把科学社会主义文献寄到美国的是阿道夫·克路斯。1850年3

---

① 《马克思恩格斯选集》第一卷，第283页。

② 第一国际，即国际工人协会，也简称"国际"，1864年建立的国际工人联合组织。（编者注）

③ 《马克思恩格斯选集》第二卷，第131页。

月31日,他在致斐迪南·沃尔弗的信中写道:"请按印刷品邮件给我寄来一本你于1848年春出版的《共产党宣言》,并且写信告诉我,是否能搞到一份《新莱茵报》。"①但是,斐迪南·沃尔弗的回信迄今没有发现,《共产党宣言》和《新莱茵报》是否寄到克路斯手中,不得而知。我们只能从1851年10月16日马克思给魏德迈的信中了解到,马克思曾给旅居美国的前德国大主教科赫寄去20本《共产党宣言》(德文版)和一份英译本《宣言》。②这恐怕要算是第一批传到美国的《共产党宣言》了。

　　1851年底,约瑟夫·魏德迈抵达美国后同克路斯一起为宣传科学社会主义进行了大量工作,先后创办了《革命》和《改革》。③尽管这两个刊物存在的时间都不长,但却起了相当重要的作用,登载过《共产党宣言》的一部分和马克思、恩格斯的几篇文章。在魏德迈和克路斯的努力下,马克思的《路易·波拿巴的雾月十八日》《揭露科隆共产党人案件》分别于1852年和1853年在美国出版单行本。此外,从1853年起,马克思、恩格斯为《纽约每日论坛报》撰稿,先后发表了二百多篇文章。美国工人首先是德裔美国工人,在接触科学社会主义文献和著述以后,开始团结在魏德迈等无产阶级革命家周围,建立了一批人数不多的社会主义团体。其中有无产者同盟、共产主义俱乐部、国际协会德裔美国人支会等。19世纪60年代中期成立的最大的全国性工人组织全国劳工同盟,也表现了靠拢第一国际的倾向,曾经同伦敦总委员会建立了比较密切的联系。1867年,全国劳工同盟副主席威廉·杰塞普曾致函伦敦总委员会说:"我认识到我们双方经常联系的必要性,假如明年我在这个组织中继续担任正式职务的话,我将在权限允许的范围内做一切事情来维持这种联系,并愿意提供你或者总委员会所需要的消息,或者交换彼此感兴趣的书信或文件。"④1869年9月,安德鲁·卡梅伦代表同盟出席了第一国际的巴塞尔代表大会。1870年,同盟的辛辛那提大会正式通过决议声明:"全国劳工同盟在此宣布,此后将坚决维护国际工人协会所提出的各种原则,并计划于最短

　　① Der Bund Der Kommunmen, *Dokumenre und Materialien*, Vol. 2, p. 151.

　　②《马克思恩格斯给美国人的信》,人民出版社,1986年,第2页。

　　③《革命》创刊于1852年1月6日,1月13日出版了第2期以后,由于经济原因被迫停刊。《改革》于1853年3月5日发行。起初是周刊,同年10月15日扩展为日报,于1854年4月26日停刊。

　　④ Samuel Bernstein, *The First International in America*, New York: Augustus M. Kelley, 1962, p. 29.

期内加入该协会。"①

如果说,无产者同盟和共产主义俱乐部都是少数先进分子的组织,那么全国劳工同盟就是一个庞大的全国性组织了。根据最稳妥的估计,同盟的人数大约在20万至40万之间。②可见科学社会主义对美国工人运动是产生过一定影响的。

1869年,国际工人协会美国第一支部成立,以后又陆续建立了一系列支部,到1872年上半年,总人数达到三四千人。这支队伍就是纽约总委员会的群众基础,人数虽然不多,但同第一国际在其他国家的组织相比较,要算是相当庞大的了。但是在一般的教科书和有关著作中,很少谈到海牙大会后纽约总委员会的活动,似乎第一国际就此终结。其实不然,纽约总委员会仍然在战斗,至少开展了下列几方面的工作:

第一,恢复总委员会和欧洲各国支部的联系。1872年10月20日,纽约总委员会发布了致国际工人协会会员的第一个通告,宣布新的总委员会开始活动,通告发表在11月23日《国际先驱论坛报》上,以后又陆续发布通告,以保持总委员会同各支部之间的联系。总委员会还聘请了处理各国事务的代表来加强这种联系。1872年底到1873年初,塞拉叶、恩格斯等人先后被聘请为处理法国、葡萄牙、意大利、西班牙、英国和波兰事务的全权代表。

第二,反对无政府主义。总委员会曾于11月8日向汝拉联合会发出警告,要求它修改圣伊米耶大会的决议。由于汝拉联合会抗拒这个决定,总委员会乃于1873年1月5日将该联合会开除出"国际"。此外,总委员会还给比利时工人代表大会寄去呼吁书,强调海牙代表大会的重要意义,呼吁比利时工人团结在"国际"的旗帜下。

第三,试图建立各种国际工会联合会。根据海牙大会的决议,纽约总委员会曾经制订和公布国际工会联合会的章程草案,规定应当在各个国家全国性联合会基础上建立国际工会联合会。

第四,1873年9月8日至13日在日内瓦召开了第一国际的第六次代表大会。纽约总委员会向大会提出了一份书面报告,报道了总委员会的工作和各

---

① [美]方纳:《美国工人运动史》第1卷,第613页。

② Gerald N. Grob, *Workers and Utopia*, New York: Quadrangle, 1961, p. 12.

国组织的情况。

由此可见,美国这个新的总委员会驻在地所起的作用虽然不能同英国伦敦相提并论,但也绝不能一笔抹杀。

三、社会主义政党的涌现和社会主义影响的衰落

19世纪80年代是美国工人运动大发展时期,各种思想纷纷登台,同欧洲1848年革命前夕的形势很接近。在工人运动中出现了三大派别:亨利·乔治运动、劳动骑士团、社会主义工人党。各种名称的社会主义团体和工人政党也纷纷成立,就是在刚刚建立的美国劳工联合会内部,也有社会主义者在进行活动。

从19世纪70年代开始,就出现了一些社会主义或者倾向于社会主义的政党。其中有伊利诺伊工人党、北美社会民主工党、辛辛那提社会政治协会、费城德国人自由协会、辛辛那提斯拉夫工人协会、密尔沃基工人联合会等。一般来说,这些组织人数不多、思想混乱,存在的时间也都不长。1876年,一部分组织同第一国际北美联合会合并,组成美国社会主义工人党。社会主义工人党的成立当然是一个重大的进步。恩格斯曾说:"不管社会主义工人党是什么样子,不管它把自己前辈的工作成绩怎样归于自己,但总的来说它毕竟是美国唯一一个站在我们立场上的工人组织。"[1]然而可惜的是,社会主义工人党始终未能发展为一个群众性的、有重大影响的社会主义政党,而且内部不断出现分裂,几度陷于瘫痪。以致恩格斯一直到1887年还认为:"这个党只有一个虚名,因为到目前为止,实际上它在美国的任何地方都没有作为一个政党出现。"[2]

19世纪80年代,在政治运动高涨的过程中,纽约、芝加哥、印第安纳波利斯、旧金山、圣路易等地又陆续建立了一批独立劳工党和统一劳工党。不过,这些党主要是为了参加竞选而组织起来的,不是一种稳定的、巩固的、具有严密组织纪律的政党。只有1900年在社会主义工人党和社会民主党的基础上

---

① 《马克思恩格斯全集》第36卷,第611页。
② 《马克思恩格斯选集》第四卷,人民出版社,1972年,第254页。

建立起来的社会党才拥有较大影响，而成为美国共产党的前身。它曾经在激进的工人组织世界产业工人联合会和其他工会中开展过积极的活动，而且取得了一定的成就，在极盛时期，党员曾达到12万人。[1]

美国共产党成立后，也在工人中做过大量工作。虽然其内部斗争频繁，发展道路十分曲折，却也取得过值得称道的成就。例如，1936年，美共决定在产联中开展工作，仅仅三年时间就可以控制产联10%的工会。到1944年，产联会员中有20%到25%的人属于共产党领导的工会，或者是共产党的支持者。在产联的执行委员中支持共产党的人占1/3。[2]

从上述简略的叙述可以看到，在美国工人运动发展的各个阶段，社会主义同工人运动都有某种程度的结合。对于这一点，资产阶级的社会舆论和联邦政府是最为敏感的。联邦政府不止一次把重大的罢工斗争说成是社会主义者"策动的红色恐怖"，企图寻找借口，从法律上把社会主义者打垮。例如，1875年，煤业托拉斯和费城雷丁铁路的负责人富兰克林·高恩在宾夕法尼亚州州议会作证时说，矿工工会的领导人都是"巴黎公社的代言人和第一国际的间谍"[3]。1877年，当全国铁路工人大罢工爆发的时候，《纽约世界报》宣传说，匹兹堡"已落入一群中了共产主义邪魔的人们手中了"[4]。接着联邦政府出动军队，伙同地方武装镇压了罢工运动。正如美国进步学者波义耳所说："赤色恐惧比快速操作法赚的钱更多，比新式机器和节省人工的设备把利润提高得更快。它没有时代性而且永远是新颖的。19世纪中叶，自从连废奴主义者都被称为共产党人以来，它就一直被用来对付美国人。它曾对付过1877年的铁路罢工，它曾绞杀过1887年八小时工作制运动的倡导者，它曾是对付德布斯和普尔曼罢工者的一个强大的助手，它曾破坏过1919年的钢铁罢

---

① [美]威廉·福斯特：《美国共产党史》，第116页。

② Witold Sworakowski ed., *World Communism: A Hand Book 1918–1965*, Stanford: Hoover Institution Press, 1973, p. 469; David A. Shannon, *The Decline of American Communism*, New York: Harcourt, Brace an Company, 1959, p. 3.

③ Richard O. Boyer and Herbert M. Morais, *Labor's Untold Story*, New York: Cameron Associate, 1955, p. 49.

④ [美]方纳：《美国工人运动史》第1卷，第690页。

工。"①它总是作为破坏工会和破坏罢工的借口,使千百万工人只能拿到低微的工资。

两次大战期间和战后都出现过反共、反社会主义高潮。1917年9月,美国司法部对当时的激进组织世界产业工人联合会在全国各地的会址进行了大搜查。到1918年2月,先后有两千多人被投入监狱。接着社会党也遭到了搜捕。1920年1月2日夜间,同时在七十个大城市进行的搜捕,使一万多人丧失了自由,成为阶下因。第二次世界大战结束后,美国政府推行反共政策,先后通过了《塔夫脱-哈特莱法》(1947)、《麦卡伦法》(1950)。1954年,共产党被宣布为不受法律保护的组织。

工会官僚们也配合政府的政策,对社会主义者实行一次又一次的清洗。在历史上,劳联、产联都采取过这样的措施。1950年11月举行的产联的第十二届年会就曾完全赞同联邦政府的对内对外政策,肯定了产联反对共产主义者的措施。这一年,几乎所有受共产党影响的工会都被开除出产联。②

政府的迫害和干预,以及工会官僚的排挤固然给社会主义事业造成很大的困难,但绝非使社会主义者和后来的美共党员成为一批人数不多的"沙漠布道者",并且处境极其孤立的根本原因。1967年,根据美国最高法院的判决美共再度成为合法组织后,其影响仍然是极其微弱的。1968年总统竞选中,美共候选人在明尼苏达州和华盛顿州只得到了1075票,仅相当于两州总票数的几万分之一;1969年,在纽约州竞选州长也遭到失败。③据美国共产党总书记加斯·霍尔估计,1969年美共拥有的党员人数不过12000至13000人,同情者约10万人。④针对这个情况,美共主席亨利·温斯顿曾在第十九次代表大会上号召说:"全党应当实行决定性转变,首先要在基础工业中,在汽车、钢铁、航空电子工业和交通运输业中,在我国所有工业中心建党和创办报刊,并对南方给以特殊注意。"⑤然而,这一号召并未产生实际效果。时至今日,美共党员仍不足15000人,对美国工人运动没有什么重大影响。美国工

① Richard O. Boyer and Herbert M. Morais, *Labor's Untold Story*, p. 210.

② Witold Sworakowski ed., *World Communism*, p. 469.

③④ Richard F. Staar ed., *Yearbook on International Communist Affair*, 1970, Stanford: Hoover Institution Press, 1970, p. 479.

⑤ Richard F. Staar ed., *Yearbook on International Communist Affair*, 1970, p. 480.

人运动基本上是和社会主义相分离的。这时，"社会主义不存在论"就显得颇有道理了。

四、历史的启示

战后美国社会主义影响削弱的现象已经引起了国内外理论界的注意，人们都在认真地思索和探讨。我国也有少数理论工作者和史学工作者，开始认真研究美国工人运动的历史和现状，提出了种种见解。毫无疑问，这些研究成果对于正确理解社会主义同美国工人运动的关系是十分有益的。然而，应当看到，这不是一个一般的、具体的问题，而是马克思主义发展过程中所遇到的带有根本性的理论问题，在马克思主义的经典著作中不可能找到现成答案，绝不是写几篇文章或者写几本书就可以解决的。这里仅从历史的角度，谈谈美国工人运动发展过程中给予我们的启示。

从历史上看，美国确实具备很多特点，可以说是一个与众不同的独特国家。它没有经历过封建社会，建国之初就基本上确立了资本主义的原则。同时，它又是一个经济发展迅速、后来居上的国家，到19世纪末就跃居资本主义世界工业大国的榜首。这些对于美国工人运动不能不产生重大的影响。当英国工人在宪章运动中，法国和德国工人在欧洲1848年革命中，为了争取政治权利而进行斗争的时候，美国工人已经得到了选举权。因此，在美国早期工人运动中没有发生过类似的轰轰烈烈的革命斗争。在以后各个阶段，美国工人也很少像欧洲工人那样直接提出推翻资产阶级政府的要求。即使在社会党的纲领中也只是说："其目的在于把工人阶级及其同情者组成为政党，以期取得政府权力，并用以达到将现有私人占有生产和分配手段的制度转变为全民所有制的目的。"[①]

早在19世纪末20世纪初，美国例外论者就曾经夸大这个特点，大弹社会主义是欧洲舶来品的调子。在历史学界，康芒斯-威斯康星学派的代表人物普尔曼提出职业意识论来证明阶级意识和社会主义都是欧洲舶来品。他写道："外来的社会阶级意识在美国土地上深深扎根以前，本地滋生的工资意识

---

① 《美国社会党纲领》，《世界历史研究动态》1984年第7期，第23页。

已经初次表现在斯捷沃德盛行于19世纪60年代的八小时工作制的哲学中了。"①"对于美国整个工人队伍来说,唯一可以接受的就是职业意识,它只具有'有限的''保障工资和控制职业'的目的。"②然而,社会主义并没有因为他们的反对和否认而失掉美国。那个时期社会主义所蒙受的损失往往是某些社会主义活动家的失误造成的。例如,丹尼尔·德里昂的左倾双重工会政策就曾经给美国的社会主义运动带来极其重大的损失。他以正统马克思主义者自居,不顾美国的具体条件,反对同劳联和劳动骑士团发生任何联系,要求所有的社会主义者退出这两个工人组织。1895年12月,德里昂终于建成了一个人数不多的双重工会"社会主义行业和劳工联盟"来同劳联相对抗。

德里昂推行双重工会政策的结果造成大批社会主义者退出劳联和劳动骑士团,严重削弱了社会主义对美国工人运动的影响。新成立的社会主义行业和劳工联盟也由于脱离广大工人群众而迅速衰落。正如美国老左派史学家方纳所说的,德里昂所做的这一切"是社会党人从美国劳工运动的巨流中把自己孤立起来的经过,而正在这个时候,他们却有充分的机会在整个运动中起先锋作用的"③。

美国工人运动的历史告诉我们,过去美国的特殊国情并不能构成排斥社会主义的决定性因素,关键在于是否能够找到适合美国国情的道路和方法。马克思在论证科学社会主义基本原理时就十分注意普遍原理同具体情况相结合的问题。他曾明确指出,工人阶级有朝一日必定夺取政权,"但是我们从来没有断言,为了达到这一目的,到处都应该采取同样的手段"④。令人遗憾的是,美国社会主义者长期未能解决这个问题,在大多数情况下照搬外国经验。这不能不使社会主义的声誉在工人群众中受到损害。

第二次世界大战以后,由于经济和技术的飞速发展,美国和欧洲国家的差别逐步消失,包括美国在内的发达资本主义国家的社会经济结构和阶级关系都发生了重大的变化,第三产业和高科技工业蓬勃兴起。白领工人、技术人员、科学家、知识分子的人数和影响都在稳步增长,蓝领工人所占的份额日

---

① Selig Perlman, *A Theory of the Labor Movement*, New York: Macmillan Co., 1928, p. 193.

② Selig Perlman, *A Theory of the Labor Movement*, p. 169.

③ [美]方纳:《美国工人运动史》第2卷,生活·读书·新知三联书店,1963年,第362页。

④《马克思、恩格斯、列宁、斯大林论巴黎公社》,人民出版社,1971年,第259页。

益减少。工人运动的斗争形式和内容也都发生了变化。传统的社会主义影响的削弱不再是美国一个国家的问题，而已成为发达资本主义国家的普遍现象。现在已经不是美国一个国家能不能接受社会主义，而是科学社会主义在新的历史时期能不能得到发展的问题了。

其实，这个问题早在20世纪20年代就已经被提出来了。当时，许多社会主义者曾预期十月革命将在全世界范围内掀起一个持续的革命浪潮。然而到20世纪20年代中期，资本主义世界却出现了相对稳定的局势。人们开始感到某些理论上的结论需要重新研究。1925年3月，共产国际（即第三国际）正式宣布，欧洲在经过革命风暴后已由于美国的经济援助而趋于"相对的""部分的"和"暂时的"稳定。共产国际的理论家尤金·瓦尔加也改变了过去的提法，认为："美国资本主义仍然有生命力"，"同欧洲资本主义相反，它确实还在上升"，不过，这种上升"会很快结束的"。[1]1926年春，瓦尔加在第六次执行委员会上再次提出美国资本主义处于上升阶段的观点，得到多数人的赞同。当时，威廉·福斯特也支持这种看法。[2]

在今天来看，这种评价是比较切合实际的。假如能够把讨论深入下去，对于马克思主义的理论建设是很有裨益的，但可惜这场讨论到第二年就突然被打断了。1927年12月，斯大林在苏共第十五次代表大会上宣布资本主义的相对稳定时期已经结束，新革命高潮就要到来。接着第二年7月到8月，共产国际第六次代表大会通过了类似的决议，指出世界的前景是资本主义总危机进一步加深，国际阶级斗争进一步尖锐化。此后，凡对形势持不同看法的人都受到了批判。

诚然，在讨论过程中，确有一些例外论者趁机宣扬美国资本主义的优越性，企图证明它可以不受资本主义成长和衰退规律的限制。毫无疑问，这种错误论点是应当受到批判的，但当时不加分析地把对形势的不同看法都归结为例外论而加以禁止，显然是不正确的，这样就严重挫伤了社会主义者研究新问题的积极性，使理论工作日趋僵化。

20世纪50年代以后，国际共产主义运动的形势有了很大变化。越来越多

---

[1] *Protokoll der Erweiterte Exekutive*, Mar. 21, April 6, 1925, pp. 139-140.

[2] *International Press Correspondence*, Vol. 6, No. 18, Mar. 10, 1926, p. 282.

的社会主义者在进行思考和探讨,寻求科学社会主义和当前形势相结合的途径和方法。20世纪70年代中期,盛行一时的欧洲共产主义就是一个例子。姑且不论其理论正确与否,探索本身就是应当肯定的。美国的社会主义者也在进行探讨,不少工人运动活动家甚至提出了重新建立群众性工人政党的要求。从20世纪60年代初开始到80年代,一些全国性工会代表大会、地方工会大会和行业工会联合大会不断提出建立工人政党的建议。[①]例如,在1979年9月召开的电器工业工会代表大会上,第五〇六地方分会代表尼尔森发言说:"建立工人党是各级工会的重要任务。我们将在实现这一任务的斗争中,力求同其他各个工会,同妇女和黑人运动的代表,以及讲西班牙语的美国人的民主运动协同作战。"[②]可以断言,一旦理论上取得突破,在美国和其他发达资本主义国家,社会主义影响的重新增长将是不可避免的。美国工人运动和社会主义密切结合的日子一定会到来。

原载《美国研究》1987年第4期

---

① *Worker*, Feb. 12, 1967; *Daily World*, Oct. 18, 1978; *UE News*, Sept. 29, 1980, p. 8.

② *UE News*, Sept. 29, 1980, p. 8.

美国全国劳工同盟的历史地位

全国劳工同盟是美国的第一个全国性工人组织，成立于1866年，极盛时期，会员曾达到三四十万人。[1]同时，它也是美国第一个同国际工人协会建立密切联系的群众性组织，在美国工人运动史上占有相当重要的地位。

一、全国劳工同盟是美国工人运动从分散到联合、从自发到自觉的过渡时期的产物

全国劳工同盟的重要地位首先是由它所处的历史时期决定的。同盟成立和活动的年代是19世纪60年代后半期到70年代初，这时美国在经济上的发展程度大体相当于欧洲资本主义国家（英国除外）19世纪五六十年代的水平，阶级关系则落后于这些国家，正好处在一个承上启下的过渡时期。

从经济上看，英国已经完成了工业革命。法国、德国等欧洲主要资本主义国家的工业革命或者接近完成，或者正在进行。世界煤产量达到2.2亿吨，英国的煤产量占1/2，德、法、比三国的煤产量共占1/4。欧洲国家拥有铁路的里程也在迅速增长，1850年到1870年的二十年间，从1.4万英里，增加到6.5万英里。[2]

19世纪六七十年代，美国的经济也取得了迅速的发展，北部的工业革命

---

① 根据《芝加哥论坛报》的估计，1869年全国劳工同盟的会员人数为80万人，西尔维斯认为只有60万人，据 G. N. 格罗布估计为20万人至40万人，后者的估计比较可靠。Gerald N. Grob, *Workers and Utopia*, New York: Quadrangle, 1961, p. 12.

② J. P. T. Bury ed., *The New Cambridge Modern History*, Cambridge: Cambridge University Press, 1979, p. 30, 32.

已经完成。美国的铁路里程,煤、铁和主要工业品的产量都跃居世界前列。[①]但由于美国幅员广阔,各地区经济发展不平衡,广大的西部和南部,农业经济仍然占绝对优势。从全国范围来说,工业革命还在继续进行,家庭工业、手工工场在经济生活中起着十分重要的作用。1850年,手工工场产品占制造业产品总额的70%,到1870年仍占50%。[②]经济发展的基本趋势是从手工生产向大机器生产过渡,其进程同五六十年代的法国和德国差不多。

从阶级关系方面看,在欧洲资本主义国家工业革命进行的过程中,那里的工业无产阶级已经形成,并且作为独立的力量登上了政治舞台。恩格斯指出:"正是这个工业革命到处都使各阶级之间的关系明朗化起来,它排除了从工场手工业时期遗留下来而在东欧甚至是从行业手工业中遗留下来的许多过渡形态,产生了真正的资产阶级和真正的大工业无产阶级,并把它们推到了社会发展的前台。"[③]欧洲的工人运动已经同科学社会主义有了初步的结合。19世纪40年代共产主义者同盟和19世纪60年代第一国际的建立,反映了这种结合的不同阶段。

美国的情况却大不相同。由于存在着广大的西部自由土地和大批移民的不断涌入,直到19世纪50年代,美国社会还存在着阶级的流动性。马克思认为,那时"虽然已有阶级存在,但它们还没有完全固定下来,它们在不断的运动中不断更新自己的组成部分,并且彼此互换着自己的组成部分"[④]。恩格斯进一步指出:"大多数的美国本地居民在年轻力壮的时候就'退出'雇佣劳动,变成农场主、商人或雇主。"[⑤]小生产者所占的比重很大。19世纪60年代,雇佣劳动力只占总劳动力的2/5。[⑥]尽管这样,从19世纪40年代到60年代,无产者的人数却是不断迅速增长的,年产值在500美元和500美元以上的企业

---

① 例如,1870年,美国的生铁产量为169万吨,煤产量占世界总产量的1/5.都超过了法国和德国。J. P. T. Bury ed., The New Cambridge Modern History, p. 29, 30.

② J. G. 雷伯克:《美国工人史》,纽约1966年版,第52页。

③《马克思恩格斯全集》第22卷,第598页。

④《马克思恩格斯全集》第8卷,第130页。

⑤《马克思恩格斯全集》第21卷,人民出版社,1965年,第296页。

⑥ Harold Vatter, *The Drive to Industrial Maturity: The U. S. Economy, 1860–1914*, Westport: Greenwood Press, 1975, p. 25.

所雇用的工人人数从79.1万人增加到130.1万人。①美国工人阶级不但已经存在而且正在迅速发展和趋于固定,在全国劳工同盟成立的时候,已形成一种重要的社会力量。在劳工同盟内部既有手工业者、手工工场工人,又有工业无产阶级。工业无产阶级的观点和要求在19世纪五六十年代的工人运动中越来越强烈地反映出来。其表现之一是要求消灭分散状况,实现工人阶级的全国联合。

建立全国性工人联合组织的要求早在1861年11月国际机械工人和冶铁工人工会大会上就已提出,但未引起其他工会的普遍注视。1864年9月21日在路易斯维尔举行的北美工业代表大会迈出了建立全国性工人联合组织的第一步。虽然出席这次大会的只有来自八个城市的12名代表,但大会明确地提出了共同的宗旨:"第一,争取改善北美工人阶级的社会地位和境遇。第二,运用一切不损害我们的荣誉和整体的手段纠正工人阶级在劳动中身临的困窘处境。第三,尽最大努力去影响一切生产者阶级,使他们认识到建立严密和完备的组织的必要性,并在具备条件的地方自动组成地方工会。"②

1866年8月20日,全国劳工同盟在巴尔的摩宣告成立。这次大会和北美工业代表大会不同,它具有更为广泛的代表性。出席大会的有来自50个地方工会的50名代表、来自13个地方行业工会的17名代表,来自全国性行业工会的3名代表和来自5个八小时同盟的7名代表。③全国劳工同盟的成立完成了从分散到联合的过渡,是19世纪60年代美国工人运动所取得的最大成就。

工业无产阶级的观点还反映在同盟的政治要求和经济要求方面。然而应当指出的是,全国劳工同盟内部手工工场工人的要求和19世纪三四十年代的改良主义思想影响仍然是很强烈的,在许多问题上同工业无产阶级的思想相抵触,往往使同盟做出了自相矛盾的决定。在巴尔的摩大会的八小时工作制与政治行动委员会会议上就表现得十分明显。在讨论政治行动问题时出现了两种针锋相对的意见。一种意见认为,政治行动超出了工会活

---

① Harold Vatter, *The Drive to Industrial Maturity: The U. S. Economy, 1860–1914*, Westport: Greenwood Press, 1975, p. 25.

②[美]方纳:《美国工人运动史》第1卷,第296页。

③ Norman J. Ware, *The Labor Movement in the United States, 1860–1895*, New York: D. Appleton & Company, 1929, p. 6, 7.

动范围,不同意写进大会的决议。另一种意见认为,不但应当开展政治活动,而且必须成立"一个由劳工组成的新党"。两种意见相持不下。最后,大会听取了委员会的报告,以35票对24票的多数通过了关于政治行动的决议,原则上确定"尽快采取步骤以建立"一个工人政党,但却完全不提建党的具体步骤和时间。

不过,同盟内部各种力量在讨论八小时工作制的时候却找到了共同立场。委员会建议与会代表在大会闭幕后,"利用一切正当手段,公开地和私下地宣传八小时工作制"[1]关于八小时工作制的决议案也获得顺利通过。决议要求国会通过法案,规定各州均以八小时为法定工作时间,并将为实现这一要求而努力奋斗。[2]大会关于八小时工作制的决议无疑是正确的,引起了第一国际日内瓦代表大会的注意。日内瓦代表大会充分肯定了八小时工作制运动,并在一项决议中把"这一要求变成为全世界工人阶级共同的行动纲领"[3]。

巴尔的摩大会所通过的关于政治行动、八小时工作制及其他问题的决议,表现了美国工人运动已经具有相当程度的自觉性。马克思曾经高兴地指出:"那里的口号是组织起来对资本做斗争。而且令人惊讶的是,在那里,我为日内瓦大会所提出的大部分要求,由于工人的正确本能也同样被提出来了。"[4]

二、全国劳工同盟是美国第一个倾向
国际工人协会的群众性工人组织

全国劳工同盟在存在的六年中,虽然没有完成组织上加入"国际"的准备工作,但在许多问题上同"国际"保持一致,并且明确地表示过加入"国际"的愿望,是美国第一个倾向国际工人协会的群众性工人组织。

---

[1] John R. Commons ed., *A Documentary History of American Industrial Society*, Vol. 9, Cleveland: The Arthur H. Clark Company, 1911, p. 134.

[2] John R. Commons ed., *A Documentary History of American Industrial Society*, Vol. 9, p. 136.

[3] [苏]伊·布拉斯拉夫斯基编:《第一国际第二国际历史资料(第一国际)》,生活·读书·新知三联书店,1964年,第52页。

[4]《马克思恩格斯全集》第31卷,人民出版社,1972年,第533页。

第一国际总委员会从日内瓦代表大会开始已经注意到美国全国劳工同盟的崛起。1867年,总委员会写信给威廉·西尔维斯,希望他利用自己对同盟的影响,促使同盟在经济上和道义上支持伦敦成衣工人的罢工。尽管西尔维斯了解同盟本身也存在着经济困难,还是热情地及时做了答复。他在回信中说明了同盟的经济情况,表明不可能从同盟的财库中拨出经费援助伦敦的罢工者,同时建议采取个人自愿捐助的办法来筹集资金,以支持伦敦成衣工人的斗争。西尔维斯还委托同盟的副主席威廉·杰塞普同总委员会保持联系。国际总委员会曾在通讯过程中将日内瓦代表大会的文件寄给杰塞普,希望他能够在同盟的应届代表大会上介绍国际日内瓦大会的情况,同时还通过他邀请同盟派代表参加国际洛桑代表大会。不过,关于派遣代表的问题同盟没有立即做出反应。杰塞普在一封信中表示了歉意,他认为,"新老国家双方的工人都应在工人运动中紧密联系,这是至关重要的事情,因为我相信这将对双方都有好处"①。杰塞普在信中表示,将按照总委员会的要求在即将举行的芝加哥代表大会上详尽地介绍国际日内瓦大会的情况,并且宣读总委员会通讯书记的信件,向大会提出派遣代表参加国际洛桑大会的问题。杰塞普在信中还特别强调加强双方联系的重要性,并表明了自己的积极态度。他写道:"我的副主席规定任期将于同盟大会开幕时届满。我愿意以我另外的纽约州工人协会主席或者纽约工人同盟通讯书记的身份继续保持我们的通信,并随时乐意交换有关工人问题的一切文件。我清楚地认识到我们两个团体经常交往的必要性,假如明年我在这个组织中继续担任正式职务的话,我将在权限允许的范围内做一切事情来维持这种交往,并愿意提供你或者总委员会希望得到的信息,或者交换彼此感兴趣的书信或文件。"②

1867年8月24日至31日,同盟在芝加哥召开第二次代表大会。沃利、杰塞普等国际派领袖都出席了大会。大会顺利地通过了派遣代表参加第一国际布鲁塞尔代表大会的决议,并委托理查德·特里维利克为同盟出席国际大会的代表,但特里维利克由于缺少旅费未能成行。

威廉·西尔维斯在1868年纽约大会上当选同盟主席。他是一位杰出的美

---

① Samuel Bernstein, *The First International in America*, p. 28.

② Samuel Bernstein, *The First International in America*, p. 29.

国工人运动领袖。在他的领导下,同盟是靠近"国际"的。不幸的是,他于1869年7月27日过早地病逝,这给美国工人运动和第一国际对同盟的工作造成了极为严重的影响。正如同盟的另一位领导人安德鲁·卡梅伦所说:"他是所有领袖中最具有组织和团结工人才能的人……他的去世几乎是无法弥补的。"①西尔维斯逝世后,第一国际和同盟的联系继续保持了一段时间。1869年8月,第一国际总委员会书记约翰·格奥尔格·埃卡留斯又一次发出邀请,希望同盟派代表参加国际巴塞尔大会。这一次,同盟决定派安德鲁·卡梅伦出席,并给他提供旅费。

卡梅伦代表同盟在巴塞尔代表大会上发言,并以同盟的名义邀请总委员会派人参加1870年将在辛辛那提举行的全国劳工同盟大会。巴塞尔代表大会结束后,卡梅伦带回了第一国际总委员会关于加强"国际"和同盟共同行动的建议。建议的主要内容有两点:第一,共同成立一个移民部,与欧洲各工会、移民会社保持联系,互相交换关于工人状况和罢工的消息,为"实现世界劳工大团结和全体劳工的解放"而努力;第二,总委员会将"极力阻止美国资本家在欧洲雇佣工人供反对美国工人之用"②。

第一国际的建议得到1870年辛辛那提大会的赞同。然而,遗憾的是,卡梅伦在介绍第一国际时,按照自己的认识强调了欧洲工人和美国工人的差别、欧洲国家同美国的差别,散布了第一国际的方针策略只适合欧洲,而"不可能用于美国,不适合美国国情"的思想。结果大多数人反对立即参加"国际",但通过一个决议案,声明:"全国劳工同盟在此宣布,此后将坚决维护国际工人协会所提之各种原则,并计划于最短期内加入该协会。"③

然而,这项决议只不过是对国际派的一种安慰,根本不可能实现。从西尔维斯逝世后,同盟内部国际派的力量日益削弱,凯洛格金融改革论的影响不断加强。佐尔格认为,在辛辛那提大会上"绿背党人完全控制了会议,并且

① Jonathan Grossman, *William Sylvis, Pioneer of American Labor*, New York: Hippocrene Books, 1972, p. 264.

②[美]方纳:《美国工人运动史》第1卷,第612页。

③ Charlotte Todes, *William H. Sylvis and the National Labor Union*, New York: International Publishers, 1942, p. 64.

把仍然留在全国劳工同盟内部的工会主义会员全部赶出了组织"①。他在1870年致马克思的信中写道："在一开始呈现着无限光辉前途的全国劳工同盟,因受到绿背纸币运动的毒害,正慢慢地但肯定无疑地走向死亡了。"②

同盟没有加入第一国际,但它毕竟是第一国际在美国最大的同盟者和支持者,在美国工人运动史上留下了值得纪念的一页。

三、全国劳工同盟推进和扩展了和平时期的各项运动

19世纪六七十年代是美国资本主义发展的狂飙时期,不存在革命形势。激烈的阶级斗争形式只是作为一种例外而存在于局部地区。就全国情况来说,工人运动处于和平发展时期。全国劳工同盟的主要贡献在于推进和扩展了同这个时期相适应的各项运动。

其一是八小时工作制运动,这是从二三十年代开始的十小时工作制运动的继续和发展。全国劳工同盟使这项运动从分散的、断续的运动发展为全国范围的、持久的运动。同盟在历次代表大会上都把八小时工作制运动作为一项重要任务,号召各级组织为实现这个任务而不懈努力。巴尔的摩代表大会曾委派以约翰·兴赤克利夫为首的代表团同约翰逊总统会谈,要求总统支持八小时工作制。西尔维斯也曾敦促格兰特在总统就职演说中对八小时工作制表态。同盟下属的一些地方组织则发起签名运动迫使所在州的议会通过八小时工作制法令。加利福尼亚州议会就曾收到过长达22英尺、有1.1万人签名的请愿书。康涅狄格、伊利诺伊、密苏里、威斯康星、加利福尼亚、纽约六个州于1867年通过八小时工作制法令。1868年6月25日,美国国会通过了第一个八小时工作制的法案,规定联邦政府雇佣的一切雇员、工人和技工的工作时间为八小时。

然而,依靠立法不能真正实现八小时工作制,这个法令往往被老板们曲解而不得执行。甚至联邦政府各部在实行八小时工作制的时候也削减了雇

---

① Philip S. Foner and Brewster Chamberlin eds., *Friedrich A, Sorge 's labor Movement in the United States: A History of the American Working Class from Colonial Times to 1980*, Westport: Greenwood Press, 1977, p. 142.

② [美]方纳:《美国工人运动史》第1卷,第636页。

员工资的20%。同盟领导人西尔维斯缺乏对策，但认为在当时的情况下罢工毕竟是一种"极端愚蠢的、疯狂的"手段，不愿以罢工来阻止政府和资产者的破坏活动。

其二是开展合作运动。合作运动是劳动反对资本的重要手段。马克思在《国际工人协会成立宣言》中指出："劳动的政治经济学对财产的政治经济学还取得了一个更大的胜利。我们说的是合作运动，特别是少数勇敢的'手'独立创办起来的合作工厂。"①在全国劳工同盟的倡导下，1866年在特洛伊建立了铸工生产合作社。该社在极盛时期拥有50名铸工，6.5万多美元的资本，其中有1.7万多美元是从红利中提出的生产资金。②此后，在匹兹堡、新奥尔良、路易斯维尔、亚拉巴马、克里夫兰、费城等地陆续建了许多铸铁生产合作社。1868年，全国劳工同盟下属的铸工工会接受了西尔维斯的建议，成立一个包括西尔维斯在内的七人经理小组，并授权该小组在各工业城市筹建合作社。但是，由于缺乏资金和管理不善，各地兴建起来的合作社经不起大工厂的竞争，不能长期生存下去，1868年以后纷纷破产。

其三是联合、团结黑人工人。全国劳工同盟是美国第一个接受黑人的全国性工人组织。在同盟第一次代表大会的声明中曾经提道："我们认为工人事业的利益要求所有工人不分种族或国籍都应当加入全国劳工同盟的队伍。"1867年，同盟在芝加哥大会前夕发出的《致工人书》中写道："黑人人数共有四百多万，他们之中用自己的双手从事劳动的人所占的比例，较之世界上任何其他人种都要大，我们怎么可以拒绝他们的自愿合作，而使他们成为我们的敌人呢？"③

然而，在现实生活中，贯彻《致工人书》的正确原则是困难重重的。既有部分领导人的偏见，又有广大会员的不理解和抵制，由于长期受资产者的恶意宣传和挑拨的影响，黑人在他们的眼中是最危险的职业竞争者和罢工破坏者。他们不仅拒绝黑人加入工会，甚至拒绝与黑人在同一车间劳动。一直到1868年以后情况才有所改变。那时，黑人工人的罢工运动已经兴起，建立了

---

① 《马克思恩格斯选集》第二卷，第132页。

② Jonathan Grossman, *William Sylvis, Pioneer of American Labor*, p. 199.

③ John R. Commons ed., *A Documentary History of American Industrial Society*, Vol. 9, p. 159, 160.

独立的马里兰黑人工人组织。该组织曾同全国劳工同盟建立联系,并派代表参加同盟的费城大会。

1869年,同盟的费城大会充分体现了《致工人书》的精神。大会倾听了黑人代表的发言,表现了对黑人问题的关注。迈耶斯在发言中高兴地指出:"沉静、坚强而有长远意义的一次革命,已由于你们携起黑人的手并告诉他们说,他们和你们的利益是一致的而开始了。"[①]大会成立一个特别委员会来"帮助宾夕法尼亚的有色人种组织工会"。大会还通过了关于黑人问题的决议,明确指出:"全国劳工同盟不知道在争取劳工权利的问题上,有什么南部、北部、东部、西部的区别,也不知道有什么肤色和性别的差异,它号召我们的一切有色的会员弟兄们,在合法的范围内,尽量成立自己的组织并派遣代表从联邦的每一个州前来参加下一届的代表会议。"[②]

费城大会联合黑人工人的原则引起了强烈的反响。《工人拥护者》号召其他工人组织向全国劳工同盟学习。同时,也有一些全国性和地方的工会领导人要求结束摒弃黑人工人的状况。例如,1870年,在木工与装配工的代表会议上,主席菲尔浦斯在要求取消禁止黑人入会的决定时说:"我认为我们绝不可以将有色人种的技工摒弃于工会组织以外的时候已经来到了。我们必须在一个共同的事业中,大家紧紧地携起手来。"[③]然而,由于全国劳工同盟在费城大会以后迅速衰落,联合黑人的目的未能达到。

全国劳工同盟所开展的几项主要活动,确实已经反映出美国工人运动具有一定程度的自觉性。同盟已代表着当时美国工人运动的主要趋势。

四、全国劳工同盟也反映了小手工业者的某些要求

在全国劳工同盟内部,手工工场工人和小生产者的思想影响是相当大的。同盟的领导人自觉和不自觉地适应他们的要求提出一些向后看的政策和措施,在某些方面把运动降低到工场手工业时期的水平。在下列三个问题

---

① Philip S. Foner, *Organized Labor and the Black Worker, 1619-1981*, New York: International Publishers, 1978, p. 25.

② [美]方纳:《美国工人运动史》第1卷,第595页。

③ [美]方纳:《美国工人运动史》第1卷,第597页。

上表现十分明显。

第一,低估工会运动的作用,最后发展到排斥工会,脱离广大工人群众。同盟的领导人没有认识到,在美国具体条件下广泛开展工会运动是组织、团结工业工人阶级的一种重要手段,只有依靠工会运动才能使同盟逐渐转变为以工业工人阶级为主体的工人组织。他们往往迁就小生产者的没落情绪,企图阻止大机器生产的发展,认为新兴的工会不能阻止机器使用范围的扩大。大量技工被机器所代替,从而使工人失业、工资水平降低的现象将日益严重。罢工不能改变这种状况,充其量只能取得微小的改善。甚至同盟杰出的领袖西尔维斯也认为,工会运动不能消除贫困和一切罪恶现象的根源。"这一切弊端的根源在于工资制度。只要我们还继续为工资而工作,这些弊端就不可避免。"①

实践上,同盟在成立之初是同工会运动紧密结合的。在1870年辛辛那提代表大会上,工会主义者受到排挤。同盟不再以地方工会和全国性行业工会为基础,从而失去了工会组织的支持,变成一个虚弱的咨询机构。

第二,把合作运动看成是消除资本主义制度弊端的根本途径和保护小生产者利益的主要手段。西尔维斯认为:"通过合作我们将成为一个雇主的国家——我们自己劳动的雇主。土地的财富将转送到财富的生产者手中。"认为工人面临的种种痛苦会迎刃而解,"十年内我们的痛苦将会结束"②。显然,这里所说的合作运动是以满足小生产的利益为前提的,其最终目标是要使每个工人都成为小生产者。正如格罗布所说,西尔维斯的"合作社会是建立在个体小生产者占统治地位的基础上的"③。在大生产日益发展的条件下,这种合作运动是注定要失败的。在全国劳工同盟的倡导下举办的生产合作社虽然曾经取得一些成就,但必然昙花一现,经过几年时间就纷纷解体了。

第三,接受凯洛格金融改革论的思想影响,走上了同绿背纸币运动合流的道路。凯洛格的中心论点是:设立国家基金委员会,向工会和任何生产者

① William C. Sylvis, *The Life, Speeches, Labors and Essays of William H. Sylvis*, Philadelphia: Claxton, Remsen & Haffelfinger, 1872, p. 197, 296.

② Charles A. Madison, *American Labor Leaders: Personalities and Forces in the Labor Movement*, Ithaca: Cornell University Press, 1950, p. 32, 33.

③ Gerald N. Grob, *Workers and Utopia*, p. 14.

发放低利贷款,以保护生产者的利益,并逐渐消灭工资制度。这个学说对19世纪六七十年代的小生产者具有很大的魅力,在同盟内部也找到了广阔的市场。同盟的领导人错误认为,实行这项"改革"计划,可以保证小工商业者和工人合作社的资金来源,甚至可以决定美国工人阶级的前途。西尔维斯认为:"我们的心中目标是一种新的金融制度,这一制度将从少数人手中剥夺对于金钱的控制力量,而使人民能够得到低利息的、稳定的和充裕的货币。这一目的达到后,人民就会完全得到自由。那时就将产生一种世界上尚无先例的巨大的社会革命……"①卡梅伦在《芝加哥工人拥护者》上,整章地刊载凯洛格的《劳动及其他资本》一书。同盟的活动家亚历山大·堪浦别尔接连发表几本小册子,综述凯洛格的理论。这样,在全国劳工同盟内部就出现了一个宣传金融改革论的热潮。其结果最终使小资产阶级思想泛滥,葬送了同盟。1872年,同盟趋于解体。

其实,金融改革论的危害性连八小时工作制运动的领袖艾拉·斯捷沃德也早已看出来了。他警告人们说:劳工运动中的金融改革家们是"正在替资产阶级做着他们自己想做而做不到的工作","那些理论即使完全顺利地得到实现,也只会让工人仍做他的工人,资本家仍做他的资本家,而两者之间仍存在着不可调和的冲突"。②

总体来看,全国劳工同盟是一个过渡性的工人组织,既体现了工业工人阶级的观点,也反映了小生产者的要求。它有成绩,也有局限性。它存在的时间虽然很短暂,但毕竟代表了美国工人运动转变时期的主要趋向,树起了从分散走向联合的第一个路标。同时,由于它同第一国际保持过联系,在国际共产主义运动中也占有一席地位。

原载《美国研究参考资料》1986年第5期

---

① William C. Sylvis, *The Life, Speeches, Labors and Essays of William H. Sylvis*, p. 72, 82.
② [美]方纳:《美国工人运动史》第1卷,第626、627页。

1877年美国铁路工人大罢工的重要意义

一

恩格斯曾在《德国、法国、美国和俄国的工人运动》一文中提醒人们注意："由于铁路干线全体人员的流血的罢工,美国的工人问题被提上了日程。这是美国历史上划时代的事件,因此,美国创立工人党的事业有了大踏步的发展。在这个国家里,事态发展得很快,我们应当注视这种发展进程,才不至于对不久将会出现的某些重大成就感到突然。"[①]恩格斯的这段话绝不是一种过于乐观的估计。因为在美国这样一个阶级矛盾和阶级斗争一向不发展的国家发生了如此激烈的阶级搏斗,其意义之重大、影响之深远是可想而知的,理所然成了美国整个社会的注意中心。

美国社会各阶层的代表人物都对1877年铁路工人大罢工表明了自己的看法。社会主义代表人物弗里德里希·阿道夫·佐尔格把1877年大罢工比作美国的1848年革命。他指出:"这次匹兹堡罢工造成了极大的轰动,使资产阶级胆战心惊,同1848年3月18日柏林的革命事件极其相似。"[②]许多社会主义者和工人运动活动家都热情洋溢地为这次罢工鼓掌欢呼,并亲身投入战斗。资产者的代表则视之为洪水猛兽,迫不及待地通过报刊对这次大罢工横加攻击,企图煽动各方面的力量来剿灭这次罢工。7月22日《纽约世界报》故意创造恐怖气氛,发出了耸人听闻的消息,说什么"匹兹堡已被洗劫了。该城已全部为一群嗥叫着的暴民所统治了!""已落入一群中了共产主义之魔的人们的

---

① 《马克思恩格斯全集》第19卷,人民出版社,1963年,第133页。

② Philip S. Foner and Brewster Chamberlin eds., *Friedrich A. Sorge's labor Movement in the United States*, p. 185.

手中了。"美国的许多报纸和上层人士几乎都在呼喊说,这次罢工是又一个"巴黎公社运动",是"一次叛乱,一次革命,一种共产主义分子和流氓们企图控制社会的努力,一种意在破坏美国制度的活动"。有的报纸甚至公开叫嚣要用枪炮对付"暴民"。《纽约先驱报》宣称,"暴民"就是"野兽,必须用枪将它打翻"。《纽约太阳报》则认为应当请饥饿的罢工工人吃卫生丸。①

资产阶级舆论工具造成的恐怖气氛,甚至使首都陷入慌乱,海斯总统下令派兵守卫华盛顿。有的参议员还提议动员7.5万千名志愿军去讨伐宾夕法尼亚的罢工者。

直至20世纪中叶,一些美国资产阶级学者对1877年大罢工仍然心有余悸。他们主张认真检讨这个历史事件的起因,以避免它的重演。例如,美国历史学家J. A.戴卡斯认为:"如果没有充分的原因,1877年美国历史上所仅见的有广大群众参加的自发的游行是不会发生的。"②

在他看来,1877年大罢工是一次造成巨大破坏和恐慌的事件,其可怕程度甚至超过了南北内战。因为南北内战虽然造成了流血和破坏,但交战双方"都代表社会秩序",并"为法治而斗争",而1877年大罢工"所代表的东西同共和制度的根本原则毫无共同之处"。③令人可怕的是,这场"运动的自发性表明存在着普遍的不满,存在着一种推翻现存秩序、改革和推翻政治制度的倾向,而在这种政治制度下面,一切不利的因素正在发展着"④。

当然,诸如此类的攻击都是捕风捉影、毫无根据的。1877年大罢工既不是一场劳动反对资本的武装起义,更不是共产主义者发动的社会革命。它只不过是美国工人阶级在全国范围内进行的为争取生存权利、改善困难处境的一次联合行动,是一次合法的斗争。地区性的武装冲突和流血事件完全是政府当局一手造成的。1878年5月,宾夕法尼亚州立法机关的一个委员会对这次罢工做了长期调查之后正式报告说:"1877年的铁路骚动曾经被某些人称为叛乱……(它们)并不是反抗民政或行政当局的一次起事;它们的发动者根本就没有打算使它们成为对法律的实施的一种公开而积极的对抗行动……

① [美]方纳:《美国工人运动史》第1卷,第690页。

② J. A. Dacus, *Annals of the Great Strikes in the United States*, New York: B. Franklin, 1969, pp. 16-17.

③ J. A. Dacus, *Annals of the Great Strikes in the United States*, p. 15.

④ J. A. Dacus, *Annals of the Great Strikes in the United States*, p. 16.

它绝不是反抗法律本身的一种暴动。"①

然而,尽管这次罢工还不是一次有组织、有计划地反抗资产阶级及其国家机器的武装动暴动,同社会革命相距甚远,但却是美国工人运动进入高潮的序幕。和过去历次罢工不同,1877年大罢工已不再是以手工工人为主体的小型的、分散的罢工,而是一次以现代无产阶级为主体的全国性的有组织的大罢工。从这个意义上说,1877年铁路工人大罢工确实是美国工人运动的重要转折,它标志着美国近代工人运动的开始。

罢工者的主要成分是铁路工人、矿工和工厂工人。他们同大机器生产的关系非常密切,都是现代无产阶级的组成部分。据1879年伊利诺伊州长卡洛姆在他两年一度的报告中所谈到的情况,所谓的"暴民"主要是铁路、矿山和工厂的工人。他说:"在芝加哥、皮奥里亚、盖尔斯伯格、迪凯特和东圣路易的火车、机械厂和工厂都被暴民控制着,布拉德伍德、拉萨尔及其他一些地方的矿井也是这样。"②

由此可见,社会主义者和工人运动活动家对这次罢工感到欢欣鼓舞,资产者感到惊恐不安都是有充分理由的。在这次罢工后不久就出现了80年代美国工人运动的空前高涨。其发展速度之快、规模之大都是令人吃惊的,因而引起了全世界的瞩目。劳动骑士团的迅速壮大和1886年的五一大罢工都具有深远的国际影响。劳动骑士团在其极盛时期,曾经发展为一个拥有七八十万会员的强大的全国性工人组织。佐尔格认为,当时"劳动骑士团也许是世界上最强大的独立的工人组织"③,其"声誉已经超出了这个国家的疆界"④。1889年,第二国际在巴黎召开的成立大会上,为了纪念美国工人1886年5月1日的总罢工,通过了关于五一国际劳动节的决议。

恩格斯对美国工人运动的新发展极为重视,曾经高兴地指出:"我很有趣地听去年夏天赏光访问我的美国记者告诉我,美国统治阶级对此是感到多么

① Richard O. Boyer and Herbert M. Morais, *Labor's Untold Story*, p. 59.

② Philip S. Foner, *The Great Uprising of 1877*, New York: Pathfinder Press, p. 190.

③ Philip S. Foner and Brewster Chamberlin eds., *Friedrich A. Sorge's labor Movement in the United States*, p. 261.

④ Philip S. Foner and Brewster Chamberlin eds., *Friedrich A. Sorge's labor Movement in the United States*, p. 247.

惊慌;'新的转折'使他们束手无策,陷入了恐惧和张皇失措的状态。但是,那时运动还刚刚开始,那个由于黑奴制度的废除和工业迅速发展而成为美国社会最底层的阶级只不过举行了一连串杂乱的,显然是互不联系的骚动。在年底以前,这种混乱的社会痉挛就始终采取确定的方向了。广大工人群众在国内辽阔的地区掀起了自发的本能的运动,他们对于到处都是同样的,由同样原因造成的悲惨的社会状况的普遍不错同时爆发出来,这就使这些群众意识到一个事实:他们构成了美国社会的一个新的、特殊的阶级,一个实际上多少是血统的雇佣工人即无产者的阶级。"①

二

1877年大罢工是一次步调一致、发展迅速的全国性大罢工。在整个罢工过程中,美国工人阶级显示了高度的自觉性、纪律性和团结一致,在美国工人运动史上写下了光辉的一页。

罢工者的共同目标是打退资产者的进攻,不允许他们随意降低工人的工资,转嫁经济危机造成的损失。1873年经济危机爆发以后,铁路公司和其他企业的老板们已经多次削减工人的工资。1877年5月中旬,宾夕法尼亚公司又一次宣布,从6月1日开始再削减工资10%。美国东部的其他铁路公司也相继宣布将从7月1日起实行同样的规定。以飞扬跋扈的宾夕法尼亚铁路的主持人汤姆·斯科特和制造冤案陷害矿工工会领袖的高恩为代表的资产者,原以为在强制的压力下,工人们是会就范的,但这一次却打错了算盘。

老板们削减工资的决定立即点燃了烽火台的烟火。这个强烈的信号使各个地方的工人同时警觉起来。他们在还没有取得相互联系的情况下,迅速地采取一致的对抗行动。7月16日,美国有史以来的第一次全国规模的罢工首先在巴尔的摩—俄亥俄铁路线上爆发了。

这次罢工的一个主要特点是规模巨大、发展迅速。在巴尔的摩—俄亥俄铁路线罢工之后,几天之内,在全国各主要干线上相继爆发了罢工,卷入罢工运动的工人有几十万之多。据《纽约世界报》估计,7月24日这一天,当东部和

---

①《马克思恩格斯全集》第4卷,人民出版社,1958年,第256页。

中西部的许多州都卷入罢工运动的时候,全国有8万铁路工人和50万其他行业的工人举行了罢工。[①]

　　7月16日,在距巴尔的摩只有两英里的坎顿转运站上,四十名货车司炉工和制动工同时放下工作,从而揭开了1877年大罢工的序幕。当天晚上,西弗吉尼亚州马丁司堡的火车司炉工立即起来响应,在车站附近集合,并决定卸开站内各列车的车头,同时通知铁路当局,如果公司不收回削减工资的决定,就不准许火车经过马丁斯堡开往其他地区。17日清晨罢工正式开始,迅速扩展到西弗吉尼亚州的其他地区。在凯泽、皮德蒙特,格拉夫顿和惠林相继发生了铁路工人罢工。

　　三天后,罢工运动席卷了宾夕法尼亚铁路。宾夕法尼亚铁路工人罢工具有更大的规模。罢工运动的中心在匹兹堡。

　　罢工运动还蔓延到其他地区。到7月24日,东部和中西部的许多州都卷入了罢工运动的浪潮。西弗吉尼亚、马里兰、宾夕法尼亚、新泽西、俄亥俄、印第安纳、肯塔基、艾奥瓦等州的主要铁路线上,都发生了规模不同的罢工。罢工浪潮一直向西推进,直达太平洋沿岸。在这些地区的罢工运动中,以纽约州伊利铁路线、芝加哥、圣路易斯等地运动的规模最大。

　　伊利铁路线的罢工于7月20日在霍内尔斯维尔爆发,随即扩展到吉尔维斯、克尔宁、特洛伊、布法罗和伊利等地。芝加哥的罢工是从7月28日晚上开始的。密歇安中央铁路的四十名道岔工人首先停止工作,提出增加工资的要求。接着铁路沿线的机械厂、货车场的工人都加入了罢工者的行列。第二天,罢工运动几乎席卷了芝如哥的所有工厂。《芝加哥新闻报》曾这样报道说:"芝加哥的罢工工人在全城活动,每个地方都停止了工作。"

　　圣路易斯的罢工差不多和芝加哥的罢工同时爆发。各地的罢工持续的时间不等,到8月初基本结束。尽管大多数罢工都由于美国政府的武装镇压而遭到失败,但罢工的浩大声势确已造成深刻的印象,使资产者闻风丧胆。例如,旧金山的中太平洋铁路公司为了避免罢工浪潮的袭击,自动取消了降低工资的决定。而在那些已经发生罢工的地方,色厉内荏的资产者纷纷向州长和联邦总统告急,要求派军队来保护他们。

---

① Philip S. Foner, *The Great Uprising of 1877*, p. 189.

1877年大罢工的第二个特点是许多地方的罢工具有较高度的组织性,因而显示了空前的团结和严密的纪律。正如美国进步史学家里查德·博耶和赫伯特·莫里斯所说:"这次罢工出于自发而又是团结坚固的。"①许多地方的罢工都是经过周密筹划,有条不紊地开展起来的。匹兹堡的罢工就是一个最好的例子。7月19日,铁路工人联合会召集会员大会对罢工问题进行了广泛和深入的讨论。最后,大会决定在公司当局取消削减工资命令以前绝不复工,同时要求公司停止实行不增加人员、把牵引车辆增加一倍的制度,并保证重新雇用所有的罢工者。

大会还选出了五人委员会作为领导这次罢工运动的常设机构,并代表罢工者同公司谈判。在五人委员会的领导下,匹兹堡的罢工有步骤地和平地进行着。社会秩序十分安定。罢工者曾经利用一切机会,创造和平谈判的气氛,希望通过说理的办法来改变公司降低工资的决定。7月20日,五人委员会组织了一次群众集会,特意邀请公司的代理人第三副经理亚历山大·卡萨特和詹姆斯·皮凯恩出席,以便让他们直接听取罢工者的要求。

然而,铁路公司不愿意接受罢工者的合理要求,凭借军队的支持,首先把刺刀提上日程,酿成了大规模的武装冲突。资产者还利用在混乱中发生的大火毫无根据地诬蔑罢工工人是纵火者,硬说他们是"杀人放火的暴民"和"喜欢制造事端的共产主义者"。

这场大火是从车站附近的停车房突然燃起的。联邦停车场和宾州车站都陷入了火海。停靠在停车场和二十三街之间的所有车厢悉数被焚毁。匹兹堡大火的纵火者究竟是谁? 时至今日仍是一个历史悬案。不过,有种种迹象表明,真正的纵火者很可能就是铁路公司,其目的在于向地方政府索取补偿,趁机更新铁路的设备和车辆。1877年9月15日,《全国劳工论坛报》发表文章揭露说,铁路公司的阴谋家们正"企图并恰如其愿地达到了用政府的钱替他们把破旧的车辆换成新车,而使这一大公司终能免于破产的目的"②。事后,宾州铁路公司确曾要求阿勒格尼县给予410万美元的补偿,并实际从那

---

① Richard O. Boyer and Herbert M. Morais, *Labor's Untold Story*, p. 63.

② [美]方纳:《美国工人运动史》第1卷,第669页。

里得到了将近300万美元的巨款。①

圣路易斯的罢工也由一个罢工者选出的执行委员会来负责领导。这个执行委员会组织铁路工人进行游动宣传,收到了很好的效果。罢工者曾一度控制了整个圣路易斯。7月26日下午,一名记者从圣路易斯报道说:"本日下午,大批罢工群众及在码头边工作之黑人三百余名,曾结队往本市区极大一部分工厂,强迫各工厂工人停止工作,并熄了各机器间炉火,关闭了各处厂房……该群众中之黑人部分则更开至河边码头,迫使各汽船公司和独立经营之汽船管理人具书面保证,将汽船中各级雇用人员及码头工人之工资增加60%至100%。"②

1877年大罢工的第三个特点是各行业工人的紧密团结和相互支持。罢工开始以后,巴尔的摩—俄亥俄铁路沿线附近的矿工立即出动,同铁路工人一起阻止火车的运行。7月20日,马里兰州西点工人发出的一份以《不是胜利就是死亡》为标题的宣言,特别强调了矿工和各行业工人对罢工者的支持。宣言指出:"同样受到这家公司损害和愚弄的15000名忠实的矿工是我们的后盾,整个铁路沿线的商人和社团都站在我们一边,联邦各州的工人都支持我们。我们相信,世界上穷人和被压迫者的上帝和我们同在。"③

7月19日,匹兹堡铁路工人联合会举行会议的时候,匹兹堡的商人和附近矿区的矿工都派出自己的代表出席会议,并表示将全力支持铁路工人的罢工。甚至连当地的社会舆论也支持罢工者。一位匹兹堡《全国工人论坛报》的记者曾经以同情的语调报道说:"这些人仅仅要求生存,不愿意让他们的妻子儿女挨饿,但如果他们被迫接受公司的条件,他们就不能避免这场厄运。"④

1877年大罢工显示了美国工人阶级的巨大力量和团结一致,从而增加了他们的信心。罢工虽然失败,但罢工者并未绝望。他们相信:"下一次他们是一定会胜利的。"⑤

---

① Philip S. Foner, *The Great Uprising of 1877*, p. 66.

② [美]方纳:《美国工人运动史》第1卷,第669页。

③ Philip S. Foner, *The Great Uprising of 1877*, p. 45.

④ Philip S. Foner, *The Great Uprising of 1877*, p. 58.

⑤ Richard O. Boyer and Herbert M. Morais, *Labor's Untold Story*, p. 63.

三

1877年大罢工的重要意义不仅仅在于它本身所显示的巨大力量,而且在于它戳穿了美国的劳资合作、利益一致的神话,宣告了两个阶级大搏斗的开始。美国资产者总是以尊重民主、奉行劳资合作政策来标榜自己,并且劝告人们相信,美国不会发生欧洲式的激烈的阶级斗争。他们的传统说法是,"不存在封建传统和因此形成的阶级划分",使得美国工人能够接受所谓的"中等阶级的心理学",因而不可能采取同资产者极端对立的立场。[①]然而事实并非如此。一旦美国工人阶级敢于起来捍卫自己利益的时候,资产者是绝不手软的,他们的狰狞面目立即暴露无遗。在这次罢工运动中,在所有罢工工人力量强大的城市里,都发生了资产者和联邦政府、地方政府共同策划的武装镇压罢工运动的流血事件。动用联邦军队和地方武装数量之多,次数之频繁,实为美国历史上所罕见。美国历史学家菲利普·塔夫特认为,1877年大罢工中"采取大规模武装力量来控制和镇压内部动乱是这个国家的新经验"[②]。

应当指出的是,由于真理在罢工者手中,武装镇压计划往往受到挫折。许多地方的国民军对罢工者持同情态度,拒绝开枪,甚至支持他们的行动。资产者和地方官吏不得不向联邦政府求救,动用联邦军队进行直接的镇压。

当罢工在马丁斯堡爆发以后,西弗吉尼亚州州长亨利·马修斯应巴尔的摩—俄亥俄铁路局副局长小约翰·金的请求,先后调遣两支地方国民军前往镇压罢工,但都由于士兵拒绝执行命令而束手无策。于是,马修斯于7月18日拍电报给海斯总统,请求火速调动联邦军队,镇压马丁斯堡的"暴乱",电文如下:

> 鉴于目前在马丁斯堡和巴尔的摩—俄亥俄铁路沿线的其他地方发生了非法的联合和内部暴乱,而且动用我管辖下的任何力量都不可能执

[①] Marc Karson, *American Labor Unions and Politics, 1900–1918*, Carbondale: Southern Illinois University Press, 1958, pp. 290–292.

[②] J. A. Dacus, *Annals of the Great Strikes in the United States*, Preface.

行州的法律。

　　因此，我向阁下请求联邦的军事援助，以保护本州居民所遵循的法律，反对内部暴乱和维护法律的尊严。①

7月19日，海斯总统命令弗伦奇将军带领联邦军队到马丁斯堡镇压罢工。罢工才被迫结束。

马里兰州州长约翰·卡罗尔也根据铁路局的要求，调动由赫伯特将军带领的第十五、十六两团国民军，驱赶巴尔的摩—俄亥俄铁路沿线的罢工者。国民军向那些试图阻止他们行动的铁路工人和矿工开枪，打死12人，打伤18人，造成了流血惨案。在巴尔的摩，愤怒的群众也同警察、国民军发生了武装冲突。群众中有11人被击毙，约40人受伤。

匹兹堡是这次罢工运动的中心。对这里的罢工，宾夕法尼亚铁路公司和政府采取了最强硬的态度，先后动用了近万名国民军来对付匹兹堡和铁路沿线的罢工者。宾夕法尼亚铁路公司的代理人卡萨特和皮凯恩完全拒绝了罢工工人进行谈判的要求，从一开始就企图用武力打垮罢工者的反抗。他们和地方官吏秘密策划，准备调用国民军的力量，但由于当地国民军站在罢工者一边，他们不得不从费城调用国民军第一师的队伍。

7月21日，普林顿将军率领600名国民军从费城奔赴匹兹堡，向手无寸铁的人群开枪射击，打死20人，打伤29人，死者当中有一名当地的国民军、一名妇女和三个孩子。军队的暴行引起了美国社会各阶层的愤怒。事后，一个庞大的陪审团曾对这个事件进行调查，他们把军队的暴行叫作"目无法纪的肆意屠杀"②。

然而，罢工者并没有被吓倒。他们奋起自卫，同费城国民军展开枪战，迫使这支军队困守营房，不敢出面镇压各地的罢工。不久后，国民军撤回费城。匹兹堡再度成为罢工者的天下。资产者和地方政府的官吏当然不会就此罢休。7月22日，他们以州长哈特伦夫特的名义，从哈里斯堡向总统发出告急电报。电文如下：

---

① Philip S. Foner, *The Great Uprising of 1877*, p. 39.

② Philip S. Foner, *The Great Uprising of 1877*, p. 63.

在宾夕法尼亚州，在匹兹堡市，以及这个州的宾夕法尼亚铁路和其他铁路线上，都发生了内部暴乱，州政府当局无法制止，宾夕法尼亚议会不能及时举行会议来对付这个紧急事件。因此，我只得根据宪法请求联邦政府向我提供足以平息混乱的军事力量。[1]

哈特伦夫特在一天之内又接连拍发两封私人电报催请总统发兵。7月26日，根据总统办公厅会议决定，3000名联邦军队，6000名国民军分乘专门列车，沿宾夕法尼亚州各条主干路线行驶，用武力驱散罢工者，恢复铁路的正常运转。7月30日，罢工宣告结束。

芝加哥是这次大罢工运动中的第二个匹兹堡，市长希思出面组织和调动一切军事力量来镇压罢工运动。根据希思的请求，联邦第二十二步兵师的六个连立即开赴芝加哥，同时第九步兵师的六个连驻扎在罗克艾兰作为后盾。希思还同芝加哥上层社会的代表人物共同召集了一次公民大会，要求有产者组成一支5000人的武装队伍来保卫"秩序和家庭"。会后，200名退伍军人组成了几个全副武装的连队。

7月26日，芝加哥的警察、临时建立的地方武装、国民军第二团和联邦军队同时出动，对罢工者进行疯狂的屠杀。罢工工人奋起自卫，战斗持续一天之久。7月28日，罢工被迫结束，共有30到50名罢工者被杀害，将近100人受伤，400人被捕。[2]

其他地区的罢工，除少数例外，都遭到了联邦军队和州国民军的武装镇压。一场轰轰烈烈的运动很快就被淹没在血泊之中。血的教训无可辩驳地证明，美国工人的最大敌人就是他们的老板和资产者的政府。

---

① Philip S. Foner, *The Great Uprising of 1877*, p. 74.

② *Chicago Dispatch*, July 27, 1877; *Chicago Tribune*, July 27, 1877.

四

　　1877年大罢工的重要意义还在于它唤醒美国工人阶级走组织起来的道路,美国工人亲眼看到,资产者之所以能够在这次搏斗中占上风,根本原因在于他们是一支有组织的阶级力量,他们手中有政权。地方政府、州政府,以及联邦政府都是他们的战斗司令部,军队、警察、法庭都受他们支配。同美国工人作战的不仅是各地的资产者,而且是整个国家机器。而当时的美国工人阶级则是刚刚形成的年轻的力量,既没有自己的政党,又没有强大的全国性的工会组织。尽管他们在各地罢工中显示了紧密的团结和一致,但并没有形成全国性的联合,没有全国性的统一的领导中心,甚至各地罢工者之间的必要联系也没有建立起来。这样的一支力量虽然有可能战胜单个的,甚至一个地区的资本家,但却不可能战胜资产者的联合力量。

　　美国工人曾经建立过自己的工会组织。1873年经济危机爆发时大约有30个全国性工人组织,但其中大部分组织经不起经济危机的打击,到1877年只剩下八九个了。[1]工会员人数迅速减少。雪茄烟工会失去了80%的会员,制桶工会的会员减少了75%,机械工人工会和印刷工人工会分别丧失了66%和50%的会员。[2]据塞缪尔·龚帕斯估计,经济危机前夕,全国约有30万工会会员,到1878年只有5万人。[3]1877年大罢工爆发的时候,铁路工人还没有建立起自己的统一的工会,只有三个缺乏战斗力的、共济性的兄弟会:火车司机兄弟会、火车司炉兄弟会、火车乘务员兄弟会,这些兄弟会在罢工运动中虽然出乎意料地发挥了重要作用,但毕竟不能持久,不可能成为强有力的罢工指挥部。

　　美国工人们还清楚地看到,如果没有一个强有力的工人组织,即使在罢工取得局部胜利后,资产者也可以轻而易举地把罢工成果化为乌有,并对罢工者进行报复。例如,伊利铁路的罢工由于国民军拒绝镇压,罢工工人曾经取得胜利。纽约中央铁路公司经理威廉·温德比尔特答应拨款10万美元,分发给罢工

---

　　① [美]方纳:《美国工人运动史》第1卷,第649页。
　　②③ Joseph G. Rayback, *A History of American Labor*, p. 250.

工人和失业工人,并许诺说:"你们的工资会增加的,时间和国家的事业将能够证明这一点。"①然而就在罢工工人接受条件复工以后,上百的工人却被纽约中央铁路公司解雇。报纸上登载了这样的消息:"由于参加了当地后期的骚乱,有上百工人被纽约中央铁路所属的西阿尔巴尼工厂解雇了。"②

除去铁路兄弟会和少数的工会以外,当时还有美国工人党(后来的美国社会主义工人党)和劳动骑士团。但可惜的是,罢工工人不能指望从这两个组织得到强有力的支持。那时,劳动骑士团还是一个秘密团体,和罢工运动没有直接的联系。美国工人党成立后,一直为内部纷争所困扰,对1877年大罢工完全缺乏思想准备,只通过一般性的号召,根本没有采取任何实际行动。各个地方支部和个人各行其是。相当多的地方支部置身于运动之外,只有少数地方支部和个人自发地同罢工工人并肩战斗。

美国工人党执行委员会为罢工做了两件事情。第一,向火车司机兄弟会主席阿瑟发电报表示支持。第二,向各支部和工人组织分别发出通告。致各支部的通告呼吁说:"同志们! 当前在各铁路干线工人所进行的争取生存的殊死斗争中,我们希望每一个成员都将对我们遭受苦难的兄弟提供一切可能的精神和物质的援助,并且支持他们认为必需的一切合理措施。"③

美国工人党纽约支部、辛辛那提支部、芝加哥支部是一些首先起来支持罢工的地方组织。他们曾经组织各种群众集会,并且在集会上发表演说。有的演说者直接提出了组织起来的号召。例如,《工人旗帜》的编辑 J. P. 麦克唐纳在7月26日纽约库珀大厅集会上发言说:"我们必须组织起来,不组织起来我们就是乌合之众;组织成一个牢不可破的团体,我们就是一支引人注目的力量。"④阿道夫·斯切塞也在这次大会上发言强调组织的作用。他说:"把你自己组织起来,把你的工会组织起来,使它从一个州的中央委员会变成各个工会的全国联合会。这样,我们就能够成功地对抗专制的资本家了。"⑤

根据麦克唐纳和斯切塞的发言,大会通过决议,强调组织起来的重要性。

---

① Philip S. Foner, *The Great Uprising of 1877*, p. 94.

② Philip S. Foner, *The Great Uprising of 1877*, p. 115.

③④⑤ Philip S. Foner, *The Great Uprising of 1877*, p. 123.

决议指出："组织工会、促进各行业工会全国联合会的建立，以便有效地对抗和战胜联合资本，是全体工人的紧迫任务。"①

在芝加哥的罢工运动中，社会主义工人党的活动家帕森斯曾进行积极的宣传活动。他在工人集会上呼吁说："让我们为我们的妻室儿女而战斗吧，因为那是关系到面包和肉食的问题……让工人大军说，谁应当占有这个国家议会大厅里的席位。去投票吧，去声明联邦政府将是这个国家全部铁路线的所有者。如果人民……拥有铁路和电报，我们就拔掉了杰伊·古尔德和汤姆·斯科特口中的毒牙，他们就再也不能咬死我们。我们就夺走了现在他们手中用来奴役我们的工具。"②

从上述地方组织的活动来看，美国工人党是可以对罢工产生重要影响的。但可惜，从中央执行委员会到大多数地方支部都没有采取积极行动，使这种影响只局限在少数地区。有的地方支部甚至企图把罢工引上歧途。例如，路易斯维尔的两个支部对于7月25日和26日发生的激烈冲突视而不见，根本没有做出任何反应。7月27日，路易斯维尔支部的发言人，甚至在群众集会上反对暴力行动，呼吁人们退却，把注意力转向选票箱，鼓吹"在选票箱中可以找到医治一切弊端的良方"。这种态度是广大罢工者所不能容忍的。美国工人党由于在罢工运动中无所作为而失去了一次争取工人群众的机会。难怪1877年大罢工后美国工人党没有成为团结工人的核心。美国工人选择了建立工会的道路来实现联合，并且迎来80年代工会和罢工运动的高涨时期。

不可否认，1877年美国铁路工人大罢工是以失败而告终的。许多罢工者被淹没在血泊之中，失去了自己的宝贵生命。然而，它的重要意义绝不能以成果的大小和一时的成败来衡量。它之所以重要就在于它显示了美国工人的阶级觉悟，宣告了美国社会两大阶级搏斗的开始，进一步唤醒了越来越多的普通工人投入反对资产者的斗争。菲利普·塔夫特曾经这样说："规模宏大的暴动粉碎了认为美国可以避免曾经震撼欧洲各国政府的劳动和资本的尖锐对立和冲突的观点。并且最严重的暴乱不是发生在外国移民工人集中聚

---

① Philip S. Foner, *The Great Uprising of 1877*, p. 123.

② Philip S. Foner, *The Great Uprising of 1877*, p. 143.

居的地区,而是由土生美国人发动的。"①寥寥数语,概略地说明了这次罢工运动的重要影响。

原载《河北师院学报》1987 年第 2 期

---

① Philip Taft, *Organized Labor in American History*, New York: Harper & Row, 1964, p. 82, 83.

五一大罢工是美国工人运动的重要里程碑

　　为了纪念美国工人1886年举行的五一大罢工和声援他们预定于1890年5月1日举行的总罢工,1889年第二国际成立大会通过决议:"在一个作为永久规定的日子里,组织大规模的国际性游行示威,以便在一切国家和一切城市,劳动者都在同一天里要求执政当局从法律上把工作时间限制在八小时以内,并实现巴黎国际工人代表大会的其他一切决议。"①从这一天起,5月1日就成为全世界劳动者的节日。

　　美国五一大罢工具有重大的国际意义是不言自明的,这不是本文探讨的重点。美国五一大罢工另一方面的意义在于,它是美国工人运动的重要里程碑。无论就美国工人阶级的发展程度、罢工程度、罢工的规模还是就斗争的激烈程度及其在国内外产生的影响来说,它都是美国历史上所仅见的。

一

　　五一大罢工和19世纪五六十年代的历次罢工运动有着根本的区别。那时的运动以手工工人为主要力量,工厂工人处于从属地位。工业无产阶级还没有最后形成和固定下来。马克思在19世纪50年代曾经指出:"在那里,虽然已有阶级存在,但它们还没有完全固定下来,它们在不断的运动中不断更新自己的组成部分"②。恩格斯也认为,在19世纪80年代以前,美国还没有"固定的血统的无产阶级"③,运动因而带有浓厚的工场手工业时期的色彩,多

---

①〔苏〕伊·布拉斯拉夫斯基编:《第一国际第二国际历史资料(第二国际)》,生活·读书·新知三联书店,1964年,第8页。

②《马克思恩格斯全集》第8卷,第130页。

③《马克思恩格斯全集》第36卷,第481页。

半属于分散的、短暂的、地方性的五一大罢工发生在美国工业革命已在全国范围内取得胜利、工业无产阶级也已形成和固定的时期,历史条件完全不同了。从工农业比重看,到1884年工业比重超过了农业比重,为53.4%:46.6%[1],工业产品在整个制造业产品中的比重从1850年的30%增加到1890年的80%。[2]产业工人的数字也随着大工业的迅速发展而大幅度增长,1880年全国产业工人为275万人,1890年增加到425万人。[3]这个时期的工人运动已经从以手工工人为主体转变为以工厂工人为主体。1886年五一大罢工正是这一时期运动的焦点,它的爆发标志着整个运动已经进入了一个崭新的历史时期。

工业无产阶级同手工工人的一个重要区别在于,他们有高度的组织性和纪律性及强烈的阶级意识。大机器生产把他们组织在一起,使他们成为一个特殊的阶级。如果说手工工人还可以依靠自己的技艺同工厂主抗衡的话,那么产业工人则越来越变为机器的附庸而完全失去了独立地位。他们在同资产者的斗争中,除去团结和组织起来以外就再也没有什么可以依靠的东西了。1886年五一大罢工完全体现了这些特点。

1886年五一大罢工是一次有准备的、有组织的全国性大罢工。早在1884年,美国与加拿大有组织行业工会与劳工联合会芝加哥大会就做出将于1886年5月1日实行八小时工作制的决定。1885年,该联合会的年会又重申了这项决议,并且准备采取两种可能的途径来实现这一要求。一方面建立了一个准备同工厂主进行谈判的机构,并且拟定了协议书的草稿,另一方面做好了谈判失败后立即举行罢工的部署。尽管联合会本身的力量是薄弱的,但它的号召却引起了强烈的反响,各大城市的工人都在做罢工的准备。芝加哥成为这次运动的中心,这里不仅有强大的产业工人队伍,而且有个激进的、强有力的指挥部——芝加哥中央工会。1885年11月,芝加哥全国八小时工作制协会宣告成立,得到了芝加哥中央工会和芝加哥市区、郊区其他工人组织的支持。

1886年5月1日,美国几乎所有的重要工业城市都爆发了罢工。参加罢

---

① 中国科学院经济研究所世界经济研究室编:《主要资本主义国家经济统计集(1848—1960)》,世界知识出版社,1962年,第14页。

②③ Joseph G. Rayback, A History of American Labor, p. 52, 53.

工的有全国的11562个机构,罢工人数达到35万人。芝加哥参加罢工的人数最多,将近4万人。[①]

五一大罢工并没有采用任何恐怖手段和暴力行动,单是在运动中所显示出来的工人阶级的紧密团结和坚定目标已经足以使资产者惊慌失措了。在巨大的压力下,一部分工厂主立即接受了罢工者所提出的条件。大约有185000人在当天或几天后就获得了八小时工作制的保证。此外,还有每日工作达十二小时或十二小时以上的二十多万人将工作时间缩短为十小时或九小时。在一些地方甚至实行了星期六休假半天的制度。康芒斯学派的著名史学家塞利格·普尔曼把这次大罢工所造成的工人运动的高涨叫作"大动乱"[②]。诺曼·J.韦尔则把1886年叫作"革命的年代"[③]。这两种说法的角度虽然截然不同,但都承认美国的工人运动已经发生了根本性的变化,新兴的无产阶级已经在全国范围内组织起来,并且同资产阶级展开了激烈的斗争。恩格斯把这个事件看作是美国工人运动"新的转折"[④],并且指出当时美国工业"已经达到与1844年英国工业大致相同的发展阶段"[⑤],"美国的运动正处在我们的运动在1848年以前所处的那种阶段上"[⑥]。这就告诉我们,19世纪40年代在欧洲出现的那种阶级矛盾激化的情况,80年代终于在美国出现了。美国工人阶级同四十年前的欧洲工人阶级一样,已经作为独立的、固定的阶级开展自觉的斗争了。

五一大罢工表明美国资产阶级和无产阶级的矛盾和斗争已经达到了一目了然的程度。无产者同资产者的对立再也无法掩盖了。在19世纪的最后十年中,美国工人运动的面貌焕然一新,接连爆发了一系列大规模的激烈的罢工运动,有些地方甚至发展为武装冲突。其中震动世界的霍姆斯特德和普尔曼大罢工充分显示了美国工人阶级的组织性、战斗性和坚决性。这些运动都突破了地方性、行业性的狭隘圈子,克服了分散性的弱点。几乎每一次重

---

① 雷伯克估计有八万人参加罢工。Joseph G. Rayback, *A History of American Labor*, p. 52, 53.

② John R. Commons et al., *History of Labor in the United States*, Vol. 2, Title of Chapter 9.

③ Norman J. Ware, *The Labor Movement in the United States*, 1860–1895, p. 302.

④《马克思恩格斯选集》第四卷,第256页。

⑤《马克思恩格斯全集》第21卷,第295页。

⑥《马克思恩格斯全集》第21卷,第296页。

大的罢工都同全国性的工人组织发生过种种联系,并得到多方面的支持,运动的水平有显著的提高。如果认为五一大罢工开创了美国工人运动的新局面,那是不算过分的。

统治阶级对于被统治者的反抗行为历来十分敏感。在历史上,美国的联邦军队、各州的国民军及法庭站在资产者方面,公开镇压工人运动的事件屡见不鲜。但是像1886年对参加五一大罢工的工人采取如此大规模行动,动员警察、法庭和宣传机器来全面反对运动,并不顾国内外舆论,蓄意杀害运动领导人的行动还是前所未见的。可见,资产者对五一大罢工的严重性是做了充分估计的。他们不得不收起美国不存在阶级对抗和阶级斗争的老调,摆出一副杀气腾腾的面孔,企图把运动扼杀在摇篮之中。他们早就严阵以待,密切注视工人组织的活动,并采取一切措施来阻止罢工的爆发。运动中心芝加哥的气氛尤其紧张。早在1886年初,该市警察即已频繁出动,到处干涉工人的活动,不断制造工人和警察冲突的事件。一位记者曾报道说,警察"不时冲击和驱散那些秩序良好、无可指责的集会群众……"①芝加哥的商会和厂家也暗中策划,通过芝加哥公民协会来协调彼此的行动。1300名国民军全副武装,随时准备出动袭击罢工的工人和游行队伍。

5月1日,大罢工在各地进行的当天,许多地方的军警都荷枪实弹,等待攻击的时机。随时都可能发生流血事件。当天的《纽约论坛报》发表了一条消息:"警察已经做好对付一切可能发生的骚动的准备。所有警察后备力量处于动员状态的命令也已发出。"同一天,《伊利诺伊州纪事报》也报道说:"警察局的高级官员已经停止消除近几周来对工人运动的恐怖情绪的努力。现在他们唯一的想法是……大量的麻烦必将发生。昨晚已决定在星期六早晨将全部警察力量部署停当……只要任何严重暴乱发生,还有几百人将立即以特殊警察的身份投入行动。"②幸运的是,5月1日这一天没有发生流血冲突,和平地度过了。当然,这绝不是由于警察的"仁慈"和克制,而是由于他们慑于大罢工的强大威力。资产者在力量在对自己不利的情况下,不得不暂时推迟动手的日期。5月3日和4日,芝加哥的资产者和警察接连制造了麦考米克工厂流血事件和秩市广场屠杀和平集会群众的惨案,接着在全国范围内展开了对

---

①② Henry David, *The History of the Haymarket Affair*, New York: Russel and Russell, 1958, p. 185, 188.

罢工运动的围剿，使运动最后遭到失败。

二

1852年，当共产主义者同盟开创了国际工人运动和德国工人运动的新局面的时候，德国警探立即制造了骇人听闻的科隆共产党人审判案，企图绞杀共产主义运动。三十年后，当五一大罢工在美国工人运动中造成了历史性转折的时候，美国的警察和法庭也立即炮制了一个芝加哥秣市事件审判案。被告的罪名是：投掷炸弹，杀害警察，策划无政府主义阴谋，企图摧毁芝加哥。被搜查的罢工工人达数百人，被控告有罪的三十一人，最后受审的八人。这八人大都是资产者所痛恨的工人运动活动家。①芝加哥审判案纯属对被告的诬陷，八名被告完全是无辜的。

历史事件虽然不可能原封不动地重演一遍，但芝加哥审判案同科隆审判案却有许多相同之处。两个审判案的罪恶目的和法庭警方所采取的卑鄙手段都毫无二致。著名的美国工人运动活动家珀森斯把美国比作当时的俄国、德国和西班牙是完全有理由的。②

在科隆审判案中，德国的法庭和警探诬陷共产主义者同盟在暗中制造共产主义暴乱，并且伪造罪证作为起诉的依据。在芝加哥审判案中，美国的法庭和警察诬蔑被告煽动无政府主义，投掷炸弹，制造暴乱，犯有谋杀罪，同时也使用了制造伪证的手段。实际上，5月4日晚上秣市广场的集会是一次抗议警察暴行、保卫五一大罢工成果的和平集会。在炸弹爆炸的时候，八名被告中只有费登一人在场，而且当时正在演说，根本不可能投掷炸弹。集会的第一个发言人斯皮斯在宣布大会开始的时候正式向听众声明："召集这个大会的目的是讨论争取八小时工作制运动的总形势和最近八小时内发生的事件。政府当局却认为这个大会的目的是制造一些骚乱和麻烦，但这绝非召集这次大会的委员会的愿望。"③后来，斯皮斯又在他的自传中回忆说："我和1886年5

---

① 他们是阿伯特·R.珀森斯、奥古斯特·斯皮斯、阿道夫·费歇尔、乔治·恩格尔、迈克尔·施瓦尔、塞缪尔·费尔登、奥斯卡·尼布、路易斯·林。

②③ Henry David, *The History of the Haymarket Affair*, p. 201, 199.

月4日秣市集会的关系即我不过是一个被邀请的讲演者。""参加会议的是持有各种信仰和观点的工人,他们既不是无政府主义者,也不是无政府主义的宣传者。"①从斯皮斯的发言中找不到任何煽动暴动的言论。哈里逊市长曾到集会地点,他听完斯皮斯的报告以后认为一切都很正常。

然而在审讯过程中,首席检察官格林尼尔竟然不顾事实,根据警方提供的"材料",提出了一个所谓无政府主义阴谋案情的介绍。他声称,在5月4日前夕,"无政府主义者摧毁这个城市(芝加哥)的一切工作已经准备妥当……每一件能够用来破坏法律和秩序的事情都完成了"。3日晚上,无政府主义小组通过了乔治·恩格尔草拟的阴谋计划。"如果这一计划能够实行,那就意味着这个城市的彻底毁灭。"②可是,被指控的"犯人"恩格尔根本没有参加秣市集会,当时正在家中同几位朋友和妻子谈天。炸弹事件是沃勒登门告诉他的,恩格尔还曾向沃勒表示不赞成这种愚蠢的做法。

如果说真有什么"阴谋计划",那就是警察一手炮制的陷害被告的阴谋计划。他们为了把被告送上绞刑台和沉重地打击芝加哥的工人运动,特别赦免了两个被捕的无政府主义者戈特弗里德·沃勒和伯纳德·施拉德,让他们出席法庭作为揭发"阴谋"的证人。后来,警察局长埃伯索尔德曾向芝加哥《每日新闻报》记者透露:"在我们解散无政府主义团体后,沙克要立即派人去组织新的团体",即打着无政府主义旗号为警察工作的团体。无政府主义者沃勒就是沙克上尉拉拢利用的人。沃勒承认,他不仅得到警方宽恕,而且还多次得到了谈话的报酬费。他说:"沙克上尉付给我6美元50美分作为……报酬;每当我坐在警察所内消磨我的时间的时候,我都因此得到酬劳;一次……得到了2美元;在此以前他还曾两次付钱给我,每次5美元……沙克上尉帮助我找到工作。"③

尤其令人奇怪的是,直接投掷炸弹的嫌疑犯、无政府主义者鲁道夫·施纳贝尔特却一直逍遥法外。法庭曾经企图证明他是按照被告的指令投掷炸弹的人,但没有达到目的。有种种迹象证明施纳贝尔特是炸弹的投掷者,而且

① Philip S. Foner, *The Autobiographies of the Haymarket Martyrs*, New York: Pathfinder Press, 1969, p. 71.

②③ Henry David, *The History of the Haymarket Affair*, p. 255, 263.

是按照警方的命令干的。他是大搜捕中唯一"立即被释放的嫌疑犯"。事情过去十几年后,1900年8月6日《侦探日报》发表文章回顾说,种种证据都"证明鲁道夫·施纳贝尔特就是那个投掷炸弹的恶棍","后来还常常听到关于他在外国的消息,但是他从未遭到逮捕"。①

其实,是谁投掷的炸弹对于法庭和资产者都不重要,他们关心的是利用这次事件来反对无产者的运动。后来,加里法官承认:"究竟是施纳贝尔特还是其他人投掷炸弹,这倒不是一个重要的问题。"芝加哥一家大服装公司的股东更加直截了当地说:"不,我不认为这些人犯了任何罪行,但是必须把他们绞死……我并不害怕无政府主义……可是我的确认为劳工运动必须加以摧毁! 如果把这些人绞死了,劳动骑士团会员就绝不敢再制造骚乱了。"②

在法庭和警方的串通下,审讯于8月20日草草收场,以莫须有的罪名宣判八名被告犯有谋杀罪。只有奥斯卡·尼布一人得到"从轻发落",被判十五年徒刑,其余七人将被送上绞刑台。判刑后,被告在法庭上发言,义正词严地揭露了政府的阴谋。珀森斯在发言中指出:"我是以一个阶级的代表来对另一个阶级的代表讲话的","如果你们以为,用绞死我们的办法就能够摧毁劳工运动……那么就绞死我们吧! 你们可以在这里踩熄一个火花,但是,正是在那里,在你们的后面和前面,到处都会燃起火焰。这是来自地底的烈火,你们是不能把它扑灭的"。③

被告依法向伊利诺伊州高级法庭和联邦最高法院提出申诉,但先后于1887年9月14日和11月2日被驳回。美国历史上的一大冤案就这样铸成了。

美国政府当局迫害罢工运动领导人的暴虐行为引起了国内外各界人士的强烈反对,形成了一个广泛的声援被告的运动,其声势之壮大是空前的。在审讯过程中和审讯结束以后,各地的工人组织和有影响的工人活动家纷纷集会,通过决议,谴责不公正的审讯和判决,要求伊利诺伊州政府不要无端杀害被告。1887年9月14日,纽约进步工人党举行集会,通过决议指出,"这个判决是法律上的谋害",要求"全国工人组织举行群众集会,抗议这个臭名昭

---

①② [美]方纳:《美国工人运动史》第2卷,生活·读书·新知三联书店,1963年,第135、136页。

③ Philip S. Foner, *The Autobiographies of the Haymarket Martyrs*, pp. 8–9, p. 401.

著的行动"①。接着,纽约德裔工人工会联合会举行了集会,并通过了类似的决议。1886年新改组的美国劳工联合会第一届年会也通过了声援被告的决议,要求伊利诺伊州政府改变不公正的判决。

1887年9月16日,纽约中央工会发出一个由十四位著名工人运动领袖签署的呼吁书,谴责法庭的判决,建议全国各地工人组织于10月20日前后组织大规模群众集会和游行,以表示强烈的抗议。这一天,在芝加哥有五千工人集会。与会群众对法庭的判决表示极大的愤慨,要求立即释放全体被告。在纽约的库珀大厅也举行了群众集会,有三四千人冒雨赶到会场。P.J.麦克基尔、J.E.奎因、德里昂等著名工人活动家都在会上发表了演说。此外,在霍布肯和其他地区都如期举行了工人群众的抗议集会。

然而,令人遗憾的是,当时最大的工人组织劳动骑士团的总会长鲍德利却拒绝参加辩护运动,而且禁止下属的地区分会和地方分会对运动采取支持态度。鲍德利的做法引起了劳动骑士团一些地区分会的不满,它们冒着停止会籍和撤销组织的危险,积极投入援救被告的活动。纽约第四九地区分会不仅出面组织集会声援被告,而且同纽约中央工会联合行动,向全国各地工人组织发出呼吁。芝加哥的第二四和第五七地区分会批评了鲍德利的错误立场。

法庭的不公正判决也激起了美国社会知名人士和自由主义者的义愤。著名作家亨利·德马雷斯特·劳埃德、著名小说家威廉·迪安·豪厄尔斯、罗伯特·英格索尔都发表了演说,谴责法庭的审判,认为这是历史上有损美国民族声誉的"最大的冤狱"②。纽约社会改革派的报纸《社会科学》和自由思想者的报纸《真理的探索者》都载文抨击法庭的判决,认为警察才是"罪责难逃的祸首"③。

援救被告的运动很快扩展到国外,成为一个国际性的行动。英国工人在艾威林夫妇的倡导下,举行了几十次集会,"对谋杀劳工领袖的行为提出抗议"。法国、荷兰、俄国、意大利和西班牙等国的工人也纷纷集会,谴责美国法庭的决议,并捐款帮助美国国内的援救运动。法国的巴黎议会、塞纳郡议会和众议院的一批议员先后拍电报给伊利诺伊州州长表示抗议,并且指出这个判决是"对共和主义的不可抹掉的耻辱"。

---

① Philip S. Foner, *The Autobiographies of the Haymarket Martyrs*, pp. 8-9, p. 401.

②③ Henry David, *The History of the Haymarket Affair*, p. 398, 400.

在国内外舆论的强大压力下,伊利诺伊州州长不得不在1887年11月11日行刑的时候,将费尔登和施瓦尔两人的死刑改为无期徒刑。路易斯·林在行刑前已病死狱中,珀森斯等四人被当场绞死。这个冤案一直到1893年6月26日才得到昭雪。新任州长,年轻的自由主义者约翰·彼得·阿尔特盖德勇敢地冲破了资产者的偏见,颁布了著名的赦免令,以证据不足宣布被告无罪。

法庭和警察的迫害虽然可以暂时使运动遭到失败,但绝不可能阻止新时期的到来。恰恰相反,他们的疯狂迫害只能在已经树起的运动路标上,添一道暗淡的印记。正如科隆审判案无损于共产主义者同盟的光辉一样,芝加哥审判案也不可能损害五一大罢工的声誉。

三

多年来,美国例外论者一直认为,美国的工人运动是在独特的历史条件下产生和发展起来的,同欧洲暴风雨似的运动存在着根本的区别。因此,任何激烈的、对抗性的阶级斗争形式和社会主义目标都是不适合美国国情的,因而也是行不通的。

早在19世纪80年代,美国劳工联合会的领导人之一阿道夫·斯切塞就提出了纯粹工会主义的思想,把一切革命斗争和工人阶级的长远目标完全排除在运动之外。基特尔曼曾对纯粹工会主义下过如下定义:"纯粹的和简单的工会主义可以是一种变异的工会主义,其活动局限于通过谈判和政治行动来谋求满足其成员的眼前需要。"①

20世纪初,康芒斯-威斯康星学派提出了更为完整、更为系统的职业意识论。该学派企图证明,由于历史上的种种特殊原因,美国工人缺乏阶级意识,只有职业意识,或者叫作工资意识。美国工人只关心自己的职业,不关心"长远的革命目标",获得职业就是运动的一切。所谓的"阶级意识"纯粹是从欧洲工人运动引进的舶来品,和美国的工人运动格格不入。康芒斯学派的理论家普尔曼写道:"外来的社会阶级意识在美国土地上尚未深深扎根以前,本地

---

① H. M. Gitelman, "Adolph Strasser and the Origins of Pure and Simple Unionism", *Labor History*, Vol. 6, No. 1, 1965, p. 72.

滋生的工资意识已经初次表现在斯捷沃德盛行于19世纪60年代的八小时工作制的哲学当中了。"①"对于美国整个工人队伍来说,唯一可以接受的就是职业意识,它只具有'有限的''保障工资和控制职业'的目的。"②康芒斯学派的创始人约翰·R.康芒斯没有使用"职业意识"这个名词,但其基本论点是同普尔曼完全一致的。他说:"由于美国工人运动适应了纯经济的环境,其结果是只有在它的经济行动自由受到威胁的时候才会采取政治行动。"因此,谈判就是美国社会阶级冲突的主要形式。"'阶级斗争'必须以加强和削弱各阶级谈判力量的因素为依据来进行解释。"③

19世纪50年代以后,在美国学术界流行以路易斯·哈茨为代表的一种观点。他曾经出版过两部代表作:《美国的自由主义传统》《新社会的创立》。哈茨把封建主义作为社会主义的历史传统和产生阶级意识的原因,并由此证明美国没有封建主义,因而也就不会产生阶级意识和社会主义传统。他写道:"唯一缺少封建传统的美国也是唯一缺少社会主义传统的国家,这绝不是偶然的。西方各国社会主义思想的内在根源都蕴藏在封建社会意识之中。""欧洲各国,无论在麦克唐纳的英国还是在考茨基的德国都是一样,社会主义在很大程度上是由阶级意识所唤起的,这种阶级意识不来自资本主义,而是封建制度本身遗留下来的。"④

美国的工人运动确实有自己的特点,在19世纪七八十年代以前没有发生过激烈的阶级搏斗,工人运动基本上都是自发的,规模不大,一般局限在一个或几个地区以内。美国例外论者总是乐于利用这一段历史的表面现象来证明自己的观点。然而,这种企图是徒劳的。美国工人运动不发展的原因并非美国社会不存在阶级矛盾,而是经济发展不够,阶级关系不成熟。正如马克思所指出的:"美国的资产阶级社会现在还很不成熟,没有把阶级斗争发展到显而易见和一目了然的地步。"⑤这只是一种暂时的现象。

历史是无情的。1877年,铁路工人大罢工揭开了美国无产者同资产者大搏斗的序幕。1886年,五一大罢工又把这场搏斗推向第一个高潮,使美国例

---

① ② Selig Perlman, *A Theory of the Labor Movement*, p. 169, 193.

③ John R. Commons et al., *History of Labor in the United States*, Vol. 1, p. 30.

④ Louis Hartz, *The Liberal Tradition in American*, New York: Harcourt, Brace and Company, 1955, p. 6.

⑤《马克思恩格斯全集》第28卷,第508页。

外论者受到沉重的打击。恩格斯曾经高兴地指出："我们的（以及你们的）资产者曾经以为，美国是凌驾于阶级对抗和阶级斗争之上的。这种幻想现在破灭了，地球上资产阶级的最后一个天堂正在迅速地变为涤罪所，而只有刚成长起来的美国无产阶级的迅速发展，才有可能使它不致像欧洲那样变为地狱。美国工人在舞台上出现，是件极不寻常的事；半年以前谁也没有看出任何迹象，现在他们却突然变成如此有组织的群众而行动起来，足以引起整个资本家阶级的恐惧。"①

诚然，五一大罢工并不是一次争取社会主义共和国和无产阶级政权的革命，写在它的旗帜上的口号是八小时工作制运动。但是，如果从美国当时根本不存在革命形势的具体情况出发，恐怕争取八小时工作制要算是当时最有号召力、最能够团结和组织广大工人群众的战斗口号了，绝对不应当低估它的重大意义。马克思、恩格斯对缩短工时运动从来就十分重视，认为这是劳动的政治经济学对财产的政治经济学的胜利。第一国际和第二国际的代表大会曾多次把缩短工时运动作为重要问题列入议程并通过相应的决议。

特别应当指出的是，五一大罢工发生在巴黎公社失败后欧洲工人运动的低潮时期。它向欧洲工人提供了在非高潮时期开展大规模斗争的范例，因而产生了广泛的影响。第二国际把5月1日定为国际劳动节绝不是偶然的。后来的实践证明，争取八小时工作制运动在欧美许多国家都取得了重要的成果。历年的五一国际劳动节的庆祝纪念活动也不断显示和增强了工人阶级的国际团结。从这个意义上说，美国的五一大罢工称得上是一次国际性的创举。

五一大罢工所开创的新局面持续了差不多半个世纪。在这段时间内，虽然也有起伏，但罢工运动是持续不断的，而且社会主义运动也有所发展。美国社会党和共产党相继建立，社会党的成员最多曾达到15万人。②

从20世纪40年代中期开始，特别是第二次世界大战以后，美国工人运动日益低落，一直持续到今天，在美国国内外引起许多进步人士的忧虑和失望。造成这种低落的原因十分复杂。美国政府反对共产主义、反对工人运动的政策仅仅是其中的一个因素。美国的经济实力、跨国公司的发展和生产过程的

---

① 《马克思恩格斯全集》第36卷，第482页。
② [美]威廉·福斯特：《美国共产党史》，第128页。

国际化、科学技术的突飞猛进、工人阶级结构的变化等因素都直接影响着美国的工人运动。

就工人阶级结构变化的情况来看,白领雇员在工人队伍中的比例急剧增长,甚至超过了传统的蓝领工人。据估计,1900年到1980年,美国经济领域里的白领雇员从占劳动队伍总数的26%上升到63%。[①]与此同时,资本主义国家经济国际化和多国公司的发展,使美国的大资本家有可能把生产过程放在能够提供廉价劳动力的国家。20世纪80年代初,在美国使用的20%的汽车、40%的玻璃器皿、70%的缝纫机和计算器、大部分鞋和其他许多产品都在外国生产,而且往往是用美国出口的设备来制造的。[②]这就使美国工人失去了许多就业机会,处于十分不利的地位。

上述情况给美国工人运动带来的新问题和种种困难,需要有充分的时间和反复的实践才能得到解决,由此引起的工人运动的沉寂只是表面的现象。美国工人阶级绝不是职业意识论者所说的仅仅满足于寻求职业、使个人生活得到保障的那种人。他们不仅有光荣的传统,而且在现代重大政治事件中都曾经有过突出的表现。他们反对法西斯主义,反对越南战争,也曾经参加过民权运动和和平运动。一百年前五一大罢工所表现的战斗精神一定会世代相传,永放光芒。完全可以相信,美国工人阶级能够在新的历史条件下找到适合美国情况的斗争方法,并将最终取得胜利。

原载《世界历史》1986年第5期

---

①② Charles B. Craver, "The Future of the American Labor Movement", The Futurist, Oct. 1983, pp. 70–76.

美国劳动骑士团工会运动的兴衰

　　美国工人运动的第二大派别——劳动骑士团是美国历史上最早的人数众多的工人组织之一。在美国工人运动中占有重要地位。恩格斯曾经寄予厚望,希望从中"锻造出美国工人运动的未来"[1]。佐尔格认为,当时,"劳动骑士团也许是世界上最强大的、独立的工人组织"[2],其"声誉已经越出了这个国家的疆界"[3]。然而,劳动骑士团却并未巩固下去,骤起骤落,犹如昙花一现。其原因何在? 值得研究。

一

　　劳动骑士团的发祥地是费城,其基础是费城服装裁剪工会。该工会成立于1862年,在同工厂主的长期斗争中屡遭失败。服装裁剪工会领导人痛感地方行业工会的力量单薄,准备建立一个强大的工人组织来对抗雇主们的联合力量。骑士团的创始人尤利亚·斯蒂芬斯表示:"当(现有组织)宣告解散的时候",将"创立一个不同于我们从前拥有过的组织。"[4]1869年12月9日,费城服装裁剪工会宣告解散。斯蒂芬斯同另外八名老会员成立一个小组,草拟了新组织的管理计划。在12月28日会议上,新组织正式定名为劳动骑士团。

　　按照劳动骑士团创建人的设想,"劳动骑士团不是个别行业工会而是一

---

　　①《马克思恩格斯选集》第四卷,第261页。

　　② Philip S. Foner and Brewster Chamberlin eds., *Friedrich A. Sorge's labor Movement in the United States*, p. 261.

　　③ Philip S. Foner and Brewster Chamberlin eds., *Friedrich A. Sorge's labor Movement in the United States*, p. 247.

　　④ Terence V. Powderly, *Thirty Years of Labor 1859~1889*, New York: A. M. Kelley, 1967, p. 73.

个各行业的联合会"①。骑士团的会章明确提出,废止不公正分配产品,使劳动者享受全部劳动果实的事业,只有依靠那些"遵从'不劳动者不得食'这一神圣格言的人们的联合努力才能完成"②。然而,实现这个目标,并非易事。劳动骑士团建立之初不过是一个秘密的工人小组,会员不超过十人,第二年也只达到六十九人。如果说,骑士团从成立到解散经历了四个阶段,那么前三个阶段都是从小到大的发展时期,共经历了十七个年头才成为庞大的工人群众组织。

从成立到1873年是第一阶段。这是劳动骑士团从建立地方分会走向建立地方分会的时期,进展极为缓慢。劳动骑士团刚建立的时候是一个单一行业的服装裁剪工人协会,后来叫作第一地方分会。参加协会的人只限于服装裁剪工人,也有少数其他行业的工人参加活动,但不交会费,无表决权,被称为"会友",他们的任务是回去筹建本行业的地方分会。1872年出现了第一个组建地方分会的高潮,仅在费城就成立了十九个地方分会。1873年底,这里的地方分会增加到三十一个。根据第一地方分会的倡议,当年底,第一地方分会宣告成立。地方分会的成立标志着第一阶段的结束。

从1873年到1878年是第二阶段。这是从建立地方分会到建立全国性组织的时期,建立组织的活动向费城以外地方发展。1874年,在坎顿建立了第二地方分会。第二年8月,又在匹兹堡建立了第三地方分会。到1877年,十五个以上的地方分会在宾夕法尼亚、新泽西、南卡罗来纳、康涅狄格、俄亥俄等州相继建立。③1876年,建立全国组织的问题已经提上日程。7月,费城第一地方分会试图在费城召开代表大会,但匹兹堡第三地方分会拒绝参加,这次尝试遭到失败。1877年5月,匹兹堡第三地方分会召开代表大会的努力也未成功。1878年1月1日,第一和第三地方分会实行妥协,共同召开雷丁大会,并通过了会章,全国性组织宣告成立。不过这时劳动骑士团仍然是一个人数不多而且带有行会习气的秘密组织。

从1878年到1886年是第三阶段。这是劳动骑士团抛弃秘密原则和行会

① Charles A. Madison, *American Labor Leaders*, New York: Harper, 1950, p. 63.

② Philip S. Foner and Brewster Chamberlin eds., *Friedrich A. Sorge's labor Movement in the United States*, p. 252.

③ Morris Hillquit, *History of Socialism in the United States*, p. 265.

习气,转变为庞大的工人组织时期。在这个阶段行将结束的时候,它获得了突然的发展,从几万人一下子增加到70万人。[①]

从1886年到1916年是第四阶段。这是劳动骑士团的衰落时期。它在短短几年中几乎丧失了一切重要阵地,到19世纪90年代,已成为一个弱小的工人组织而苟延残喘。1916年,劳动骑士团宣告解散。

二

劳动骑士团的兴起取决于一定的客观历史条件。第一,这是美国社会经济和工人运动发展的结果。19世纪80年代,美国的工业革命已经完成,大机器生产在全国范围内取得了全面的胜利。1884年,工业产值在国民经济中的比重超过了农业产值,为53.4%比46.6%。[②]工业无产阶级已经形成,并不断扩大自己的队伍。真正意义上的工业资产阶级和工业无产阶级的大规模搏斗被提上了日程。在新的历史条件下,美国工人阶级迫切需要建立一个统一的强大的工人组织来保护自己的利益和指导自己的行动。全国劳工同盟就是这种尝试,但未成功[③],于是骑士团应运而生。一位美国史学家说得好,"面对旧工联的行业独特性和资本的不断集中",不分行业,不分熟练工和非熟练工的团结,"是工人运动明显的需要。这种'团结'的思想典型地反映在骑士团的一句格言中:'一人受害,大家关心!'这句话吸引着成千从未参加组织的工人加入骑士团的队伍"。[④]

其次,骑士团的兴起取决于美国工人运动的发展状况。当时,除骑士团以外,还有三种力量。第一种力量是行业工会。行业工会是熟练工人的组

---

① 关于劳动骑士团极盛时期人数,没有固定的说法。有的认为近一百万人,有的认为约七十万人,有的认为在五十万人到七十万人之间。这里采用第二种说法。

② 中国科学院经济研究所世界经济研究室编:《主要资本主义国家经济统计集1848~1960》,第14页。

③ 全国工人联合会成立于1866年,它的领导人是美国杰出的工人活动家席威思。这个组织曾团结美国工人为争取八小时工作制而斗争,并于1869年派代表参加第一国际巴塞尔大会。19世纪70年代初,由于受拉萨尔主义和凯洛格货币改革论的影响趋于瓦解。

④ Sidney H. Kessler, "The Organization of Negroes in the Knights of Labor", *The Journal of Negro History*, Vol. 37, No. 3, Jul. 1952, pp. 248-276.

织,过去曾起过积极作用。但随着运动规模的扩大,行业工会显得过于狭窄,已不能适应斗争的需要。1873年经济危机沉重地打击了行业工会,使它一蹶不振。据统计,1873年经济危机前夕,约有三十个全国性工会,每个工会拥有的会员从几千人到几万人不等。到1877年,全国性工会只剩下七八个了,而且严重减员,有的减员2/3,有的名存实亡。[1]在经济危机期间,一些工会活动家试图成立全国性工人组织来加强工人的力量,但未能奏效。1872年7月15日宣告成立的工业大会两年后就垮台了,始终无法恢复活动。秘密工人组织工业兄弟会存在的时间也不长。在这两个组织停止活动以后,实际上已经不存在任何全国性的工人联合机构了,工人们对行业工会感到失望。

第二种力量是社会主义者。19世纪70年代前半期,这支力量的核心是第一国际美国各支部。它们在反对失业的斗争中曾开展过有益的工作,在有的地区起过核心作用。1873年10月底,国际工人协会北美联合会执委会发表一个宣言,号召工人按街道、区域组织起来,建立俱乐部,在每个城市建立中心机构。宣言还建议已经组织起来的工人向当地政府提出就业、实行八小时工作制等要求。纽约、芝加哥等工业中心的失业工人都在当地第一国际支部的影响下举行了示威游行,但是这项工作没有坚持下去。第一国际美国各支部都存在着严重的思想混乱和宗派情绪,拒绝在土生美国工人中开展广泛深入的工作,致使社会主义运动长期局限在德裔工人圈子内,而不能同广大工人相结合。就连佐尔格也没有认识到在土生美国工人中开展工作的重要性,片面地强调移民也是"美国的公民",是"这个国家的工会和劳工协会中重要的、很大的部分"[2]。

在严重的宗派情绪的支配下,第一国际美国各支部一开始就脱离了土生美国工人。在1871年1月24日成立的中央委员会中,没有代表土生美国工人的中央委员。1872年,第一国际北美联合会所属的二十二个支部中,只有三个英语支部,而且并非都是土生美国工人组成的。[3]到1875年,在北美联合会中竟连一个能开展活动的英语支部都没有了。[4]恩格斯曾多次告诫美国的社

---

① [美]方纳:《美国工人运动史》第1卷,第649页。

② Samuel Bernstein, *The First International in America*, p. 55.

③ Samuel Bernstein, *The First International in America*, p. 141.

④ Samuel Bernstein, *The First International in America*, p. 265.

会主义者,要冲破宗派圈子,在非德裔工人中开展工作,但始终未被接受。①

1876年,第一国际解散以后,美国的社会主义者联合成立美国工人党(后称社会主义工人党)。这就是美国工人运动中的第三个派别。经过改组的社会主义者仍然没有克服宗派情绪,而且接受了拉萨尔主义和无政府主义的影响。尽管它把社会主义作为奋斗目标,但始终未能成为名副其实的工人政党。1881年10月,党内的无政府主义者在芝加哥举行大会,成立革命社会主义党。1882年,新从德国迁来的无政府主义者又进行了一系列的分裂活动,使社会主义工人党进一步衰落,成为一个德裔工人的宗派。1883年,该党的人数降到1500人。②恩格斯曾严肃批评说:"这个党只有一个虚名,因为到目前为止,实际上它在美国的任何地方都没有作为一个政党出现。而且它对美国来说,在一定程度上是外来的,因为直到最近,它的成员几乎全是德国移民,他们用的是本国语言,并且大多数人都不大懂得美国通用的语言。"③

第三种力量是美国劳工联合会。这是一种新型的工会,其前身是1881年建立的美国和加拿大有组织行业工会与劳工会联合会。不过,这支力量1886年以前在工人群众中没有什么影响。

上述三种力量在当时都不具备发展为具有广泛影响的全国工人组织的条件,这个使命客观地落到了骑士团身上。

三

劳动骑士团不仅具有有利的客观条件,而且具备了基本的主观因素。第一,劳动骑士团在长期实践中克服了行会习气。骑士团成立之初行会习气相当浓厚,骑士团的"首领"都被加上离奇的头衔。总负责人叫作"总会长",下设"大哲人""荣誉领班""草野骑士""档案秘书""财务秘书"等职务。骑士团基本上是一个排外性组织,在1873年费城第一地方分会建立以前,只允许当过学徒的裁剪工人加入第一地方分会,其他行业的工人是没有资格成为会员

---

①《马克思恩格斯全集》第39卷,第266页。

② Joseph G. Rayback, *A History of American Labor*, p. 153.

③《马克思恩格斯选集》第四卷,第261页。

的,最多只能有少数人"寄留"在那里,作为"会友"。正如方纳所说:"该会早期的各分会的主要特点,就是要使自己成为一个严格的行会组织。"①首先起来反对行会习气的是第一地方分会的群众。1870年7月28日,有人在会议上提出,取消服装裁剪工人地方分会的名字,使它成为各行业工人都可以参加的组织。这个提议虽然没有通过,但在会员中产生了影响。骑士团第二任总会长鲍德利说:"这一思想是由一位相信分会的大门应当向各行各业敞开的会员提出的。"②这次会议后,在其他行业发展组织的工作开始进行。到1872年,在纺织、机器制造、冶铁、木工、泥瓦工等行业中已经建立起一批新的地方分会。1878年中央机构建立以后,劳动骑士团不再受行会习气的束缚,开始作为一个全国性工人联合组织登上了历史舞台。这个事实引起了资产者的惊恐。1878年8月17日,《纽约论坛报》刊登了一则耸人听闻的消息,说骑士团是一个"拥有80万人的秘密联盟",一个"危险的地下政治组织"。这个数字显然是被夸大了,根据1879年1月的统计数字,当时只有9000人。③

第二,骑士团废除了秘密原则,转变为公开的群众性工人组织。在骑士团和广大工人之间的一道严重障碍就是密谋原则。这个原则是劳动骑士团的创始人错误地总结了经验,为了避免重演雇主开黑名单解雇罢工工人的悲剧而采取的。每一个被允许加入劳动骑士团的人都要履行一套秘密的宣誓仪式,然后才被告知这个秘密会社的情况、握手的特别形式、特别口令、暗号,等等。甚至劳动骑士团这个名称也是保密的,一直到19世纪70年代末从未使用过。一切印刷文件都使用五个星号(*****)来代替,所以有人把它叫作五星会。开会通知总是用隐晦难解的暗号写在人行道旁。例如,$8\frac{148}{8000}$ 表示第八〇〇〇地方会议于8月1日8时开会。第一任总会长斯蒂芬斯是秘密原则的坚持者,直到他辞去总会长以后,这项原则才于1881年废除。劳动骑士团乃成为公开的工人组织,向所有的工人敞开了大门。正如美国史学家凯斯勒所说:"劳动骑士团的真正成长是从那时开始的。"④

---

① [美]方纳:《美国工人运动史》第1卷,第646–647页。

② Terence V. Powderly, *Thirty Years of Labor 1859–1889*, p. 77.

③ [美]方纳:《美国工人运动史》第1卷,第148页。

④ *The Journal of Negro History*, Vol. 37, No. 3, Jul. 1952, p. 248.

第三,骑士团支持罢工运动,维护广大工人的利益。本来骑士团的领导人是反对罢工的。骑士团的纲领宣布罢工是"极其不幸的事情",强调该团的目标"只有通过立法制度始能实现"。但是,在形势的推动下,骑士团不自觉地投入了运动,因而取得了广大工人群众的信任。1884年到1885年间,骑士团领导过一些重大的抵制运动和罢工斗争,并多次迫使资产者让步。例如,骑士团的第三二一八地方分会曾于1885年初派人支持密苏里太平洋铁路、密苏里—堪萨斯和得克萨斯铁路的罢工,并拨出3万美元帮助罢工者,使这次罢工取得了胜利。劳动骑士团的声誉随着罢工运动的开展而迅速提高,成为运动的一面旗帜。成千上万的工人涌进骑士团,一些历史学家称之为"大变动时期"。格罗布强调指出:"从来没有这样多的人加入有组织工人的队伍。"① 威廉·福斯特认为,骑士团"由于进行了经济斗争而获得很大的成就。在1884—1885年间,协会在电报、矿山、伐木和铁路工人的许多次大罢工中,特别有力地发挥了作用。横遭摧残的工人群众对这个新的组织抱着很大的希望,雇主们对它却感到惊慌失措。劳工协会迅速地成为产业斗争中的一支强大的力量"②。

第四,骑士团规定和部分实现了"不分民族、性别、熟练程度和肤色,把所有行业的劳动者团结在一起"③的原则。在对待黑人问题上,骑士团的政策是正确的,并取得了一定的成就。据工人记者约翰·斯文登报道,"南部存在着成百的有色人地方分会"④。在骑士团的鼎盛时期,黑人会员曾达到6万人。⑤ 劳动骑士团还冲出了德裔工人的小圈子,成为一个以土生美国工人为主的组织。恩格斯对此曾予以充分肯定,他高兴地指出:"在美国,除纽约之外,真正的运动正在越过德国人向前发展。'劳动骑士'是真正的美国人组织。"⑥但是,骑士团领导人对待华工的态度是极其错误的。鲍德利曾规定禁止亚洲人参加骑士团,并支持政府的排华政策。骑士团的主要领导人对于反对华工的恐怖暴行也不采取措施,甚至加以纵容,这不能不说是骑士团的一个污点。

---

① Gerald N. Grob, *Workers and Utopia*, p. 65.

②[美]威廉·福斯特:《美国共产党史》,第65—66页。

③ Norman J. Ware, *The Labor Movement in the United States, 1860-1895*, p. 382.

④⑤ Gerald N. Grob, *Workers and Utopia*, p. 53.

⑥《马克思恩格斯全集》第36卷,第564页。

由于劳动骑士团具备了上述几个必要的主观条件,它才可能于1885年到1886年间突然兴起,一下子就增加了60万人。[1]在它的队伍中不仅有熟练工,而且有非熟练工,不仅有白人工人,而且有黑人工人,不仅有德裔工人,而且有非德裔工人。

四

劳动骑士团突然衰败的原因是多方面的。

第一个原因是思想上和组织上的严重混乱。恩格斯早就指出:"这一团体混乱的原则和可笑的组织看来是同他们自己的混乱情况相适应的。"[2]骑士团本来是一个以工人为主体的工人组织,随着入会条件的变化,变成了一个成分混杂的团体。按照骑士团会章的规定,10人以上即可组成地方分会,其中2/3的会员必须是工人;除去律师、银行家、酿酒商、医生四种人以外,其他社会阶层的人都可以加入,但不得超过总人数的1/4。鲍德利上任以后对劳动者一词做了非常广泛的解释,认为"必须让有志于为世界的利益而生产的所有人理解:他们的利益是一致的",工人中间认为只有从事体力劳动的人才是"工人"是一种"狭隘的偏见"。[3]1882年,他又进一步在一个专门文件中指出,如果地方分会愿意,可以吸收资本家。[4]结果,大量非无产阶级成分、资产者、神职人员进入了骑士团。根据1882年的统计,在140个地方组织中竟有53个基本上不是由工人组成的。[5]1878年雷丁大会通过的会章混乱不堪。这个会章有1个序言、28章、351条条文、43条规定、46页附录,合在一起印成一本150多页的小册子。其中包含有社会主义的要求、资产阶级的民主要求、改良主义、拉萨尔主义、亨利·乔治的主张,等等。连鲍德利也承认,对于普通会员来说,会章序言的内容"在短期内……是无法全部理解的"[6]。

---

① Gerald N. Grob, *Workers and Utopia*, p. 65.

②《马克思恩格斯全集》第36卷,第566页。

③ Terence V. Powderly, *Thirty Years of Labor 1859-1889*, pp. 258-259.

④ Norman J. Ware, *The Labor Movement in the United States, 1860-1895*, p. 382.

⑤ Norman J. Ware, *The Labor Movement in the United States, 1860-1895*, p. 158.

⑥ Terence V. Powderly, *Thirty Years of Labor 1859-1889*, p. 297.

会章规定的目标是谋求全人类的幸福。序言中虽然也提到要创立一个制度来保障工人有权享受自己创造的财富和现代社会拥有的一切物质文明，但这并不是社会主义制度。鲍德利曾声明说："劳动骑士团的目的在于使每个人成为他自己的雇主。"[①]格罗布认为，劳动骑士团的主张是向后看而不是向前看，"他们着重反对工业秩序的发展，企图恢复过去时代想象中的更简单更富于人情味的社会"，也即"废除雇佣制度并恢复过去简单的工匠和帮工的关系"。[②]

会章也反映了自由土地运动的要求。序言声明，应当"把公共土地——人民的遗产——留给真正的垦殖者，不再给铁路和投机商1英亩土地。"[③]会章第四条还强调指出："土地和一切自然财产资源都是人民的财产，不能成为投机买卖的对象。居住和使用才能取得拥有土地的权力。"[④]

会章同样反映了金融改革论者凯洛格的主张。[⑤]他的理论对19世纪六七十年代的工人运动产生过极其有害的影响。全国工人联合会（又译为全国劳工同盟）就是由于大部分会员信奉这一理论而垮台的。劳动骑士团重蹈覆辙，在会章第十四条中规定："建立国家货币制度，在这个制度下把必要的周转金直接交给人民而不经过银行的干预，一切国家发行的货币都是偿还公债和私债的法币，政府将不保障和承认任何私人银行或建立银行企业。"[⑥]

劳动骑士团的会章中还杂有拉萨尔主义的成分。会章序言把"建立生产和消费合作组织"作为一个重要目标提出来。[⑦]鲍德利进一步解释说："一旦组织成立后我们应当作什么呢？我的回答是：通过创建合作制的办法使得你的组织具有实际效用。"[⑧]劳动骑士团还奉行拉萨尔主义者反对工会运动的政策。它的总书记突勒认为："劳工骑士团的责任和目的正是要消除这种工会

①② Gerald N. Grob, *Workers and Utopia*, p. 38.

③⑦ Terence V. Powderly, *Thirty Years of Labor 1859-1889*, p. 129.

④ Philip S. Foner and Brewster Chamberlin eds., *Friedrich A. Sorge's labor Movement in the United States*, p. 253.

⑤ 他主张由政府设立安全基金，发行以不动产作储备的纸币，实行低利率贷款，并声称这是医治资本主义社会的唯一办法。

⑥ Philip S. Foner and Brewster Chamberlin eds., *Friedrich A. Sorge's labor Movement in the United States*, pp. 253-254.

⑧ Terence V. Powderly, *The Path I Trot*, New York: Columbia University Press, 1940, p. 269.

情绪。"①

骑士团的领导人对待政治斗争的态度出尔反尔,尤为混乱。鲍德利在口头上曾表示支持政治斗争,认为工人阶级所面临的大部分问题需要通过政治行动才能解决。1884年通过的地方分会章程甚至明文规定:"我们应该教育会员们依靠严密的组织、合作和政治行动,并且通过这些来消灭工资制度。"②然而,在实际行动上,鲍德利却反对进行政治斗争。他下令禁止各级组织参加竞选运动,并警告说,那些擅自提出候选人参加竞选的地方分会"就要失去作为骑士团成员的权利"。他公开反对工人政党,说什么"骑士团的任务是把公民置于政党之上",工人党"不符合美国制度的精神"③。

劳动骑士团的组织机构也是混乱的。它的基层组织地方分会大部分是按照行业组织起来的。据1886年统计,在1499个地方组织中有836个按行业组成的分会。例如,费城的第一、芝加哥的第二四、马萨诸塞的第三〇地方分会就是这种性质的组织。④但是,地方分会一级组织却大部是地方性的跨行业组织。除此以外,骑士团全国会议还曾通过决议,允许在骑士团内部组织全国性的行业分会。⑤1878年至1884年间,经总执行委员会批准建立的全国性行业分会有:一个电报工人全国分会、两个煤炭工人全国分会、五个制鞋工人全国分会、三个铁路职工分会、一个印刷工人全国分会,以及水管工、皮带工、城市交通运输部门雇员全国分会等。⑥后来,总执行委员会甚至允许全国性行业工会加入骑士团。这些不同类型的组织往往各行其是,造成骑士团步调的不统一。

这几个方面的混乱状况使得骑士团在关键时刻犹豫、动摇,不能采取果断措施来扭转不利形势,同时也造成了组织上的分裂。早在1884年就出现了分裂的迹象。由于骑士团内部反对工会情绪的滋长,以纽约第四九地方分会为

---

① [美]方纳:《美国工人运动史》第2卷,第92页。

② [美]方纳:《美国工人运动史》第2卷,第94页。

③ Terence V. Powderly, *Thirty Years of Labor 1859–1889*, pp. 282–283.

④ Norman J. Ware, *The Labor Movement in the United States, 1860–1895*, p. 161.

⑤ [美]方纳:《美国工人运动史》第2卷,第63页。

⑥ Gerald Grob, "The Knights of Labor and the Trade Unions, 1878–1886," *The Journal of Economic History*, Vol. 18, No. 2, June 1958, p. 180.

代表的一派要求总会取消行业分会组织。1886年4月26日,劳动骑士团内部的各工会组织领导人联合做出反应,并发出通告指责说:"这些人硬要解散我们的地方工会,并正在工人运动中挑起对立和制造混乱,从而造成了难以估计的损害。"①5月18日,他们又在费城聚会,提出了"二十五日条款",递交劳动骑士团的克里夫兰大会。内容有四点:(一)应当允许行业分会组建全国性行业组织;(二)允许行业组织从属于它自己的上级工会;(三)地方分会和地方分会不得干涉工会组织的罢工斗争;(四)任何领导人都不得干涉工会内部事务。②克里夫兰大会虽然研究了"二十五日条款",但未做出决定。会后,只是由鲍德利的钢铁工人联合协会发去一封信表示和解。他写道:"我们所要求你们的是在反对全体工人共同敌人的战斗中在某些方面和我们联合。"③然而,和解为时太晚,分裂已成定局。1886年11月,骑士团内部的许多工会领导人出席了劳联的成立大会。此后,各地的行业分会纷纷退出骑士团而转到劳联方面去。1887年,骑士团的人数从70万人锐减到548239人,1888年又降到259512人。④

骑士团衰败的第二个原因是"极不可靠的领导人"长期把持领导职务,恩格斯说他们是"习惯于玩弄腐败的美国党派伎俩"的人。鲍德利就是一个典型代表。

鲍德利玩弄权术,安置亲信,把骑士团的总执行委员会控制在自己手中,实行个人独裁。他可以随意解除地方分会领导人的职务,停止会员的会籍和发出停止罢工的命令。他可以不顾广大会员的反对而一意孤行,排挤、开除持不同意见者。鲍德利曾在致约翰·海依斯的信中自鸣得意地说:"我的领导机器在全国转动得很灵活。某些人不久将不得不离开总执行委员会或者被开除出去。"⑤鲍德利还通过亲信控制所属的各个委员会,特别是掌握实权的资格审查委员会。在他就任总会长以后,骑士团的历次代表大会基本上都是在他的操纵下进行的,骑士团的一切政策都受到他的影响。

① Charles A. Madison, *American Labor Leaders*, p. 65.

② *The Journal of Economic History*, Vol. 18, No. 2, June 1958, p. 188.

③ Charles A. Madison, *American Labor Leaders*, p. 66.

④ Norman J. Ware, *The Labor Movement in the United States, 1860-1895*, p. 66.

⑤ [美]方纳:《美国工人运动史》第2卷,第109页。

以鲍德利为首的劳动骑士团领导层奉行的阶级调和政策给骑士团造成了最大的危害。鲍德利宣称："拥有资本的人并不是我们的敌人……因为总的来说，我们所要努力学习的正是怎样取得资本及怎样正当地使用它。"[①]在行动上，鲍德利总是站在资产者一边破坏罢工斗争，甚至在资产者向骑士团发动猖狂进攻的时候，还一再要求会员采取"克制"态度。

　　鲍德利还讨好教皇，希望得到天主教会的支持，他甚至把教皇的态度看成是骑士团兴衰的关键。由于鲍德利采取屈从于教会的政策，美国教会中的两大派——新教和天主教都在骑士团内部拥有相当大的影响。第一任总会长斯蒂芬斯就是新教徒，鲍德利则是天主教徒。[②]

　　鲍德利也是一个实用主义者，典型的两面派。在反对秘密原则的争论中，他为了得到骑士团内部社会主义者的支持而加入了社会主义工人党，并表示赞成社会主义思想。后来，他又为了讨好罗马教皇和资产者，不仅不敢参加社会主义者的活动，而且不承认自己是社会主义工人党的党员。

　　骑士团的事业在很大程度上是葬送在鲍德利一类领导人的手里的。对这个结局，恩格斯早就预料到了。他指出："不合理的组织和极不可靠的领导人"，"会很快地在那个组织内部引起危机"。[③]他希望美国的社会主义者"在他们中间进行工作，在这批完全可塑的群众中培养一个核心……在目前的'骑士团'必然发生分裂的时候能够把该团的领导权（至少是一部分领导权）抓到自己手中"。[④]然而，当时以社会主义工人党为核心的社会主义者没有理解恩格斯的教导和自己的责任，对骑士团采取蔑视和疏远的态度。尽管有不少社会主义者加入了骑士团的地方组织，并曾起过重要作用，但他们始终是以个人身份进行活动的。社会主义工人党的领导人从未在骑士团内部开展培养新核心的工作，对于会员同领导人之间的冲突也一直持观望态度，致使鲍德利的错误领导延续到1893年。

---

① Joseph Ray Buchanan, *The Story of a Labor Agitator*, New York: Outlook Company, 1903, pp. 320-321.

② Henry J. Browne, *The Catholic Church and the Knights of Labor*, Washington: Catholic University of America, 1949.

③《马克思恩格斯全集》第36卷，第558—559页。

④《马克思恩格斯全集》第36卷，第566页。

五

劳动骑士团衰败的直接原因是反对罢工和出卖罢工,骑士团的领导人从来就是反对罢工的。鲍德利认为:"工人同资本家的分歧可以不通过如像罢工这样的实践来加以解决,众所周知,罢工是要付出高昂代价的……"①骑士团的总执行委员会甚至把罢工说成是"野蛮和工会主义的残余"②。可是,骑士团本是以支持罢工起家的。正如方纳所说:"劳动骑士团所取得的成就,是违背这些领袖们的意志的。"③骑士团的领导人顽固坚持反对罢工的立场,1886年以后变本加厉,自然造成了灾难性后果。

1886年春天的第二次高尔德铁路系统工人罢工,是由于公司方面拒不执行协议,随意解雇骑士团成员,延长工时,不增加工资引起的。罢工从1月开始,持续了四个多月,公司陷于困境。最后,政府不得不动用军队,对罢工者实行镇压。七名罢工工人惨遭枪杀。在这紧要关头,鲍德利不仅不支持罢工和殉难者,反而出面调解,要求工人停止罢工,听候仲裁,最后甚至片面下达复工命令。鲍德利的行为鼓舞了资产者,瓦解了罢工运动,迫使罢工工人接受公司方面的苛刻条件,罢工者的利益受到了严重损害。许多骑士团的会员被列入黑名单,遭到解雇。可是,鲍德利竟然对这样的复工感到满意。

鲍德利对1886年5月1日争取八小时工作制总罢工的退避政策,也使骑士团的声誉大受损害。骑士团会章序言明文规定该组织的奋斗目标之一是"将劳动时间缩减为八小时"。④但是,鲍德利置会章于不顾,竟然向各级组织发出了禁止参加总罢工的秘密通告。对此,佐尔格评论说:"劳动骑士团公开站在斗争之外……这一立场在先进工人当中引起了极大的不满和造成了一定程度的混乱。"⑤在五一总罢工那天,芝加哥8万工人上街游行,要求

---

① Terence V. Powderly, *Thirty Years of Labor 1859–1889*, pp. 275.

② Terence V. Powderly, *Thirty Years of Labor 1859–1889*, pp. 277.

③ [美]方纳:《美国工人运动史》第2卷,第108页。

④ Terence V. Powderly, *Thirty Years of Labor 1859–1889*, pp. 130.

⑤ Philip S. Foner and Brewster Chamberlin eds., *Friedrich A. Sorge's labor Movement in the United States*, p. 209.

实行八小时工作制。许多骑士团的会员不顾领导人的命令行进在游行队伍的行列中。

三天之后，美国资产阶级进行反扑，一手制造了芝加哥秣市流血惨案，并诬陷几名无辜的被告。整个进步舆论界都全力声援受害者，要求政府无条件释放他们。但是，骑士团的领导人却急忙声明与此案无关。骑士团的《联合工人报》在9月25日以前，一直不刊登这方面的消息。

骑士团领导人的错误立场引起了广大会员的不满和愤怒。以芝加哥代表为核心的反对派曾在1886年里士满大会上和1887年明尼阿波利斯大会上，要求通过声援被告的决议，争论十分激烈，几乎使会议发生分裂。会后，反对派在芝加哥成立了临时总会议，选举过去被鲍德利开除出中央领导机构的西部工人领袖约瑟夫·R.布堪南作总会长，并且表示准备从"最贵族化和专制的集团"手中"夺取领导权"。

1886年10月，鲍德利对芝加哥肉类罐头厂工人罢工的出卖，使骑士团的会员更加失望和愤怒。罢工是由于工厂老板片面撕毁八小时工作制协议、延长工时引起的。屠宰场的25000名工人举行罢工。鲍德利根本不考虑给予罢工者任何支持，反而先后派遣巴利和卡尔顿去芝加哥控制局势。他要求参加罢工的骑士团会员无条件接受十小时工作制。他还给巴利发去一封电报。电文如下："执行委员会命令你和今天即将同你会合的卡尔顿采取接受旧工作制的办法解决问题……如果人们拒绝执行，就吊销他们的工人卡片。"①

这份电报的内容被鲍德利透露给报社记者，资产者立即采取强硬态度，中断了同罢工委员会的谈判，要求罢工者无条件接受十小时工作制。11月中旬，罢工在内外夹击下失败了。劳动骑士团的成员受到严厉的查究，厂方迫使他们必须在交出脱离组织的声明以后才能被雇用。罢工工人发觉自己被出卖了，在复工前夕的一次会议上通过决议，谴责"鲍德利蓄意给罐头公司老板们帮忙"。

鲍德利所推行的反对罢工的政策给工人运动造成了极大的损害。他自己也承认说："每当我们劳动骑士团以强力制止罢工和抵制行动时，雇主们就开始他们自己的'罢工'和'抵制'。当雇主们了解到我们会员进行罢工是违

---

① Terence V. Powderly, *The Path I Trot*, p. 153.

反会章时,就发生了二百多起停工解雇的事件。"①随着时间的推移,越来越多的会员认清了骑士团领导人反对罢工政策的危害性,对骑士团感到厌倦而纷纷离去。骑士团遂一蹶不振。

原载《南开学报》1985年第3期

---

①《约翰·斯文顿报》1886年10月3日,[美]方纳:《美国工人运动史》第2卷,第97—98页。

亨利·乔治运动与亨利·乔治其人

　　亨利·乔治运动是恩格斯所说的19世纪末美国工人运动的第一种表现形式,曾经在1886年下半年形成高潮,风靡一时。然而,亨利·乔治本人既不是社会主义者,又不是工人运动活动家,至多不过是一个"激进资产阶级思想家"①。他怎么能够领导这样一场有声势的工人运动呢? 这确实是一个极其矛盾的现象。因此只有对运动的性质和亨利·乔治本人做一个初步分析,才能够对这场运动的意义做出恰当的评价。

一

　　亨利·乔治运动发生在19世纪80年代美国阶级矛盾日益激化的时期。这时,美国工人阶级已经形成和固定化,并且全面地展开了反对资产者的政治斗争和经济斗争。1873年经济危机所造成的严重局势,加深了无产阶级和资产阶级的对立。危机爆发以后,美国资产者所采取的削减工人、降低工资、延长工时的政策,严重地威胁着美国工人的生存。几百万失业大军漂泊街头,更多的人陷于饥饿和贫困中。②共同的命运,促使美国工人紧密地团结在一起,产生了强烈的阶级意识。自1877年全国铁路工人大罢工爆发以后,美国工人运动持续高涨,迎来了19世纪80年代的蓬勃发展时期。恩格斯曾经高兴地指出:"美国工人在舞台上的出现,是件极不寻常的事;半年以前谁也没有看出任何迹象,现在他们却突然变成如此有组织的群众而行动起来,足

---

　　①《马克思恩格斯全集》第35卷,人民出版社,1971年,第191—193页;《列宁全集》第12卷,人民出版社,1959年,第347页。
　　② 据估计1877年至1878年间,失业工人人数达到300万。[美]方纳:《美国工人运动史》第1卷,第648页。

以引起整个资本家阶级的恐惧。"①

不过,19世纪80年代美国工人运动的主要表现形式仍然是经济斗争。无论是劳动骑士团,还是美国劳工联合会都把自己开展的运动限制在经济范围内,几乎完全忽略了政治斗争。而亨利·乔治运动则是美国工人强烈要求开展独立的政治活动的一种反映。它的产生是同美国政府在1886年5月1日全国大罢工以后所采取的镇压政策分不开的。这年秋天,美国许多地方的工人为了捍卫自己的利益,抗议政府对罢工者的迫害,纷纷建立了工人政党,出现了全国范围的政治斗争空前高涨的形势。工人们要求通过选举,把能够为工人办事的代表选进国会和地方政府,以更换那些压制工人的官员。1886年11月3日《哈泼斯·周刊》曾载文评论说,这是美国"政治中的新生力量"的出现。

纽约是这场政治运动的策源地。早在1886年8月5日,纽约中央工会在克拉伦敦大厅召开的各行业工会和各工人组织的代表大会,就通过了由美国社会主义工人党党员鲁德维格·贾勒林诺斯基提出的关于开展独立政治行动的建议。大会指定了一个由17人组成的委员会研究建立开展政治行动的组织问题。除去工会代表以外,参加这个委员会的还有劳动骑士团、劳工联合会和社会主义工人党的领导人。8月19日,第二次中央工会政治会议根据委员会的建议,成立了一个新的工人政党,叫作纽约及近郊独立工人党(选举结束后改名为统一工人党)。这个党就是亨利·乔治运动的发起者和组织者。

纽约及近郊独立工人党建立后不久,于1886年9月23日在克拉伦敦大厅召开了该党的纽约市长候选人提名大会。出席这次大会的有409名代表,代表着纽约市及其近郊的6万工人。亨利·乔治被提名为党的市长候选人。然而,亨利·乔治并不是一个工会活动家,他的当选完全是由于美国工人运动不成熟所造成的。当时美国工人组织中还没有出现像德布斯那样的具有重大政治影响的职业活动家,同时也没有成熟的强大的工人政党,所以在推举候选人的时候,往往选择那些口头上表示愿意维护工人利益的资产阶级和小资产阶级的代表人物,或者支持两大党中某一方面的候选人。

亨利·乔治是一个享有国际声誉的作家,曾经发表过一些批评政府和资

①《马克思恩格斯全集》第36卷,第482页。

本主义制度的言论,在各阶层人士中都拥有一定的影响。由于这个原因,独立工人党希望通过对他的提名,击败资产阶级政党的候选人。所以亨利·乔治的提名绝不意味着纽约工人接受了他的主张,使运动成为支持他个人竞选的运动,从而改变了运动的性质。恰恰相反,克拉伦敦大会的代表们是没有放弃自己的目标的。他们公开宣布:运动的目标是"废除使铁路和电报这类有益的发明成为压迫人民和扩张豪门权势的工具的这种制度""在即将到来的最重要的市长选举中,只有采取独立的政治行动,才有希望揭露并摧毁大批职业政客为了损害被他们掠夺的人民而采取的敲诈和投机行为。因此,我们号召一切期望有一个正直政府的公民同我们一起,努力求得实现这种愿望,我们可以在这一次表现出工人们的意志,甚至可以战胜结伙掠夺者们的金钱和组织。"①

社会主义者,包括社会主义工人党,对亨利·乔治的支持是有保留的。从发动工人的立场出发,他们支持亨利·乔治竞选,但并不同意他本人的主张。社会主义工人党的德文机关报《社会主义者》曾经这样写道:"亨利·乔治不是社会主义者,他的纲领也不是社会主义的。但是,亨利·乔治支持社会主义要求,如果他的纲领能够实现,那就有利于工人,对资本主义是一个沉重的打击。"②

由于社会主义者及各个工会、工人组织的全力支持,亨利·乔治运动的声势迅速壮大,整个纽约都为之震动。10月30日《社会主义者》的编辑欢呼说:"我们现在正生活在纽约市的革命时期。"

尽管在这次选举中,亨利·乔治未能当选,但纽约及近郊工人党所赢得的选票数字是令人鼓舞的。亨利·乔治得到68110票,占全部选票的31%。有人认为:"这次选举运动是美国有组织的劳工力量从未进行过的最强大的一次示威。"③这个成就显示了工人运动的巨大潜力,对其他地区工人的独立政治行动产生了强烈的影响。继纽约之后,几十个州和重要城市的工人联合组织都提出了自己的候选人。

---

① 《约翰·斯文登报》1886年10月3日,转引自[美]方纳:《美国工人运动史》第2卷,第149页。

② Nathan Fine, *Labor and Farmer Parties in the United States, 1828-1928*, New York: Rand School of Social Science, 1928, p. 44, 45.

③ 《爱尔兰世界报》1886年11月6日,转引自[美]方纳:《美国工人运动史》第2卷,第158页。

工人独立政治运动的另一个重要基地是芝加哥。1886年8月21日,在芝加哥工人代表会议上成立了独立政治行动联合会。参加这个联合会的有四十七个工会和劳工组织、四十一个劳工骑士团分会和一个叫作人民党的俱乐部组织的代表。该联合会在9月23日的会议上定名为统一工人党。芝加哥统一工人党在1886年的选举运动中取得了引人注目的成绩,在它的候选人名单中,当选州参议员的一人,州众议员的七人。

然而,亨利·乔治运动是一个松散的步调不一致的运动,参加者成分极其复杂,在1886年经历了高峰时期以后,很快就由于内部的思想分歧而发生了分裂,1886年以后趋于衰落。

二

亨利·乔治参加工人的独立政治行动,而且被推为旗手,完全是在特定历史条件下所发生的、不可避免的错误。无论就他的经历,还是就他的主张来看,他最多不过是工人政治运动的同路人。恩格斯在1887年9月16日致佐尔格的信中指出:"去年11月把他推为旗手,是个不可避免的错误,为此必须付出代价。"[1]恩格斯还进一步指出,这个不可避免的错误就在于,"把乔治放在一个连他自己都不理解的运动的领导地位。乔治作为整个工人运动的旗手,是自欺欺人的"[2]。

亨利·乔治于1897年再度竞选纽约市长的时候,公开向选民们声明:"我永远不配称劳工们的特殊朋友……我永远不会替工人们鼓吹和要求特殊的权利或特殊的同情。我要为一切人的平等权利而奋斗……我是一个民主主义改良家。"[3]他的这段自白明确无误地说明,亨利·乔治不是一个工人运动的活动家,甚至也不是一个热心的同情者。

1839年9月2日,亨利·乔治生于费城一个中产阶级家庭。然而,他只是在幼年时期享受过宁静安定的生活。十四岁那年,他不得不放弃学业,开始

---

①《马克思恩格斯全集》第36卷,第680、681页。

②《马克思恩格斯全集》第36卷,第679页。

③ Charles Albro Barker, *Henry George*, New York: Oxford University Press, 1955, p. 19.

过着半工半读的生活。他没有机会受高等教育,是一个自学成才的学者,在青年时期就开始接受生活的磨炼。1857年的经济危机使他的生活受到严重威胁,不得不于第二年随着西进运动的洪流到达旧金山,并在那里定居。他同朋友合办过报纸,也从事过印刷业,但却无法摆脱贫困,常常受到饥饿的袭击。他曾在走投无路的时候,铤而走险,拦住路人要钱。①

困苦的生活使亨利·乔治看到和体验到资本主义社会的种种弊端,产生了研究社会问题的强烈要求。1868年10月,亨利·乔治发表了一篇以《铁路将带给我们什么?》为标题的文章。他在文章中揭露说:"事实上,铁路的建成及随之而来的商业人口的急剧增长,并不能给我们大家带来幸福,而只对一部分人有利。一般来说(当然也有例外),有钱人将变得更富,穷人将更难得到财富。"②这篇文章中的激烈词句使亨利·乔治开始在美国社会上博得声誉。1879年,亨利·乔治的名著《进步与贫困》问世。这部书畅销不列颠联合王国和欧洲其他国家,顿时使他成为名噪全球的思想家。他曾先后应邀在爱尔兰、英格兰、苏格兰、法国、澳大利亚、意大利、新西兰等地演讲。

《进步与穷困》一书共分十篇,论述了资本、工资、人口、地租、利息、财富分配等方面的问题。涉及的面虽然很广泛,但结论只有一个,那就是,土地私有权是万恶之源,只要"废除一切租税,单独征收地价税",一切问题就会迎刃而解。③所以,"没有必要去没收土地,只有必要去没收地租"④。亨利·乔治的"单一税论"实际上是一种资产阶级理论,"不过是产业资本家仇视土地所有者的一种公开表现而已"。马克思曾经指出,亨利·乔治"的基本信条是:如果把地租付给国家,那就一切问题都解决了……这本来是资产阶级经济学家的观点"⑤。它之所以能够产生一定的影响,是因为这种要求也是共产主义纲领的过渡措施的一种。在《共产党宣言》里讲到过渡措施的地方,可以找到由国家占有地租的要求。但是,像亨利·乔治这样把地租国有化作为改造社会的唯一途径的论点,只有在冒牌的社会主义那里可以找到共鸣。其目的不是推

---

① Henry George, *The Life of Henry George*, New York: Doubleday & McClure Company, 1900, p. 149.

② Henry George, *The Life of Henry George*, p. 178.

③ Henry George, *Progress and Poverty*, New York: Appleton & Company, 1926, p. 404.

④ Henry George, *Progress and Poverty*, p. 403.

⑤《马克思恩格斯全集》第38卷,人民出版社,1972年,第191页。

翻资本主义制度,而是"要在比现在更广泛的基础上来重新巩固资本家的统治"。正如马克思所说:"他们丝毫不触动雇佣劳动,也就是丝毫不触动资本主义生产,想以此哄骗自己或世人,说什么把地租变成交给国家的赋税,资本主义生产的一切弊端就一定会自行消灭。"①

《保护贸易或自由贸易》是亨利·乔治的第二部代表作,其影响不亚于《进步与穷困》。这本书的写作耗费了三年时间,于1886年以单行本出版。全书共分三十章,详细地论证了自由贸易和保护主义的利弊,主张"真正的自由贸易",反对保护政策。而"单一税论"仍然是贯穿全书的基本思想。他在1886年9月25日致英国一位工厂主的信中指出:"我首先攻击了保护政策的全部主张,然后回头来论证,仅仅废除保护政策,对工人阶级依然毫无补益;假若要为他们着想,自由贸易原则就应充分付诸实现,这当然意味着废除一切税收和征用全部地价。"②

亨利·乔治在发表这两部代表作以后,继续进行写作,但所发表的作品都是旧调重弹,缺乏新的见解。有的作品甚至表现出了明显的倒退。例如,他在1891年10月发表的《劳工状况:一封给教皇利奥十三世的公开信》中,极力吹捧教皇,大骂社会主义者,公然把社会主义制度说成是"埃及式的专制主义"。

亨利·乔治的晚年体弱多病。他的最后一部著作《政治经济学的科学》生前未能完成,死后由他的长子小亨利·乔治整理出版。1897年,他雄心未减,再度竞选纽约市市长,但于当年10月28日夜因脑出血突发逝世。

三

这次纽约工人的独立政治行动虽然叫作亨利·乔治运动,但就运动的性质和亨利·乔治其人看来,两者之间是有本质差异的。因此,这种结合只是暂时的、极不稳固的,而且这种结合只能在思想混乱的情况下出现。恩格斯指出:"乔治先生是一个相当混乱的家伙,作为一个美国佬,他有自己的一套江

---

① 《马克思恩格斯全集》第35卷,人民出版社,1972年,第193页。

② Henry George, *Protection or Free Trade*, New York: Robert Schalkenbach Foundation, 1886, p. 352.

湖秘方,不过并不十分高明,但是,他的混乱恰恰反映了当时英裔美国工人阶级的思想发展状况。我们甚至也不能期望美国群众在六个月或八个月(这个运动到现在只有这样长的时间)的时间内,在理论上达到完美的地步。"①

亨利·乔治本人当然不可能因为被推为运动的旗手而放弃自己的主张,按照工人的要求来领导这次运动。他在运动进程中,不断把自己的主张强加给工人。这就不可避免地导致了他和社会主义者、工人运动活动家之间的冲突。

1886年,选举运动刚刚结束,亨利·乔治和他的支持者立即背着工人代表召集了一次群众庆祝大会,其目的是为建立一个以单一税政纲为基础的新的"真正的人民党"做准备。根据大会的决定,成立了一个拥有办公机构的三人执行委员会,由牧师爱德华·麦克格林博士、戴维·斯科特教授和约翰·麦克马金组成,其中只有一名工人代表。委员会的主要工作是:宣传土地改革及其他各种改革,在全国各地组织"土地和劳动俱乐部"。在这些新建的俱乐部中,自由职业者和企业主占统治地位,只有少数工人成员。亨利·乔治的单一税论成为俱乐部唯一的精神支柱。委员会最后改名为"土地和劳动委员会",它实际上是各地"土地和劳动俱乐部"的中央机构。这样,亨利·乔治就在工人的独立政治运动之外,建立了一个完全与之脱离的组织体系。

除此之外,亨利·乔治还利用宗教的影响,同麦克格林神父共同建立了"反贫穷协会",以便吸引更多的中产阶级分子。

通过上述措施,亨利·乔治悄悄地把运动从"整个劳工问题转到单一土地税问题上"了,从而使这场工人及其同盟者反对资产阶级的斗争转变为包括企业主和自由职业者在内的、群众反对所谓"上层社会"的各种政治上腐化分子的斗争。

亨利·乔治及其追随者的行动引起了工会主义者和社会主义者的担忧。他们反对亨利·乔治一伙的分裂活动,但仍然主张在克拉伦敦大会所通过的纲领的基础上继续保持独立工人党的统一,同时希望工人党改变迎合中产阶级的政策,包括塞缪尔·龚帕斯在内的许多工会领袖都对亨利·乔治的理论提出了尖锐的批评。例如,制雪茄工人国际工会的机关报指出:"亨利·乔治的

---

① 《马克思恩格斯全集》第36卷,第558页。

理论是一种陷阱和欺骗,他认为征收土地价值税将使在工厂和矿山工作的工人摆脱他们目前的不幸和贫困。任何有头脑的工会运动者绝不会相信乔治卖的成药……任何财政计划或新的征税计划都不会缩短劳工的工作时间。"①

　　早在1887年4月,恩格斯就预料到在不久的将来可能发生排挤社会主义者的事件。4月23日,他在致佐尔格的信中写道:"虽然乔治越来越深地陷在自己那臭名昭著的土地理论里面,可是海德门还想公开地站到乔治方面,因此必定压制一切社会主义的东西。"②大概在7月间,开始出现了统一工人党准备排斥社会主义者的传闻和迹象。在党的内部正在酝酿着一场激烈的争论。劳联的领导人龚帕斯曾在自传中回忆说:"在纽约,党的组织扩展到整个州。在统一工人党内部展开了关于社会主义者党员资格的争论。"③争论首先在区执行委员会内部展开。该委员会曾根据社会主义者的要求正式宣布:"社会主义工人党的党员身份并不使一个公民不能成为统一工人党的党员。"④同时,还将这个意见写进报告。但是,在8月5日区总委员会会议上,由于单一税论者占多数,在批准执行委员会报告的时候,竟然把上述那段话删去。结果引起了激烈争论,最后不得不提请会议主席裁决。主席约翰·麦克马金虽然是工人代表,但早已堕落为"劳工政客",一味追随亨利·乔治的政策。他立即趁机宣布:"凡是有社会主义者参加了意见的任何行动都是无效的。"⑤这个决定实际上等于对社会主义者下了驱逐令。龚帕斯曾这样写道:"在大会开幕以前(指1887年夏天召开的锡拉丘兹代表大会——引者),麦克马金的裁决已经众所周知:不允许任何社会主义工人党党员参加统一工人党的代表大会。"⑥佐尔格一针见血地指出,在竞选过程中,亨利·乔治一伙需要社会主义者的支持,曾经热烈地把社会主义者作为战友来欢迎,"但现在他们不再需要任何社会主义者了,不再需要任何资产阶级政党原则的反对者了,因为他

　　①⑤ [美]方纳:《美国工人运动史》第2卷,第183页。

　　②《马克思恩格斯全集》第36卷,第629页。

　　③⑥ Samuel Gompers, *Seventy Years of Life and Labor: An Autobiography*, Vol. 1, New York: E. P. Dutton and Company, 1925, p. 322.

　　④《旗帜报》,1887年8月14日。

们正在筹划建立一个自己的党,或者一个同现在的党实行联合的组织"①。

1887年8月17日,统一工人党的州代表大会在锡拉丘兹举行。参加大会的有一百七十七名代表,其中大多数是单一税论者和来自"土地和劳动俱乐部"的代表。亨利·乔治派完全控制了大会。但是,这并不等于说,亨利·乔治派在整个统一工人党内部占有压倒优势。因为他们的大会代表的代表性是值得怀疑的。一些"土地和劳动俱乐部"的代表只代表两三名会员,有的人甚至是通过不正当的手段取得代表资格的。

亨利·乔治及其支持者决定利用大会的有利形势,同社会主义者彻底决裂。他们根本不讨论工人阶级迫切关心的问题,却把驱逐社会主义者作为大会的主要议程。

社会主义者为了捍卫整个运动的利益,抗议麦克马金的错误裁决,委派了一个阵容整齐的代表团出席大会。在社会主义者代表中有著名的工人运动活动家S. E.谢韦希、路易斯·巴林勒、马克思·博希姆、劳伦斯·格朗伦德、雨果·沃格特、爱德华·戈尔德史密斯、沃尔特·弗鲁曼等人。谢韦希要求发言,但只得到了十五分钟发言时间,他义正词严地指出:"今天,你们已表现了你们的党的领导者的真正意图。他们的意图就是要把这个党最忠诚、最肯自我牺牲、最坚决的劳动人民排斥出去……"

"去年夏天,首先是纽约的社会主义者工人发动这次运动,随后在11月间汇成了一股强大的巨流。在纽约臭名远扬的抵制审判案之后,正是社会党唤醒工人,使他们了解到权利受到侵犯,因而有必要组织起来,这个组织后来便发展成为现在这个党。这些遭到侮辱和轻视的社会主义者就是在战斗中举起旗帜和带头的那些人,他们甚至对纽约的党员说:'现在是抗议、团结、组织起来和在选举中显示你们力量的时候了。'统一工人党正是从这种运动中产生出来的……"

"……

"可以把我排斥出去,把我从未犯过的罪加在我身上,但是,你们不能说我不是统一工人党的党员,因为我接受它的原则,因为我采取的一切行动都

---

① Philip S. Foner and Brewster Chamberlin eds., *Friedrich A. Sorge's labor Movement in the United States*, Vol. 1, p. 223.

是为了这个党的利益,我没有任何个人动机……如果事情就是如此,那么你们将看到,统一工人党排斥我们,就会同共和党从其队伍中排斥主张废除奴隶制度的人一样的荒谬和有罪。"①

谢韦希的发言使一部分代表受到感动。但亨利·乔治仍然坚持敌视社会主义者的态度,他发言反对让"见解不一致的成员继续留在它的队伍里"。最后,大会以91票对86票的微弱多数将社会主义者代表排斥出去。

随着社会主义者的被排斥,亨利·乔治终于同工人的独立政治运动彻底决裂了。英国的《自由报》曾经评论说:"因为统一工人党的锡拉丘兹代表大会是与中产阶级的联盟,劳工在会议上没有代表,甚至连微弱的少数代表也没有;而律师(十四名律师!)、医师、牧师、雇主和杂货商却充分代表了中产阶级的一切阶层。它的纲领是一个彻头彻尾的资产阶级纲领。"②

亨利·乔治反对社会主义者和背离工人的行动当然会使运动暂时受到削弱,但是从长远看这却是一件好事。恩格斯认为:"乔治宣布与社会主义者断绝关系,我认为是一件不召自来的好事,它能在很大程度上纠正下述不可避免的错误:把乔治放在一个连他自己都不理解的运动的领导地位。乔治作为整个工人运动的旗手,是自欺欺人的;乔治作为乔治派的领袖,很快就会成为历史遗物,成为像美国数以千计的其他宗派那样的一个宗派的首领。"③

事情不出恩格斯所料,亨利·乔治在1887年的选举中,在纽约只得到了3.6万票,比1886年少3.3万票。在此以后,亨利·乔治派迅速堕落为一个小小的宗派而完全丧失了政治影响。

对于亨利·乔治来说,失去广大工人就失去了立脚的基础和力量的源泉。他过去所取得的成就是同广大工人的支持分不开的。正如佐尔格所描写的那样,1886年的胜利是纽约工人努力的结果,正是他们在各个区成立了亨利·乔治俱乐部来组织竞选活动。他们曾在所有的街区举行集会,进行宣传鼓动,从而使得票数字超过6万。龚帕斯也曾回忆说:"我们在每一个选区都成立了亨利·乔治俱乐部……全城各地,什么时候人群能够在哪里集中起来,就在哪里

---

① [美]方纳:《美国工人运动史》第2卷,第187、188页。
② [美]方纳:《美国工人运动史》第2卷,第189页。
③ 《马克思恩格斯全集》第36卷,第679页。

举行工人集会。"①亨利·乔治恰恰忘记了这一点,因而受到了历史的惩罚。

亨利·乔治运动的突然兴起和急剧衰落都是不可避免的。它的最深刻的启示就是:工人的独立政治运动必须彻底摆脱资产阶级的影响,否则就必须为此付出代价。然而,作为一次美国工人的广泛的独立的政治行动,亨利·乔治运动在美国工人运动史上仍然是占有重要地位的。我们不能因为它同亨利·乔治的名字联系在一起而过多地加以否定。

原载《兰州学刊:美国史研究专辑》1986年7月

---

① Philip S. Foner and Brewster Chamberlin eds., *Friedrich A. Sorge's labor Movement in the United States*, Vol. 1, p. 316.

尤金·维克多·德布斯——美国无产阶级的敬爱领袖

在美国工人运动领袖人物名单中,尤金·维克多·德布斯的名字占有特殊的地位。列宁称他是"美国无产阶级最敬爱的领袖之一"[1],"美国的倍倍尔"[2]。

一

1855年11月5日,德布斯生于印第安纳州特雷霍特第四街北段447号一个贫苦工人家庭。由于家境贫寒,德布斯在学校读书的时间很短。1870年5月,当时德布斯还不满十五岁就被迫在特雷霍特铁路线上当一名小工,挣钱贴补家用。从此他开始在社会上生活,备尝艰辛,初步体会到工人阶级的苦难处境。1871年底,德布斯当上了司炉工,他一心想读书,拼命省钱,挤时间准备上商业学校。1873年的经济危机使他失业,他不得不放弃求学的打算,后来好容易在圣路易铁路线上找到了机车司炉工的工作。司炉工工作十分劳累而又危险,母亲常常为此担忧,他于是在1874年10月回到家乡,在一家杂货店里当店员。但他常常想念铁路上的弟兄们和火热的斗争生活。他后来回忆说:"作为一个机车伙夫,我懂得了在下雪和下冰雹的时候铁路工作的艰苦。铁路上任何时候都可能发生危险,失业的威胁、工资的微薄,以及铁路工人十分痛苦的命运。所以在童年时期,我就不可避免地感到工人的不平

---

① Philip S. Foner and Brewster Chamberlin eds., *Friedrich A. Sorge's labor Movement in the United States*, Vol. 1, p. 316.

②《列宁全集》第22卷,人民出版社,1958年,第118页。

了。"①不久以后,德布斯又回到铁路工人的队伍中。

德布斯经常利用晚上和周末时间同铁路工人交往和参加集会。一天晚上,他参加了火车司炉工兄弟会总会长乔舒亚·列奇的讲演会。列奇到这里来的目的是建立火车司炉工分会,宣传平等、互相友爱的思想。他的演讲深深打动了年轻的德布斯。不过,德布斯并不限于仅仅接受列奇的纯工会主义的主张,同时也受到资产阶级民主革命思想的熏陶。他曾经表示:"美国和法国的革命历史使我深深地被打动,而革命的英雄们和烈士们就成为我的偶像,他们当中以托马斯·潘恩为最。"②在讲演会上,德布斯当面向列奇申请加入刚刚成立的维哥分会,并得到批准。

加入火车司炉兄弟会是德布斯新的政治生活的开始。他回忆说:"我在有组织工人中的第一步就这样迈出去了,同时一种新的力量唤起了我的抱负,而我毕生对事业的方向也发生了变化。我充满激情,我的血液也在血管里沸腾,我夜以继日地为兄弟会工作。"③德布斯以忘我的工作博得同伴们的信任,当年就被推选为分会主席,并显示了卓越的才能。司炉兄弟会的老一代领袖列奇对他十分赞赏,相信他将来"会成为这个组织的首脑"④。

德布斯很快就在火车司炉兄弟会里崭露头角。1878年,他被任命为《机车司炉工杂志》助理编辑,1880年7月又担任了总书记和司库。他辛勤工作,使兄弟会的分会由原来的60个发展为226个,兄弟会的6000美元债款也全部还清。这时,德布斯已经成为一个备受尊敬的工人运动领袖了。但是,他并不满足于已经取得的成绩,决心改组兄弟会,使它成为一个有强大战斗力的工会组织。他清楚地看到,火车司炉工兄弟会是一个狭隘的行业性组织,在同铁路老板们的历次斗争中都暴露出各自为战、力量单薄的弱点。他大声疾呼宣传团结的重要性。他写道:"公司的股票持有者行动一致,人们为什么不

① [美]赫约特·摩里士、[美]威廉·恩:《德布斯——一个战斗的美国人的故事》,生活·读书·新知三联书店,1958年,第6页。

② Ray Ginger, *The Bending Cross: A Biography of Eugen Victor Debs*, New York: Russell & Russell, 1969, p. 25.

③ Bruce Rogers ed., *Debs: His Life, Writings and Speeches*, Chicago: Charles H. Kerr & Co., 1908, p. 80.

④ Ray Ginger, *The Bending Cross*, p. 23.

能照此行事呢？"①德布斯强烈要求按照产业原则把分散在各个兄弟会组织中的铁路工人组织到一个统一的产业工会中。通过德布斯的不断努力，一个具有强大战斗力的产业工会——美国铁路工会联合会终于在1893年建立起来了。这个联合会曾经在组织大北方铁路工人反对老板詹姆士·希尔的斗争中取得一系列辉煌的胜利。德布斯的名字也随着斗争的每一次胜利而日益为全国铁路工人所熟知。

二

德布斯不仅以积极的工作和卓越的领导才能赢得广大工人的信任，更重要的是他渴求真理，最终从一个一般的工会运动活动家转变为杰出的社会主义者，并向工人群众宣传社会主义理想。因此，人们总是把他当成引路人而予以信赖。

在1894年以前，他还不是一个社会主义者。他说："直到这个时候，我对社会主义只是略有所闻，其实对运动是全然无知的。"②1894年爆发的普尔曼大罢工成为促使他转变为社会主义者的决定性事件。这次罢工发生在普尔曼火车车厢制造厂，迅速扩展到全国许多条铁路线，成为铁路工人与各铁路公司进行的一场全国性的大规模斗争。德布斯作为刚成立不久的铁路工人联合会负责人，在罢工刚刚开始，即于5月14日和18日两次去普尔曼进行调查。他很快发现普尔曼工厂巧立名目对工人进行剥削的种种卑鄙手段，随即宣布在这次冲突中，"普尔曼公司是错误的！工资被不公正地削减到生活线以下，而房租则远远高于各地的同等级住房"③。他表示要以全国铁路工人联合会的全部力量支持普尔曼罢工运动。

全国铁路工人联合会这时已经是一个拥有425个地方分会、15万会员的强大工会了。《芝加哥时报》在它成立一周年时发表社论说："新的总组织在令人惊奇的短时期内所发挥的力量，比以前所建立的单单从一个产业部门的工人中吸收会员的任何联盟要强大得多。今天，美国铁路工会代表着大多数铁

---

①② Bruce Rogers ed., *Debs*, p. 81.

③ Bruce Rogers ed., *Debs*, p. 26.

路工人的利益、共同愿望和远大的抱负,而且在某种程度上也代表着他们的政治见解,这些工人包括属于美国大多数巨大铁路干线体系的所有部门和所有工种的大部分雇佣人员。"[1]在全国铁路工人联合会的支持下,罢工的规模迅速扩大,全国各地有15万铁路工人参加了这次罢工。罢工立刻使铁路总经理联合会陷于困境,总经理们所采取的种种破坏罢工的手段都未能奏效,全国的许多铁路相继瘫痪。然而,就在这个关键时刻,美国联邦政府出动军警,颁布禁令来镇压罢工工人,使罢工最终遭到失败。

德布斯从政府镇压罢工这一事实中获得深刻的教育。德布斯这样回忆说:铁路工人联合会在取得一些重大胜利以后,"下面接踵而来的决定性的冲击——普尔曼大罢工——美国铁路工人联合会再次取得了毋庸置疑的全面胜利,联合公司陷于瘫痪、束手无策。在这个时刻,却出乎预料地从整个军营发出了迅速的、接连不断的打击,这使我一时茫然失措,但接着就打开了我的眼睛——每一道刺刀的闪光和来福枪的火光都展现了阶级斗争。这是我的第一次社会主义实践课,虽然我还不懂得这个字的含义。"[2]美国学者H.韦恩·摩根也曾指出这次大罢工对德布斯的重大影响,认为:"普尔曼大罢工是他早期经历中的中心事件,因为这次罢工使他相信,在美国存在阶级斗争,同时,只有在资本主义被社会主义所取代的时候,人类才可能取得进步。从这一结论出发,他做好了为新的事业进行战斗的准备。"[3]

然而,对于德布斯来说,这只是转变的开始,他真正系统地接触社会主义理论是在罢工失败后被监禁的那段时期。德布斯和其他许多罢工运动领导人一起在罢工失败后受到政府审讯。结果,德布斯作为美国铁路工人联合会的领导人,于1895年被判处六个月监禁,服刑地点是伊利诺伊州麦克亨利县的伍德斯托克监狱。在狱中,德布斯很快就同囚禁在那里的社会主义工人党的活动家维克多·柏格相识,通过柏格和其他的革命者得到了马克思的著作和许多社会主义书刊,接受了社会主义的新思想,决心做一个自觉的社会主义者。德布斯回忆说:"正是在这里,社会主义逐渐以它不可抗拒的力量吸引

---

① [美]方纳:《美国工人运动史》第2卷,第231页。

② Bruce Rogers ed., *Debs*, p. 82.

③ H. Wayne Morgan, *Eugen V. Debs: Socialist for President, Syracuse*, New York: Syracuse University Press, 1962, p. 14.

了我。我开始阅读这些书,并考虑和研究(我们社会)制度的结构问题。"①

在德布斯所阅读的书刊中,考茨基的著作对他影响最大。当时,考茨基还是一个马克思主义者。德布斯曾回忆说:"考茨基的著作如此清楚和论证完备,使我不仅易于掌握他的论点,而且抓住了他的社会主义理论的精神——我感谢他和所有帮助我从黑暗走向光明的人们。"②

然而,从一个一般的工人运动活动家转变为一个成熟的社会主义者是不容易的。德布斯在转变过程中,也受到空想社会主义的影响,这是因为美国是一个受空想社会主义影响最深远的国家。从19世纪20年代到60年代,这里建立过一批又一批的欧文式的、傅立叶式的和卡贝式的公社,其影响到19世纪末仍然存在。19世纪90年代中期,德布斯热衷于宣传和组织社会主义公社试验。1896年,他公开主张到西部几个州去组织社会主义公社,然后从那里推动全国的社会主义革命。第二年,他本人甚至参加了美国移民社会民主社,但不久后退出,同栢格共同组织美国社会民主党,并将总部设在芝加哥。

不断地学习和不断地实践使德布斯在理论上逐步成熟,最明显的标志就是对待资本主义制度的态度的根本改变。过去,德布斯认为:"现在开展的革命并不是要改变政府形式……而是要使政府、法院和各种机构为美国人民谋福利。"③后来,他的看法就完全不同了。他写道:"资本主义制度曾经有过它自己的时代……而现在由于经济革命不可抗拒的规律,必须让位于它的继承者。"④1909年,德布斯在另一篇文章中进一步论述了社会主义革命代替资本主义社会的必然性。他写道:"社会主义的到来并非思辨哲学的事情,而是科学的论证。它是建立在强调社会发展规律基础上的历史哲学。卡尔·马克思——社会主义奠基人并没有发明社会主义,而只是发现了那种必然导致社会主义的社会发展规律。"⑤

德布斯同美国社会主义右翼领导人不同,他经常针对劳联领导人的阶级调和政策告诫美国工人不可忽视阶级斗争。1903年,他在《美国工会的成长》

① H. Wayne Morgan, *American Socialism, 1900-1960*, Englewood Cliffs: Prentice-Hall, 1964, p. 11.

② Bruce Rogers ed., *Debs*, p. 83.

③ *Locomotive Firemen's Magazine*, November 1897, p. 68.

④ *Social Democratic Herald*, Sept. 29 1900, p. 2.

⑤ *International Socialist Review*, July 1909, p. 1.

一文中指出："对于工人来说，最重要的事情是看见和了解阶级斗争。"①两年后，他又发表文章强调说："对于工人来说，在整个世界上需要认识的最重要的事情就是阶级斗争……工人阶级拥有绝对多数，他们有人数，他们应当得到权力。"②

德布斯宣传马克思主义的阶级斗争学说，这在当时纯粹工会主义盛行的情况下确实是独树一帜。纯粹工会主义的倡导者总是企图证明，美国工人只需要寻求合适的职业，同欧洲传来的社会主义和阶级斗争格格不入。德布斯则反复强调："今天我们已卷入了阶级斗争"，"在我们所生活的资本主义制度发展过程中，社会主要划分为两个阶级——拥有完成劳动和生产财富的工具的资本家阶级和被强制使用这些工具的广大工人群众。在这两个阶级之间存在着不可避免的经济冲突"。③他还要求美国工人加强团结，组成强大的阶级队伍。他写道："当前，以阶级斗争为基础的经济上和政治上的工人联合是工人阶级的最大需要。普遍缺乏团结意味着缺乏阶级意识，就是说受个人利益的影响，这一点可以、应当，并且必将通过革命教育和组织工作得到克服。"④

德布斯同劳联领导人的另一个原则分歧是对待罢工和暴力行动的态度。根据纯粹工会主义的原则，解决劳资纠纷的手段是谈判、仲裁，一切激烈的斗争方式都被排斥在外。劳联的领导人基本上按照这个原则行事，他们曾经多次破坏罢工运动。起初，德布斯也曾受纯粹工会主义的影响，对罢工和抵制持否定态度。他主持的《火车司炉工杂志》曾发表社论说："我们不相信暴力和罢工是调整工资的手段，而认为一切分歧都必须通过冷静的讨论，求得相互了解的办法解决。"⑤第二年，他在一篇署名文章中也明确地表述了这个看法："火车司炉工人最好不要陷进罢工的圈子。罢工意味着战争，火车司炉工的口号是和平。"⑥"抵制是一种可怕的武器，只有在出现可怕的错误的时候才

① *American Labor Union*, Sept. 3, 1908.

② *Industrial Union Bulletin*, Nov. 23, 1906.

③ Ronald Radosh, *Debs*, Englewood Cliffs: Pretice Hall, 1971, p. 29.

④ Ronald Radosh, *Debs*, p. 29.

⑤ *Locomotive Firemen's Magazine*, July 1883, p. 545.

⑥ *Locomotive Firemen's Magazine*, August 1893, p. 277, 278.

会被采用。"①

然而,在芝加哥大罢工以后,德布斯的态度立即发生了根本性的变化。他正式宣布罢工是"被压迫者的武器"②。1899年,德布斯郑重声明说:"这里发生了社会革命,要全面清除资本主义。在这个阶段,和平或者其他方式及任何妥协都是注定要失败的。"③

德布斯根据劳联领导人的行为断定这个组织不可能转变为一个可以依赖的工会。因此,他主张筹建一个富有战斗性的革命工会,把熟练工和非熟练工都组织起来。这个革命工会就是1905年建立的世界产业工人联合会(简称"世界产联")。世界产联成立之初确是一个有社会主义者参加的激进工会组织,给美国工人运动注入了新的活力。德布斯对这个组织曾寄予很大的希望,多次勇敢地挺身而出,驳斥对世界产联的种种诽谤和攻击。

对世界产联的诽谤和攻击不仅来自美国政府和资产阶级报刊,而且也来自社会党的右翼。麦克斯·海斯主办的《克里夫兰公民》、莫里斯·希尔奎特主办的《纽约前进报》和维克多·柏格主办的《社会民主先驱报》,在世界产联成立后几天就连篇累牍地发表文章,指责这个新生的工会。《社会民主党先驱报》认为,德布斯等应当对分裂工会负责! 要求他们赶快回到劳联的队伍里去。德布斯立即驳斥了《社会民主先驱报》的指责。他在致该报一位编辑的信中质问道:"从什么时候起《社会民主先驱报》成了劳联的正式机关报和特殊的辩护士? 又从什么时候起社会党的成员以必须参加劳联作为党员的条件? ……所有芝加哥的日报都同《社会民主先驱报》一样是劳联的辩护士,都在维护和保卫它。"④

德布斯满腔热情地支持世界产联这个新生组织。他号召工人同世界产联"一起罢工,一起投票,如果需要,就一起战斗"⑤。当世界产联主要领导人威廉·海伍德和莫耶被政府无理拘捕时,德布斯立即多方开展营救活动,并严正地警告政府说:"如果必要,作为总起义的第一步,一场总罢工将会爆发,工

① *Locomotive Firemen's Magazine*, Oct. 1886, p. 326.

② *Locomotive Firemen's Magazine*, Dec. 1888, p. 407.

③ *Social Democratic Herald*, July 1, 1899, p. 1.

④ Ray Ginger, *The Bending Cross*, p. 240.

⑤ *Industrial Union Bulletin*, Dec. 10, 1905, p. 233.

业将会瘫痪……他们把我们逼上绝路,现在轮到我们集合我们的力量同他们作战了","假如他们企图杀害莫耶、海伍德及其伙伴,那么至少有上百万的革命者将用枪炮来对付他们。"①

这一时期,德布斯的思想非常激进,经常研究历史上的武装起义,并发表自己的看法,1907年,他在《向理智呼吁》上发表一篇纪念约翰·布朗的文章,热情地赞扬布朗和他领导的起义称颂他"树立了勇敢精神和一心一意致力于全人类和整个时代理想的榜样"②。

三

德布斯不仅是出色的社会主义者,而且是反对帝国主义战争的英勇斗士。

第一次世界大战爆发后,第二国际的机会主义者立即采取了社会沙文主义的立场。美国社会党采取了不区分战争性质的错误的非战主义立场,并且为欧洲社会民主党人的社会沙文主义错误辩护。该党宣布"反对这场战争及一切假借任何理由发动的战争",同时又表示:"我们不想对欧洲兄弟党的行动妄加论断。我们了解他们是目前可恶的工业、政治和军事制度的牺牲品,它们在这种环境下尽了最大的努力"③。德布斯清醒地认识到这场战争的帝国主义性质,采取了毫不妥协的态度。他认为这场战争是资本家为了谋求私利而发动起来的,交战国的人民是直接的受害者。早在19世纪末,德布斯就对美国政府扩充军备感到忧虑:"在广大地区,工人们到处都在深切地注视这个行动。它意味着工人们将最后被征服。它将会带来面包和子弹的冲突、工资和火药的冲突。"④他认为掌握在资产阶级手中的常备军是镇压工人运动的工具,工人阶级不仅应当反对侵略扩张战争而且应当反对资产阶级政府的常备军,资产阶级政府的常备军"是统治者用来破坏群众的自由要求的可怕工具"⑤。

---

① *Appeal to Reason*, Mar. 10, 1906, p. 1.

② *Appeal to Reason*, Nov. 23, 1907, p. 280.

③ [美]威廉·福斯特:《美国共产党史》,第140页。

④ *Locomotive Firemen's Magazine*, May 1885, p. 472, 473.

⑤ *Locomotive Firemen's Magazine*, Oct. 1886, p. 454.

在美西战争中,德布斯坚决反对美国政府占领古巴、菲律宾和波多黎各,主张由当地人民在不受外来压力影响的情况下投票表决,确定自己的归属。

第一次大战爆发以后,德布斯立即揭露了战争的帝国主义性质,并驳斥了欧洲社会沙文主义者"爱国主义"的谬论。他于1914年11月发表文章指出:"我们社会主义者不需要真正的爱国主义,我们也坚决反对那种冒牌的爱国主义。'它是坏蛋们的最后避难所',它使得每一个强盗、恶棍和吸血鬼能够把他们散发臭气的尸体包裹在国旗当中,从而以'爱国主义'……的名义大干抢劫掠夺的勾当。"①

以查尔斯·爱德华·拉塞尔和厄普顿·辛克莱为首的一部分社会主义者认为,社会主义者的首要任务是使代表侵略势力的德国遭到失败。1915年底,辛克莱将一份表述这个观点的声明寄给德布斯,希望他在上面签名。德布斯在1916年1月12日的回信中说:"我很抱歉,未能遵嘱在文件上签字。因为我不能同意上面所表述的观点……任何一种可能组建起来的军队……在现今政府的手中,都会受到统治阶级的控制,而它的主要职能就是使工人阶级受奴役。我对外部的入侵和进攻一点也不感到害怕。我希望工人们准备抵抗和永远根除的是内部的、正是这里的、国内的,由掠夺成性的富豪们发动的侵略和进攻。"②

从1914年夏天到1915年春天,德布斯积极投入了争取和平的反战运动。他在中西部各地进行演说,吸引了成千上万的听众,随后又到西部沿岸地区开展宣传活动。有人问他,当德国采取无限制潜艇政策的时候,他是否还反对战争。他说:"我不是资本家的士兵,我是一个无产阶级革命家……我反对一切战争,而只全力和衷心支持一种战争,即全世界的社会革命。在这场战争中,我准备采取统治阶级迫使我们必须采取的一切途径,甚至采用街垒战。这就是我对待战争问题的立场,同时我相信,这也是社会党对待战争的立场,或者说是它应当采取的立场。"③

1917年4月7日,美国宣战后的第二天,社会党在密苏里州圣路易斯城召

① Ray Ginger, *The Bending Cross*, p. 329.

② Ray Ginger, *The Bending Cross*, p. 330.

③ Ray Ginger, *The Bending Cross*, p. 331.

开紧急代表大会,讨论对待战争的态度。大会以多数票通过了修改过的希尔奎特的提案。这个提案是左派和中间派折中的产物,表现了激烈的反战情绪。提案指出:"我们政府的宣战,乃是反对美国人民和反对全世界各国人民的一种罪恶行为",党要"坚定不移地反对战争","工人只有在这样一种斗争中才应该拿起武器去参加战斗,那就是为了将自己从经济剥削和政治压迫下解放出来的全世界工人阶级的伟大斗争。我们要特别提醒工人们来反对所谓保卫祖国的战争的陷阱和骗局"。①

大会闭幕后,以希尔奎特为首的中派分子根本不准备遵守他们自己提出的提案,只是在口头上支持反战活动,实际上站在政府一边。社会党内的右翼分子则公开拥护战争,成为美国政府的支持者。西蒙斯、本逊、斯托克斯、华林、斯巴戈等人纷纷退出社会党,加入支持战争的团体。只有德布斯、鲁登堡、华根纳赫特等左派社会党人勇敢地进行反战宣传。1918年6月16日,德布斯在俄亥俄州坎顿发表反战演说,当场遭到逮捕并被判处十年徒刑。德布斯毫不屈服,在监狱中仍然坚持反对帝国主义战争的正确立场,抓住每一个时机宣传自己的主张。他在群众中的声望越来越高。1920年,德布斯被提名为社会党的总统候选人,成为美国历史上第一个在监狱中被提名参加总统竞选的人。

四

当德布斯被监禁的时候,监狱外面很快就掀起了一场声援运动。1921年12月,哈丁总统在美国人民的强烈要求下,下令赦免德布斯和另外十三名政治犯。五年后,1926年10月20日德布斯病故。在他的家乡特雷霍特有上万人参加了他的葬礼,德布斯夫人收到了几百封悼唁信,信中人们表达了对德布斯的敬慕之情。几乎在美国的所有大城市都有人举行集会悼念德布斯。在芝加哥,有8000人在阿昔兰德礼堂举行追悼会。芝加哥的成衣工人混合协会的地方联合委员会还专门发行一种黑色绶带,上面印着"悼念我们的朋友和同志尤金·维·德布斯"的字样。在纽约,一批又一批的悼念者涌上街头,结

---

① [美]威廉·福斯特:《美国共产党史》,第140页。

队游行。纽约、芝加哥、匹兹堡等城市,以及德布斯曾经去过的某些乡村,都派遣代表到特雷霍特向他的遗体告别。除去工人运动的敌人以外,凡是知道德布斯的美国人无不沉浸在深切的哀痛之中。德布斯传记的作者金吉尔认为:"没有哪一个美国人不受德布斯逝世的举国哀痛的感染。"[1]

然而,德布斯同所有的工人运动领袖一样,都不是完美无缺的人。在他身上也可以找到历史的、客观的和主观的局限性。

德布斯生平犯有两个比较严重的错误。第一是创立世界产业工人联合会所造成的双重工会主义错误,这一错误受到了列宁的严厉批评。列宁认为:"不在反动工会里工作,就是把那些不十分开展的或落后的工人群众委弃在反动领袖、资产阶级的代理人、工人贵族或'资产阶级化的工人'的影响之下。"[2]的确,双重工会主义所造成的后果是严重的,但就当时的历史条件来说,又是不可避免的。事实上,世界产业工人联合会的成立是对劳联领导人推行纯粹工会主义的一种惩罚,是激进思潮对改良主义思潮的一次挑战。德布斯作为一个工人运动领袖挺身而出加以支持是顺理成章的事情,问题在于他没有引导和教育这个组织的成员走上正确的轨道。后来,德布斯本人对双重工会主义的错误有所认识,在退出世界产业工人联合会以后再没有重犯这个错误。

第二是无政府工团主义倾向,主要表现为反对无产阶级专政和低估党的作用。德布斯在赞扬俄国十月社会主义革命的同时,表示反对"每一种形式的专政"。德布斯本人虽然是社会民主党和社会党的创建人之一,但对党的建设和党的作用却很少注意。当社会党内部斗争十分激烈、左翼纷纷退党的时候,德布斯并未站在正确的立场支持左翼,而是无动于衷地继续留在行将破产的社会党内。

然而,无政府工团主义绝不是德布斯一个人的错误,它几乎是当时所有的美国工人运动左翼领导人的通病。这同当时美国的历史条件有密切关系。第一,当时活动在第一线的、在工人运动中最有影响的是工会而不是工人政党。无论是社会主义工人党还是后来的社会党,始终都不是群众性的工人政

---

① Ray Ginger, *The Bending Cross*, p. 458.

②《列宁选集》第4卷,人民出版社,1972年,第208页。

党。第二,从19世纪末开始,劳联在美国工人运动中逐渐居于统治地位,人们往往希望建立一个新的强大的革命工会来取代它。第三,美国工人运动的理论水平比较低,对于马克思主义的国家学说,对于党和工会的关系缺乏正确的理解。

总的来看,尽管德布斯有这样那样的缺点,但仍然不失为一位优秀的社会主义者和伟大的工人运动领袖。他的名字将永远铭记在美国工人的心中。

原载《国际共运史研究》第6辑,人民出版社,1989年

世界产业工人联合会的兴衰

世界产业工人联合会是美国工人运动史上一个激进的、富于战斗性的组织，后来又演变为典型的无政府工团主义工会。它成立于1905年，第一次世界大战以后逐渐衰落，为人们所遗忘。虽然名义上它至今仍然存在，而且还有一些活动，但对于美国社会和工人运动都早已没有任何实际影响了。

世界产联的青春时期是1905年到1919年，当时曾经给人们留下过深刻印象，也使得美国资产阶级和政府"谈虎色变"。他们惊呼"世界产联威胁"的到来，并且在全国各地出动军警、民团，挑动暴徒大规模殴打、逮捕和杀害世界产联的领袖和成员，查抄、封闭各地的会址，解雇世界产联工人。在改良主义思潮泛滥一时的情况下，世界产联无疑是一支异军突起，使美国工人运动的面貌焕然一新。这样一个曾经冲击过美国资本主义社会的工人组织的兴衰，在某种程度上反映了美国工人运动发展的趋势，值得我们认真研究。

一

"无政府主义是对机会主义的惩罚"，用这句话来概括世界产联的历史是非常恰当的。它的产生、发展和衰落，同当时的阶级斗争形势、工人运动状况及各种社会思潮有着密切的关系。

世界产联成立之初，并不是无政府工团主义拉起来的山头。诚然，它的一些领袖曾经受到法国、西班牙无政府工团主义的强烈影响，甚至这些人本身就是彻头彻尾的无政府工团主义分子。但是，对于广大世界产联的成员来说，他们创建这个组织的目的在于摆脱改良主义的束缚，闯出一条新的革命道路。可以认为，世界产联是19世纪末20世纪初美国政治形势发展的产物。

当时美国政治形势的总特点是资本主义进入了帝国主义阶段。美国已经成为一个托拉斯帝国主义国家,它的工业生产总值超过了英国而居于世界首位。美国垄断资产阶级的经济实力和政治实力都有急剧的增长。他们用来对付工人阶级的手段越来越凶狠狡猾,一方面用小恩小惠笼络和收买熟练工人,另一方面又加紧对非熟练工的剥削,甚至动用法庭和军队来强迫他们接受苛刻的条件。

与此同时,随着工业的迅速发展,美国工人阶级的队伍也迅速壮大,而且随着机器的采用,熟练工和非熟练工的界限日益消失,非熟练工在整个工人阶级中所占的比例越来越大,他们同资产阶级的矛盾也日益尖锐。19世纪90年代,出现了空前的罢工高潮。1892年7月宾夕法尼亚州霍姆斯特德钢铁工人罢工、1893年煤矿工人大罢工和1894年普尔曼铁路工人大罢工,罢工人数都超过了十万。许多地方的罢工还发展为流血的武装冲突。在这种形势下,广大非熟练工人痛切感到了建立一个统一的工会的迫切性。但是,当时最大的工会——以塞缪尔·龚帕斯为首的美国劳工联合会是熟练工人的组织。它的领导人不但不支持非熟练工人的斗争,而且总是站在资产阶级一边破坏工人运动。美国社会主义工人党的领袖德里昂气愤地把他们叫作"资本家在工人中间的狗腿子"。

劳联的前身是1881年成立的"美国、加拿大有组织工会和工联联合会"。它当时大约有二十五个组织,代表316469名成员。[1]1886年,这个组织改名劳联,并且人数不断增加,成为美国最有影响的工会。有人说:"近代时期工人运动史的第一个五十年间,占据统治地位的组织是美国劳工联合会。"[2]

劳联成立之初,曾经是一个受到社会主义思想影响的组织,至少反映在如下三个方面:第一,承认阶级斗争,在劳联纲领序言中有这样一句话:"在文明世界的各国中,进行着压迫者和被压迫者之间的斗争,即资本家和工人之间的斗争……"[3]第二,劳联的会员必须是"支持工会"的雇佣劳动者;第三,原则上承认工人阶级团结一致的重要性,为一切工人开门。龚帕斯曾经在1881年大会上宣布:"我们不会排斥任何相信和属于有组织工人的工人们。"[4]劳联

---

① John Commons et al., *History of Labor in the United States*, New York: Macmillan, 1926, Vol. 2, p. 410.

② Joseph G. Rayback, *A History of American Labor*, p. 194.

③ [美]方纳:《美国工人运动史》第2卷,第176页。

④ Philip S. Foner, *Organized Labor and the Black Worker, 1619–1981*, p. 64.

的第二号人物彼得·麦克基尔曾经也说过："工人阶级的利益到处都是一致的，我们应当尽一切可能把美国各城、各镇、各乡的所有各行各业的工人都组织起来。"①正因为如此，许多社会主义者和工人群众曾经把希望寄托在劳联身上。

但是在行动上，劳联的领导人逐步背离了这些原则。到19世纪90年代，劳联已经成为只搞阶级调和、排斥非熟练工人、实行种族歧视的右翼工会了。正如福斯特所指出的，它已经走上了"全面出卖工人阶级利益的道路"②。美国第一代工人运动史学家康芒斯从另外一个角度说明了劳联的阶级调和政策。他写道："从19世纪50年代以来，一直在为争取承认而进行斗争的关于有组织工人和有组织资本之间结成共同伙伴的思想，终于取得了成果……1894年到1904年可以叫作'资本和工人的蜜月时期'。"③

劳联的阶级调和政策使社会主义者和广大非熟练工人感到失望和愤怒。在人们心目中，劳联已经成为叛卖、妥协的同义语，建立新的战斗的革命工会的要求越来越强烈。

在社会主义者内部存在着两种意见。一种意见以社会主义党左翼领袖德布斯、海伍德，以及社会主义工人党领袖德里昂为代表，主张建立一个新的、革命战斗的工会来取代劳联。这叫作"从外部破坏劳联"。海伍德曾经公开宣布劳联不是"一个工人组织"，同"社会主义党的原则毫无共同之处"，"社会主义党人不应当承认它"。④另一种意见以社会主义党中派和右翼领袖希尔奎特、海斯为代表，主张在劳联内部进行工作，不采取组织决裂手段，另组工会。这叫作"从内部破坏劳联"。他们不惜任何代价要保持工会的"统一"，甚至把成立新工会看成是"分离运动"和"工人派别的自相残杀"。⑤

由于中派和右翼在社会主义党内占优势，"从内部破坏劳联"的意见得到该党的正式承认。1904年大会通过决定，不支持新创建的工会，并且指出：

---

① 转引自[美]方纳：《美国工人运动史》第2卷，第236页。

② [美]威廉·福斯特：《世界工会运动史纲》，生活·读书·新知三联书店，1961年，第184页。

③ John R. Commons et al., *History of Labor in the United States*, Vol. 2, p. 524.

④ [美]方纳：《美国工人运动史》第4卷，第397页。

⑤ Melvyn Dubofsky, *We Shall Be All: A History of the Industrial Workers of the World*, Chicago: Quadrangle Books, 1969, p. 77.

"无论是政治上的还是其他方面的意见分歧,都不能证明在产业运动中分裂工人力量是正确的。"[1]这样,世界产联在筹建的过程中始终没有得到社会主义党的支持和承认。左翼社会主义党人也只能以个人身份参加活动。毫无疑问,社会主义思想对世界产联的影响受到了极大的削弱。

非熟练工人创建世界产联的热情很高,他们的基本力量是西部矿工联盟。联盟是在西部地区矿工和矿主的激烈武装冲突中诞生的,是一个富有战斗性的组织。它成立于1893年,总部设在蒙大拿州的比尤特。龚帕斯和劳联的其他领导人不喜欢这个组织,把它看成是制造分裂的危险力量。龚帕斯在1897年3月6日致朋友的信中写道:"这些人卷入了可怕的冲突……他们所面对的敌对力量就是给他们带来进行分离的力量和勇气的那种东西。"[2]

西部矿工联盟确实是一个有战斗力的组织,在1899年到1903年最艰巨的时期,不仅能够顶住来自政府和矿主的压力,而且还壮大了队伍。据矿工杂志报道,1901年11月以前的"六个月是联盟生活中最繁荣的时期"[3],几乎所有的分会都有所扩大,并且还增添了二十个新的地方组织。

由于经受过激烈的流血战斗洗礼,西部矿工联盟对于劳联的阶级调和政策极端不满,并在1898年5月盐湖城大会上决定联合西部工人,成立西部工人联合会,进一步同劳联相对抗。1902年,这个组织又根据德布斯的建议,把东部地区工人也包括进去,改名为全国工人联盟,成为第一个全国性的双重工会,为世界产联的建立打好了基础。

1904年6月,西部矿工联盟第十二届年会责成执行委员会同各方面代表人物协调意见,完成世界产联的筹建工作。1905年1月2日,在芝加哥湖泊街122号,举行了有二十二名代表参加的秘密会议。会议决定建立一个新的"包括所有工业部门的""建立在阶级斗争基础上的"统一工人组织,并且发布了宣言。宣言宣布了完全不同于劳联的原则,反对分别对待熟练工和非熟练工,并且指出这种区分只能导致工人队伍的分裂。宣言批判了行业工联主义(指劳联),指出其错误在于"只愿意进行略微改善工资状况的那种老一套的

---

① Marc Karson, *American Labor Unions and Politics, 1900–1918*, pp. 118.

② Philip Taft, *The A. F. of L. in the Time of Gompers*, New York: Octsgon, 1970, p.151.

③ Melvyn Dubofsky, *We Shall Be All*, p. 38.

斗争,完全看不到实现不存在工资奴隶、工人将拥有自己使用的工具和独自享有产品的工业民主的可能性"。[1]宣言还指出了劳联在组织上的弱点,认为"按行业进行划分,阻碍了工人阶级意识的成长,助长了剥削者和雇佣奴隶利益协调一致的思想"[2]。

世界产联就要在阶级斗争的风浪中诞生了,这是广大工人对劳联的背叛行为的一个英勇答复。

二

1905年6月27日,在芝加哥的布兰德会堂举行了世界产联的成立大会。参加大会的有来自西部矿工联盟、全国工人联盟、其他工会、社会主义党左翼、社会主义工人党的代表和劳联地方组织的个别人士。他们代表四十三个工会和六万名工人。[3]

大会首先抨击了劳联的政策。海伍德在会上做了激烈的发言,他说:"我们在这里集会是为了把这个国家的工人联合起来,形成一场工人阶级的运动,以便将工人阶级从资本主义的奴役下解放出来……美国劳工联合会,自以为代表了这个国家的工人运动,但它代表的其实不是工人阶级的运动。它代表不了工人阶级。一些所谓的工人领袖宣扬资本家与工人的利益是一致的。其实,两大阶级之间存在着持续的斗争。世界产业工人联合会将建立在毫不妥协的阶级斗争的基础之上,其唯一的目标是完全占有其劳动成果的价值。"[4]

海伍德的发言博得了代表们的掌声。德布斯、德里昂等工人运动的领袖人物也都在会上发言,斥责劳联的阶级调和政策和歧视非熟练工、童工、女工的行为。德布斯指出,劳联"已经趋于明显的反动,只不过是资产阶级的附属品",所以"美国劳工联合会有众多会员,但资产阶级却不怕它……"[5]

---

① Marc Karson, *American Labor Unions and Politics*, 1900–1918, pp. 152.

② Marc Karson, *American Labor Unions and Politics*, 1900–1918, pp. 153.

③ Marc Karson, *American Labor Unions and Politics*, 1900–1918, pp. 154.

④ Melvyn Dubofsky, *We Shall Be All*, p. 81.

⑤ [美]方纳:《美国工人运动史》第4卷,第33页。

反对劳联的战斗气氛使不同派别、不同思想的人物捐弃前嫌,团结在一起。多年的对头德里昂和德布斯也在会上握手言欢,使大会的热烈情绪达到了高峰。一位与会者高兴地说:"我看到好像来自东部的德里昂、西部的海伍德……中部的德布斯……这样一些明智的伟人在这里"会聚一堂,相信"这次大会的结果一定会对全世界工人产生良好的、鼓舞人心的影响。"①海伍德甚至把大会比喻为"工人阶级的大陆会议"。

大会还讨论和通过了纲领,纲领强调了阶级斗争的思想。纲领序言中写进了这样一段话:"工人阶级同雇主阶级毫无共同之处。只要成百万工人还在忍受饥饿和穷困,构成雇主阶级的少数人还在享有生活中一切美好的东西,就不可能实现和平。"②

在世界产联的纲领中还规定用"直接行动"来实现自己的目标——推翻资本主义制度。所谓的"直接行动",有两种解释。一种认为:"直接行动,就是从老板手中取得更多东西的任何努力";另一种认为:"直接行动就是通过你们的工人联合会直接对付老板。一切形式的罢工,都是人们所熟悉的直接行动的例子。"

大会最后选出了以社会主义党人谢尔曼为主席的领导机构。

世界产联的成立给美国工人运动注入了新的活力。它的激进的纲领和行动同劳联形成鲜明的对照。当时世界产联的内部虽然有严重的无政府主义思想的影响,但还不是一个无政府工团主义组织。用他们的话来说,世界产联信奉的是"产业工会主义",或者叫作"革命的工团主义"。

龚帕斯和劳联的领导人对世界产联抱着极端敌视的态度,并且进行了破坏活动。龚帕斯用重金收买格兰特·汉密尔顿充当间谍,专门刺探世界产联的情报。龚帕斯还一再提醒劳联的其他领导人注意社会主义者的活动。他在致朋友的信中写道:"我觉得,我们将会面对芝加哥会议的一个结果,就是社会主义者将会更彻底地致力于从内部控制劳联。"③

世界产联成立之初不过五六万人,在极盛时期也不过十万人,但是由于

---

① Melvyn Dubofsky, *We Shall Be All*, p. 83.

② Samuel Yellen, *American Labor, 1877–1934*, New York: Monad Press, 1980, p. 178.

③ [美]方纳:《美国工人运动史》第4卷,第172页。

其各级组织和会员的顽强奋斗,它在三个方面取得了巨大的成绩,使美国工人运动面目一新。

第一,世界产联热情支持一切工人的罢工运动,特别是非熟练工人的罢工运动。无论多么激烈、多么危险的斗争场合,都有世界产联成员在场。几乎所有世界产联的领导人和活动家都因为参加罢工坐过牢、受过审,在罢工中同罢工工人同甘共苦。这同劳联领导人的养尊处优形成鲜明的对照。由于这个原因,世界产联在非熟练工人中享有越来越高的声誉。

根据世界产联领导人特劳特曼的报告,从1906年到1907年,世界产联一共领导了二十四次罢工,遭到失败的只有两次,其余的罢工或者取得了胜利,或者达成了妥协。①甚至在远离大本营的东部,世界产联的成员也积极投入了罢工运动。据《产业联合会导报》记载,世界产联在康涅狄格州的布里奇波特,在缅因州的斯科伍希根和纽约州的斯克内克塔迪都发动和领导了非熟练工人罢工,并且迫使公司方面做出重大让步。在罢工中,世界产联还创造了独特的斗争方法。它进行罢工的目的不仅在于取得经济上的好处,而且还在于"提高工人阶级的觉悟水平和主动性"。因此,它摒弃了过去离开工厂在家中坐等消息的消极办法,组织工人主动出击,在工厂周围设置警戒线,举行示威游行,并在斯克内克塔特的罢工中,在美国历史上第一次使用了不离开工厂的静坐罢工。

第二,世界产联彻底消除了种族歧视,在团结少数民族工人方面取得了突出的成绩。海伍德在1905年6月芝加哥大会上就曾经指出,世界产联对一切工人"一视同仁,不管他是黑人还是白人……也不管他是美国人还是外国人"②。在世界产联《致有色男女工人》的传单上明确写道:"如果你是雇佣工人,就欢迎你光临世界产联会堂,而不管你是什么肤色。由此你可以看到,世界产联不是白人的联合会,也不是红色或是黄色人的联合会,而是工人的联合会。"③

世界产联是第一个吸收华裔美国人的工会。它的会员又叫作"瓦布里",

---

① [美]方纳:《美国工人运动史》第4卷,第83页。

② [美]方纳:《美国工人运动史》第4卷,第37页。

③ [美]方纳:《美国工人运动史》第4卷,第125—126页。

就是因为华工发音不准,常常把该组织的缩写念成瓦布里而得名的。它在西部的森林营地、农场、矿山铁路及怀俄明的煤矿都组织过有中国人和日本人参加的工会。当加利福尼亚州雷丁地方的美国公民联盟领导人要求世界产联支持排挤华工出城的时候,它的回答是:"我们不主张由于肤色的原因把任何人的工作排挤掉。"①

几乎在世界产联所组织的历次重大罢工中都有少数民族工人参加,而且他们起到了非常重要的作用。例如,1907年布里奇波特罢工中的美籍匈牙利工人就表现了对世界产联的信赖。他们虽然语言不通,但在演讲会上表现了良好的纪律。一位被派往那里进行破坏活动的劳联分子大为吃惊,他在给龚帕斯的信中说:"匈牙利人对于双重工会(指世界产联——引者)的忠诚令人感动。他们坐在罢工会议上倾听他们完全听不懂的演讲者的讲话,而且在结束的时候比别的任何人都更响亮地鼓着掌。"②

第三,世界产联在流动工人中做了大量工作,并且取得了显著的成就。流动工人主要集中在西部地区,他们是季节工,通常在林场和农场做工,冬天流入附近城市。劳联领袖们认为这是无法组织起来的工人,根本不去开展工作。而世界产联的组织者们却大不相同,哪里有流动工人,他们就到哪里去。没有路费就搭乘不付钱的货车。没有会场,就在街头巷尾、站在随身携带的空肥皂箱上进行演讲、宣传,揭露资本家和职业介绍所的欺骗行为。在他们的行动遭到地方政府的干预和禁止以后,他们仍然坚持,并且声明说,街头巷尾是世界产联唯一的活动场所,禁止在那里演讲就等于剥夺了他们的言论自由,表示要继续进行这场"争取把街道作为自由演讲场所和实现组织权利的斗争"③。

1909年1月,世界产联集中活动的第一个城市米苏拉的政府禁止街头宣传的法律开始生效。从此开始了美国历史上著名的争取言论自由运动,运动延续了数年之久。世界产联的活动家不怕坐牢,不怕殴打、杀头,表现了无畏的斗争精神。他们的空肥皂箱成了砸不烂的讲台,一个演讲者被抓走了,第

---

① [美]方纳:《美国工人运动史》第4卷,第123页。

② Melvyn Dubofsky, *We Shall Be All*, p. 126.

③ [美]方纳:《美国工人运动史》第4卷,第172页。

二个又站上台去。"工人兄弟们、朋友们……"声音在听众当中不断地传播着。米苏拉的监狱很快就挤满了人,连许多空闲的地下室也都被征用为临时监狱。这些特殊的囚犯就是在监禁中也还在不停地用愤怒歌声表示抗议,而一旦被释放,他们马上就走上街头,继续演讲。他们的顽强斗争博得了社会舆论的同情,也使得地方政府陷入困境。最后,米苏拉政府不得不收回禁令,释放被捕者。

争取自由言论运动还扩展到斯波坎、弗雷斯诺等地,并不断取得胜利。许多非熟练工人和流动工人也投入了这场斗争。在西部的林区开始出现流动工人的组织。威廉·福斯特也于1909年在斯波坎参加了争取自由言论运动,并在狱中加入了世界产联。他后来回忆说:"主要是对社会主义党的小资产阶级领导和政策的厌恶使我加入了世界产联……"①

世界产联在它的艰难历程中所取得的成就是引人注目的。一位美国学者这样认为,"世界产联成员完成了龚帕斯和劳联认为不可能做到的事情:他们把非熟练工——女工、黑人、移民、成打的少数民族团体——团结到共同的事业中。他们是在没有劳联的帮助而且还常常在其竭力反对下完成的"②。他还说:"龚帕斯错误地估计了产业联盟主义的能耐。它能够不顾禁令、民团和企业主手中掌握的整个武器库而做到"这一切。③

三

从长远看问题,世界产联所取得的胜利是暂时的、局部的,不能持久,所以在资产阶级大举进攻的时候,一切成果立即化为乌有,世界产联本身的存在也受到严重威胁。1917年底,美国政府着手策划剿灭"红色恐怖"的行动,在全国范围内对世界产联进行了一次搜捕,查封了许多会址,以后又对它进行残酷的迫害。从1919年开始,世界产联日益走向没落。1919年到1923年间,它虽然还拥有8万到10万成员,但有许多成员实际上已经停止了活动。

① [美]方纳:《美国工人运动史》第4卷,第416页。

② Harold C. livesay, *Samuel Gompers and Organized Labor in America*, Boston: Little, Brown and Company, 1978, p. 160.

③ Harold C. livesay, *Samuel Gompers and Organized Labor in America*, p. 161.

从 1924 年开始，人数急剧减少，到 1930 年大致有 7000 到 8000 人。①不过，直到第二次世界大战结束后，世界产联的老会员还在活动。1946 年，三十九名男会员和一名"老太婆"女会员在芝加哥北部的一座楼房里集会，并且通过了谴责资本主义、法西斯主义、产联和劳联的决议。就在会议结束后不久，在 1946 年 4 月 1 日《时代》周刊上登载了一篇叫作《1946 年大会一瞥》的文章，讽刺这次会议是纸上谈兵。1949 年，司法部又把世界产联列入非法组织的名单，使它的成员减少到 1400 人。1967 年和 1968 年，芝加哥的老世界产联会员又曾聚会，而且还在出版《产业工人》，出售红色小歌本、征收会费和散发会员证。从名义上说，世界产联至今仍然存在，但已经不具有任何影响和作用。

世界产联走向衰落的原因是多方面的。主要有如下几点：

第一，思想混乱和无政府工团主义思潮的泛滥。

不重视理论和理论上的长期落后，是美国工人运动的弱点。恩格斯早就警告说："一个以'求实精神'自诩而在理论方面却惊人落后的民族，像美利坚这样年轻的民族，只有吃到了苦头，才会彻底摆脱如此根深蒂固的固执的观念。"②事实正是这样。19 世纪末 20 世纪初，美国工人运动中一直存在着严重的思想混乱。改良主义、无政府主义、教条主义和宗派主义泛滥一时，马克思主义长期不能在美国广泛传播。同马克思、恩格斯往来最密切的无产阶级革命家佐尔格不听从马克思、恩格斯的劝告，只是在外来移民即所谓的"外国人"中工作，而完全放弃了对当地出生的美国工人的宣传。他所写的文章几乎都发表在德国《新时代》杂志上，大多数美国工人是无法看到的。佐尔格本人也主要是在德裔工人中活动，影响面不大。在大多数美国工人当中，存在着无视理论的现象，纯粹工会主义的出现和迅速流行就很能说明问题。其目标和全部活动内容仅仅局限于争取提高工资、改善工作条件、缩短工时，完全摒弃了理论问题和社会主义方向。

从社会主义和工人政党的情况来看，曾经作为美国工人运动"必然起点"的劳动骑士团和"唯一站在马克思主义一边的组织"美国社会主义工人党，都由于存在严重的宗派主义和其他理论上的错误而急剧衰落，成为昙花一现的

---

① Melvyn Dubofsky, *We Shall Be All*, p. 474.

②《马克思恩格斯全集》第 39 卷，第 53 页。

组织。到19世纪年代,劳动骑士团已不复存在,社会主义工人党也处于分裂瓦解状态,完全丧失了领导运动的能力和威望。正如福斯特所说的:"它已经完全不能发挥一个美国无产阶级的社会主义政党的作用了。"①

世界产联成立之初,与无政府主义思想同时存在的还有社会主义思想和改良主义思想。虽然世界产联的纲领反映了无政府工团主义的论点,宣布"它应当组成为不附属于任何政党的工人阶级的经济组织"②,但它并不排斥社会主义党人和社会主义工人党人。第一届主席谢尔曼就是社会主义党的领导人,而且德布斯、海伍德、德里昂等人也在世界产联中拥有相当影响。然而,由于他们在理论上都不成熟,有的人本身就有无政府主义思想,而对无政府主义思潮的侵袭束手无策。例如,德里昂就认为,"产业工会就是正在发育中的共和国,一旦达到了目标,产业工会就成了起作用的社会主义共和国",而且还宣布"'世界产业工人'执行总局的所在地就是国家的首都"。③

从第四次代表大会开始,无政府工团主义逐渐在世界产联内部居于统治地位。经过大会修订的新纲领序言中,写进了无政府工团主义的原则:"我们根据产业工会的形式组织起来,这就是在旧社会的外壳里建立新社会的结构。"④新纲领序言还宣布:"这两个阶级之间的斗争必然继续到全世界工人组成一个阶级,在世界上占统治地位,生产机械化并废除工资制度。"⑤

无政府工团主义的思想给世界产联的事业带来了极大的危害。戈德费尔德无政府工团主义样板社会的垮台就是一个生动的例子。戈德费尔德是内华达的一个矿山城镇,那里的工人几乎都是世界产联的成员,在相当长一段时间内雇主们都不得不听从世界产联的支配。人们把这个地方叫作"世界产联的乌托邦"。但是,当雇主们得到联邦军队支持的时候,马上停工三天,解雇世界产联的所有成员,顷刻之间就使得世界产联的乌托邦化为乌有。戈德费尔德的失败仅仅是一个预兆,更大的悲剧正在等待着无政府工团主义。

第二,组织上的不断分裂和削弱。

---

① [美]威廉·福斯特:《美国共产党史》,第89页。

② [美]方纳:《美国工人运动史》第4卷,第416页。

③ 转引自[美]威廉·福斯特:《美国共产党史》,第78、79页。

④ 转引自[美]威廉·福斯特:《美国共产党史》,第78页。

⑤ [美]方纳:《美国工人运动史》第4卷,第111页。

世界产联的群众基础——非熟练工人——本来是相当雄厚的。据统计，1910年大约有1040万人。但是，由于它内部存在着严重的思想分歧，组织上的分裂不断发生，始终没有把庞大的非熟练工人队伍组织起来。

第一次组织上的分裂发生在1906年9月第二次大会上。以特劳特曼·圣·约翰无政府工团主义者及德里昂为一方，以原主席谢尔曼等社会主义者为另一方发生了争夺领导权的争吵。双方相互指责对手滥用职权、独断专行。最后，两个无政府工团主义者当选为领导人。谢尔曼和一批社会主义者退出世界产联。1907年春发生第二次分裂，由于策略上的分歧和劳联的挑拨，作为世界产联重要力量的西部矿工联盟宣布独立，使世界产联的力量进一步削弱。

第三次分裂发生在第四次大会上。这次是圣·约翰同德里昂的分裂。在大会上，圣·约翰指责德里昂不应当进行政治斗争，把个人凌驾于世界产联之上，并且还通过他控制下的资格审查委员会取消了德里昂的大会代表资格。于是，德里昂及其追随者退出世界产联。

大批社会主义者的退出，使世界产联失去了一批骨干力量和富有经验的领导人。第一次世界大战前和战争期间，德布斯、西蒙斯、莫耶、弗林、坎农等十余人先后离去，连世界产联的"灵魂"海伍德也在20世纪20年代初离开这个组织，流亡苏联。

老一代领袖们，特别是海伍德的离去，严重地影响了世界产联的战斗力和情绪，引起成员们的震惊和失望。人们因而加深了对领袖的不信任感。一位名叫玛丽·格拉尔的人说："你不能信任你的领袖，你只能信任普通成员。"[1]由于这个原因，世界产联变得越来越涣散和软弱，失去了抵抗资产阶级进攻的能力。

第三，统治阶级的疯狂镇压和劳联的破坏活动。

世界产联是美国历史上受政府迫害最严重的工人组织之一。美国联邦和地方政府一开始就把它作为一种"危害社会治安的力量"来看待，经常出动军队警察和地方民团帮助资本家镇压世界产联组织的罢工运动。其中以1912年劳伦斯纺织工人大罢工受到的迫害最为严重，引起了社会舆论的公

---

[1] Melvyn Dubofsky, *We Shall Be All*, p. 459.

愤。甚至有的参议员也对政府的暴行进行谴责说："这好像俄国人血腥迫害犹太人历史中的一章。我从未想到在美国也会听到这类事情。马萨诸塞州的劳伦斯就是俄国。"①

第一次世界大战期间，美国政府加紧了对世界产联的迫害，常常以"反战"和"不忠于国家"的罪名肆意逮捕世界产联的成员和领导人，并进行严厉的审讯。例如，1917年海伍德在西部地区组织的一次反战罢工就遭到了联邦军队的镇压，海伍德本人也被捕投入监狱。有些地方甚至随意制造借口迫害世界产联。1918年，在阿纳康达，奥马尔·布雷德利少校的军队和当地的枪手仅凭当地工人即将进行总罢工的谣传，就突然武装袭击世界产联的会址，在大街上肆意殴打工人。一位比尤特的大学生愤怒地谴责这次暴行是"不公正的、肆无忌惮的、罪恶的……真正的恐怖统治"②。这一时期被投入监狱的会员约有二百多人③，受到法庭审判的有一百五十一人。尽管法庭拿不出什么罪证，还是要长期监禁他们，并定他们的罪。一些曾经仔细研究审讯记录的律师认为，"刑事诉讼的论据不是从证据中得出的"。一位官方的检察员在芝加哥案件中自动说明"世界产联是在一般原则上被指控的"。在这种情况下，世界产联的任何举动都可以受到指控而无法为自己辩解。

1919年，内政部长帕尔默对世界产联实行全面的恐怖政策，大批成员被投入监狱，各地组织遭到破坏。世界产联几乎完全丧失了合法存在的条件。一位世界产联的律师这样说道："世界产联的成员已经不能进行合法活动，他们不能讲话、写文章，甚至不能参加舞会，正在准备转入地下。"④在华盛顿州和其他一些州已经颁布法律，宣布世界产联为非法组织。后来华盛顿的法院又声明反对世界产联的法律具有宪法性质。在这种形势下，在许多地区，世界产联逐渐成为一种不受法律保护的组织，备受资本家的迫害。世界产联成员的人身安全受到严重的威胁。

在资本家的挑动下，退伍军人和三K党不断对世界产联进行袭击。例如，1919年底，在华盛顿州的一个小镇森特雷利亚，一群退伍军人在纪念第一次

---

① [美]方纳：《美国工人运动史》第4卷，第329页。

② Melvyn Dubofsky, *We Shall Be All*, p. 451.

③ Melvyn Dubofsky, *We Shall Be All*, pp. 449–450.

④ Melvyn Dubofsky, *We Shall Be All*, p. 456, 475.

世界大战游行中,持枪冲入当地世界产联的会址,任意驱赶和殴打会员。1924年,在圣佩德罗,一群手持火枪、战斧的黑衣人闯进世界产联的会场,殴打正在悼念死难战友的会员和他们的妻子儿女,并且绑架九人,私刑拷打。[1]

在美国政府讨伐世界产联的罪恶活动中,劳联领导人扮演了极不光彩的帮凶角色。劳联曾经派人到戈德费尔德同矿山老板联合会勾结起来破坏产联的乌托邦,而且挑拨西部矿工联盟退出世界产联。劳联的间谍于1907年3月曾向龚帕斯忙报说:"把矿工从其他工人中分离出去,这将是使其他工人遵守规矩的简易办法。"[2]龚帕斯本人也把自己从间谍那里获得的情报,以及在同世界产联领导人通信中获得的情报提供给工厂主,使世界产联的行动受到严密监视。

作为一个工人组织和所代表的无政府工团主义思潮来说,世界产联是无可挽回地衰落了。但是,美国工人运动还在继续发展。世界产联所提供的经验教训使一部分人觉醒,投入了共产主义运动,成为美国共产党的第一批成员。威廉·福斯特、约翰·里德和坎农就是他们的代表。剩下一部分坚持无政府工团主义信条的人,则随着世界产联的没落而从历史舞台上消失。

原载《国际共运史研究资料》第 7 辑,人民出版社,1982 年

---

[1] Melvyn Dubofsky, *We Shall Be All*, p. 456, 475.
[2] [美]方纳:《美国工人运动史》第4卷,第95页。

二战后十年间的美国社会和工人运动

第二次世界大战后的头十年是美国当代史上的一个不平凡时期,对此后美国社会的发展具有极为重要的意义。在这段时期里,无论是美国社会还是工人运动,都发生了令人瞩目的变化。既有成功,也有失误,甚至是可悲的失误;既有进步的东西,也有保守的和反动的东西,错综复杂。对此进行研究有助于我们深入、全面地了解美国社会。

一

第二次世界大战结束后的美国社会是一个欣欣向荣、充满自信的社会。美国在政治上和经济上都拥有极大的优势,从一个美洲国家一跃为世界头号超级大国,而且这个超级大国还有着反法西斯联盟盟主的头衔,在全世界树立了一个较好的政治形象。可以说,占尽了天时、地利、人和。美国是战胜国中损失最小、本土没有受到战争破坏、从战争中得利最多的唯一国家。战争对军火的巨大需求,刺激了美国的工业和经济。美国的国民生产总值从1939年的913亿美元增加到战后1945年的1660亿美元[①],战争物资产值从1941年的84亿美元增加到1942年的302亿美元,相当于当年德、意、日三国产值的总和,而1944年的产值则等于三国产值总和的两倍。[②]包括民用工业在内的工业生产也有了长足的发展。以1935—1939年的平均数为100%,到1943年,工业生产增加了239%,耐用品增加了300%,机器制造增加了四倍,运输设备增加了七倍。[③]战争刚一结束,美国就显示了自己在经济上的巨大优势。据估计,1947年,美国的工业产值约占资本主义世界的56.4%,外贸出口占

---

①② [美]阿瑟·林克、威廉·卡顿:《一九〇〇年以来的美国史》中册,第197页。
③ [美]福克讷:《美国经济史》下卷,第436—437页。

32.5%，黄金储备占世界储备的2/3。[1]从某种意义上说，美国的超级大国地位是第二次世界大战造就的。当时英国外交大臣欧内斯特·贝文曾经把第二次世界大战后的美国和拿破仑战争后的英国相比较，并颇为感慨地说，美国"今天正处在拿破仑战争结束时英国的地位。拿破仑战争结束后，英国约掌握了全世界财富的30%。而今天，美国则掌握了大约50%"[2]。

然而，战后美国也面临着许多棘手的问题。美国政府决策人的心情一则以喜，一则以惧，他们所遇到的最迫切和最重要的问题就是繁重的战后复员工作。如何把大批军事工业转到民用生产，如何解决一千多万退伍士兵的就业问题，如何合并和裁减战时的政府机构和军事机构，如何取消战时的物价管制等，都是一些难于解决的问题，一旦处理不当就会造成严重的生产萎缩、失业和通货膨胀，甚至引发新的经济危机。过去在这个问题上美国是吃过苦头的，美国在第一次世界大战后的复员就曾经引起经济动荡和罢工浪潮。所以美国政府对此有所准备，比较顺利地渡过了这个难关。

早在1944年6月，美国国会就制定了《现役军人调整法令》，又称《美国军人权利法案》，规定政府将对退役军人提供失业救济和就业补助，发放购房贷款并给予担保，向他们发放贷款，帮助他们接受教育和训练。根据这项法案，美国政府为了安顿战后退役的士兵，在1945—1952年间花费了135亿美元教育和培训费，40亿美元失业救济和就业补助费，发放了165亿美元的购房费、农场和企业贷款。[3]《美国军人权利法案》的颁布和实施极大地减轻了就业的压力，而且为美国日后的和平建设培养了各个层次的人才，其意义十分重大，远远超出了法案制定者的最初期望。

1945年9月，杜鲁门又提出了实现充分就业的问题，在国会内引起了一场激烈的争论。由于保守派的反对，国会只通过了就业法，而把充分二字删去。只是原则上确定国家应对经济繁荣负责，并保证实现最大限度就业的任务，但却不规定实现上述任务的具体办法。法案还规定成立一个三人顾问委员会，协助总统准备向国会提交的年度经济报告，搜集经济发展情报，以便制定

---

① 苏联科学院美国加拿大研究所编：《美国对外经济战略》，第1页。

② Thomas G. Paterson, *Soviet-American Confrontation, Postwar Reconstruction and the Origins of the Cold War*, Baltimore and London: Johns Hopkins University Press, p. 11.

③ [美]阿瑟·林克、威廉·卡顿：《一九○○年以来的美国史》中册，第398页。

维持经济发展、保障就业的具体政策。

美国政府在复员过程中所采取的防止失业人数增加的政策取得了相当的成功，失业人数连续几年控制在300万人以内，就业人数不断增长。据总统的经济顾问委员会报告，1945—1952年，就业总人数大约从5400万人增加到6100万人。[①]

整顿战时行政机构方面的工作也取得了显著成效。165个战时机构经过整顿，大部分被撤销，有的并入政府有关部门，有的同其他机构合并，只有12个战时机构被保留下来。政府工作人员也从战时的610万人减少到1947年的550万人。此外，美国政府还采取种种有利于大垄断组织的措施，在最短时间内使军工生产转为民用生产，同时向私人资本提供优惠条件以促使巨额资金投入工业生产。战后，美国政府立即把总投资为150亿美元的几百个国家兵工厂廉价出售给私人公司。1945年11月，国会又通过减税60亿美元以刺激工业投资和工业生产。1964年1月，又进一步废除了超额利润税。

然而，美国政府在控制通货膨胀方面却显得软弱无力，鲜见成效。由于战争期间民用生产大幅度缩减，居民手中积累了巨额存款，战后突然投向消费市场，造成了极大的压力。同时，新政时期的赤字政策和战争期间的巨额军费支出，使美国的国债从1940年的60亿美元猛增到2530亿美元，而部分国家债券在金融市场上流通，等于增加了通货发行量。所有这一切都促使战后通货膨胀不可遏制。战后，物价管理局刚刚取消了部分商品价格的管制，立即出现了物价失控的局面。为此，杜鲁门总统于1946年1月14日向国会提交咨文，要求暂缓撤销物价管理局。

通货膨胀的直接受害者是工人和低收入者，而资产者却可以从中得利。因此，美国财界和工业巨头都反对总统的要求，主张立即结束物价管制。杜鲁门最终屈从于资产阶级的压力，于11月9日宣布，除房租、食糖、大米外，其他物品的价格管制一律撤销。在此期间物价指数上升约32%。

总的来说，美国战后的复员工作是迅速而有成效的，基本上达到稳定社会、繁荣经济的目的。但是，这种稳定的繁荣只是暂时的，到1948年和1949年又出现了经济危机。此时联邦政府已经使冷战升级，并于1950年发动了朝

①[美]福克讷:《美国经济史》下卷,第452页。

鲜战争。军费开支直线上升,很快就缓解了危机,美国迎来了新的经济繁荣。正如海尔布伦勒所指出的,"更为重要的是联邦军费的重新回升。随着冷战,特别是朝鲜战争的开展,军费开支成为主要的经济刺激。1947年军费支出预算为90亿美元,到1949年国防部成立的时候,支出上升到130亿美元。四年以后达到500亿美元"。①然而奉行冷战政策、发动朝鲜战争只能暂时刺激经济的发展,从长远来说这是美国政府战后最大的战略性失误。沿着这个方向走下去,美国又陷入了越南战争。结果消耗了大量人力和物力,耗费了宝贵的时间,在资本主义世界激烈竞争中逐渐丧失了优势。朝鲜战争结束后,1953年9月至1954年4月又发生了战后的第二次经济危机,工业生产下降了9.1%。不过,由于战后科学技术的迅速发展和美国政府的干预,危机持续的时间不长,没有造成巨大的破坏。

战后的第一个十年是美国走向所谓"丰裕社会"的时期,美国社会在较为稳定的环境中发展。第三次科技革命、工业结构的变化、资本进一步集中和国际化、跨国公司的兴起、白领雇员人数的迅速增长及社会福利的增加都发生在这个时期。从一般的情况来看,美国人民的收入和生活水平有较大的提高。据统计,1941年收入在2000美元以上的家庭占61%,2000—5000美元的家庭占34%,5000美元以上的家庭占5%。到1947年收入在2000元美元以下的家庭显著减少,只占27.4%,收入为2000—5000美元的家庭增加到53.3%,收入5000美元以上的家庭也增加到19.3%。②

实际收入的增加,以及战争时期由于民用物资匮乏而形成的潜在购买力,加大了人们对住房、汽车和高级消费品的需求量,成为推动建筑业和许多工业部门迅速发展的因素。据估计,仅1946年与1947年两年,需求住宅的人数就超过了300万人。美国国会不得不于1946年拨款4亿美元补助建筑材料的生产,并向建筑业贷放资金以促进房屋的修建。1949年,美国国会通过《住宅法》,规定美国政府将在其后六年内拨款修建810000套廉价公寓以解决低收入家庭的住房问题。汽车的需求量也很大,1946年大约有50%的家庭拥有

---

① Robert L. Heilbroner, *The Economic Transformation of America*, p. 232.

② [美]阿瑟·林克、威廉·卡顿:《一九○○年以来的美国史》中册,第285页。

汽车①,1948年汽车年产量已达到500万辆,但仍供不应求。

同时,社会福利事业的发展也使美国人民生活水平提高。杜鲁门和艾森豪威尔在任内都采取了一系列的改革措施,内容有:健康保险、教育津贴、扩大社会保障范围等。

然而,在战后美国繁荣社会的后面也还有另一个贫穷的美国。阿巴拉契亚山区的居民、女工,新英格兰和中西部衰败城市的工人,南方的佃农和分成制农民、农业季节工人和大部分黑人、墨西哥人、印第安人都还生活在贫困线以下。而且战后十年中贫民人数还在逐渐增加,到20世纪50年代达到高峰,占到总人口的36%。②当然,这种贫困是在高生活水平下的贫困,同第三世界国家的贫困是不相同的。

如果说战后十年美国在经济上能够继续维持繁荣和发展的局面,那么在政治上却出现了倒退,日益背离民主,趋向保守,甚至为反动势力所支配。对此,美国政府的决策人应当负主要责任。当时他们对内对外政策的基本出发点是称霸世界、遏制共产主义和社会主义国家,在国外推行全球战略,挑起冷战,在国内加紧对共产党和一切进步力量的迫害。早在杜鲁门任内就推行所谓的"忠诚调查",对政府雇员、高等学校教员和研究人员、艺术界人员进行审查,强迫他们进行所谓的"忠诚宣誓",违者即予解雇判刑。1947年10月,好莱坞的十名剧作家、经理和演员由于拒绝表明自己的政治信仰而被判一年监禁。1947年6月,美国国会通过了反共和限制工会活动的《塔夫脱-哈特莱法》(又称"1947年劳资关系法")。法案规定:禁止宣传"封闭工厂",雇主有权雇用非工会成员工人;禁止工会同整个企业部门发生合同关系,并不得在工人工资中扣除工会会费;工会在发动罢工前必须留出六十天"冷却期",等候有关部门调查;工会还必须向全国劳工关系局报告与本工会有关的资料,其中包括工会章程、年度财政报告等。此外,还禁止联邦政府雇员罢工,违者立即开除,并要求工会负责人举行反共宣誓。

1950—1954年,美国进入了反动的麦卡锡主义时期。以参议员约瑟夫·

---

① [美]弗雷德·阿尔瓦因等:《新经济形势》,第9页。

② Mary Beth Norton et al., *A People and a Nation: A History of the United States*, Boston: Houghton Mifflin Co., 1986, p. 89.

麦卡锡为代表的反共反民主势力利用职权，疯狂地煽动反共舆论。他们造谣中伤，指鹿为马。不论是进步人士还是共产党人，甚至持不同政见者都随时可能被加上莫须有的罪名而受到种种迫害和惩罚。最后麦卡锡还把矛头指向美国政府内部，企图搞垮现任总统，由自己取而代之。他经过几年处心积虑的活动，一跃成为美国政界的显赫人物。有人认为："自富兰克林·罗斯福去世以来，在美国公共生活中，没有一个人有麦卡锡那么大的影响。"甚至有人认为共和党"一半是麦卡锡的，一半是艾森豪威尔的"。麦卡锡本人也忘乎所以，公开指责罗斯福、杜鲁门当政时期是美国政府"卖国的二十一年"。后来，麦卡锡又企图插手军队事务，结果引起了美国垄断集团和政府首脑的严重不安，不得不抛弃麦卡锡主义。1954年，麦卡锡在指责兹维克准将包庇共产党阴谋分子的听证会上遭到了无情的揭露和严厉的驳斥，从此声名狼藉，一蹶不振。1954年12月2日，参议院以67票对22票的多数通过了谴责麦卡锡的决议。至此麦卡锡主义反动时期宣告结束。

然而，麦卡锡主义的破产并不等于美国政府反共反民主政策的结束。在这段时期，美国政府也通过了一系列反共、反民主、反工会的立法，为麦卡锡主义推波助澜。其中以《1950年国内安全法》（又称《麦卡伦法》）和《1954年共产党管制法》最为严重，实际上取消了美共的一切合法权利。

经济的繁荣、麦卡锡主义的出现和美国政府的反共反民主政策，都给战后的工人运动和美国共产党的活动造成了相当大的困难，并且使美共在工人运动中的影响大为削弱。因此美国社会学家西摩·马丁·利普塞特认为，战后"工业革命的基本问题已经解决了"[1]。然而，这个估计是不符合美国社会实际的。战后十年的工人运动虽然有反复曲折，但却从未停息，劳资之间的矛盾从未消除。

二

战后的美国社会是一个繁荣的社会，但绝不是一个公平的社会。美国工人在第二次世界大战中以加倍生产军火和军用物资支援反法西斯战争，功勋

---

① Mary Beth Norton et al., *A People and a Nation*, p. 881.

卓著。但战后只有资产者独得其利,广大工人却面临着通货膨胀和失业的威胁。单是美国政府廉价转让军工厂一项就使大资本家获取了骇人听闻的暴利。价值1.22亿美元的84家兵工厂,只以8700万美元售与私人公司[①],一转眼就出现了几千万美元的差价。在这种鲜明的对照下,美国工人的不满情绪迅速滋长。杜鲁门总统面对这个严峻的现实,不得不把缓和、调解劳资冲突作为劳工政策的基本出发点。

1945年9月6日,杜鲁门在递交国会的长篇咨文中,把充分就业和提高每小时最低工资额列入施政纲领。同时,他还试图通过举行劳资双方代表会议的形式,运用政府的力量和影响解决双方的争端。在他的倡导和支持下,1945年11月5日至30日在华盛顿召开了工会与工厂主的全国代表会议,与会代表共39人,其中工会代表和工厂主代表各18人,政府官员3人。产联、劳联的右翼领袖格林、托宾等人均出席了会议。美国政府对这次会议寄予很大希望,要求代表们制订出和平解决劳资争端的办法。杜鲁门总统曾通过广播向会议呼吁说:"我们在签订和执行集体合同当中应当找到和平的办法。"[②]

会议集中讨论了工资问题。劳资双方代表争论十分激烈。政府代表提出折中方案,希望在不提高工业品售价的条件下,增加工资15%,但工厂主拒不接受。会议最终宣告失败,劳资双方的矛盾趋于激化。

尽管美国战后的复员工作进展顺利,美国工人仍然面临着一系列严重问题。据保守的估计,失业人数至少有230万人。[③]同时,收入较高的制造业部门的工人大批转入商业部门的服务行业,也使工人们损失了相当可观的收入。据估计,日本投降后三个月内约有180万制造业工人失去了工作,而商业部门的服务行业的工人则增加了80万人。留在制造业部门的工人也由于工时的减少而蒙受损失。例如,1945年平均周工作时间为45.2小时,1946年降到40.4小时,周工资则从平均46.08美元下降到43.82美元。[④]而在同一时期副食品和日用品的价格却上涨了13%。在这种形势下出现了1945年下半年的罢工高潮。

①② *Report to the President, the Senate and the House of Representatives*, Washington: The Office of War Mobilization and Reconversion, 1945, p. 64.

③ *Mothly Labor Review*, July 1948, p. 5.

④ Bureau of the Census, *Statistical Abstract of the United States, 1951*, Washington: GPO, 1951, p. 201.

早在1945年八九月间就有几十万炼钢工人、橡胶工人、石油工人、电气工人举行罢工,要求提高工资。在芝加哥还发生了失业工人要求恢复工作的示威游行。示威者高举"我们需要6000万个职位!"的标语牌昂首前进。①年底,罢工进入了高潮。在一系列罢工中,通用汽车公司工人的罢工时间最长、影响最大。汽车行业工人在同资方的谈判中要求每小时增加工资33美分,否则将举行罢工。由于汽车制造业牵涉许多工业部门,一旦停产将会给社会经济带来严重后果,美国政府立即出面干涉,建议资方每小时增加工资19.5美分,以防止罢工的爆发。工会代表表示愿意接受这项建议,但通用汽车公司的老板带头反对。1945年11月25日,20万名汽车工人在50个城市的92座工厂里同时举行罢工,罢工一直继续到1946年3月13日。通用汽车公司、福特汽车公司和克莱斯勒公司的老板被迫接受了政府的仲裁,答应为工人每小时增加工资19.5美分。

钢铁行业的劳资纠纷也相当激烈。早在1945年9月,炼钢工人就同公司代理人发生了冲突,要求增加工资,但美国钢铁公司和伯利恒钢铁公司的资方代理人置之不理。双方的谈判旷日持久,1946年1月12日,谈判最终破裂,工会下令罢工。1月13日至14日夜间,杜鲁门紧急召见劳资双方代表,磋商妥协方案,但仍未达成任何谅解。1月21日罢工在整个钢铁部门全面爆发,有三十个州的752000名钢铁工人参加罢工,罢工一直持续到2月15日。最后,公司方面在政府同意每吨钢材上涨5美元的条件下,接受了政府关于增加工资的建议。

罢工浪潮也波及交通运输部门。1946年5月15日《纽约先驱论坛报》载文警告说:"令人望而生畏的罢工将席卷250000名铁路机车乘务员和司机,他们要求每天增加工资2.5美元,并改善劳动条件。"这一次,杜鲁门又在白宫召见了劳资双方的代表,并要求接受仲裁会议的建议,将工人每小时的工资提高14美分。铁路工人会议认为这个裁决是不公正的,首先反对,并准备于5月18日发动罢工。

交通运输不同于其他工业部门,一旦停顿,将使整个国家的经济生活陷于混乱。从1926年以来,这个部门的罢工一直受到法律禁止。在此关键时

---

① *Daily Worker*, August 22, 1945.

刻,杜鲁门顾不上保持自己的民主形象,下令在罢工开始24小时以前对铁路实行军事管制。在罢工爆发的第二天,杜鲁门发表广播演说,声称:"我在这重大危机的时刻向美国人民说话,珍珠港危机是外部敌人的阴谋造成的,昨天发生的危机则是由国内把个人利益置于国家利益之上的一群人造成。"①翌日,杜鲁门在参众两院联席会议上发表演说,宣布这次罢工是反政府罢工,要求通过法律把参加罢工的工人征召入伍,并处罚那些拒绝召回本厂工人的老板。在政府的全面干预下,罢工被迫于5月26日结束。

在同一时期,杜鲁门政府对矿工工会会议也施加了强大的压力,于1946年5月22日下令对矿山实行政府监督,直至1947年6月才予以解除。不过,在此期间,罢工仍时有发生。采矿公司方面不得不同意将每小时工资增加18.5美分,假日工资从75美元增加到100美元,在每吨煤的售价中提出5%作为改善工人生活福利的基金。②

各行业出现的频繁的罢工使第二次世界大战后的第一年就成为罢工的高涨年。总计大约发生5000次罢工,参加者460万人,损失工作日达1.16亿个。③1947年和1948年的罢工运动渐趋缓和,出现了一个低谷时期,一直到1949年才又进入第二个高潮。不过,这一时期的罢工运动带有更为鲜明的政治色彩,往往同反对《塔夫脱-哈特莱法》结合在一起。例如,在1947年20万名煤矿工人罢工期间,工会领袖约翰·刘易斯尽管本人敌视共产主义,但拒绝按照该法案规定宣誓不参加共产党,并且指出:"这个法案是法西斯在美国最龌龊和最残暴的产物。"④他还在矿工代表大会上愤怒地批评那些屈服于《塔夫脱-哈特莱法》的工会领导人。他说:"工人领袖们在《塔夫脱-哈特莱法》的威胁面前,像胆小鬼那样,首先夹着尾巴逃之夭夭。"⑤

1949年冷战气氛日益加剧,美国的工人运动逐渐同和平运动相结合。是年10月,经进步工会发起,在芝加哥成立了全国工会保卫和平协会,并很快在纽约、费城、旧金山、洛杉矶、波士顿、底特律、密尔沃基、明尼阿波利斯等城市

---

① Foster R. Dulles, *Labor in America: A History*, New York: Thomas Y. Cromwell, 1966, p. 222.

② *United States News and World Report*, Oct. 1949, p. 14.

③ Bureau of the Census, *Statistical Abstract of the United States*, 1953, Washington: GPO, 1953, p. 222.

④ Всемцрное профсоюзиое Девцженпе.《世界工会运动》,1954年第6期,第6页。

⑤ Bert Cochrane, *American Labor in Midpassage*, New York: Monthly Review Press, 1959, p. 117.

建立了分会。协会的目标是反对使用核武器,要求通过和平谈判解决国际争端。朝鲜战争爆发后,协会和进步工会成员都投入了反对朝鲜战争的活动。1950年8月2日纽约发生群众示威游行,反对美国政府发动和进行朝鲜战争。一周后纽约建立了美国妇女和平组织,10月24日,该组织发动上千名妇女到联合国总部示威,要求撤回侵朝军队。1951年初有65名进步工会活动家和社会人士决定联合组织向首都华盛顿和平进军。[1]到3月15日,有来自三十六个州的2500名和平进军者抵达华盛顿,其中大部分是工会会员。他们要求美国政府立即撤回侵朝军队,并向国会和白宫递送了请愿书。1951年5月1日,纽约的75000名劳动人民走上街头,举行反战示威游行。[2]当地产联组织都参加了这次活动。美国工人的反战活动一直持续到朝鲜战争结束。

然而,美国劳联和产联的上层领导却违背广大工人的愿望,公开支持美国政府的侵略政策。在朝鲜战争前夕,以产联主席菲利普·默里为首的产联工会官员于1950年2月18日访问了当时的国务卿迪安·艾奇逊,表示支持杜鲁门的对外政策。他们还在致艾奇逊的信中声明,支持所谓"战斗性的民主"政策。[3]美国工会活动家西德尼·林茨对产联的领导人这样评论说,他们"不反对氢弹试验,也没能提出任何有关外交政策新方向的建议。他们用同样的好战的语言来谈论政治,而不表示任何新的立场"[4]。朝鲜战争爆发后,默里立即于6月28日致电杜鲁门,表示"由衷地和毫无保留地支持他在朝鲜的勇敢行动"[5]。

朝鲜战争期间,由于通货膨胀,美国工人的实际收入有所下降,争取提高工资的罢工此起彼伏。具体统计数字如下[6]:

	1950年	1951年	1952年	1953年	1954年
罢工次数	4843	4737	5117	5091	3468
罢工人数	2410000	2220000	3540000	2400000	1530000

① *Daily Worker*, Feb. 1, 1951.

② *Daily Worker*, May 2, 1951.

③ *The New York Times*, Feb. 19, 1950.

④ Крцзце Амерцканскцх профсоюзов. 林茨:《美国工会的危机》,1961年,第108页。

⑤ *Progressive*, Nov. 10 1950, p. 3.

⑥ Bureau of the Census, *Statistical Abstract of the United States, 1962*, Washington: GPO, 1962, p. 243.

由此可见,战后的十年也是美国工人运动不断发展的十年,在朝鲜战争时期也没有停止。

三

美国社会学家西摩·马丁·利普塞特曾为《当代激进主义的起源》一书撰写第二章,题目是"美国为什么没有社会主义?"[1]在美国一般人的心目中也觉得美国工人运动和社会主义无关。其实,这种看法不符合美国历史事实。且不说历史上的兴盛时期,就拿第二次世界大战期间的情况来看,也不能得出这个结论。1944年,产联会员中有20%到25%的人属于美共领导的工会,在产联的执行委员会中支持美共的人占1/3。[2]问题在于,美共由于党内的长期纷争而不断削弱,在战后反共气氛高涨的严峻环境下无力保住已经取得的阵地而逐步被排斥在工人运动之外。1944年,白劳德宣布解散美共,在党内造成了严重的思想混乱,使党受到削弱。直至1995年中期,美共才摆脱了他的错误领导,恢复了共产党的名称和组织,选举了由福斯特、丹尼斯和汤普逊组成的书记处。

美国共产党由于遭遇这一重大变故,没有充分的时间和精力来仔细分析战后形势的变化和确定有效的对策,党本身的力量和在群众组织中的影响也大为削弱。1946年1月党员登记人数只有52834人,比1944年的63000人少一万多人。[3]重新组建的党的领导机构和党于1945年7月召开的紧急代表大会对形势进行了分析。当时对日战争尚未结束,美共仍然主张战争时期延续下来的支持罗斯福民主联盟的政策,即"必须促使一切反法西斯的和民主的力量,以及所有其他拥护罗斯福反轴心政策的入结成最广泛的联盟,并巩固这种联盟"[4]。大会同时对杜鲁门政府也表示担心,并警告说,如果不制止美国垄断资本的帝国主义政策,那就会有"新的侵略和战争及美国国内反动局

---

① Seweryn Bialer and Sophia Sluzar, *Sources of Contemporary Radicalism*, pp. 31-110.

② Witold Sworakowski ed., *World Communism*, p. 469.

③ Nathan Glazerdoi, *The Social Basis of American Communism*, New York: Harcourt, Brace & World, 1961, p. 92.

④ [美]福斯特等:《白劳德修正主义批判》,生活·读书·新知三联书店,1962年,第140页。

面的法西斯发展"①。以后,杜鲁门政府的扩张政策日益明显,美共的政治路线也逐步形成。用福斯特的话来说,"战后时期党的主要政治路线是支持建立劳工领导的统一战线的反法西斯的和平联合。党的一切个别政策都是从人民反法西斯的战争的总的斗争出发,并且同这个斗争彼此结合"②。

从这个主要政治路线出发,美共及时地揭露了美国政府的全球战略,谴责了杜鲁门主义,抵制马歇尔计划,反对美国政府对希腊、中国等国内政的干涉,反对美国拼凑军事集团的反共和反民主政策。毫无疑问,这些措施都是正确的。但美国工人更关心的是经济问题、切身利益问题。而在这方面美共却没有提出切合实际的政策和采取有效的措施,因而在反共逆流的冲击面前得不到广大工人的强有力的支持,几乎丧失了自己在工人运动中的所有阵地。

美共首先遇到的是工会右翼领袖格林等人的进攻。早在第二次世界大战期间,格林等人就已经公开倒向政府和资产阶级一边。格林在1940年劳联新奥尔良年会上发言说:"美国劳工联合会支持我们美国的资本主义制度和自由企业……同我们支持工会运动,支持组织工会和集体谈判的权利一样的努力。"③他们在对待1947年《塔夫脱-哈特莱法》的态度上完全站在政府方面。格林虽然在口头上斥责这个法案是"奴役措施",但他主持的劳联1947年年会却通过了服从法案的决议。美共只得孤军作战,劳而无功。

右翼力量占优势的劳联早在1946年年会上就大肆进行反苏反共宣传,1947年年会毫无保留地公开赞成杜鲁门主义和马歇尔计划。在美共影响较大的产联内部也出现了右翼势力联合中间势力排挤共产党和左翼力量的迹象。中派领袖产联主席默里在1947年波士顿年会上倾向右翼势力,利用欺骗的手法使大会通过了比较含混的决议,赞成美国有限制地援助确实需要援助的国家,并且说服大会接待了马歇尔本人,并听取了他的讲演。默里还趁机声明,大会的决议是支持马歇尔计划的。会后默里的声明被辗转报道,造成了产联年会全面支持马歇尔计划的印象。同时产联的右翼领袖在背地里加紧策划,反对共产党员和左翼力量。他们采取改组激进工会,造谣中伤和打

①② [美]福斯特等:《白劳德修正主义批判》,第504页。

③ [美]福斯特等:《白劳德修正主义批判》,第522页。

击拉拢等手段来控制产联所属工会的各级领导机构。1949年10月,默里等人利用右翼分子在克利夫兰大会上的优势将进步的无线电和机器工人工会开除出产联。在大会后不久,又开除了十个进步工会,结果使美共在产联中的影响大为削弱。

为了摆脱被动局面,美共曾于1949年召开两次中央全会,着重讨论了《争取群众性的马克思主义的工人阶级政党的报告》,肯定了美共党员在罢工中所起的积极作用,并要求共产党员提高自己在工会工作中的水平。[①]1947年10月18日,美共中央部分领导人在产联年会闭幕后曾同一些左翼工会领袖商讨如何促使产联上层放弃支持马歇尔计划的立场,接着又于12月中旬同部分左翼工会领袖举行会议,研究支持第三党运动问题。

美共支持第三党的设想是以不信任杜鲁门政府为出发点的。早在1945年10月,美共机关刊物就发表一篇题为《杜鲁门和共和党人》的文章,指出杜鲁门政府采取的战后对内对外政策和共和党右翼势力的主张异曲同工,并且表示进步力量在未来的大选中将不依附于两党中的任何一党,而是要寻找"另外的政治抉择"。随后,福斯特也发表文章指出:"工人应当同贫苦农民、黑人、进步的专业工作者和中产阶级,以及广大退伍军人实现有组织的合作,并使这种合作最终造就一个走向高涨的广泛的第三党运动。"[②]1948年7月底,以华莱士为首的美国进步党在费城宣告成立后,美共立即表示将予以全力支持。然而选举结果出人意料,威望颇高的华莱士只获得1150000张选票。第三党运动遭到惨败。

美共为支持第三党运动付出了高昂的代价,不得不同产联的中派分道扬镳。1947年2月产联执委会决定不介入自由派左右两翼的活动,产联主席默里又多次声明不赞成第三党运动。到1948年11月产联波特兰大会召开的时候,以默里为首的中派已经同右翼联合行动,指责左派支持的第三党运动的失败,并攻击共产党是"意识形态的深水炸弹""堕落的思想家""阴谋小集团"。[③]最后终于酿成产联领导层大批开除进步工会的严重后果。

---

① *Political Affairs*, March 1946, p. 224; *Political Affairs*, Sept. 1946, p. 776.

② *Political Affairs*, Feb. 1946, p. 102.

③ Max Kampeenan, *The Communist Party vs the CIO: A Study in Power Politics*, New York: Frederich A. Praeger, 1957, pp. 157–158.

政府司法部门和联邦调查局的残酷迫害使美共的处境尤为困难。联邦司法部、联邦调查局、参议院的麦卡伦委员会和众议院的非美调查委员会狼狈为奸，成为美国官方反共、反民主的得力工具。他们把共产党等122个组织列入"非忠诚"组织名单，而把其中作为陪衬的39个右翼组织很快予以排除，给那些拒绝回答问题的进步人士加上"藐视国会"的罪名，向法院提出控诉。结果造成了一桩又一桩骇人听闻的冤案和假案。

1947年6月27日，反法西斯流亡者联合委员会主席华·巴尔斯博士和12名委员由于拒绝提供捐款人姓名和西班牙共和国流亡者姓名，被法院判刑。最长刑期为三个月，罚金500美元。翌年4月，美苏全国友协总干事理查德·基尔福特也因拒绝提供该组织的某些情况而被判刑三个月，罚款250美元。

美共总书记丹尼斯也于1947年6月被地方法庭判处徒刑一年，罚款10000美元。1948年7月20日，接着出现了联邦大陪审团以阴谋颠覆政府罪向法院控诉十二名美共中央政治局委员事件。其罪名是被告在纽约州南部和其他地区"非法地、蓄意地……共谋组织美国共产党这样的由一些人参加的社团、集团集会，这些人教唆和鼓吹用武力和暴力推翻和毁灭美国政府"[①]。这完全是莫须有的罪名，原告根本拿不出任何可靠的证据。如果按照正常的法律程序，这个案件是不能成立的。它已经不是什么法庭审讯与否的问题，而是一种不折不扣的非法的政治迫害。审讯从1949年1月17日开始，于同年10月14日结束。十人被判五年监禁，一人被判三年监禁，并各罚款10000美元。福斯特因病幸免于难。后来第二联邦巡回上诉法院和最高法院，又驳回了被告的上诉，维持原判。

这次审判严重地破坏了美共的中央机构，几乎使其陷于瘫痪。在麦卡锡主义时期，美共所受的迫害更为严重。1954年8月24日，《共产党管制法》正式生效后，美国共产党被宣布为"敌对外国政权的代理人"，无权享有一般应有的政治"权利、特权和豁免权"。[②]实际上等于宣布美共为非法。从此，美共几乎完全丧失了在工人运动中进行活动的一切必要条件。这一时期的美国

---

① [美]威廉·福斯特：《美国共产党史》，第547—548页。

② Charles C. Alexander, *Holding the Line: The Eisenhower Era, 1952–1961*, Bloomington: The Eisenhower Era, 1975, p. 59.

工人运动确实同社会主义失去了联系。从当时的情况来看,美国政府迫害美共的政策似乎已经得逞,然而,根除共产主义思想、消灭共产党无论如何是办不到的。尽管在美国信奉共产主义的人很少,共产党的人数很少,但他们毕竟是美国人民的希望。

原载《南开学报》1991年第6期

20世纪60年代的美国工人运动

20世纪60年代,在战后美国历史上是激烈动荡的十年。社会矛盾不断激化,社会运动蓬勃兴起。工人运动也经历了一个特殊的发展时期。

一、工人运动的复苏

第二次世界大战结束后,美国在军事上和政治上都达到了顶峰,成为资本主义世界最强大的反共中心。美国政府在国际上推行冷战政策,在国内则对共产党人和进步人士进行查究。1947年3月,杜鲁门总统下令对所有联邦雇员进行调查,以便清除其中的共产党员和"不忠诚分子"。1951年初调查结束,有300万以上的联邦雇员受到甄别。结果,两千多雇员被迫辞职,210人被解雇。1947年6月,美国国会通过《塔夫脱-哈特莱法》,禁止进行代表全国性同业工人的集中谈判、禁止签订只许雇用工会会员的合同。1950年,美国国会通过了《麦卡伦法》,要求共产主义组织向司法部登记,并提供成员名单和财产报告。1948年到1953年间,参议员麦卡锡又采取造谣中伤的卑鄙手段推波助澜,使得美国的反共歇斯底里达到了极点,形成了麦卡锡主义的反动时期。

在这个时期,美国工人运动也受到了严重的冲击。产联系统的工会急剧右转,清洗了自己组织中的共产党员及其同情者。出现了20世纪50年代工人运动的低落时期。

20世纪60年代,美国的政治形势和经济形势都出现了急剧的变化。一方面,资本进一步集中,垄断势力进一步加强,另一方面,美国工人阶级相对贫困现象日益明显。越南战争又加剧了这种趋势,使美国的社会矛盾进一步激化。美国工人运动也受到了影响而进入了复苏时期。

第二次世界大战结束时,美国大约有43个拥有10亿元以上资本的公司,到1962年增加到116个,1965年又增加到149个,1970年达到252个。[1]1967年,美国约有14000个商业银行,共拥有财产4523亿美元。而其中最大的50家银行就占有1866亿美元,即0.4%的银行拥有所有商业银行资产总数的40%。[2]制造业的情况也大致相同。第二次世界大战结束时,美国制造业的200家大公司拥有整个制造业48%的财产,1967年增加到59%。[3]在有些行业,三五家大公司就控制了整个行业的生产。例如,通用、福特和克莱斯勒三家汽车公司就控制了美国汽车生产的95%。

20世纪60年代美国垄断资本的发展是同美国经济的重新军事化密切联系在一起的。越南战争对军火和军需品的大量需求,使得联邦政府的军费预算持续增长,也使得许多同军事工业有密切联系的大公司在美国的经济事务和政治生活中起着越来越重要的作用。前总统艾森豪威尔曾在1961年1月17日的全国电视讲话中警告说,"美国的民主"受到了新的巨大的力量——军事工业集团的威胁。"经济上的、政治上的,甚至精神上的总体影响,在每一个城市,每一个州的议会、每一个联邦政府的办公室都可以感觉到……我们必须抵制军事工业集团所产生的潜移默化的影响的侵袭……"[4]

在整个20世纪60年代,美国的直接国防支出持续增长。具体情况见附表[5]:

财政年度	直接国防支出(百万美元)
1961	47383
1962	51097
1963	52257
1964	53591
1965	49578
1966	56785

① *Fortune*, July 1963, pp. 178–180; *Fortune*, July 1966, pp. 232–260; *Fortune*, May 1971, pp. 172–201.

② *Fortune*, July 1963, pp. 178–180; *Fortune*, July 1966, pp. 232–260; *Fortune*, June 1968, p. 208.

③ *American Federalist*, May 1969, p. 10.

④ Dwight D. Eisenhower, *Waging Peace, 1956–1961: The White House Years*, New York: Doubleday, 1965, p. 616.

⑤ Bureau of the Census, *Statistical Abstract of the United States, 1970*, Washington: GPO, 1970, p. 247.

1967	70081
1968	80516
1969	81240
1970	79432

直接国防支出的增加给少数大军火商带来了巨额的利润。差不多所有的大公司都得到了源源不断的军事订货,从而扩大了自己的经济实力。通用动力公司收到的军事订货位居榜首,仅1968年就得到了223900万美元的合同。这一年名列第二的洛克希德公司也得到了187000万美元的军事订货。军火商所获的利润一般都在30%以上,最高的达到240%。①

大公司所获得的利润直接落入了大资产者的手中,而战争的沉重负担则转嫁到每一个纳税人身上,收入不稳定的工人首当其冲。因此,20世纪60年代罢工运动的次数和卷入的人数都不断增加,形成了工人运动的复苏。具体数字见附表②:

年代	罢工次数	卷入人数(千人)	损失劳动日数(千日)
1961	3367	1450	16300
1962	3614	1230	18600
1963	3362	941	16100
1964	3655	1640	22900
1965	3963	1550	23300
1966	4405	1960	25400
1967	4595	2870	42100
1968	5045	2649	49018
1969	5700	2481	42869
1970	5600	3300	62000

① *The New York Times*, March 18, 1971.

② *Monthly Labor Review*, June 1971, p. 135.

二、美国工人的相对贫困状况

资产阶级学者总是用所谓"人民资本主义"的理论来掩饰大公司垄断社会经济命脉,大资本家囊括巨额利润的事实。说什么工人和普通人都由于拥有股票而成为大公司的股东,分享着盈利带来的一切好处。但事实并非如此,他们虽然拥有一些股票,但所占的份额微不足道,根本不可能产生任何影响,所能分享的利益也极其有限,犹如杯水车薪,不能帮助工人摆脱困境。据统计,20世纪60年代初,美国的股票持有者虽然达到1700万人,但其中98.4%的人,或者说1672.5万人只拥有20%的股票。而1.6%的股票持有者,大约27.5万人却控制着80%的股票,约为3200亿美元。[1]

退一步说,股票持有者在工人中毕竟占少数,对于大多数工人,工资是他们唯一的经济来源。因此失业和通货膨胀都将对他们构成严重的威胁,甚至把他们推进贫困的深渊。20世纪60年代正好是联邦政府预算由于越南战争出现巨大赤字、货币贬值、物价飞涨的时期。同时,由于技术革新和自动化程度的提高,失业问题并没有因为军事工业的繁荣而有所缓和。这种形势导致了美国工人的经济状况不断恶化。

据统计,1960年失业人数为390万,1970年不但没有减少,反而有所增加。有些工业部门的雇员人数甚至大幅度减少。例如,钢铁业1955年有工人62.5万人,1962年底减少到48.6万人。[2]物价上涨的情况也是严重的。1967年上涨2.8%,1968年上涨4.2%,1969年上涨5.4%,1970年上涨6%。[3]从具体项目看,十年间医院住院费上涨101%,就诊费上涨38%,电影票上涨50%,邮递费上涨42%。[4]

物价上涨和失业人数增加使得生活在美国官方确认的贫困线以下的个人和家庭占相当大的比重。1965年,卫生部、教育部和社会福利部共同确定的贫困线是:单身生活在农庄的成年人年收入1000美元,七口之家年收入

---

① *International Teamster*, Dec. 1964, p. 30.

② *Political Affairs*, May 1968, pp. 18–19.

③ *American Federalist*, Mar. 1971, p. 7.

④ *Wall Street Journal*, Oct. 22 1968.

5000美元,四口之家年收入3130美元。按照这个标准计算,生活在贫困线以下的穷人大约为1/5。[1]

尽管随着物价的上涨,贫困线曾几次向上移动,但移动的幅度相对比较小。即使这样,生活在贫困线以下的人数也是相当可观的。其中一部分人得到了社会救济,人数大约有1400万。另一部分人尽管迫切需要救济,但由于种种原因没有得到。这一部分人的数目远远超过了第一种人。1966年5月13日《时代》编辑部文章认为:"最需要救济的人从这个福利国家得到的救济最少。"[2]《民族》也发表文章评论说:"750万到800万人的工资何其微薄,以致他们任何时候都需要社会救济……这等可怜的标准在许多情况下都低于,而且往往是远远低于贫困线的。"[3]根据《劳工评论月刊》的估计,1976年有2900多万穷人既没有从联邦政府,也没有从州政府和其他机构得到任何救济。其中有色人种穷人为900万,约占31%。[4]1969年4月,《美国新闻与世界报道》甚至忧虑地指出:"在美国,饥饿已经构成了国家政治中的一个基本问题。"[5]如果用第三世界标准来衡量,不免有点危言耸听。但无论如何可以看出,贫困问题确实已经成为20世纪60年代美国工人运动复苏的一个重要原因了。

三、控制与反控制、调解与反调解的斗争

由于越南战争的需要和国内社会矛盾的激化,肯尼迪和约翰逊两届政府都把调整劳资关系、保持国内平静作为制定劳工政策的出发点。为此,他们采取了"调解加大棒"的政策,企图控制美国的工人运动。一方面扩大社会福利事业,使一部分贫困工人的生活得到某种程度的保障,从而缓和他们的敌对情绪;另一方面又通过法律或其他手段强制工人接受政府的调解和裁决,直至动用武力,驱散罢工工人。因此,这一时期工人运动的特点集中表现为控制和反控制、调解和反调解的斗争。

---

① *Nation*, July 1965, pp. 609–610.

② *Times*, May 13 1966, p. 14.

③ *Nation*, July 7, 1965, pp. 613.

④ *Monthly Labor Review*, Feb. 1969, p. 34.

⑤ *U. S. News and World Report*, April 28, 1969.

1961年,肯尼迪政府和第87届国会通过了新的住宅法,授权联邦政府拨款50亿美元进行为期四年的城市更新计划,为年收入低于6000美元的居民解决住房困难。同年,国会还通过了提高最低工资标准的法案,决定从1961年9月起,在两年内将每小时最低工资限额从1美元提高到1.25美元,使大约2700万服务性行业和零售业工人及其他行业的低工资工人的收入有所提高。①约翰逊也采取了类似的做法,宣称要向贫穷宣战,建立"人人富足自由"的"伟大社会",而且经过国会颁布了《反贫穷法》。1966年,约翰逊政府又把大约3000万工人的工资最低限额提高到每小时1.60美元,从1968年开始生效。②

当然,这种点滴的改善是不可能消除罢工运动的。肯尼迪和约翰逊政府所采取的另一种办法就是设置调解机构,掌握、利用已经存在的各种调解机构。最有影响的机构是1961年初成立的、十九人组成的总统劳资政策顾问委员会。委员会由七名企业代表(其中有汽车大王亨利·福特和国际商用机械公司经理托马斯·瓦松)、七名工会代表和五名劳资关系专家组成。总统劳资政策顾问委员会管辖的范围很广泛,不仅调解和处理劳资纠纷,而且还进行技术进步、经济发展和失业等问题的研究。

1947年建立的联邦仲裁调解局的权力在肯尼迪任内有所扩大。总统可以根据该局的建议,在劳资谈判过程中随时指定成立处理紧急纠纷委员会,并赋予委员会强制性的权力。此外,1963年5月,还成立了一个民间组织——十二人全国劳资关系小组,由工会代表和资方代表各六人组成。其职能是协调资方和工会的关系,并随时提出避免劳资冲突的建议和确定调解冲突应当采取的形式。

调解和仲裁是联邦政府对罢工运动进行直接干预的一种手段。1964年,几乎有一半的罢工,其中包括大规模的罢工是在政府的干预下被迫停止的。③

为了扩大联邦政府干预罢工的权力,美国国会通过了反对和限制罢工的法案及临时性的紧急法。1963年8月29日,参议院以90票对2票、众议院以

---

① [美]阿瑟·林克、威廉·卡顿:《一九○○年以来的美国史》下册,第127页。

② [美]阿瑟·林克、威廉·卡顿:《一九○○年以来的美国史》下册,第165—166页。

③ *American Federalist*, Nov. 1965, p. 7.

286票对66票通过一个紧急法案,决定对长达四年的铁路公司和铁路工会的争端进行强制性仲裁。这等于是向铁路工人发布了禁止罢工的命令。卡车司机国际兄弟会主席詹姆士·霍发指出:"如果这(强制仲裁——引者)成为我们政府的政策,那么在美国任何工人的工作都得不到保障了。"[1]1963年2月,参议员麦克里南提出一个反罢工法案,禁止一个以上的地方工会联合发起交通运输工人罢工,禁止进行危害各州间商业交往和对外贸易利益的交通运输工人罢工。对于违反法令的工会处以5万美元的罚款,对于违反法令的工会领导人则判处一年监禁。麦克里南还曾提出另一个禁止在导弹基地和防御设施内举行罢工的法案。同年,戈德瓦特提出的法案赋予了联邦政府更多的阻止罢工的权利。根据这个法案,政府可以宣布"封闭性工厂"[2]为非法,并且禁止工会将基金用于集体合同规定以外的目的。

约翰逊政府还利用越南战争,以保障国家安全为借口来反对工人运动。1966年10月,约翰逊宣布,通用电气公司所属工厂工人的罢工将给越南战争造成困难,威胁到国家的安全,应当予以禁止。他强调通用电气公司"是武装部队多种军需品、电子装备和导弹的主要生产者和改进者。它为我们的军舰和潜艇提供动力装置,它供应F4鬼怪式战斗机和直升机的发动机,并且为我们的空军作战部队提供机关枪战场雷达装备……我们在越南的人需要这些战斗机、直升机和这些武器……而且他们不是下星期或下月才需要,是现在就需要"[3]。1966年11月,印第安纳钢铁工人的罢工,以及1967年3月十三个西海岸港口工人的罢工都由于同样的原因遭到约翰逊政府的禁止。

肯尼迪和约翰逊的劳工政策,只能为工会领导人和上层人物所接受,广大工人群众是不满意的。所谓调解,实际上是要求工人接受政府或公司规定的低标准工资和劳动条件。因此,控制和反控制的斗争在这个问题上表现最突出。1961年初,几万名海员和六大航空公司的74000名驾驶员相继举行罢工,要求提高工资,使太平洋沿岸、大西洋沿岸和海湾地区的三百个港口和四十四个州的航运和空运受到不同程度的影响。1961年10月到11月,通用汽

---

① *International Brotherhood of Teamsters*, 1964, p. 4.

② 指只允许雇用工会会员的工厂,这是工会在同雇主的斗争中所争得的一项权利。

③ *Worker*, Oct. 4, 1966.

车公司又有239000名雇员和福特汽车公司的116000名雇员举行罢工。

为了缓和局势，肯尼迪政府提出了所谓的"反通货膨胀方针"。按照肯尼迪的说法，"'反通货膨胀方针'的目的在于使每一个部门的工资(包括附加工资)的增长速度同整个经济的劳动生产率的增长速度相等"[①]。1962年，肯尼迪政府规定工人工资的年增长率为3%，随后又提高到3.2%。实际上，这个限额远远低于通货膨胀的速度，也低于劳动生产率增长的速度。从此以后，美国工人发动了多次争取突破工资增长限额的斗争。其中以1964年下半年，美国汽车、飞机、农业机械工人联合会发动的几次罢工最有成效。1964年秋天的罢工，迫使通用汽车公司接受了工会的条件：增加带工资的休假一周和另外两天休息日；提高养老金数额和增加其他福利待遇。1964年底，联合会的地方分会所领导的8万福特汽车公司工人罢工也取得了胜利。在这个基础上，联合会和通用汽车公司、福特汽车公司、克莱斯勒汽车公司签订了工资年增长率为4.8%到5%的合同。1965年上半年大约有120万工人获得了4%以上的年工资增长率，突破了工资增长的限额。

为了控制工人工资的增长，约翰逊政府的总统经济顾问委员会于1965年和1966年重申工资的年增长率不得超过3.2%。[②]但是，在广大工会会员的强烈反对下，连劳联-产联的执行委员会和代表大会都拒绝承认这个标准。劳联-产联的主席米尼声明，限制提高工资是不公正的，因为政府并没有采取任何措施限制物价和利润的上涨。[③]

但是，约翰逊仍然希望得到工会领导人的支持，于是在1966年5月初召开总统的劳资政策委员会会议。然而在会议期间所有七名工人委员都反对政府的工资限额，部分非工人委员也对限额持保留意见。在争取工会支持失败以后，约翰逊采取了直接威胁的手段。8月25日，他警告工会，如果工会不能把工人提高工资的要求局限在"合理限额"以内，联邦政府就将"采取其他措施"。[④]

但是，约翰逊的威胁没有什么作用。1966年夏天，机械工人和航天工人

---

① *Economic Report of the President*, Washington: GPO, 1963, p. 189.

② *Economic Report of the President*, Washington: GPO, 1967, p. 123.

③ *The New York Times*, Jan. 26, 1967.

④ *The New York Times*, Aug. 25, 1966, p. 18.

国际协会的35000名会员进行了长达43天的罢工,迫使五家大航空公司签订了确认年工资增长率为5%的新合同。在这以后,要求突破工资限额的罢工越来越多,而且规模也越来越大。约翰逊政府不得不于1967年把年工资增长限额提高到5%。然而这个限额仍然被不断突破,联邦政府限制工资增长的政策彻底破产。

四、美国工人与争取和平的斗争

20世纪60年代,在美国政治生活中最重大的事件就是越南战争。战争使美国在道义上、精神上、经济上和军事上蒙受了巨大的损失。从战争开始到1968年中的短短几年内,卷入战争的美国军事人员已经达到53万人左右,有35000多人丧生、75000人受伤,成百的人被关押在越南的战俘营中。财政开支达1000亿美元,被击落的飞机约5000架,价值50多亿美元。[①]越南战争还直接影响到美国国内的经济生活,加重了纳税人的负担,造成了严重的通货膨胀。随着战争的升级,反战运动迅速兴起,同各种社会运动紧密地结合在一起。美国工人也是这个运动中的一个重要的方面军。

尽管劳联–产联的上层在开始的时候支持越南战争,劳联–产联执委会曾公开宣布站在政府和总统方面[②],但广大会员是坚决反对联邦政府发动越南战争的。1965年4月,码头工人和仓库工人两年一度的大会,在代表们的强烈要求下首先通过了反对政府干涉越南的决议。决议强调指出:"越南人有权选择他们自己的道路。"接着,美国汽车、飞机、农业机械工人联合会,卡车司机国际兄弟会,服装工人联合会等有影响的大工会相继通过了反对越南战争的决议。广大黑人工人也积极投入了反战运动。1965年5月,美国黑人工人委员会举行的第五届年会通过决议,呼吁政府立即停止越南战争,开始和平谈判。[③]

1965年夏天,在纽约州建立了一个工人争取和平的组织。这个组织很快

---

① [美]阿瑟·林克、威廉·卡顿:《一九〇〇年以来的美国史》下册,第191页。

② *AFL-CIO News*, Mar. 1, 1965.

③ Philip S. Foner, *American Labor and the Indo-China War*, New York: International Publishers, 1971, p. 25.

就同全国的和平运动取得了密切的联系。根据这个组织的倡议,1966年3月,在纽约举行了巨大的反战游行。在游行队伍中,第一次出现了工人纵队。同年5月,纽约地区的三十个地方工会举行会议,呼吁参战各方举行和平谈判。不久以后,在许多地方陆续建立了工人争取和平的组织和和平运动的分会。

在工会争取和平运动中,最具有重要意义的事件是1967年11月11日至12日,芝加哥全国工会领导人争取和平大会的召开。参加这次大会的不仅有全国性工会的代表,而且有地方工会的代表。在代表中有30名国际工会副主席,11名和平主义者。参加大会的组织和代表十分踊跃,完全出乎大会组织者的预料。他们预计最多有350名代表出席大会,但实际到会人员远远超过了这个数字,达到550人。大会谴责了约翰逊政府不断升级的战争政策,批判了工会上层支持联邦政府推行侵略政策的立场,公开声明:"美国工会要在公平原则上,在尽快结束这场残酷的战争中发挥自己的作用,以便使我们能够运用我们的财富和能力同贫困、疾病、饥饿和偏见做斗争……"[1]

全国工会领导人争取和平大会引起了美国社会舆论的关注。其重要意义就在于它表明,即使在工会领导人当中,也有相当数量的人是坚决反对越南战争的。正如著名的老左派史学家方纳所说,这次大会"粉碎了关于工人在支持印度支那战争方面铁板一块的印象"[2]。

另一个具有重要意义的事件是工人行动联合会的成立。它成立于1965年6月,代表着一些美国最大的工会组织。该联合会公开反对政府的越南战争政策和劳联-产联执行委员会的错误立场,曾经组织过一系列的反战示威游行。1969年底发生的向华盛顿进军,旧金山、洛杉矶、底特律等城市的大规模游行示威,都和工人行动联合会有直接的关系。

五、美国共产党从地下转向公开

20世纪60年代,在各种社会运动的强大压力下,美国政府不得不放松对共产党的压制。美共逐步从非法状态走向半公开状态,到60年代末终于获得

---

① *Political Affairs*, Jan. 1968; *Labor's Voice for Peace*, Jan. 1968, p. 16.

② Philip S. Foner, *American Labor and the Indo-China War*, p. 62.

了公开活动的权利,并于1968年参加竞选活动。过去,长期受到限制和迫害的美共,由于被剥夺了公开活动的权利,几乎完全丧失了对工人运动的影响。进入20世纪60年代以后,它才有机会东山再起,重新同工人运动相结合。为了实现这个目标,美共发表了一系列文章,通过了新纲领,并且召开了第十八届和第十九届代表大会。

在这些文章中和两次代表大会上,美国共产党着重阐明和宣传自己的奋斗目标和对待运动的方针政策。1962年12月美共在《政治事务》上发表的《美国工人的前途》是美共全面论述方针政策的第一篇文章。美共在这篇文章中,一方面强调了工人阶级的领导作用及其废除剥削的历史使命,同时也对工会的政策采取了支持和赞成的态度。文章指出:"我们共产党是以工人阶级的领导作用及其废除剥削的历史使命的观点为基础的。因此我们首先是工人阶级的党,是'穷人和被压迫者的党';因此我们极力强调有关工人阶级的问题和工人阶级在我们国家中的决定性作用;因此,同低估我们美国工人阶级作用的一切倾向做斗争是至关重要的。"[1]文章肯定了工会提出的日常要求,认为争取三十五小时工作周的斗争,"能够成为20世纪30年代以来保障劳动权利的第一个重大步骤","三十五小时工作制将意味着为成百万人,也许为相当于现在失业队伍1/3的人提供职业。甚至更为重要的是,这种斗争和胜利将给工人注入新的精神、新的活力和新的想象力"。[2]除此以外,美共还提出了一系列增加工资和改善工人福利待遇的要求。例如,把每小时最低工资标准提高到2.50美元;取消现在由垄断组织操纵的物价,由政府、工会、消费者共同控制物价;实行终身保险,所需费用由政府向垄断公司征收附加税或提高税收额来解决,等等。

1964年5月,美共又在《工人》上发表一篇题为《共产党的人民纲领:结束贫困和失业》的重要文章。这篇文章是对约翰逊总统"向贫穷开战"的宣言的评论。文章表示,美共"准备完全地毫无保留地参加这场战争。但如果这是一场真正的'不受限制的战争',我们就需要超越约翰逊总统提出的极其有限

---

[1] *Political Affairs*, Dec. 1962, p. 11.

[2] *Political Affairs*, Dec. 1962, pp. 7-8.

的计划"①。文章还指出,造成贫困的原因"既不是自动化,也不是个人的缺点和不幸。恰恰相反,其原因是那种生产为了满足私人的最大利润,而不是为了满足社会福利的经济制度"②。

这两篇文章所提出的要求和基本论点,后来成为第十八次党代表大会所通过的新党章的基础。美共第十八次代表大会于1966年6月22日至26日在纽约召开,这是美共被取缔二十年来的第一次公开举行的合法的代表大会。大会除通过新党章以外,还提出和讨论了许多重要问题,大致可以归纳为三个方面:改善人民的福利,争取和平,争取自由。大会选出了党的全国委员会,由大约九十名委员组成。格斯·霍尔当选总书记,亨利·温斯顿当选主席。美共领导人为了摆脱孤立的处境,在大会上提出了"争取彻底转变"的口号,并且认为这次代表大会是一个新的转折点。格斯·霍尔甚至乐观地说:"党已经摆脱了自己在政治上的孤立。"③

1969年4月30日到5月4日,美共召开了第十九次代表大会。亨利·温斯顿在大会上做了关于组织问题和党章草案的报告。他特别强调在产业工人中开展工作。他指出,过去美共在工厂中几乎不存在,第十八次代表大会以后才组织了一批工厂俱乐部。他要求"全党实现彻底转变,要在产业工人中,在汽车、钢铁、飞机、电子和运输工人中,首先在我国的工业中心建党和创办刊物,而对南方要给予特别注意"④。大会还根据温斯顿的建议,就这个问题发表了《第十九次代表大会给党的公开信》,呼吁共产党员"在全国的工厂中建立共产党组织"⑤。温斯顿在报告中特别强调说:"如果不把我们的党变为一个群众性的政党,在争取和平、民主、社会主义斗争中通向胜利的道路是不可想象的。"⑥

然而,美共的"彻底转变"只停留在口头上和决议上。在整个20世纪60

①② *Labor*, May 3 1964.

③ Gus Hall, *For a Radical Change: The Communist Party's View*, New York: New Outlook Publishers, 1969, p. 66.

④ Richard F. Staar ed., Yearbook on International Communist Affair, 1970, p. 479.

⑤ Henry Winston, *Build the Communist Party*, The Party of the Working Class, New York: New Outlook Publishers, 1969, p. 13.

⑥ Henry Winston, *Build the Communist Party*, p. 31.

年代,美共和工人运动、民权运动、反战运动的结合是极其有限的。因此,它未能通过活动卓有成效地发展组织,壮大队伍。根据美共总书记霍尔的估计,1969年美共党员大约为12000到13000人,美共的支持者和同情者大约为10万人。[①]其影响是微不足道的。1968年的竞选最清楚不过地说明了这一点。这一年,美共在参加总统竞选中,在明尼苏达和华盛顿两个州获得的选票只有1075张,同两个州的7500万张选票相比,不过几万分之一。

美共之所以不能转变为群众性的政党,原因很多,但最根本的原因是没有解决马克思主义和美国实践相结合的问题,找不到适合美国国情的革命道路和方针政策。它的主张完全可以在工会的日常要求中和其他国家共产主义政党的纲领中找到,对美国工人没有什么吸引力。因此,20世纪60年代的工人运动同美共的活动基本上是分离的,彼此没有什么联系。

总体来看,20世纪60年代是美国工人运动开始复苏、充满希望的时期。它同当时各种政治运动都有一定的结合,而且在反对联邦政府的控制中取得了一个又一个胜利。同时,美国共产党也取得了公开活动的权利,并且表示了同工人运动相结合、力图转变为群众性政党的愿望。但是,应当看到其处境仍然是相当困难的。美国的统治阶级在经济上和政治上仍然很强大,资产阶级思想影响在工人队伍中仍然很严重。同时,工人阶级当中大部分人生活比较富裕而安定,联邦政府的福利措施又缓和了一部分生活困难的工人的反抗情绪。这种形势决定了今后的美国工人运动将要经历一个曲折的缓慢的发展过程。在没有找到适合美国国情的革命道路以前,工人运动同社会主义相结合是不可能实现的。

原载《国际共运史研究》第3辑,
人民出版社,1988年

---

① Richard F. Staar ed., *Yearbook on International Communist Affair*, 1970, p. 479.

职业意识论和20世纪60年代
美国工人运动的现实

美国康芒斯-威斯康星学派创立的职业意识论至今已有半个多世纪。这个理论曾经受到劳联创始人塞缪尔·龚帕斯的青睐，并成为劳联的理论支柱，对美国工人运动产生过巨大影响，在美国史学界也曾经流行一时。美国学者安迪·道森曾专门著文论述康芒斯-威斯康星学派及其理论的重大影响。他说，从20世纪40年代末起，普尔曼的《工人运动理论》就成为美国学术界的中心而备受赞扬，同时，在学校的讲台上也"成了美国历史教学中的中心课题"。到了"20世纪五六十年代，威斯康星学派的工人史学家、工人经济学家和工会官员仍然控制着工人史会议文章、专著和教科书的出版"①。对于这样一个影响深远的理论加以认真研究的必要性是不言而喻的。本文仅联系美国工人运动现实，对此理论做初步剖析。但囿于笔者的水平，未必能切中要害，谨以管见求教于读者。

一、职业意识论是美国历史的产物

职业意识论是美国历史条件下的工联主义，或者说是工联主义的变种。其要害是只承认工人阶级的眼前利益，而对于社会主义理想、工人阶级的历史使命采取避而不谈，甚至加以全盘否定的态度。职业意识论的创立者康芒斯和普尔曼都把马克思主义说成是"抽象理论"，并且声明他们和马克思分手

---

① Andy Dawson, "History and Ideology: Fifty Years of 'Job Consciousness'", *Literature and History*, No. 4, Autumn 1978, p. 223.

的原因就是不赞成这种"抽象理论"。①他们还认为,美国历史上既没有人向工人阶级灌输过马克思主义,也不存在接受马克思主义的基础。如果有人这样做也是注定要失败的。普尔曼认为:"美国工人运动最显著的特点是:它不像德国那样,由知识分子领导人缓慢地,但却确定无疑地把哲学灌输进去。"②康芒斯则声称:"在美国具有宗教的、种族的、语言的和政治的种种差别的情况下,只有一个方面能够使工人联合起来——增加工资、延长休息时间、扩大自由。超过这个限度——理论家们、空想家们和好心肠的人们所做的错误引导——只会使他们成为工人阶级的愚蠢朋友。"③

"职业意识"这个名词正式见于普尔曼的《工人运动理论》一书中。他在这本书中把职业意识和阶级意识对立起来,并且断言美国工人阶级只有职业意识,与外来的阶级意识是格格不入的。他说:"外来的社会阶级意识在美国土地上深深扎根以前,本地滋生的工资意识已经初次表现在斯捷沃德盛行于19世纪60年代的八小时工作制的哲学中了。""对于美国整个工人队伍来说,唯一可以接受的就是职业意识,它只具有'有限的''保障工资和控制职业'的目的。"④

普尔曼还提出了种种论点和论据来说明美国工人阶级缺乏阶级意识的原因。归纳起来大致有如下几点:第一,美国是一个小私有者占统治地位的国家,私有财产制度根深蒂固。工人运动不能危害这个制度,否则就会"立刻推动群众同反工会的雇主结成联盟",最终招致失败。⑤第二,美国存在广泛的机会,因而造成了美国工人队伍地区的、职业的和社会的流动性,削弱了工人的统一和团结,也阻碍了阶级意识的产生。⑥第三,美国工人"很早就得到

① John R. Commons, "American Shoemakers, 1648-1895: A Sketch of Industrial Evolution", *The Quarterly Journal of Economics*, Vol. 24, No. 1, Nov. 1909, pp. 39-84; A. L. Riesch Owen ed., *Selig Perlman's Lectures on Capitalism and Socialism*, Madison: University of Wisconsin Press, p. 47.

② Selig Perlman, *A Theory of The Labor Movement*, New York: Macmillan, 1928, p. 154.

③ Lafayette G. Harter, *John R. Commons: His Assault on Laissez-faire*, Corvallis: Oregon State University Press, 1962, p. 41.

④ Selig Perlman, *A Theory of The Labor Movement*, p. 193, 169.

⑤ Selig Perlman, *A Theory of The Labor Movement*, pp. 160-161.

⑥ Selig Perlman, *A Theory of The Labor Movement*, p. 165.

了作为杰斐逊民主运动副产品的选举权这一不需要付出代价的礼品"①。

其实,在美国工人运动史上,职业意识论的思想并不陌生。早在18世纪末就出现过劳联领导人斯切塞提出的纯粹工会主义。什么是纯粹工会主义?基特曼曾提出如下定义:"纯粹的和简单的工会主义可以认为是一种变异的工会主义,其活动局限于通过集体谈判和政治行动来谋求满足其成员的眼前需要。"②斯切塞本人也曾概括地指出:"我们没有终极目标,我们从事日常活动,我们仅仅为眼前目标奋斗。"③在职业意识论问世以前,纯粹工会主义一直是劳联领导人推行阶级调和政策的理论依据。

从根本上说,职业意识论和纯粹工会主义没有什么区别。所不同的是,职业意识论是工人史学家的手笔,更富于学术性,论据更充分,更有说服力。难怪职业意识论刚刚问世就被劳联领导人奉为座右铭,建议各级工会干部认真阅读。另一方面,康芒斯—威斯康星学派的几代带头人也都把劳联看成奉行职业意识论的典范而赞不绝口。普尔曼宣称,劳联"这个具有抵抗能力的工会不仅具备优点,而且还能适应客观环境和美国工人的心理"④。塔夫特甚至断言:"劳联式的工会是在美国条件下,唯一能够生存下来的一种工会"⑤。并且指出:"康芒斯和龚帕斯一样,认为胸怀革命理论的'知识分子'在工人运动中是无处立脚的。""普尔曼对康芒斯历史的主要贡献之一乃是他对劳联的产生和成长所持的友好同情态度。"

综上所述,我们完全有理由认为职业意识论是一种资产阶级的理论、反马克思主义的理论。它的产生是和美国的历史条件分不开的。如果从纯粹工会主义的出现算起,那么这种理论恰好产生在美国资本主义向垄断阶段过渡时期。当时美国已经跃居世界大国的前列,经济发展极为迅速。美国垄断

---

① Selig Perlman, *A Theory of The Labor Movement*, p. 167.

② H. M. Gitelman, "Adolph Strasser and the Origins of Pure and Simple Unionism", *Labor History*, Vol. 6, No. 1, 1965, p. 72.

③ Philip Taft, "On the Origins of Business Unionism", *Industrial and Labor Relation Review*, Vol. 4, No. 1, Oct. 1950, p. 73.

④ Selig Perlman, *A Theory of The Labor Movement*, p. 196.

⑤ Philip Taft, "'A Rereading of Selig Perlman's 'A Theory of the Labor Movement'"', *Industrial and Labor Relations Review*, Vol. 4, No. 1, Oct. 1950, p. 73.

资产阶级在政治上和经济上都拥有雄厚的实力,对工人运动越来越多地采取软硬兼施的手法。相当部分的工会领导人受到威逼和利诱,逐步放弃斗争走上工联主义的道路。同时,在美国这样一个资产阶级民主制度比较完备的国家,虽然仍旧存在着严重的种族歧视,但从全局来看,工人阶级已经获得了基本的政治权利,所关心的主要问题是自己的经济利益。从这个意义上说,工联主义比较容易为多数工人接受。我们只要翻开美国工人运动史一看,就会发现大多数情况下,工人的战斗口号是"保障就业","提高工资、缩短工时、改善劳动条件!"而工厂主对付工人的办法就是解雇工人,把罢工领导人和积极分子列入黑名单,在工厂主之间传递,使得他们失去一切就业机会。可见,就业问题对于美国工人是何等的重要!

毋庸讳言,在美国这样一个雇佣劳动占主导地位的国家,职业就是工人的生活来源,争取充分就业的斗争是符合广大工人的利益的。劳联之所以能够发展壮大,从一个不大的工会发展为拥有上千万人的美国最大的工会,职业意识论之所以能够广泛传播,并且经久不衰,正是由于抓住了这个中心问题。从这个角度上看,职业意识论确有相当广泛的群众基础,而且反映了美国工人的基本要求。因此,我们不能因为它是资产阶级理论就简单地加以全盘否定。弄清这个理论的实质,确定其性质并指出其错误和危害性是一回事。从具体情况出发,研究它同美国工人运动的关系,实事求是地肯定它的某些合理成分是另一回事。两者并不矛盾,更不应当把两者看成是互相排斥的东西。

马克思、恩格斯在世的时候,从来没有把争取缩短工时、提高工资、改善劳动条件的斗争同工人阶级的政治斗争对立起来,而是对工人阶级在经济斗争中所取得的每一个成就,哪怕是微小的成就都加以热情的赞扬和鼓励。例如,美国19世纪80年代的工人运动,包括举世闻名的"五一大罢工"在内,都不是争取社会主义共和国的革命斗争,写在它的旗帜上的口号不过是"实行八小时工作制"但是,恩格斯从这里看到了美国工人运动的希望。他曾兴奋地说:"我们的(以及你们的)资产者曾经以为,美国是凌驾于阶级对抗和阶级斗争之上的。这种幻想现在破灭了,地球上资产阶级的最后一个天堂正在迅速地变为涤罪所,而只有刚成长起来的美国无产阶级的迅速发展,才有可能使它不致像欧洲那样变为地狱。美国工人在舞台上出现,是件极不寻常的事;半年以前谁也没有看出任何迹象,现在他们却突然变成如此有组织的群众而行动起来,足以引起整个资本家阶级的恐惧。"①马克思和恩格斯反对的只是那些把争取工人阶级眼前的利益作为终结目标的说法和理论。阶级意识论的根本错误就在于把争取职业说成是美国工人运动的唯一的最高的纲领,把美国工人说成是一些只顾眼前利益、不关心政治、不关心人类命运的庸人,这显然是不符合历史事实的。美国工人绝不仅仅为自己的眼前利益而斗争,也曾参加过各种政治活动,为美国的社会运动和国际工人运动做出过应有的贡献。

就美国工人运动本身而言,我们不应当忘记,世界上最早的工人党②和第二个共产主义俱乐部③都是在美国建立的。第一国际总委员会于1872年从伦敦迁到纽约以后,曾经进行过一系列活动,成为美国工人的骄傲。美国共产党成立以后,虽然长期为内部派别斗争所困扰而不能成为拥有巨大影响的群众性工人政党,但它也曾经取得过群众工作的光辉成就。20世纪40年代,由于它在产联所属工会中开展过坚持不懈的工作,曾经赢得该工会20%—25%会员的支持。在产联的执行委员中也有1/3的人支持共产党。④如此等等。

除此以外,在支持民权运动、反对越南战争等方面,美国工人都进行过顽强的斗争,其业绩是不可泯灭的。

二、20世纪60年代的民权运动和美国工人

美国内战虽然废除了奴隶制度,但并没有消除种族歧视。美国黑人没有得到美国公民应当得到的政治权利。美国黑人争取平等公民权利的运动一直延续了一百多年,直至今天仍然具有相当的规模,始终是美国社会的一个重要问题。因此长期以来消除种族隔离、消除种族歧视一直是美国工人运动

---

① 《马克思恩格斯全集》第36卷,第482页。

② 美国的工人党成立于1828到1829年间,是分散的地方性组织。其中,以费城和纽约的工人党影响最大,但存在的时间却很短暂,平均不过一年半。

③ 美国的共产主义俱乐部建于1857年,创始人为弗里德里希·阿道夫·佐尔格、孔瑞德·卡尔等人,1869年10月改组为美国的第一个国际工人协会小组。

④ Witold Sworakowski ed., *World Communism*, p. 469.

的重要内容之一。无论哪一个工人组织或者哪一个工会在它成立的时候或者成立后不久,都要对种族歧视问题表明自己的态度。例如,美国劳工联合会在刚刚成立的时候就曾表示对所有工人一视同仁,成立大会的组织委员会主席塞缪尔·龚帕斯就曾经宣布:"我们不希望排斥任何相信和属于劳工组织的人。"①

到20世纪60年代,黑人民权运动不仅声势浩大,而且采取了较高的斗争形式,从非暴力行动发展到直接行动,成为美国60年代社会运动的主体。1964年7月,由于警察无故杀害一名黑人青年而引起的哈雷姆区黑人青年暴动揭开了城市运动的序幕。1965年洛杉矶瓦茨区的黑人暴动已经颇具规模。警察和暴动者交战的结果,死34人,伤1032人,上千人被捕。以后几年黑人暴动更为频繁,而且规模越来越大,1967年达到高潮,有128个城市被卷入。其中以底特律市的暴动规模最大。美国政府为了镇压这次暴动,使用了上万名空降兵、国民警卫队和警察。在双方的激烈冲突中,有38人丧生,价值约5亿美元的财产被毁坏。1968年4月,由于著名的黑人运动领袖马丁·路德·金在田纳西州孟菲斯遇刺而引起的大规模黑人暴动甚至波及首都华盛顿,在白宫附近也发生了暴力行动。其后,黑人暴动的余波一直延续到20世纪70年代初。

在这场轰轰烈烈的民权运动中,美国工人有出色的表现,证明了他们并不只关心自己的职业和眼前利益,而是可以同贫苦的黑人弟兄同呼吸共患难的。在工人运动内部也出现了激进的民权运动活动家,为彻底消除种族歧视而奔走呼喊。他们对劳联-产联领袖在民权问题上的言行不一十分不满,要求铲除劳联-产联内部实际存在的种族不平等。

1961年1月3日,美国有色人种协进会提出了关于劳联-产联合并五年来仍然存在种族歧视的报告。协进会虽然不是工人组织,但它的批评在劳联-产联内部引起了强烈的反响。在此以前,著名的工会活动家阿萨·菲利普·伦道夫曾经在1959年劳联-产联大会上公开批评劳联-产联主席米尼等人的种族主义政策,呼吁成立一个全国性黑人工人委员会,以便督促劳联-产联领导

---

① Philip S. Foner, *Organized Labor and the Black Worker, 1619-1973*, New York: International Publishers, 1974, p. 64.

人制订和执行民权纲领。其具体要求是:"保障黑人工人取得工会的会员资格、就业机会和工会内部的升迁,以及参加执行委员会、行政机构和工会本部工作的权利。"①这大会后,根据伦道夫的倡议,七十五名黑人工会活动家于1959年7月18日到19日在纽约聚会,商讨成立全国性黑人工人委员会的问题,并决定于1960年5月召开成立大会。

成立大会于1960年5月如期召开,美国黑人工人委员会宣告成立。伦道夫当选主席,克利夫兰·鲁宾孙当选副主席。伦道夫在成立大会上发言说:"当美国黑人工人委员会拒绝把黑人民族主义作为种族分离的理论并付诸实践的时候,已然认识到历史已经把一项基本任务放在,而且是唯独放在黑人肩上,那就是要通过保持民权运动中燃起的自由火花来完成未竟的内战革命。"②

美国黑人工人委员会虽然是由各个工会中的黑人干部组成,但明确宣布自己是一个独立的行动机构,其任务是在劳联-产联内部为彻底废除种族主义而斗争,该组织的一位创始人说:"尽管劳联-产联的领导人对反对种族歧视信誓旦旦,有良好的愿望和漂亮的声明,还是不能期待他们会自愿地、认真地采取积极和坚定的行动去消除它,除非他们受到来自内部和外部的推动、刺激和压迫。"③伦道夫曾经向劳联-产联领导人建议,勒令那些仍然实行种族歧视的工会立即予以废止,否则就将他们开除出去。但是,劳联-产联的领导人对这一建议置之不理。

1961年10月,在劳联-产联年会上,米尼等人公开驳斥了来自美国黑人工人委员会的批评,指责伦道夫同好战的团体交往,破坏了工人和黑人社团的接近。随后,米尼等人就此问题组织大会分委员会提供一个长达20页的报告,并向报刊分发。报告专门批评伦道夫,斥责他同劳联-产联对立的美国黑人工人委员会、全国有色人种协进会等组织站在一起。分委员会主要是由那些偏袒种族主义分子的工会领导人组成的。分委员会的主席乔治·M.哈里森就是一贯实行种族歧视的铁路兄弟会的主席。可见米尼等人是倾向于种族

①③ Philip S. Foner, *Organized Labor and the Black Worker, 1619-1973*, p. 334.

② Ray Marshall, "Union and the Negro Community", *Industrial and Labor Relations Review*, Jan. 1964, p. 85.

歧视的,至少是对种族歧视采取纵容态度。

1961年11月10日至12日,在芝加哥召开了美国黑人工人委员会的第二届年会。代表们在会上表示了对劳联-产联领导人无视黑人权利的无比愤怒。伦道夫提出了一份反驳分委员会指责的重要报告。报告从历史分析入手,列举了黑人工人和白人工人不平等的事实,以及黑人工人和白人工人之间的长期纷争,指出这种纷争破坏了工人的团结,为资本统治劳动创造了有利的条件。报告还批评了劳联-产联领导人没有采取有效措施来消除黑人工人同白人工人的差别和维护工人的团结。报告指出,黑人工会会员人数已经从20世纪30年代的150万人增长到60年代的200万人。但是,"黑人群众在今天仍然处在他们在大萧条年代所处的低下的经济地位",事实上,"黑人和白人平均收入的差距已经扩大"。①

劳联-产联领导人对美国黑人工会委员会第二届年会的反应是十分强烈和愤怒的。他们认为伦道夫不怀好意,故意危言耸听,利用美国黑人工人委员会搞"双重工会制",即在劳联-产联之外又建立一个与之相对立的工会。在劳联-产联领导机构的极力反对下,美国黑人工人委员会的会员从1960年的10000人减少到1962年的4000人。不过,委员会仍然在积极活动,其战斗力并未受到明显削弱。它在以后历次民权运动和马丁·路德·金组织的向华盛顿进军中,都起到了非常重要的作用。

1963年,马丁·路德·金在最初发起向华盛顿进军的时候,曾经同伦道夫和鲁宾孙磋商,并得到他们的支持。6月,在宣布向华盛顿进军前4个星期,由黑人工人委员会聘请贝亚德·拉斯廷拟定进军计划,并由克里夫兰·鲁宾孙担任进军的司库。在最后选出的十名进军领导人中,有伦道夫和劳联-产联的副主席沃尔特·鲁瑟。8月28日进军开始的时候,大约有40000名工会会员参加了进军的行列,约占进军总人数的1/5。②

1964年,美国激进的工会又为推动美国国会通过《民权法案》而进行不屈不挠的斗争。7月7日,在克里夫兰举行的美国黑人工人委员会第四届年会曾经向全国工人发出呼吁,如果参议院拒绝通过《民权法案》,就将于8月28日

---

① Philip S. Foner, *Organized Labor and the Black Worker, 1619–1973*, p. 339.

② Philip S. Foner, *Organized Labor and the Black Worker, 1619–1973*, p. 349.

举行一次全国性罢工来纪念伟大的华盛顿进军一周年。但由于国会参议院在此以前通过了法案,这次罢工没有举行。1965年,美国工人又投入了争取黑人选举权法案的斗争。曾经发生亚拉巴马塞尔马流血事件和塞尔马-蒙哥马利大游行。最后约翰逊总统不得不提出《1965年选举权法案》,并在国会得到通过。这两个法案以法律形式结束了仍然在南部存在着的种族隔离制度,禁止在公共场所的种族隔离,设立公平就业委员会,禁止在选民登记过程中采取文化测验等歧视性的措施。

在争取民权立法的过程中,美国黑人和工人之间形成了政治上的联盟关系,因而取得了重大成果。但马丁·路德·金认为,这种联盟关系还应当加以发展,使它扩展到经济领域和社会领域。他曾经以芝加哥为试点,研究进一步加强联合的途径。1966年2月,他在同78位芝加哥工会领导人共进午餐的时候发表讲话,指出仅仅进行争取民权的斗争是不够的,因为民权运动没有给黑人聚居区带来任何东西,呼吁工人们加入在芝加哥反对贫困的斗争。他认为,黑人和工人的联合在对付贫困、就业和自动化方面仍然能够发挥作用。

会晤结束后,工会方面保证要在道义上和财政上支持芝加哥自由运动,并建立工会的指导委员会和芝加哥自由运动共同工作。自此,黑人民权运动和工人运动结合得更加紧密。1966年3月,当地许多大工会的领导人纷纷出席欢迎马丁·路德·金的盛会。金在他的发言中高兴地说,过去从未来有过这样多的有组织的工人加入改造黑人聚居区的斗争。"我绝对相信,这个晚上将作为美国民权运动中最重要的事件之一载入史册。"[1]事实上,20世纪60年代后半期反对种族歧视的游行和示威,大多数都是在有组织工人支持和参加下进行的。民权运动所取得的每一项重大成就都和美国工人的努力分不开。

三、20世纪60年代的反战运动和美国工人

20世纪60年代,在美国政治生活中最重大的政治事件就是越南战争。战争使美国在道义上、精神上、经济上和军事上蒙受了巨大损失。从战争开始到1968年中,卷入战争的美国军事人员已经达到大约53万人,有3.5万多人

---

[1] *Chicago Sun Times*, Mar. 8, 1966.

丧生,7.5.万多人受伤,成百的人被关押在越南的战俘营中。财政开支达1000亿美元,被击落的飞机达5000架。[①]越南战争还直接影响到美国国内的经济生活,加重了纳税人的负担,引起了严重的通货膨胀。随着战争的升级,反战运动迅速兴起,美国工人也是这个运动中的一个重要方面军。

美国工人当中对待越南战争有两种不同的态度。劳联-产联的上层人物和一些工会的领导人在开始的时候支持越南战争。劳联-产联的执委会曾公开表示站在政府和总统方面。美国学者古尔登曾评论说,劳联-产联领袖米尼等人采取这种态度并不奇怪,因为他们把美国在东南亚的侵略政策看成是防共、反共的重要步骤。他们甚至极力说服其他国家的工会支持美国的侵越政策。[②]1965年12月,劳联-产联第六次代表大会通过了主张采取"打击共产主义侵略"措施的决议。这实际上等于告诉美国政府"可以继续在越南进行侵略战争升级,而不必担心工会方面的反对"[③]。1966年,当反战运动高涨的时候,米尼极力阻止运动的发展,对参加运动的工会会员进行威胁。在1967年的年会上,米尼又向反战运动进攻,并指责反战派"帮助了美国发展的敌人"。

广大工会会员是坚决反对美国政府发动侵略战争的。1965年4月,码头工人和仓库工人工会召开了两年一度的大会。大会在代表们的强烈要求下,首先通过了反对政府干涉越南的决议。决议强调指出:"越南人有权选择他们自己的道路。"接着,美国司机、飞机、农业机械工人联合会、卡车司机国际兄弟会、服装工人联合会等有影响的大工会相继通过了反对越南战争的决议。广大黑人工人也积极投入了反战运动。1965年5月,美国黑人工人委员会举行第五届年会,通过决议呼吁政府立即停止越南战争,开始和平谈判。

1965年夏天,在纽约州建立了一个工人和平组织。这个组织很快就同全国的和平运动取得了联系。根据这个组织的倡议,1966年3月,在纽约举行了巨大的反战游行,在游行队伍中第一次出现了工人纵队。同年5月,纽约地区的30个地方工会举行会议,呼吁交战双方举行谈判,并发起成立争取明智的

① [美]阿瑟·林克、威廉·卡顿:《一九○○年以来的美国史》下册,第191页。

② Joseph C. Goulden, *Meany: The Unchallenged Strong Man of American Labor*, New York: Atheneum, 1972, pp. 337–338.

③ Philip S. Foner, *American Labor and the Indo-China War*, p. 33.

核政策全国委员会。不久以后,在全国许多大城市都建立了委员会的分会。同时,劳联-产联下属各工会的代表大会也不顾米尼等领导人的立场,纷纷公开表示反对美国侵略越南的战争。联合国秘书长吴丹还曾出席缝纫工会的代表大会并发表演说,号召美国工会向政府施加压力,尽快停止越南战争。

1966年12月,在芝加哥举行了有400名工会领导人和工会活动家参加的大会。在这次大会上成立了争取明智的核政策全国委员会芝加哥分会。分会的领导人公开声明说:"米尼和约翰逊不能代表全国人民的意见。"从此,芝加哥成了美国反战运动的中心之一。

1967年11月11日至12日,在芝加哥召开了全国工会领导人争取和平大会,这是反战运动中最具有重要意义的事件之一。参加这次大会的不仅有全国性工会的领导人,而且有地方工会的领导人。在大会代表中有30名国际工会副主席,11名和平主义者。参加大会的组织和代表十分踊跃,实际到会人数达到550人,远远超过原定的350人。大会谴责了约翰逊政府不断升级的战争政策,批判了工会上层支持联邦政府推行侵略政策的立场,并郑重声明:"美国工会要在公平原则上,在尽快结束这场残酷的战争中发挥自己的作用,以便使我们能够运用我们的财富和能力同贫困、疾病、饥饿和偏见做斗争⋯⋯"[1]

"这次大会引起了美国社会舆论的关注。其重要意义就在于它表明,即使在工会领导人中也有相当多的人是反对越南战争的。正如著名的老左派史学家方纳所说的,这次大会"粉碎了关于工人在支持印度支那战争方面铁板一块的印象。"[2]

另一个具有重要意义的事件是工人行动联合会的出现,这是一个激进的反战组织。最早的工人行动联合会成立于1965年5月,它公开指责美国政府的越南战争政策和劳联-产联执行委员会的错误立场,曾经组织过一系列的反战示威游行。1969年底发生的向华盛顿进军及旧金山、洛杉矶、底特律等城市的大规模游行示威都和工人行动联合会有直接的关系。

工会的反战行动很快得到其他和平组织的理解和支持。许多和平组织

---

① *Political Affairs*, Jan. 1968.

② Philip S. Foner, *American Labor and the Indo-China War*, p. 52.

的成员认识到,只有吸收广大工人参加运动才可能具有群众性,学生反战组织甚至提出了"同工人建立联系!"的口号。[1]

四、20世纪60年代美国工人运动的复苏和美共的活动

第二次世界大战后,美国共产党在国内外反共浪潮的袭击下,被剥夺了合法存在的权利,几乎完全失去了工会中的一切阵地。劳联-产联等右翼工会的领导人控制着工人运动,使运动逐步走向低潮。到20世纪60年代,由于社会矛盾趋于尖锐化,工人运动出现复苏,表现为罢工运动的增加,工会会员和一部分激进工会组织对各种社会运动的积极支持和参与,以及一些先进的工人和激进的工会不顾政府的禁令,支持美共反对迫害、争取合法地位的斗争。劳联-产联的保守政策和排斥共产党人的立场也开始遭到工会会员的反对。

具体情况是,20世纪60年代罢工的次数和参加的人数都呈上升的趋势。见附表[2]:

年代	罢工次数	参加人数(千人)	损失劳动日(千日)
1961	3367	1450	16300
1964	3655	1640	22900
1966	4405	1960	25400
1967	4595	2870	42100
1968	5040	2649	49018
1970	5600	3300	62000

与此同时,罢工的规模也愈来愈大。例如,1961年初,几万名海员和六大航空公司雇员的罢工,使太平洋沿岸和海湾地区的三百个港口和四十四个州的航运和空运受到不同程度的影响。又如,1968年的25万名电话电报工人大罢工和1969年的通用电气公司15万名工人大罢工都曾给人们留下深刻的印象。

更为重要的是,普通工会会员对保守的工会领导人的立场和政策极为不

---

[1] Philip S. Foner, *American Labor and the Indo-China War*, p. 69.

[2] *Monthly Labor Review*, June 1971, p. 135.

满，并且开始采取行动予以抵制。他们所采取的办法之一是拒绝接受工会领导人所签订的不利于会员的集体合同。遭到拒绝的合同越来越多，见附表[1]：

年　代	遭到拒绝的合同所占百分比
1964	8.7%
1965	10%
1966	11.7%
1967	14.2%

办法之二是规定工会领导人的退休年龄。当时劳联–产联上层人物的平均年龄超过六十三岁，而一些大权在握的有影响的工会领导人的年龄则在七十岁以上，有的甚至超过了八十岁。经过斗争，纸浆、造纸工人国际兄弟会、联合汽车工人工会、铁路和航空雇员兄弟会等组织修改了章程，规定工会高层人物的退休年龄为六十五岁。

办法之三是不投保守的工会领导人的票，使他们在应届选举中落选。仅1964年一年，就有相当多的久踞高位的工会主席落选。例如，炼钢工人工会主席戴维·麦克唐纳在连任十二年之后落选。国际电气、无线电和机械工人工会主席詹姆斯·凯里被他手下的执行委员保罗·詹宁斯击败。结果使得许多工会领导人惶恐不安，草木皆兵。正如《华盛顿邮报》所评述的："在当代，那些庞大的国际工会的领导很少像今天这样如临大敌，严阵以待。但威胁来自内部——来自他们自身的会员——而不是来自外部。"[2]

一部分激进工人和工会同进步的社会团体一起反对美国最高法院迫害美共的暴行。1961年，美国司法部门援引1950年《麦卡伦法》逼迫美共向司法部门登记。一些州甚至通过了法令禁止共产党，剥夺共产党人的选举权。汽车部门和服装部门的一些工会公开站出来反对司法部门的非法行为。码头搬运工人地方工会不顾《伦德拉姆–格里芬法》的禁止，选举共产党人 A. 布雷思为执行委员。与此同时，1961年9月23日，有一百五十五名社会活动家在纽约举行了为期两天的会议，以捍卫共产党人的民主权利。10月10日，三百多名教授、律师、医生、记者在致总统的信中斥责了政府迫害共产党人的错误

① *Nation*, June 21, 1971, p. 782.

② *Washington Post*, Nov. 27, 1964.

行为。此外，全国争取民主权力协会、争取宪法自由公民委员会和进步学生组织也都纷纷起来谴责美国政府迫害美共的政策。

美共领导机构在各种进步社会力量的鼓舞和支持下，据理上诉，并取得重大的胜利。1964年6月8日，美国最高法院被迫承认，强制美共登记是非法的。6月22日，最高法院又宣布《麦卡伦法》关于禁止发给美共活动家出国护照的条款是违宪的。美国法庭还不得不重新考虑《伦德拉姆–格里芬法》禁止共产党人担任工会领导职务规定的合法性。对于这一切，美共是十分满意的。著名的美共活动家弗林高兴地说："共产党在反对已经实行十四年的《麦卡伦法》的斗争中取得了重大的胜利。"①

美国共产党本来是一个以马克思主义为指导的工人政党，应当是美国工人运动的领导力量。但是，由于美国政府的迫害、右翼工会领导人的排挤，以及美共本身的种种问题，长期不能发挥这方面的作用。美共在20世纪60年代重新取得合法地位和公开活动的机会以后，采取种种措施整顿党组织，力求逐步扩大对工人运动的影响。美共在20世纪60年代陆续制定和发表了《美国工人的前途》（1962年12月）、《党的经济纲领》（1964年5月）、《党纲举案》（1966年6月）等重要文件，重申党的性质和党的方针政策。

美共在《美国工人阶级的前途》中指出："我们共产党以主张工人阶级的领导作用及其消灭剥削的历史使命的观点为基础。这就是为什么我们首先是工人阶级的党、'穷人和受压迫人民的党'。这就是为什么我们要特别强调工人阶级问题和它在我们国家中的决定性作用，这就是我们为什么要誓死反对任何低估我们美国工人阶级领导作用的趋势。"②

美共还根据美国的现实表明了一贯重视工会活动的立场，对工会领导的争取三十五小时工作制运动给予很高的评价，认为这一运动是"20世纪30年代以来的第一次重大的捍卫工人劳动权利的行动"③。但是，美共并不仅仅局限于一般工会运动追求的眼前利益，而是清醒地、明确地提出运动的社会主义方向。它在新纲领中着重指出："社会危机只有通过社会主义取代资本主

---

① *Political Affairs*, July 1968, p. 16.

② *Political Affairs*, Dec. 1962, p. 11.

③ *Political Affairs*, Dec. 1962, p. 7.

义才能够得到根本解决。""对于我们来说,社会主义是最高目标,是争取改善生活的民主斗争的最终成就。"①

为了争取群众,美共还改变了过去的策略,对于政府的改革措施不采取简单的、全盘否定的态度,而是支持其合理的有益的成分,并指出其缺陷。例如,1964年当约翰逊总统宣布向贫穷开战,其后又提出"伟大社会"计划的时候,美共正式表示:"我们准备全面地无保留地参加这场战争。但如果这是一场真正的'无保留的战争',我们必须远远超过约翰逊总统提出的极其有限的计划。"因为贫困的原因"既不是自动化,也不是失业者个人的缺点或者不幸。恰恰相反,其根源只是最大限度满足私人利益而不是最大限度满足社会福利的那个经济制度……简而言之,今天贫穷的根源就是垄断统治的资本主义,而反对贫穷的战争就是反对垄断贪婪的战争。"②

经过不懈的努力,美共的处境有所改善。1966年6月22日至26日,美共在纽约召开了二十年以来的第一次公开的合法会议——美共第十八次代表大会,以后又于1968年6月和1969年4月分别召开了非常代表大会和第十九次代表大会。美共的人数虽然有所减少,但又重新成为一个团结的、有战斗力的组织。美共总书记格斯·雷尔指出:"美共已经冲破了自己在政治上的孤立处境。党的队伍开始壮大,党的影响也在增强在国内的每一次群众运动中,我们已经成为左翼的固定的组成部分。党所提出的总的政策和策略路线是正确的。"③

从总体来看,美国工人运动受工联主义影响极深,总是把眼前利益放在首要地位,职业意识论颇有市场。美国共产党虽几经努力,但始终未能成为美国工人运动的领导核心。然而绝对不能由此得出结论,说美国工人心目中只有职业和工资,而没有远大理想。恰恰相反,他们在诸多的政治运动中都有良好的表现,而且往往构成运动的中坚力量。更为难能可贵的是,美国共产党和工人阶级中的先进分子在资产阶级力量和影响都非常强大,资本主义生活方式占统治地位的国家里,富贵不能淫,威武不能屈,始终不渝地坚持斗

---

① Communist Party of the United States of America, *New Program of the Communist Party, U. S. A.*, New York: New Outlook Publishers, 1970, p. 88, 94.

② *Worker*, May 3, 1964.

③ Gus Hall, *For a Radical Change*, p. 66.

争,坚持马克思主义。虽然他们人数很少,并且犯过这样和那样的错误,但他们是美国工人阶级的骄傲和希望。他们的事业,他们所进行的艰苦卓绝的斗争,应当受到人们的尊敬和支持。职业意识论的观点既不符合事实,也有损于美国工人阶级的形象,即使有某些合理因素也是不可取的。

原载《史学集刊》1991年第1期

二次大战后美国工人阶级结构的变化
——兼评美国学者关于阶级的理论

工人阶级是作为工业革命的社会后果之一出现在历史舞台上的,它的发展和变化同大工业生产息息相关。大工业在建立之初和其后相当长一段时间内,自动化程度很低,机器的操作主要依靠工人。所以长期以来,人们总以为工人阶级主要是从事体力劳动的蓝领工人构成的,久而久之就成为一种传统的看法,并仅仅从这个角度来研究工人阶级的社会地位和工人运动的发展。但是随着工业生产的发展、技术的革新、工艺的改进和自动化程度的提高,在工人队伍中从事脑力劳动或半脑力劳动的人员越来越多。这种结构性的变化在第二次世界大战以后尤为明显。美国也经历了同样的变化,而且在发达的资本主义国家中是最为典型的。战后美国工人阶级结构的急剧变化所带来的一系列实际问题和理论问题,确实发人深思。美国学者也从不同的角度提出了种种看法。本文仅就人们最为关心的几个问题略抒管见,并对美国学者提出有关的理论进行评论,以此就教于读者。

一

蓝领工人队伍的不断缩小会不会导致美国工人阶级和工人运动的消亡?这是人们普遍感到困惑的问题。无论愿意不愿意,在分析这个问题的时候,人们都不能否认,由于蓝领工人的不断减少,美国工人阶级的实力和工会的影响都在不断受到削弱,工人运动也将日益趋于低落。因为在历史上,美国有组织的工人主要是蓝领工人,工会一般只在蓝领工人中开展活动。在多年的共同活动和斗争中,他们已经拥有了丰富的经验,并且形成了自己的传统。而新涌现的白领雇员绝大多数都没有组织起来,他们中间只有少数人拥有自己的工会并且同蓝领工人及其工会没有密切的联系。美国工会的影响确实在逐步削弱。美国伊利诺伊大学教授查尔斯·克雷弗说："近年来公众对工会组织的支持已在减退。1978年的一次民意测验透露，有56%的人认为工会的经济影响过大。此外，盖洛普民意调查表明，1957年应答的人中76%赞成职工组织，可是到了1981年，赞成的比例就下降到55%。"[①]从工会所组织的罢工运动来看，无论罢工的次数还是参加罢工的人数都呈下降的趋势。据美国劳工统计局材料，1985年这一年，7月12日以前全国只发生了18次罢工，参加人数只有83500人。另外，工会会员在全体雇员中所占的比例也在减少，从1970年的24.7%下降到1980年的20.9%。[②]

另一方面，我们更应当看到，蓝领工人队伍的不断缩小和工人阶级从繁重的体力劳动中解脱出来，是缩小和消灭体力劳动和脑力劳动差异的一条道路，是不可逆转的历史趋势。它不可能发生在经济不发达的国家和地区，而只能是在经济发达的先进国家出现的特有现象。第二次世界大战以后，美国的迅速发展才使这个问题显得特别突出。

第二次世界大战结束后，美国不可一世以救世主的姿态走上了世界政治舞台。当时，美国虽然存在着这样或那样的社会问题，但基本上是一个欣欣向荣、充满自信的社会。战后，美国很快就显示了在经济方面的绝对优势。据估计，1947年美国的工业产值约占资本主义世界的56.4%，外贸出口占32.5%，黄金储备占世界储备的2/3。[③]在科学技术方面，美国也居于领先地位。它是第三次技术革命的发源地，率先开展了原子能、电子计算机的应用和空间开发，由此兴起了原子能工业、电子计算机工业、航天航空工业、高分子合成工业等。这类新兴工业采用了高度自动化的生产程序，同时传统的工业部门也在不断进行技术改造，逐步实现自动化以适应市场的需要。

作为第三次技术革命的发源地，美国是从中受益最多的国家。它的经济因而持续发展达二十多年之久。从1940年到1969年，美国的工业生产指数增加300%，制造业中每人每小时的产量增加一倍，在农业中每人每小时的产

---

①② Charles Craver, "The Future of the American Labor Movement", *The Futurist*, No. 5, Oct. 1983, pp. 70–76.

③ 苏联科学院美国加拿大研究所编：《美国对外经济战略》，第1页。

量增加430%。[①]

在各个工业部门中,新兴的高科技工业是发展最迅速的部门。例如,生产电子计算机的国际商用机器公司1974年的销售额达到130亿美元,获利20亿美元,雇员达30万人,成为美国的第五大雇主。[②]制造复印机的塞罗克斯公司的销售额从1960年到1970年的十年间增加七十四倍以上。[③]

从产业结构的角度看,第二次世界大战后的二十年间是大变动的时期,以重工业为主导的传统产业结构被以第三产业为主的产业结构所取代。如果说1948—1953年,第二产业中的制造业占全部产业的31.6%,那么1983年就下降到21.9%,采掘业和建筑业则从7%下降到4.2%。而第三产业的金融保险和不动产业的比重分别从8.8%和9%上升到16.1%和14.9%。[④]

产业结构的变化、不同产业部门的消长造成人员的流动,第二产业中的蓝领工人不断转入第三产业。美国工业的三大支柱:钢铁工业、汽车制造业和建筑业的情况尤为严重。进入20世纪70年代以后,这三大产业的盈利都低于平均利润率,甚至出现负增长。1979年,美国的第三大汽车公司克莱斯勒汽车公司几乎倒闭,全仗卡特政府的干预、公司的内部整顿和工人的合作才勉强渡过难关。这三大产业都不断关闭工厂、裁减工人,而且被裁减的工人几乎没有重新被雇用的可能。他们只有经过培训,转入第三产业的某个部门,或者被高科技工业部门录用。

第三产业由于发展迅速,为美国社会提供了众多的就业机会。据统计,1983年第三产业就业人数在非农业人口的就业总数中占71.4%。[⑤]第三产业的雇员多半是办公室人员和非体力劳动者。按照多数美国学者的意见,他们都是白领雇员。

这种趋势发展的结果,造成了美国工人阶级结构的变化。传统的从事体力劳动的蓝领工人的比重逐渐下降,从事脑力劳动的白领雇员的比重急剧上升,而且这种趋势还在继续发展。根据1982—1983年的统计摘要,1900年的

---

① [美]阿瑟·林克、威廉·卡顿:《一九〇〇年以来的美国史》下册,第291页。

② [美]弗雷德·阿尔瓦因等:《新经济形势》,第103页。

③ [美]弗雷德·阿尔瓦因等:《新经济形势》,第9页。

④⑤ Bureau of the Census, *Statistical Abstract of the United States, 1982-1983*, Washington: GPO, 1983, p. 304.

白领雇员在全体雇员中所占的比例为 17.6%，1960 年已上升到 42.2%，1981 年更上升到 52.7%。又根据查尔斯·克雷弗的估计，1900 年到 1980 年间增长的幅度大致是 26% 到 63%。①两个数字虽然不同，但都表明，白领雇员的比例已超过了一半。

由于白领雇员当中的绝大部分人脱离工业生产第一线，或者从事以脑力劳动为主的高科技生产和自动化程度很高的轻微劳动，他们所关心的问题和他们的直接利益同传统的蓝领工人之间，自然会存在某些差别，因而在组织上、思想上也都会产生一定的距离。又由于白领雇员的人数众多，这种状况不能不对战后的美国工人运动产生不利的影响。问题在于白领雇员还是不是工人阶级的一部分，或者说他们当中的大部分人还是不是工人？如果说他们的身份真的已经起了质的变化，不再属于工人阶级，那么美国工人阶级和美国工人运动必将随着美国社会经济和科学技术的发展而不断萎缩，最终失去自己的影响力。美国某些学者正是持这种看法。他们认为，美国的社会存在着极大的社会流动性，社会的下层只要有机遇随时都可能转变为上层。在他们看来，白领雇员或者白领雇员中的大部分，甚至刚刚由蓝领工人改行的白领雇员都不再属于工人阶级。例如，理查德·科曼和李·雷因沃特认为，"正规的办公室人员——簿记员、银行职员、会计员"，"售货商人零售店店员、汽车推销员、文具用品售货员"，"电子方面的各种技术人员"，"经过技术培训的人"，以及从事各种"准技术职业"的人，连护士、社会事业工作人员、药剂师、牧师等都已经脱离了工人队伍而走上了更高的社会阶梯。②

科曼和雷因沃特等人的看法，同历史上长期形成的对于工人阶级这一概念的误解不谋而合。在国际工人运动史上，人们往往把体力劳动者同脑力劳动者，把蓝领工人同白领雇员对立起来，并且把脑力劳动者排斥在工人阶级之外。早在 1865 年，蒲鲁东主义者就曾经在伦敦代表会议上提议，不准许脑力劳动者参加"国际"。其后，这种谬论仍然有相当市场。在国际工人运动的实践中，19 世纪和 20 世纪初的罢工斗争和革命几乎都是蓝领工人和资产者的

① Bureau of the Census, *Statistical Abstract of the United States, 1982–1983*, p. 386.

② Richard Coleman and Lee Rainwater, *Social Standing in America: New Dimensions of Class*, New York: Basic Books, 1978, p. 163.

直接冲突。脑力劳动者的人数有限,在斗争中从来不是主力军,在美国的情况也是一样。上述两种因素很容易在人们的头脑中造成一种误解,那就是只承认蓝领工人,或者说只承认体力劳动工人是工人阶级。这种理解是极其狭隘的,是不符合马列主义经典作家的论断的。

诚然,马克思、恩格斯、列宁在他们的阶级学说中没有,也不可能规定工人阶级结构发生变化后应当如何划分阶级,但他们所说的工人阶级绝不只包含体力劳动工人,而要广泛得多。马克思在《资本论》中曾经提出"总体工人"的概念。"总体工人"就包括那些"较间接地作用于劳动对象","不一定要亲自动手"的人。①可见,工人阶级应当包括部分脑力劳动者在内。我们如果再把马克思的有关手稿温习一下,这个问题就更清楚了。马克思曾经这样写道:"随着资本主义生产的发展,所有的服务都转化为雇佣劳动,所有服务的执行者都转化为雇佣工人,从而都具有这种与生产工人相同的性质。"②他还写道:"因为随着劳动对资本的实际上的从属或特殊资本主义方式的发展,变成总劳动过程的实际执行者的并不是单个工人,而是日益以社会的规模结合起来的劳动能力;互相竞争的和构成为一台总生产机器的各种能力,以极其不同的方式参加直接的商品形成过程,或者在这里不如说直接参加产品形成过程;有的人多用手工作,有的人多用脑工作,有的人当经理、工程师、工艺师等等,有的人当监工,有的人当直接的体力劳动者或者做十分简单的粗工,于是劳动能力越来越多的职能被列在生产劳动的直接概念下,这种劳动能力的承担者也被列在生产工人的概念下,即直接被资本剥削的或从属于资本增值过程与生产过程本身的工人的概念之下。"③

从上面整段论述中,我们可以看出马克思把"直接参加商品形成过程"的所有劳动者都看成是"生产工人",而不管他们采取脑力劳动还是体力劳动的形式。可见马克思关于工人阶级的概念是相当宽泛的,绝不仅限于体力劳动工人。列宁在《布尔什维克能保持国家政权吗?》一文中还把大银行、大企业中的簿记员、统计员,以及负责监督、登记、计算等实际工作的职员列入无产

---

① 《马克思恩格斯全集》第23卷,第556页。

② 《马克思恩格斯全集》第49卷,人民出版社,1982年,第103页。

③ 《马克思恩格斯全集》第45卷,人民出版社,1982年,第100、101页。

阶级和半无产阶级的队伍。①

尽管马克思主义经典作家生前关于脑力劳动工人的论述很少,而且没有展开,但上述的非常重要的理论概括,对我们研究发生结构变化以后的美国工人阶级仍然具有指导意义。从理论上说,"总体工人"应当包括"参加直接的商品形成过程"的白领雇员,其中不仅包括一般办公室人员、簿记员、会计员,而且甚至包括某些经理人员和工程师。具体来说,应当考察白领雇员在生产关系中所处的地位,对生产资料的关系和有无剥削行为,然后确定他们的归属。那些持有大量股票的高级雇员应当是资产阶级的重要成员,他们的股息收入远远超过他们的工资收入。那些作为资本家代理人的高级雇员在公司中享有很大的权力,是公司的重要决策人,收入也比一般人员高出几倍或者几十倍,他们也应当算作资产阶级的一部分。此外,资产阶级还包括掌握政治权力的代表人物,如国务活动家、高级官员等。上述三种人加在一起也只占脑力劳动者的少数。广大受雇的中下层脑力劳动者在整个生产和分配过程中都处于受支配地位,他们的收入不高,有的甚至低于体力劳动者,他们应当属于脑力劳动的无产阶级。

不可否认,当前美国的脑力劳动工人和体力劳动工人之间仍然存在着差别,但这种差别正在日益缩小。大多数技术工人和白领雇员所处的地位并没有发生根本性的变化。他们虽然脱离或者部分地脱离了繁重的体力劳动,一般来说,他们的薪金和福利待遇同蓝领工人的差别并不太大,有的还有所降低。诚然,他们当中有一些人的待遇远远超过蓝领工人的平均水平,但他们仍然有许多同蓝领工人共同关心的问题。事实上,脑力劳动工人或者说白领雇员中的大部分,已经成为欧美资本主义国家中对抗资产者的一支力量。20世纪50年代初,美国曾经发生当时被称为有史以来最大规模的职员罢工,持续数月之久,并且取得了胜利。类似的罢工在20世纪60年代和70年代时有发生。1981年8月,美国机场塔楼雇员大罢工曾经对美国的经济生活产生了很大的影响。本来,白领雇员一般都不参加工会,工会也只在蓝领工人中发展会员。近年来,美国的劳联、产联等主要工会在白领雇员中积极进行建立和发展工会的工作,出现了越来越多的白领雇员工会。这些工会往往和蓝领

---

① 《列宁全集》第26卷,人民出版社,1959年,第88页。

工人工会共同开展斗争,或者在斗争中互相支持。

由此可见,白领雇员和蓝领工人人数的消长并不意味着美国工人阶级的萎缩和美国工人运动的衰亡。

二

美国学者中有人在战后美国白领雇员人数迅速增长这一点上大做文章,重弹"中等阶级社会论"的老调,力图证明美国是一个没有阶级激烈对抗、协调一致的社会。早在第二次世界大战以前,在美国学术界,不少持温和的保守观点的学者总是喜欢把美国说成是一个中等阶级的社会。他们认为还在殖民地时期,美国就不同于欧洲国家,已经是一个小私有者占统治地位的社会,并且认为,这就是美国社会稳定发展的基础。美国学者汤姆·巴托莫尔曾经指出:"同欧洲国家相反,19世纪早期,美国人拥有财产的状况极为普遍……美国是小农场主、小商人和小企业主占优势的社会。"①康芒斯-威斯康星学派的理论家塞利格·普尔曼认为,美国"这个国家挤满了为自己创造财产的移民。他们曾经四处为家,由于他们不断迁移,造成了众多的小财产"②。这一点"说明了美国殖民地和后来各州真正协调一致的原因"③。他还告诫说:"工人在任何情况下都不能引起广大的中产阶级对作为基本制度的私有财产的安全感到担心。"否则,"就会立即推动群众同反工会的雇主结成联盟",而使运动遭到失败。④

但是,无论是巴托莫尔还是普尔曼,两人所说的中等阶级都指的是小农场主、小企业主、小商人等小私有者,这些人后来又被称为老中等阶级,其人数和影响都是有限的。第二次世界大战前十年,白领雇员人数有较大的增长,开始引起人们的注意,被称为新中等阶级。对于白领雇员的作用也产生了种种不同的说法。1953年,C.赖特·米尔斯发表了专著《白领工人:美国的

① Reeve Vanneman and Lynn Weber Cannon, *The American Perception of Class*, Philadelphia University Press, 1987, p. 84.

② Selig Perlman, *A Theory of The Labor Movement*, p. 157.

③ Selig Perlman, *A Theory of The Labor Movement*, pp. 157-158.

④ Selig Perlman, *A Theory of The Labor Movement*, pp. 180-181.

中等阶级》，专门论述了白领雇员的起源和发展，并将过去不同的说法归纳为三种：（一）新中等阶级的人数和力量将不断增长，并将发展成为一个政治上独立的阶级，以后将出现一个由他们起领导作用的时代；（二）新中等阶级的人数和力量将不断增长，尽管它不会成为独立的力量，但将是平衡各个阶级的重要因素；（三）新中等阶级，就其社会特性和政治观点来说是不折不扣的资产阶级，它将是大资本家和保守派的天然同盟，[①]如此等等。

然而，上述的种种说法，在当时来说还仅仅是一种预测。那时白领雇员的人数还没有超过蓝领工人。第二次世界大战以后情况发生了根本变化，白领雇员人数逐渐接近并超过蓝领工人。因此美国学者当中不少人把白领雇员队伍的壮大说成是战后美国社会稳定发展的保证，或者说是美国社会下层向上层转化并推动社会兴旺发达的标志。本·瓦滕伯格甚至声称，美国现在已实现以"广大中等阶级"为基础的社会团结，"这里既没有无产阶级，也没有阶级冲突"[②]。贝尼塔·艾斯伦则把白领雇员描写为小康的中等阶级，从蓝领工人转变为白领雇员是从贫穷到富有的社会流动。他认为："从贫穷变为小康，或者从非熟练工人变为熟练工人……这是一个向我们最大的、最有影响的阶级转变的运动，这使得美国成为一个开放的社会。"[③]艾斯伦还引用大量统计材料来证明上述结论。他认为，1940—1970年期间美国的中等阶级发展最为迅速，在全国人口中的比例从38.5%上升到45%。正因为如此，美国社会在这一段时间才是繁荣和稳定的。艾斯伦还力图证明，美国的中等阶级队伍中出身贫寒的人越来越多。他指出，19世纪20世纪之交，出身富豪之家的企业高级管理人员的比重还相当大，约为45.6%，到1950年下降为36.1%；而出身贫寒的企业高级管理人员的百分比却从1950年的12.1%上升到1962年的23.3%。1964年的统计材料还表明，美国企业界的头面人物中有许多人原本是贫家子弟，出身富豪的人只占10%。[④]

---

① C. Wright Mills, *White Collar: The American Middle Classes*, New York: Oxford University Press, 1951, pp. 290−293.

② Mary R. Jackman and Robert W. Jackman, *Class Awareness in the United States*, Berkley: University of California Press, 1983, p. 54.

③ Benita Eisler, *Class Act: America's Last Dirty Secret*, New York: Franklin Watts, 1983, p. 23.

④ Benita Eisler, *Class Act: America's Last Dirty Secret*, p. 146.

某些美国学者的中等阶级社会论,乍一看来似乎有点道理,但经不起推敲。首先让我们看看他们如何给中等阶级下定义和如何划定中等阶级的范围。美国学者中较多的人喜欢借用希腊学者尼科斯·波伦查斯的说法来说明自己的观点。按照波伦查斯的说法,中等阶级是使工人处于受压迫地位的阶级结构的一部分,是资本和劳动冲突矛盾中附属于资本的部分。他们和资本家不同,不掌握生产资料,同工人阶级不是雇用和被雇用的关系。他们的任务是管理工人、设计工厂、负责对贫苦工人进行帮助等社会工作。他们既不是资本家又不是工人。

范内曼和坎农在这个基础上又综合了其他人的看法,对中等阶级这个概念做了进一步说明。第一,中等阶级是同工人阶级相对立的,属于统治机构的一部分。大体上包括两种人:一种人是直接管理工人,支配工人劳动的公司职员;另一种人是对工人的生活、福利、就业机会间接起支配作用的人员。例如,工程师、律师、教师、医生、顾问、政府雇员都属于这一类人。第二,中等阶级管理和支配工人的权力是有限的,必须受资本的约束。换句话说,它一方面凌驾于工人阶级之上,另一方面又听从资本的支配,是为资本工作的。第三,中等阶级是在劳动和资本的阶级斗争中形成的,应当对此进行历史的分析。中等阶级最初也是资本的雇员,并不是一个阶级,但由于他们替资本管理工厂,逐渐同工人阶级对立,并随着经济的发展而形成阶级。第四,区分中等阶级的标准是看一个人的工作是否有助于资本的积累,而不是他的工作种类。例如,脑力劳动者如果不从事管理工人和增加资本积累的工作,就不属于中等阶级。[1]

按照范内曼和坎农下的定义,他们所界定的中等阶级中有相当一部分人属于资产阶级,更多的人属于工人阶级。例如,企业中的高级管理人员的地位就接近于资产阶级,而中、下级管理人员的地位则接近工人阶级。斯塔兹·特克尔曾经引用炼钢工人的话,来证明一个拥有高等学校毕业证书的领班是中等阶级的成员,这显然是不恰当的。此外,在间接对工人生活起支配作用的人员中,也有相当一部分人属于社会下层,例如中小学教师,他们的社会地位和收入绝不比蓝领工人的平均工资高。范内曼和坎农也发现他们确定的

---

[1] Reeve Vanneman and Lynn Weber Cannon, *The American Perception of Class*, pp. 58-60.

划分标准是存在缺陷的。他们承认,有些人虽然是白领雇员,但只是"脑力劳动者当中的白领工人",如果被划入中等阶级,"那它就成为当代美国最大的阶级了"。①

另外,有一些美国学者不赞成范内曼和坎农所采用的标准,主张按生活水平来界定中等阶级。理查德·科曼在《美国社会地位》一书中对美国中产阶级的生活水平做了如下的分析:美国的中等阶级应当包括三个层次:即中上层、中层和中下层。如以1972年的生活费用为依据,四口之家年收入在11000美元到15000美元之间的为中上层,7500美元到11000美元之间为中层,6300美元到7500美元之间为下层。②中上层家庭可以过舒适而宽裕的生活,完全不必担心预算超支。中层家庭只能过舒适但不宽裕的生活,有时还必须为保持预算平衡而操心。科曼曾经引用了中层家庭成员的两句话,形象地说明了他们的处境,"我们殷实但不能挥霍","我们在购买大件东西的时候总要事前掂量一下"。③中下层家庭则必须过精打细算的日子,他们拥有足够的收入,但没有存款;他们衣食不愁,但质量绝非上乘。

按照科曼的标准,中等阶级应当包括下列人员:"正规的办公室人员——簿记员、银行职员、会计员","售货商人——零售店店员、汽车推销员、文具用品售货员","企业中的经理部门","公用事业的下层经理部门"的经理,"下层行政官员","诸如礼品商店类型的小商店店主","干洗商或者五金店老板","拥有经营煤气站特许状的小伙子","技术人员——例如电子方面的各种技术员""经过技术培训的人",以及从事各种"准技术职业"的人,例如,护士、社会事业工作人员、药剂师、牧师等。④除此以外,科曼和雷因沃特还把蓝领工人中收入较高的人和警察、货车司机、电讯雇员、邮政工作人员列入中等阶级。科曼和雷因沃特所划定的中等阶级的范围比范内曼、坎农所划定的更加广泛。

无论是范内曼还是科曼,其关于中等阶级的概念都已经同传统的概念相去甚远。过去所说的中等阶级只限于小业主、店主、工匠、小农场主、独立

① Reeve Vanneman and Lynn Weber Cannon, *The American Perception of Class*, p. 70.

② Richard Coleman and Lee Rainwater, *Social Standing in America*, pp. 158-159.

③ Richard Coleman and Lee Rainwater, *Social Standing in America*, p. 159.

④ Richard Coleman and Lee Rainwater, *Social Standing in America*, p. 163.

劳动者,而且一向被认为是稳定美国社会的重要力量。但是,随着社会经济的发展,传统的中等阶级的人数日益减少,其影响力也随之削弱。他们的地位被一些新兴的社会阶层所取代。范内曼、坎农曾经指出:"现在独立劳动者的比重下降到劳动力的8%。老中等阶级再也不能作为美国例外论的论据了。"①

　　然而,新的中等阶级是否能够起到老中等阶级"稳定社会"的作用,而成为"中等阶级社会论"的论据呢? 回答是否定的。第一,美国学者所说的中等阶级,并不是一个固定的阶级,实际上是中等收入的社会阶层。它本身并不稳定。近年来,由于第三产业的飞速发展,白领雇员人数激增,造成了中等阶级占优势地位的假象。其实,从第二产业流入第三产业的雇员的工资同原来的工资差别不大,有时还有所下降。第三产业中相当数量的雇员仍然处于社会的下层。同时,中等阶层的成分很复杂,缺乏共同的利益和目标,很难采取共同一致的行动。他们当中有许多人曾经参加过反对资本的罢工和斗争。例如,新左派运动中的许多所谓的"中等阶级"人物就是旧社会秩序的批评者。第二,美国学者把许多明显属于社会下层的人物划入中等阶级,除了在概念上造成混乱以外,不可能起到真正扩大队伍的作用。因为这一部分人有他们自己的利益和所关心的问题,往往同中等阶级格格不入。第三,即使按美国学者的标准,中等阶级在美国也不占多数。范内曼和坎农分析了1952—1979年中等阶级增长的百分比以后,得出结论:其年增长率不过0.5%,即使在这一时期结束时也很难证实中等阶级占"大多数"的说法。②第四,近年来,由于美国经济不景气,失业人数急剧增加,1992年的失业率将近8%,中等阶级也受到失业的冲击。美国的大企业纷纷裁员,例如,国际商用机器公司、通用汽车公司、福特汽车公司,以及世界上最大的飞机制造公司波音公司都先后宣布将大幅度裁减雇员,其中包括相当数量的白领雇员。可见美国所谓的"中等阶级也同样处于风雨飘摇之中而不能成为稳定社会的支柱"。

---

① Reeve Vanneman and Lynn Weber Cannon, *The American Perception of Class*, p. 83.

② Reeve Vanneman and Lynn Weber Cannon, *The American Perception of Class*, p. 120.

三

还有的美国学者从美国工人阶级结构变化中引申出另一个结论,那就是在美国的后工业社会中阶级正在消失,美国已经不再是一个阶级社会。关于美国社会的阶级划分问题过去就存在着种种说法。但是,过去的理论都不否认美国存在阶级,而只是否认美国社会存在激烈的阶级斗争,存在社会主义倾向。在过去的众多说法中,以塞利格·普尔曼的职业意识论最为典型,其影响也最为深远。他认为阶级意识是欧洲工人运动的舶来品,美国的工人运动只能产生职业意识,或者叫作工资意识。因为美国不存在尖锐的阶级对立,美国工人所关心的是自己的直接经济利益,而就业问题又是美国工人的首要问题,从欧洲传来的阶级意识很难在工人的头脑中占据重要位置。普尔曼这样写道:"外来的社会阶级意识在美国的土地上还没有来得及深深扎根以前,本地滋生的工资意识已经初次表现在斯捷沃德盛行于19世纪60年代的八小时工作制的哲学中了。"[1]"对于美国整个工人队伍来说,唯一可以接受的就是职业意识。它只具有'有限的''保障工资和控制职业'的目的"[2]。普尔曼还认为:"美国工人缺乏阶级意识的另一个原因是工人们很早就得到了作为杰斐逊民主运动副产品的选举权这一不需要付出代价的礼品。"[3]所以当欧洲工人阶级在19世纪40年代为政治权利开展激烈的阶级斗争的时候,美国工人则只需要开展争取提高工资、缩短工时、改善劳动条件的运动。

不可否认,失业一直是困扰美国社会的一个幽灵,充分就业也历来是美国工人最关心的问题。普尔曼的职业意识论是有广泛的社会基础的。如果把保障就业作为一项斗争任务提出来,那是无可厚非的。但用职业意识取代阶级意识,并把就业作为美国工人的唯一目标,那就是错误的和有害的了。事实上,美国工人在历史上进行的政治斗争和二战后对待各种政治运动的态度都有力地驳斥了职业意识论的基本论点。远的不说,二战后在美国蓬勃兴

---

① Selig Perlman, *A Theory of the Labor Movement*, p. 48.

② Selig Perlman, *A Theory of the Labor Movement*, p. 169.

③ Selig Perlman, *A Theory of the Labor Movement*, p. 167.

起的社会运动就吸引了众多的工人参加。他们冒着丢掉工作的危险，毅然走上斗争的第一线。这雄辩地证明，美国工人除需要职业以外，还需要更多和更为重要的东西。例如，1951年初有65名进步工会活动家和社会人士决定联合发起向首都华盛顿的和平进军，要求美国政府从朝鲜撤军。[①]3月15日，以工会会员为核心的2500名和平进军者到首都华盛顿向白宫和国会递交请愿书。5月1日，在纽约有75000名劳动者举行示威游行，反对朝鲜战争。[②]

在越南战争不断升级的时候，美国工人又积极投入规模更大的反战运动。1965年4月，码头工人和仓库工人工会的代表大会通过决议，反对美国政府干涉越南，强调越南人"有权选择他们自己的道路"。随后，美国汽车、飞机、农业机械工人联合会、卡车司机国际兄弟会、服装工人联合会等工会陆续通过了反对越南战争的决议。1967年11月11日至12日，全国工会领导人争取和平大会在芝加哥召开。大会公开声明："美国工会要在公平原则上，在尽快结束这场残酷的战争中发挥自己的作用，以便使我们能够运用我们的财富和能力同贫困、疾病、饥饿和偏见做斗争……"[③]

从上述情况我们可以看到，过去职业意识论所主张的美国工人缺乏阶级意识的传统观点已经遭到了客观现实的否定。一部分美国学者也对这种论点提出了质疑。他们承认美国工人运动在各个历史时期都落后于欧洲，但认为造成这种局面的原因十分复杂，不可能笼统地用美国工人缺乏阶级意识加以解释。他们同时认为，从美国社会运动失败得出的关于美国工人缺乏阶级意识的结论是错误的，而且毫无根据。范内曼和坎农写道："我们的结论是同过去研究工人阶级意识的观点相对立的。首先，过去的研究很少提供证明阶级意识不存在的可靠论据……其次，以直接调查工人为基础的研究又往往被曲解了。"[④]他们主张对这个问题应当进行认真严肃的探讨。

第二次世界大战以后，特别是在艾森豪威尔担任总统时期，美国的经济增长和美国人的生活水平都达到了相当高的程度，美国的社会也被描写为"丰裕的社会"。阶级消失说似乎有点根据，颇令人感到困惑。但就是在这个

---

① ② *Daily Worker*, Feb. 1, 1951.

③ *Political Affairs*, Jan. 1968.

④ Reeve Vanneman and Lynn Weber Cannon, *The American Perception of Class*, p. 19.

时候也还有大批生活在贫困线以下的人,存在着明显的贫富差距。直到1959年,年收入在1000美元以下的家庭还有410户之多。一批严肃的美国社会学家、政治学家、历史学家采用社会学的方法,在美国各社会阶层,特别是在工人中进行调查,并著书立说。他们从收集到的大量材料中得出结论,认为美国社会仍然存在着阶级。例如,美国学者杰克曼就曾调查了各社会阶层对于美国是否存在阶级的看法。具体情况见下表①。

确认阶级存在的程度(百分比)

	极其坚定	比较坚定	一般	不知道	调查人数
贫民阶级	58%	18.2%	21.7%	2.1%	143
工人阶级	61.3%	23.7%	12.8%	2.3%	697
中等阶级	39.0%	34.3%	24.9%	1.8%	826
上层中等阶级	43.9%	32.9%	23.2%	0.0%	155
上等阶级	52.6%	31.6%	15.8%	0.2%	19
总计	49.6%	28.8%	19.8%	1.8%	1840

从表中所列举的数字可以看出,大多数美国人是承认阶级存在的。杰克曼由此得出结论说:"对于美国人来说,社会阶级的重要意义在20世纪70年代并不亚于40年代。10个美国人中间有8个人至少比较确信他们归属于某一个社会阶级,而10个人中有5个人是完全确信这一点的。"②

如果说,多数美国学者对美国是否存在阶级的看法是比较一致的,那么对于阶级和划分阶级的标准却有不同的看法,他们一直在进行争论。他们当中的大多数人不同意马克思关于阶级的论断,认为以人们同生产资料的关系为划分阶级的标准是远远不够的,还需要考虑其他方面的因素。他们赞成韦伯的看法,主张把市场关系、社会因素同样作为形成阶级的条件。③

一部分人反对把资本主义社会分为两级的观点,当然也包括马克思关于资本主义社会分为资产阶级和无产阶级两大对立阶级的观点。他们认为不能简单地把社会分为所有者和工人、有权势者和无权势者、体力劳动者和脑力劳

---

① Mary R. Jackman and Robert W. Jackman, *Class Awareness in the United States*, p. 21.

② Mary R. Jackman and Robert W. Jackman, *Class Awareness in the United States*, p. 40.

③ Mary R. Jackman and Robert W. Jackman, *Class Awareness in the United States*, pp. 1–2.

动者。总之,不能把美国社会看成是两个对立阶级的体系。其理由是:资产阶级和无产阶级之间有一个巨大的断层。这个断层是由小资产阶级来填补的。它是一个特殊的集团,既不同于资产阶级,又不同于无产阶级,约占美国人口总数的41%—53%。所以,美国社会至少可以分为三级而不是两级。①

在争论中出现的多元论观点也是同两级说截然对立的。他们反对以经济因素作为划分阶级的唯一标准,主张采用多元标准:受教育程度、职业、工资、财产状况等。实际上,他们不承认明确的阶级划分,而只是按他们确定的多元标准把美国社会分为若干相互依存的等级,形成多等级体系。按照这种说法,美国社会绝对不会出现互不相干的、互相敌对的集团,当然也不会出现社会集团之间的激烈冲突。

还有一种观点是美国学者森特斯于1949年提出的所谓的利益集团理论。他同意用经济因素作为划分阶级的标准,并且解释说:"同社会经济过程有关联的个人的地位和作用,使他持有同他在政治、经济领域的作用和地位相适应的立场、价值观念和利益。""个人同生产资料、商品交换和服务的关系使他归属于某个社会阶级成员的意识加强,那个阶级也具有同他相同的立场、价值观念和利益。"②《美国的阶级意识》一书的作者杰克曼夫妇也同意这个理论,并且在此基础上提出了他们关于阶级的系统看法。他们曾经声明:"我们关于阶级的观点……是以森特斯概略地提出的那种思想脉络为依据的。"③并且认为,这种理论是与公众认可的阶级概念相吻合的,采用它可以避免造成概念上的混乱。

杰克曼夫妇在形成自己的阶级理论的时候,首先把美国公众惯用的阶级名称确定下来,把美国社会分为五个阶级:贫民阶级、工人阶级、中等阶级、上层中等阶级、上层阶级,然后确定各个阶级包括人员的范围,并确定划分阶级的各种因素,使人们的社会经济地位同他们所属的阶级相吻合。杰克曼夫妇认为,确定一个人的阶级归属的因素有职业、教育程度、财产状况、家庭状况、生活方式、对问题的看法和信念,等等④。而其中最重要的因素是职业,因为

---

① Mary R. Jackman and Robert W. Jackman, *Class Awareness in the United States*, p. 2.

②③ Mary R. Jackman and Robert W. Jackman, *Class Awareness in the United States*, p. 9.

④ Mary R. Jackman and Robert W. Jackman, *Class Awareness in the United States*, p. 22.

一个人的职业是决定他的社会经济地位的主要因素。[1]

杰克曼夫妇还对人们是否同意六项确定阶级归属的因素进行了调查。具体结果见下表[2]。

六项标准 \ 程度	非常重要	比较重要	不重要	不知道	调查人数
职业	37.0%	30.8%	29.8%	2.4%	1864
教育	33.2%	35.6%	29.7%	1.6%	1859
金钱	28.9%	30.9%	38.1%	2.0%	1856
信念和感觉	40.0%	28.5%	27.9%	3.6%	1852
生活方式	8.6%	34.0%	24.1%	3.3%	1855
家庭类型	21.4%	27.6%	49.2%	1.8%	1849

他们从上述调查中得出结论，认为人们对事物的信念和感觉、生活方式、职业三项因素最为重视。每5人中至少有2人认为非常重要。其次是教育，再其次才是金钱和家庭。每10人中至少有4人认为金钱和家庭两个因素无关紧要。可见，在人们心目中文化因素同经济因素是同样重要的。

杰克曼和三十年前的森特斯在不同时期的调查中都发现，如果事先确定几项标准然后进行调查，被调查对象很容易理解调查者的要求，很自然地就会把自己的社会经济地位同相应的社会阶级联系起来。而如果进行一般的随意性调查，被调查对象往往无所遵循，难于回答。杰克曼夫妇曾引用格罗斯在1953年进行的随意性调查结果来说明这一点。在格罗斯调查的对象中有20%的人说不知道，15%的人所答非所问，5%的人不予回答，14%的人否定阶级的存在，或者否定他们属于某个阶级。[3]

不过，对是否应当以职业作为区分阶级的标准这个问题美国学者一直是有不同的看法的。赞成这个观点的学者理查德·森特斯于1949年出版了《社会阶级心理学》一书。他在这本书中提供了一项调查结果，证明职业对社会阶级形成有重大作用。他引用七种非农业职业的调查结果，说明4/5的体力劳动工人归属于工人阶级或者贫民阶级，只有1/4的商人、职员和白领工人归

---

① Mary R. Jackman and Robert W. Jackman, *Class Awareness in the United States*, p. 21.

② Mary R. Jackman and Robert W. Jackman, *Class Awareness in the United States*, p. 37.

③ Mary R. Jackman and Robert W. Jackman, *Class Awareness in the United States*, p. 14.

属于上述两个阶级。①但是从森特斯提供的材料也可以看出另外一个结果，那就是体力劳动和脑力劳动的差别在阶级划分中也起到非常重要的作用。有人甚至认为这是更为重要的标准。事隔三十年，杰克曼夫妇在《美国的阶级意识》一书中，又用调查材料对这个问题加以澄清。根据他们的调查，体力劳动者同非体力劳动者对阶级的看法并无明显的区别，而且都愿意接受他们两人所提出的社会经济标准，而不主张用体力劳动和非体力劳动来划分阶级。杰克曼说："我们的分析对那种认为体力劳动工人的阶级划分根本上不同于脑力劳动工人的论点是不利的。在大多数体力劳动工人归属于工人阶级或贫民阶级的时候，大多数办公室人员也是归属于这两个阶级的。"②可见，体力劳动和脑力劳动的差别对阶级划分并不具有重要意义。

杰克曼在研究中还得出另外一个重要结论，那就是属于社会下层的人对阶级的存在有突出的感觉，而且下层阶级内部有比上层阶级更强大的凝聚力。下层阶级的人往往认为他们这个阶级同上层阶级之间的机会是不平等的，因而造成了阶级差别，并且认为两者的利益是相互对立的。③但杰克曼认为这种差别不同于传统的两级对立，而是一种多层次多极化的差别，这种差别不会导致各阶级之间的殊死斗争。

还有一些美国学者认为，除去职业这个主要因素以外，教育和工薪收入也是相当重要的因素。因为在这两个方面能够从被调查者那里获得更多的关于他们社会地位的信息，这对于确定他们的社会经济状况和阶级归属也是有重要意义的。但是，由于美国存在种族歧视和性别歧视，黑人和女性受教育的程度和工薪收入普遍低于白人和男性。在采用这两个标准区分社会阶级的时候不免要遇到困难。黑人和妇女的绝大部分势必归属于工人阶级和贫民阶级。

总体来看，美国学者围绕阶级是否存在、阶级划分标准问题所做的大量工作是有成效的、值得肯定的。所提供的大量材料也是有参考价值的，对于了解美国社会不无裨益。具体表现在如下几个方面：

第一，揭示出美国社会是一个有差别的、各阶层的社会经济地位和就业

---

① Mary R. Jackman and Robert W. Jackman, *Class Awareness in the United States*, p. 71.

② Mary R. Jackman and Robert W. Jackman, *Class Awareness in the United States*, p. 93.

③ Mary R. Jackman and Robert W. Jackman, *Class Awareness in the United States*, p. 69.

机会不平等的社会。他们所引用的大量材料证明,美国存在阶级,存在阶级差别,从而驳斥了"后工业社会"阶级已经消灭,或者说阶级已经萎缩而失去作用的观点。理查德·科曼还认为美国社会不仅存在阶级差别,而且还有处在社会阶梯最下层的贫困阶级。贫困阶级又可以分为下层工人阶级和游民两种:下层工人阶级又称为次底层阶级,其收入在政府规定的贫困线以下,有时要部分地依靠社会救济为生;游民又被称为最底层阶级,他们的收入很少,甚至于完全没有收入,可以说是一贫如洗。

第二,证明了美国各个社会阶级的人物对于是否存在阶级和阶级区分持有不同的看法,其强烈的程度同拥有财产的情况成反比。越是富有,越是接近上层等级的人,越是缺乏阶级存在的感觉;而越是靠近下层的人物,越是强烈地感觉到阶级的存在。他们在日常生活中,处处都感到社会地位的不平等,经济地位的不平等,就业机会的不平等。下层阶级由于具有共同的感觉,自然也就具有较大的凝聚力,或者说具有较强烈的阶级意识。

第三,证明了美国社会中中等阶级占多数的说法只不过是一种假象。即使按照某些美国学者的标准计算,中等阶级在美国社会中从来也没有构成绝对多数,它的存在也不可能证明美国是一个没有阶级对立的社会。同时,我们还可以在美国学者的研究成果中看出,他们所划分出来的中等阶级包括了许多下层阶级的人,如果把这一部分人划出去,那么中等阶级所占的比例还要下降,其对社会的影响力也会大为缩小。

与此同时,应当看到美国学者关于阶级的理论是有缺陷的、不科学的。他们的主要依据是被调查者的主观感觉,而这种主观感觉又往往同被调查者的气质、习惯、个性、爱好和对问题的理解有关。因此,不同的调查人、不同的提问方式,可以产生出差异很大的不同结果。例如,1940年《幸福》杂志进行了一次调查,只给被调查者提出上层阶级、中等阶级和下层阶级三个等级,结果有80%的人选择了中等阶级。理查德·森特认为这个结果是不符合美国实际的。他于1949年举行了一次调查,给被调查者提出了上层阶级、中等阶级、工人阶级和下层阶级四个等级。结果选择工人阶级的为51%,中等阶级的百分比下降到43%。[①]范内曼和坎农认为,《幸福》杂志所得出的结果是同被调

---

① [美]范内曼、[美]坎农:《美国人的阶级观念》,第48页。

查者寻求安全和体面的心理有直接关系。许多本来不属于中等阶级的人也选择了这个阶级。森特在调查中只增加了一个工人阶级，一下子就使中等阶级的比例下降了37%。可见，在美国学者的论据中主观因素占有很大的比重。通过调查，按被调查者的主观感觉来证明阶级是否存在和应当如何划分的方法不是可靠的方法。如果说这种方法还有价值，那只是因为它通过人们的感觉在一定程度上反映了阶级存在的事实。

马克思主义认为，阶级是社会生产发展到一定阶段的历史现象，它的存在是客观的，不以人们的意志为转移的。尽管美国在第二次世界大战以后发展迅速，变化巨大，但仍然是一个资本主义社会，阶级存在的基础没有消失。不管人们承认与否，阶级和阶级矛盾仍然存在。事实上，美国社会各阶层的人在不同程度上都感觉到这一点。这种历史的、客观的观点和方法是同美国学者的阶级理论根本不同的。

另外，杰克曼等学者所说的"阶级"，实质上只是反映社会贫富不均、地位不平等的五个阶梯，虽有高低之分，但并不互相对立。这同马克思主义的阶级概念是大相径庭的。连范内曼、坎农都认为："杰克曼夫妇从未使用真正的阶级模式。按照他们的说法美国人是从'一般社会经济声誉和收入'即从身份等级而不是从阶级划分，来确定他们的社会地位的。"[1]他们还认为，这是一种保守的观点。在这里阶级被当成从下而上的社会阶梯的各个等级。人们忙于爬这个阶梯，而不可能去进行有组织的集体的冲突。[2]

美国工人阶级的结构变化在理论方面和实践方面所带来的新问题十分复杂，在前人那里很难找到现成的答案。而美国学者提出的有关理论，既有糟粕，也有精华，一时难于分清。这篇文章只是一个初步的探讨，但愿能够成为一块引玉的砖。

原载《历史研究》1994年第2期，收入《20世纪中华学术经典文库》世界历史下册

---

① Reeve Vanneman and Lynn Weber Cannon, *The American Perception of Class*, p. 51.

② Reeve Vanneman and Lynn Weber Cannon, *The American Perception of Class*, p. 39.

第三编

史学史

关于美国独立战争的史学

北美独立战争发生在1775年,两百多年来,美国史学家对于这场战争的性质和原因有不同的看法。本文仅对其中的几种主要看法略加评述。

一

独立战争后大约一个世纪内,美国资产阶级处于上升时期,美国的民族意识也已形成,并不断得到加强。那时美国还是一个非常年轻的国家,正为争取经济上的独立、彻底摆脱英国影响而奋斗。因此人们十分重视独立战争的伟大意义,特别强调它的正义性,并以推翻英国的统治作为自己民族的骄傲,这种情绪在当时美国资产阶级史学中得到了反映。威廉·戈登[1](1728—1807)、戴维·拉姆齐[2](1749—1815)、乔治·班克罗夫特[3](1800—1891)等著名史学家都表述了这种观点。他们一致肯定独立战争的正义性,认为独立战争是一场争取自由的革命,英国的殖民统治是引起这场革命的根本原因。

然而,他们三人在具体看法上不完全相同。戈登承认独立战争是由于英国政府的政策引起的,但认为这场战争是可以避免的。假如移民的商业活动和事实上已经形成的自治权能够得到尊重,那他们就能够同英国达成妥协,而不会去争取独立。[4]

---

① 威廉·戈登(William Gordon),美国最早的史学家之一,著有《美国兴起、进展和取得独立的历史》一书。后来有人揭发,这本书的许多地方是从英国年鉴抄袭来的,反映了英国辉格党人的观点。

② 戴维·拉姆齐(David Ramsey),曾经做过大陆会议的代表,著有《南卡罗来纳革命史》和两卷本的《美国革命史》等书。

③ 乔治·班克罗夫特(George Bancroft),美国浪漫主义历史学派的代表人物。有人认为,他是同代人中第一个试图全面而广泛地研究美国经验的史学家。他的十卷本《美国史》在19世纪有很大影响。

④ Harvey Wish, *The American Historians*, New York: Oxford University Press, 1960, p. 51.

拉姆齐的观点虽然较为激进,但基本上没有超过戈登。

班克罗夫特非常强调独立战争的必然性,有其独到之处,但是这种必然性是建立在历史唯心主义基础上的。他深信历史的命运取决于"天命",独立战争是"自由精神"不断发展和取得解放的结果,是专制和民主不可避免的冲突。班克罗夫特所说"自由精神"和民主就是美国资产阶级的经济利益。他把《航海条例》比喻为纸链,并且指出:"正在兴起国家的商业自由被纸链紧紧锁住,自然的公正原则服从于英国商店老板的担心和贪婪。""它把本应是和平使节的商业变成了可恨的敌对关系的根源,并且播下了内战的仇恨种子。《航海条例》孕育了美国最终独立的预兆。"①

班克罗夫特等人从自由资产阶级观点出发,肯定了独立战争的正义性和解放性质,并且对战争的必然性有所论述。

总的来说,班克罗夫特等人的史学观点完全适合上升时期美国资产阶级的需要,成为他们用来巩固自己统治的舆论工具。无论是在恢复和发展经济时期,还是在内战和重建时期,美国资产阶级都把这种观点作为加强中央集权、维护联邦统一的论据。

二

19世纪末20世纪初,资本主义进入帝国主义阶段,美国已经成为世界上最发达的资本主义国家之一,并加入了帝国主义重新瓜分世界的角逐。从道义上强调独立战争的正义性,已经同政府的殖民政策相矛盾,因而班克罗夫特在美国史学界的影响逐渐削弱,代之而起的是反动的史学思想。种族主义学派和帝国学派相继兴起,这两个学派在思想上都受到欧洲实证主义和社会达尔文主义的强烈影响,主张历史循序渐进的演化性质,否认革命的突变。它们认为美国独立战争完全是英国的内部问题,是英国社会演变的结果。

种族主义学派的代表人物有费斯克、伯哲士等。他们突出"高等的盎格鲁-撒克逊种族"的发展对于历史进程的影响,强调美国历史同英国历史的连

---

① Gerald Grob and George Athan Billias eds., *Interpretation of American History*, Vol. 1, New York: Free Press, 1972, p. 86.

贯性。他们认为,宪法制度是雅利安人建立的,5世纪传入英国。英国清教徒又把这种制度搬到美国,而美国则将会把它推广到全世界。在他们看来,美国独立战争不过是完成1688年光荣革命的"不列颠内战",是大西洋两岸的辉格党人对保守党人的胜利。

帝国学派的主要代表人物有乔治·路易斯·比尔(1972—1920)、查尔斯·M.安德鲁斯和劳伦斯·H.吉普森。这个学派研究的重点是殖民地时期的历史。他们反对班克罗夫特对英国的揭露和批判,为英国的殖民政策辩护。他们不同意把独立战争说成是自由和专制的冲突,而是宗主国同殖民地的关系问题。1924年,安德鲁斯说:"1607年到1783年期间是殖民地时期……我们的革命是一个殖民地问题而不是美国的问题。"[1]

帝国学派史学家也不同意《航海条例》是美国独立战争主要原因的说法。他们认为,英国的《航海条例》对北美殖民地是有利有弊的。即使不能说利多于弊,至少也是利弊各半。比尔认为,《航海条例》对英属北美殖民地的商业繁荣有促进作用。第一,殖民地货物在英帝国内部获得了市场保证;第二,殖民地商船可以在有利条件下参加英帝国利润优厚的航运系统;第三,殖民地的贸易可以得到英国军队、海军和商业垄断的保护。他甚至不同意独立战争是英国的殖民政策所引起的。他认为,同其他殖民国家相比较,英国的殖民政策要"自由得多,是建立在宗主国和殖民地经济利益互惠的基础上的"[2]。因此,1763年以前所实行的殖民制度同1776年革命的爆发没有多少关系。[3]

帝国学派史学家对独立战争的原因还提出了几种看法。

比尔认为,英帝国过于庞大,在承担防御义务问题上,殖民地同宗主国发生了分裂,从而导致了独立战争。因为"在一个正在解体的帝国建立一个有效的合理公允的防御体系是存在着内在困难"的。

安德鲁斯认为,1789年以前的历史存在着两种倾向。一种倾向是宗主国要求把权力集中到英帝国政府手中,另一种倾向是殖民地要求得到有效的自治权。两种倾向发展的结果导致了独立战争的爆发。他在《美国革命》中提到,在英国同殖民地最后决裂以前,在北美殖民地已经发生了长期的、"平静

---

① John Higham ed., *The Reconstruction of American History*, New York: Harper and Row, 1962, p. 48.

②③ Gerald Grob and George Billias, Interpretations of American History, p. 89.

的、和平的革命"。移民们到达新土地以后,已经习惯了新土地的秩序和所提供的一切方便,而把过时的旧观念抛在一边,从而在殖民地奠定了独特的新社会制度的基础。

吉普森认为美国革命是1754—1763年保卫帝国大战的后果,他曾经写过九卷本的《美国革命前的英帝国》。他指出:"现在的大规模战争常常成为革命的孕育者。法国在18世纪后半期所参加的耗资巨大的战争导致了法国革命,同样,第一次世界大战也导致了俄国革命,确实可以说,美国革命是1754年到1763年间英、法在新世界冲突的后果。"[1]吉普森在《美国革命是1754—1765年保卫帝国大战的后果》一文中进一步解释说,北美殖民地对英国统治的不满是从1763年以后日益加剧的。第一,战争切断了纽波特、罗得岛、波士顿、纽约、费城等地商人同法属西印度群岛的贸易联系,使他们的利益受到损害。甚至在战争期间就有人把英国看成是真正的敌人。第二,九年的战争耗费巨大,使英国国债达到1.4亿英镑。英国政府通过税收把这些负担部分地转嫁到殖民地身上,因而引起殖民地的不满。在革命爆发前五年,十三个北美殖民地差不多都出现了财政空虚的问题。

第三,战后英国政府对扩大后的帝国在管理上发生困难。吉普森在《革命的来临1763—1775》一书的序言中写道:"革命的原因首先在于,取得空前战绩的英国政府,面对保卫帝国大战后在北美获得的广阔土地,试图在那个大陆组织一个更加庞大的管理机构,并且要求殖民地直接负担所增加的,超过在老的殖民管理体制实施过程中已经提供的不定期的间接支持的那部分款项。"[2]原因还在于过去来自法属殖民地方面的威胁已经消失,殖民地对英国的依赖程度大为削弱,因而要求更大程度上的自治,乃至殖民地会议公开宣布,拥有限定英国王室和国会权力范围的权力。

帝国学派和种族主义学派之所以抹杀北美独立战争的正义性,歪曲导致战争发生的根本原因,其目的在于适应垄断资产阶级的需要,为美国争霸世界制造舆论。帝国学派史学家比尔认为,独立战争造成了盎格鲁-撒克逊民

---

① Lawrence H. Gipson, "The American Revolution as an Aftermath of the Great War for the Empire, 1754–1763", in Abrahaim S. Eisenstadt ed., *American History Recent Interpretation*, Vol. 1, New York: T. Y. Crowell, 1966, p. 158.

② Lawrence H.Gipseon, *The Coming of the Revolution, 1763–1775*, New York: Harper, 1954, P. XII.

族解体是令人遗憾的事情。他在第二次世界大战时期,曾号召英国同美洲讲英语的国家联合起来。当然这绝不是在英国旗帜下的联合,而是在美国旗帜下的联合。我们并不否认帝国学派在分析独立战争的原因方面的某些论点有一定根据,但从根本上说,这两个学派的出发点同班克罗夫特等人所持的自由资产阶级观点不同,比较起来是一个倒退。

三

19世纪末20世纪初也是美国各种社会矛盾充分暴露时期。一些进步史学家察觉到种种社会矛盾,越来越多地抛掉抽象的"自由""民主"的概念,直接采用经济解释方法来研究历史,形成经济学派,他们对独立战争提出了新的看法,认为这是一场革命,是一次社会经济改革运动,导致战争的根本原因是宗主国和殖民地的经济冲突。

经济学派的创始人是查尔斯·A.比尔德①,他在《美国文明的兴起》一书中明确指出:"英国在18世纪是两个互相紧密结合的阶级:地主和商人所领导的。"②英国国会和政府完全按照他们的指令行事。从1651年以来,一系列有关北美殖民地法令的通过,以及专门处理北美殖民地事务的英国商业部和其他有关部门采取的措施,都是同英国地主和商人的利益密切相连的,而绝非出自某个人的偶然决定。正是这些法令和措施使得英国同北美殖民地的矛盾达到了极点。比尔德认为,到1775年春天,"宗主国同殖民地之间的紧张关系现在已经达到危险程度。只要有一点过火行动就可以使大陆燃起战火"③。

---

① 比尔德(1874—1948),是美国史学界有影响的人物,1913年,他的《美国宪法的经济解释》一书问世,轰动了美国社会。他仔细分析了1787年制宪会议成员的财产状况,证明他们中的大部分人都是富翁,他们在经济上属于不同的利益集团,但都要求建立一个强有力的中央政府来维护他们的经济利益。比尔德认为,这些利益集团是不受各州地区限制的,其活动范围是整个美国。争取联邦宪法运动归根到底,不过是金融、公共保险、制造业、商业和航运业这几个利益集团的产物。

② Charles A.Beard and Mary Beard, *The Rise of American Civilization*, p. 191.

③ Charles A.Beard and Mary Beard, *The Rise of American Civilization*, p. 231.

另一位著名的史学家弗农·帕灵顿①认为："广泛的经济自由使美国不加掩饰的、富有活力的个人主义的自由主义得到发展。"②独立战争的结果就是"一个中产阶级的美国在殖民地贵族的废墟上站起来了"③。

帕灵顿还认为，美国的自由主义是"不同经济利益、不同社会状况和不同政治思想的三个不同地区的思想要求的某种模糊的混合体"④。这三个地区的情况是：（一）大西洋沿岸北部和中部地区，商业发达，经营进出口贸易的商人富有而保守，但是数量多的小商人和农民是富有民主精神的；（二）从马里兰到佐治亚的潮水线，种植园经济占统治地位，政权控制在贵族化的种植园主手里，但是在同英国发生冲突时期，他们的权力落入了那些经济实力雄厚、政治地位低下的管家和经纪人手里，他们具有一定的民主思想；（三）从缅因沿阿利根尼的分水岭往南的地区，居住着苏格兰、爱尔兰和德国移民，他们大多是小所有者，具有自发的民主倾向。

哥伦比亚大学经济学教授路易斯·M.哈克在他所写的《美国插图史》和《美国资本主义的胜利》中进一步用经济观点分析了独立战争的性质和原因，把英国和美国描写为两个敌对的资本主义制度，或者说是相互竞争的两个经济体系。英国的资本主义是重商主义的资本主义，它一贯企图强迫美洲殖民地服从帝国，从而使英国资产阶级能够从殖民地获得利益，发财致富。这是以牺牲殖民地资本主义经济为其发展条件的。哈克认为英国重商主义的资本主义，同北美随民地资本主义发展是相对立的。英国资本家通过帝国颁布的种种法令捆住了殖民地资产者的手脚。而北美的两种资本主义：北部的商业资本主义和南部的种植场资本主义都需要摆脱英国的控制，冲破"监狱围墙"，走独立发展的道路。哈克认为："（美国革命）的作用就是把美国商人和种植场资本主义从英国重商主义制度枷锁下解放出来。"⑤

---

① 弗农·帕灵顿(1871—1929)强调经济利益对思想的决定作用。他的代表作是1927年开始出版的《美国的主要思潮》，这部书使他在美国史学界博得了崇高的声誉，可惜只出版了第1卷和第2卷，第3卷写到一半他就去世了。帕灵顿死后不久，他的第3卷手稿经过别人的整理问世。

②④ Vernon louis Parrington, *Main Currents in American Thought*, New York: Harcourt, Brace and Co., 1930, p. 180.

③ Vernon louis Parrington, *Main Currents in American Thought*, p. 192.

⑤ Gerald Grob and George Billias, *Interpretations of American History*, p. 91.

哈克还进一步说明,从英国商业资本家取得的自由,只是为殖民地工业资本家在美国取得统治地位扫清了道路。对于美国人民来说,不过是换了一个资本家主人。哈克的这一论述初步揭示了独立战争的资产阶级性质。

柯蒂斯·P.内特尔斯也认为独立战争是出于两个地区的资本家利益之间的对抗。他说:英国的重商主义是引起革命的主要原因,并且论证了它对殖民地的危害性。除此以外,他还特别强调重商主义思想对殖民地的影响。他指出,重商主义的基本目的就是争取贸易顺差和积累金属货币,而"移民长期生活在重商主义制度下,已经接受了重商主义思想的影响",也迫切要求取得贸易顺差和金属货币。在英国的统治妨碍他们达到这个目的的时候,"移民就会自己起来掌握引导他们经济发展的权利和权力"。"英国重商主义的另一个后果就是美国革命和此后在大西洋彼岸一个新的重商主义国家的建立。"①

经济学派史学家的观点同马克思主义观点不同。尽管比尔德等人经常使用"阶级斗争""所有制"之类的术语,但是他们从来没有把经济材料和阶级斗争联系起来研究。他们低估人民的作用,比尔德就曾经武断地判定人民对待独立战争的态度是消极的②,而且错误地认为独立战争的主角是商人而不是人民。

四

第二次世界大战以后,美国称霸世界,美国垄断资产阶级飞扬跋扈、不可一世。美国资产阶级史学的反动趋向进一步加强,新保守主义学派应运而生,独踞美国史坛达十余年之久。他们对经济学派进行了尖锐的批判,竭力宣扬美国社会无阶级冲突的利益一致论。这一派的主要代表人物是罗伯特·E.布朗和丹尼尔·J.布尔斯廷等人。

在贬低独立战争的意义和强调独立战争是英国内部问题方面,新保守主义者同帝国学派之间是极其相似的。

新保守主义者用保守主义观点重新编写美国历史。S.莫里森宣称:"我们

---

① Abraham Eisenstadt ed., *American History: Recent Interpretations*, p. 146.

② Harvey Wish, *The American Historians*, p. 278.

需要的是用纯粹保守主义观点写成的美国历史。"①布尔斯廷按照这个调子，从几个方面论证独立战争的保守性质。

第一，北美殖民地的大部分移民属于英国血统，许多政治制度是从英国搬来的，气候条件、地理条件、生活习惯都同英国近似。因此，美国革命在思想上缺乏民族自我意识和争取民族团结的热情，"是近代时期少数保守的殖民地暴动之一"②。

第二，美国革命是一种权宜之计的产物，在革命过程中和制定联邦宪法的时候都缺乏齐心协力的革命热情，因而造成了种种困难。那些缔造美国的人们都是犹豫不定的，对自己地方的忠诚和对英国王室的忠诚都在影响着他们的行动。

第三，美国革命一次就取得成功，没有形成革命的理论和思想传统。人们公认的美国的第一个共和派文件、潘恩的《常识》是在1776年1月10日才出现的。在此以前，差不多在战争爆发后的六个月里，没有一个明确的思想纲领。

第四，美国革命不同于法国革命。美国是在殖民地起义中诞生的，它的出生证是《独立宣言》而不是《人权宣言》。《独立宣言》本身就是一个保守性的文件。"它的严格遵照法律的、墨守成规的和保守的特点——这一点我想特别加以强调——同法国的类似文件相比较，立即表现出来。我们的革命只涉及一个特定事件，具体说就是殖民地同宗主国分离。"③

布尔斯廷反对卡尔·贝克尔关于"哲学帝国是一个国际领域，法国就是它的母国，巴黎就是它的首都"④的说法。他反问说，为什么要把美国独立战争纳入法国或者欧洲革命的轨道，"为什么历史学家们不可以从把革命完全看

---

① Samuel E. Morison, "Faith of a Historian", *The American Historical Review*, Vol. 56, No. 2, Jan. 1951, pp. 261-275.

② Gerald Grob and George Billias, *Interpretations of American History*, p. 144.

③ Daniel J. Boorstin, "The Genius of American Politics", in Gerald Grob and George Billias, *Interpretations of American History*, pp. 151-152.

④ Daniel J. Boorstin, "The Genius of American Politics", in Gerald Grob and George Billias, *Interpretations of American History*, p. 142.

成是宪法主义的胜利当中发现足够重大的意义呢？"①

五

　　20世纪60年代，美国政府推行反动的对内对外政策，在国内搞种族歧视，在越南进行"特种战争"和战争升级，加重了国家的军事负担和税收。大规模的黑人抗暴斗争、反战运动和学生运动此起彼伏，美国社会处于激烈动荡之中。在这种情况下，形成了两个进步学派：思想史学派和新左派。他们都起来驳斥保守主义学派的观点，从不同角度证明独立战争是一次激进的社会运动和思想革命。

　　哈佛大学历史学教授伯纳德·贝林是最早从思想史角度论证独立战争是一次思想革命的学者。他认为，美国革命不是一次偶发事件，其根源可以追溯到18世纪初期。从那时开始的社会变化及其对英国政治结构的影响，使60年代和70年代的突变成为符合逻辑的、不可避免的事情，特别是乔治三世即位以后所发生的改变和措施加速了事态的发展。差不多每一个重大的改变都对北美移民的思想产生了影响。这样就逐渐形成了殖民地移民反对英国统治、争取自由、争取独立的思想体系。而革命前夕北美政治家们精心创立的理论就是这种思想体系的结晶。他特别强调革命思想对这次激进社会运动的决定性作用。贝林强调独立战争首先是一场思想革命。独立战争的伟大意义就在于它使大多数美国人对自己和自己制度的看法发生根本转变。在革命以前，北美殖民地移民承袭他们祖先的旧观念，对等级社会和种种不平等现象习以为常，反而认为殖民地的一些新事物是一种缺陷，不免自惭形秽。在革命前夕和整个进程中，这种看法发生了根本变化，一切新东西开始被作为一种优点，一种美德来看待。贝林写道："一个新的、精神焕发的、生气勃勃的，而且首先是精神上获得再生的民族从朦胧中苏醒过来，奋起捍卫自己阵线，并在取得胜利后，挺身而出，到处鼓励和支持自由事业。"②

　　① Daniel J. Boorstin, "The Genius of American Politics", in Gerald Grob and George Billias, *Interpretations of American History*, p. 143.

　　② Gerald Grob and George Billias, *Interpretations of American History*, p. 165.

新左派史学家主张从大多数下层人物的立场出发来重新评估和分析历史事件。新左派史学家纽约州立大学历史学教授杰西·莱米希指出："许多社会科学家还在从少数人的考察中得出关于整个社会的结论。这种对待问题的方法使我们的观点产生谬误,而且有时使我们背离了历史的真实。我们初期的历史曾被看成是协调一致和无阶级时期,在某种程度上就是由于我们的历史学家采用这种方法来看待它的缘故。"①

莱米希认为,在北美殖民地从来就不存在协调一致,关于马萨诸塞存在"中产阶级民主"的说法是错误的。事实上,独立战争前,在北美殖民地移民中上层和下层人物对待英国的态度有很大的区别。独立战争的领导人是慢慢地、被迫走向革命的,而且还力图向外界证明,他们不是"无理取闹"的反叛者。在反对《印花税法》的斗争中,上层首脑人物除了宣布抵制以外别无良策。停止一切需要缴付印花税的商业活动固然是对英国施加了压力,但同时也使殖民地贫民的生活受到威胁。总而言之,中上层人物对待英国态度是犹豫的、软弱的,所采取的措施也是不果断的。

下层贫民则不同,他们公开反对英国,反对顺从,反对殖民地首脑人物的妥协态度。英国官吏非常担心爆发"一次穷人反对富人的起义",担心失业工匠和大批流入城市的水手的联合行动。最后,英国议会不得不取消《印花税法》来缓和移民的情绪。

莱米希强调指出,以往的美国历史学家对普通群众的事情非常迟钝,如果能够从他们的角度自下而上地考察革命,那么就会发现,革命具有更为激进的性质和伟大阶级冲突的特点。他认为,贫民,特别是水手,在独立战争中的作用一直是一个空白点,需要认真加以研究,从而恢复历史的本来面目。

莱米希还强调独立战争的人民性。他写道:"英国人确实不可能取得胜利,因为美国人是在打一场人民战争。"②

不过,这两个学派也都有各自的缺点和局限性。例如,思想史学派过分强调思想的作用,把美国独立战争说成是一场思想革命,这显然是不正确的。

---

① Jesse Lemisch, "The American Revolution Seen from the Bottom Up", in Gerald Grob and George Billias, *Interpretations of American History*, p. 179.

② Gerald Grob and George Billias, *Interpretations of American History*, pp. 197–198.

新左派本身是一个庞杂的组织,而且新左派史学家阵营中,彼此的观点还有分歧。尽管如此,这两个学派的主流是应当予以充分肯定的。

目前,美国史学界关于独立战争的性质和原因的争论还在继续。

争论的焦点集中在"革命是否由有规律性的原因引起,或者说它的发生是否是不可避免的?"[①]值得注意的是,在当代美国资产阶级史学中否认美国革命的规律性和必要性的趋势有所增长,这不能不说是美国资产阶级史学的又一次倒退。

原载《南开学报》1981年第4期

---

① George Novack, *America's Revolutionary Heritage*, New York: Pathfinder Press, 1976, p. 59.

初论美国工人运动史学

美国工人运动史学从形成到现在还不到一百年,是一门比较年轻的学科。然而,它的发展道路和内容却是十分复杂而难以捉摸的。最大的困难在于:美国工人运动史学中缺少一个有影响的、举足轻重的马克思主义学派。非无产阶级思想始终占据上风、居于主流地位。这就需要我们做出巨大努力,认真加以研究,辨清是非真伪,对美国工人运动史的发展过程和趋势提出比较符合实际的解释。本文仅仅是一个初步探索,最多只能勾画出美国工人运动史学粗略的轮廓。

一

美国工人运动史学始于何时,可分几个阶段,各个阶段又都有哪些具有代表性的学派? 对于研究美国工人运动的史学工作者来说,这是一个必须回答但又难于确切回答的问题。

美国资产阶级史学家长期不写工人史是不足为怪的。他们的注意力主要集中在达官贵人、富商巨贾身上。如果从1786年费城印刷工人罢工算起,整整一个世纪始终没有关于美国工人运动的专门学术著作,当然更谈不到工人运动史学了。在19世纪七八十年代,工人运动的空前高涨冲击了这种状况。一些思想敏锐的学者,开始着手撰写工人运动史。关于这个情况,1918年,约翰·R.康芒斯曾经指出:"直到近十年或十五年来,美国历史学家全然没有意识到工人问题的长期存在。只是在诸如1877年铁路罢工、芝加哥无政府主义者的炸弹,以及1894年普尔曼罢工之类的灾难性事件发生之后,工人运动才暂时引起了他们的注意。"①

　　第一个着手撰写美国工人运动史专著的是约翰斯·霍普金斯大学经济学教授里理德·西奥多·伊利。1886年,他的著作《美国工人运动》在纽约出版。这是系统论述美国工人运动史的第一部专著,对于美国工人运动史学的形成具有重要影响。有人称伊利为美国工人运动史的创始人,并以此书作为美国工人运动史学形成的标志。从伊利的整个活动来看,他对创始人的称号是当之无愧的,但如果把这本书作为标志则为时过早。因为这本书是在缺乏第一手材料的情况下写成的,还不是一部成熟的作品。伊利自己就曾在该书序言中说过:"我并不企求写一部美国工人运动史。我写这本书纯粹是为了提供一个梗概,我相信今后将会出现一部名副其实的《新世界工人史》。"②除此以外,伊利还写过几部有关工人运动的著作。③毫无疑问,这些著作对美国工人运动史学的形成都有一定的影响。但是,我们还不能把这个时期作为美国工人运动史学的开端。

　　一般来说,无论哪一种史学的产生都必须具备两个最基本的条件:第一,至少有一个卓有成效的学术集体;第二,一部或一部以上有重大影响的重要学术著作。在伊利开始研究工人运动史的时候,上述两个条件尚未具备。尽管当时还有一些思想活跃的学者也在著作中用一定篇幅论述美国工人运动④,但并未形成一个学派,而且也没有出现值得称道的专著。伊利本人也深感力量的单薄,并且下决心为工人运动史学的确立奠定基础。1892年,伊利转到威斯康星大学任教,并在那里建立一个拥有资金30000美元的基金会。1904年在他的发起和主持下正式成立美国工业研究所,并规定该所的任务是广泛搜集材料,撰写一部多卷本的美国工业社会史。为了顺利完成这两项任

---

　　① John R. Commons et al., *History of Labor in the United States*, Vol. 2, New York: Macmillan, 1918, p. 548.

　　② Richard Theodore Ely, *The labor movement in America*, New York: T. Y. Crowell & Company, 1886, p. 7.

　　③ *French and German Socialism in Modern Times*, New York: Harper & Brothers, 1883; *Recent American Socialism*, Baltimore: John Hopkins University Press, 1885; Socialism, New York: Thomas Y. Crowell & Co., 1894; Richard Theodore Ely, *The Strength and Weekness of Socialism*, New York: Chautauqua Press, 1899.

　　④ John B. Mcmaster, *A History of the People of the United States*, New York: D. Appleton and Company, 1983-1913.

务,伊利决定邀请他的得意门生康芒斯作为具体计划的负责人。除此,在那里还聚集了一批当时的知名学者,其中有菲利普斯、安德鲁斯、萨姆勒。于是,威斯康星州麦迪逊的美国工业研究所成了美国工人运动史学的发祥地。康芒斯和他的同事们在全国范围内通过购买、复制、捐赠等各种途径,从各个主要图书馆、工人组织和农业组织总部等机构搜集了大量资料,经过整理和研究,于1910至1911年间编辑出版了十一卷本的《美国工业社会文献史》。不久以后,他们又陆续出版了四卷本的《美国劳工史》。这两部书虽然存在许多问题和严重错误,但影响了美国学术界和教育界的整整一代人,是20世纪上半期具有权威性的美国工人运动史巨著。从这个意义上说,美国工人运动史学始于20世纪初年。

应当指出,在美国工业研究所成立以前,马克思、恩格斯的学生和战友弗里德里希·佐尔格曾经根据恩格斯的建议于1890年至1895年间陆续撰写了一系列关于美国工人运动史的文章。可惜的是,这些文章都是用德文写的,而且发表在德国刊物上,直到20世纪70年代末才由菲利普·方纳教授等学者编译为英文出版。所以佐尔格的文章对当时美国史学界的影响是不大的。

二

大多数意见认为,美国工人运动史的发展,经历了老工人史学和新工人史学两个阶段。从时间上看,大概从20世纪20到50年代末算第一个阶段,从60年代到今天算第二个阶段。凡是研究工人组织、政党团体及有组织运动历史的学派和史学家统统划入老工人史学的范围,而研究非组织工人的生活、文化的学派和史学家则统统划入新工人史学的范围。

另一种意见认为,第一阶段是经济学家研究美国工人运动史时期,其特点是人数少,看法比较陈旧;第二个阶段是历史学家研究美国工人运动史时期,其特点是影响扩大,思想活跃。而两个阶段的划分线在50年代中期。1955年,伯耐特在《历史学家》杂志上发表一篇题为《新工人史:对美国历史学家的挑战》①的文章,呼吁历史学家研究劳工史。同年,在纽约集中了一批史学家,筹划进一步开展工人运动史的研究,并刊印发行《美国工人史学家通讯》。1960年,这份《通讯》在劳联和产联的资助下改组为《工人史》杂志,成为研究美国工人运动史的最有影响的杂志之一。从60年代开始,美国工人运动史已经成为一种相当流行、相当时髦的学科。

这两种意见都有各自的依据,具有一定的参考价值,但却都不能反映美国工人运动史学的实际发展情况,不能反映各个学派的兴衰及其社会背景,从根本上说是不可取的。

如果联系各个历史时期考察美国工人运动和美国社会的实际情况,美国工人运动史学大致经历了三个不同阶段,每一个阶段又都可以找到一个具有代表性的学派。

第一个阶段是劳联从兴盛走向分裂的时期,大致从20世纪头十年到40年代末。这一时期具有代表性的学派是康芒斯-威斯康星学派,该学派的出现同劳联的产生和演变有直接联系。当时在国际共产主义运动中已经出现了伯恩斯坦修正主义思潮,其特点是放弃长远的革命目标,只谈眼前的利益。用伯恩斯坦的话来说:"运动就是一切,而目的是没有的。"劳联所主张的"纯粹的工会主义"就是这种论调的翻版。其具体内容是"提高工资-缩短工时-改善工作条件"。至于社会主义、无产阶级的革命理论等则完全被束之高阁。康芒斯学派的基本论点同这种思想完全合拍,其理论的核心是所谓的"职业意识论",其要害是否认工人阶级意识和阶级斗争,把工人运动的主要目标集中在寻找职业上。这同劳联的"纯粹的工会主义"是异曲同工的。不过,康芒斯学派的论点更具有学术色彩,更容易混淆视听。所以康芒斯等人的《美国劳工史》刚一出版,立即得到劳联领导人龚帕斯的赏识。他不仅自己通读了这部书,而且要求劳联的其他领导人也认真研读。1918年7月,龚帕斯在给劳联书记莫里森的信中说:"我刚读完威斯康星大学康芒斯及其助手们编写的《美国劳工史》,我主张你去研究一下,执委会的其他成员也可以读一读。我觉得要想摧毁社会主义者及其追随者在劳联内部的阴谋活动,没有什么东西

---

① Vaughn Davis Bornet, "A Challenge for American Historians", *The Historian*, Vol. 18, No. 1, Autumn, 1955, pp. 1–24.

比康芒斯关于美国工运中社会主义思想是外来的历史材料更为有效的了。"①

由于康芒斯学派是美国工人运动史学的第一个学派,它的产生同美国工人运动史学的形成紧密结合在一起,而且又得到劳联的支持,因而曾经独霸工人运动史坛达数十年之久,影响是相当大的。美国的第一代和第二代工人运动史学家大多出自这个学派的门下。

20世纪30年代中期,劳联的独占地位受到严重挑战,内部发生分裂。1935年产联成立。康芒斯学派的论点也开始受到人们的怀疑。早在20年代,已经有一些史学家不满足于康芒斯学派的狭隘研究领域,开始研究劳联以外工人的组织和活动.例如诺尔曼·韦尔于1924年出版的《产业工人》一书就是专门研究工人革命初期的工人运动和工人活动状况的。此外还出现了一批研究世界产业工人联合会的著作。②不过,这些研究还不能独树一帜,自成学派。在工人史学领域中对康芒斯学派的真正挑战来自老左派史学家。威廉·福斯特从20世纪20年代开始就写了许多关于美国工人运动的小册子和著作,着重阐述美国工人阶级的斗争史,同康芒斯学派的观点针锋相对。其中有1920年在纽约出版的《钢铁大罢工及其经验教训》,1922年在芝加哥出版的《美国工人运动的破灭》,1932年在纽约出版的《走向苏维埃美国》等。这些著作的问世是对康芒斯学派一统天下的重大冲击。可惜的是,福斯特的著作大部分是政论性小册子,在美国工人运动史领域内影响不大。例如罗伯特·齐格尔在《工人和学者:美国工人史学中的当前趋向》一文中这样说道:属于早期激进派的著作有"安东尼·宾巴的美国工人阶级史……菲利普·方纳的《美国工人运动史》③",却完全没有提到福斯特的著作。当然,福斯特对国际共产主义运动史及美国史其他领域所做的重大贡献是不能忽视的。就是在美国工人运动史领域内,福斯特的《美国共产党史》至今仍有重大的参考价值。

安东尼·宾巴的《美国工人阶级史》也曾经产生过重大影响。作者系统地论

① 龚帕斯未发表的书信,转引自菲利普·S.方纳教授在南开大学的讲演稿。

② Paul F. Brisenden, *The IWW: A Study of American Syndicalism*, New York: Columbia University Press, 1920; John S. Gambs, *The Decline of the IWW*, New York: Columbia University Press, 1932; Robert H. Zieger, "Workers and Scholars: Recent Trends in American Labor Historiography", *Labor History*, Vol. 13, No. 2, 1972, p. 248, note b.

③ 在笔者撰写这篇文章的时候,方纳的《美国工人运动史》第六卷已经出版,第七卷也已发排。

述了美国工人阶级的斗争历程,提出了一些有益的见解。但是这部著作存在一些观点上的错误,材料根据不充分,在学术上还不能同康芒斯抗衡。真正能够在美国工人运动史学领域得到承认的老左派史学家首推菲利普·S.方纳。他是一位十分勤奋、博学而多才的史学家,研究领域很广泛,到目前为止,已经出版的著作超过了九十本,他在美国工运史方面的代表作是多卷本的《美国工人运动史》。这部书于1947年出版后,引起了史学界的瞩目。有人认为:"在康芒斯传统之外,菲利普·S.方纳的《美国工人运动史》……是现在重新评价这个领域的最有创见的最详尽的著作。"①

方纳的《美国工人运动史》的出版,标志着第二阶段的开始。这个阶段大致从20世纪40年代末开始到60年代初结束。在这一时期,美国的政治形势发生了巨大的变化。在二战结束不久,出现了冷战和麦卡锡主义。美国政府加紧了对美国共产党和老左派史学家的监视和迫害。在40年代初期就有许多进步教授由于拒绝回答联邦调查局提出的质询而被解聘。方纳教授首当其冲,他的名字被列入黑名单,而且受到政府官员的盘查。然而,方纳并没有就此妥协,《美国工人运动史》的前两卷就是在这种极其恶劣的条件下写成的。这部书综合了老左派史学家的观点而且有坚实的材料基础,称得上老左派史学家的代表作。齐格尔曾经这样评价说:"菲利普·S.方纳的《美国工人运动史》是对传统的左派观点的综合。"齐格尔还认为:"也许,渗透了老左派观点的菲利普·方纳的工人运动史是近年激进工人史学中给人印象最深的作品。"②方纳的《美国工人运动史》至少有两个显著的特点:第一,同康芒斯学派的观点针锋相对,看重阐述了美国工人的阶级意识和所进行的英勇顽强的革命斗争;第二,材料丰富,在学术上能够同康芒斯学派著作相匹敌。书中有许多从全国各地重要图书馆、档案馆的藏书和文件中收集来的珍贵的原始材料。方纳还运用《美国工人运动史》容纳不下的材料,撰写了一系列专著。例如《工人和美国革命》《焦·希尔事件》等书。以方纳为代表的老左派经受了严酷的考验,顽强地坚持战斗,在一些进步学者中逐步扩大了影响。

---

① John Higham, *The Reconstruction of American History*, New York: harper& Row, 1962, p. 132.

② Robert H. Zieger, "Workers and Scholars: Recent Trends in American Labor Historiography", *Labor History*, Vol. 13, No. 2, 1972, p. 259.

在第二阶段,康芒斯学派满足于既得利益和地位,已经完全成为一种保守力量。由于它的观点是适合政府需要的,受到政府的支持和保护,在各高等学校的讲坛上仍然居于统治地位。

三

第三个阶段从20世纪60年代初开始到现在。60年代是美国的大动荡时期,民权运动、妇女运动、反战运动蓬勃兴起,各种思潮也纷纷登台表演。在美国工人运动史学领域内出现了所谓的新工人史学。新工人史学是在英国史学家汤普逊的影响下形成的。1963年,汤普逊出版了一本书叫作《英国工人阶级的形成》。这本书提出了两个新问题:第一,工人运动史绝不仅仅是有组织工人工会会员的历史,而是包括非工会会员在内的全体工人的历史;第二,工人运动史绝不仅是工人在工厂和车间内的斗争、活动的历史,而是包括工人文化生活在内的历史。这两个问题恰好是康芒斯学派及老一辈的工人史学家所忽略了的问题。问题的提出无疑是正确的,应当引起工人运动史学家的注意。

汤普逊的书在英国没有受到足够的重视,而在美国却引起了强烈的反响,造就了整整一代新工人史学家。加州大学(戴维斯分校)教授戴维·布罗迪说:"没有哪一个人需要别人向他说明E.P.汤普逊的《英国工人阶级的形成》的影响",其影响"对于任何人都是不言而喻的。"[1]产生这种强烈影响的重要原因之一是这本书的观点同人们对康芒斯学派的批判意见相吻合。例如,许多大学生从民权运动的观点出发,早就认为,"龚帕斯劳联的事务工联主义传统是狭隘的和保守的"[2],对于康芒斯学派只写工会运动史极为不满。汤普逊在书中所提出的两个问题为新工人史学开辟了广阔的新的研究领域。不幸的是,美国的一些新工人史学家走向了另一个极端,发展到只研究工会以外工人的历史而不研究有组织工人的历史,只研究工人的文化生活,而不研究

---

[1] David Brody, "The Old Labor History and the New: In Search of an American Working Class", Labor History, Vol. 20, No. 1, 1979, p. 115.

[2] John Higham, *The Reconstruction of American History*, p. 248.

政治斗争史。菲利普·方纳曾经指出："众多的美国学者仍然认为,一部美国工人史著作如不特别强调工人史学中的新倾向,赞同英国的E.P.汤普逊,美国的赫伯特·加特曼和戴维·蒙哥马利的立场,那就纯粹是康芒斯－威斯康星学派的继续。"按照他们的意见,一部称得上"工人史"的书必须专门研究社团、家庭、社会关系和文化传统。[1]目前新工人史学在美国史学界流行一时,成为非常时髦的名称,在许多大学的讲坛上和研究机构中处于优势地位。

新工人史学、方纳学派和康芒斯－威斯康星学派目前在美国工人运动史领域中的力量对比和发展趋势,以及对美国工人运动史学的展望也是非常值得注意而又必须进行探讨的问题。

总的形势是三分天下,但力量对比极不平衡,相差悬殊。目前占绝对优势的是新工人史学。新工人史学并不是一个统一的学派,如果姑且称之为学派,那也是四分五裂、各树一帜的松散联合。就其观点而论,至少可以分为三大支。

第一支是新工人史学的正统学派——汤普逊－加特曼学派。主要代表人物是加特曼。加特曼是纽约市立学院的教授。他的主要代表作是《工业化美国的工作、文化和社会》。这本书出版于1976年,在当前美国史学界颇有影响。加特曼理论的特点是强调文化的作用,把所谓的"工人文化"作为工人运动史的唯一研究领域,而完全忽略了经济因素和政治斗争。加特曼认为文化是"源泉",社会是"舞台",两个因素是解释人的活动的依据,"人们的行为,无论是个人的行为或是集体的行为,一律取决于两个因素"[2]。至于什么是他所谓的"文化",加特曼曾引用汤普逊的话做了如下说明:"这种文化包括权力制度、财产关系、宗教体制"[3],其范围是很广的。不过,在加特曼的著作中,生活习惯、社会环境、宗教信仰占有特殊的地位。加特曼认为,宗教影响在过去的工人运动史研究中被忽略了,应当予以纠正。为此,他专门写了一篇文章《新教和美国工人运动——镀金时代的基督精神》,论述这一时期宗教对工人运动的

---

[1] Philip S. Foner, *History of the Labor Movement in the United States*, Vol. 8, New York: International Publishers, 1982, p. 8.

[2] Herbert Gutman, *Work, Culture and Society in Industrializing America*, New York: Vintage Books, 1976, p. 16.

[3] Herbert Gutman, *Work, Culture and Society in Industrializing America*, p. 74.

影响。①

加特曼还认为，文化同经济制度不同，其影响更为深远，不是一下子就可以消失的，甚至在经济发生重大变化以后，原来的文化还会存在相当长的时期。他举例论证说："在林肯当选总统的时候，美国工业品产值落在英国、法国和德国后面。1894年，美国居于领先地位，其工业品产值接近于英国、法国和德国的总和。然而如此深刻的经济变化却并没有全部摧毁原先的美国社会结构和近代前期美国本地和移民工匠的固有文化。"②而且一个新文化的形成并不是以消灭原来的文化为条件的，而是吸收了原来各种文化的成分，就这个意义来说，文化是不会被消灭的。他说："工人人口组成的变化，具有独特文化的非工业人口进入美国，同美国的社会结构的变化结合在一起，产生了共同的思想方式和行动规范。"③

总的来看，加特曼把文化提到了不适当的地位，而把经济因素、阶级斗争排挤到无足轻重的地位。这种趋势越来越明显，结果走上了只研究文化不谈经济关系和阶级斗争，只研究工人群众和非组织工人，而不研究工人组织、工人政党和工会的道路。起初，加特曼并没有全盘否定老工人史学的研究方法和成果，也没有把自己的研究领域和方法绝对化。他曾经这样写道："除去少数重大的例外，半个多世纪来，美国工人运动史一直在反映创始人约翰·R.康芒斯，以及所谓的威斯康星学派的其他人所奠定的思想体系的长处和弱点两个方面"，"他们主要把注意力集中在属于工会的少数人身上"而忽视了更为众多的美国工人群众。④他在《工业化美国的工作、文化和社会》一书的序言中说："同那些有才能的但更带有传统性的历史学家的著作不同"，"那些著作并非不重要，但侧重不同，其主要注意力是集中在作为工会成员的工人身上的，我的著作超出了那些传统立场所规定的界限"。⑤然而随着时间的推移，在新工人史学家中已经出现了不屑理睬老工人史学的偏见。

加特曼是目前新工人史学家中最有影响的人物。戴维·蒙哥马利曾经评

① 此文已作为第二篇文章收入 Work, Culture and Society in Industrializing America。

② Herbert Gutman, Work, Culture and Society in Industrializing America, p. 33.

③ Herbert Gutman, Work, Culture and Society in Industrializing America, pp. 74–75.

④ Herbert Gutman, Work, Culture and Society in Industrializing America, p. 10.

⑤ Herbert Gutman, Work, Culture and Society in Industrializing America, p. 10.

价说:"只有新社会史学(有时又叫作新城市史学)对美国新一代历史学家拥有比加特曼的著作更为深远的影响。然而新社会史学只对工人阶级生活的两个方面给予注意:有多少人从工人阶级中蜕变出去,剩下来的人在选举日支持哪些政党。"①

第二支是以耶鲁大学教授戴维·蒙哥马利为代表的新工人史学。他的代表作是1979年出版的《美国的工人控制——劳动、技术和工人斗争史的研究》。他同加特曼不同,他虽然反对只研究有组织工人的历史,但并不反对研究普通工人所进行的斗争。他的主要研究领域是工人控制,他认为在工人运动史上,雇主的特权和工人控制之间的矛盾贯穿始终。雇主依靠加强"科学管理"来扩大和巩固自己的特权,工人则要求加强自己对企业的控制来抵消雇主的特权。他通过对19世纪机械工人工会的研究得出结论说:"机械工人对'科学管理'的回答是要求对整个社会实行以集体为基础的'真正的科学'改组。"②换句话说,就是极大地扩大工人的控制权。

蒙哥马利认为,工人控制的形式不是一成不变的,而是随着斗争的进程不断变化,不同时期有不同形式,仅仅在19世纪后半期就出现过三种不同的控制形式。

(一)手工工匠的职业自治。蒙哥马利认为,"工匠的职业自治是以他们使自己在工作中自立的超群技能和他们对一个或更多的帮工的管理两者为基础的。"③工匠对作坊有相当的控制权,"他们经常雇用和辞退他们的帮工,并从自己的收入中拿出比较固定的份额支付给帮工"④,"老板所做的全部事情就是购买设备和原料,出售制成品"⑤。

(二)工会劳动规章。蒙哥马利把这种形式作为自发斗争转变为有意识斗争的重要标志。他说:"工会劳动规章是由工会成员作为'立法'制定出来的。这个词意味着从自发走向有意识集体行动的转变,从小团体的伦理风尚

① David Montgomery, "Gultman's Nineteenth Century America", *Labor History*, Vol. 9, No. 8, 1978, p. 416.

② David Montgomery, *Worker's Control in America: Studies in the History of Work, Technology and Labor Struggles*, New York: Cambridge University Press, 1979, p. 4.

③④ David Montgomery, *Worker's Control in America*, p. 11.

⑤ David Montgomery, *Worker's Control in America*, p. 12.

走向正规制度和约束的转变,从反对雇主的贪婪走向控制雇主的转变。"①

(三)工会的互相支持。这是在工会组织之间需要互相支持以实现劳动规章的情况下形成的。蒙哥马利曾经做过这样的统计:1881年到1886年间大约有一半罢工运动是自发的,没有取得工会的支持和帮助,而1887年以后的七年间得到工会支持的罢工运动增加到2/3。②与此同时,要求承认工会规章、承认工会和保护工会成员的罢工所占的比例,从1885年以前的10%或少于10%增加到1891年至1893年间的19%到20%。③上列数字说明工会互相支持这种形式不断发展,得到工会支持的罢工运动、维护工会劳动规章的罢工运动越来越多。

蒙哥马利还认为,同工人控制形式相对应的还有工人的精神风尚,而且这种精神风尚曾经起到相当重要的作用。例如,工匠职业自治阶段,一切秩序都是依靠伦理观念来维持的。当时存在着三种根深蒂固的习惯:第一,由工人自己规定生产限额,任何人均不得超过,甚至在机器生产已经相当发达的时候,这种习惯仍然留存着;第二,对待老板要有"骨气",不能低声下气,"在老板的监视下工人们是绝对不能干活的";第三,对待同行要讲"义气",不能为了自己的利益和饭碗而挖别人的墙脚。

应当指出的是,蒙哥马利说的"控制"只不过是对资本主义制度进行"合理"改造的一种设想,并不涉及推翻资本主义制度的问题。

第三支力量是由一批专门研究地方和家庭史的学者构成的。虽然他们大多是加特曼的学生和追随者,但由于受到新社会史学的影响,把研究重点放在一个小地区、一个行业或一些家庭上。他们往往钻得很深、很细,甚至能够发掘出一些颇有价值的材料,但却很少做出概括性的结论,也没有把一些琐碎小事同整个历史发展联系起来。这些学者都比较年轻,很难从中找出具有权威性的代表人物。这里我们可以列举一些比较有成就的学者和他们的主要著作。例如,哈佛大学的斯蒂芬·塞恩斯特洛姆(他是其中年龄最大的一个)专门研究纽伯里波特和波士顿两个地方的工人状况,曾著有《进步和贫困》一书。马萨诸塞州克拉克大学的哈瑞文专门研究家庭史,著有《19世纪美

---

① David Montgomery, *Worker's Control in America*, p. 15.

②③ David Montgomery, *Worker's Control in America*, p. 18.

国家庭和人》。此外,保罗·法勒曾经著有《工业革命早期的机械工人和手工工场:马萨诸塞林恩1780—1860》。

目前在美国工人运动史学领域的主要倾向是新工人史学家起来批评老工人史学家。批评工会主义和有关著作的作者,无论从人数上和著作数量上都占压倒优势。而康芒斯-威斯康星学派则日益衰落而处于一蹶不振的状态。康芒斯学派最后一位具有影响的代表人物菲利普·塔夫特于1976年去世后,该学派后继乏人。目前尚在活动的几名学者有:加州大学伯克利分校教授沃尔特·加伦森、马克·普尔曼,威斯康星学者罗伯特·阿赞尼及齐格尔等人。齐格尔曾经著文为康芒斯学派所称颂的劳联及其领导人辩解。他写道:"对劳联和保守工会主义的攻击也应当慎重。"[1]他不赞成人们指责"龚帕斯及其助手醉心于组织熟练工人并且总是同大公司及其政治同盟者进行妥协和合作",他认为,"敌对的环境极难维持工联主义的生存",同时"龚帕斯为有组织的工人奋斗了半个世纪,如果他不犯错误,不让步,那才真是令人惊异的"。[2]

至于方纳学派的发展却别有一番景象。目前著书立说的主要还是方纳本人,但已经出现了一些激进学者的组织。1982年底,在华盛顿召开的美国历史协会年会上,由激进派组成的共产主义研究分会已经扩大到一百多人。方纳本人就是这个研究会的成员。此外,在中西部地区还出现了马克思主义研究会。这个研究会已经召开了四届年会,出版了《美国面临危机:马克思主义的分析》等论文集。该研究会是支持方纳学派的学术观点的。

从总的来看,新工人史学对康芒斯-威斯康星学派的挑战是有积极意义的,其影响至少反映在两个方面。

第一,打开了视野,扩大了研究领域。新工人史学家冲破了狭隘的框子,涉及劳联式工会以外的许多领域,出现了研究少数民族工人运动史、移民工人史、世界产业工人联合会等非"正统"工会的斗争史、非组织工人的斗争和

---

[1][2] Robert H. Zieger, "Workers and Scholars: Recent Trends in American Labor Historiography", *Labor History*, Vol. 13, No. 2, 1972, p. 264.

生活史、工人文化史等方面的著作和文章。[①]

第二，从研究工会上层人物转移到研究普通工人。一部分学者认为批判威斯康星学派固然重要，但更重要的是发掘被人们遗忘了的普通工人的历史。伯曼教授还在20世纪60年代就呼吁说：重要的是"指出工人史不仅是谈各个组织的兴衰成败，也包括对这个国家历史发展中工人作用的阐述"。[②]为普通工人大声疾呼的还有埃尔文·伯恩施坦、林德等史学家。伯恩施坦在60年代初出版的《贫困的年代》中就曾提出，不仅要写工会成员的历史，还应当写非组织工人的历史。米尔文·杜波夫斯基重新提出世界产业工人联合会的问题。他认为："那些寻找令人信服的激进传统的人……将会发现应当多研究世界产业工人联合会的立场"，"所有倾向于建立以自治团体为基础的社会而不愿意要建立在专制基础上的社会的人们，都不能忽视世界产业工会联合会的悲剧性事件"。

然而，从根本上说，新工人史学仍然是属于资产阶级史学范畴的，存在着一些不可避免的重大缺陷。

第一，同康芒斯学派一样，新工人史学也回避了阶级斗争这个根本问题。过去康芒斯学派用"职业意识"来解释美国工人运动史，而新工人史学则用"工人文化""工人控制"来排除对阶级斗争和革命思想的研究。

第二，新工人史学片面地强调研究普通工人，非组织工人的生活和活动，而忽视了对工人组织、工人领袖和重大事件的研究。即使偶尔出现一些这方面的作品，也多半是就事论事，很少把事件本身同整个工人运动的方向和社会主义目的联系起来。例如，许多有关世界产业工人联合会的著作，几乎都把着重点放在描写该组织成员为争取言论自由而进行的斗争上，却很少涉及该组织的思想状况、理论水平、斗争目的和发展趋向。新工人史学家由于不满意康芒斯-威斯康星学派狭隘的工会主义而要求冲破这种束缚，是完全可

---

① Virginia Yans Mclaughlin, "Patterns of Work and Family Organization: Buffalo's Italians", *The Journal of Interdisciplinary History*, Vol. 2, No. 2, Autumn, 1971, pp. 299-314; John Brodnar, "Immigration and Modernization: The Case of Slavic Peasants in Industrical America", *Journal of Social History*, Vol. 10, No. 1, Autumn, 1976, pp. 44-71.

② Hyman Berman, "Review of 'Organized Labor in American History' by Philip Taft", *The Journal of American History*, Vol. 51, No. 4, Mar. 1965, pp. 740-741.

以理解的。但是,因此把工会组织、有组织的工人,以及工人政治团体、政党排除在研究领域之外,显然是不正确的。因为,任何时候,分散的个别的工人,或是某个行业的一般工人的活动,是不能反映当时运动的方向和水平的,从这些研究中最多只能得出一些一鳞半爪的印象。

近年来,美国工人运动史的研究十分活跃,在各个主要大学的历史系或者经济系都开设了这门课程,而且计量研究方法和口碑史学都进入了这个研究领域。例如1974年罗切斯特大学的一篇未出版的博士论文,就采用了计量方法来分析劳动骑士团的组织结构。威斯康星麦迪逊的罗伯特·齐洛尔曾对尚健在的老一辈工人活动家进行口头调查。至于三大主要派别的力量消长如何,今后的发展趋势如何,当拭目以待。

原载《世界历史》1984年第2期

关于美国工人运动史学的
康芒斯–威斯康星学派

一

康芒斯–威斯康星学派是美国工人运动史学中最早出现的一个有数十年影响的正统学派。顾名思义,人们总认为这个学派的创始人是约翰·罗杰斯·康芒斯。其实学派的起源还可以追溯得更早一些。它的第一个奠基人应是约翰斯·霍普金斯大学的经济学教授理查德·西奥多·伊利。他于1886年出版了第一部美国工人运动史即《美国工人运动》一书。那时,他已经透露了准备进一步广泛收集材料编写一部具有学术价值的多卷本美国工人运动史的想法。他在这本书的序言中写道:"我写这部书,纯粹是为了提供一个梗概。我相信继这部书之后将会出现一部名副其实的《新世界工人史》。"①

伊利是美国资产阶级学者中第一个从事工人运动史研究的专家,曾经出版过一系列论述工人运动和社会主义的著作。②然而,他关于工人运动史研究的庞大计划,在霍普金斯大学得不到支持。1892年,威斯康星大学以极其优厚的条件聘请伊利担任该校经济学教授。学校和当地社会对于伊利的计划给予了有力的支持。不久以后,伊利在威斯康星大学所在地麦迪逊城建立了一个拥有3万美元资金的基金会。1904年3月,他利用这笔基金创办了"美国工业研究所"。美国工业研究所是研究美国工人运动的第一个中心,康芒

---

① Richard Theodore Ely, *The labor movement in America*, p. 5.

② *French and German Socialism in Modern Times*, New York: Harper & Brothers, 1883; *Recent American Socialism*, Baltimore: John Hopkins University Press, 1885; *Socialism*, New York: Thomas Y. Crowell & Co., 1894; Richard Theodore Ely, *The Strength and Weekness of Socialism*, New York: Chautauqua Press, 1899.

斯学派就是在这里诞生的,它为美国工人史研究奠定了坚实的基础。由于伊利担负着许多经济学方面的研究项目,无法主持这项工作,乃选定自己的得意门生康芒斯负责完成这项计划。

康芒斯是一位有才华而又十分勤奋的学者。他不负伊利的重托,仅仅用了五六年时间就带领研究小组完成了大量的资料收集工作,并于1910年至1911年间在整理和选编大量资料的基础上,陆续出版了十卷本的《美国工业会社文献汇编》。这套资料尽管存在着很大的局限性和倾向性,但至今仍具有重要的参考价值。康芒斯在完成这项工作以后,就同他的助手们和学生们集中力量编写出版了四卷本的《美国工人史》。这部著作由于有充实的材料基础,而且作者又都是知名学者,在编写上具有自己的特色,一二卷刚刚出版,很快就被公认为美国工人运动史方面的权威著作。康芒斯也因两部书主编的身份而享有盛名。伊利由于未亲自主持编写工作而被人们遗忘,而在编写过程中逐渐形成的学派也就被称为康芒斯-威斯康星学派了。

康芒斯学派从形成到今天已经近八十年,经历了四代人。第一代的代表人物是学派的创始者之一康芒斯本人。第二代的代表人物是这个学派极盛时期的理论家塞利格·普尔曼。第三代的代表人物是菲利普·塔夫特,他是康芒斯学派开始衰落时的守成者。塔夫特于1976年去世后,该学派便后继乏人,没有出现第四代拥有较大影响的代表人物。

康芒斯是一位多产作者,但大部分是经济学方面的著作。他的弟子也很多,普尔曼是康芒斯的得意门生和继承者。普尔曼的个人经历和康芒斯大不相同。1888年,他生于波兰雷里斯托克城,在沙皇俄国的专制统治下度过了童年和少年。他参加过俄国的革命运动,接触过马克思、恩格斯和列宁的著作。1908年,他侨居意大利,经美国记者英格利希的介绍,启程去美国读书。当时,他还自称是马克思主义者。他在《工人运动理论》一书的序言中回顾说:"二十年前,本书作者同他在俄国的同代人一样,公开声明工人运动的理论是从马克思的经典著作中引用来的。"[1]普尔曼抵达美国以后在威斯康星大学就读,受康芒斯的直接影响,并完全接受了他的观点。普尔曼运用关于马克思主义和欧洲工人运动的知识,对美国工人运动和欧洲工人运动进行比较

---

[1] Selig Perlman, *A Theory of the Labor Movement*, New York: Macmillan, 1928, p. 7.

研究,得出了美国工人运动例外的结论。这个结论同美国例外论互相呼应,受到资产者的赞赏。他的讲演和著作因而也得到了美国学术界的高度评价。他的讲座《论资本主义和社会主义》在美国和欧洲学术界都曾引起强烈的反响。他任教的威斯康星大学也成了当时美国工人运动的研究中心。在20世纪四五十年代,普尔曼的声誉甚至超过了他的老师康芒斯。普尔曼一生的论著不多,除去参加康芒斯主编的书以外,只出版了两部专著,发表过一些文章。这两部书是《美国工会主义史》《工人运动理论》。后来,他的讲座《论资本主义和社会主义》经过他的学生欧文的整理,于1976年在威斯康星麦迪逊城出版。在他的主持下,康芒斯学派经历了自己的极盛时期。从20世纪40年代末起,普尔曼的《工人运动理论》就成为美国学术界注意的中心而备受赞扬,同时,在学校的讲台上也"成了美国历史教学中的中心课题"①。

普尔曼的继承人是他的学生菲利普·塔夫特。塔夫特生于1902年,1928年进入威斯康星大学,在学生时期就表现了优异的才能。普尔曼吸收他参加《美国工人史》第四卷的编写工作。1935年,他在威斯康星大学获得博士学位,两年后到布朗大学任教。塔夫特是一个颇有抱负的人,希望在那里建立康芒斯学派的第二中心。然而,当时布朗大学是一个保守的教会学校,对于开展工人运动史的研究毫无兴趣,不可能提供任何资助。直到1949年,塔夫特担任该校历史系主任后,才找到机会招揽人才,扩大影响。他打破了布朗大学的传统,取消了宗教信仰、肤色和年龄的限制,聘请了一批有真才实学的学者到布朗大学历史系任教。在他周围形成了一个生气勃勃的学术集体。康芒斯学派因此得以加强,在50和60年代初继续占有相当的优势。道森曾指出:"20世纪50和60年代,威斯康星学派的工人史学,工人经济学家和工会官员仍然控制着工人史会议文章、专著和教科书的出版。"②50年代中期,塔夫特为了扩大自己学派的影响,联合一批学者为开展工人运动史的研究而大声疾呼。1955年,一批工人运动史学家在纽约集会,在劳联和产联的资助下,编辑和出版《工人史学家通讯》,1960年改为《工人史》正式发行。塔夫特被聘请为该杂志编辑。塔夫特的著作比较多,关于美国工人运动史的著作有四本:

---

①② Andy Dawson, "History and Ideology: Fifly Years of 'Job Consciousness'", *Literature and History*, Autumn 1978, p. 223.

《龚帕斯时期的劳联》《从龚帕斯逝世到合并时期的劳联》《美国历史上有组织的工人》《美国式的工人政策——加利福尼亚劳联》。不过,塔夫特的著作没有产生像他的前辈的著作那样大的影响。康芒斯学派在发展中,遇到过两次严重的挑战。第一次,来自老左派史学家菲利普·S.方纳,他的多卷本《美国工人运动史》试图运用马克思主义的基本观点论述美国工人运动史,贯穿全书的论点是同康芒斯学派针锋相对的。它的问世引起了美国学术界的重视,打破了康芒斯学派的一统天下。正如后来海厄姆所说的:"在康芒斯的传统之外,菲利普·S.方纳的美国工人运动史是现在重新评价这个领域的最有创见的和最详尽的著作。"[1]不过,由于当时美国政府推行迫害进步学者的政策,方纳首当其冲。他的著作被排斥在大学讲坛之外,他本人也失去了学校中的职务。这次挑战没有动摇威斯康星学派的统治地位。第二次挑战来自20世纪60年代兴起的新工人史学,经过这次冲击以后,康芒斯学派日趋衰落。1976年,塔夫特逝世,该学派又失去了带头人,从此一蹶不振。第四代学者加伦森、马克·普尔曼、齐格尔、阿赞尼等人只能支撑残局,没有取得明显的进展。

二

在激进派史学家的眼光里,康芒斯学派只不过是劳联的狭隘的御用史学,谈不上什么功绩。我国史学界对康芒斯学派了解不多,一般也接受了这种看法,但这是不全面的。从历史的角度看,康芒斯-威斯康星学派对美国工人运动史学的建立和发展是做过重大贡献的。主要有如下四个方面。

第一,康芒斯学派奠定了美国工人运动史学的基础。它的出现引起了美国史学界对美国工人运动史的注意,从而把工人运动史的研究提到了应有的地位。在此以前只有少数进步史学家在自己的著作中,用有限的篇幅论述过

---

① John Higham, *The Reconstruction of American History*, p. 132.

某一时期的工人运动。①康芒斯在1918年曾回顾当时的情况说:"直到近十年或十五年,美国史学家仍然完全没有认识到久已存在的工人问题,只是在诸如1877年铁路罢工、芝加哥无政府主义者的炸弹,以及1894年普尔曼罢工之类的灾难性事件之后,工人运动才暂时引起他们的注意。"②20世纪初,康芒斯-威斯康星学派的形成,以及这个学派两部代表作的问世,才使美国工人运动史作为一门独立的学科,在教学、研究中都占有一席地位。这里应当指出,在康芒斯学派创立以前,马克思、恩格斯的战友和学生佐尔格曾于19世纪90年代撰写了一系列关于美国工人运动史的文章。毫无疑问,这些文章具有极其重要的指导性的意义。但是,由于文章都用德文撰写,而且在德国发表,长期不为美国读者所了解。一直到1977年,才由方纳教授编辑成书,译为英文。因此当时这些文章不可能产生重大影响,起到开创学派的作用。

第二,康芒斯学派完成了美国历史上工人运动史料的第一次大规模收集和整理工作,为美国工人运动史的研究创造了必要的前提,威斯康星大学和威斯康星历史协会也成为美国最早的工人运动史的研究中心和资料中心。直至今日,许多知名的美国工人运动史学家都不断使用这里的藏书和资料。

第三,康芒斯学派以威斯康星大学和威斯康星历史协会为基地,培养了一代又一代的美国工人运动史学家。在现今几百名工人运动史学家中,绝大部分人都同这个学派有直接的或间接的关系。尽管在新工人史学兴起以后许多人不同意康芒斯学派的观点,但对它过去所做的贡献却都是十分尊重的。例如,美国新工人史学的创始人赫伯特·加特曼在谈到他同康芒斯正统学派的分歧时指出,他的著作"同那些有才能的但更富于传统性的历史学家的著作不同","那些著作并非不重要。但侧重不同,把主要注意力集中在作为工会成员

---

① 1905年,联邦工人局简报(Bulletin of the Bureau of Labor Statistics)第61期曾刊载埃塞尔伯特·斯图尔德(Ethelbert Stewart)的《印刷工人早期组织机构文献汇编》(A Documentary History of the Early Organizations of Printers);1900年出版的约翰·B.麦克马斯特(John B. McMaster)的《美国人民史》(A History of the People of the United States)第5卷提到19世纪30年代的工人运动;E.D.菲特纳(Emerson D. Fite)《内战时期北部的社会和工业状况》(Social and Industrial Conditions in the North during the Civil War)涉及内战时期的工人运动,E. E.斯佩克斯(Edwin E. Sparks)的《1877—1885年的国家发展》(The American Nation: National Development, 1877–1885)中有一章专门论述1877—1885年的工人运动。

② John R. Commons et al., History of Labor in the United States, Vol. 2, p. 546.

的工人身上,而我的著作却超过了那种传统立场所规定的界限"。[1]

第四,康芒斯学派几代人的代表作,集中论述了各个时期的工会运动,对有组织工人的活动、生活状况进行了比较深入的探讨,都是具有较高学术水平的著作。这些著作尽管在观点上存在着严重问题,在方法上存在着严重缺陷,研究领域也十分狭窄,但至今仍具有重要的参考价值,是研究美国工人运动史必读的重要参考书。作为一个资产阶级史学流派,康芒斯学派的基本观点是错误的,是迎合当时资产阶级政治需要的,同颇为流行的美国例外论如出一辙。美国例外论片面强调和夸大美国的特殊性,力图证明美国不存在阶级斗争,不存在革命运动。康芒斯学派的基本出发点也是这样,企图用工人的职业意识来否定阶级意识,证明英国工人运动的非阶级斗争道路。康芒斯学派的第一个论点就是否定革命理论的重要意义,声称马克思主义不适用于美国。他们把马克思主义的基本原理说成是"想象出来"的东西,强调美国工人阶级只需要实际利益而不需要革命理论。康芒斯和普尔曼在他们的著作中甚至公开宣布,他们同马克思主义分道扬镳的根本原因是不赞成马克思主义的"抽象理论"。[2]普尔曼进一步解释说:"我对历史的解释是:具体的人原本是居于舞台中心的。我不喜欢像无产阶级和资产阶级这样的抽象概念,不喜欢那种把历史看成是抽象的群众和抽象的力量,并使之居于政治舞台上的观点。相反,人们应当去研究工人、农民、雇员及其他人的具体活动。"[3]康芒斯则公开把财产公有的主张说成是一种"臆想",没有什么意义,并认为"通过组织上和立法上的保证消灭竞争威胁"才具有实际意义。[4]普尔曼从这个基点出发攻击了马克思主义关于无产阶级历史使命的论点,并认为美国工人阶级与此是格格不入的。他说无产阶级的历史使命是马克思主义者强加的,美国工人对此完全不感兴趣。他写道:"你会发现他们首先关心的不是创造历史,而是取得某种改善,从而在物质上和精神上丰富他们的生活。经济方面,

---

[1] Herbert Gutman, *Work, Culture and Society in Industrializing America*, p. 6.

[2] John R. Commons, *American Shoemakers, 1648–1895: A Sketch of Industrial Evolution*, Preface, Cambridge: Harvard University Press, 1909; A. L. R. Owen, *Selig Perlman's Lectures on Capitalism and Socialism*, Madison: University of Wisconsin Press, 1976, p. 47.

[3] A. L. R. Owen, *Selig Perlman's Lectures on Capitalism and Socialism*, p. 47.

[4] John R. Commons, *American Shoemakers, 1648–1895*, p. 76.

他们希望消除经济上的无保障。精神方面,他们希望消除属于他人,例如从属于工头和雇主的处境。"①普尔曼还强调说,美国工人运动从产生那天起就没有同任何革命理论发生过联系,也没有接受过革命理论的灌输。他指出:"美国工人运动最显著的特点是:它不像德国那样,由知识分子领导人缓慢地,但却确定无疑地把哲学灌输进去","在它诞生的时候没有任何知识分子主持领导工作"。②康芒斯则企图证明,美国工人阶级没有什么长远的斗争目标,而且也不接受这方面的宣传。他指出:"在美国具有宗教的、种族的、语言的和政治的种种差别的情况下,只有一个方面能够使工人联合起来——增加工资、延长休息时间、扩大自由。超过这个限度——理论家们、空想家们和好心肠的人们所做的错误引导——只会使他们成为工人的愚蠢朋友。"③其次,普尔曼企图证明,美国工人缺乏阶级意识。阶级意识是欧洲工人运动的舶来品,根本不是美国工人运动的产物。美国工人运动只可能产生职业意识,或者叫作工资意识。普尔曼写道:"外来的社会阶级意识在美国土地上深深扎根以前,本地滋生的工资意识已经初次表现在斯捷沃德盛行于19世纪60年代的八小时工作制的哲学中了。"④"对于美国整个工人队伍来说,唯一可以接受的就是职业意识,它只具有'有限的''保障工资和控制职业'的目的。"⑤康芒斯没有使用"职业意识"这个名词,但基本论点是同普尔曼完全一致的。他把美国工人运动说成是一种纯经济活动,不带政治性质。他说:"由于美国工人运动适应了纯经济的环境,其结果是只有在它的经济行动自由受到威胁的时候才会采取政治行动。"因此,在美国,阶级冲突的主要形式就是谈判。而"'阶级斗争'必须以加强和削弱各阶级谈判力量的因素为依据来进行解释"。⑥他们还对美国工人阶级缺乏阶级意识的原因做了如下说明:

(一)美国有众多的小财产所有者。他们同资本主义制度的利益是一致

---

① A. L. R. Owen, *Selig Perlman's Lectures on Capitalism and Socialism*, p. 48.

② Selig Perlman, *A Theory of the Labor Movement*, p. 154.

③ Lafayette Harter Jr., *John R. Commons: His Assault on Laissez-Faire, Corvallis*, Oregon: Oregon State University Press, 1962.

④ Selig Perlman, *Theory of the Labor Movement*, p. 193.

⑤ Selig Perlman, *A Theory of the Labor Movement*, p. 169.

⑥ John R. Commons et al., *History of Labor in the United States*, Vol. 1, p. 30.

的。因此，美国的私有制根深蒂固。由此产生两种情况。第一，美国私有制本身不可动摇。美国工人阶级任何触犯私有财产的要求都注定要遭失败。普尔曼论证说："这个国家挤满了为自己创造财产的移民，他们曾经四处为家。由于他们不断迁移，造成了众多的小财产。"[1]这些小私有者的利益是同美国社会的"共同利益"一致的。这种一致"说明了美国殖民地和后来各州的真正的持久的协调一致的原因"[2]。他认为，一个世纪以来美国工人运动的基本经验是，不要冲破私有制的框框，不要破坏这种"协调"。"工人在任何情况下都不能引起广大的中产阶级对作为基本制度的私有财产的安全感到担心"，否则"就会立刻推动群众同反工会的雇主结成联盟"而使运动遭到失败。[3]第二，由于私有制的巩固，美国工人运动受到两方面的干扰。"第一，美国工人总是倾向于……同人数众多的中下阶级：农民、小工厂主和小商，总之同生产阶级的观点相一致，并同他们在周期性的'反垄断'战役中并肩作战；第二，美国的雇主有能力迫使他们的雇员在其确定的条件下受雇。"[4]这两方面的干扰都可能迫使大部分工人退出运动而造成分裂，致使运动无法实现工人的阶级要求。

（二）地区的、职业的和社会的流动性使美国工人阶级不能形成一个坚强的统一体。普尔曼认为，美国缺乏"固定的工资收入阶级"，工人当中，"许多人并不终身停留在固定的工业部门，而是不断从这一个工业部门转到另一个工业部门，从这个地区转到那个地区去寻找更好的工作"[5]。尤其重要的是："在美国，参加政治生活从来不像英国那样迄今以来只属于上层阶级，也不像法国那样只属于受过高等教育的那些人，而是向那些能够对局势发生影响的所有人开放的。"[6]"只要美国经济社会的活动性能够存在下去，并向具有一般能力的无产者提供机会，那么具有突出才能和领导才能的人总是可以找到向

① Selig Perlman, *A Theory of the Labor Movement*, p. 157.

② Selig Perlman, *A Theory of the Labor Movement*, p. 157, 158.

③ Selig Perlman, *A Theory of the Labor Movement*, pp. 160–161.

④ Selig Perlman, *A Theory of the Labor Movement*, p. 154.

⑤ Selig Perlman, *A Theory of the Labor Movement*, p. 165.

⑥ Selig Perlman, *A Theory of the Labor Movement*, p. 167.

上爬的坦途的。"①除此以外,普尔曼还认为:"美国工人缺乏'阶级意识'的另一个原因是,工人很早就得到了作为杰斐逊民主运动副产品的选举权这一不需要付出代价的礼品。"②

在论证美国工人阶级缺乏"阶级意识"的同时,普尔曼还在美国历史上寻找例证,进一步说明美国工人运动不能搞疾风骤雨的斗争,只能采取和平的经济形式。他列举了工人运动的三种形式和三种结果。第一,政治的和立法的形式,其结果是"否定雇主的权力及其对财富生产的绝对控制权";第二,经济形式——工会主义、罢工和工会管理,其结果是对资产者的财产权实行"更为彻底、更为深刻的限制";第三,合作运动,其结果是实现财产公有。③普尔曼认为,美国的历史证明,第一种和第三种形式是行不通的。1894年普尔曼大罢工、西部各州世界产业工人联合会的活动,以及1919年至1920年"红色恐怖"的相继失败,证明政治斗争不可能取得胜利。美国工人运动,特别是劳动骑士团的经验证明,合作运动在美国是没有市场的。④

普尔曼特别强调第二种形式是美国工人运动所能采取的唯一形式。他论证说:龚帕斯等劳联领导人经过理论和实际经验的检验以后,"发现工会这张牌是唯一能够把工资收入者团结起来的胶合剂……无论是'绿背党'还是社会主义者都做不到"⑤。

总起来看,职业意识论的全部内容无非是否定一切革命运动和一切社会主义运动,而把工人运动的目的局限于保证职业和争取提高工资,也即是主张把工人运动纳入工联主义的轨道。康芒斯学派同劳联的关系极其密切,他们的理论成为后者的重要理论支柱之一。

---

① Selig Perlman, *A Theory of the Labor Movement*, p. 166.

② Selig Perlman, *A Theory of the Labor Movement*, p. 167.

③ Selig Perlman, *A Theory of the Labor Movement*, p. 156, 157.

④ Selig Perlman, *A Theory of the Labor Movement*, pp. 160–192.

⑤ Selig Perlman, *A Theory of the Labor Movement*, p. 196.

三

这个学派产生于19世纪末20世纪初,正值欧洲、北美和亚洲的工人运动、民族民主运动高涨时期。芝加哥流血事件、霍姆斯特德大罢工、普尔曼大罢工都发生在这个时期。然而,这些规模宏大的斗争都由于没有得到正确的思想指导而处于自发状态。以弗里德里希·佐尔格为代表的马克思主义派只在少数德裔工人中进行活动,影响不大。社会主义工人党和劳动骑士团又都陷入了宗派主义和机会主义的泥潭而不能自拔。于是美国劳工联合会(简称劳联)趁机崛起。

劳联成立于1886年,它在成立之初还有一定的革命性,但进入19世纪90年代以后,完全堕落为资产阶级的附庸。劳联的领袖龚帕斯等人开始推行一种所谓的"纯粹工会主义政策"。什么是纯粹工会主义? 吉特尔曼下定义说:"纯粹的和简单的工会主义可以认为是一种变异的工会主义,其活动局限于通过集体谈判和政治行动来谋求满足其成员的眼前需要。"①

关于纯粹工会主义的思想起源可以追溯到18世纪末19世纪初。塔夫特认为,1792年制鞋业工会内部就已经产生这种思想了。②不过,第一次把这种思想系统化,作为一种主张提出来的是劳联的领导人斯切塞。斯切塞原来是第一国际美国支部的成员,是一个社会主义者,但由于坚持反社会主义观点,于1874年1月13日被开除出国际。1883年,他宣布同社会主义者决裂,并开始宣传纯粹工会主义。他说:"我们没有终极目标,我们从事日常活动,我们仅仅为眼前目标奋斗……我们都是讲求实际的人。"③纯粹工会主义很快就被劳联的领导人所接受,成为劳联的行动指南。

劳联的存在和纯粹工会主义的出现构成了康芒斯学派的重要社会根源

---

① H. M. Gitelman, "Adolph Strasser and the Origins of Pure and Simple Unionism", *Labor History*, Vol. 6, No. 1, 1965, p. 72.

② Philip Taft, "On the Origins of Business Unionism", *Industrial and Labor Relations Review*, Vol. 4, No. 1, Oct. 1963, pp. 20-38.

③ Philip Taft, "On the Origins of Business Unionism", *Industrial and Labor Relations Review*, Vol. 4, No. 1, Oct. 1963, p. 81.

和思想根源。康芒斯学派对劳联的活动和领导人的政策采取了全盘肯定的态度,并且从历史学的角度加以论证。他们声称,在对19世纪末的美国工人运动进行全面研究以后,可以得出结论:"劳联式的工会是在美国条件下,唯一能够生存下来的一种工会。"①而宣传阶级斗争的社会主义者是找不到活动场所的。塔夫特说:"康芒斯同龚帕斯一样,认为胸怀革命理论的'知识分子'在工人运动中是无处立脚的。"他甚至认为:"普尔曼对康芒斯历史的主要贡献之一,乃是他对劳联的产生和成长所持的友好同情态度。"②

普尔曼引用历史材料来说明劳联是一个有抵抗能力的工会。"这个具有抵抗能力的工会不仅具备优点,而且还能适应客观环境和美国工人的心理。"③过去,"拉萨尔派和第一国际派都体现了社会主义的阶级意识"。拉萨尔派不赞成工会运动,结果失败了。国际派主张搞工会,但在1876年全国代表大会上提出了充满阶级意识的纲领以后也遭到失败,从而失去了自己在运动中的地位。④只有劳联的领导人选择了完全不同的道路。他们认真研究了"工人问题的理论和实际经验两个方面",终于发现工会是组织美国工人运动的"胶合剂"。⑤他们还发现"美国社会确实不可改变的保守主义是对私有财产和经济生活中个人主动性的尊重",因此不采取触动私人财产的政策,而只要求雇主承认工会有按照协议管理工作的权利,甚至对使用政治武器也采取十分谨慎的态度。⑥

综上可见,职业意识论同纯粹工会主义是一脉相承的。所不同的是,职业意识论同史学理论结合在一起,具有更大的影响。可以说,康芒斯学派是劳联在美国史学界最理想的代言人。正如方纳教授所指出的:"对于这个学派来说,塞缪尔·龚帕斯所领导的美国劳工联盟乃是美国劳工运动所应采取的正确政策的最高表现,因而那部庞大的《美国工人史》,事实上也就变成了龚帕斯主义——行业工会主义、工会组织脱离政治、劳资利益一致等理论的

---

① Philip Taft, "'A Rereading of Selig Perlman's 'A Theory of the Labor Movement'", *Industrial and Labor Relations Review*, Vol. 4, No. 1, Oct. 1950, p. 73.

② Philip Taft, "Reflections on Selig Perlman as a Teacher and Writer", *Industrial and Labor Relations Review*, Vol. 29, No. 2, Jan. 1976, pp. 249–257.

③④⑤ Selig Perlman, *A Theory of the Labor Movement*, p. 196.

⑥ Selig Perlman, *A Theory of the Labor Movement*, p. 201, 202.

辩护书。"①

康芒斯学派的理论基础是资产阶级的实用主义哲学。方纳认为:"《美国工人史》中的每一章都充满了康芒斯-威斯康星学派实用主义的劳工运动理论。"这个学派的两位奠基人也都是实用主义者。

伊利在德国求学期间,他的老师卡尔·莱斯在两个方面曾对他产生了深刻的影响。第一,注重历史材料,忽视推理和概括;第二,人道主义思想,使个人居于历史舞台的中心地位。由于这种影响,伊利成为归纳法的拥护者。他对其他学科已经做出的结论及人们所共同接受的前人的经验都表示怀疑和轻视,主张以我为主,只研究自己接触到的实际材料,反对推理和概括。

康芒斯同伊利一样,也极力反对理论概括,打出注意实际的招牌来为自己放弃长远目标的理论辩护。康芒斯的学生曾经公开说:"康芒斯是一个实用主义者。"②实用主义的特点就是不承认客观规律,而是随心所欲地采取种种手段和说法来维护自己的主张和行动。康芒斯学派也具备这个特点。它强调实际材料,并不等于真正尊重客观实际。从它搜集整理的过程就可以清楚地看到这一点。在它的代表作中,凡是能够为职业意识论服务的材料都经过很好的整理,而许多能够说明阶级意识的材料却没有收集或者遭到曲解。不管康芒斯-威斯康星学派的学者是否愿意承认他们同劳联的特殊关系,客观上他们曾经充当过这个工会的组织的辩护人。

原载《南开学报》1987 年第 2 期

---

① Philip S. Foner, *History of the Labor Movement in the United States*, Vol. 1, p. 20.

② Lafayette Harter Jr., *John R. Commons*, p. 25.

菲利普·S.方纳教授谈美国工人运动史学

美国林肯大学教授菲利普·S.方纳博士是著名的美国工人运动史专家。1981年9月，他应南开大学历史系美国史研究室邀请来华讲学，曾经在南开大学、西北大学、山东师范大学、江苏师院①等校做关于美国工人运动史学的报告。兹综合整理如下：

一

方纳教授有一句名言：“历史不是在真空中写出来的，而是所属时代现实的反映。”所以要了解美国工人运动史学的发展，必须首先考察美国各个历史时期的社会现实。

美国是一个很年轻的国家，没有多长的历史，但它却是开展工人运动最早的国家之一。我们所讲的国际工人运动史上的三大工人运动：法国的里昂工人起义、英国的宪章运动、德国的西里西亚起义，都发生在19世纪30年代和40年代，而美国的工人运动甚至还要早一些。1786年，在费城就出现过反对资本家减少工资的罢工斗争，1791年在这里还出现了工会。不过，应当指出，真正的美国的第一次工人运动发生在1828年至1830年间。那时候，工人运动达到了一定的规模。同行业的工人开始联合起来共同行动，以反对雇主的沉重剥削和维护自己的利益。例如，1828年费城的机械工人罢工就是在该城所有机械工人的参加下举行的，影响极大。

一些美国例外论者总是强调美国特殊，不存在开展阶级斗争、工人运动的条件，这完全是一派胡言。事实上，美国存在着阶级斗争，不仅有自己的工人运动史，而且丰富多彩。1835年在费城发生的美国的第一次总罢工就是一

---

① 为今江苏师范大学，1981年称徐州师范学院。

个例子。这次总罢工规模相当大,不仅有全城各行各业的工人参加,而且还有政府部门的雇员。罢工群众提出了争取十小时工作制的要求。这在19世纪前半期的国际工人运动史上也是罕见的。十年后,在马萨诸塞州又建立了世界上的第一个妇女工会。

美国工人运动之所以能够较早开展是有其客观基础的。第一,美国是一个移民的国家。许多来自英、法、德的移民本身就是工人。他们不仅带来了技艺,同时也带来了斗争经验。第二,美国工人是世界上最早享有选举权和其他民主权利的工人,所以工人运动的领导人拥有更多的宣传工人和组织工人的机会。第三,美国是一个未存在过封建统治的国家,封建行会影响不大。

然而,尽管美国工人运动史如此丰富,在发生工人运动以后的一百年间,却一直未曾出版过这方面的历史著作。这同当时美国的历史条件有着直接的联系。那时候,美国的资本主义制度正处于上升时期,阶级矛盾还未达到十分尖锐的程度。马克思主义刚刚传到美国,还没有在工人群众中产生巨大影响。史学阵地牢牢地控制在资产阶级史学家手中。他们只写大政治家、军事家和大商人的历史,对于人民群众和工人的历史活动完全不感兴趣。

最早对编写美国工人运动史表示关注的是马克思和恩格斯。恩格斯曾经多次向美国工人运动的先驱和领袖弗里德里希·佐尔格建议,希望他利用所掌握的丰富材料和经验编写一部美国工人运动史。佐尔格接受了恩格斯的建议,在1891到1895年间陆续撰写了许多有关美国工人运动的文章,发表在德国社会民主党人的机关报《新时代》上。佐尔格的文章无疑是试图用马克思主义观点系统叙述美国工人运动史的最早著作,但可惜是用德文写的,普通工人甚至一般大学生都是无法问津的。直到1977年才由方纳教授同布鲁斯特·张伯林共同编辑翻译成英文出版。书名叫作《美国工人运动——从殖民时期至1890年的美国工人阶级史》。

佐尔格的另外一个重大贡献是他留下的大量有关美国工人运动的历史文件和资料。他在逝世(1906年12月26日)前,把自己保存的上述档案材料分别赠送给威斯康星州历史协会和纽约市图书馆,威斯康星州历史协会所得到的主要是第一国际的档案材料,而纽约市图书馆所得到的则是马克思、恩格斯同美国公民的来往信件,其中大部分是给佐尔格本人的信件。

但是,由于语言文字不同,佐尔格的著作对于美国工人运动史学没有产生直接的和重大的影响,始终没有形成自己的学派。

二

第一部英文的美国工人运动史恰好是在费城印刷工人罢工一百周年的时候出现的。这就是理查德·伊利于1886年出版的《美国的劳工运动》。伊利是威斯康星大学教授,曾经在约翰·霍布金斯大学教过书。不过,由于伊利教授所能使用的材料极其有限,所以这部书只能勾画出一个轮廓。伊利自己就曾经在该书的序言中写道:"我这本书只能称作一个粗略的纲要,我相信不久以后,一定会有一本真正配称为新大陆劳工史的著作接着出现的。"美国的第一部具有一定学术水平的美国工人运动史是由伊利的弟子约翰·R.康芒斯及其所领导的研究集体共同完成的。

康芒斯也是威斯康星大学教授。他同约翰·安德鲁博士及海伦·萨姆纳博士一参加了美国工业材料研究局主持的调查工作。康芒斯在两位同行的协助下,在20世纪初开始对全国各图书馆、书店历史学社及私人藏书进行调查,发现了许多不为人们所知的劳工史料。后来这些史料大部分都保存在威斯康星州历史协会里。其中大约十分之一的材料经过康芒斯及其副手编选,于1910年正式发表。这就是著名的十卷本《美国工业社会史料》,在这些资料的基础上,康芒斯和他的副手编写了一部真正详尽的美国工人运动史,书名叫《美国劳工史》。这部书的第一、二卷于1918年出版。第三、四两卷是康芒斯的学生编写的,直到1935年才正式出版。

康芒斯著作的出版宣告了美国工人运动史的第一个学派——康芒斯-威斯康星学派的诞生。从此以后,这个学派统治美国工人运动史坛达四十年之久。

康芒斯-威斯康星学派之所以能够风行一时绝不是偶然的。它是当时美国社会现实的反映。20世纪初,美国已经成为帝国主义国家,而且是资本主义世界首屈一指的工业大国。工业无产阶级也已发展为一支大军,工人运动日益蓬勃开展起来。美国垄断资产阶级急于要在工人运动内部找到合作者和代理人,以及有利于自己的理论。美国最大的工会——劳联和它的领导人塞缪尔·龚帕斯经不起垄断资产阶级的拉拢和腐蚀,背离了原来的正确立场,走上了同工业巨头妥协合作的道路。劳联成立之初,在三个重要问题上的立场是正确的:(一)组织一切工人参加工会,包括熟练工和非熟练工;(二)工会只吸收工人;(三)承认阶级矛盾和阶级斗争。但是,1900年以后,劳联的组织严重不纯,而且成为一个纯粹熟练工人的组织。它已经蜕化成为一个只谈阶级合作,只争取眼前利益的工联组织。康芒斯-威斯康星学派恰好为劳联提供了理论依据。难怪当康芒斯等人的著作问世以后,劳联的领导人马上做出决定,要求该组织的干部和成员认真阅读。

毫无疑问,康芒斯学派对美国工人运动史的教学和研究是有重大贡献的。由于康芒斯学派第一次系统地整理了大量第一手材料,从此研究劳工史的人便有了更多的依据。而且,康芒斯等人所编写的工人运动史是当时最完整、最系统的著作,在美国工人运动史学上占有重要的地位。但是,应当指出,康芒斯学派的根本观点是错误的,必须进行批判。

康芒斯等人把美国的工人运动划分为两个时期,1881年劳联的成立是两个时期的分界线。他们认为,第一时期,即1881年以前的工人运动史是工会组织不断出现和消亡的历史。换句话说就是工人运动不断遭受挫折和失败的历史。第二时期,即1881年以后是美国工人运动逐步上升的历史。康芒斯等人认为,美国工人运动之所以遭到失败和挫折,是因为美国的一些工人运动领袖无视美国的特殊性,照搬马克思主义所造成的,在康芒斯等人看来,美国工人和欧洲工人最大的不同点是没有阶级意识和形成阶级意识的条件。欧洲工人生来是工人,到死也是工人,世世代代都跳不出工人阶级这个圈子,所以他们有强烈的阶级意识。马克思主义的阶级斗争学说在那里有社会基础。而在美国情况就不同了,美国存在着社会流动性。一个普通工人有机会发财致富,可以摇身一变成为资本家,所以美国工人没有阶级意识,也不搞阶级斗争。美国工人运动的组织基础是一种所谓的"职业意识"。换句话说,美国工人阶级的共同奋斗目标就在于增加工资,缩短工时,改善工作条件。

显而易见,康芒斯-威斯康星学派的要害就是反对工人阶级开展独立的政治斗争,颂扬劳联所推行的争取眼前利益而忘掉最终目的的政策。实际上,这个学派的大部头著作《美国劳工史》就是一部龚帕斯主义——行业工会主义、工会组织脱离政治、劳资利益一致等理论的辩护书。

三

1947年,国际出版社出版了菲利普·S.方纳教授的《美国工人运动史》第一卷。这部书的问世打破了康芒斯-威斯康星学派独霸美国工人运动史坛的局面。1974年,美国有影响的杂志《国际美国研究》冬季号上发表一篇詹姆士·沃森的文章《美国工人和美国研究》。文章指出:长期来,康芒斯-威斯康星学派居于独占地位,所有工人运动史的著作无不受其影响:"唯一的重大例外是由一位杰出的马克思主义学者做出的,那就是菲利普·S.方纳的四卷本《美国工人运动史》。这是一部只写到第一次世界大战尚待完成的著作,是一部建立在研究广泛的第一手材料基础上的著作,是一部同威斯康星传统相抗衡的著作。"①从此,一个新的学派,用方纳自己的话来说,菲利普·S.方纳马克思主义学派诞生了。

方纳教授生于1910年12月。他的父母亲都是工人,青年时期生活十分清寒。他在纽约市立学院念书的时候完全依靠做工来维持生活,为了支付学费和食宿费,他不得不一身兼三职:每天早上五点钟就出发到指定的五英里长的地段为某家电灯公司关闭电灯,然后用一定的时间为邮局投递信件,有时在周末或节日参加乐队演出。方纳由于经常接触社会,并且饱尝下层社会的生活疾苦,对于美国工人阶级和工人运动有深刻的了解。

方纳在年轻时候就觉得,康芒斯-威斯康星学派的观点不符合美国工人运动的实际。1935年,康芒斯学派的《美国劳工史》第三、四卷陆续出版,大肆颂扬劳联的"成就"。这种不顾实际的夸张激怒了年轻的学者方纳。他觉得,劳联的活动并没有取得什么重大成就,因为它所能组织起来的人不过200万,占当时工人总数6000万人的极小部分。在某种意义上说,这是失败。而这种失败恰恰是由于劳联的错误政策造成的。方纳在他的长期研究工作中,发现了许多康芒斯学派所未曾用过的新材料,这些材料完全可以说明,美国工人运动绝不仅仅是职业工会运动,而且也是一场激烈的阶级斗争。方纳在他的《美国工人运动史》的序言中明确指出,他同康芒斯等人的根本区别就在于他

---

① *American Studies International*, Vol. 13, No. 2, Winter, 1974, p. 12.

主张对于历史上很多有决定性的斗争应当从阶级斗争的角度加以研究。他强调说:"现在这部著作正要根据各种手稿、报纸、短文,以及现存的研究美国历史、经济及其他有关问题的专论材料,从上述新的角度来讨论美国劳工运动的历史。"①

方纳教授认为,他同康芒斯学派的根本区别有如下几点:

(一)方纳教授不否认美国工人运动的殊特性,但必须承认美国工人运动同欧洲工人运动的共同性。即无论在欧洲还是在美国,都存在着资本主义制度,存在着工人阶级的阶级意识,存在着阶级斗争。

(二)方纳认为,马克思列宁主义对美国工人运动是产生过积极影响的。马克思、恩格斯、列宁对美国工人运动都做过贡献。例如,美国工人在内战前积极投入废除奴隶制度的斗争就是马克思、恩格斯不断号召的结果。甚至劳联的成立也是同马克思主义战胜拉萨尔主义有直接关系的。垄帕斯在给恩格斯的一封信中谈到了这一点。

(三)方纳主张撰写所有工人的历史,其中包括妇女、黑人工人、华裔工人及所有少数民族工人的历史。

(四)康芒斯学派只注意工会运动的发展,完全无视美国工人阶级在历次重大历史事件中的作用。例如,他们的著作中有两章专门讲殖民时期的劳工运动,却没有提到独立战争中美国工人阶级的活动和贡献。方纳的著作特别注意这方面的情况。他还写过一本专著,叫作《工人和美国革命》。

不过,方纳著作出版的前后,美国国内政治已经开始向右转,对共产党人和激进人士的迫害日益加剧。方纳本人于1941年被学校解聘之后,只能在纽约的杰斐逊学院教书,而在这个学院被迫解散后,则不得不从事出版业,过着不稳定的生活。第二次世界大战结束后开始的冷战时期和50年代的麦卡锡主义时期都使进步运动处于极端困难的状态。方纳的著作只能作为一种新的观点,得到学术界的承认,在学校里和社会上没有多大影响。一直到60年代,黑人运动、学生运动、反越战运动广泛开展的情况下,方纳的学说才得到普遍的承认。1967年,他应林肯大学的聘请,重新在大学讲坛上讲授工人运动史。今天方纳教授的《美国工人运动史》已经成为许多大学的教科书。

---

① [美]方纳:《美国工人运动史》第1卷,第21页。

四

近二十年来,在美国史学界又出现了所谓的新工人史学。这个学派又叫作汤普逊-加特曼学派,现在风行一时,影响极大。这个学派的创始人是一位英国进步史学家E.P.汤普逊。他在1963年写了一本书,叫作《英国工人阶级的产生》。这本书同时在英、美两国发行,在美国引起了极大的反响。

汤普逊本人相信阶级斗争的存在,相信英国工人阶级是在阶级斗争中成长起来的,认为老工人史学在这方面的研究是有益的。但是,他又认为老工人史学过于狭隘,带有严重的片面性,对于两个非常重要的领域完全没有进行研究。这就是工人阶级的文化史和工联以外广大工人的活动史。

方纳教授认为,汤普逊这两条意见是有道理的,应当吸取。为此,方纳教授于1975年专门编辑出版了一部《19世纪美国工人歌曲集》。方纳教授还发现,历史上确实有一些非工会工人的重大罢工游行事件被遗漏了。例如,1906年的纽约犹太妇女反对提高肉价的游行示威和1909年纽约两万服装工人的大罢工都不见于任何史书。无疑这是应当补写的。

然而,汤普逊的观点传到美国以后又有了进一步变化和发展,美国史学家加特曼十分推崇汤普逊的说法,并加以广泛宣传,形成了汤普逊-加特曼学派。人们把加特曼叫作美国的汤普逊。但是加特曼同汤普逊不同,他已经走上了另一个极端。加特曼认为,阶级斗争史在美国并不重要,工会活动、工厂内部的生活和罢工斗争也都不重要,不需要进行研究。而工人的文化是一切问题的中心,是美国工人运动史的唯一重要的研究课题。

用工人文化史代替阶级斗争史当然是反马克思主义的。正因为如此,这个新的学派立即受到统治阶级的垂青,在学校讲坛上和学术界都占有重要的地位。现在有相当数量的美国工人运动著作都是属于这个学派的。这个学派的许多后继者对阶级和阶级意识的解释完全背离了正确的立场,陷入了唯心主义的泥潭。例如这个学派的一位史学家布鲁斯·劳里在1980年出版了一本书,叫作《1800—1850年的费城工人》。他在这本书中写道:"阶级,或者阶级意识,是人们对于他们自己的经验和环境的一种解释和所赋予的意义,正如E.P.汤姆逊所认为的,它只有作为一种'社会的和文化的表现形式'才能为人们所了解,或者按照汤普逊深入人心的论点来说:'阶级意识是人们的经验用文化术语予以表现的一种方式',而文化本身则反映了'传统、价格体系和各种制度形式'。"①在他们看来,离开文化,阶级和阶级意识就成了无法捉摸和不可理解的东西了。

以上是美国工运史领域中的三个主要学派的大致情况。至于整个美国史的各个史学流派,不在本文讨论范围之内。这里仅仅指出,其中一些学派也曾对工运史的某些问题做过探讨。

由于形势的不断发展,美国工人运动史的教学和研究也越来越受到人们的重视。现在,在美国比较大的高等院校中差不多都设置了工人运动史的课程。可以预见,美国工人运动史学也将随着工人运动的开展而不断发展和完善。尽管可能出现某些曲折和倒退,但从总的趋势来说,进步和发展是不可避免的。

原载《西北大学学报》1982 年第 2 期

---

① Bruce Laurie, *Working People of Philadelphia, 1800–1850*, Philadelphia: Temple University Press, 1980, pp. 11–12.

美国西部史学的发展和面临的挑战

美国西部史学创始于弗雷德里克·杰克逊·特纳。他的著作和学说在美国历史学界影响了整整一代人。从特纳的著名演说《边疆在美国历史上的重要意义》发表以来,整整一个世纪过去了。在这一个世纪里,美国的西部史学经历了不同的发展阶段,取得了辉煌的成就,也面临着严峻的挑战。我国史学界对美国西部史的研究起步比较晚,过去虽然发表过一批很好的文章,但主要集中在西进运动、特纳的边疆学说,而关于西部史学的文章屈指可数。本文试图对美国西部史学的发展状况和当前面临的挑战进行初步的探讨,希望能够引起我国史学工作者对这一问题的进一步重视。

一

美国的西部史学是随着美国西部的开发及其地位的变化而产生和发展起来的,在不同时期有不同的侧重点和倾向。因此撇开美国西部社会的发展,孤立地研究美国西部史学的发展是不可能得出正确结论的。美国俄勒冈州立大学教授威廉·G.罗宾斯认为,美国西部史研究必须放在资本主义社会这个大前提下才能取得成功。[1]他强调说:"同资本主义相关联的生产方式的不断变化,并不断加强对社会的影响,应当把资本主义作为一个综合体加以理解,这对于研究美国西部具有重要意义。"[2]姑无论罗宾斯的出发点如何,这种把美国西部研究和美国社会结合起来的方法在美国是不多见的,也是十分

---

[1] William G. Robins, "Western History: A Dialectic on the Modern Condition", *Western Historical Quarterly*, Vol. 20, No. 4, Nov. 1989, p. 438.

[2] William G. Robins, "Western History: A Dialectic on the Modern Condition", *Western Historical Quarterly*, Vol. 20, No. 4, Nov. 1989, p. 434.

可取的。

在整个殖民地时期,直到独立战争结束以前,殖民地政府管辖的范围在阿巴拉契亚山以东。政治和文化中心都在东部沿海一带,在此以西的地区并不重要。对于十三个殖民地的居民来说,那只不过是神秘而又危险的蛮荒地区,只有狩猎者、毛皮商人和少数拓荒者敢于涉足。他们所建立的居民点稀若晨星,其中较大的有匹兹堡、瓦陶加和肯塔基的移民点,而比较著名的移民点纳什维尔则是在1779年独立战争期间才建立起来的。[①]在殖民地的社会舆论中,西部没有什么地位,当然更谈不上西部史学。从西部流传过来的无非是猎人、皮毛商人和拓荒者亲身经历或者道听途说的惊险故事,最多只能作为文学家的写作素材。

独立战争后,情况有了显著的变化,美国的国土增加了一倍,西部边界扩展到密西西比河,出现了广袤的西部自由土地。《西北法令》的颁布使这片土地更加具有吸引力。其后美国疆域的不断扩大,移民人数的急剧增加,工农业革命和交通运输革新的开始和飞速进展,更使西部地区的重要性日益显露出来。在人们心目中,西部成了一个欣欣向荣、不断发展、充满机会和危险的地方。移民不断大批向西涌进,在加利福尼亚金矿发现以后,这种趋势一发而不可收,形成了美国历史上的西进运动。这场运动是迄今所见到的资本主义世界中大规模开发土地的伟大壮举,对美国社会的发展起到了决定性的作用。因此,在相当长一段时间内,它都是美国学者、政治家注意的焦点。

美国的政治家对西部问题的反应最为敏锐。美国最初的几任总统都十分关注西部地区。著名的刘易斯和克拉克的探险就是根据杰斐逊总统的委托组织起来并迅速完成的。到了19世纪中期,甚至连美国的保守派政客也看到了美国西部的重要性,提出了美国的发展在于西部自由土地的论点。[②]

美国的文学家对于西部巨大变化的反应也相当快。内战后就出现了一整批西部文学巨子的作品。爱德华·埃格尔斯顿写了不少关于南印第安纳拓荒者的短篇故事,描述了小城镇移民勤劳而又浪漫的生活。乔治·华盛顿·凯

---

① Robert E. Riegel and Robert G. Hthearn, *America Moves West*, pp. 18–21.

② Allan G. Bogue et al. eds., *The West of the American People*, Itasca: F. E. Peacock Publishers, 1970, p. 3.

布尔以新奥尔良和路易斯安那拓荒者为题材的小说也流传甚广。马克·吐温后来居上,成为西部文学的泰斗。他们的作品虽然不是历史著作,但也提供了许多有益的见解和素材,对于了解西部社会是很有帮助的。

美国史学界对西部的反应较晚一些,但更为深刻,更为全面。最早出版具有史料价值著作的不是历史学家,而是一位名叫詹姆斯·费尼莫·库珀的乡绅。他于19世纪40年代间出版了一系列关于西部的纪实著作。其后,在19世纪50年代前后,历史学家弗朗西斯·帕克曼发表了三部有影响的历史著作:《俄勒冈小道:草原和落基山生活片段》(1849)、《庞蒂亚克阴谋史:加拿大被征服后北美部落反对英国殖民地的战争》(1851)、《大西部的发现》(1869)。但可惜的是,像帕克曼这样的史学家在当时实在太少了。甚至连19世纪著名史学家乔治·班克罗夫特的主要着眼点也在东部,只是在谈到《西北法令》等有关西部的问题时才一带而过。

真正使美国西部史学成为独立学科,或者说成为美国史学一个重要分支的学者是弗雷德里克·杰克逊·特纳。特纳的学说,一反传统的以欧洲为中心的生源论和偏重美国东部历史的观点,在美国史学界引起了轰动,并使他成为与查尔斯·比尔德,弗农·帕林顿齐名的进步史学家三巨擘之一。

特纳的学说不仅奠定了美国西部史学的基础,而且影响了整整一代人,在其后的半个世纪里一直统治着美国史坛。尽管有的学者在20世纪二三十年代提出异议和批评,但对于特纳学说的统治地位没有构成严重的威胁。这一时期可以说是美国西部史学的创始阶段。其特点是把美国的西部历史看成是一个动态的历史,即西进运动史。西进运动几乎成了这一时期西部史的唯一研究课题。

这一现象的出现并不是偶然的。因为向西部移民,开发广阔的西部,在19世纪是一个关系到美国全局的重大历史事件。从某种意义上说,当时的西部历史就是西进运动的历史。特纳在奠定自己学说的时候,就没有把西部看成一个固定的地区,也没有去研究某一个固定地区的发展和变化。他认为:"边疆是向西方移民浪潮的前沿——即野蛮和文明的会合处。"①由于移民浪潮逐渐从中西部涌向远西部,"野蛮和文明的会合处"也不断向西退缩,边

---

① Frederick J. Turner, *The Frontier in American History*, p. 3.

疆也就不断向西移动,因此"边疆连年都在显著地向前推进"①。特纳还对边疆向西推进的情况做了具体描述。他指出:"瀑布线是17世纪的边疆;阿勒格尼山脉是18世纪的边疆;密西西比河是19世纪第一个二十五年的边疆;密苏里河是19世纪中叶的边疆(向加利福尼亚移民的运动除外);落基山脉和干旱地带则是现在的边疆。每条边疆都是通过一系列对印第安人的战争而获得的。"②

特纳的继承人继续把西进运动作为传统的研究课题,不断著书立说,丰富和发挥特纳的论点。1924年,特纳的学生弗雷德里克·L.帕克森出版了大部头的《美国边疆史1763—1893年》,他用大量事实论述了西进运动的过程和特点,此书曾荣获普利策奖。特纳的另一个在哈佛大学执教的学生弗雷德里克·默克对西进运动研究多年,曾发表关于俄勒冈、天定命运等问题的著作。但他的代表作《西进运动史》在他逝世后于1978年才发表,这部书在美国史学界至今仍有相当影响。

西部史学的创始阶段结束以后,西进运动虽然已经不是唯一的研究课题,但仍然占有重要地位。第二次世界大战以后崛起的新特纳学派的代表人物雷·艾伦·比灵顿,发表了许多关于西进运动的著作,维护和修正了特纳的学说。他和詹姆斯·布莱思·林奇斯教授合著的《向西部扩张:美国边疆史》是一部颇有影响的著作。他在第一版序言中明确表示,该书是以特纳的观点和他留下的建议为指南,并注意吸收新近的研究成果而撰写出来的。他还对边疆学派的三位前辈帕克森、默克和林奇斯所给予的鼓励和帮助表示了谢意。③

尽管美国西部史学在其创始阶段所涉及的领域比较狭窄,而且集中在19世纪,但毕竟把握住了西部在开发过程中的主要倾向,并且取得了显著成果,为以后的进一步发展奠定了坚实的基础。

---

① Frederick J. Turner, *The Frontier in American History*, p. 6.

② Frederick J. Turner, *The Frontier in American History*, p. 9.

③ Ray Allen Billington, *Westward Expansion*, p. 12.

二

西进运动虽然是美国在19世纪所经历的最重大的事件之一,但它毕竟是一个已经结束了的历史过程。进入20世纪以后,尽管还有人不断移往西部,但其规模和作用已经不可同日而语。随着时间的推移,它逐渐失去了西部史研究中独一无二的地位。这时,西部广大地区建州的过程已经完成,在政治上和经济上均趋于成熟。西部本身和西部诸州的发展逐渐成为人们注意的中心,西部史的研究领域也随之扩大,越来越多的美国学者开始关心20世纪的西部地区史,并对特纳的学说进行检讨和批评。美国西部史的研究进入了一个全面深入的发展时期。

这个时期的一个重要倾向是强调西部地区史的研究。与特纳同时代的主张把西部作为固定地区的美国历史学家沃尔特·普雷斯科特·韦布因而备受推崇。1931年,他的代表作《大平原》问世,立即在美国学术界引起了强烈反响。韦布的基本观点同特纳是一致的。他也主张地域决定论,认为严酷的西部自然条件改造了移民,使他们创造出独特的不同于欧洲的文化。韦布写道:"事实上,被带到大平原的一切制度,要么被破坏再重新形成,要么做了重大的改变。"[1]而"当人们第一次跨过这条线的时候,不能立即认识到他们周围的环境已经发生了不易察觉的变化",也不能预见这种变化的全部后果会决定他们的"性格和生活方式"。[2]韦布不同于特纳的是,他强调西部有确定的地理位置而不是一个不断变动的过程。西经98°就是美国西部的东界,以西一直到太平洋沿岸都是西部地区,这个地区的共同特点就是干旱少雨。韦布为西部下的定义为大多数美国历史学家所接受,一直到19世纪80年代还很少有人提出异议。

在罗斯福新政时期和新政以后,出现了一批专门研究西部地区史的著作,逐步摆脱了边疆学派的影响。1946年,温德尔·伯奇和A.G.梅策里克先后出版了《西部的经济自由》和《南部的叛乱》等书,主要论述西部地区自身的发展、存在的问题和要求。就连特纳学派史学家中也有人抛弃了传统的课题而

---

① Walter P. Webb, *The Great Plains*, p. 8.

② Walter P. Webb, *The Great Plains*, p. 9.

专门从事西部地区事件和人物的研究。例如,哈佛大学教授爱德华·埃弗里特·戴尔于1941年出版了《牛乡》,专门叙述西部牛仔的生活,曾经引起了广大读者对西部地区史的浓厚兴趣。

　　进入20世纪60年代以后,美国西部史学已经取得了长足的进步,日臻成熟,至少有三种杂志专门发表有关西部和西部史的文章、文献和材料。①更为重要的是,1961年美国西部史学会这个阵容整齐的学术团体宣告成立。第一届主席是特纳学派的新旗手雷·艾伦·比灵顿。在美国西部史学会的协调和推动下,美国西部史的研究取得了累累硕果。一些西部史学家在回顾西部史学发展进程的时候深深感到,必须进一步冲破边疆学派的局限,不断扩大研究领域,而第一步应当加强西部地区史的研究,不能把西进运动和西部史混为一谈。他们认为问题在于"许多历史学家仍然对作为已经过时的边疆过程的西部和作为美国地理区域的西部混淆不清,而这个意义含混的名词削弱了对这个地区近代历史的研究,从而把西部历史推向复古"②。他们还认为:"西部地区史之所以不受重视是因为西部史学家抱着弗雷德里克·杰克逊·特纳提出的、又经沃尔特·普雷斯科特、韦布修正的边疆论不放。而特纳的模式不仅是过时的,而且是造成把边疆和西部两个名称混为一谈的错误说法的根本原因。"③在这种思想的鼓动下,20世纪60年代和70年代又出现了一大批关于西部地区史的著作。其中最具代表性的有厄尔·波默罗伊于1965年出版的《太平洋坡地:加利福尼亚、俄勒冈、华盛顿、爱达荷、犹他和内华达史》和K.鲁斯·图尔于1971年出版的《强占大草原:美国西北部的牛群和煤矿》。前一部书看重研究美国远西部地区在20世纪的发展,特别强调历史的连续性、环境的作用和地区的特点。后一部书专门探讨西北部地区的开发问题。

----

① 三种杂志是:《西部史季利》(*Western Historical Quarterly*),1970年创刊,是美国西部史学会和犹他州立大学合办的杂志,是西部史学会的主要刊物;《西部杂志》(*Journal of the West*),1967年创刊,也是美国西部史学会的刊物;《美国西部》(*The American West*),1964年创刊,原来是美国西部史学会的刊物,1985年不再隶属学会,但仍发表一定数量的西部史文章。

② Michael Malone, "Beyond the Last Frontier: Toward a New Approach to Western American History", *Western Historical Quarterly*, Vol. 20, No. 4, Nov. 1989, p. 410; Patricia N. Limerick, *The Legacy of Conquest: The Unbroken Past of the American West*, New York: W.W. Norton & Co., 1987, p. 20.

③ Michael Malone, "Beyond the Last Frontier: Toward a New Approach to Western American History", *Western Historical Quarterly*, Vol. 20, No. 4, Nov. 1989, p. 410.

这一时期的另一个重要倾向就是对特纳学说的全面检讨。西部史学也正是在这个检讨过程中得到进一步发展。首先起来批评特纳的是经济史学家路易斯·哈克。1933年,他在《民族》上发表的《区域还是阶级》一文,批评特纳的边疆学说是一种虚构,不能说明美国历史的真正动因。耶鲁大学教授乔治·威尔逊·皮尔森也于1942年在《新英格兰季刊》上发表题为《边疆和美国的制度》的文章,批评特纳的学说是想象多于证明,缺乏科学论据。这一次在美国史学界兴起的对特纳的批评是全面的,几乎涉及他的所有重要论点,但比较集中的有两个问题。

第一,边疆的推移能不能说明美国的历史发展? 一些持批评态度的历史学家并不否认边疆的历史意义,但反对夸大这种意义。著名的美国进步史学家查尔斯·比尔德曾经这样说:"特纳过高地估计了边疆经济对民主思想的滋长、国家政策的形成及宪法解释的影响。"①另一些历史学家则认为,孤立地研究边疆本身,并不能解释美国的历史发展,必须把边疆同整个资本主义社会联系起来,研究整个社会制度才能找到美国历史发展的原因。俄勒冈州立大学教授威廉·G.罗宾斯指出:"18世纪末19世纪初市场力量的渗透,1840年至1940年间土著人的被征服和殖民化,在同一时期内西部地区的拓殖,以及西部进一步融入国家的和国际的交换关系,为广泛的历史分析奠定了重要基础。"②路易斯·哈克更为明确地指出:"只有通过研究美国资本主义和帝国主义的产生和发展,我们才可能看透今天我们所面对问题的实质和复杂性。"③

第二,美国的民主制度是不是产生于荒野的边疆? 一些美国学者认为,特纳的说法是片面而有害的。蒙大拿州立大学教授迈克·P.马隆认为那种关于"特纳的边疆是一个社会文化熔炉,它铸造出体现为民主、个人主义、异教精神和健康的爱国精神的新美国主义"的说法,实际上就是地域环境决定论,如果接受这种论点必然会忽视其他因素,甚至是极为重要的因素。例如,美国民主制度所受到的欧洲传统的影响完全被无视了。美国国会体制并不是

---

① *New Republic*, Vol. 97, Feb. 1939, p. 360.

② William G. Robbins, "Western History: A Dialectic on the Modern Condition", *Western Historical Journal*, Vol. 20, No. 4, Nov. 1989, p. 434.

③ *Nation*, Vol. 137, p. 110.

西部茫茫荒原的产物,而是脱胎于欧洲的议会。①皮尔森教授和哈佛大学教授小赖特都认为,特纳关于"美国民主来自美国森林"的说法是无稽之谈。小赖特强调指出民主的理论和实践都起源于欧洲,北美十三个殖民地的民主改革都同欧洲民主制度的影响有密切关系,绝不像特纳所说的,"森林哲学是美国的民主哲学""民主来自美国森林",等等。②

三

1981年西部史学会年会在圣安东尼奥举行。在这次年会上,史学家们提出了西部是不是能够作为独特地区单独存在,以及有没有所谓的美国西部史的问题。当时美国的西部史研究正处于鼎盛时期,可谓人才济济、硕果累累。这一问题的提出使美国史学界颇感诧异和震惊。应当说,这是西部史研究开展以来所碰到的最为严重的挑战。其实,这个问题的提出不是偶然的,而是美国社会和西部地区不断发展所引起的。

过去把西部作为一个统一体有两点理由:一是共同的自然条件,二是共同的边疆经历。多年来,在美国史学界对这两点理由没有人表示怀疑。自从韦布把干旱少雨作为西部地区的共同的自然条件,并对西部地区进行界定以来,他的观点几乎成了划分西部的标准而被史学家们所广泛引用。尽管少数史学家所划分的西部疆界略有出入,但所采取的标准直到20世纪80年代初期还没有改变。例如,西部史学家马隆在他主编的《历史学家和美国西部》一书中仍然强调说:"的确,西部应当包括西经98°以西的整个地区,这是一条降雨量减少的界限,北起两达科他的东边,往南穿过得克萨斯的中部。"③

然而,上述论点本身是不科学的、不符合实际的。西部的大部分地区干旱少雨,但也有不少雨量充沛的地带,因此不能笼统地说干旱是西部地区的共同

① Michael Malone, "Beyond the Last Frontier: Toward a New Approach to Western American History", *Western Historical Quarterly*, Vol. 20, No. 4, Nov. 1989, p. 434.

② George Wilson Pierson, "The Frontier and American Institutions: A Criticism of the Turner Theory", *New England Quarterly*, Vol. 15, June 1903, p. 245; Benjamin F. Wright Jr., "American Democracy and the Frontier", *Yale Review*, Vol. 20, 1930, p. 365.

③ Michael Malone ed., *Historians and the American West*, p. 2.

特点,而干旱也只不过是一项自然条件而已。事实上,所谓的大西部地区是由许多自然条件不相同的地区组成的,至少可以分为西南沙漠地区、落基山地区、大平原地区、惠特尼山地和死谷低地等。如果只就干旱这一项条件来说,潮湿多雨的北部和太平洋沿岸地带就不能包括进去。早在1972年,历史地理学家D.W.迈林就在《美国地理学家协会年鉴》上发表文章,提出大西部应当按照不同自然条件分为若干小地区的论点。[1]这是一篇很有影响的论文,它的发表使统一西部论受到一次严重的打击。迈林还曾发表过几部详细论述西部各地区在文化和地理上的不同特点的著作。其中有:《大哥伦比亚平原:历史地理,1805—1910》《地理变迁中的三个民族,1600—1970》等。

这种地理条件上的差别是一直存在着的。然而,当西部各州还处于开发阶段,或者经济还不甚发展的时候,共同面临的问题和困难往往掩盖了它们之间的差别。因此人们习惯于把西部地区作为一个统一体加以考虑。西部几乎成了美国待开发和新开发的地区的同义语。但是,当西部地区发展到一定阶段,各州的自然条件对经济发展的影响越来越明显的时候,各州或者各地区的特点自然会突出起来。近年来,美国西部各州和大城市都集中力量开展当地地方史的研究,各地历史协会和地方刊物欣欣向荣,西部史的研究相对削弱。从这个角度来说,西部史的研究确实遇到了严重挑战。我们只要略微考察一下西部几个州的发展状况就可以清楚看出问题的复杂性。就今日的加利福尼亚而言,它确实是一个非常独特的州。从各方面来说,它都不同于其他西部各州。正如《美国志:五十州现状》的作者尼尔·R.彼尔斯和杰里·哈斯特洛姆所说:"没有一个州哪怕有一点点稍似加利福尼亚。这儿居住着两千四百多万人……假如它是一个独立的国家,那么它在人口上超过另外一百多个国家,面积超过九十二个国家。它的国民生产总值——接近3500亿美元——超过美国和其他六个国家以外的所有国家……在美国各州中,加利福尼亚是最能轻而易举地独立生存的一个州。"[2]而如果就地理条件说,"在最初的十三个州之后的各州中,加利福尼亚是唯一拥有

---

[1] D. W. Meinig, "American Wests: Preface to a Geographical Interpretation", *Annals of the Association of American Geographers*, Vol. 62, No. 2, June 1972, pp. 159–184.

[2] [美]尼尔·R.彼尔斯、[美]杰里·哈格斯特洛姆:《美国志:五十州现状》(下),中国社会科学出版社,1987年,第1047页。

真正自然边界的一个州"①。

得克萨斯州也与众不同,它盛产石油,自然资源十分丰富。"它有巨大的财富和实力。它是美国第三大州,人们有理由像对纽约和加利福尼亚那样来严格判断它。"②在历史上,得克萨斯曾作为独立的共和国存在九年之久(1836—1845),甚至曾拥有自己的军队、邮政和货币。

另一方面,南北达科他、怀俄明、内华达等州仍然是土地广袤、人烟稀少的荒凉土地,保留了过去西部风光的许多东西,同上述两个经济发达的西部州形成鲜明的对照。它们之间的共同点越来越少,差别越来越大。难怪有人提出美国西部史这个分支是否有必要存在的问题。

但是,在美国西部史学家中大多数人认为西部仍然应当被看成是一个整体,它的历史犹如美国南部历史一样具有自己的独特性,可以而且应当存在下去。他们的代表人物是罗德曼·W.保罗和迈克·P.马隆。两人于1985年1月在《西部史季刊》上发表合著的文章《西部史学的传统和挑战》,详细地阐明了这种观点。他们认为:"尽管西部存在种种差异,但把它作为一个地区看待仍然是可取的,它有足够的共同特征来证明使用'地区'一词的正确性。"③

保罗和马隆扩大了干旱的概念,把半干旱地区也包括在内,并根据这一特点更具体地划定了西部的界限。他们在文章中写道:"最具特色的是干旱和半干旱,这构成大陆西半部的极大特征。这条线起于两达科他的中部偏东,西经98°,转而向西靠近西经100°的地方,南下穿过内布拉斯加、堪萨斯、得克萨斯中部,直至海湾,在这条线内年降雨量远远低于20英寸④,因此使得潮湿地带的农耕方法不能使用。"⑤他们还从干旱、半干旱的气候引申出更多的共同点,例如牧草取代粮食作物、灌溉系统被广泛采用,等等,并且指出这种变化对人们的思想、生活习惯的影响。

此外,保罗和马隆特别强调西部地区共同的历史和传说的作用。他们写道:"第二个起联合作用的特征是拥有共同的历史和共同的文化传说,至少在

---

① [美]尼尔·R.彼尔斯、[美]杰里·哈格斯特洛姆:《美国志:五十州现状》(下),第1083页。

② [美]尼尔·R.彼尔斯、[美]杰里·哈格斯特洛姆:《美国志:五十州现状》(下),第868页。

③⑤ Rodman W. Paul and Michael P. Malone, "Tradition and Challenge in Western Historiography", *Western Historical Quarterly*, Vol. 16, No. 1, Jan. 1985, p. 29.

④ 英制单位,1英寸合0.0254米。

可以称之为西部人的欧洲裔美国人中是这样的。"[1]

保罗和马隆所代表的大多数人的观点是有充分根据的。从历史的观点看问题,西部地区是有着许多共同经历的。西进运动就是西部各州共同经历过的历史进程。正是通过这个共同的历史进程,西部各州才能在比较短的时间内从荒凉的原野和丛林变为交通便利、经济发展、人口激增的地区。即使他们发展的程度和速度很不一致,但发展的道路是共同的。从这个角度说,研究西部各个州的过去同研究整个西部的发展是不可分割的。可见,美国西部史作为美国历史的一个分支有其存在的理由和价值。

事实上,西部地区很多共同性的问题已经成为重要的研究课题而发展成为专史。例如,印第安史、西部城市史、西部矿业史、西部妇女史等。印第安史是近年来发展较快的专门史之一。在20世纪60年代民权运动高涨、新左派和各种社会运动猛烈冲击美国社会的背景下,美国的少数民族纷纷掀起寻根热潮。许多进步的历史学家,特别是印第安裔历史学家把长期受到忽视和严重歪曲的印第安史作为优先研究的重点课题。在短时间内出版了大量著作和论文,不仅成立了美国印第安历史协会,而且陆续创办了《印第安历史学家》《美国印第安文化研究》《美国印第安历史季刊》等学术刊物。尽管印第安史越来越向着独立学科方向发展,但它始终是美国西部史研究中的一个重要课题。过去在西部史研究中存在的种族主义影响需要加以批判和清除。这是美国西部史学家义不容辞的责任和义务。一些美国学者主张使用跨学科的研究方法,公正地对待印第安人的历史和文化,给美国西部史研究注入了新的因素。1953年,威廉·N.芬顿在威廉斯堡学术会议上第一次提出把历史学和人类学的研究方法结合起来研究印第安人的历史。后来,罗伯特·F.巴克霍芬又向美国史学界呼吁,要从印第安人的角度分析历史事件。希望这种"新的以印第安人为中心的历史将把印第安表演者推向他们自己的历史舞台的前台"[2]。

西部城市史也是美国西部史的重要内容之一。越来越多的学者认为,西

① Rodman W. Paul and Michael P. Malone, "Tradition and Challenge in Western Historiography", *Western Historical Quarterly*, Vol. 16, No. 1, Jan. 1985, p. 29.

② Calvin Martin ed., *The American Indian and The problem of History*, p. 36.

部城市的发展和西部边疆的推进一样对西部地区的开发起到了至关重要的作用。特纳在奠定边疆学说的时候虽然忽略了这个问题,但后来察觉了这个问题的重要性,他曾着手撰写《城市在美国历史上的重要意义》,可惜未能脱稿。1925年,他给朋友小阿瑟·M.施莱辛格写信,提出应当重新评价美国城市的作用。①

1938年,小施莱辛格不负特纳的委托,在美国历史协会年会上做了以"美国历史上的城市"为题的报告,两年后在《密西西比河流域历史评论》上正式发表。他在文章中论证了城市在西部发展中的重要意义,说明在西进运动中存在着一条城市边疆。②小施莱辛格的学生理查德·C.韦德,以城市边疆为题撰写博士论文,并于1959年正式出版。他考察了匹兹堡、辛辛那提、莱克星顿、路易斯维尔、圣路易斯五个城市,认为这些城市是俄亥俄流域的先锋力量和核心。这些城市不仅把大批移民吸引过来,而且带来了东部先进的文化。它们的强大经济实力影响着整个地区的发展。③

十年后,约翰·D.希克思在西部史学会第七次年会上做了关于西部城镇的发言。他特别强调小城镇在西部发展中的作用。他认为,小城镇是点,乡村是面。小城镇是贸易中心,可以为乡村提供必要的服务,如果没有这种服务,西部的开拓和发展是不可能的。所以他反对把西部农业边疆作为解释美国历史的唯一因素。他说:"许多因素共同起作用,才使美国历史成为今天这样。英国的遗产不容忽视,新世界长期脱离旧世界也同样不容忽视。移民的重要性,工业革命的作用,西部扩张的效果,所有这一切因素,可能还有更多的因素都起到了重要作用。"④

继希克思之后,20世纪七八十年代出现了一批很有影响的著作,从各个

---

① Ray Allen Billington, *Frederick Jackson Turner: Historian, Scholar,* Teacher, New York: Oxford University Press, 1973, pp. 492–493.

② Arthur Schlesinger Sr.,"The City in American History", Mississippi Valley Historical Review, Vol. 27, June 1940, pp. 43–66.

③ Richard C. Wade, *The Urban Frontier: The Rise of Western Cities, 1790–1830,* Cambridge: Harvard University Press, 1959, pp. 341–342.

④ *Reflection of Western Historians,* Tucson: University of Arizona Press, 1969, p. 156.

不同角度探讨西部城市兴起的原因、特点和曾经起过的重要作用。①目前,在美国西部史研究中,西部城市是一个方兴未艾的领域,正吸引着越来越多的学者去进一步耕耘。美国学者布拉德·卢金厄姆曾说:"城市对美国西部一直是重要的,它们在未来定会更为重要。这个地区城市的成长和发展突出展示了美国人当前和未来的趋向。'城市边疆'的吸引力使其仍然是一个有待完成的课题,但愿历史学家们能够继续致力于研究和展示城市在现代美国西部发展中的决定性作用。"②

除此以外,美国西部妇女史、经济史、社会史、少数民族史及暴力史等都已成为重要的研究课题,不少西部史学家正在从事这方面的工作,并且已经取得显著成绩。③暴力史本来是社会史的一部分内容,但由于暴力事件在西部开发过程中十分频仍,其凶残的程度和放任的程度颇为骇人听闻,近年来已引起了美国史学界的关注。理查德·M.布朗曾撰文专门论述西部暴力史学的形成和发展。该文已经收入了马隆主编的《历史学家和美国西部》,作为文集的第十一章。

从以上情况可以看出,过去西部地区史有许多共同问题可以研究。即使在西部各州由于发展不平衡而形成的差异日益扩大的情况下,仍然有许多共同的问题可以研究。应当说美国西部史学尽管遇到严重挑战,仍然会继续存在下去,并得到进一步发展。

美国学者理查德·W.埃屠林对西部史的前途是持乐观态度的。他认为,美国西部史已经越过以西进运动为主题的第一阶段和侧重研究西部经济发展的第二阶段,进入了整体研究的新时期。越来越多的西部史学家开始尊重

---

① John W. Reps, *Cities of the American West: A History of Frontier Urban Planning*, Princeton: Princeton University Press, 1979; Gunther Barth, *Instant Cities: Urbanization and the Rise of San Francisco and Denver*, New York: Oxford University Press, 1975; Lyle Dorsett, *The Queen City: A History of Denver*, Boulder: Pruett Publishing Company, 1977.

② Michael Malone ed., *Historians and the American West*, p. 336.

③ Glenda Riley, *Frontierswomen: The Iowa Experience*, Ames: Iowa State University Press, 1981; Sandara L. Myres, *Westering Women and the Frontier Experience, 1800–1915*, Albuquerque: University of New Mexco Press, 1982; Richard A. Bartlett, *The New Country: A Social History of the American Frontier, 1776–1890*, New York: Oxford University Press, 1974; Melvyn Dubofsky, *We Shall Be All: A History of the Industrial Worker of the World*, Chicago: University of Illinois Press, 1968.

遗产,承认历史的连续性,把西进运动和20世纪的西部史结合起来研究。其代表作有帕特里夏·纳尔逊·利默里克的《征服的遗产:美国西部的不可分割的过去》和唐纳德·沃尔斯特的《帝国的河流:水、干旱和西部的成长》。①

埃屠林的看法在西部史学家中是颇有影响的。1996年,克莱德·A.米尔纳专门编辑出版了一部论文集,标题是《新的意义:重新面对美国西部史》。文集从各个不同角度对美国西部史学的形成和发展及其重要性做了概略的回顾和论述,重申了美国西部史作为一个学科的重要性和必要性。

文集中《西部史的第一个世纪的历程》一文的作者艾伦·C.博格认为:"从地区意义上讲,阿巴拉契亚山那边也有骄人的历史,而且是美国经验的不可分割的部分。"②他还列举种种例证来说明西部史的重要性。例如,西部人在挽救联邦过程中的重要作用,西部经济的迅速发展对巩固联邦的重要作用,等等。在他看来,西部史不是讲多了而是讲少了。他写道:"这样,研究阿巴拉契亚山那边地区的历史学家们就有充分的根据相信,他们还有重要而又没有受到重视的故事可讲。"③

1998年,西部史学会萨克拉门托年会专门组织了一次小型的圆桌会议,畅谈西部史的要求和前景,与会者的发言充满了激情和新意。在强调西部史在美国历史中重要地位的同时,一种视野更为广阔的观点受到了他们更多的重视。他们否定了就西部而谈西部的狭隘观点,主张放眼全国、放眼世界,把美国西部史研究同美国全局、同世界事务结合起来。约翰·麦克·法拉格在发言中特别强调了这个观点的正确性。④

与会者还对强调西部史的独特性和封闭性的西部例外论观点进行了评论,认为例外论者所认为的西部在地理上、历史上不同于美国其他地区而处于隔绝状态的信念,是没有根据的。从地理上讲,"除了一两个分界山脉以外,西部同国家的其他地区并未隔离,也从未隔离"⑤。

此外,不少敢于冒犯传统观点的西部史学家认为过去把西部的辉煌成就

① Richard W. Etulain ed., *Writing Western History: Essays on Major Western Historians*, Albuquerque: University of New Mexico Press, 1991, p. 350.

②③ Clyde A. Milner ed., *A New Significance: Re-Envisioning the History of the American West*, New York: Oxford University Press, 1996, p. 21.

④⑤ *Western Historical Quarterly*, Vol. 31, No. 1, p. 33.

讲得太多,很少接触负面的东西,是应当还西部史以全貌的时候了。在他们看来,天定命运时期,包括美墨战争和西进运动,以及1898年美西战争都是美国曾经加入殖民国家和帝国主义国家行列的例证。西部史学家玛丽亚·E.蒙托亚曾在《新墨西哥麦克斯维尔土地授予》一书中论述了这个观点,并认为美国西部都是占领的土地。她还分析了不少美国历史学家对此长期保持沉默的心态:"正如美国史学家们一直不愿意看到美国曾是一个殖民国家那样,美国西部史学家们面对西部是一个被征服的地区也感到尴尬。"①实事求是地、全面地看待西部史是一种健康的风气,近年来这种风气正得到推广。

另一方面,西部史学家也不允许毫无根据地夸大西部的问题。20世纪末有不少人和某些媒体把美国频频发生的校园枪杀事件归咎于所谓的西部"凶杀传统"。1999年,西部史学会在俄勒冈州波特兰市邀请五位西部史专家参加圆桌会议来反驳这种说法。会议讨论了西部的暴力问题,并发表声明:"这个圆桌会议的参加者不相信暴力是西部发展的主要因素。他们不相信暴力铸造了我们的民族性格。他们相信文明和当今城市的基础不是由耸人听闻的暴力场景而是由平民百姓奠定的。"②

纽约州立大学奥尔巴尼分校历史和公共政策教授伯特·R.戴克斯特拉以所谓的"凶城"道奇城为例,证明那里并非无法无天、杀人如麻的社会,那里的人民曾经努力建造一个法制社会以杜绝凶杀事件。该城建于1782年,第二年中期就由当地人推举社会知名人士进行管理,以便结束混乱状态。那时著名在案的杀手大约十六到十九人,但一直到1875年,在当地并未出现凶杀案。此后,逐渐设立了维护社会秩序的法制机构,有法警、法警助理、必要数量的警察、县行政司法官及其副手等。③可见,这座历史上著名的"凶城"也并非杀人凶手的乐园,凶杀案件也没有人们想象的那样多、那样严重。

在埃默里大学执教的迈克尔·A.伯里塞勒斯在会上做了"枪不杀人、电影杀人"的发言,强调西进移民的主要目的是挣钱谋生而不是杀人。虽然有凶杀事件,但并不是无所不在和耸人听闻。把西部和凶杀连在一起是媒体,特

① *Western Historical Quarterly*, Vol. 31, No. 1, p. 42.

② *Western Historical Quarterly*, Vol. 31, No.3, p. 27.

③ *Western Historical Quarterly*, Vol. 31, No. 3, p. 280.

别是电影渲染和夸大的结果,其影响极坏,让人觉得似乎美国人的性格是西部暴力锻造出来的。他感慨地说:"我们在美国陷入了自己制造的神话的圈套,相信边疆暴力锻造了美国人的基本性格";"许多美国人好像乐于接受这种说法,即暴力是不可改变的,是来源于边疆遗产根深蒂固经验的产物。"①伯里塞勒斯并没有夸大媒体所造成的负面影响,而是言之有据的。早在1993年,美国心理学会曾就影视中的暴力问题对青少年的影响做过一项调查。初中毕业生平均每人看过8000个杀人凶手的表演,10万起凶杀案件。高中毕业生人均看到的杀人凶手表演达18000人。②这样多的暴力镜头对青少年的思想和行为的影响无疑是十分巨大的。

从西部史学界近期的动态可以看出,这个学科仍然具有活力,有广阔的发展空间。众多西部史学家都在埋头苦干,而且硕果累累。更重要的是美国西部史的内容太丰富了、太重要了,是这个移民国家历史中最具有活力、最具有代表性的一个部分。可以说,从第一批移民踏上这片土地开始,美国人就在从事拓荒和扩展土地的活动,这种活动在西进中达到了登峰造极的地步。其所涉及的问题十分广泛,而且极为复杂。有关的研究成果虽然汗牛充栋,但仍有很多空间,即使那些研究过的问题,或者由于深度不够,或者由于有所偏废,有必要再加探讨。总之,美国西部史研究不是应当中断,而是还要继续下去。

原载《南开学报》1995年第1期,收入《孔见集》时根据新材料做了增补

---

① *Western Historical Quarterly*, Vol. 31, No. 3, p. 285.

② *Western Historical Quarterly*, Vol. 31, No. 3, p. 287.

美国印第安史学的兴起

印第安人的历史是美国史学中长期被歪曲、忽视的一个分支。直到20世纪60年代,由于民权运动、反越战运动、新左派运动和各种社会运动的冲击,美国少数民族的历史才开始受到重视,印第安人的历史也随之成为一个热门课题,逐步在历史研究和历史教学中占有重要的地位。印第安历史协会也随之宣告成立,并在组织、推动全国的印第安史的教学研究工作中起到重要的作用。一批与印第安史有关系的杂志陆续创刊。[①]从20世纪60年代开始,许多大学都开设了印第安史课程,以印第安历史人物和事件为选题的博士论文数目也显著增加。据统计,1950年以前只有两篇博士论文的选题是同印第安人历史有关的,而且还只限于论述美国传教士和印第安人的关系,范围极其狭窄,其着重点是论述传教士的活动及其对印第安人的影响。1950—1954年也只有五篇这方面的博士论文。进入20世纪60年代以后,论述有关印第安人历史问题的博士论文选题大幅度增加,1970—1974年达到高峰,增加到六十三篇。[②]从上述几方面所取得进展的情况看,可以说印第安史学已经沛然兴起。然而印第安史学不是凭空发展起来的,不可能脱离美国社会的现实和摆脱长期存在的历史偏见,种族歧视的阴影仍然随处可见。印第安裔史学家在历次印第安学术会议上都不得不大声疾呼,要求公正地对待印第安人的历

---

① 19世纪末曾经出版过《印第安之友》(*The Indian Friends*),但早已停刊。20世纪60年代以来出版的比较有影响的刊物有下列三种:《印第安历史学家》(*The Indian Historian*),1964年10月创刊于旧金山,是美国印第安历史协会的刊物;《美国印第安文化研究》(*American Indian Culture and Research Journal*),创刊于1974年,是加州大学洛杉矶分校美国印第安人研究中心的刊物;《美国印第安历史季刊》(*American Indian Historical Quarterly*),创刊于1979年,1982年正式发行,是加州大学伯克利分校土著美洲人研究项目的专刊。

② Donald L. Parman and Catherine Price, "A 'Work in Progress': The Emergence of Indian History as a Professional Field", *Western Historical Quarterly*, Vol. 20, No. 2, May 1989, p. 188.

史。越来越多的非印第安裔史学家也产生了修正错误、澄清历史的责任感，正在重新认识和评价印第安人的历史。从发展的观点看，印第安史学的兴起将对美国史学产生积极的、重要的影响，有必要加以评述。

一

在印第安人历史研究中长期占统治地位的是种族主义观点。印第安人的历史要么被忽视，要么被严重歪曲。从西班牙殖民北美大陆起，印第安人就被当作劣等民族而惨遭屠杀、征服和奴役。他们几乎完全丧失了人类最起码的生存权利。小阿尔文·M.约瑟夫曾著文指出，在西班牙人的眼里，"土著美洲人是异己的、荒诞的、未开化的另一种人，欧洲人自然就要采取不同态度来对待这种劣等民族。而印第安人作为劣等民族是注定要被征服、被征剿、被奴役的"①。法国和英国殖民者同西班牙人一样，对于北美殖民地的印第安人也采取了屠杀、征服和奴役的政策。他们所奉行的当然也是同样的种族主义的强盗逻辑。令人遗憾的是这种种族歧视流毒甚广，在独立战争前后深深地渗透到东部商人和部分拓荒者的思想观念中，对当时和其后一个世纪的史学著作都有严重的影响。最露骨的表现是公开污蔑印第安人，把他们说成是"残忍的杀手"，歌颂驱赶和剿杀印第安人的战争，并把指挥战争的军官看成是功臣、英雄而加以赞扬。

20世纪60年代，一批印第安裔史学家要求把被颠倒的历史改正回来，还印第安人历史以公道。印第安裔历史学家詹尼特·亨利在查阅了大量教科书后，撰写了《教科书和美国印第安人》一书，揭露了美国教科书中大量歧视印第安人的论述。该书于1970年出版后引起了美国学术界的极大关注。作者在书中郑重指出，令人感到遗憾和愤怒的是，作为教育青少年的教科书中竟然充斥着种族偏见对印第安人的伤害。印第安人往往被说成是"凶残的杀人者""背信弃义者"和"窃贼"等。作者认为这是颠倒是非的说法，并愤怒地质问："如果卡斯特战役被说成是屠杀，那么伤膝谷又作何论呢？""印第安人杀

---

① Alvin M. Josephy Jr., "The Historical and Cultural Context of White-Native American Conflicts", *The Indian Historian*, Vol. 12, Issue 2, 1979, p. 7.

白人,因为白人夺去了他们的土地,破坏了他们的狩猎场,毁坏了他们的森林,消灭了他们的野牛。白人把我们的人围圈在保留地中,然后又夺去其保留地。那些出来保护白人财产的人被称为爱国志士,而同样在保护自己财产的印第安人却被叫作杀人者。"①

在教科书中尚且如此,在过去出版的大量描写印第安战争的著作中这种偏见就更为明显。例如,在倒树之战中以杀戮印第安人而闻名的安东尼·韦恩将军和在小毕格霍恩战役中因征剿印第安人而被打死的"青年将军"乔治·阿姆斯特朗·卡斯特都被说成是"伟大的英雄",后世的学者纷纷为他们著书立传。尽管这样,韦恩书信集的编辑理查德·C.克诺夫还抱怨美国历史著作没有用足够的篇幅来描述韦恩将军所指挥的战役。他指出:"也许在美国历史上没有哪一次战争像安东尼·韦恩少将所指挥的战争那样,虽然有详细记载却遭到忽视。"②克洛夫为了引起人们对韦恩的更大注意,将韦恩从1792到1796年的来往信件汇编为《韦恩书信集》,达546页之多。他还强调说:"学者们没有认识到,假如没有韦恩在军事上、外交上的胜利,西进运动就可能夭折于褓褓之中,或者将大为延缓,国家的声誉也可能一落千丈。尽管有外交协议,西部土地仍然可能脱离美国而并入其他国家。"③

至于歌颂卡斯特的著作,那就更多了,简直不可胜数。这位在进剿印第安人的战斗中被打死的指挥官死后很快就成为传奇式的"英雄"人物,在美国舆论界轰动一时。报纸杂志,以及后来的电影、戏剧都争相报道和宣传。④以至后来的作者在出书的时候,总是要向读者表明那是关于卡斯特的最后一本书了。印第安裔学者厄特利曾对这种现象嘲讽道:"小毕格霍恩战役的书目已经是洋洋大观,并且还在逐年增加,以至每个版本都要声明,这部关于卡斯特的书是卡斯特诸书中的最后一本",或者说"这是关于该题材的最后论述"。⑤埃德加·I.斯图尔特在他的著作《卡斯特的运气》序言中也曾这样指出:"试图再描述已经反复讨论过的小毕格霍恩战役的故事是需要很大勇气的,

---

① Jeannttee Henry, *Textbooks and the American Indian*, p. 2.

②③ Richard Knopf ed., *Anthony Wayne*, 1970, p.1.

④ Robert M. Utley, *Custer and the Great Controversy: The Origin and Development of a Legend*, Los Angeles: Westernlore Press, 1962, p. VII.

⑤ Robert M. Utley, *Custer and the Great Controversy*, 1962, p. Ⅶ.

至少需要大费唇舌加以解释。"①

不可否认，在大量著作中关于小毕格霍恩战役和卡斯特的评论并不是完全一致的，存在着长时间的争论。但是，这种争论只是围绕一些非根本性的具体问题而展开的，例如，卡斯特的死是否由于他不遵从其上级特里将军的命令造成的？卡斯特作战的现场发生过什么事情？卡斯特的性格是怎样的？而对于战争性质这样的根本性问题却没有或者很少涉及。②

用种族主义偏见对待印第安人历史的另一种表现，同时也是更为含蓄而不易为人发现的表现，就是在著作中略去有关印第安人的事件和人物，或者有意放在极其不重要的地位一带而过。这种现象在美国的早期历史著作中普遍存在。当然，其中也包含由于缺乏可靠材料而不得不略去的因素。但就多数著作来说，这并不是主要原因，而是或多或少地受到种族主义偏见的影响。1970年，詹尼特·亨利在普林斯顿大学召开的印第安学术会议上所做的发言中十分尖锐地批评了这种现象。许多美国历史学家，其中有的是进步历史学，都被点了名。例如，乔治·班克罗夫特、查尔斯·比尔德、卡尔·贝克尔、阿瑟·M.施莱辛格都由于在书中未曾提到印第安人的土地被非法剥夺、杰克逊总统反对印第安人的政策、"眼泪之路"给印第安人带来的痛苦，或者没有肯定印第安人的经济发展而受到批评。③

其实，表现最突出的还不是上面被点名的那些美国史学家，而是边疆学派的创始人弗雷德里克·杰克逊·特纳。他关于西部边疆的论著处处都涉及美国政府的印第安政策，以及移民和印第安人的关系，但他并未给予重视，而只是把印第安人作为移民所遇到的新环境中的一个危险因素来看待。虽然特纳从未用过"野蛮人"这个词来称呼印第安人，但认为印第安人是落后、原始的同义语，势必将随着荒原的消失而让位于文明。④詹尼特·亨利在批评特纳时指出，特纳把印第安人的土地说成是"自由土地"，"未被占有的土地"，又

---

① Edgar Stewart, *Custer 's Luck*, Norman: University of Oklahoma Press, 1955, p. Ⅶ

② Robert M. Utley, *Custer and the Great Controversy*, pp. Ⅴ-Ⅸ.

③ Rupert Costo et al eds., *Indian Voices: First Convocation of American Indian Scholars*, San Francisco: Indian Historian Press, 1970, pp. 106~107.

④ David Nichols, "Civilization over Savage: Frederick Jackson Turner and the Indian", *South Dakota History*, Vol. 2, No. 3, Fall 1972, pp. 388~399.

说什么"印第安人是共同的危险,需要采取联合行动去对付",显然这都是"牺牲土著人利益的帝国主义扩张哲学",可惜这种哲学至今仍然统治着史坛而没有遭到抵制。[①]

詹尼特·亨利的结论并不是没有根据的。一些历史学家对印第安史在美国历史中所处的地位进行了调查,得出了同样的结论。例如,E.诺克斯分析的十三份调查报告和詹姆斯·阿克斯特尔分析的十六份调查报告所得出的结论几乎是一致的。"过时的理论和不可胜数的不准确的东西仍然充斥于新近的著作中,印第安人继续被忽视,或者被说成是阻止进步的、不文明的障碍。"[②]另一位印第安史学家弗朗西斯·保罗·普鲁查在编辑印第安史学著作目录时,查阅大量书籍后颇为感慨道:"'边疆史'和'印第安人-白人关系史'往往狭隘地集中写欧洲人的倾向和愿望,把美洲土著人当成纯粹的自然环境的一部分,像看待森林、野兽一样,视之为'进步'或'文明'的障碍。"[③]

二

19世纪80年代,海伦·亨特·杰克逊发表《可耻的世纪》一书,对美国政府的印第安政策进行了有史以来第一次严厉的批评,在美国的政界和舆论界引起轰动。然而传统的看法根深蒂固,虽然有一些历史学家怀着同情的心情写印第安人的历史,但对主要潮流没有产生重大的影响。

第二次世界大战结束后,一致论学派垄断了美国史坛,强调美国历史的协调性、一致性、稳定性和连续性,不主张揭露美国政府对印第安人的征剿,也不主张写印第安人反抗迫害、保护家园的斗争。印第安人的历史遭到了更大的忽视。正如美国学者格雷·B.纳什所说,由于一致论学派否认"阶级冲突,甚至否认深刻的社会矛盾,强调美国历史的稳定性和连续性,也就不可能

---

① Rupert Costo et al eds., *Indian Voices*, p. 109.

② Donald L. Parman and Catherine Price, "A Work in Progress: The Emergence of Indian History as a Professional Field", *Western Historical Quarterly*, Vol. 20, No. 2, May 1989, p. 195.

③ Francis Parul Prucha, *United States Indian Policy*, Bloomington: Indiana University Press, 1977, p. 7.

突出印第安人的经历"①。在一致论学派代表人物丹尼尔·布尔斯廷的洋洋巨著《美国人》中,根本没有提到黑鹰、特库姆塞及其他印第安人领袖领导的反抗斗争,甚至连"五大文明部落"被强迫迁往西部的事件也只字不提。②

与此同时,在印第安史研究中也出现了新的倾向。一批同情印第安人的白人社会活动家和学者,以及印第安裔史学家要求用正确的观点改写印第安人的历史。还在第二次世界大战期,印第安索赔委员会曾向联邦司法部提出在印第安纳大学设立俄亥俄–大湖区人种历史学的研究项目的要求,这项要求在战后得到满足,后来在为该研究项目搜集的图书资料的基础上建立了地方图书馆。该项目所召开的一系列学术会议为人类学家和历史学家创造了条件,初步形成了跨学科研究集体。1955年11月,在印第安纳大学成立了俄亥俄流域印第安历史协会,第二年出版了《人种历史学》杂志。这个集体虽然人数不多,但代表着一种新的倾向。印第安部落本身的历史开始受到重视,印第安社会的结构、团体组织、宗教、婚姻家庭都成为研究课题。美国学者威廉·N.芬顿认为,只有从这种社会文化的角度来解释印第安人的行为,才可能改变他们在美国历史上被忽视的地位。③

然而,印第安史学的兴起并受到应有的重视、成为美国史学的一个分支则是从20世纪60年代开始的。那时社会运动高涨,美国少数民族掀起寻根热潮。不少进步历史学家,特别是中青年历史学家要求用新观点重新审查和改写美国历史,受到忽视和严重歪曲的印第安人史,自然成为优先考虑的部分。许多大学都开设了印第安人历史课程,并确定了有关的研究项目。选修课程的人很多,除去有关系和专业的学生以外,还有不少理工科的学生。

20世纪70年代以后,美国的几个全国性的有影响的学术团体开始提倡并组织会员开展有关印第安人史的研究,组织学术讨论会和出版这方面的著作。美国历史协会、美国历史学家组织、美国西部史协会、美国印第安历史协会都曾号召美国的史学工作者积极参与这项工作。从事印第安史研究的学者越来越多,成果数量也有显著增加。据《西部史季刊》统计,1982年9月1日

---

①② Gary Nash, "Whither Indian History?" *The Journal of Ethnic Studies*, Vol. 4, No. 3, Fall 1976, pp. 69–70.

③ William Fenton, *American Indian and White Relations to 1930: Needs and Opportunities for Study*, Chapel Hill: University of North Carolina Press, 1957, p. 21.

到 1987 年 8 月 31 日所收到的关于印第安人史的稿件数目,超过了同期收到的关于政治、经济和城市史等热门课题的文章数目,而居于首位。①

尤其重要的是一批有关印第安史的工具书和文件汇编陆续出版,为印第安研究打下了扎实的基础。其中相当重要的一套文件汇编是著名印第安史专家威尔科姆·E.沃什伯恩受史密森学会委托,于 1973 年编辑出版的四卷本文件汇编,书名是《美国印第安人和美国文献史》②。文件集分为印第安事务官员报告,国会关于印第安事务的辩论、法律、法令和公告,以及印第安条约等部分,是研究印第安人-白人关系的必备资料。1972 年著名的纽伯里图书馆建立了美国印第安史中心,组织出版两种丛书。一种是印第安史目录丛书,共三十本,已由印第安纳大学出版社出版。另一种是关于印第安史目录学的论文集,由俄克拉何马大学出版社负责出版,目前尚未出齐。此外,弗朗西斯·保罗·普鲁查、德怀特·L.史密斯、爱德华·E.希尔等学者还编辑出版了有关工具书。③

最为引人注目的是两套多卷本的印第安丛书。最大的一套丛书有几十卷,由加兰出版社出版,这套丛书是按部落、地区编排的,材料极其丰富。另一套六卷本丛书叫作《印第安读者》,于 1972 年在旧金山美国印第安教育出版社出版,担任主编的是印第安裔学者詹尼特·亨利。

近三十年来在印第安专史研究中也取得了累累硕果,以印第安人-白人关系史的数量最大,其中又以写印第安战争的最多。同时,在观点上也有很大的变化。越来越多的人抛弃了歧视印第安人的传统立场,转而批评美国政府的印第安政策和白人移民的残暴。其实,白人移民也是当时美国政府的受害者,除少数杀人成性的暴徒外,绝大多数移民是不愿卷入同印第安人互相

---

① *Western Historical Quarterly*, Vol. 20, No. 2, P. 189, note 7.

② Wilcomb E. Washburn, *The American Indian and The United States: A Documentary History*, New York: Random House, 1973.

③ Francis Paul Prucha, *A Bibliographic Guide to the History of Indian White in the United States*, Chicago: University of Chicago Press, 1977; Dwight L. Smith ed., *Indian of the United States and Canada: A Bibliography*, Santa Barbara: ABC-CLIO, 1974; Edward E. Hilt, *Guide to Records in the National Archives of the United States to American Indians*, Washington: National Archives and Records Service, 1981; W. R. Swagerty ed., *Scholars and the Indian Experience*, Bloomington: Indiana University Press, 1984.

厮杀的战争中的。

此外，印第安妇女史的研究也开始受到重视。早在19世纪70年代，一批妇女运动活动家就已提出印第安妇女的利益问题。1877年阿尔米莉亚·斯通·昆顿向总统和国会递交请愿书，要求阻止侵犯印第安保留地的行为，以保障印第安妇女的安全。①1879年4月，在费城建立了全国印第安妇女协会。是年夏天，协会发起保护印第安保留地的签名运动，并将一幅有十五个州1.3万人签名的长达300英尺的请愿书递交总统和国会。

早期描写印第安妇女的著作多半以白人男子与印第安妇女的婚姻恋爱为题材，又往往富于传奇色彩，"其目的在于把幸存的白人男子说成是英雄"②。例如，印第安一个部落酋长的女儿波卡洪塔斯，就因为下嫁白人并帮助她的白人丈夫而成为印第安妇女史的中心人物。关于她的报道和著述经久不衰，至今仍然有相当的数量。③不过，严格地说，印第安妇女史的研究是从20世纪60年代起才真正开展起来的。雷拉·格林在编辑《土著美洲妇女》一书时阅读了近七百种著作后指出，从17世纪以来的三百年间有2/3的书是1960—1980年写成的，"我可以说，关于土著妇女的研究已经开展起来了"④。

总的来看，20世纪60年代是印第安历史沛然兴起的年代。从那时起，关于印第安史的文章和著作犹如雨后春笋，数量惊人。其中有一些质量很高的著作，但也有一些水平低下的书刊文章。正如普鲁查所说，"关于美国印第安历史和文化方面的著述已经为数众多，但这些著作的质量极为参差不齐。其中最好的著述完全可以同第一流的学术著作相媲美，脍炙人口，而最坏的著作则可能带有恶意捏造的性质"，"有时候怀有善意的作者也会由于本人思想的限制或者缺乏相应的信息而表述出不符合实际的印象"。⑤

---

① *Indian Friends*, Vol. 9, No. 8, 1897, p. 2.

② Rayna Green, *Native American Women: A Contextual Bibliography*, Bloomington: Indiana University Press, Vol. 1, p. 1.

③ 关于波卡洪塔斯的著作和文章很多，其中较有影响的有：菲利普·L.巴伯(Philip L. Barbour)的《波卡洪塔斯》(*Pocahontas and Her World*)，约翰·L.鲍曼(John Clark Bowman)的《波瓦坦的女儿》(*Powhatan's Daughter*)，弗朗西斯·莫萨克(Frances Mossiker)的《波卡洪塔斯：生活和传说》(*Pocahontas: The Life and the Legend*)。

④ Rayna Green, *Native American Women*, Vol. 1, p. 1.

⑤ Francis Paul Prucha, *United States Indian Policy*, p. VII.

三

由于印第安人的历史长期受到忽视和歪曲,新的印第安史学面临许多复杂的问题。其中清理过去的错误观点,消除种族偏见,恢复历史本来面目就是一个极其艰难却又刻不容缓的课题。早在1953年2月19日,美国早期历史和文化研究所就在威廉斯堡召开学术会议,讨论早期美国印第安人和白人的关系。威廉·N.芬顿曾在会上做了重要的发言。他认为应当把人类学的研究方法和历史学的研究方法结合起来。他不主张从白人的角度研究印第安人的历史,也不主张单纯研究印第安人自身的历史。他说:"现在是两种倾向可以有效地结合的时候了,不是去单一地研究白人社会中的印第安人,或者印第安人自己社会中的印第安人,而是相互结合起来加以研究。"①不过,芬顿也承认,这种全面的跨学科的研究是极为困难的。过去虽然有一些历史学家曾试图采用这种方法,但鲜有成功者。他认为只有朱利安·H.斯图尔德编著的六卷本《美国南部印第安人手册》还算取得了一定的成效。该书对印第安人的政治组织、社会机构、文化生活都有不同程度的论述,具有较为重要的参考价值。②但总的来说,"尽管历史学家们努力填补文献历史和人类学之间的鸿沟,但还没有人能够写成真正以两个学科为基础的书"③。

20世纪60年代以来,要求研究印第安人自身历史的呼声越来越高。1978年,罗伯特·F.巴克霍夫发表了《白人眼光中的印第安人:从哥伦布到现在的印第安人形象》一书。他在书中指出,关于印第安人的传统看法仅仅是白人的想象,根本不符合实际。他认为,白人和印第安人的文化不同,所受的影响也不同,对不同的文化进行评论是不可能言中的,而传统看法的弱点正好在这里。巴克霍夫讽刺说:"奇怪的是,我们不得不用我们的标准去衡量另一种文化的人。"④他认为,很多东西都是白人强加给印第安人的。例如,"美洲印第

---

① William Fenton, *American Indian and White Relations to 1930*, p. IIV.

② William Fenton, *American Indian and White Relations to 1930*, pp. 13–14.

③ William Fenton, *American Indian and White Relations to 1930*, p. 17.

④ Robert F. Berkhofer, *The White Man's Indian: Images of the American Indian from Columbus to the Present*, New York: Afred A. Knopf, 1978, p. XV, 39.

安人"这个词就是哥伦布强加的,印第安人并不同意这种称呼。①巴克霍夫还向美国历史学界呼吁,要求去掉那些想象的东西,从印第安人的角度研究印第安人的历史。随后,巴克霍夫进一步发展了自己的观点,提出了撰写新印第安史的主张。按照这个主张,新印第安史应当超越传统的白人偏见和冲破单一学科的局限,广泛地研究美国土著人的社会、权利、自身发展的动因及其文化准则和价值观念。②这种"新的以印第安人为中心的历史将把印第安表演者推向他们自己历史舞台的前台"③。

尼尔·索尔兹伯里进一步申述了写印第安人自身历史发展、清除白人偏见的思想。他在《美国印第安人和美国历史》一文中,批评了在美国历史学界长期存在的充满偏见的关于印第安人的神话,认为那种印第安人是"野蛮的"异教徒,白人和印第安人的关系是"文明的"基督教徒同"野蛮的"异教徒的说法可以休矣。④索尔兹伯里一再强调,结束这种神话的办法就是研究印第安人的文明史,为此需要使用考古学、口述史、文献史、人类学、神学等方面的方法和材料。按照他的意见,印第安人的历史应当分为五个时期:第一个时期为白令人时期,约公元前4万年到前1.2万年;第二个时期为原始印第安人时期,约公元前1.2万年至前6000年;第三个时期为古代印第安人时期,约公元前6000年至前500年;第四个时期为后古代印第安人时期,约公元前500年至公元1500年;第五个时期是欧洲人到来时期,约1500年迄今。⑤

上述分期方法有一个明显的优点就是可以充分使用美洲的考古学发现来阐明古印第安人的文化、生活和成就,同时也可以揭露白人对印第安人和印第安文化的摧残。

使用人类学和历史学跨学科的方法研究印第安人的历史已经形成一种强有力的趋势,是摆脱传统观点的重要的一步,令人耳目一新。但在发展过程中也出现了一种值得注意的倾向,那就是脱离美国各个历史时期的政治经济背景,孤立地研究个别部落或者某个地区印第安人的生活、风俗习惯,这对于全面了解印第安人的历史是远远不够的。

① Robert F. Berkhofer, *The White Man's Indian*, p. 39.

②③④ Calvin Martin ed., *The American Indian and the Problems of History*, New York: Oxford University Press, 1987, pp. 36–54.

从20世纪70年代开始,美国印第安裔历史学家的人数日益增多。他们对美国政府的印第安政策和美国史学界的状况均表示不满,认为联邦政府历来所采取的印第安政策的"目的在于'同化'土著人,使其融入美国的生活,从而消灭印第安人的文化和生活方式,使他们成为类似白人的人"①。而美国史学界长期存在的两大"障碍"又恰好为联邦政府的印第安政策服务,严重地影响着人们对印第安人历史的认识。这两大"障碍"就是特纳学说的影响和世界历史的偏见。例如,世界历史在谈到世界文明起源的时候,美洲的印第安文化总是被排斥在外,并且否认南、北美洲的土著人同亚洲和非洲人的任何关系。

印第安裔历史学家主张研究印第安人自身的历史,并且要求从古代开始,恢复印第安文化在世界历史上曾经占有的重要地位。他们也主张研究印第安各部落内部的制度、组织结构、生活和所取得的进展,但不赞成脱离美国社会孤立地研究印第安个别部落的历史。詹尼特·亨利认为:"这个国家历史上同时也是土著人历史上,最重要的事件之一就是从最初接触到19世纪末的欧洲人同印第安人的关系。这种冲突发生以来将近四百年,这也许是人类历史上最长的战争和准战争时期。""从菲利普到约瑟夫,我们一直同侵略者作战。他们跨进我们土地的每一步所遇到的都是我们的战斗。今天,我们的形象是战败的民族。是的。但是,就在我们被打垮的时候,我们仍然是要不断起来再战斗的民族。"②印第安裔史学家渴望印第安史能够得到公正的恰如其分的表述。詹尼特·亨利强调说:"我们并不要求你们记载我们所做的一切事情,但我们要求你们予以理解。一个真正的美国历史纲要首先应当给美国印第安人的文化和历史以重要的地位。"③

印第安裔历史学家的要求是完全合理的,而且是有针对性的。尽管美国学术界已经注意到这方面的问题,关于印第安人的文化、艺术、农业等方面都有较为详尽的论著,但距正确看待印第安人的历史还相当遥远。例如,西南部印第安部落对农业的贡献,特别是普埃布罗人的水利工程和用水的经验就

---

① Jeannttee Henry, *Textbooks and the American Indian*, p. 1.

② Rupert Costo et al eds., *Indian Voices*, p. 111.

③ Jeannttee Henry, *Textbooks and the American Indian*, p. 3.

没有得到应有的重视。普埃布罗人曾经利用里奥格兰德河水,以小水坝储水灌溉,保持生态环境平衡几百年。19世纪40年代,白人移民忽视了这些重要的经验,破坏了水利系统,滥用里奥格兰德河的河水,使这条河的流域丧失了2/3的可耕地。①

1970年3月,印第安历史协会在普林斯顿大学召开印第安史学术讨论会,与会者约二百人,以印第安裔学者为主,非印第安裔学者只有十人,他们代表不同学科的学者与会。这次学术会议从哲学、经济学、人类学、历史学各个不同角度探讨了美国的印第安研究中存在的问题和今后的发展方向。同年,美国印第安历史协会委托一批印第安学者审查美国学校中采用的历史教科书。审查结果由詹尼特·亨利执笔编写成书。作者对印第安史教学中存在的问题进行了深入全面地分析,并在此基础上提出了九项标准。虽然这些标准是针对教科书提出来的,但对研究印第安史具有普遍意义。九项标准如下:

(一)是否在美国历史的各个发展阶段都把印第安史作为组成部分?

(二)是否把美洲土著人即哥伦布曾经不恰当地称之为"印第安人"的人作为美洲最早的发现者?

(三)书中所使用的有关统计数字是否准确? 例如,书中曾表示白人到达美洲时,印第安人约80万—100万。但新的研究成果表明,实际人数远远大于这个数字。

(四)是否如实描写美洲印第安人在开始同白人接触时的文化和生活方式?

(五)是否把印第安文化看成一种不断发展的文化? 是否把印第安人的社会制度和生活方式看成是发展的过程,而不是静止的状态?

(六)印第安人对国家和世界的贡献是否得到说明?

(七)是否准确地描述美国历史中印第安人在社会、经济、政治方面的独特地位?

(八)是否论述了印第安人在宗教、哲学和思想方面的贡献?

(九)是否正确地描述了印第安人在今日的生活和境况?

毫无疑问,这些标准都是合理的、应当遵循的。但是,贯彻起来并不容

---

① Rupert Costo et al eds., *Indian Voices*, p. 115.

易。因为在美国史学界印第安裔学者毕竟是少数,而且他们中间还有一些人长期脱离印第安社区生活,甚至在语言上也存在着困难。对于大多数非印第安裔学者来说,既有实际困难,又受传统影响,一时很难拿出成批的、观点正确、论述全面的著作。正如美国学者科林·G.科洛威所说:"尽管近年来涌现出大量关于印第安史的著作,但大多数历史著作还是走传统的、过时的老路。历史学家们继续集中注意力于印第安人–白人的冲突、印第安人的抗暴领袖,以及联邦政府的政策,而较少注意印第安人的家庭生活、经济活动、文化渊源和政治变化。印第安史学家也没有像其他社会史学家那样采用计量方法。"[1]

美国印第安人和印第安裔学者作为长期受迫害、受歧视的少数族裔,迫切希望美国国内的各族人民、全世界的人民了解他们的历史和当前的处境,并给予道义上的支持。当然他们也希望得到中国历史工作者的了解。我相信,在不久的将来,中国的学者一定会以只争朝夕的精神来填补这个十分重要的空白。

原载《世界史研究动态》1993年第7期

---

[1] Colin G. Calloway, *New Directions in American Indian History*, Norman: University of Oklahoma Press, 1987, p. 5.

菲利普·S.方纳教授谈美国现代史学

1981年,美国著名老左派史学家菲利普·S.方纳教授在山东师范大学、江苏师院讲学期间,做了关于现代美国史学流派的报告。他在报告中多次强调历史科学的社会性。他说:"从古到今的史学都不是在真空中产生的,而是社会现实的反映。因此对任何一个史学流派的分析和评价都必须同研究当时的历史现实结合起来。"他在报告中对各个史学流派的分析和评价就是从这个原则出发的,很有参考价值。兹整理如下:

一

方纳教授所谈的美国现代史学是第二次世界大战以后的史学。第二次世界大战结束后,美国历史上出现了冷战时期和反共、反进步、反激进的麦卡锡主义时期。保守势力和反动势力抬头,一切进步的历史学派都受到迫害和排挤。在20世纪50年代初期,出现了一个适应政治形势需要的保守学派,即所谓的协调学派,又叫作新保守主义学派。这个学派由于得到官方的支持,人多势众,独霸美国史坛达十余年之久。

新保守主义学派的主要人物是芝加哥大学历史学教授丹尼尔·J.布尔斯廷。他的三卷本的《美国的经验》是新保守主义的代表作。主要论点可以概括如下:第一,美国历史的特殊性在于社会各阶层的协调一致,从来不存在各阶级之间的纷争。这一点是不同于欧洲国家的。在欧洲国家历史上是存在着激烈的社会矛盾和斗争的,其主要原因在于这些国家缺乏社会流动性,下层人物极少有摆脱所处的地位而进入上层社会的。而美国却完全不同,这里存在着广泛的发财致富的机会,下层人物可以在顷刻之间一跃而成为富翁。社会各阶层不是固定不变的,存在着很大的由下而上的流动性。正是这种社会流动性使美国社会的各阶层能够协调一致。第二,美国社会是一个注重实际的社会,美国历史也是一部实用主义的历史。甚至有人认为美国革命的起因就是同英国的经济矛盾,根本不存在任何思想意识的因素,这场革命既未曾受外来革命思想影响,也没有对外界产生过什么思想影响。第三,美国的对外政策不是帝国主义政策而是扩展民主制度,顺应"天命"的政策。帝国主义是属于欧洲英、法、德、比等国家的,在美国历史字典上找不到这个词。美国从大西洋岸到太平洋岸的扩张,以及其后占领和兼并菲律宾、波多黎各、夏威夷等地,都是根据上帝旨意推广民主制度并使世界文明化的措施,同帝国主义的侵略政策没有什么共同之处。

新保守主义学派刚一登场,马上得到官方的赞赏和支持。1950年12月,杜鲁门总统给美国历史协会发出一封贺信,希望美国史学家追随政府反对共产主义和老左派史学,而且强调在这方面,"美国史学家的著作有着重大的意义"。他还说:"美国史学家可以促进自由国家的事业,同时可以帮助政府巩固和阐述我们国家为了维护世界和平和自由而实行的政策。"如果去掉"和平""自由"之类的动听词句,他实际上是要求美国的新保守主义史学家公开支持冷战和反共反进步运动的政策。而这一点,"新保守主义"史学家是完全做到了的。

二

进入20世纪60年代以后,美国的国内形势发生了巨大的变化。黑人争取民主权利的运动日益高涨。反战运动、妇女运动、学生运动相继兴起,新保守主义遇到了来自各方面的严重挑战,并且一蹶不振。

第一个起来挑战的是黑人史学。新保守主义完全继承了U.B.菲利普斯种族主义学派的观点。概括起来有如下几点:(一)黑人的故乡非洲是一个野蛮落后的黑暗大陆,黑人被从非洲贩运到美洲是从黑暗大陆走向文明世界,可见奴隶贸易是白人对黑人的恩典而不是什么罪行;(二)奴隶制度是黑人接受文明教育的一所学校,黑人在奴隶制度下生活得很好,它对黑人奴隶比对奴隶主更有利;(三)奴隶制是一种善良的制度,黑人奴隶愿意接受它,没有人起来反对,而如果废除奴隶制,使黑人在没有文明化以前就获得自由和各项权利,那将造成一个极其可怕的社会。所以林肯废除奴隶制是一件很糟糕的事情,那些被解放的奴隶还处于半文明状态,仍然需要在白人奴役下,完成文明化过程。

菲利普斯的观点是多年来美国史学界的"正统"观点。百分之九十以上的著作(包括大中学校的教科书)都引用这种观点来分析奴隶制问题。当然,这并不是说菲利普斯的观点从来就没有受到批评。对于这些谬论,黑人史学家W.U.B.杜波依斯、阿普特克,以及共产主义者福斯特、莫里斯、方纳、艾伦都曾经严厉地加以批判,发表了不少著作,如实地反映了黑人的历史。但是,新保守主义者借口他们是黑人和马克思主义者,有种族偏见和政治偏见,而硬说他们的著作是"不可信的",企图在学术界和读者中尽量缩小其影响。

20世纪60年代,随着黑人运动的高涨,越来越多的年轻黑人要求寻找自己的"根",出版真实的黑人史。在史学界也出现了越来越多的主张公道的进步史学家。他们开始批判菲利普斯的种族主义观点,着手撰写新的黑人史。例如,加利福尼亚大学历史学教授肯尼思·斯坦普写了一本很著名的书,书名是《特殊的制度》。单从这个书名就可以看出,斯坦普教授是极端反对种族主义的。因为他认为奴隶制度是美国人的耻辱,连这个名词也不愿意使用,所以用"特殊的制度"来代替它。斯坦普指出,菲利普斯过于武断,对非洲大陆的情况一无所知。他引用大量史料证明,非洲并非黑暗大陆,黑人也非野蛮人,奴隶制度绝不是善良的制度,而是残酷的、血腥的罪恶制度,黑人奴隶从来也没有甘心忍受奴隶制的折磨而不进行反抗。由于斯坦普既不是黑人又不是马克思主义者,新保守主义者很难找到借口来攻击他的著作。所以斯坦普的著作在美国学术界和教育界部引起了极大的反响。

继斯坦普之后起来反对正统观点的著名学者是约翰·K.富兰克林。富兰克林是芝加哥大学黑人教授,他的著作《从奴隶到自由》是一部很有价值的著作,美国的许多高等学校都采用这本书做教材。

在斯坦普和富兰克林之后有整整一代人进行黑人史研究工作,在短短的一二十年内,出版了上百种的黑人史著作。现在,各个著名的大学里都开设了黑人史课程,黑人史的研究已经成了一个热门。

对新保守主义的另一个重大挑战是种族史学。美国历史是许多种族历史的总和。几乎世界上所有的国家都有移民来到这里,并对美国的建设和发展做出过自己的贡献,但是他们的历史长期被人遗忘,不受重视。从20世纪60年代起各个种族的进步青年受到黑人史学的启发,纷纷要求寻找自己的"根",种族史著作开始增多。他们当中有许多人努力学习原籍国的语言,力求在期刊和手稿等原始文献中搜集材料,撰写真实的种族史。例如,旧金山的一批华裔美国青年已经组织起来编写美国华工史,出版了一些小册子和图书,把长期不为人们所知的华工的辛酸史和他们的卓越贡献写进了美国人民的史册。

印第安人史的研究也是最近一二十年的事情。印第安人是美国最早的土著种族,然而他们的历史在正统派史学家的笔下不是被忽视了就是被歪曲了。印第安人不过是一群既无文化又无素养的野蛮人。许多记载着白人殖民当局、美国政府同印第安人部落谈判经过和订约情形的文字材料一直无人问津。最近二十年来陆续出版了一批研究印第安人历史的著作。1971年,伊利诺伊大学迪伊·布朗教授的《把我的心埋葬在温迪尼圣地——美国西部印第安人史》就是其中最有影响的一本。

20世纪60年代出现的以哈佛大学历史学教授伯纳德·贝林为代表的思想史学派也对新保守主义学派提出批评。贝林在1967年出版的《美国革命的思想渊源》一书中,驳斥了美国革命缺乏思想动因的观点,强调美国革命本身首先就是一次思想革命。杰斐逊和裴因等思想家的言论和著作曾经起过非常重要的作用。如果追寻得更远一些,法国的启蒙思想家卢梭和孟德斯鸠都对美国革命产生过直接的思想影响,而美国革命对其他国家和地区也是有重要思想影响的。①

然而,思想史学派对新保守主义的批评是不彻底的,因为它只批评后者否认思想因素的错误,而不批评其无视群众的立场。而且思想史学派本身也同后者一样,只注意写大人物的历史,根本看不见老百姓。

新左派史学是比思想史学派更为激进的一个派别,对新保守主义的挑战也更为坚决。新左派是一个极为庞杂的派别,不仅包括史学。理论上的奠基

---

① 贝林认为,独立战争使得"一个新的、精神焕发的、生气勃勃的,而且首先是精神上获得再生的民族从朦胧中苏醒过来,奋起捍卫自由阵线,并在取得胜利后,挺身而出,到处鼓励和支持自由事业"。见 Gerald Grob and George Athan Billias, *Interpretation of American History*, Vol. 1, New York: Free Press, 1972, p. 165。

人是赫伯特·马尔库塞。他的基本观点是:被马克思主义当作社会基本力量和革命动力的工业无产阶级在美国已经被收买而日益资产阶级化。它不再向往社会主义,不再是革命的领导阶级,而美国共产党代表的老左派已在麦卡锡时期一蹶不振。结果,大学生和流氓无产阶级取代了工业无产阶级而成为当代的革命领导力量。新左派之所以采用这个名字就是表明它不同于老左派,不接受马克思主义。

新左派的理论是十分脆弱而错误的,经不起驳斥。方纳教授本人曾经不止一次质问马尔库塞说:请不要忘记,大学生四年毕业,也就是说每四年就要更换一批领导力量,流氓无产阶级也是处于流动状态,怎样去依靠他们呢?再说,学生就业后不是也可能被资本家收买吗?这样简单的道理是不言自明的,所以新左派的理论是没有什么市场的。新左派作为一个政治派别只是昙花一现,已经趋于衰落。只有新左派的史学还能保存下来,而且具有一定的影响。

新左派史学之所以有生命力,主要由于它在两个方面做出了重大的贡献。第一,它提出了"从下而上展望历史"的原则,努力从报刊、文献中发掘材料,揭示人民的作用。新左派史学家纽约州立大学历史学教授杰西·莱米什曾经写过一篇文章,叫作《从下而上地观察美国革命》。这篇文章批评了正统史学只写大人物,从上层人物的角度看历史的旧传统,处处强调下层人物,特别是海员的作用。第二,它揭露了美国进行冷战的真正目的和对外扩张政策的帝国主义性质。新左派史学家的另一位代表人物威斯康星大学的威廉·阿普尔曼·威廉斯教授,对美国外交史的研究做出了新贡献,他曾经写了《美国历史的轮廓》《由殖民地到帝国》《美国外交的悲剧》等书。他的学生瓦尔特·拉菲勃等人也发表了不少关于外交史方面的文章和著作。他们揭露美国进行冷战的真正目的在于巩固自己的霸权地位和反对共产主义。他们还证明,美国绝对不像新保守主义所说的那样,是为了民主制度,顺应"天命"而向外扩张的。恰恰相反,美国一直是带有掠夺性的帝国主义国家,它在独立战争前后一直在掠夺印第安人,1846年到1848年间又夺去了墨西哥的大片土地,以后又连续夺取菲律宾、波多黎各,并推行门户开放政策。美国发展史本身就是一部帝国主义史。

总的来看,20世纪60年代是进步史学重新崛起的时期。除上述各种史学以外,妇女史学、口头史学也开始成为史学研究中的重要部门。新保守主义在严重挑战面前全线溃退,日趋衰落。

<h2 style="text-align:center">三</h2>

20世纪六七十年代,"新保守主义"虽然一蹶不振,但并未消失。它的观点在一些很有影响的新兴学派中还不断得到反映。例如计量学派和新工人史学的某些论点和结论是同"新保守主义"异曲同工的。

计量学派又叫 Cliometry,Clio 是希腊神话中主管诗歌和历史的女神,Metry 是计量的意思,也就是说用计量方法研究历史的学派。这个学派是随着电子计算机技术的广泛应用而兴起的。他们过分强调计量方法的科学性,认为这是迄今找到的唯一的客观的科学方法。因为按照过去的研究方法,历史学家都是个人去搜集、整理和研究材料,然后得出自己的结论。这种结论必然带有研究者的主观倾向,肯定是不科学的。如果你是一个激进主义者,当然只会得出激进的结论。如果你是一个保守主义者,当然只会得出保守的结论。计算机没有观点,也没有倾向,得出的结论是客观的。这种说法在20世纪70年代很有市场。1974年,哈佛大学的罗伯特·威廉·福格尔和罗切斯特大学的斯坦利·恩格尔曼合著的《苦难的时代》(两卷本)的发表使计量学派的声誉达到了高峰。两人在基金会的资助下,历时十年,收集了美国殖民时期南部种植园和奴隶贸易方面的大量材料,经过计算机处理,编写成书。

由于他们打着客观性和科学性的旗号,其影响是相当大的。不仅美国的许多资产阶级史学家,甚至欧洲的史学家都异口同声地赞许说;"我们终于找到了一个唯一的客观的科学方法和对奴隶制度的正确阐述。"然而,他们的科学结论究竟是什么呢? 请看:(一)黑人奴隶在奴隶制度下过着不坏的生活;(二)奴隶制是善良的制度;(三)在奴隶贸易中,没有拆散奴隶家庭、分别贩卖的事件。这完全是菲利普斯和新保守主义的种族主义观点的翻版,所不同的是,他们使用了颇为迷惑人的电子计算机技术这一新的手段。

然而,好景不长。几个月后,人们发现,《苦难的时代》一书的作者本身就有倾向性。他们只选择了对奴隶制有利的材料,而对于大量揭露奴隶制的材料却弃而不用,于是对这部书产生了争议。这个事件使人们清楚看到,计算机技术虽然是客观的,但是投放材料、编制程序的人却是有观点的,所以不应当盲目相信电子计算机技术。但是,应当指出,在历史学领域使用电子计算机技术的确是一种新的值得肯定的方法,问题在于不能把它绝对化,而只能作为方法中的一种。

新工人史学是20世纪60年代初期兴起的学派。1963年,英国学者E.P.汤普森的著作《英国工人阶级的形成》一书出版。他认为,旧工人史学的研究方法有很大的局限性,工会组织、罢工运动和各种形式的政治斗争绝对不能包括全部的工人运动史,应该研究工人的文化和工会以外工人的生活和活动。汤普森本人在发表这部著作的时候是一个马克思主义者,他的见解是可取的。方纳教授也在1975年出版了《美国19世纪工人歌曲》一书。

但是,汤普森的观点传到美国以后,发展到了另一个极端。美国的新工人史学家赫伯特·古特曼把工人运动史完全归结为文化史,一切政治斗争和经济斗争都被排除在外。这种不讲阶级斗争,文化就是一切的观点,是同新保守主义的阶级协调论非常相似的。难怪这个学派出现以后,很快就得到了官方的赞许,成为风靡一时的学派。这种倾向,值得注意。

四

新社会史学是近年来形成的一个很有影响的学派。早在20世纪30年代就出现过老社会史学,其代表人物是著名的进步史学家老施莱辛格,老社会史学开始注意普通老百姓的活动。为此,老施莱辛格专门编辑了一部美国生活丛书,共十二册,其中一册的书名就叫作《老百姓登场》。新社会史学吸收了这方面的思想,同时也受到新左派的"从下而上"观点的影响,主张到下层去寻找材料。此外,它还受到年鉴学派的影响,注意对地方档案、税收簿、教会账本等资料的研究和使用。所以这个学派的著作,风格新颖,别开生面,受到人们的重视。

美国新社会史学的代表作之一是哈佛大学斯蒂文·塞恩斯特鲁姆教授于1964年发表的博士论文《贫困和进步——19世纪一个城市的社会流动性》。他第一个利用了马萨诸塞州纽波特城1870年到1945年的财政档案、房租册、税收收据等材料,证明该城工人的生活确有改善,工人摆脱了极度贫困的状况,开始成家立户,有的工人后代还上了大学。但同时他又证明,从工人阶级由于发财致富上升到资本家的人极为罕见。结论是,工人阶级的社会流动性只存在于内部,而不存在于工人阶级与资产阶级之间。如果有,那也只是少数例外。这个结论有力地驳斥了新保守主义和一切社会协调论的传统观点。

1979年,另一位新社会史学家亨利·乔治发表了《进步和贫困》一书。他在书中引用大量人民生活方面的材料,证明美国是一个贫者愈贫、富者愈富的国家。不过,他并没有找到造成这种现象的根本原因,却认为许多人发财致富是拥有大量西部土地的缘故。因为城市的发展和人口的激增,使得地价直线上升,产生了非劳动造成的价值,成为土地主的财富。

新社会史学对于独立战争后北部诸州废除奴隶制的原因也有新的见解。加利福尼亚大学的加里·纳什教授在研究费城档案材料的基础上得出结论说,北部自由工人劳动力价格低于养活奴隶所需的费用,所以北部各州就废除了奴隶制。

新社会史学在历史研究中开辟了一个新的领域,目前在各重要大学的历史系都有相当的影响。近十年来,美国史学界极为活跃,差不多每六个星期就会出现一点新花样。不过,真正能够独树一帜的、称得上学派的却并不多。究竟以后发展的情况如何? 还会出现什么新学派? 当拭目以待。

原载《山东师大学报》1982年第5期

美国史研究百年回顾

一

在旧中国,特别是晚清,朝野上下对美国的了解都很贫乏,谈不上对美国史的了解。1867年,清政府甚至委任美国卸任驻华公使蒲安臣为大清国钦差出使美、英、法、德、俄诸国,这在中国的外交史上留下了一个荒唐绝伦的笑柄。后来,在美国企图扩大在华特权而同中国进行修约谈判中,清政府又由于腐败和外交官的无知而丧权辱国。在经过种种羞辱和失败之后,一向只求苟安的清政府才痛感迫切需要了解外国,于是向包括美国在内的西方国家派遣留学生。一批赴美的留学生亲眼看到了美国社会的发达、本国的落后和故步自封,以及自己过去对外界的无知,他们当中有人把自己的见闻和感想写成游记和著作,其中含有不少关于美国社会、政治、经济和历史方面的内容。梁启超的《新大陆游记》、容闳的《西学东渐记》尤有参考价值。毫无疑问,这些书在介绍美国和美国历史方面曾起到一定的作用,直到今天仍是有价值的史料。①

另一方面,一批外国传教士,包括美国传教士,抱着在中国传播西方文化和价值观的目的,在传教的同时也进行一些文化活动。他们或者通过宣讲,或者出版小册子和书籍向中国人介绍美国的历史、文化和社会。早在19世纪30年代,由在华的美英传教士和商人创立的中国益知学会就曾出版过有关美国历史的书籍。

19世纪和20世纪之交,欧美列强进一步向外扩张,展开了重新分割世界的角逐,导致国际纠纷和冲突频仍,国际联系进一步增强,中国也不可避免地卷入其中,成为列强侵略和争夺的对象而更深地陷入了民族危机,加之戊戌

---

① 其中有魏源著《海国图志》卷三八,梁廷枏著《合省图说》。

变法运动和辛亥革命相继失败后所面临的严峻形势,促使一批思想敏锐、忧国忧民的政治家和知识分子更迫切需要研究、了解外国,以寻求救国之道。由于当时美国在世界上经济发展较迅速和民主体制较稳定,自然就成了他们了解和效仿的最理想国家。康有为在《大同书》中,孙中山在兴中会誓词中,都曾提出以美国政体为蓝本改革政体的思想。正是在这段时期,涌现了一批介绍美国历史、美国独立战争和政治体制方面的中译本书籍。其中有裨治文的两卷本《联邦志略》、姜宁的《美史记事本末》和《美国独立史》、俾尔德的《美国的竞争》等。此外还有清人章宗元翻译的《美国宪法》和商务印书馆编译所编著的《美国独立战争》。

与此同时,美国一再排华和迫害华工的行为激起了中国人民的义愤。为揭露和谴责美国政府的排华政策和美国社会上迫害华工的暴行,一批小册子和文章相继出版发表,其中有上海平等社编辑的《美国华工禁约纪事》和梁启超撰写的小册子《美国华工禁约记》等。随着中美之间交往和纠纷的增多,中国学者开始注意中美关系史的研究,不仅翻译了大量美国学者撰写的中美关系史方面的著作,而且自己动手撰写了几部书。其中有蔡元培的《中美外交史》,唐庆增的《中美外交史》,蔡恭晟的《中美关系纪要》。此外,《东方杂志》《新青年》《申报月刊》《世界知识》等刊物上,也纷纷发表有关美国的时事述评、政论文章和译文,对美国的政治制度、在国际事务中的活动、对华政策、禁止输入华工、杀害华人等问题和事件进行报道和评述。其中以署名为色里的文章《美国人历来对于华人的屠杀》用词最为激烈。

第一次世界大战期间和战后,美国从战争中得到了最大的好处,因而国力大增,第一次在世界上以债权国的身份出现。威尔逊总统所扮演的"和平总统"角色分外引人注目。在1921年11月至1922年2月举行的华盛顿会议(又称太平洋会议)上,美国打着保持中国独立和完整的旗号,谋求"门户开放""机会均等"。尽管美国完全从自身利益出发提出这项遏制日本独占中国的政策,但客观上起到了某些有利于中国外交的微妙作用。这项政策因而也造成了美国以友好态度对待中国的假象,引起了不少人的好感。有人甚至把美国当成中国的盟友,对它寄予厚望。陈震异还为此撰写了《太平洋会议与中美俄同盟》一书。周宁一所撰《华盛顿会议小史》曾多次再版,是一部有相当影响的著作。在这段时间里,中国的出版界还刊印发行了几种关于美国和华盛顿会议的译本和小册子。[①]

20世纪30年代,日本加紧侵略中国。美国的在华利益虽然受到威胁,但它绝不可能与日本兵戎相见,只是打着"中立"旗号,对日本实行绥靖政策,尽量使其在华利益少受损害。中国舆论界虽然对美国的行为有所怀疑和警惕,但由于美国不是公开支持日本,有时对日本的侵略行为还有所谴责,因而对它仍抱有希望。[②]第二次世界大战初期,美国政府犹豫观望,直到1941年12月7日珍珠港事件爆发后才被迫对日作战,并与中国建立了同盟关系。不过,在这以前中国政府已经把美国看成最有可能帮助自己的强国,美国自然就成为中国对外政策的焦点和中国报刊报道的中心。随着中美联系的日益加强,美国的政治动向、对华政策、社会状况也逐渐引起中国政治家、舆论界和学术界的密切关注。

最为重要的是,在此期间中共中央领导人所发表的有关美国的评论为中国的美国史研究指明了方向,提供了正确的理论和方法。这在中国的美国史研究上具有划时代的意义。《新华日报》所发表的一系列呼吁美国政府做一点实际援华工作和评论美英放弃治外法权、中美签订新约的文章,又为时事报道和评论开了风气之先。然后,在中国学术界出现了一个介绍、研究美国政治、经济、历史的高峰时期。相当数量的译著、著作和论文陆续出版和刊载,所涉及的领域十分广泛,包括美国通史、社会史、革命史、经济史、外交史、中美关系史等。[③]

第二次世界大战结束后,美国干涉中国内政、援蒋反共,使中美关系趋于复杂化。在美国的"调解"下,国共谈判破裂,内战全面爆发。在蒋管区,由于国民党采取高压政策,知识界一般限于翻译外国学者的美国史著作,不发议

[①] 其中有项衡方编:《太平洋会议之参考资料》,《上海申报》1921年;罗家伦:《华盛顿会议》,《北京晨报》1922年。

[②] 例如关天的文章《美国是否有诚意援华》,《太平洋》第1卷第12期,1930年12月1日;沈静的《美国的援欧助华政策》,《世界月刊》第2卷第4期,1931年11月,均从不同角度反映了这种情绪。

[③] 其中有[美]班兹:《社会科学史纲——史学》,白达译,长沙商务印书馆,1940年;[美]内文斯、[美]康玛哲:《美国史》,刘尊祺译,重庆外文出版社,1945年。稍早一些还出版了几本中国学者撰写的书,如姚绍华:《美国史》,上海中华书局,1936年;胡明恩:《美国独立》,上海开明书店,1936年;熊大经:《美国经济史》,上海商务印书馆,1938年。

论。解放区和国民党统治区的进步学者或者翻译苏联学者的著作,或者自撰有关揭露美国侵华活动和扶蒋反共政策的书籍。根据中国美国史研究会的调查材料:这一时期由中国学者和进步报刊编著的揭露美国的书籍大约有八种,其中有胡华的《美帝国主义侵华史略》、刘大年的《美国侵华简史》和《美国侵华史》。此外他们还发表了大量关于要求美国改变政策、停止干涉中国内政和援蒋反共的文章。

总的来看,在新中国成立以前,美国史的研究和教学都十分薄弱,没有专门的研究机构和教学组织。第二次世界大战胜利以前的近半个世纪里,只在部分大城市设立的大学里开设过十九门美国史课程,分布极不平衡。其中在上海高校设置的课程就有十四门,占绝大多数。这些课程都是因人而设并随着人员的流动而变动,既不系统又不固定,时断时续,其研究成果也十分有限。1949以前,正式出版的有关美国问题的译著和著作共643部,其中历史方面的书籍只占7.46%,且多为译著。①

诚然,这一切都是历史遗留给我们的宝贵财富,值得珍惜,但毕竟是太少了。撇开质量和观点不说,单是数量就同中国的大国地位很不相称。

二

新中国建立以后,由于美国政府推行全球战略,争夺世界霸权,敌视共产主义,在国际关系中形成了持续几十年的冷战时期。美中关系也由于美国政府采取的敌视新中国的政策而导致双方断交并处于对峙状态。朝鲜战争的爆发又使美中关系恶化到极点。客观形势要求中国社会各方面人士了解和认识自己的对手,中国学者也就责无旁贷地加强了对美国的研究。然而,由于中国当时处于被隔绝状态,资料来源有限,对美国社会、政治、经济、文化的评论又往往是极为敏感的问题,因此有组织的研究工作只局限在很小的范围内,一般都是由中央涉外部门的研究机构来承担的。在一般的研究机构和高等学校中,通常是由学者个人对不太敏感的或者能够配合形势的课题进行研

---

① 黄安年编:《百年来美国问题书目1840—1990》(上册),中国美国史研究会、北京师范大学历史系1990年刊印。

究,发表成果。在新闻界则出现了大量揭露美国支持"台湾当局"、封锁中国大陆、发动朝鲜战争的报道和政论文章、宣传小册子。这些文章和小册子曾经对清除盲目崇美、亲美思想起过积极作用,是中国美国史研究发展中的一个特殊阶段。不过,这些作品中大部分是适应形势需要而写的,缺乏深入研究的基础,严格说还不算学术性著作。其中比较系统和有一定学术价值的则要算刘大年的《美国侵华史》、钦本立的《美国经济侵华史》、卿汝辑的两卷本《美国侵华史》和胡绳的《帝国主义和中国政治》等书。刘大年的《美国侵华史》还被译为俄文出版,并被列入苏联历史学家祖波克的《美国史纲》参考书目。

此外,出版部门为了配合形势,曾组织国内学者翻译了相当数量的外国图书资料,在此基础上编辑出版了一系列有关美国外交政策、特别是对华政策的文件汇编。①这些资料的出版对于日后研究美国外交史具有一定的意义。

尽管当时的条件极为困难,但可喜的是,美国史研究的奠基性工作方面,还是取得了一定成果。这就是由中国留美学者、具有渊博学识和高度理论素养的黄绍湘先生编著的《美国简明史》,它是新中国第一部以马克思主义为指导、材料丰富的美国史著作,曾得到苏联著名美国史专家叶菲莫夫的称道。她的另一部专著《美国早期发展史,1492—1823》也于1957年由人民出版社出版。这两部书在出版后的三十年间,一直是我国高等学校广泛使用的教材,影响了整整一代人。但是由于当时中美处于敌对状态,国内政治运动频仍,缺乏宽松的学术环境,《美国简明史》对美国历史事件和人物的评价不免有某些偏重批判而忽略全面分析之处。好在本书再版时作者又增加了许多新材料,并做了较大幅度的修订,对其中的不足有所弥补。修订后的书已经是一部洋洋六十余万字的巨著,至今仍具有广泛影响。

20世纪50年代正是我国向苏联全面学习的时期。苏联学者的著作被大

---

① 正式出版的有人民出版社编:《美国侵华史料》,人民出版社,1951年;《1765—1917年的美国》,生活·读书·新知三联书店,1957年;《中美关系资料汇编》(第一辑),世界知识出版社,1957年;《中美关系资料汇编》(第二辑),世界知识出版社,1960年;国际关系研究所编:《美国外交研究资料》(第一辑),世界知识出版社,1960年;《第二次世界大战后美国总统国情咨文汇编1946—1962》,世界知识出版社,1962年,等等。

量翻译出版,成为高校的主要教材和参考书,其中也有不少关于美国史的著作。①苏联学者的著作,资料丰富,结构严谨,有相当深厚的研究基础,确实是很好的参考书,但由于受到冷战气氛和意识形态方面的影响,在观点和方法上不免存在着僵化和片面性,而这些负面影响又使本来就比较沉闷的中国的美国史研究受到更多的束缚。美国学者的著作也有选择地被译为中文,如老左派史学家菲力普·S.方纳的《美国工人运动史》、威廉·福斯特的《美国共产党史》出版后,很快就成为国内高校的重要参考书。

20世纪60年代是国际风云多变的年代,美苏两个超级大国既对抗又妥协,中苏两国交恶。中国需要改变过去倒向苏联的倾向,开展全方位的外交,加强同西方国家的交往,增加与第三世界国家的联系。1963年底,毛泽东发出了关于"加强外国研究"的指示,国务院随即按照这项指示要求在全国有条件的高等学校和社会科学研究机关设立研究外国问题的专门机构。1964年,根据国务院的统筹安排,武汉大学美国史研究室、南开大学美国史研究室正式成立。这是新中国成立后两个最早研究美国历史的专门机构。两个研究室本应承担起开创我国美国史研究新局面的责任,但不幸的是,在成立后工作刚起步时就受到了"文化大革命"的冲击。研究人员被调离、遣散,资料散失或者被毁坏,研究工作被迫停顿达十年之久。留下来看守研究室的少数人员也只能在连续不断的政治运动中,在频繁的会议之余做些不引人注目的工作。例如,南开大学美国史研究室的研究人员在"文化大革命"的前夕和期间,编写《美国黑人运动大事记》和编译《美国霸权主义对外政策资料选辑》。但两部书稿均未正式出版,只留下了少量的铅印本和油印本,使用的范围十分有限。1972年以后,武汉大学美国史研究室恢复工作并取得了两项成果:《美国1789—1978大事记》和大量马克思主义经典作家论美国的卡片,可惜均未能出版。

黑人运动史是新中国成立后颇受关注的一个问题,又因为20世纪60年代美国民权运动的高涨,自然就成了当时学术界议论的焦点。其间发表的论文数量和涉及的问题很多,包括奴隶制的由来及性质、废奴运动、黑人斗争、

---

① 影响较大的著作有[苏]叶菲莫夫:《美国史纲(1492—1870)》,生活·读书·新知三联书店,1957年;[苏]祖波克:《美国史略》,生活·读书·新知三联书店,1959年,等等。

逃奴和南方黑人的土地问题、第二次世界大战后黑人运动的特点、民权运动和黑人运动的领袖人物等。在诸多的论著中，杨生茂先生主编的《美国黑人解放斗争简史》无疑是最具代表性的著作。尽管它不可避免地在某种程度上受"文化大革命"影响，但仍不失为一本较完备、系统、资料丰富、具有相当学术水平的书。

从全国范围来看，20世纪六七十年代的美国史研究基本上还处于分散、自发的状态。不过，在各种刊物上发表的美国论文数量还是相当可观的。文章的选题涉及面很广，归纳起来大致有八个方面：(一)人民运动，包括黑人运动、契约华工的反抗运动、谢司起义等；(二)独立战争，包括对《独立宣言》的评价、独立战争胜利的原因等；(三)美国的宪法和美国的政治制度；(四)美国的经济危机和改革，对"新政"的评价；(五)美国的对外政策，包括对外政策的思想依据、门罗主义，对非洲、拉丁美洲的干涉和侵略，对日本、朝鲜、中国政策和对华侵略，古巴、巴拿马问题等；(六)美国的西进运动和农业发展问题；(七)北美殖民地时期的土地和政治制度问题；(八)对美国总统和思想家的评价，等等。

在20世纪70年代，学者个人撰写的最有分量的美国史著作要算刘祚昌先生的《美国内战史》了。这是由我国学者撰写的论述美国内战的第一部专著，近五十万字，该书在学术界产生了很好的影响。黄绍湘先生于20世纪50年代写的《美国简明史》，差不多也是在这一时期修订的，并于1979年问世，她的《美国早期发展史》的修订本——《美国史纲1492—1823》也于1987年由重庆出版社出版。

总的来看，从新中国成立到20世纪70年代末，中国的美国史研究在广大史学工作者的努力下，取得了引人注目的成就，迈出了可喜的一步。但是它在多变的政治大气候的影响下，历经曲折，甚至被迫中断。由于"双百"方针不能贯彻落实，人们的思想被禁锢，美国史研究除了反映那些能够配合形势需要的内容之外，几乎都是"禁区"。"左"的影响已经深深地渗透这个学科，研究领域十分狭窄，对事件和人物的评价也往往受这种影响而缺乏实事求是。

三

1978年,党的十一届三中全会所确定的改革开放政策,为我国的美国史研究开辟了广阔的前景,提供了一个较为宽松的学术环境。1979年1月,由于中美建交,在报纸杂志上多少出现了一些关于美国的比较客观全面的报道,中美两国的学术交流也已启动。我国的美国史研究终于迎来了自己的春天。然而,在经过长期隔绝后要使美国史的研究全面铺开,在短期内取得较大成就,尚有许多困难和问题需要解决。这就是研究人员严重不足,而且很分散,没有一个团结和协调的全国性学术研究团体或组织。因此,首要的任务就是进行队伍建设。进行队伍建设有两方面的内容:一是成立专门机构,增加科研人员;二是建立学术团体,密切与分散在各地的研究人员的联系,协调相互间的研究工作,并给以必要的支持和引导,使之能充分发挥各地的优势,推动全国性研究工作的开展。

1979年4月,在中国社会科学院世界历史研究所的倡导下,新中国成立后的第一代美国史专家刘绪贻、杨生茂、丁则民、邓蜀生等先生在武汉大学聚会,筹划成立全国性的中国美国史研究会。在他们的倡议下,同年12月6日,由武汉大学、南开大学、南京大学的有关学者发起,在武汉举行了中国美国史研究会成立大会。参加大会的学者一致推选黄绍湘先生担任第一任理事长,刘绪贻、杨生茂、丁则民任副理事长,秘书长由刘绪贻兼任。研究会成立后还聘请宦乡、陈翰笙、陈翰伯三位资深外交家和学者担任顾问。1993年,研究会还邀请著名外交家黄华担任名誉理事长。

会议所讨论的问题主要集中在下列三个方面:(一)在分期标准问题上反对"单纯以阶级斗争为划分标准";(二)在关于经济高速发展问题上,认为美国经济发展"到了帝国主义阶段就停滞了,或者到第二次世界大战以后就停滞了"的说法不符合事实;(三)主张重新评价罗斯福新政和罗斯福本人。

中国美国史研究会成立以来已度过了十八个春秋,举行了八届年会,选举更替了七届理事会。它不仅已成为交流和指导中国美国史研究的中心,深受全国美国史工作者的欢迎,而且在学术研究方面也取得了累累硕果。十几年来,中国美国史研究会共出版会刊《美国史研究通讯》72期,论文集5部,翻译资料多种,并组织会员承担国家社会科学基金重点项目六卷本《美国通史》。该书由刘绪贻、杨生茂担任主编,截至目前已由人民出版社出版了四卷:刘绪贻主编的第六卷《战后美国史,1945—1986》(1989),丁则民主编的第三卷《美国内战与镀金时代,1861—19世纪末》(1990),张友伦主编的第二卷《美国的独立和初步繁荣,1775—1860》(1993),刘绪贻主编的第五卷《富兰克林·D.罗斯福时代,1929—1945》(1994)。其余两卷正在撰写和加工中。这套丛书是迄今由我国学者集体撰写的资料最丰富、分量最重的一部著作,反映了当前我国美国史研究的总体水平。此外,中国美国史研究会在开展国际交流和推动学术研究方面也做了许多工作。1981年,中国社会科学院美国研究所成立,这是我国第一个研究美国的多学科综合性机构。它的成立标志着中国的美国学开始起步,对于美国史研究的发展具有很大推动作用。另外,在美国研究所的筹划下,1989年初中华美国学会宣告成立。这是一个全国研究美国的综合性学术团体,包括中国美国史研究会在内的有关学科的研究会都成为该学会的团体会员。中华美国学会成立后,不仅在指导各所属研究会的研究工作中起着十分重要的作用,而且积极开展国际学术交流,举办国际学术会议,组织中外学者就有关重大问题进行座谈。应当特别指出的是,中华美国学会还通过不懈的努力,建立了出版补贴基金,缓解了美国学学术成果出版难的问题。近年来,仅美国史方面受到资助出版的著作就有十几部。

在建立学术机构方面的另一个重大举措是南京大学-约翰斯·霍普金斯大学中美文化交流中心的成立。该中心拥有一流的师资,现代化的教学设施和丰富的图书资料,既起到了中美文化研究中心的作用,又成了我国培训美国学研究人员的重要基地。不少美国史研究会会员都曾在这里接受过培训,并取得了良好效果。除此以外,自1984年起,复旦大学、武汉大学、四川大学、南开大学、北京大学、东北师范大学、山东师范大学、山东大学、北京师范大学和河北师范大学及一些外语院校还相继设立了研究美国问题的所、中心、室等机构。特别值得一提的是已故美籍华裔学者万心蕙教授为九江师范专科学校设立的美国研究中心,经过几年的努力,该中心已初具规模,拥有几千册藏书,成为我国美国史研究的重要基地之一。

随着中美学术交流日益频繁,从20世纪80年代中期开始,我国学术界举办了一系列研讨中美关系和美国社会的国际学术会议。1986年10月,北京大学和美国美中学术交流委员会首次在北京联合举办了中美关系史学术讨论会。双方就解放战争时期和建国初期中美关系中的一些敏感问题坦率地交流了看法,从而增进了中美两国学者间的相互了解。1987年10月,北京外国语大学美国研究中心与美国学术交流委员会为纪念美国宪法制定二百周年在北京举行国际学术讨论会。有关人士向与会的中美学者分别做了关于美国宪法史、宪法修正案、杰斐逊与宪法、宪法与文化、宪法与外交、分权与总统风格等八个方面的专题报告,并围绕这些问题展开了讨论。

规模最大、影响最广泛的恐怕要算中华美国学会于1991年5月在北京召开的20世纪美国与亚太地区国际学术讨论会了。参加这次会议的有来自美国、加拿大、苏联、蒙古、日本、印度、香港等国家和地区的学者。其后,中国美国史研究会与山东大学于1993年8月共同在山东威海举办了国际学术会议,就美国现代化问题展开讨论,会后出版了会议论文选辑《美国现代化历史经验》。1996年8月,中国美国史研究会又与东北师范大学美国研究所在长春召开了美国城市史国际学术研讨会。从20世纪80年代中期开始,来华访问和讲学的美国学者日益增长,其中有按富布赖特计划和中美校际交流计划定期到我国高校讲学的学者,也有应邀短期访华的知名专家,也有应邀和按各项交流计划赴美访问、讲学、参加会议的中国学者,还有相当数量的青年学者和研究生通过考试或按照交流计划在美国的高等学校攻读博士学位。中美两国日益频繁的学术交流不仅增强了两国学者的相互了解和友谊,而且对于我国的美国史研究走向世界、与国际学术界接轨起到了推动作用。

四

改革开放以来,我国美国史研究所取得的成就首先表现在论著的数量上。据不完全统计,1979—1990年出版的美国学著作和译著近2700种,其中20万字以上的美国史著作约为170部,平均每年15部。①同期发表的美国史

---

① 黄安年编:《百年来美国问题中文书目(1840—1990)》,中国美国史研究会、北京师范大学历史系出版,1990年。

论文430篇、译文479篇、资料161篇。[①]在我国从事美国史研究队伍较年轻的情况下，这无疑是一个不小的成绩。

美国史研究的成就还表现在研究领域的拓宽和深入。过去，不仅研究领域狭窄，而且缺乏深度，一般只限于政治史，存在着许多空白和禁区。但是，经过十几年的努力，研究领域已大为拓宽，包含史学理论和方法、经济史、政治史、军事史、移民和种族关系、国际关系、社会运动、宗教、城市史、地区史、工人史、妇女史、档案资料和书目等。

1978年以后，首先引起我国学者关注的是美国的经济发展。大家都希望从中探寻有益的经验教训，为我国的经济建设提供借鉴。这方面的论著颇多，涉及美国的经济思想及政策、工业史、农业史、国家垄断资本主义、二战后的经济危机、经济发展速度和西部开发等各个方面。徐玮的《美国近代经济史》和胡国成的《塑造美国现代经济制度之略》两本专著，均从总体上论述了美国经济发展的历史线索、不同的发展阶段、经济政策、经济立法和现代经济制度的由来。黄安年的个人文集《美国社会经济史论》则以变革为主线，阐述了美国经济所取得的成果。

美国经济的迅速发展及其原因同我国现代化建设的关系比较密切，因而也成了这一时期的热门课题。1979年，张芬梅在《徐州师范学院学报》上发表了《后来居上——19世纪末美国经济跃居世界首位的原因》一文。第二年，三联书店出版的《美国史论文集》又收入了徐玮的《美国南北战争后经济高速度发展原因浅析》、黄安年的《美国经济发展的历史条件》、张友伦的《试论19世纪美国工业革命后来居上的几点原因》三篇论述同一问题的文章。这几篇文章认为，美国历史上不存在封建制度，两次资产阶级革命又消除了从欧洲带来的封建残余，因而使美国的资本主义制度建立在更为牢固的基础上：交通运输业先行；雄厚的农业基础；引进先进的技术和外资；发展教育和科学技术；政府的扶持政策；丰富的自然资源；长期的和平环境；领土扩张和对印第安人、黑人的掠夺；两次世界大战和朝鲜、越南战争对经济的影响和刺激等。除此以外，还有不少文章从不同角度，集中探讨了美国经济发展较快的某一方面的原因，使这一讨论更加深入。

---

① 杨玉圣、胡玉坤编：《中国美国学论文综目：1979—1989》，辽宁大学出版社，1991年，第20页。

美国农业发展道路是过去经常论及的问题,近十几年来围绕这个问题又做了重新探讨,提出了新的观点,所发表的论著相当多。潘润涵、何顺果的《近代农业资本主义发展的"美国式道路"》和张友伦的《美国农业资本主义道路初探》对"美国式道路"的内涵、形成的历史条件、开始和确立的时间、特点进行了比较全面的论述。潘、何的文章还强调"美国式道路"是通过斗争,包括革命战争才得以实现的,而强大的民主力量则是实现这条道路的决定性原因。随后,张友伦的专著《美国农业革命》又结合美国农业发展历史对这个问题进行了全面的论述,并强调这条道路应当包括生产力和生产关系两个方面的变革。

工业革命也是美国经济史研究中的一个热点,著述颇多。[1]多数论著都沿用传统的观点,但也有不同看法。陆镜生认为,美国工业革命的开始不应当早于19世纪30年代,因为在此以前,美国还处于依赖欧洲,特别是依赖英国的地位,不具备工业革命的条件。[2]冯承柏则认为美国工业革命的开端与工厂制的建立有关,大概发生在19世纪40年代。[3]此后,徐玮和龚淑林又对美国的第二次工业革命进行了探讨。[4]

随着我国开发西部构想的提出,美国西进运动引起了越来越多史学工作者的关注。据不完全统计,20世纪80年代发表的有关美国西进运动的论文将近40篇。早在1979年12月在武汉举行的世界史学术讨论会上就有学者对美国西进运动的重要作用和过去在这个问题上的看法提出质疑,认为除了土地扩张、屠杀印第安人的阴暗面以外,它还体现了美国资产阶级的创业经历和"广大移民披荆斩棘、吃苦耐劳的精神……它不仅直接推动了农业,而且带动了交通运输业和各个工业部门的发展"[5]。不过,最早著文明确指出西进运动

① 张友伦、林静芬、白凤兰:《美国工业革命》,天津人民出版社,1981年;戴志先:《19世纪的美国工业革命》,《湖南师院学报》1981年第1期;徐玮:《19世纪上半期美国工业发展的特点》,《北方论丛》1981第6期;杨惠萍:《美国早期工业革命几个问题探讨》,《辽宁大学学报》1986年第1期。

② 陆镜生:《美国工业革命开始年代问题》,《南开学报》1985年第5期。

③ 冯承柏:《美国工厂制确立年代质疑》,《历史研究》1986年第6期。

④ 徐玮:《试论美国第二次工业革命》,《世界历史》1989第8期;龚淑林:《美国第二次工业革命与联邦政府的政策》,《江西大学学报》1989年第1期。

⑤ 张友伦:《美国史研究值得注意的几个问题》,《世界历史研究动态》1981年第1期。

对美国经济发展的重要意义的是杨生茂先生。他在《试论弗雷德里克·杰克逊·特纳及其学派》一文中写道:"西部土地对于美国资本主义发展的作用,无论用什么动听的字眼来形容,恐怕也都不能算作过分的。"①随后,何顺果对美国西进运动进行了比较深入、系统的研究,先后发表了《美国西进运动初探》《西进在美国经济发展中的作用》等论文,并于1992年出版了专著《美国边疆史——西部开发模式研究》。何顺果在论著中阐明了西进运动兴起、发展、结束的历史过程及其所起的重要作用,指出西进运动除了负面影响以外,它更是一场群众性的拓殖运动,而拓荒农场主则是它的主要动力。张友伦着重对西进运动的评价问题发表了见解,认为美国西进运动实质上是一场资本主义制度下开发广大西部的群众性运动,不可避免地带有残酷性,但绝不能因为存在这些阴暗而贬低甚至否定其重要作用。②此外,还有不少学者从另一角度对美国西进运动发表了看法。

政治史是一个旧课题,但过去探讨的深度很不够。在我国进行体制改革的时候,越来越多的学者意识到政治制度对国家发展的重要性,开始全面地较为客观地研究美国政治制度形成和发展过程及其在各个历史阶段的作用。其涉及面很广,包括美国宪法、两党制、国会、总统制、院外集团、联邦制与州权、国家政权形式的演变和文官制度改革等内容。在这个领域的专著有沈宗灵的《美国政治制度》,曹绍濂的《美国政治制度史》,陈其人、王邦佐、谭君久的《美国两党制剖析》和李道揆的《美国政府和美国政治制度》等。其中李道揆的著作是迄今为止论述这一课题最全面、内容最充实、影响最广泛的著作。

如何评价美国宪法? 是中国美国史学界讨论比较集中的问题之一。余志森认为,就美国宪法的性质来说,它是资产阶级和种植园主对美国人民实行统治的根本大法。③宋子海认为,同封建专制相比较,美国宪法无疑是一个进步,它所采用的分权制衡原则保证了资产阶级的民主。④刘祚昌对美国宪法的保守性和民主要素进行了深入剖析,认为"三权分立"本来是保守派为了限制人民权力而设置的体制,但相互制衡也"可以防止出现独裁或暴政,可以

---

① 杨生茂:《试论弗雷德里克杰克逊特纳及其学派》,《南开学报》1982年第2期。

② 张友伦:《评价美国西进运动的几个问题》,《历史研究》1984第3期。

③ 余志森:《华盛顿与美国宪法》,《世界历史》1983年第5期。

④ 宋子海:《简评1787年美国宪法》,《贵州大学学报》1985年第2期。

保障资产阶级民主";美国宪法虽然加强了中央权力,但也把相当多的权力留给各州,从而"保障了人民自由及发挥地方的积极性";此外,确立共和制、"实行民选政府制度"、由文官政府控制军权、规定宪法修改程序等民主要素也都显示了这部宪法的进步性。①

　　美国两党制问题也是史学界注意的焦点。学者们对两党制的产生、确立、性质和作用,以及第二次世界大战后的两党政治进行了探讨,发表了一系列专题论文。②其中《美国两党制剖析》一书对这个问题论述得比较全面,而争论比较集中的问题是两党制形成的时间。曹绍濂、陈其人等几位学者认为,美国两党制是在内战后形的。黄德禄和黄绍湘认为两党制形成的时间是在内战前。③黄柯可则认为,两党制在19世纪20年代末至30年代产生,到50年代中期确立,其标志是两大党轮流执政形成制度。④除此以外,还有不少文章涉及美国文官制度改革、国家职能、政权形式的演变、州权和市政改革等问题。⑤

　　美国外交史特别是中美关系史是近年来成果十分突出的研究领域。据统计,仅在1979年至1989年的十年间,在各种刊物上发表的论文就有653篇、译文294篇、资料653篇。⑥这些成果不仅数量可观,而且内容广泛,既有综合性论述美国和几大洲的外交关系史,也有专门论述美国重大外交事件和人物的文章。美国外交政策的演变,尤为我国学者注意。从美国推行孤立主义、新孤立主义、绥靖政策、反法西斯同盟、雅尔塔秘密交易、美国对日政策、对华政策的演变,到第二次世界大战后实行"遏制"和"冷战"等问题都是学者们深入讨论的课题,并发表了大量有见地的文章。一批经过深入研究、很有影响

　　① 刘祚昌:《论美国第一次革命的成就》,《美国史论文集1981—1982年》,生活·读书·新知三联书店,1983年。

　　② 谭君久:《试论美国民主党的资产阶级和改良主义政党的演进》,《世界历史》1984年第6期;韩铁:《试论艾森豪威尔的现代共和党主义》,《世界历史》1983年第6期;邓蜀生:《美国联邦主义的历史演变》,《美国史论文集1981—1983年》,生活·读书·新知三联书店,1983年。

　　③ 黄德禄:《略论美国的政变制度》,《河北师院学报》1982年第4期;黄绍湘:《美国通史简编》,人民出版社,1979年。

　　④ 黄柯可:《美国两党制的形成及其特点》,《世界历史》1987第1期。

　　⑤ 中国美国史研究会:《美国史论文集》,生活·读书·新知三联书店,1980年。

　　⑥ 杨玉圣、胡玉坤编:《中国美国学论文综目1979—1989》,辽宁大学出版社,1991年。

的著作也陆续出版。其中有杨生茂主编的《美国外交政策史》,资中筠著《美国对华政策的缘起和发展:1945—1950》,李庆余的《美国外交:从孤立主义到全球战略》,华庆昭的《从雅尔塔到板门店》,陶文钊的《中美关系史:1911—1950》,时殷弘的《敌对与冲突的由来——美国对新中国的政策与中美关系:1949—1950》,王晓德的《梦想与现实》等。1989年,商务印书馆还出版了中国社会科学院美国研究所和中华美国学会合编的文集《中美关系十年》。

随着亚太地区地位的日益重要,越来越多中国学者开始关注这方面问题。时殷弘的《美国在越南的干涉和战争:1954—1968》、王玮主编的《美国对亚太政策的演变:1776—1995》、赵学功的《朝鲜战争中的美国与中国》相继问世。在美国和其他美洲国家的关系方面也有一定数量的论文和著作。其中有洪国起、王晓德的《冲突与合作——美国与拉丁美洲关系的历史考察》和杨令侠的《加拿大与美国关系史纲》等。

美国社会运动史是新中国成立后比较受重视的一个领域,它包括工人运动、黑人运动、妇女运动等内容。发表的文章很多[1],近年来又有几部专著陆续出版。其中有陆镜生的《美国社会主义运动史》,张友伦、李剑鸣主编的《美国历史上的社会运动与政府改革》,张友伦、陆镜生的《美国工人运动史》等。北京大学齐文颖教授最早研究美国妇女史,做了大量的奠基性工作。

20世纪80年代,美国黑人史研究继续取得进展。唐陶华的《美国历史上的黑人奴隶制》一书对美国奴隶制的形成、发展和废除进行了系统的论述,并揭示了种族主义的历史根源和顽固性。刘绪贻的《从合法斗争到非暴力群众直接行动》和侯文惠的《马丁·路德·金和美国黑人运动》两文侧重谈第二次世界大战以后的黑人运动,强调非暴力直接行动的群众性、坚决性和正视现实的斗争精神,并指出这是一种符合美国国情的斗争方式。北京大学杨立文先生从事美国黑人史研究多年,硕果甚丰,80年代还为《自修大学》撰写《美国历史上的黑人》,对于普及这方面的知识起到了很好的作用。

美国史学流派、专题史学、史学家的研究方面也取得了可喜的成果。弗

---

① 如中国美国史研究会:《美国史论文集》,生活·读书·新知三联书店,1980年;万松玉、刘一林:《美国妇女运动初探》,《河南大学学报》1985年第1期;张聪:《19世纪末20世纪初美国中产阶级妇女走向社会的动因与问题》,《美国研究》1993年第3期;时春荣:《战后美国女权运动的发展及其影响》,《世界历史》1987年第4期;文颖:《美国妇女传记辞典评介》,《历史研究》1986年第3期。

雷德里克杰·克逊·特纳的边疆学派是中国学者评论的焦点之一。杨生茂、丁则民等曾著文介绍特纳的学说，但侧重揭露它为美国对内对外政策服务的一面。[①]1984年杨生茂主编的《美国历史学家特纳及其学派》一书问世，对特纳及其学说进行了全面的评介，既指出其为美国政治服务的一面，也充分肯定其在美国史学中的重要地位，认为特纳的《边疆在美国历史上的重要性》一文"无疑是美国历史编纂学中一个里程碑"。

近年来，中国学者对美国史学的发展、新左派史学和其他专题史学都有评述。其中有罗荣渠的《当前美国历史学的状况和动向》，余志森、王晴佳的《略论美国当代史学研究的演变》，张广智的《美国"新史学"评述》，李世洞、武剑榕的《美国历史重大问题史学观点评价》，杨生茂的《试论威·阿·威廉斯的美国外交史学》，黄绍湘的《评美国"新左派"史学》，张友伦、倪亭的《试论美国西进运动史学》，冯承柏的《关于美西战争起源的美国史学》等。

美国史研究取得进展的另一个重要标志是争鸣的气氛已初步形成，学术空气日趋活跃。学者们在许多重大问题上都发表了不同的见解。争论的问题很多，包括美国历史的开端、孤立主义、对汉密尔顿和林肯的评价、《门罗宣言》、工业革命的起迄时间、美国对待中国领土的态度、传教士的作用、华工问题等。其中争论最集中的问题有两个：一是门户开放政策，二是罗斯福新政。

汪熙在《略论中美关系史的几个问题》中对"门户开放"提出了新见解，认为它一方面承认列强在华势力范围，要求贸易机会均等，但另一方面又尊重中国的主权与领土完整，客观上对列强侵略中国有所抑制缓和。丁名楠和张振鹍不同意这种看法，指出门户开放政策的目的是保持和扩大美国在中国的影响，并进一步剥削中国人民，是彻头彻尾的帝国主义政策。[②]罗荣渠则认为，尽管这个政策是根据美国利益提出的，只反对列强排斥美国的在华利益，

---

① 丁则民：《特纳的"地域理论"评介》，《吉林师大学报》1979第3期；丁则民：《"边疆学说"与美国对外扩张政策》，《世界历史》1980年第3期；丁则民：《特纳与美国奴隶制问题》，《世界历史》1986年第1期；杨生茂：《"新边疆"是美帝国主义侵略扩张政策的产物兼论美国"边疆史学派"》，《美国史论文选》，天津人民出版社，1984年；杨生茂：《试论弗雷德里克杰克逊特纳及其学派》，《南开大学学报》1982年第3期。

② 丁名楠、张振鹍：《中美关系史研究：向前推进还是向后倒退》，《近代史研究》1979年第2期。

但在中国的国际政治中还是起过某种微妙作用的。①

党的十一届三中全会以来,对罗斯福新政的评价是不全面的,曾称之为"彻头彻尾为垄断资产阶级服务的东西"。20世纪80年代初,邓蜀生、黄安年、戴志先等率先提出重新评价新政的问题。②刘绪贻的《应当重视罗斯福新政对延长垄断资本主义生命力的作用》一文对新政做出了全面的评价,认为如果只看到新政维护美国垄断资本利益的一面,而无视扭转美国垄断资本主义制度崩溃、恢复美国社会信心的一面,那就无法解释新政开始后美国国家得以恢复,民主制度得以保存的事实,所以应当把它看成是"美国垄断资本主义部分改进生产关系以适应生产力发展的突出事例"。刘绪贻在随后的几篇文章中进一步指出国家垄断资本主义是一个新阶段,新政符合凯恩斯主义,为以后的美国社会经济制度奠定了基础,它不限于罗斯福任内,一直延续到肯尼迪、约翰逊时期,甚至更晚。③

黄绍湘也曾就此问题连续发表文章表明了自己的看法。④她不同意刘绪贻的观点,认为新政的指导思想是芝加哥学派的观点,同凯恩斯主义接近,但并不等同。新政只是一种解决严重经济危机的应急措施,于1943年底即告结束,并不"符合凯恩斯主义的罗斯福'新政式'的国家垄断资本主义",也不可能"使30年代垄断资本主义的发展出现了新规律"。邓蜀生认为,新政不是凯恩斯学说的实验,但它加强了新政派本来就有的某些想法。1943年底,应罗斯福的要求,美国报刊不再使用新政一词,新政实际上已经结束。胡国成认为,新政从1933年3月开始到1941年3月结束,为期8年,新政和以新政为开端的美

① 罗荣渠:《关于中美关系和美国史研究的一些问题》,《美国史论文集》,生活·读书·新知三联书店,1980年。

② 邓蜀生:《三十年代的经济危机与罗斯福新政》,《外国史知识》1982年第11期;黄安年:《关于罗斯福新政的评价》,《史学译林》1980年第1期。

③ 刘绪贻:《世界现代史体系中的一个重大问题》,《世界历史》1984年第5期;刘绪贻:《有关罗斯福"新政"的几个问题——与黄绍湘同志商榷》,《世界历史》1985第1期;刘绪贻:《罗斯福"新政"的历史地位》,《世界历史》1983第2期。

④ 黄绍湘:《开创美国史研究的新局面》,《美国史论文集1981—1983年》;《评罗斯福新政从杜鲁门延长到肯尼迪、约翰逊时期的见解》,《重庆社会科学》1985年第3期;《关于罗斯福实施新政的指导思想》,《河北师范学院学报》1985年第1期;《评有关罗斯福新政的几个问题答刘绪贻同志》,《世界历史》1985第8期。

国国家垄断资本主义制度是两个概念,延续下去的是后者而非前者。①

此外,围绕新政的作用问题也有不同意见。大家在原则上肯定了新政挽救严重经济危机,巩固美国资本主义制度的作用,但对其作用的大小评价不一。一种意见认为,新政并未实现美国的经济复兴和劳动者充分就业。第二次世界大战前夕,列强的扩军备战才使美国摆脱了1937—1938年的经济危机。②新政的影响只限于20世纪40年代上半期。③另一种意见认为,新政虽然只是改革资本主义制度的弊端而不是摧毁它,但在三方面留下了深远影响:通过国家干预,解脱了大危机的威胁,遏制了美国的法西斯势力,保护了民主制度;奠定了美国"福利国家"的基础,大幅度扩大了联邦和总统的权利。④第三种意见对"新政"的积极作用肯定得较为充分,认为它缓解了经济危机和阶级矛盾,在某些方面改善了劳动人民的生活,避免了国民经济的崩溃和法西斯上台,维护了美国的民主制度和民主传统。在对外政策方面实现了美苏关系的改善,密切了拉美国家的"睦邻关系",从总体上说,新政是美国历史上的进步现象,那种持"功过参半"的论点是欠妥的。⑤

美国史研究深入发展的又一个重要标志是不断开拓新的研究领域,特别是跨学科领域。民族问题和移民史是近年开辟的新领域之一。部分学者从不同角度论述了美利坚人民的民族性格,认为它具有勤劳、求实、革新、求变、追求独立、兼容各种文化的特点,但也有压迫黑人、印第安人的一面。对美利坚民族中的土著人——印第安人的研究也取得了可喜的成果。对印第安人来自何处,印第安人的遭遇、觉醒与斗争,印第安人在城市中的生活,美国政府对印第安人的政策却少有论述。⑥青年学者李剑鸣近年来连续发表了《两个世界文明汇合与北美印第安人的历史命运》,《美国印第安人保留地制度的

---

① 胡国成:《关于新政的分期问题——兼与刘绪贻先生商榷》,《世界历史》1986年第7期。

② 黄绍湘:《开创美国史研究的新局面》,《美国史论文集1981—1983年》,生活·读书·新知三联书店,1980年;黄绍湘:《评"有关罗斯福'新政'的几个问题"——答刘绪贻同志》,《世界历史》1985第8期。

③ 张谦让《论罗斯福新政的历史作用》,《山西大学学报》1982年第1期。

④ 邓蜀生:《罗斯福》,浙江人民出版社,1985年。

⑤ 黄安年:《罗斯福新政的历史地位和阶级性质》,《北京师范大学学报》1982年第4期。

⑥ 赤林:《美洲印第安人是土生的还是外来的?》,《世界史研究动态》,1980年第6期;万心蕙:《美国印第安人的觉醒与斗争》,《外国历史知识》1981年第12期;李家添、戴国华:《从考古学看美洲印第安人的起源》,《厦门大学学报》1984年第2期。

形成与作用》《文化接触与美国印第安人社会文化的变迁》等论文多篇,并于1994年出版了《文化的边疆:美国印第安人与白人文化关系史论》一书。他在注意印第安人种族特性、经济因素的基础上,侧重从文化史的角度探讨印第安人和白人的关系。他的结论是:"文化征服虽然不见刀光剑影,却同样是一场严酷的战争。""印第安人在其中所受创痛之深巨,所受损失之惨重,完全可以和物质与肉体的灾难等量齐观。"他还认为,从体质上和文化上同化印第安人是不可能的,只有实现"平等的自治","印第安人的社会文化才能走上正常的变迁轨道"。①

丁则民、高鉴国两位学者在对美国民族的多样性和多元文化主义进行论述的同时,揭示了"熔炉论""一致论"被文化多元论所取代的过程和原因。②

20世纪80年代初期和中期,丁则民、李其荣开始探讨外来移民在美国历史上的作用和新移民所遭受的歧视和限制。③随后,邓蜀生又对这一问题做了深入的研究,发表了《美国移民政策的演变及其动因》《美国犹太人同化进程初探》等文章,并于1990年出版了我国第一部关于美国移民史的专著《美国与移民》。1996年梁茂信的《美国移民政策研究》一书问世。两位学者都借鉴和采用了民族学、社会学、经济学、人口学、人类学等学科的方法和成果,把美国移民史研究推向了一个新的高度。

城市史也是一个新的研究领域。20世纪90年代初,围绕美国城市化道路、西部开发与城市化的关系、西部城市的起源与类型方面的问题发表了一系列论文。其中王旭的专著《美国西海岸大城市研究》最具有代表性。该书系统地论述了从西部开发与西海岸城市兴起到西海岸四大都市区形成的全过程。由于作者使用了跨学科理论和方法,使该书的视野和研究范围更广阔,因而令人耳目一新。1996年8月,中国美国史研究会和东北师范大学美国研究所共同举办了中美城市比较国际学术讨论会,会议论文集即将出版。

---

① 李剑鸣:《文化的边疆:美国印第安人与白人文化关系史论》,第349页。

② 丁则民:《第二次世界大战后美国族裔史及其发展》,《东北师大史学》1994年第1期;高鉴国:《试论美国民族多元化和文化多元主义》,《世界历史》1994年第4期。

③ 李其荣:《外来移民在美国近代历史上的作用》,《美国史论文集1981—1983年》,生活·读书·新知三联书店,1980年;《美国工业化城市与外来移民》,《兰州学刊》专辑,1986年7月;丁则民:《美国新移民与文化测验》,《社会科学战线》1986年第2期。

与城市有某些联系的美国现代化问题研究也已经起步。中国美国史研究会编辑出版的《美国现代化历史经验》文集为这项研究打下了良好的基础。该文集收入了23篇论文、6篇论文提要,基本上反映了这一时期的主要研究成果。北京大学出版社还于1996年出版了张少华的《美国早期现代化的两条道路之争》一书。

此外,军事史、宗教史、历史人物传记、教科书等方面也都出现了不少值得一提的成果。[①]其中刘祚昌的《杰斐逊传》尤为出色,不仅资料丰富,而且具有相当高的学术水平,显示了作者对杰斐逊的深刻理解和深厚的学术功底。

研究中国人对美国的认识也是一个过去被忽略但又有待深入的领域。在这方面,青年学者杨玉圣做了许多有益的工作。他曾与辛逸、胡玉坤共同编辑出版了文集《我说美利坚》,并发表了《美国西进运动研究在中国》等文章。

当然,在总结成绩的同时,我们不能不看到中国的美国史研究尚有一些不足之处。首先,我们的马列主义理论修养还需要提高,否则很容易在西方学者论著的海洋中迷失方向,分不清精华和糟粕。其次,需要进一步端正学风,杜绝互相吹捧、主观武断和随意抄袭的现象,提倡敢于争鸣、互相切磋、一丝不苟的治学态度。此外,还应当采用先进的研究方法和手段,在坚持历史唯物主义的基础上尽可能采用跨学科研究、比较研究和计量方法,力求缩小同国际水平的差距。

原载《历史研究》1997年第3期

---

① 其中有陈海宏:《美国军事史纲》,长征出版社,1991年;谢牧编:《美国军事力量的崛起》,内蒙古大学出版社,1995年;刘德斌:《美国世界战略》,黑龙江人民出版社,1989年;黄兆群主编:《美国宗教史纲》,内蒙古大学出版社,1994年;雷雨田:《上帝与美国人:基督教与美国社会》,上海人民出版社,1994年;顾学稼、林俯、伍宗华编:《中国教会大学史论丛》,成都科技大学出版社,1994年;余志森:《华盛顿评传》,中国社会科学出版社,1990年;李剑鸣:《伟大的历险——西奥多·罗斯福传》,世界知识出版社,1994年;刘文涛主编:《美国历届国务卿传》,世界知识出版社,1993年。

加拿大史学初论

　　加拿大是世界上发达的资本主义国家之一,在世界事务中发挥过和正在发挥着重要的作用。同时,加拿大也是同我国建立外交关系较早、两国人民友好往来频繁的国家。全面深入了解这个国家的重要意义是不言自明的。本文仅对加拿大的史学进行初步探讨,但愿能够对读者了解加拿大的历史有所帮助。

一

　　按照加拿大史学家卡尔·伯杰的看法,尽管19世纪的神父、律师和记者们曾经进行史料整理和著述,留下了一批颇有价值的成果,"但是批判地研究加拿大的过去的真正开端却是始于1894年,那时乔治·朗被任命为多伦多大学历史系主任,亚当·肖特开始在女王大学教授加拿大早期经济史和社会史课程。两人通过和过去完全不同的途径致力于研究,使得历史研究的性质发生了决定性的变化"①。伯杰在这里强调的是历史研究方法的转变。在此以前的历史著作大多限于资料的汇集、风土人情的介绍,对所引用的材料一般不加审查,其可靠性颇令人怀疑。1894年以后,德国兰克学派注重史料的研究方法通过美国的大学和学者传入加拿大,使加拿大史学发生明显的转变。从这个意义上说,把19世纪90年代作为加拿大史学的开端是有所根据的。但这绝不是说1894年以前的加拿大的历史著作无关紧要。因为这个转变绝不是凭空出现的,而是经过整整一代人的准备酝酿才得以实现。所以1894年以前的历史时期在加拿大史学发展中应当占有一席之地。

　　首先,资料的整理和搜集工作是这一时期的一大贡献。早在1824年,托

---

① Carl Berger, *The Writing of Canadian History*, Toronto: University od Toronto Press, 1986, p. 1.

马斯·坎德勒·哈利伯顿整理和出版了《新斯科舍的历史统计报告》。这虽然是一个地区性的史料汇编,但对于研究殖民地时期历史有重要参考价值。1824年建立的魁北克文化和历史协会曾长期进行殖民地发现时期和新法兰西军事史方面的文件资料的整理和出版工作,并且从历年的报纸广告中收集和整理了大量有关居民家庭的文件。1857年以后新斯科舍地方政府采取措施保存和有选择地出版殖民地早期的历史文献,并向加拿大自治领政府申请拨款资助出版工作。

1872年,加拿大自治领议会通过决议,拨款4000加元在农业部建立档案馆,由道格拉斯·布里蒙纳担任馆长。后来,档案馆曾从英国国防部获得400000件军事文件和记录,并汇集了大量国内地方政府的文件,所藏渐丰。为了加强档案管理工作,1873年布里蒙纳赴英国考查访问,他先后参观了伦敦塔、英国博物馆和一些政府部门的档案,他的助手阿贝·维劳特也访问了德国和俄国圣彼得堡的档案馆。由于他们引进成功的管理方法,档案馆的管理工作日臻完善。1902年,当布里蒙纳去世时,档案馆已经拥有珍贵的手稿、原件和复制件3155件,其他文件、记录多种。这为日后的加拿大历史研究创造了良好的条件。

此外,加拿大史的撰写也取得了颇有分量的成果。新闻记者约翰·默西埃·麦克马伦于1855年出版了《从第一次发现到当代的加拿大史》。这是一部比较早的系统论述加拿大历史的著作,内容比较广泛,涉及英国对殖民地的影响、殖民地自治政府的发展,以及物质文明的进步和人民生活的改善。1845—1852年,法裔加拿大人法兰西斯–泽维尔·加劳陆续出版了四卷本的《加拿大史》,一时颇有影响。英裔加拿大人也急起直追,希望出版英文大部头《加拿大史》。新闻记者约翰·查尔斯·登特继麦克马伦之后于1881年出版了《最近四十年:1841年联合后的加拿大》。同年,加拿大皇家协会建立,并把加拿大历史作为英国文学的一部分并入第二分部。1885年登特又出版了《动乱史》。散文作家、工程师威廉·金斯福德于1887年至1898年陆续出版了十卷本的《加拿大史》。不过,他的书显然受到英国和美国帝国学派的影响,特别强调殖民地的地方自治政府同英国皇家政府的协调一致,受到激进派的指责。美国著名历史学家弗朗西斯·帕克曼的著作对加拿大的史学也有一定影响,其1851年出版的《庞蒂亚克阴谋》和1892年出版的《半个世纪的冲突》等书涉及加拿大的早期历史。他的治史风格和所提供的丰富材料后来为加拿大的一些史学家所沿用。

　　尤其具有重要历史意义的是加拿大历史学家围绕1812—1814年战争撰写的历史著作。他们在这些著作里明确提出了加拿大的民族主义问题。加拿大史学家赫斯坦对美英1812—1814年战争赋予特别重要的意义。他写道："众多的历史学家都把1812—1814年战争叫作加拿大民族主义的真正开端。那场战争被描写、同时也被加拿大人认为是一个强大国家反对一个弱小的、非进攻性的邻国的一个例子。"①戴维·汤普森的《大不列颠和美国的近日之战》已经提到反美情绪和加拿大民族主义的产生,但未展开论述。1864年威廉·科芬在《1812:战争及其精神,加拿大编年史》中认为加拿大方面在1812—1814年战争中成功的防御是"民族主义的胜利"②。这种思想对当时加拿大史学的发展是很有影响的。但实际上,加拿大的不同地区对战争的反应是不同的。反美情绪或者说民族主义情绪主要集中在加拿大,因为这里是美英交战战场之一,人们对死难的同胞和被毁的家园记忆犹新。所以美国准将威廉·赫尔率领2000名士兵在温泽登陆后,不但没有得到上加拿大居民的支持,反而遭到他们同英军的联合进攻。赫斯坦曾经这样评论说:"诸如昆斯通高地、斯托尼溪、克莱斯勒农庄的胜利,乃至兰迪斯兰的有争议的结局,都激起了上加拿大人的自豪感和举国一致的同仇敌忾。"③

二

　　乔治·朗和亚当·肖特是公认的加拿大史学的奠基人,他们的教学和研究活动对加拿大史学的形成具有极其重要的意义。此外,在他们的同代人和后继者中还涌现了一批造诣非凡的史学家,他们对加拿大史学的形成也做出了重大的贡献。这个群体构成了加拿大史学的第一代,是加拿大史学的创始者,

① M. H. Herstein, *Challenge and Survival: The History of Canada*, Prentice Hall of Canada, Scarbarough, Ontario, 1976, p. 116.

② William F. Coffin, *1812, the War and its Moral: A Canadian Chronicle*, Montreal: John Lovell, 1864, p. 122.

③ M. H. Herstein, *Challenge and Survival*, p. 121.

他们开创了加拿大史学。

乔治·朗于1860年出生于加拿大西部埃尔金县的一个农家。大学毕业后在威克利夫学院开设基督教会史和基督教义课程。1894年在多伦多大学任教,担任历史系主任,在那里一直工作到1929年退休。由于朗的努力,历史学科逐渐在多伦多大学发展起来。1904年,朗在校内创建了历史俱乐部,向全校高年级学生开放,经常举办讨论会。讨论的题目不限于历史,往往涉及政治改革、经济政策和国际关系。1897年他创办《加拿大历史著作评论》,对那些随意引用神话和传说材料而不加审查的著作持批评态度。此外,朗还做了两项奠基性工作。一项是出版加拿大的历史文献和绝版历史著作;另一项是主编出版历史丛书,普及历史知识。为此,他于1905年创立了钱普林协会,并于1914—1916年同H.H.兰顿共同编辑出版了《加拿大编年史丛书》。朗还十分注重教科书的编写,他的辛勤耕耘为历史研究的专业化和使历史成为独立的学科奠定了良好基础。他著有《加拿大领地及其领主》《加拿大的衰落》《新法兰西的兴起和衰落》。

另一位奠基人亚当·肖特是通过哲学和政治经济学研究而后进入历史领域的。他比朗长一岁,降生在安大略西南部沃克顿郊区。年轻时他没有受完正规教育,是在沃克顿工学院的图书馆里自学成材的。1879年他进入女王大学攻读神学和哲学,1883—1886年在英国爱丁堡和格拉斯哥的学院里继续深造。1886年肖特回到女王大学担任哲学课程指导教师、植物学讲师、化学辅导员,并在哲学系讲授政治经济学,1891年受聘为政治学讲座教授。1894年肖特开始教授加拿大社会经济史,他的历史教学和研究工作从此开始。他侧重于经济史,1896年以后的十年内,在《加拿大银行协会杂志》上发表了三十二篇论述加拿大币制、银行和交换的文章,同现实结合紧密。1893年《女王季刊》创刊后,他成为该杂志的一位重要撰稿人。他相信资本主义制度的优越性,赞成自由贸易原则。1927年,他代表加拿大参加日内瓦的国际经济会议,并在会上发言说:"德国和法国的卡特尔和托拉斯对于保卫欧洲和平比国际联盟更为有效。"肖特对社会主义持否定态度。他认为社会主义是一种空想,因为社会缺陷不是社会制度和社会结构造成的,而是由于人自身的不完善造成的。改变社会制度并不能消除社会弊端。①由于肖特的观点和所研究的经济问题符合官方的需要，他经常受到官方和大公司的邀请，为他们提供咨询，并接受他们的聘请，担任一定的职务。

1907年，肖特同朗、科尔比被任命为历史手稿委员会的成员。他和道蒂合编的《加拿大宪法史文件汇编：1759—1791》于1907年出版。此外，他还同道蒂合编加拿大及其各省丛书，共23卷，于1913至1917年间陆续出版。这套丛书不仅包含历史选题，而且涉及众多的现实问题。1917年肖特被任命为历史书籍出版委员会主席。他曾计划出版有关移民和移民点、新斯科舍宪法、货币、银行的材料及国内和国际交换领域的文件。肖特和朗一样做了大量的奠基性工作，为其后的加拿大历史学家开辟了前进的道路。卡尔·伯杰曾经这样评论说：肖特是一个开创者，他同所有的拓荒者一样，为"探险提供装备，并标出大致的探险方向，却让人去发现广阔前景中尚无人知晓的土地"②。

在早期加拿大历史著作中集中论述的问题是加拿大自治政府的作用及其演变。加拿大和美国不同，没有走武装革命的道路，而是在大英帝国宪法所允许的范围内争取帝国内部的自治。这条道路是否合理，在当时的政治家和历史学家当中引起过激烈的争论。肯定这条道路并加以论证，是当时加拿大历史学界的主要倾向，也是这一时期史学的特点。这一时期主流派的史学家们因而也被称为宪法史学家。W.S.华莱士认为：加拿大历史的真正重要意义在于"它在多国组成的大不列颠帝国中起到了主导作用"，"这里殖民地的民族主义力量最先在帝国范围内得到自由的表现"。③朗的继承人切斯特·马丁在他的《帝国和联邦：关于加拿大的治理和自治的研究》一书中，把从殖民地政府转变为自治政府，进而取得独立作为加拿大的理想发展道路。他认为，如果七年战争后英国政府不加紧对北美十三个殖民地的控制，那么殖民地政府同英国王室之间的矛盾绝不会导致武装起义。加拿大通过争取自治政府避免了流血。④马丁主张温和改革，反对激进措施和流血革命。他笔下

① Adam Shortt, "Recent Phases of Socialism", *Queen's Quarterly*, Vol. 5, July 1897, pp. 11–12.

② Carl Berger, *The Writing of Canadian History*, p. 29.

③ W.S. Wallace, "Notes and Comments", *Canadian Historical Review*, Vol. 1, No. 4, Dec. 1920, p. 344.

④ Chester Martin, "The United States and Canadian Nationality", *Canadian Historical Review*, Vol. 8, No.1, 1937, p. 5.

的英雄人物不是激进派而是温和的改革者,诸如德拉姆、埃尔金、鲍德温、拉丰坦等殖民地的上层人物。[1]另一位颇有影响的加拿大历史学家W.P.M.肯尼迪也不赞成当时曾一度流行的所谓"主权理论"。他认为,现代民族主义和追求绝对主权是退步的和危险的。[2]他不赞成一个民族必须独立并建立自己的国家。他写道:"十分清楚,关于民族国家的思想,关于民族概念必须同政治概念等同起来的思想,不仅不实际而且基本上是不健康的。"[3]他甚至认为坚持民族国家的观点是极其有害的。他写道:"把民族和国家等同起来就是把民族主义作为国家的基础。照此办理,民族就将取代放之四海而皆准的正义和人道原则这一理想的国家基础。"[4]

肯尼迪的观点显然比朗和马丁的观点更为保守,他在相当程度上受到当时英国和美国的帝国学派的影响。[5]与上述主要倾向同时存在的是较为激进的思潮,其特点是对英国的殖民政策持批判态度,主张维护加拿大的自身权益,并同美国接近,以便摆脱对英国的依赖。这一思潮在第一次世界大战后,特别是在20世纪20年代形成一个强劲的反正统派别。代表人物有O.D.斯凯尔顿、弗兰克·昂德希尔和弗兰克·斯科特等人。斯凯尔顿对英国的政策表示不信任,认为"外交关系首要的是同南方邻居的关系"[6]。他在多伦多加拿大俱乐部的一次讲演中进一步阐述了这个想法。他认为,大多数国家的外交都和经济、商务联系在一起。加拿大根据其经济利益所关心的外交关系主要是同美国的商务关系,而不是同美国的外交政策协调一致。因此他反对通过会

① Chester Martin, *Empire and commonwealth: Studies in Governance and Self-Government in Canada*, Oxford: The Clarendon Press, 1929, p. 145, 305, 341.

②④ W. P. M. Kennedy, "Nationalism and Self-Determination", *Canadian Historical Review*, Vol. 2, No. 1, Mar. 1921, p. 14.

③ W. P. M. Kennedy, "Nationalism and Self-Determination", *Canadian Historical Review*, Vol. 2, No. 1, Mar. 1921, p. 15.

⑤ 帝国学派是20世纪初兴起的一个保守的历史学派。1912年帝国研究所在英国伦敦成立,学派的代表人物有英国的休·埃来顿、赖杰纳德·库普兰顿和A.P.牛顿。帝国学派在美国的代表人物为赫伯特·L.奥斯古德、乔治·路易斯·比尔和查尔斯·M.安德鲁。他们为大英帝国的殖民政策辩护,对美国的独立战争和加拿大争取自强的运动持否定态度。

⑥ Oscar D. Skelton, *The Canadian Dominion*, New Haven: Yale University Press, 1919, p. 158.

谈在大英帝国内部协调外交政策的主张。①

最激进的反传统观念的人物是弗兰克·昂德希尔。他是一位记者,对老一代宪法史学家的因循守旧提出了尖锐的批评。他认为,过分强调加拿大历史的继续性和稳定性必然趋于保守。所谓稳定就是缺乏活力,在工业化和经济发展方面,加拿大比美国落后整整一个时代。而且事实上加拿大并不平静,例如英裔、法裔之间时有冲突。②

这一时期,要求发展加拿大自己的民族文化、艺术、历史的势头也越来越大。1920年成立了加拿大作家协会,出版了《加拿大论坛》。1922年成立了加拿大历史协会。

除此之外,这一时期还出现了以经济原因解释历史的新潮流。其代表人物有哈罗德·英尼斯、阿瑟·洛厄等人。英尼斯认为加拿大的历史发展取决于经济的发展,而经济的发展又取决于农作物的变化和发展,以及交通运输的变革,著有《矿山边疆》和《渔业法规》等。伯杰曾把英尼斯的观点归结为一句话:"交通运输技术的变化,变换作物的需要是政治变化和历年政策演变的根本原因。"③洛厄著有《方木贸易》《东加拿大的居民点和森林边疆》《美国对加拿大森林的侵犯》等书。他在这三部著作中集中研究木材贸易对加拿大经济的影响和加拿大历史的特点。他认为:"新世界的历史主要是人类同自然斗争的历史,是一场对荒原的战争……这对居民们心理状态和行为的形成具有长期影响。"④北美新兴国家就是依靠开发自然资源发展起来的,而木材贸易在加拿大的发展中具有尤其重要的意义。他写道:"骤然致富的新的文明国家所取得的进步主要是通过开发易于取得的资源来实现的。"⑤洛厄受美国边疆学派创始人特纳的影响很深,他也认为民主产生于丛林之中。他写道:"民

---

① Oscar D.Skelton, "Canada and Foreign Policy", in Arthur S. Bournot ed., *The Canadian Club Year Book*, 1921–1922, Ottawa: Dadson-Merrill, 1922, p. 124, 154.

② Frank Underhill, "On Canada", *Canadian Forum*, Vol. 11, October 1930, p. 12.

③ Carl Berger, *The Writing of Canadian History*, pp. 99–100.

④ Arthur Lower, *The North American Assault on the Canadian Forest: A History of the Lumber Trade between Canada and the United States*, Toronto: Ryerson Press, 1938, p. 1.

⑤ Arthur Lower, "The Trade in Square Timber", *Contribution to Canadian Economics*, Vol. 6, 1933, p. 40.

主是一种状态而不是理论。它是边疆和丛林的产物。"①因为"在一个没有什么财富,每个人在积累财富方面差不多在同一条起跑线上刚刚起跑的地方,不可能形成固定的阶级划分……社会是平等的和民主的"②。

三

1939年以后的十五年是加拿大史学的转折时期。第二次世界大战的影响、国家地位的改变,以及重视民族文化的呼声都促使加拿大史学向新的高度和广度发展。既要求全面地、系统地论述加拿大历史,又要求采用新的角度和新的解释。面对新的形势,老一代史学家中有人开始重新考虑自己的论点,新一代史学家也对过去的传统观点重新进行考察。D.G.克赖顿的《北方自治领》、A.R.M.洛厄的《从殖民地到国家》、埃德加的《加拿大政治社会史》都是全面的、系统的历史著作。20世纪30年代的著名历史学家英尼斯,在充分研究第二次世界大战和法国在战争中的迅速灭亡以后,修正了自己过去关于农作物和交通运输并重的观点,而对交通运输的技术进步赋予特殊的重要意义。1945年,他把自己的研究成果写成1000页的通讯史初稿。

在新一代历史学家中,塞缪尔·德尔伯特·克拉克异军突起。他着重研究社会史,著有《加拿大的社会发展》《加拿大共同体的宗教部门》。他采用某些社会学的方法研究历史,使人耳目一新。英尼斯曾称克拉克为"加拿大社会科学的灰姑娘"。1943—1944年,洛克菲勒基金会曾向加拿大社会科学研究委员会提供一笔研究费,委员会决定用于研究加拿大西部农业同经济发展的关系,并在此基础上出版一套社会信用丛书,由克拉克担任丛书的主编。其中有W.L.莫顿的《进步党》、V.C.福克的《国家政策和小麦经济》、R.马洛里的《社会信用和加拿大的中央权力》等。克拉克还开展比较研究,并对加拿大和美国边疆的社会状况都进行过深入的探讨。他认为加拿大和美国都有丰富的反对中央权威的经验,但在美国是成功的,民主精神在宪法中得到充分反

---

① Arthur Lower, "Some Neglected Aspects of Canadian History", *Canadian Historical Association Annual Report*, 1929, p. 71.

② Arthur Lower, "The Origins of Democracy in Canada", *Canadian Historical Association Annual Report*, 1930, p. 69.

映,而在加拿大却是失败的,形成了反革命的传统。

在对传统观点重新考察的过程中,边疆学说也受到了批判。加拿大史学界认为,边疆学派的主要缺点是把边疆社会从整个世界中孤立出来,低估了欧洲体制和传统的重要影响。青年学者T. M. S.卡利斯曾在《加拿大历史评论》上著文加以评论。他认为无论从经济上还是从政治上说,英国的影响都不能忽视。例如,上加拿大自由派同英国的格拉德斯通自由派是一脉相承的。加拿大东部的商业和英国有密切联系,而多伦多和蒙特利尔的商业对于加拿大社会具有同等重要的意义。他也不同意把西部边疆同"农业民主"等同起来,把东部同"商业保守"等同起来,主张通过重视城市的作用来弥补边疆学说的缺陷。这在加拿大尤其重要,因为"在加拿大由于它的居民少,而且集中在几个地区,城市的影响更容易发挥"[1]。他的结论是,用城市的发展"解释加拿大的历史比用边疆学说解释更清楚、更合理"[2]。

另一位加拿大西部史专家威廉·莫顿也认为边疆学说、地理环境决定论或者草原生活的特殊环境说都不能解释加拿大的历史,起决定性作用的是城市和周围地区的关系。东部的工业体制、当代资本主义的技术——铁路、银行、市场和投递手段——的扩展,以及城市对社会、宗教、教育和政治机构的控制都不断影响着加拿大的发展。[3]同时,莫顿也看到了工业地区和农业地区经济利益的冲突。1950年,他出版了《进步党在加拿大》一书。他认为进步党的成立是农业地区对城市控制反抗的加强,是从自由贸易向管理经济过渡的一种现象,也是对政府偏向加拿大中部工商业地区的政策的一种批判。

第二次世界大战期间及其后,加拿大军事史成为一个热门课题。起初,加拿大学术界并未给予特殊注意,但在政府部门的大力支持下,逐渐形成了研究军事史、战争史的热潮。1940年,加拿大军事史学家C. P.斯泰西被任命为加拿大驻伦敦军事部门的参赞,负责收集战时有关加拿大军队的材料。以

---

[1] J. M. S. Careless, "Frontierism, Metropolitanism and Canadian History", *Canadian Historical Review*, Vol. 35, No. 1, March 1954, p. 20.

[2] J. M. S. Careless, "Frontierism, Metropolitanism and Canadian History", *Canadian Historical Review*, Vol. 35, No. 1, March 1954, p. 21.

[3] William Morton, "The Significance of Site in the Settlement of the American and Canadian Wests", *Agricultural History*, Vol. 25, No. 3, July 1951, pp. 97–104.

后加拿大政府又在每一个野战师设一名历史官长。到1945年已经积累了为数相当可观的历史资料，包括上千种印刷品和100000件军事日志，存放在渥太华的资料有700箱，在伦敦的也有几百箱。根据加拿大政府的决定，斯泰西负责编辑出版4卷第二次世界大战史通俗读本。此外，他本人还著有《六年战役：在加拿大、英国和太平洋的军队》《胜利的战役：西北欧的战事1944—1945》《军队、人民和政府：加拿大的战争政策，1939—1945》。另一位军事史学家G.N.塔克主持编辑和出版了有关海军史的书。其中比较突出的有《加拿大的海军部及其历史》两卷本。

四

20世纪60年代以来加拿大史学经历了一个向深度和广度发展的时期，无论从出版著作的数量还是涉及领域的广泛来看都是空前的。加拿大的历史学家们再也不愿意局限在狭小的范围内，而是多角度、多方位地开展研究，跨学科研究因而沛然兴起。传统的课题，如加拿大国家的生产、自治政府的演进，已不再是人们研究的中心问题，即便是研究传统课题的历史学家也改变了看问题的角度和研究方法。例如，在两次世界大战中间出生的历史学家H.布莱尔·尼特里，P.B.韦特和拉姆齐·库克等人虽然仍以加拿大国家这一传统课题作为研究主体，但持多元化观点，特别强调地区的特点、差异及其不同作用。他们认为加拿大并不是统一的、和谐的政治主体，而是充满了地方、种族和经济利益的矛盾，完全是由于各个方面的妥协才能够维持统一的局面。他们也反对老一代历史学家的民族主义情绪。库克认为，在历史上，一切把加拿大变成民族国家的企图都会使自由主义受到威胁。民族主义传统是错误导向、是退步的。①

20世纪30年代曾经颇为流行的经济史，取代了传统的政治史的地位东山再起。汤姆·内勒专门研究美加经济关系史，对美国的经济扩展持批评态度，认为直到第一次世界大战以前，加拿大都是美国工业的原料基地和商品市

---

① 这一思想贯穿库克的 *Canada and the French-Canadian Question* (Toronto, 1966)全书。

场,而两国的商人是媒介体,是加拿大工业发展的敌人。[①]另一位经济史学家杰位尔德·图尔钦斯基持不同的看法,把商业同加拿大的交通运输、工业发展联系在一起。著有《水上巨商:蒙特利尔商人和工业、交通运输业的增长》。也有一些历史学家专门研究原料、农作物对加拿大经济发展的影响。约翰·麦科勒姆在他的著作《不平等的开端:1870年前魁北克和安大略的农业和经济发展》对两个城市的发展做了对比。他认为小麦起了决定性作用。安大略经济发展迅速,主要由于广种小麦和出售小麦带来的巨额利润,而魁北克则不具备这一条件,因而发展缓慢。还有的经济史学家不限于研究农作物对经济的影响,而是从更广阔的角度探讨原料和工业发展的关系。1974年H.维维奈尔斯的《关于发展的政治,安大略的矿山、水力发电:1849—1941》是这方面的代表作。这部书还涉及对企业家作用的评价,以及对地方政府的工业政策的批评。

在这一时期,地区史的研究也受到加拿大史学界的重视,并取得引人注目的成果。[②]地区史兴盛的原因之一在于许多史学家认为加拿大是由各个地区组成的,各个地区都对加拿大的历史做出过自己的贡献,因此,地区史在加拿大历史研究中占有特殊重要的地位,即使研究专业史的历史学家也倾向于把专史研究同地区史研究结合起来。例如,1981年在多伦多出版的、由W.彼得·沃德和罗伯特·麦克唐纳主编的《不列颠哥伦比亚:历史文集》就收录了许多这种类型的论文。有的文章把地区史和欧洲人同印第安人的关系结合起来,有的结合政府政策、种族冲突、工人运动、激进主义,以及经济发展来开展地方史研究。[③]

社会史的研究也在这一时期勃然兴起。社会史学家们探讨的主要课题是加拿大社会的结构和人们在不同历史时期的生活方式。费尔南德·奥勒特

---

① 内勒著有 *The History of Canadian Business, 1867-1914* (2 Vol)。他在书中处处强调这个观点,但很少得到人们的支持。

② Margaret Ormsby, *British Columbia: History*, Toronto: Macmillan of Canada, 1958; W. Stewart Mac-Nutt, *New Brunswick: A History 1784-1867*, Toronto: Macmillan of Canada, 1963; Gerald Killan, *Preserving Ontario's Heritage: A History of the Ontario Historical Society*, Ottawa, 1976.

③ S. J. R. Noel, *Politics in Newfoundland*, Toronto: University of Toronto Press, 1971; Dick Harrison, *Unnamed Country, The Struggle for Canadian Prairie Fiction*, Edmonton: University of Alberta Press, 1977.

的两部著作《魁北克经济和社会史:1760—1850》《结构、结合和下加拿大,1791—1840:社会变更和民族主义》颇具有代表性。[1]奥勒特采用法国年鉴派的方法,整理和分析价格、出口、农产品、人口和税收方面的统计资料,由此说明长时期的经济变化和社会阶级特点。他在第二部著作中着重论述了1837—1838年的起义,认为法裔加拿大人的民族主义产生于对经济变化的不适应。

1976年,安大略教育研究所制订了一个庞大的加拿大社会史研究计划,开展资料的汇集和研究工作,迈克尔·卡茨担任这个项目的负责人。1975年,他出版了《西加拿大汉密尔顿的人民:一个19世纪中叶的城市的家庭和阶级》。卡茨的研究说明:该城市居民的流动性很大。1851年到1861年间,有2/3以上的居民迁往别处,贫富差距越来越大,卡茨从财富分配的不平等和拥有财富状况的悬殊来证明这一点。此外,戴维·盖根也发表了命题大致相同的著作。[2]他们两人都运用计量方法研究社会史,给人们留下了深刻的印象。

工人运动史是社会史的一个分支,从20世纪70年代开始受到加拿大史学界的重视。在加拿大工人史研究中出现了几种值得注意的倾向。

第一种倾向是把工人作为左翼力量的组成部分加以研究,其代表人物为G.霍罗威茨。他著有《加拿大工人对政治的参与》[3]。他强调工人运动和资产阶级的合作关系,力图证明社会主义同加拿大的政治观念是格格不入的。另一位加拿大史学家米切尔·霍恩持同样观点,并在自己的著作中加以论证。[4]

第二种倾向是着重研究工会及其在工人运动中的作用,认为工会是工人手中的最重要的机构,是进行集体谈判的有力工具,其代表人物有H.A.洛根、尤金·福西等人。洛根著有《加拿大的工会》一书。他强调工会的重要作用,

---

① *Economic and Social History of Quebec, 1760–1850* 法文版发表于1966年,1980年又发表英文版。*Structures and Conjunctures and Lower Canada, 1791–1840: Social Change and Nationalism* 的法文版发表于1976年,英文版也发表于1980年。

② David Gagan, *Hopeful Travellers: Families, Land and Social Change in Mid-Victorian Peel Country, Canada West*, Toronto: University of Toronto Press, 1981.

③ Gad Horowitz, *Canadian Labour in Politics*, Toronto: University of Toronto Press, 1968.

④ Michiel Horn, *The League for Social Reconstruction: Intellectual Origins of the Democratic Left in Canada, 1930–1942*, Buffalo: University of Toronto Press, 1980.

认为加拿大共产党人在工会中的活动只会给工会带来损害，主张将共产党人排斥在工会之外。他在书中写道："在非马克思主义者的眼里，尽管共产党人有高尚的牺牲精神，他们的努力似乎只会给加拿大的进步工会主义带来损失。"①继洛根之后，福西于20世纪80年代初发表了《加拿大的工会，1812—1902》一书，对工会的起源、发展和活动进行了探讨。1974年，罗伯特·巴布科克出版了《加拿大的龚帕斯：第一次世界大战前美国大陆主义研究》。他着重谈美国劳联对加拿大工会的强大影响，认为其结果是破坏了加拿大民族的工会中心的建立，并推广了只允许熟练工人加入工会的原则。

第三种倾向是新工人史。加拿大的新工人史学家直接受英国工人史学家E.J.霍布斯鲍姆的影响，着重研究工会以外的工人活动和工人的文化生活。在研究方法上，他们又受法国年鉴学派和新社会史的影响，以研究地方工人史为主。其代表人物有格雷戈里·基利、拉塞尔·汉恩、韦恩·罗伯茨等人。乔治·基利等曾共同主编《加拿大工人阶级史的原始材料，1860—1930》，韦恩·罗伯茨曾主编《汉密尔顿的工人阶级，1820—1977》。②20世纪70年代初还成立了加拿大工人史委员会（Committee on Canadian Labour History，简称CCLH）。委员会强调工人的社会文化史，在其机关刊物《工人／旅行家》的社论中明确指出："加拿大的历史缺乏对工人的充分了解。人类的创造性力量在加拿大社会的发展中起过决定性的作用。我们的日常生活也受惠于男工和女工们世世代代的文化贡献。"③

在加拿大工人史委员会中还有一个由新马克思主义者所组成的小团体，其中有利奥·潘尼、加里·蒂博、华莱士·克莱蒙特、汤姆·奈依纳等人。他们不仅著书立说批判资本主义，而且开展社会活动扩大自己的影响力。正如诺曼·彭纳所说："知识分子一个小型的但不断扩大的团体正在转向马克思主

① H. A. Logan, *Trade Unions in Canada*, Toronto: Macmillan Company of Canada, 1948, p. 344.

② Russell Hann et al., *Primary Sources in Canadian Working Class History, 1860–1930*, Kitchener: Dumont Press, 1973; Wayne Roberts ed., *The Hamilton Working Class, 1820–1977, A Bibliography*, Hamilton: McMaster University, 1978.

③ Kenneth McNaught, "E. P. Thompson vs Harold Logan: Writing about Labour and the Left in the 1970s", *Canadian Historical Review*, Vol. 62, No. 2, June 1981, p. 145.

义,这不仅是学术活动,而且带有影响社会思潮沿着革命路线发展的目的。"①

此外,妇女史和少数民族史的研究在这一时期也有很大的进展。总之,从20世纪60年代起加拿大史学已经进入了向纵深和横广全面发展的时期,研究方法也不断更新,所取得的成果是十分引人注目的。可以预见,随着时间的推移和社会的进步,加拿大史学必将迎来一个新的发展时期。

原载《南开学报》1994年第1期

---

① Kenneth McNaught, "E. P. Thompson vs. Harold Logan: Writing about Labour and the Left in 1970s", *The Canadian Historical Review*, Vol. 60, No. 2, June 1981, pp. 141-168.

第四编

其他

他是个纯粹的人——卡尔·沙佩尔

在第一代无产阶级革命家的行列中,有一位曾经犯过严重错误,但又能改正错误,并对国际工人运动做出了重要贡献的老共产主义者。他的名字叫作卡尔·沙佩尔。

沙佩尔的故乡是德国南部的魏因巴赫村。1812年,他出生在这个村子里一个乡村牧师的家庭。中学毕业后,他进入吉森大学林业系学习。

当时的德国是由三十几个王公统治的小邦和四个自由市组成的,正处在反封建的资产阶级民主革命前夜,德国的许多地方都出现了反对封建政府的运动。吉森大学也是一个非常活跃的地方。沙佩尔完全被沸腾的政治生活所吸引,积极投身运动,成为大学革命民主派学生协会的成员。

19世纪三四十年代,布朗基和小资产阶级民主主义者马志尼依靠少数人密谋暴动的思想,在手工工人和青年革命者当中颇为流行。沙佩尔深受这种思想的影响,迷恋密谋活动。1833年春天,他第一次参加南德的一次密谋起义。同年7月,沙佩尔由于事情败露而被投入监狱,监禁了三个月。后来,沙佩尔流亡瑞士,在那里又参加了马志尼组织的秘密的萨伏依远征,企图从瑞士攻进意大利。但是,这支小小的冒险家队伍还在瑞士境内就被政府当局解除武装,关进牢房。沙佩尔也被判六个月徒刑。

1836年8月,沙佩尔辗转流亡到巴黎,在这里一直居住到1839年春天。沙佩尔在巴黎加入了德国流亡者在这里建立的民主共和主义的秘密组织流亡者联盟,随后这个组织中分出了最激进的、大部分是无产阶级分子组成的新的秘密同盟——正义者同盟。沙佩尔是这个同盟的重要成员。沙佩尔在这个组织里接受了新的思想,开始从一个小资产阶级的民主共和主义者转变为社会主义者。

1839年5月12日,布朗基领导下的"四季社"举行了一次毫无希望的密谋

469

起义。巴黎正义者同盟的各个支部纷纷参加。结果,许多盟员由于起义失败而被驱逐出法国。沙佩尔在度过七个月监禁生活之后,也离开法国抵达伦敦,在那里整整生活了八年。

1839年起义的失败是密谋主义的一次重大挫折。包括沙佩尔在内的许多正义者同盟盟员开始抛弃密谋策略,转向和平斗争。1840年2月7日,沙佩尔同莫尔等正义者同盟的领导人和活动家在伦敦创立了德国工人教育协会,这个协会一直存在到20世纪初。当时协会的许多会员都是正义者同盟盟员,其实际上是正义者同盟秘密支部的合法存在形式。

在伦敦,沙佩尔一度同欧文主义者接近,受到空想社会主义的思想影响。同时,他也同宪章派左翼建立了密切联系,并且看到了伦敦的工业无产阶级和大机器生产。他和莫尔等正义者同盟的领导人越来越感到研究理论问题的重要性。他们开始考察空想社会主义、魏特林平均共产主义、"真正的社会主义"的错误,公开宣布愿意接受马克思、恩格斯的理论。

沙佩尔不仅自己认真学习马克思、恩格斯的理论,而且在改组正义者同盟的过程中,做出了重要贡献。当时无论是他或者正义者同盟的其他领导人,都没有能力来实现同盟的改组和制定科学共产主义的纲领和章程,但是,沙佩尔尽了最大的努力来创造条件,保证马克思、恩格斯顺利地完成这项工作。沙佩尔作为共产主义者同盟第二次代表大会的主席,签署了大会通过的章程,后来他还参加了《共产党宣言》的校对工作。1848年革命时期,沙佩尔坚决贯彻了马克思、恩格新制定的方针,在群众中做了大量工作。他的名字和第一个国际无产阶级组织密切地联系在一起。

法国二月革命爆发后不久,沙佩尔作为"民主派兄弟协会"代表团成员到达巴黎的临时政府递交贺信。在巴黎,他参加了马克思召集的5月11日成立同盟新中央委员会的会议,并成为马克思为首的新中央委员会的成员。沙佩尔返回伦敦以后按照新中央委员会的统一部署,积极开展协助德国工人返回德国参加革命的工作。4月中旬,沙佩尔本人也到达科隆,同马克思、恩格斯及其他同盟活动家重新聚会。

在科隆,沙佩尔曾经作为同盟中央委员会特使到德国西部视察,帮助各地的支部开展工作,并在条件成熟的地方建立一些新支部。1849年冬天,沙佩尔、莫尔受伦敦新中央委员会的委托,准备在德国进行改组同盟的工作,恢复同盟过去秘密活动的组织形式。可是由于当时还没有具备进行这种尝试的条件。1849年初,沙佩尔改组同盟的努力遭到失败。

沙佩尔进行的第二项工作,也是对他影响最大的工作,是为《新莱茵报》撰稿和校对。参加《新莱茵报》的工作使他对马克思、恩格斯所制定的策略路线有了进一步了解。他在马克思、恩格斯的领导下,作为民主运动的最左翼分子,在一切重要问题上坚决捍卫无产阶级的利益。

沙佩尔在科隆工人联合会上做了大量工作。这个联合会是共产主义者同盟盟员安得列阿斯·哥特沙克(1825—1849)创立的。但是,哥特沙克背离了马克思、恩格斯和同盟中央所采取的正确路线。他高喊着极左的口号,企图使科隆工人联合会脱离民主运动和政治斗争。哥特沙克号召工人拒绝参加国民议会的选举,硬说工人阶级在这次革命中的任务是直接实现社会主义,建立不允许不劳而食的"工人共和国"。在沙佩尔和莫尔两人的共同努力下,受哥特沙克影响很深的科隆工人联合会于1848年6月底7月初,逐渐抛弃了哥特沙克的错误立场,转向马克思、恩格斯一边,开始在工人和农民中展开大规模的宣传鼓动工作,并在科隆郊区建立了一些工人联合会和民主团体。9月初,沙佩尔被选为科隆工人联合会委员会的成员,并同莫尔一起负责联合会机关报《科隆工人联合会会刊》的编辑工作。

1849年初,哥特沙克及其同伙在工人联合会大多数会员日益觉醒的形势下,不得不退出联合会。联合会根据沙佩尔的提议制订了新章程。新章程规定:"科隆工人联合会的宗旨是对会员进行政治、社会和科学方面的教育。"2月28日,沙佩尔当选为联合会主席。在他的努力下,科隆工人联合会日益成为具有战斗性的工人政治组织。马克思、恩格斯非常重视工人联合会的工作,曾经考虑以工人联合会为基础建立一个公开的独立的无产阶级政党。

1849年5月28日,沙佩尔离开科隆回到故乡。当时德国南部正掀起一场维护帝国宪法的激烈斗争。6月10日在伊特斯坦举行了支持帝国宪法的省的民众代表大会,有来自各区的代表三百余人。沙佩尔出席了这次大会,并且尽可能促使大会通过民主的革命的决议。大会根据沙佩尔的提议选出了7人组成省委员会。

伊特斯坦民众大会的活动引起了拿骚政府当局的惊恐。会后不久,沙佩尔被捕,在监狱中度过了半年多的苦难生活。由于缺乏罪证,陪审法庭不得不宣告他无罪。1850年2月15日,沙佩尔重新获得自由。7月初,沙佩尔到达伦敦,并且参加了共产主义者同盟中央委员会的工作。

1850年,正好是欧洲1848年革命刚刚失败,共产主义者同盟在欧洲大陆的组织遭到严重破坏后开始恢复的时期,工人运动领导核心的团结比任何时候都显得重要。但是,就在这个关健时刻,沙佩尔和维利希却结合在一起,形成了维利希-沙佩尔分裂集团,造成了共产主义者同盟的分裂。

分歧是由于对形势估计不同而产生的。1850年夏天以前,马克思、恩格斯认为,新的危机和新的革命将会很快到来。1850年4月,他们在为《新莱茵报·政治经济评论》所写的第二篇《国际述评》中指出,美国市场的收缩状态是促使危机逼近的有决定意义的因素。直到1850年6月,马克思、恩格斯还在第二篇《中央委员会告共产主义者同盟书》中,号召盟员准备迎接即将到来的革命高潮。马克思、恩格斯对形势估计的转变发生在秋天,在深入研究经济史以后,他们得出的新结论是:由于欧洲经济发展中的繁荣时代已经到来,革命不会迅速发生。随后,马克思、恩格斯果断地改变了革命策略,要求同盟盟员由直接准备起义转变为长期积蓄力量等待时机。

维利希-沙佩尔分裂集团反对马克思、恩格斯的上述指导思想,在小资产阶级狂热情绪的支配下,同小资产阶级分子同流合污,支持他们发行革命公债,准备迎接欧洲革命的计划,反对马克思和恩格斯。维利希、沙佩尔同马克思、恩格斯的分歧是小资产阶级思想同无产阶级思想的分歧,因而也就无法调和。公开的分裂终于在9月15日共产主义者同盟中央委员会非常会议上发生了。当时出席会议的多数人赞成马克思、恩格斯的立场,马克思、恩格斯也尽了最大努力来防止同盟的分裂。尽管沙佩尔、维利希在策略问题上陷入了小资产阶级的泥潭,但马克思仍然说,"尽管这些人目前所发表的观点是反共产主义的,至多不过是社会民主主义的,但就其信仰来说他们还是共产主义者"①。为此,马克思提出一个挽救分裂的方案,建议将中央委员会从伦敦迁往科隆,在伦敦建立两派各自的区部。这样,两派既可分道扬镳,又同时服从一个中央委员会的领导,不致造成分裂。但是,沙佩尔拒绝了马克思的建议。他说:"在伦敦这里有两个区部、两个协会、两个流亡者委员会,那还不如

①《马克思恩格斯全集》第8卷,人民出版社,1961年,第637页。

组织两个同盟,完全决裂。"①维利希、沙佩尔不服从同盟中央的决定,拒绝承认新的科隆中央委员会,自立中央,一手造成了组织上分裂。

维利希–沙佩尔集团滥收会员,吸收了一批小资产阶级狂热分子,而且有的支部还混进了警探和间谍,组织上严重不纯。这个集团在科隆审判案中扮演了不光彩的角色,受到了马克思、恩格斯的严厉批判。1851年5月10日,共产主义者同盟特使诺特容克的被捕也是同维利希、沙佩尔的活动有直接关系的。马克思指出:"警察对特使等等采取这些措施,我们认为完全是由于伦敦的蠢驴的哀叫所造成的。这些风箱们知道,他们既没有阴谋造反,也没有追求任何现实的目标,在德国也没有一个组织支持自己。他们只愿做出危险的样子,给报纸的磨车供料。因此,这些无赖是在阻碍和危害现实运动,并使警察找到踪迹。什么时候有过这样一种供认自己的目标纯粹是吹牛的党呢?"②

科隆审判案是普鲁士警察当局一手策划的迫害共产党人的大阴谋。警探们所采取的种种卑鄙无耻的手段,教育了误入歧途的沙佩尔。他痛切悔恨自己所铸成的大错,并以最大的勇气加以改正。在科隆审判案开庭以前,沙佩尔就通过伊曼特向马克思悔过。在当时的条件下,马克思认为沙佩尔必须先同维利希公开决裂,才能言归于好。马克思对沙佩尔做了认真的考察,发现他的态度是诚恳的。1856年4月,马克思在给恩格斯的信中写道:"我又和朋友沙佩尔见了几次面,我发现他是一个正在痛心忏悔的罪人。"③沙佩尔认识错误以后,能够正确对待曾经受到的严厉批评和种种怀疑,没有表示丝毫不满。马克思说:"沙佩尔本人……承认:我反对他们在原则上是正确的;他们干了许多蠢事,如果他们不被怀疑,那倒是怪事。"④

1860年5月,沙佩尔为了向群众说明同盟分裂的真正原因,并承担分裂的责任,专门写了一个书面声明交给马克思,请马克思酌情处理。声明说:"当我在1850年7月来到伦敦的时候,我看到在马克思和维利希之间存在着某些分歧。不久我就懂得,这些分歧的原因是观点的不同,但这种不同不是由私人的关系而引起的。"问题在于,维利希是同伦敦的流亡者集团有联系的,他

①《马克思恩格斯全集》第8卷,第639页。

②《马克思恩格斯全集》第27卷,人民出版社,1972年,第288页。

③《马克思恩格斯全集》第29卷,人民出版社,1972年,第47页。

④《马克思恩格斯全集》第30卷,人民出版社,1974年,第492页。

打算把这些集团联合到一起。马克思和恩格斯则坚决表示,在当前情况下,这种联合不会有任何好处,而只会有害于自己的组织和自己的宗旨,因此他们表示,维利希应当和上述集团断绝关系或是离开党。维利希把这一要求看成是对自己的个人自由的侵犯,因此对此表示抗议。在中央委员会内部,关于这一问题的意见是分歧的,但多数人是拥护马克思的。

"由于当时我还不大了解流亡者的情况和纠纷,便认为大联合是可以实现的,并且认为这种联合对德国的运动是重要的,因此我支持了维利希。这种观点上的分歧,而且只有这种分歧才是我们当时的分裂和后来的决裂的原因。"①

沙佩尔回到马克思、恩格斯阵营以后,于1859年开始在伦敦工人教育协会开展活动,1865年5月被选为第一国际总委员会委员,同年9月参加了伦敦代表会议的工作。1870年4月,沙佩尔患肺结核病危。他要求会见马克思,并对马克思说:"请告诉我们所有的人,我是忠于我们的原则的。我不是理论家。在反动年代里,为了养家糊口,我不得不拼命干。我生是一个普通的劳动者,死是一个无产者。"②

1870年4月29日,这位忠诚无产阶级革命事业的共产主义老战士与世长辞了。他的一生给人留下了深刻的印象,他的功绩是永远不会磨灭的。恩格斯曾经评价说:"他是个纯粹的人,他在建立德国工人运动方面所做的一切是永远不会被遗忘的。"③

原载《世界史研究动态》1981年第9期

---

① [苏]康捷尔编:《马克思恩格斯和第一批无产阶级革命家》,生活·读书·新知三联书店,1963年,第115—116页。

②《马克思恩格斯全集》第32卷,人民出版社,1974年,第472页。

③《马克思恩格斯选集》第四卷,第188页。

空想社会主义的试验也是科学社会主义的思想材料

恩格斯在论述社会主义从空想到科学的发展时,特别强调思想材料对于科学社会主义理论形成的重要意义。他指出:"和任何新的学说一样,它必须首先从已有的思想材料出发,虽然它的根源深藏在物质的经济的事实中。"①毫无疑问,这里所指的"已有的思想材料"当然是包括19世纪前半期被批判的空想社会主义在内。这是众所周知、毋庸置疑的问题。然而,我们在论述作为科学社会主义思想来源之一的空想社会主义的时候,往往偏重于探讨它的理论,而对它的试验略而不论,或者语焉不详。事实上,空想社会主义的理论和试验两个方面对于科学社会主义的形成都是具有同样重要的作用的。本文仅就空想社会主义的试验方面做初步探索。

一

马克思、恩格斯十分重视空想社会主义试验。早在1847年,马克思就在《道德化的批判和批判化的道德》一文中指出:"社会主义和共产主义不起源于德国而起源于英国、法国和北美。"②我们知道,三位伟大的空想社会主义者圣西门、傅立叶和欧文都不是美国人,而且他们的空想社会主义计划也都是在欧洲制定的。美国没有产生过具有代表性的空想社会主义大师,但它当时所具备的历史条件却为空想社会主义提供了理想的试验场所。空想社会主义绝大部分试验都是在这里进行的。欧文曾于19世纪20年代赴美国开展试

---

①《马克思恩格斯选集》第三卷,第404页。
②《马克思恩格斯选集》第一卷,第173页。

验。可见马克思关于社会主义和共产主义也起源于北美的说法是就空想社会主义者在那里所进行的试验而言的。

试验,是空想社会主义者所能采用的实现其幻想的唯一手段,但同时也是对他们学说的最无情的检验。其结果总是归于失败,无可辩驳地证明空想社会主义的非科学性。马克思、恩格斯在《共产党宣言》中,不止一次地指出这个问题。空想社会主义者的悲剧在于,"他们看不到无产阶级方面的任何历史主动性,看不到它所特有的任何政治运动"。"他们想通过和平的途径达到自己的目的,并且企图通过一些小型的、当然不会成功的试验,通过示范的力量来为新的社会福音开辟道路。"①马克思、恩格斯还指出,在阶级斗争愈发展和愈具有确定的形式下,"这种超乎阶级斗争的幻想,这种反对阶级斗争的幻想,就愈失去任何实践意义和任何理论根据"。而空想社会主义者的信徒却看不到这一点。"他们还总是梦想用试验的办法来实现自己的社会空想,创办单个的法伦斯泰尔,建立国内移民区,创立小伊加利亚,即袖珍版的新耶路撒冷——而为了建造这一切空中楼阁,他们就不得不求助于资产阶级的善心和钱袋。"②

马克思、恩格斯在《共产党宣言》中的精辟论述,高度概括地总结了空想社会主义试验的性质和特点,并且令人信服地说明这种情况是同无产阶级还不够发展、无产阶级解放的物质条件还没有具备的历史条件分不开的。

恩格斯在《社会主义从空想到科学的发展》中,对罗伯特·欧文在新拉纳克的试验做了详细的考察。他肯定了欧文在经营新拉纳克纺织厂期间所取得的重大成就,但同时指出了这种成就仍然不能使工人阶级摆脱受奴役、受剥削的地位。这一点也曾使欧文对自己的试验感到不满意和困惑不解。欧文曾经在他的著作《人类头脑和实践中的革命,或将来由非理性到理性的过渡》中写道:"可是,这2500人中从事劳动的那一部分人给社会生产的实际财富,在不到半个世纪前还需要60万人才能生产出来。我问自己:这2500人所消费的财富和以前60万人应当消费的财富之间的差额到哪里去了呢?"③恩格

①《马克思恩格斯选集》第一卷,第282页。

②《马克思恩格斯选集》第一卷,第283—284页。

③ 转引自《马克思恩格斯选集》第三卷,第414页。

斯在文章中引用了欧文的这段话,并做了确定的回答。他写道:"答案是明白的。这个差额是落到企业所有者的手里去了,他们除了领取5%的股息以外,还得到30万英镑(600万马克)以上的利润。新拉纳克尚且如此,英国其他一切工厂就更不用说了。"①

恩格斯还特别指出,欧文式社会主义的特点就是它的实践性。在欧文看来,工业革命所造成的新的强大的生产力提供了改造社会的基础和造成了实现他的心爱理论的好机会。因此,他在自己一生中耗费了大量时间和精力致力于他的试验。欧文的信念是:新的强大的生产力作为大家的共同财产只应当为大家的共同福利服务。从这一点出发,他的试验总是通过经营某种事业来进行的。恩格斯指出:"欧文的共产主义就是通过这种纯粹营业的方式,作为所谓商业计算的果实产生出来的。它始终都保持着这种实践的性质。"②

综上可见,马克思、恩格斯在奠定科学社会主义理论的时候,不仅重视空想社会主义的理论方面,而且也考察了它的试验方面。第一个周详的理论和实践的党纲——《共产党宣言》关于批判的空想的社会主义的全面论述就是最好的例证。

二

空想社会主义虽然产生于欧洲,但在欧洲进行的试验却是极少的。除去欧文在苏格兰拉纳克所进行的试验外,几乎找不出什么值得一提的空想社会主义公社或者工厂。真正的大规模的试验是在美国进行的。威廉·福斯特曾经概括地谈到空想社会主义在美国迅速传播的情况和原因,他写道:"这些乌托邦计划虽然主要是在欧洲创始的,却在美国获得了最广泛的发展。仅仅几年之内,至少有两百个乌托邦计划在美国实施。美国的国土对这些计划特别有吸引力。因为在美国,有许多可以廉价得到的土地,人民在政治上所受的封建限制很少,对伟大的独立革命经验记忆犹新的群众便很容易赞成社会改

---

①② 转引自《马克思恩格斯选集》第三卷,第414页。

革的尝试和实验。"①

首先在美国得到传播的是欧文式公社。罗伯特·欧文在新拉纳克试验取得成功后,准备进一步开展全面的试验,建立规模为500人至1500人的农工联合村,并把试验地点选定在美国。1824年11月4日,欧文来到美国,在纽约进行活动。同其他空想社会主义者一样,欧文首先关心的事情是美国政府和上层人物对待试验的态度。欧文在到达纽约当晚为他举行的欢迎会上就向他的东道主打听这方面的情况。曾经有人在日记中追述说:"欧文先生问道,是否有某位显要人物支持他。会社的主席回答说,恰恰相反,他们都不赞成关于公社的设想。"②然而,欧文并没有因此放弃从美国政府取得帮助、建立试验基金的希望。1825年2月25日和3月7日,他两次在联邦国会发表演说,并同美国总统和高级官员会晤。但是,他所得到的反应是十分冷淡的,希望完全破灭。于是,他只得完全依靠自己的钱和赞助者所提供的不多的资金进行试验。

1825年1月3日,欧文用15万美元从德国移民的一个宗教团体——拉比特会手中购买了一个移民点。该移民点位于印第安纳州沃巴什河岸,拥有3万英亩土地,其中包括3000英亩已耕地,600英亩租给佃农耕种的土地,19个附属农场,几处果园和18英亩繁茂的葡萄园。移民点中心有一个村镇,笔直的街道和整齐的房屋排列其中,在镇中心的公共广场周围有许多砖砌的建筑物,是学校、公共机构和教堂的所在地。③在原来居住在这里的移民迁出以后,1825年4月27日,欧立正式宣布,邀请"勤劳和善良"的人都来参加这个公社。公社的名字就叫作新和谐村。欧文原来计划招收800人,但由于申请入社的人数众多,很快就突破了这个限额,达到1000人。

欧文对新和谐村寄予很大的希望,把它作为在全世界建立理想社会的起点,让它"从公社传到公社,从国家传到国家,从洲传到洲,最后遍及全球,对人们的子孙后代放出光芒,散布芳香和富足、智慧和幸福"③。然而,这次试验

① Donald D. Egbert and Stow Persons eds., *Socialism and American Life*, Vol. 1, Princeton: Princeton University Press, 1952, p. 161.

② Robert S. Fogarty, *American Utopianism*, Itasca: F. E. Peacock, 1972, p. 44.

③ Morris Hillquit, *History of Socialism in the United States*, New York: Funk & Wagnalls Company, 1910, p. 60.

同新拉纳克不同,从一开始就朝着违反它的宗旨的方向发展。除欧文本人以外,很少有人为了扩大新和谐村的收入和生产而操心。从各地涌来的社员,鱼龙混杂、思想紊乱。不少人是为了利用公社的财力、物力和享受消闲生活而加入新和谐村的,他们不仅饱食终日无所事事,而且在公社内部制造分裂,成为一股破坏力量。

欧文对人员的复杂情况是有所估计的,在新和谐村刚创立的时候,就提出了过渡措施。1825年4月底,他在新和谐厅向全体居民发表演说,宣布所有参加者都必须经过三年的预备时期才能成为正式社员。他还解释说,由于居民们的教育程度不够,从非理性社会制度进入理性社会制度需要有一个过渡时期①,从这一思想出发,欧文把刚建立起来的公社叫作新和谐村预备会社,在他的指导下还成立了过渡性的管理机构——预备委员会。随后,欧文离开美国回到欧洲,新和谐村的一切事情都由预备委员会处理。

欧文离开后,新和谐村试验的进行情况是值得注意的。根据麦克唐纳从《新和谐报》上搜集到的不完全报道来看,公社的小型企业运转良好,肥皂和胶水的生产超过了居民的需要,但对于3万英亩土地上的耕作情况却完全没有报道。在消费方面,公社实行免费医疗,"仓库向居民供应一切必需品"。教育被当作公共事业,一百三十名儿童进入学校,膳食、衣服均由公社提供。新和谐村的文娱生活也非常活跃。它拥有一个乐队,每逢星期二晚上举行舞会,星期五晚上举行音乐会。②从这则简略的报道中,我们虽然不能断定新和谐村的主要生产部门——农业被完全忽视了,但至少可以相信农业生产状况不佳,或者说很少有人过问。

1826年1月12日,欧文重返新和谐村,在预备社全体社员大会上通过了第二个管理章程。预备时期宣告结束,新和谐村平等公社正式成立。大会选举了公社的最高执行机构——六人执行委员会。但是,由于欧文本人没有参加公社的管理机构,新执行委员会在社员中没有足够的威信,往往无法行使职权。甚至有少数社员由于不同意管理章程,在离新和谐村中心村镇两英里的地方建立了第二个公社,而在中心村镇的街道上和会场里则出现了一群群

---

① Robert S. Fogarty, *American Utopianism*, p. 45.

② Robert S. Fogarty, *American Utopianism*, p. 45–46.

懒洋洋的闲谈者和唇枪舌剑、不务实际的演说家。公社大多数会员对这种情况感到不满和担忧,强烈要求欧文出面主持管理工作。

在欧文的管理下,平等公社曾有很大的起色。"街道上不再出现一群群懒洋洋的闲谈者,每一个人都在忙于从事自己所选择的工作。群众大会也从唇枪舌剑的演说家的舞台变为讨论事务的会议,在会上人们提出和采取对公社全体社员有益的建议和措施。"[1]然而,好景不长,4月间在公社内部出现了第一次重大的分歧。一部分社员要求把新和谐村分成若干小公社,并提出允许拥有私人财产的问题。欧文坚决不同意这种意见,乃同他的支持者研究决定成立一个二十五人的核心组织,重新划分社员,按不同情况将他们分为正式社员、预备社员和试用人员。欧文还决定至少对公社进行十二个月的集中管理,直到2/3的社员认为能够自己管理自己为止。

不幸的是,欧文的努力并未奏效,公社的财政状况每况愈下,而社员内部的分歧愈演愈烈,进一步的分裂终于发生了。5月30日,在全体居民大会上,围绕支配财产问题的争论十分激烈,意见分歧无法调和,大会通过决议将新和谐村分为四个独立的公社,每一个公社都有自己的财产,并单独管理自己的事务,只有四个公社之间的相互贸易是用内部纸币支付的。这次分裂造成了资金的损失和统一管理的困难。从此以后,欧文在处理新和谐村事务的时候,往往需要同四个公社进行艰难的谈判。据麦克唐纳的报道,欧文"损失了钱,毫无疑问,他曾经努力收回部分损失掉的钱,并运用他所想到的一切办法来避免进一步的亏损"[2]。

在这以后,新和谐村的管理体制又经过几次改革,但这些改革始终未能挽救它趋于崩溃的命运。到1827年中,欧文的试验濒于破产。1827年6月18日,《新和谐报》刊登一则消息,宣布欧文将下个星期日举行向新和谐村居民和邻居的告别大会。不过,关于这次大会的文字材料迄今尚未发现。据说欧文在大会后就离开了新和谐村。为了鼓励留下来的人在他离开之后组成小型公社继续进行试验,欧文临行前同他们签订合同,将新和谐村的土地划分给他们,只收取象征性的地租,每英亩每年50美分。合同的有效期规定为一万年,

---

① Robert S. Fogarty, *American Utopianism*, p. 46.

② Robert S. Fogarty, *American Utopianism*, p. 4.

但不允许将小公社的财产转为私有,否则合同自动失效,土地收归原主。

除新和谐村以外,在田纳西、印第安纳、俄亥俄、纽约、宾夕法尼亚、威斯康星等州也建立了一批欧文式公社。根据方纳的估计,大约有十八个。[1]具体名称如下:黄泉公社(俄亥俄州,1825—1826)、汪勃罗合作协会(1825)、富兰克林公社(纽约州,1826—1828)、弗里斯特维里公社(纽约州,1826—1827)、堪达尔公社(俄亥俄州,1826—1828)、维利弗治公社(宾夕法尼亚州,1826)、兰泉公社(印第安纳州,1826—1827)、纳绍巴(田纳西州,1826—1828)、鹅塘公社(宾夕法尼亚州,1843)、平等公社(威斯康星州,1843—1846)等。[2]不过,这些公社的规模都不大,平均寿命不超过两年。其中比较有影响的公社是俄亥俄州的堪达尔公社和田纳西州的纳绍巴公社。

堪达尔公社位于现今马西隆境内。它是新和谐村以外规模最大的一个欧文式公社,拥有2100多英亩土地,一个毛纺厂、一个修造马车的作坊和一所锯木厂。这个公社除生产农产品外,还可以生产相当数量的日常用品和家庭手工业品。公社也拥有自己的学校、文艺团体和图书馆。纳绍巴公社是欧文的助手弗朗西斯·赖特创办的,位于距孟菲斯城约30英里的地方,约拥有两千英亩土地。这个公社在成立的一段时间内,生产状况良好,而且提出了用公社积累的财富为黑人奴隶赎身的计划,超出了空想社会主义的改革目标。

总的来看,欧文在美国的试验是短暂的,犹如昙花一现。新和谐村和其他公社都毫无例外地遭到了失败。不过,欧文空想社会主义的影响却并未消失,成为以后种种空想社会主义试验的思想基础。

三

19世纪40年代,继欧文之后傅立叶的试验风行一时。傅立叶没有到过美国,他死于1837年。生前,他虽然每天中午静坐家中等候百万富翁的捐赠来进行试验,但始终未能如愿。他万万没有想到,他的学说竟然在美国找到了

---

① [美]方纳:《美国工人运动史》第1卷,生活·读书·新知三联书店,1956年,第269页。

② John F. C. Harristt on, *The Owenite Socialist Movement in Britain and the United States*, Labor History, Vol. 9, Issue 3, 1968, pp. 325–326.

合适的土壤,在19世纪40年代出现了宣传傅立叶主义的热潮,并且建立了四十一个傅立叶公社。遗憾的是,傅立叶"没有活着看见他的学说盛行的那个短暂时期"。

傅立叶的学说是经过他的信徒阿伯特·布里斯班介绍到美国的。布里斯班生于1790年,是纽约巴塔维亚一个大地主的独生子。他在年轻的时候曾在欧洲和亚洲的一些国家游历和求学。1832年,他在法国结识了傅立叶,对傅立叶的学说产生了浓厚的兴趣,回到美国后开始传播傅立叶的学说。1840年,布里斯班撰写的《人的社会命运或工业的联合及其改组》出版。该书系统地介绍了傅立叶的思想。

傅立叶的另外一批信徒,《纽约每日论坛报》的记者霍拉斯·格里利、德纳、《晚邮报》的帕克·戈德温等人也在报刊上发表文章,扩大傅立叶主义的影响。其中影响最大的是《纽约每日论坛报》,这是一家拥有众多订户、颇有声誉的大型报纸。格里利在该报开辟了介绍和评论傅立叶主义的专栏,使用的大标题是《真正社会组织的组成或原则》。在这个标题下面曾经发表了布里斯班的一系列文章,其中有一处专门论述美国现实社会与公社制度之间的对比,通过表格的形式,一目了然地展现出了公社的优点。对比表如下①:

我们目前社会制度所产生的结果	公社制度所产生的结果
一、浪费	一、普遍的节俭
二、贫困	二、普遍的富足
三、欺诈	三、实事求是
四、压迫	四、真正的自由
五、战争	五、永久的和平
六、毫无办法与人为造成的疾病	六、医药方面的防疫制度
七、占着支配一切地位的各种成见;各种改革的障碍	七、各方面的进步与大开各种改革之路

布里斯班还在他的文章中建议采取集股联合社的形式筹资开办法朗吉,并宣传说:"它很快就能使整个美洲的人民确信这种新的社会制度远胜于旧的社会制度,正如罗伯特·富尔顿的第一只汽艇一出来,就使得整个世界信服

---

① [美]方纳:《美国工人运动史》第1卷,第272页。

汽艇是比任何已有的船只都好得多一样。"①

除此以外,罗契斯特的傅立叶主义会社曾于1843年12月散发小册子《劳工苦难劳工解救》。这本小册子猛烈地抨击了资本主义社会,并且指出,工人们的出路在于参加傅立叶的法朗吉公社。

在布里斯班等人的宣传影响下,全国许多地方出现了一批又一批的傅立叶主义者。1844年4月4日,在纽约克林顿大厅举行了傅立叶主义者的全国大会。热心于傅立叶主义试验的乔治·里普利当选为主席,布里斯班、格里利、戈德温和德纳当选为副主席。大会期间,各地的傅立叶主义者纷纷发来贺信和贺电。

在傅立叶公社中最有影响的是北美法朗吉和布鲁克农庄。北美法朗吉创立于1843年,位于新泽西州的蒙默斯,主要创建人是阿伯特·布里斯班。起初,这个公社规模很小,只有几户人家,投资不过8000美元。后来,随着新社员的增加,投资额上升到8万美元。北美法朗吉是一个以农业为主的公社。社员除从事农业生产外,还开辟了两个果园,占地约70英亩。分配标准是按照工种确定的。例如,砖窑工人每小时10美分,农业劳动者8美分,医生和侍者6.5美分。对于使用精湛技巧、高明管理艺术并为法朗吉做出贡献的人,实行额外奖励。

然而,北美法朗吉并不是以它的管理方法取胜,而主要是依靠社员的热情和献身精神来维持其存在的,完全不具备承受意外事故的能力。1854年9月,一个偶然的不幸事件使它一蹶不振,宣告垮台。那时,北美法朗吉一个耗资12000美元的工厂,刚刚落成就遭到火灾,全部焚毁。北美法朗吉在经受这一严重打击后,终因资金匮乏,不得不将整个公社转卖出去。财产亏损达36%,每1美元的投资只能偿还64美分。

布鲁克农庄是由乔治·里普利和他的妻子索菲亚等人于1841年创立的。它坐落在距离波士顿只有9英里的地方。同北美法朗吉一样,布鲁克农庄的财产是通过募集股份凑起来的,报酬按照工种来确定。最长的工作时间为十小时。十岁以下的儿童、七十岁以上的老人和由于种种原因失去劳动能力的社员,都可以享受公社免费提供的医疗和各种生活必需品。公社的管理机构

①转引自[美]方纳:《美国工人运动史》第1卷,第273页。

为四个部门：办公室、农业部、教育部、财政部。公社在教育方面取得了突出的成就。公社拥有一个完备的学校，分幼儿园、小学、预备学校、高等学校四个部，有一些当时知名的美国学者曾在这里教过书。1847年，由于经济原因，布鲁克农庄不得不宣布解散。

值得特别指出的是夕法尼亚公社。这个公社成立于1843年初，在西宾夕法尼亚，纯粹是由来自奥尔巴尼和纽约的技工组成的，其目的在于摆脱工厂主的剥削和改善工人的处境。同所有的傅立叶公社一样，夕法尼亚公社从创办伊始就遇到了缺乏资金的严重困难，几乎每时每刻都面临着垮台的危险。公社主要依靠技工们凑集起来的少量资金来维持，它虽然也采取认购股票的方式从社会上吸取资金，但收效不大。公社的执行委员会曾经发出呼吁，"请求那些富有的和慷慨的人们""认购一些股份，以使公社的土地能够迅速地开垦和利用起来，并把一些必要的建筑修盖起来"[1]。然而，执行委员会的呼吁始终没有得到反应，公社的财政状况陷于绝境。同时，由于公社所在地的自然条件十分严酷，技工们又缺乏从事农业生产的技能和经验，公社生产的几种工业品在市场上销售困难，夕法尼亚公社完全丧失了继续存在的基本条件。1844年8月10日，布里斯班正式宣布夕法尼亚公社试验完全失败。他说："我们不得不在这里向大家宣告：夕法尼亚联合公社因确信它已无能战胜那不幸作为公社所在地特征的无情的土壤和残酷的气候，决定解散。"[2]

此外，分布在新泽西、纽约、宾夕法尼亚、俄亥俄、艾奥瓦、伊利诺伊、密歇根、威斯康星等州的其他傅立叶公社，存在的时间都比较短，平均寿命还不到一年半。19世纪50年代，傅立叶试验进入尾声。

傅立叶一生都在等待"好心的"资产者的资助。但是，无论他本人还是他在美国的试验都没有得到富翁们的施舍。在美国建立的傅立叶公社恰恰是由于缺乏足够的资金而被迫解散的。关于这个问题，美国老左派史学家方纳曾经做过深刻的分析。他指出："几乎在所有的公社中，主要的困难是无法获得足够的资金。有些资本家也参加了傅立叶主义运动，甚至将土地租给公

① John Humphrey Noyes, *History of American Socialism*, Philadelphia: J. B. Lippincott &Co., 1870, p. 239, 243.

② Heinrich Stemler Geschichte, *Socialismus and Kommumsmush in Nordamerica*, Lecipzig, 1880, pp. 155-156.

社。可是这种作为往往不过是要利用公社来提高他们地产质量的一种计谋而已,因为当那些公社解体的时候,他们原来租出去的一片荒野之地收回时便都变成熟田了。尽管这些空想社会主义者一再呼喊劝导资本家们,支持一种将可以消除'阶级反阶级或是工人反资本家'的斗争的运动,但大多数资本家仍是完全不理睬的。"①

<h1 style="text-align:center">四</h1>

继傅立叶之后是卡贝的伊加利亚试验。卡贝是法国的空想社会主义者,1788年生于法国的第戎。他受过良好的教育,通晓医学和法律,青年时期移居巴黎,在那里参加了秘密会社。在1830年7月革命中,他被选为革命委员会的成员。路易·菲利普曾任命他为科西嘉总督,但卡贝仍然坚持政府反对派的立场,很快就抛弃了这个职务,并由于进行革命活动被判处流放五年。卡贝的流放生活是在英国度过的,他在那里结识了欧文,并受到欧文主义的影响。1839年,卡贝从美国返回法国,出版了空想社会主义的名著《伊加利亚旅行记》。这本书在法国引起强烈的反响,据说,卡贝在法国的信徒达到四十多万人。

卡贝对法国革命不抱任何希望,认为建设理想王国的地方是美国。1847年9月,他专门去伦敦听取欧文对美国的介绍和建议。卡贝根据欧文的建议决定去美国的得克萨斯建立伊加利亚公社,并同彼得公司签订协定,从那里得到土地资助。

伊加利亚试验是在1848年到1858年间进行的,他们在美国先后建立了三个公社。第一批到达美国的卡贝信徒首先居住在得克萨斯的范宁县,但由于那里的气候严酷、疾病蔓延和经营不顺利,他们不久就离开范宁转移到新奥尔良。在新奥尔良,他们同第二批卡贝主义者相遇。第二批人由卡贝带领,一行六十九人,乘"罗马"号船于1848年3月27日抵达新奥尔良。②按照卡贝在伦敦同彼得公司签订的协定,他们必须在7月1日以前赶到指定的地点

---

① [美]方纳:《美国工人运动史》第1卷,第276页。

② Robert S. Fogarty, *American Utopianism*, p. 87.

并进行垦殖，才可以得到100万英亩赠地。但是，这条道路十分崎岖难行。他们必须沿红河，经路易斯安那的施里夫波特，穿过草原才能抵达目的地，时间非常紧迫。这两批卡贝主义者在新奥尔良会合后，立即踏上了漫长的征途。路途上他们耗费了两个月，到达后，又发现新的附加条件。土地是按人头授予的，每一个试验者在7月1日前建好自己的住房后，方可得到320英亩土地，[①]如果逾期，就要按每英亩1美元交费。这一批疲惫不堪的试验者在期限届满以前只建好32所小木屋，得到了10240英亩土地。[②]

然而，这一万多英亩土地都是未经开垦的荒地，而且分布在相当于两个城市面积的广大地区，耕作极为不便。拓荒者带来的耕犁犁不动得克萨斯草原的土地，再加上天气酷热、黄热病流行，垦殖进行十分缓慢。整个8月份过去了，播种的准备工作还没有开始，展现在试验者面前的是一幅十分凄凉的图画。[③]绝望之余，伊加利亚试验者不得不放弃这块土地转移到别的地方去。第一个伊加利亚公社就这样夭折了。

1849年，伊加利亚试验者在伊利诺伊州汉考克县瑙武地区租地800英亩，建立了新的公社，他们在这里站住了脚。第二年2月，公社通过一个章程，设立五个管理机构：财政供应部、服装住宅部、教育卫生娱乐部、工农业部、印刷所。五个部门之上设公社主席，由卡贝担任。

在公杜成立之初，卡贝还能够利用自己的影响力把社员团结在一起，公社的事业因而取得了某些进展。学校校舍和新住房陆续修建起来，面粉厂、锯木厂、威士忌酒厂相继投入生产。耕地面积扩大到1000英亩。财产总额达到75000美元。但是，仅仅依靠个人的影响来维持局面是不可能持久的。一部分社员对于卡贝和执行机构的集权产生了强烈的不满情绪，1856年的公社选举中，有三名卡贝反对派进入执行机构，打破了卡贝的一统天下。同年10月，卡贝被开除出公社。这一事件是对卡贝的伊加利亚试验的莫大讽刺。卡贝怀着沮丧而又恼怒的心情离开瑙武到圣路易斯。追随卡贝一同离去的信徒有一百八十人。1856年11月8日，卡贝含恨去世。

追随卡贝的一百八十名信徒秉承卡贝的遗志，经过一年多的努力，于

---

①② Robert S. Fogarty, *American Utopianism*, p. 90.

③ Robert S. Fogarty, *American Utopianism*, p. 97.

1858年5月,在距圣路易斯6英里的切尔特南建立了一个规模不大的伊加利亚公社。法国的卡贝信徒为了纪念卡贝,还为这个公社提供了1万美元的捐款。经过一年的经营,公社的经济状况大见起色。可是,在公社内部又围绕管理形式问题发生了激烈的争吵。一部分人主张保持卡贝的传统,实行个人集权,另一部分人主张实行民主管理。争吵结果是传统派取得胜利。于是四十二名反对者立即退出了公社,造成了公社的分裂。这次分裂使公社受到严重削弱。从此以后,公社成员的经济和精神状态每况愈下,离开公社的人越来越多,到1864年,整个公社只剩下十五名成年人和一群孩子。最后,公社不得不在一个凄凉的日子里宣告解散。

原来瑙武的伊加利亚公社在开除卡贝以后不久迁移到艾奥瓦和普鲁克索姆农庄,最后也由于一再分裂而宣告解散。

欧文、傅立叶和卡贝的空想社会主义试验的失败,无可辩驳地说明,在资本主义条件下,撇开无产阶级的解放斗争,任何形式的社会主义"理想天国"都是不可能实现的,即使在美国这样一个具备种种理想环境的国家,空想社会主义的改革计划也只能是昙花一现,不可避免的失败。

这些经过实际检验的宝贵经验为科学社会主义的创立和发展提供了丰富、准确、令人信服的例证。欧文和傅立叶的试验发生在科学社会主义诞生之前和诞生过程中,所提供的经验已经被马克思概括进《共产党宣言》中。他们关于批判的、空想的社会主义的论述所依据的材料,就包括空想社会主义的理论和试验两个方面。卡贝的试验虽然发生在科学社会主义诞生之后,但它所提供的丰富材料进一步证实了马克思、恩格斯有关论断的正确性,后来还被马克思、恩格斯用来作为论述空想社会主义的补充材料。从这个意义上说,美国可以算是空想社会主义的第二故乡,同科学社会主义的产生有着密切的关系。

原载《马克思主义来源论丛》第7辑,商务印书馆,1986年

主编《美国通史》第二卷的回溯

　　新近出版的六卷本《美国通史》，是中国美国史研究会20个世纪最重大的集体科研成果，也是国家社科基金的重点项目，在学术水平和写作质量方面都有严格的要求。我作为第二卷的主编所承受的压力之大是可想而知的。

　　分卷主编的主要工作不外乎章节的设置、撰稿人的选定和全部书稿的审阅，其中最难的、最关键的是章节的设置。现仅就此谈一点当时的想法。事情已过去十几年，回忆不免有误差和遗漏，也只好姑妄言之了。

　　第二卷涵盖了1775—1860年的历史，从独立战争开始到内战前夕结束。内容十分丰富而且十分重要，其中不少重大事件都可以写成专书。但对通史来说，首先要通，不能有明显的遗漏，所以不能偏废，只写重大事件而忽略了次要的但不可缺少的东西。当时在布局的时候觉得各方面都照顾到了，但这次再版修订时又发现宗教和土地这样比较重要的问题没有集中论述，分量也不够，乃于第十二章和第八章中分别设立专节加以弥补。历史本身不会变化，但人的认识却在不断更新，侧重点自然也会有所不同。今后还会出现不适应的情况而应当有所增删。

　　美国在开国阶段问题成堆，困难重重。国体、政体有待定型，许多必要的规章制度尚未制定，恢复和发展经济刻不容缓，局势十分复杂而又艰险。幸亏美国的国父们和他们的继承者具有卓识远见和非凡的毅力，才克服了诸多的困难化险为夷，终于把年轻的共和国引上了正确的轨道，并迎来了初步的繁荣。其间所经历的事件千头万绪，究竟是哪些事件具有决定性的意义，这是读者最想知道也是这卷书应当交代清楚的问题，无论是在章节安排上、分量上和分析程度上都需要凸显出来。属于这类问题的有独立战争、联邦制的确立、两党政治的形成、工业革命、农业发展、疆土扩张和西进运动，以及南北两种社会的矛盾和冲突等。上述问题在国内出版的著作中差不多都已提到，并且不乏精辟的论述和卓越的见解。不过,其中有些问题可能是由于篇幅的限制不得不割爱,或者语焉不详,使读者难以满足。六卷本《美国通史》在这方面拥有优势,不仅篇幅大,而且又是集体项目,可以群策群力,互通信息,充分利用可以得到的中外文材料,因而可以为一些被割舍和被忽略但又比较重要的问题设置专门的章节,起到填补空白和充实内容的作用。

偏重政治史、以政治史代替通史的倾向虽然已经得到纠正,但多少还有影响。有鉴于此,第二卷在加强和充实有关政治史各章的同时,着重补充了经济、文化、民族和对外政策等方面的内容,设置了"工业革命和工人运动的开始""美国农业革命的开端和特点""移民和第一次移民高潮""大陆扩张和西进运动"等重点章节。另外还设置了两章专门论述文学艺术、学术、教育。

工业革命是美国历史上的一个极为重要的问题。它实现了从手工劳动向大机器生产的转变,使美国的资本主义制度获得了坚实的物质技术基础,从而得到了巩固,同时它也使美国社会划分为两大对立的阶级。两大阶级的矛盾和斗争从此构成美国社会历史运动的重要内容。第二卷用了相当大的篇幅比较详细地论述了工业革命的全过程和应当注意的主要问题,以期能够为读者提供足够的资料和信息。

19世纪初期美国还是一个农业国家。由于当时美国拥有广阔的西部公共土地,美国农业才可能在大规模拓殖西部土地的基础上迅速地发展起来,并逐步实现现代化。美国农业还在发展过程中形成了典型的、革命的美国式道路,为美国经济的高速发展提供了资金和迫切需要的农副产品。这中间有许多东西值得研究和借鉴,专门设置一章很有必要。

美国是一个移民国家,除去印第安人以外都是来自世界各地的移民。不同地区、不同民族的文化、传统、习俗对美国的民族性格、社会风尚、行为模式、价值观念都会有所影响。他们的努力和贡献决定了美国社会发展的速度和规模,不了解移民就不可能读懂美国社会。在第二卷涵盖的时间段内出现了美国的第一次移民高潮,因此设置了一章,对影响移民大批涌入美国的原因、移民的分布和就业及美国政府的移民政策进行了较为详细的论述。或许这对于读者了解美国社会会有所帮助。

对西进运动的评价曾经有过争议。过去主要揭露它的阴暗面,而对其所起的重要作用却一笔带过。近年来,虽然有不少文章和著作注意到这个问题,但要把这个问题讲透还需要做更多的努力。更为重要的是,西进运动对美国历史的发展所起的作用实在是太大了,决定了此后美国的命运。所谓的西进运动就是阿巴拉契亚山以西广大土地的开发过程,包括西部疆域的扩张,群众性的土地开发,对印第安人的掠夺、屠杀。如果没有西进运动,美国就不可能成为横跨美洲大陆的泱泱大国,不可能在19世纪末跻身世界强国之林。另外,美国人在西进中所遇到的种种困难和危险,以及所采取的方法和克服过程,甚至他们的失误和所造成的严重后果,都给国际社会留下了宝贵的经验和教训。第二卷设置这一章的目的就是为读者提供一个比较详细的全面论述。

应当指出,第二卷毕竟是通史性的著作,分配给各个章节的篇幅也是有限的。进一步深入探讨的工作只能留给专史撰稿人去做了。

原载《史学月刊》2003年第9期

平常的经历,肤浅的感受

　　光阴荏苒,八十个春秋不可谓不长,但回首往事又觉得并不遥远。1959年,我在南开大学历史系开始了自己的学习生涯,从青年到老年,与一批又一批的学子朝夕相处,多少知道一些他们的追求和难处。但要做到"传道、授业、解惑",谈何容易。他们提出的一些问题,我并不是都很清楚,往往要去查书,临时抱佛脚。这使我很紧张,但也受益良多。所以我对"教学相长"这句名言是深有体会的。唐代文学大师韩愈说过:"弟子不必不如师,师不必贤于弟子。"事实正是如此,不少学生的成就都超过了我。其实这是很正常的现象,否则社会就很难进步了。

　　不久前,学友们(过去的学生)准备为我出一本八十岁生日庆贺文集。我曾再三辞谢。一是因为要耗费他们的时间和钱财,二是因为我不过是千万普通教师的一员,不值得出这样的集子。但终因盛情难却,在他们的坚持下,我只好同意。

　　作为接受庆贺的人,我总应当写点东西回应和答谢学友们。但搜索枯肠也没有找到独到的治学经验和治学方法,只好把自己的某些经历和感受写出来,就算是姑妄言之,不必当真。

　　到苏联学习,从世界近代史调到美国史研究室工作,是我的两次不平凡的经历,既是极好的机遇,又是巨大的困难。年轻时我万万没有想到自己会成为一个史学工作者,直到1954年夏天在去莫斯科的火车上,才知道要去列宁格勒大学学习世界历史。我原来是学会计的,中国历史还多少知道一点,世界历史可就太陌生了。俄语没有学过,全靠在北京俄语专科学校二部强化学习一年那点可怜的基础。到国外名大学学习自己几乎完全不知道的东西,而且有严重的语言障碍,其困难程度可想而知。

　　刚开始,在课堂上简直是听天书,课后热情的苏联同学又给我解释一遍。

我还是云里雾里，不得要领。最后只有靠看书来掌握课程的基本内容。一节课下来要付出七八个小时才能弄清基本内容。学习是十分紧张的。当时留苏学生中流行一句话：没有星期日，只有星期七。我不是怕困难的人，但想到期末考试就不寒而栗。只好走一步看一步。第一年的难关渡过后，学习逐渐走了正规。在这段时间我总担心跟不上进度被送回国。如果没有苏联同学和老师的耐心帮助，我真的要掉队了。

1977年，我被调到美国史研究室工作。虽然是历史学科的内部调整，但涉及使用语种和研究方向的改变，没有三四年的时间是很难适应的。当时我的英语水平很差，看书离不开字典，一小时不过看一两页，既不能听，也不能说。如果两三年内不能突破，那就拿不出研究成果，也不能接待来访的美国学者。这等于让我第二次留学，面对留苏初期那种困难。而这次我已将近五十岁了，精力有限。但没有别的选择，只能背水一战。记得有两年时间，脑子里装的都是英语，整天听录音、练口语、看英文书。现在回想那些日子都不知道是怎么打发过去的。

我提到上述两段经历，只是想强调在困难面前不要动摇、不要回避。只有坚持下去，才会有所收获。

厚积薄发是大家都承认的治学态度。但青年教师积累不多，发表几篇文章是不是就触犯了这个原则？对此我有自己的理解。世界历史是一个很广阔的领域，即使只选择某个断代作为研究方向，那也很难做到厚积。而且厚积又没有共同的尺度，也许十几年过去也没有达到发表文章的标准。青年教师等不起。如果化整为零，各个击破，以具体题目为突破点，范围小了，厚积的难度就会小许多。发一点东西也就指日可待了。

另外，写文章也好，写书也好，都是对观察问题、把握问题能力、逻辑思维、写作技巧、文字水平的全面检验和锻炼，有一个由易到难、由浅入深的过程。一定要求青年教师一写惊人，那就是强人所难了。如果没有经过这个过程，即使积累厚了也不见得能发出什么东西。记得我的第一篇文章是谈基佐的阶级斗争学说，只有3000多字，发表在《天津日报》上。1963年才开始在《历史教学》上发表篇幅较大的文章。同年商务印书馆又出版了我写的外国历史小丛书《共产主义者同盟》。在动笔写这些东西以前，自以为很有把握，但在写作过程中不断发现缺漏，促使自己再查阅资料，使原有的积累有所扩展和提炼。《共产主义者同盟》是我大学三年级的学年论文,指导教师要求我阅读所有有关的著作和《马克思恩格斯全集》中的论述,这应当是我积累最厚的课题。即使这样,发表之前也要不断查阅资料。可见发的过程也是拓宽和加深的过程,两者是相辅相成的。

也许几十年后再回头看最初发表的文章会感到幼稚、肤浅,但不必为此羞愧和后悔。因为学术界和刊物也是在不断发展和提高的。当初的文章能够发表就表明达到了那个时期的要求。如果那个时候不敢发表,以后就更不敢写,更怕拿不出手了。归根结底,把握现实,不放过任何机会才是最重要的。我这样做了,也希望自己的学生也这样做。我不但向他们宣传动笔写作的重要性,而且尽可能给他们创造发表文章的机会。我相信凡是这样做了的同学都会有所收获的。

在研究室工作,教学工作较少,发表文章和出版专著是考察业绩的主要指标。尽管那个时候还没有提出数量要求,但也有不小的压力。有关世界史的刊物本来就很少,对于毫无名气的新手来说,发表文章尤其困难。记得在20世纪80年代后半期规定了研究人员每年发表论文的篇数,后来甚至要求研究生也要在核心刊物上发表两篇以上文章,才能取得答辩学位论文的资格。我至今仍然觉得这个规定不大符合实际。粥少僧多,实在让研究生为难,也让导师们大伤脑筋。

其实当初没有规定数量指标时,日本史、美国史的研究人员也都是勤勤恳恳、力争上游的。那时候两个研究室合用一个大办公室,中间只隔一排书架。我曾几次听到他们讨论向《历史研究》投稿的问题。《历史研究》是全国顶级刊物之一,对稿件要求很高。没有深厚的功底、创新的意识,是很难被采的。我佩服他们知难而进的勇气和精益求精的精神,同时也以此来鞭策自己。经过不懈努力,终于在1984年在《历史研究》发表了第一篇文章。

量化也许是一种简单易行的管理方法,但绝不是最好的方法,如果用得不当很容易引发弄虚作假的歪风。激发和引导研究人员的积极性和主动性才是最根本的办法。

说起写文章自然要涉及一个人的文字表达能力。我们这一代人没有系统学过国学,文字功夫不是太好,写起文章来非常吃力。我没有研究过国学。记得读高中的时候,语文老师给我们讲解过,我并不真懂,简单地认为国学就是研究古人传世之作的学问。这样的认识当然是很肤浅的。此后由于环境的变更再也没有进一步思考这个问题。

幸好我在上小学时利用暑假念过几次私塾，读的是四书五经。当时只是死记硬背，根本不懂原文的意义，连书名都不清楚。后来才知道，四书是《论语》《孟子》，再加上宋人朱熹从《礼记》中抽出的《大学》和《中庸》。五经是《诗》《书》《易》《礼》《春秋》。四书念完了，《诗经》只读了几篇。

我应当感谢我的母校蜀华中学。这所学校非常重视古文和国学知识。几位语文老师在这方面都很有造诣，在他们的熏陶下，学到了一点国学知识和运用古文的能力。从那时起我才知道《四库全书》是国学的总汇，所收入的书籍(包括存目)不下一万种，而未收入的书籍还有很多。经书居全书之首，书目虽然繁多，但以十三经为首。所谓十三经就是前面提到的五经，加上《周礼》《仪礼》《春秋公羊传》《春秋穀梁传》《论语》《孟子》《孝经》《尔雅》。唐代以降十三经就是治国的基础，成为文人学子必读的经典。尽管十三经包含许多精辟的伦理、道德、哲学思想和文学精华，但也带有浓厚的封建色彩，文字也比较难懂，曾经在新文化运动中被打倒过。就连我中学时期的老师都绝口不提经书，倒是对史书和诸子百家的著作谈得不少。

在今天看来，能够在青少年时期获得这些知识是很幸运的。但当时我并不觉得有多么宝贵。说实话，没有老师们的循循善诱，恐怕我不会去学习难懂的古文。由于有了一点古文知识，我在课外常读一些文言小说和《古文观止》上面的文章，同时对历史也产生了兴趣。正史的难度大，又比较枯燥，读得很少，演义、野史之类的书倒是读了一些。

中学毕业后进入了省立成都会计专科学校。这是一所高等职业学校，由四川省政府分配工作，是当时的铁饭碗。我是解放后毕业的，被分配到西南文教部高等教育处工作。三年后被推荐参加北京俄专留苏预备部考试。准备时间很少，又缺少参考书籍。我对这次考试不抱任何希望。但是出乎我的预料，语文、历史方面的试题我答得非常好，字迹也比较工整，结果居然被录取了，如果没有这点国学知识和古文基础，这个大好机会就把握不住了。

我在苏联列宁格勒大学学的是世界近现代史。回国后在南开大学从事世界近代史的教学和研究工作。我知道国内杰出的世界史专家都有非常深厚的国学功底，我也深感国学知识对世界史学工作者的重要性，但世界史学工作者往往因为承受学习外语的沉重负担而忽略了这个问题。我也不例外，总是因为时间分配不过来，始终没有系统地阅读国学书籍以弥补自己的不足。退休后想读也没有那样的精力了。羊已亡了，而牢却很难补上。

要求每一位世界史工作者都通晓国学自然是过于苛求了，但多学一点国学知识则是可能的和必要的。

首先，孔孟和诸子百家留下的思想财富十分宝贵、十分丰富。他们的哲学思想、伦理道德各有千秋，高度概括地、集中地反映了社会各阶层、各群体的思想、需求和崇尚，其洞察力和深度绝不输于西方的古代思想家。老子(李耳，也称老聃)、庄子(名周)是春秋战国时期的人，距今已有两千多年。那时他们就用"道"和"气"来解释世界，否定神造世界的说法。如果只知道古希腊的思想家而不了解孔、孟、老、庄，就是知识上的一大缺陷。多学点这方面的知识可以扩大我们的视野，活跃我们的思想。

其次，国学中的史学书籍同我们学历史的人有直接的关系。世界史和中国史虽然划分为两个不同的学科，但理论、方法和研究目的却是相同的。学世界史不一定非读通二十四史不可，但应当有所了解。说来惭愧我迄今未通读过任何一部正史，幸好还多少接触过一些有关书籍。从我所读过作品中可以感受到，历代著名史家莫不博学多才、治学严谨、实事求是。他们当中有人甘冒生命危险也要直书帝王的劣迹。"在齐太史简，在晋董狐笔"就是古代史官留下的浩然正气，值得我们认真学习。

国学书籍使用的是古文。其特点是结构严谨，层次分明，文字简练，对我们提高写作能力大有帮助。我只是略懂古文，但就这点薄弱基础也使我终身受用无穷。如果没有这样的基础，当年就考不上留苏预备部，此后的命运和成就会是完全不同的，研究工作也会受到影响。

以上这些经历和感受只是随便道来，谈不上什么心得。酒后茶余消遣可也。

原载李剑鸣、杨令侠编：《美国历史的多重面相》，北京大学出版社，2010 年

菲利普·S.方纳教授谈种族主义和美国黑人问题

一

种族主义问题,在世界上许多国家中都存在着,尤其是在美国,它占有极为重要的地位,你们可以用许多时间来进行研讨。这里只能侧重谈几个主要方面。

什么是种族主义? 这个名词的含义是什么? 种族主义是一种思想,它把世界上的人分为高等人种和低等人种。高等人种通常是指白人,低等人种通常是指非白人,无论是黑人、红人还是黄种人都包括在内。按照种族主义的说法,高等人种和低等人种天生就有优劣之分,这或者是根据上帝的安排,或者是根据遗传来决定的。由此产生了另外一个思想:高等人种有权统治和压迫低等人种。在德国纳粹种族主义统治时期,德国雅利安人种是统治种族、应当压迫其他种族的说法就是建立在这个原则上的。可见种族主义是一种多么危险的理论啊!

种族主义起源于何时? 有人说,种族主义从原始人时期就已开始存在。当然这是不对的。

有人说,种族主义是从奴隶制时期开始的。埃及、希腊、巴比伦都存在人压迫人现象,所以也就存在种族主义。这也是不对的,应当把奴隶制度下的人压迫人同种族主义分开。诚然,在古代奴隶社会里,一部分人压迫另一部分人,强迫被压迫者劳动,把被压迫者作为自己的财产。但是,这种压迫被压迫的关系,并不是按照种族来区分的。任何一个种族的人,只要你在战争中被俘、被征服就都会成为奴隶。文化的高低、种族的区别完全不起任何作用。例如,埃及人和希腊人被征服的时候都曾经大量沦为奴隶。

在罗马帝国崩溃以后出现的封建社会里,也存在地主压迫农奴的现象。但这仍然不是种族压迫。

真正意义上的种族压迫和种族主义是随着资本主义关系的产生而产生的。13和14世纪,欧洲一些国家的封建制度开始崩溃,出现了完全和奴隶、农奴不同的自由的雇佣劳动(俄国比较晚)。但是,到了1514年,在南美洲和北美洲又出现了奴隶制的再版。不过,这种新的奴隶制不同于上古时期的奴隶制,而是同种族压迫相结合的。非洲黑人和美洲印第安人首当其冲,先后沦为奴隶。种族主义也就随之产生。

二

再版奴隶制的出现是同新大陆的发现密切相关的。13世纪末,马可·波罗在游历中国回到欧洲以后,宣传东方的文明和富庶,欧洲国家中向往东方的人越来越多。他们经过君士坦丁堡、沿着丝绸之路到达中国,从中国和印度等地源源不断地运回丝绸和香料。意大利的威尼斯等城市成为当时的大商埠。在地中海沿岸的一些城市中稀疏地出现了资本主义萌芽。

可是,14世纪和15世纪,这条横贯欧亚大陆的商道由于土耳其的兴起而被堵死。于是欧洲的商人就只得另外寻找新商路。在这方面葡萄牙人和西班牙人走在前面。

葡萄牙人在环绕非洲大陆寻找新航线的过程中,在西非发现了黑人。1444年,葡萄牙的远航船只在舶靠西非海岸时,劫走了一些黑人,带回葡萄牙,然后把他们卖掉。从此开始了万恶的奴隶贸易。以后,越来越多的黑人被劫运到里斯本,向西班牙和欧洲其他国家转卖。然而,当时欧洲有为数众多的廉价的自由工人,奴隶制在这里不可能得到发展。

大规模使用黑人奴隶是在1492年哥伦布发现美洲新大陆以后。这里(秘鲁)盛产金银和各种农产品,甚至比中国和印度还要富有。于是西班牙决定在这里殖民,并把印第安人变为奴隶,驱使他们在矿山、农场进行沉重的劳动。在一段时间内,南美包括巴西在内、中美和北美都出现过印第安人奴隶。但是印第安人不愿屈服为奴,经常起来反抗,或者逃跑,使奴隶主束手无策。

在西班牙征服美洲以后,印第安人大量死亡。一部分人在战争中死去,一部分人由于过度劳累而死亡,一部分人则死于从欧洲传来的疫病。1503年,西班牙传教士(后来是墨西哥的大主教)博托洛家·德·拉斯·卡萨斯看见这种情况曾经向教里呼吁说,印第安人正在迅速消灭,如果不加以挽救,就要灭种了。教皇同意他的说法,但又问他,假如印第安人不再受奴役,劳动力从哪里来?卡萨斯说可以从非洲运进黑人作为奴隶。1517年,西班牙国王查理五世根据卡萨斯的建议颁发了特评状,允许每年将4000名黑人奴隶运进美洲殖民地。1534年,教皇也颁布命令禁止奴役印第安人。

用黑人代替印第安人为奴隶并不是出于教皇对印第安人的恩典,根本原因还在于使用黑人奴隶更符合奴隶主的利益。第一,用印第安人为奴隶,必须动用武力。尽管殖民者可以使用先进的火器,但也难免有伤亡。黑人则可以购买,抢劫非洲黑人是奴隶贩子的事情,奴隶主不必冒什么风险。第二,美洲是印第安人的家园,许多地方还残存着印第安部落。印第安奴隶很容易逃跑,并在部落藏身。非洲黑人却无处可逃,即使逃亡他乡,也容易追回。第三,非洲黑人比印第安人拥有更多的农业知识和技术。例如大米的生产就是从非洲传来的。

美洲是一个经济作物能够迅速成长的地方,米、甘蔗及后来的蓝靛、烟草都是它引销国外市场的商品作物。因此种植园经济发展比较快,需要大量的奴隶。从1444年到1888年四个世纪左右的时期里,究竟有多少黑人奴隶被运到美洲?至今无人确知,估计至少有3000万到5000万人。

这里提出一个问题,如果白人也可以被卖作奴隶,那么种族主义不是就失去产生的基础了吗?不错,在北美曾经存在过白人契约奴,而且他们所遭受的虐待和摧残同黑人奴隶一样严重。然而他们不是奴隶。第一,他们不是被贩卖的,而是由于出不起路费,才用劳务换取这笔钱的。第二,他们不是被抓来抢来,也不是被迫,而是自愿的。第三,他们服劳务的时期大致为五至七年,期满以后立即获得自由。第四,契约奴的孩子是自由人,不属于主人。总而言之,白人是不能成为奴隶的,而黑人同奴隶则几乎成了同义语。之所以会出现这种现象,完全是由于压迫者制造了白人优秀、黑人低劣的说法,并逐渐形成一种固定的思想体系,这便是种族主义。

三

种族主义的基本论点大致如下：

第一，宗教方面。在西方的宗教上，有两部圣经：旧约和新约。在旧约圣经创世纪章中，有一个名叫诺亚的希伯来人，虔信宗教，极为善良，得到上帝的喜爱。其他希伯来人不信奉宗教，惹怒上帝。于是上帝对诺亚说，我将用洪水消灭人类，只有你和你的家人能够得救。你应当选一只方舟，并把各种野兽、生物挑选一对放进方舟，等洪水退去后就可以造成一个新世界，那里只有好人才能生存。后来上帝的话果然应验了。于是新世界就属于诺亚及其家族了。不管你是非洲人、中国人还是欧洲人都是诺亚的后代。

有一次诺亚喝醉了酒，躺在他的帐蓬里。他的一个孩子名叫汉姆，走过来看见诺亚赤身躺着就走开了。另一个孩子没有走开，却用一条被单盖在诺亚身上。诺亚醒来后知道此事，非常生气，就对汉姆说，你和你的孩子世世代代都要做你兄弟的奴隶。

圣经上还说，亚当和夏娃有两个孩子，一个孩子杀害了另一个孩子。于是这个凶手的后代就成为被害者的奴隶。

第二，肤色论点。对于种族主义者来说，还有一个难题，因为圣经上并没有说明应当为奴的人是非洲人、欧洲人或者美洲人。于是种族主义者就在肤色方面、人种方面制造论据，他们把白色作为代表美好的象征，而把红色、黑色、黄色都作为坏的象征，并且引证说在英语中，白往往是表示好的意思，黑和其他颜色往往是不好的意思。所以白种人是优等民族，应当做主人，黑种人和其他有色人种是劣等民族，只能做奴隶。甚至有人认为，黑人是类人猿，根本不是人类。

第三，奴隶制使不信奉上帝的黑人变成基督教徒，给他们带来福音的好处。

第四，奴隶制使非洲黑人从野蛮人转变为文明人，是一所好学校。

总之，白人是优等人种，有奴役黑人和其他有色人种的权利，这就是种族主义的中心思想。这种思想在美国历史上有深远的影响。

四

现在,谈谈美国工人运动及其对黑人工人的影响。美国工人运动有悠久的历史。在18世纪90年代就出现了第一批工会,最早的罢工发生在1786年。到了1827年,已经出现了真正意义上的工人运动,这一年费城的工会联合起来集体行动。1835年,出现了全国性的工联组织。大约在19世纪60年代,几乎到处都有工会和工人运动。但是,方纳教授及其他史学家都未能发现在内战前有任何一个黑人是加入了工会组织的。

有的史学家认为,内战前400万黑人都是奴隶。工会当然不会允许奴隶加入,所以不可能找到黑人工会成员。这个说法是不正确的,因为当时已经有自由黑人了。据统计,1860年,有50万自由黑人,北部26万,南部24万。工会之所以没有去组织这批黑人,原因就在于存在种族主义,在白人工人看来,既然黑人不是人类,同他们在一个工会里共处简直是一种非常可怕的事情。

内战前,在19世纪50年代只有费城的一个工会允许黑人参加。其他工会都一致反对吸收黑人。此外,1858年在纽约成立的以弗里德里希·阿道夫·佐尔格为首的共产主义俱乐部允许黑人参加。俱乐部的章程规定,除去奴隶以外,所有工人不分种族肤色和性别均可参加俱乐部。到了1860年,共产主义俱乐部已发展到四个:一个在芝加哥,一个在密尔沃基,一个在波士顿,另一个在纽约。其中在密尔沃基的俱乐部是由共产主义先驱约瑟夫·魏德迈领导的。所以,不能说内战前没有任何一个组织是向黑人开门的。

然而奴隶又是怎样成为自由工人的呢?内战前,孩子是随母亲的。母亲是自由人,生的孩子就是自由人,母亲是奴隶,孩子就是奴隶。至于成年奴隶则是通过如下几种途径获得自由的。第一,释放奴隶。在革命中,解放了奴隶,许多黑人在战争中做出了重大的贡献。有些奴隶主向奴隶颁发了自由证书,声明该奴隶已经被释放,完全获得了自由。第二,自己赎身。一些有手艺的奴隶(例如木工、鞋匠)用挣来的工钱赎买自己和家属。第三,逃跑。许多奴隶从南方逃到北方,并获得了自由。政府为了阻止奴隶逃跑,通过了两个《逃奴追缉法》。第一个法令于1793年通过,要求各地将查出的逃奴归还原主。第二个法令颁布于1850年,其条件更为严峻。但是逃奴人数并未减少,有些人为了获得自由甚至逃往加拿大去。逃亡是很艰苦的,名义上叫经由地下铁路,实际上是用脚走。从南到北差不多有两千英里。白天不能走,只好躲在森林里,晚上才出来走。当时没有科学知识,只有朝着北极星的方向走,而在没有星星的晚上就只好停留在森林里。

革命前南方的情况大致如此。北方的情况很不相同,主要是通过废除奴隶制法令来解放黑奴,又叫逐步解放。所谓逐步解放,就是一步一步解放的意思,所以有一个过程。具体情况如下:1780年1月1日,宾夕法尼亚通过一个法令,规定所有原奴隶母亲在法令颁布后生下的孩子,长到二十八岁就成为自由人,而在此以前则是奴隶。接着在纽约、新泽西等州也颁布了类似的法令。有的地方还规定,在法令公布以前出生的奴隶孩子到二十八岁以后也成为自由人。获得解放的年龄也各有不同,有的是二十一岁,有的是二十八岁,有的是女性二十一岁、男性二十八岁。

北部为什么会自动解放奴隶?根本原因在哪里?有人说,这是革命的影响,革命把自由思想传给了人们。但是,这个说法是站不住脚的。既然革命带来了自由思想,为什么对南部毫无影响?所以根本原因不在这里,而在于经济利益,在于奴隶制对北方来说是不合算的。因为北方没有蓝靛、烟草等经济作物种植园,只栽种小麦和玉米。所以它的农作物主要是供国内城市消费,而不是向欧洲市场。这样,北方的奴隶主要是在城市里做家庭奴仆和木匠、鞋匠等技艺工人。而在革命后的19世纪90年代,使用奴隶做技艺工人已经不合算了。因为即使不支付工资,也得花费一笔钱维持奴隶的生活,而一旦经济危机到来,雇主就还得继续支付奴隶的生活费。另一方面,当时有大批失业者,工资极为低廉,雇用自由工人远比使用奴隶省钱。

南方为什么不依照北方的样子废除奴隶制,而且还在不断扩展(到1860年,南方的奴隶人数竟多达400万)呢?这也是同经济原因密切相关的。

18世纪90年代和19世纪初,南部分为上南部和下南部两个地区。上南部包括弗吉尼亚、马里兰等四个州,下南部包括南卡罗来纳和佐治亚两个州。上南部以出产烟草为主,下南部以出产蓝靛和大米为主。18世纪90年代,烟草生产过剩,无利可图。大米也在国际市场上遇到竞争,而蓝靛则几乎到处都可以生产。南部种植园经济日益困难,有人认为,这种经济上的困难很可能逐渐迫使奴隶主放弃奴隶制度。然而这种猜想并未出现。棉花的大量种植挽救了奴隶制度。南部是适合于种植棉花的地区，由于英国工业革命需要大量棉花，南部的棉花生产骤然成为一个新兴的、十分有利可图的事业，奴隶制因而得以复苏，而且达到空前的规模，奴隶人数从1796年的150万人达到1860年的400万人。

大家知道，1808年，美国废除了奴隶贸易，不允许从非洲输入黑人奴隶，奴隶贩子只好从国内得到奴隶，于是上南部地区就成了生产奴隶的基地。

黑人奴隶自然是种族主义的牺牲品。即使是黑人自由工人也难免遭受种族主义的残酷迫害，首先他们在寻找职业方面就碰到了很大的问题。在1790年到1820年间，由于欧洲大陆连年进行战争，移民人数减少，黑人工人还能够找到职业。1820年以后，大批移民开始从英、德涌来。他们多半是熟练工人，于是就挤掉了黑人熟练工人的位子。即使黑人工人为了保住自己的职业同意拿30%的工资，雇主往往也由于害怕白人工人的攻击而不敢接受。

1840年到1845年间，欧洲发生灾荒，大批爱尔兰农民移居美国，他们都是非熟练工。他们的到来又排挤了大批黑人非熟练工。由于黑人不能参加工会，所以在实行"关闭工厂制"的地方完全找不到工作。所谓"关闭工厂制"就是只雇用工会会员做工人的制度。即便是在实行开放工厂制的地方，黑人也只能找到最脏最累的工作。

直至今日，种族主义的幽灵还在美国游荡，不仅黑人，所有有色人种都在不同程度上受到歧视。

原载《南开史学》1982年第1期

美加自由贸易关系的形成及其历史启迪

1988年,美加贸易协定签字,美加之间的自由贸易关系终于确立。这种关系是两个邻近的、经济关系密切的发达国家之间的贸易关系。双方的经济发展程度虽然仍有差别,但和他们同发展中国家的差别相比较就显得微不足道了。即使这样,两国之间的自由贸易关系也并非一蹴而就,而是历时一个多世纪、几经曲折才得以形成的。而且在形成后,两国之间仍时有摩擦,有时甚至是相当严重的摩擦。可见自由贸易关系在一定历史条件下才可以为参加各方所共同接受,那种不顾具体条件奢谈自由贸易的论调显然是不切合实际的,因而也是不可取的。本文仅就这个问题,从历史的角度谈点粗浅的看法。

一、美国和加拿大都不是最早倡导自由贸易的国家

加拿大约克大学副教授埃德尔加德·E.马汉特曾给自由贸易的含义做了一个解释,大意是:20世纪50年代以前,自由贸易是指商品出口不受对方的配额和关税,以及本国的出口税的限制。此后同商品有直接和间接关系的劳务也包括在内。最后,连劳动力和资本的自由转移也属于自由贸易的范畴。[①]可见自由贸易的含义是随着时间的推移和经济的发展而逐步丰富的。我们这里所涉及的是商品的自由贸易。

自由贸易思想产生于18世纪的英国。英国古典经济学家亚当·斯密主张排除国家统治者对经济的干预,由"看不见的手"——市场规律来引导经济。李嘉图又把他的这一观念推用于国际贸易,从而产生了自由贸易的说法。然

---

① Edelgard E. Mahant, *Free Trade in American-Canadian Relations*, Malabar: Krieger Publishing Co., 1993, p. 3.

而,这绝不是学者们在头脑中凭空想象出的东西,而是英国经济发展的客观需要。当时英国已经完成了资产阶级革命,资本主义关系发展迅速,它所生产的商品向世界各国出口,具有极大的竞争力,只有它才可以从自由贸易中得到最大的好处。不过,在18世纪英国还有一些经济部门需要得到国家的保护,还不可能全面接受自由贸易的思想,最突出的例子就是几个《谷物法》的相继通过。

在自由贸易思想出现以后,甚至在英国已经废除《谷物法》、实现自由贸易政策的时候,无论是美国还是加拿大都远没有接受这种思想,甚至还没有形成自己的稳定的对外贸易政策。

就美国而言,殖民地时期的对外贸易主要依赖于英国,缺乏自己的独立的政策。脱离英国以后,邦联时期连固定的海关税收都没有确立,当然也谈不上什么独立的对外贸易政策。1789年,第一届联邦国会召开后才通过了第一个关税法,对所有进口货物征收5%到10%的关税,并对其中的三十种货物征收特别关税。此后到1808年期间,联邦国会又陆续通过了十二个关税法,把关税提高了三倍。[1]不过,所有这些关税法的主要目的不是保护新兴的工商业,而是增加国库的收入,充其量只是为美国的保护主义政策做好了准备。《美国政府和美国经济》一书的作者认为:"1789年到1815年间刚刚出现了美国保护主义政策的轮廓。"[2]只是在1812—1814年战争结束,英国货物大举冲击美国市场以后,联邦政府才于1816年、1824年和1828年相继通过了三个关税法案,大幅度提高美国的关税率。这才是美国保护政策的开始。正如有的美国学者所说的:"所谓的美国保护体系的真正胜利始于1816年。"[3]根据《1828年关税法》的规定,羊毛进口税为50%,毛纺织品进口税为45%(第二年又增至50%),棉纺织品和棒铁的进口税也都大幅度攀升。[4]

然而,这时的保护关税政策在政府内部还没有取得一致的认可,北部和南部对此持截然相反的态度。社会上不少人把《1828年关税法》叫作"令人憎恨的关税"。弗吉尼亚的弗里德克斯堡农业协会认为保护关税破坏了美国

---

[1] L. C. A. Knowles, *Economic Development in the Nineteenth Century*, London: Routledge, 1958, p. 289.

[2][3] Merle Fainsod, *Government and the American Economy*, New York: Norton, 1959, p. 98.

[4] Victor S. Clark ed., *History of Manufactures in the United States*, New York: McGraw-Hall, 1929, pp. 278-279.

的建国原则,并向联邦国会提出抗议。此后,双方争执不已,关税不断浮动,但总的来说还是偏高的。根据马汉特的估计,美国"19世纪平均关税为40%"①。可见19世纪的美国基本上是一个奉行保护政策而不是奉行自由贸易政策的国家。

19世纪,加拿大是英国的自治领地,直到40年代,在英国实行自由贸易政策后,才从大英帝国手中取得了征收关税的权力。那时加拿大的经济远远落后于英国,同美国相比也有不小的差距。它的对外贸易在很大程度上依赖于英国和美国,根本谈不上有什么自己的贸易政策。由于英国实行自由贸易政策,加拿大在失去了受英国保护的大不列颠的市场以后颇为惊惶失措。1849年10月,一部分年轻企业家和杂志编辑在蒙特利尔集会,商量对策,最后签订了一个《合并宣言》,要求并入美国。②

但是,随着加拿大经济的发展,同美国合并的主张不到一年就销声匿迹了。此后,同美国建立平等互惠贸易关系的呼声越来越高,因为美国已经成为加拿大木材最大的进口国之一。据统计,1849年,加拿大出口木材的1/3销往美国③,如果美国政府同意取消20%的关税,将给加拿大带来巨大的好处。

最早提倡同美国建立平等互惠贸易关系的是威廉·H.梅里特。大英帝国于1846年允许所属殖民地取消对外国货物的歧视性关税以后,梅里特的主张得到加拿大议会的重视。加拿大议会于1849年通过一项法令,提出一个从美国免税进口货物的清单,并要求美国采取对等的措施。但这个提议没有得到美国的响应。

不久以后,为了解决美国和加拿大及附近英属殖民地的渔业纠纷,英国政府派遣特使埃尔金勋爵赴华盛顿同美国政府谈判。1854年6月,双方签订了互惠贸易条约。在英国方面,条约不仅涉及加拿大,还包括邻近的四个殖民地。条约规定:双方原料和90%的进出口商品应当享受自由贸易待遇;美国渔民可以到不列颠北美殖民地的近海捕鱼,加拿大和有关英属殖民地的渔民可以到弗吉尼亚近海捕鱼,双方均可在大湖区和圣劳伦斯河自由航行。但

---

①② Edelgard E. Mahant, *Free Trade in American-Canadian Relations*, p. 17, 19.

③ Edgar Mccinnis, *Canada: A Political & Social History*, Toronto: Holt, Rinehart and Winston of Canada, 1982, p. 290.

是,这个条约履行不久,加拿大的工业界就受到了来自美国工业品的巨大压力,要求加以限制。1859年,加拿大政府对美国的工业品征收关税,从而使这个条约名存实亡。以后,加拿大政府虽然曾几次试图恢复同美国的互惠贸易,但均未成功,而实施保护关税的思想却日益抬头,1876年以后达到高潮。一些有影响的商贸组织都出面要求提高关税,对加拿大的工商业实行保护政策。例如,安大略制造业主协会、自治领商会、国家政策联盟都曾公开表示支持保护关税。1878年3月13日,加拿大政府首脑约翰·A.麦克唐纳在众议院发表了以"国家政策"为题的演说,提出了采取保护关税鼓励加拿大工业发展的计划。

总的来看,在19世纪,美国和加拿大之间虽然存在过初步的有限的自由贸易,但从根本上说,双方都还是以保护政策为主导的国家。正如马汉特所说:"在这个世纪末,除大不列颠以外,每一个主要工业国家都运用关税来保护自己的主要工业。"[1]

二、20世纪美加贸易政策的演变

20世纪初,美国的总体经济实力已经超过英国,跃居世界第一位。美国和加拿大的贸易额也有大幅度增长,逐渐赶上和超过英国。例如,1911年,加拿大向美国出口的商品已经占其出口总额的38%,只比向英国出口的商品少10%,十年后上升到46%,而向英国出口的商品额却下降到28%。[2]在这种形势下,英国不得不改变自己的自由贸易政策,在英帝国内部实行优惠关税,带有明显的排他性。

加拿大作为英帝国的一个成员国,其对美贸易自然受到英国新贸易政策的影响。但另一方面,加拿大同美国的贸易在其对外贸易中占有举足轻重的地位,双方的互惠贸易,甚至对部分商品采取自由贸易,无疑又是对加拿大有利的,因此,它又倾向于同美国开展互惠贸易和自由贸易。这样,在20世纪的

---

① Edelgard E. Mahant, *Free Trade in American-Canadian Relations*, p. 5.

② Edelgard E. Mahant and Graeme S. Mount, *An Introduction to Canadian-American Relations*, Scarborough: Nelson Canada, 1989, p. 317.

大部分时间里,加拿大的对美贸易政策是摇摆不定的,时而积极推动同美国的互惠贸易和自由贸易,时而又采取保护关税政策。

美国的情况有所不同。美国政府没有对这种迅速变化的国际形势做出及时的反应,一直到20世纪30年代初还在推行保护关税。只有少数政府决策人看到了对外贸易的发展趋势,提出了自由贸易的主张。例如,伍德罗·威尔逊总统在著名的《十四点计划》中就曾明确地指出:"过去的经验……告诫我们,一个国家运用独占和歧视性的贸易协定惩罚其他国家的企图,是产生那种最后将导致战争的敌对关系的原因。"[1]但是,美国国会并没有采纳威尔逊的主张,而是采取临时应付的态度来确定关税政策。

1921年,美国的小麦价格猛跌,从每蒲式耳2.58美元降到0.93美元。美国国会立即通过紧急法令,提高农产品的关税。第二年又通过了《福德尼-麦坎伯关税法》,提高工业品的关税。这就加重了美国对外贸易的保护主义色彩。威廉·凯利认为,这项法令"是一个比一系列保护措施中的任何一个税率更高的关税法"[2]。它平均比1913年《安德伍德-西蒙斯关税法》的税率高50%,并对一些免税商品征收关税。经济大萧条开始以后,1930年,联邦国会又通过了《斯穆特-霍利关税法》,使美国进口商品的平均关税率高达49%,其中少数商品的关税竟超过了100%。[3]这样,美国就成了一个关税壁垒高筑的国家。《美国的商业保护》的作者明确地指出,《福德尼-麦坎伯关税法》和《斯穆特-霍利关税法》是两个保护关税法。[4]

然而,美国的保护主义政策并没有对美国的贸易带来明显的好处,反而引起了许多国家的反对和报复。加拿大的反应尤为强烈,它利用联合王国内部优惠贸易的有利条件,扩大同英国的贸易,并扩大对美国工业品征收关税的范围和提高关税率。1827年、1830年和1831年,加拿大政府接连提高美国

① Arthur S. Linkc ed., *The Papers of Woodrow Wilson*, Princeton: Princeton University Press, 1985, Vol. 51, p. 476.

② William Kelly ed., *Studies in United States Commercial Policy*, Chapel Hill: University of North Carolina Press, 1963, p. 7.

③ Edelgard E. Mahant, *Free Trade in American-Canadian Relations*, p. 27.

④ Gary Clyde Hufbauer, *Trade Protection in the United States*, Washington: Institute fo International Economics, 1986, p. 6.

工业品的关税。1932年夏天,还邀请英帝国成员国的代表在渥太华开会,进一步确认彼此间的优惠贸易关系,以此同美国的高关税相抗衡。参加这次会议的还有其他英帝国成员国国家。会议最后通过了《渥太华协定》,结果使美国在世界贸易中受到了孤立,1929到1939年大萧条期间美国的对外贸易下降幅度达到2/3,远远超过了世界贸易的下降幅度(54%)。[1]

美国对外贸易的大幅度下降使美国政府的决策人感到震惊,也使他们清醒地面对现实。正如S. A.伦韦所说:"20世纪30年代的政策制定者开始认识到,如果美国希望在国际贸易中受益,那么放任自流的关税政策在政治上将不再是切实可行的了。"[2]富兰克林·罗斯福总统和他的国务卿科德尔·赫尔下决心把关税政策纳入正轨,逐步从保护关税政策走向自由贸易。经过他们的努力,1934年美国国会通过了互惠贸易法。根据法令规定,美国总统被授权开展双边贸易谈判,可在50%的限度内降低关税而无需国会批准。这样就把处理关税的大部分权力从立法机构转到了行政部门手中。《1934年互惠贸易法》是美国对外贸易政策的一个转折点,它所确立的走向自由贸易的方向一直保持到现在,中间虽然经过《1962年扩展贸易法》和《1974年贸易改革法》的修订和补充,但总的方向没有变。

《1934年互惠贸易法》通过以后,罗斯福总统立即在两个方面开展工作。一方面力图在国际上改变美国的保护主义的形象,极力发展国际贸易,另一方面同近邻加拿大恢复双边互惠贸易关系。同加拿大的谈判始于1935年,但并不顺利,直到第二年的8月,双方才签署了协议。根据这项协议,加拿大向美国货物征课非英帝国成员国的最低关税,降低美国农业机械、汽车、汽车零部件和服装的关税。美国方面则降低加拿大牛肉、奶制品、木材、水产品、土豆和威士忌酒的关税。这项协议虽然未能建立双方的自由贸易关系,但取消了近十五年来向对方征课的报复性关税。1938年11月,美加又签订一个互惠贸易协定,进一步放宽贸易限制和降低关税,又向自由贸易迈进了一步。

二战结束后美国的经济实力空前强大,大约拥有全世界财富的50%、资

---

[1] William Diebold Ji., *New Directions in Our Trade Policy*, New York: Council on Foreign Relations, 1941, p. 6.

[2] Stephanie Ann Lenway, *The Politics of U. S. International Trade*, Marshfield: Pitman Publishing, 1985, p. 59.

本主义世界工业生产的2/3、外贸出口的1/3。美国政府的决策人极力在各地开辟市场,同时也加紧同加拿大谈判,以便建立更为自由的贸易关系。美加自由贸易谈判于1948年1月开始,并于3月达成初步协议。双方同意取消所有货物的关税和大部分货物的配额限制,只对农产品的关税制定了特别条款,还继续保留某些限制。然而,加拿大政府对协议的内容是有保留和戒心的,它担心加拿大的经济会因此被置于美国的控制之下。加拿大总理威廉·莱昂·麦肯齐·金转而持抵制态度。于是协议由于没有得到加拿大政府的认可而宣告流产。

1972年,加拿大的国务活动家来奇尔·夏普还曾提出所谓的"第三选择"计划,提倡同其他国家发展贸易关系,以避免过分依赖美国。

但另一方面,加拿大政府也没有放弃发展同美国的自由贸易。例如,1965年双方曾签订汽车贸易协定,共同控制汽车和汽车零部件的贸易。在社会上和各种团体、机构中间也有不少支持同美国开展自由贸易的意见。1975年,加拿大经济委员会建议政府实现同美国的自由贸易。1978年,加拿大参议院外事委员会经过仔细考虑以后,提出了同美国建立自由贸易关系的建议书。建议书指出:"委员会的结论是,为了防止加拿大制造业的实力逐渐转向美国,并加强有潜在竞争能力的加拿大企业和工业部门,加拿大人应当慎重地考虑从同美国的自由贸易中所能获取的利益。这并不是一个没有风险的政策,但委员会深信,同美国的双边自由贸易的利益份额要比大多数观察者所想象的更大。"建议书还进一步解释美国市场对加拿大的重要性:"没有通向美国市场的畅通无阻的道路,即使得到政府的鼓励,也很难使工业品得到适宜的销路,加拿大也很难具有更大的竞争能力。"[1]

这个建议书虽然还没有立即被加拿大政府的大多数决策人所接受,但已经大致勾画出了此后加拿大对待美加自由贸易的取向。到20世纪80年代中期,随着世界形势和美国国内形势的变化,美加自由贸易关系渐趋成熟。

---

[1] Edelgard E. Mahant, *Free Trade in American-Canadian Relations*, p. 137.

三、美加自由贸易协定的签署和两国朝野的反应

20世纪70年代和80年代,出现了促进美加自由贸易的两个因素。其一是关税同盟的几个谈判回合显露了各成员国之间的严重分歧,多边自由贸易的构想遇到了困难。其二是以美国为中心的世界贸易体系受到破坏。1971年美国的对外贸易第一次出现赤字,1982年美国的总收支出现入不敷出情况,1985年9月美国成为债务国。这样,美国就丧失了作为世界贸易支柱的实力。同时欧洲共同市场的兴起使美国面临着地区性经济协作的挑战。美国采取的对策是,首先确立美加的自由贸易关系,然后把这种关系扩展到墨西哥,最终建立美加墨自由贸易区。

1979年,罗纳德·里根在竞选演说中就已经提出建立美加墨自由贸易区的构想。他说:"三个国家拥有使它(美洲大陆)成为地球上最强大、最繁荣和自给自足地区的财富。"①里根入主白宫以后,联邦国会逐步授权总统开展同加拿大的双边自由贸易谈判。1985年2月,美国总统顾问委员会建议,在多边自由贸易谈判遇到困难的时候,最好先着手开展双边自由贸易谈判,而加拿大自然是美国首选谈判对象之一。同年3月,美国国际商务委员会在对三十五个工业集团进行调整以后,宣布只有两个集团认为同加拿大的自由贸易将损害他们的利益。美国全国制造业协会也对此问题进行了认真研究,并表示愿意予以支持。美国贸易代表办事处的大多数官员也赞成这项措施。

在加拿大方面,形势也有所变化。1983年到1984年间,加拿大政府在企业界的推动下,逐渐改变了过去过分谨慎的态度,走上了同美国进行积极谈判的道路。加拿大商会、加拿大制造业协会等有影响的组织都成了美加自由贸易的鼓吹者和推动者。马丁·布赖恩·马尔罗尼当选总理以后,美加自由贸易谈判又提上了议事日程。1985年3月17至18日,里根总统和马尔罗尼总理在魁北克会晤,并发表了联合公报,宣布双方将减少和消除"现存的贸易障碍",保障"美加能源贸易的市场准入"等。公报还责成加拿大的国际贸易部长和美国的贸易代表在六个月内提出实现上述目的的措施。

---

① *The New York Times*, November 14, 1979.

1986年5月21日，美加自由贸易谈判终于在渥太华开始。谈判直接涉及两国的商业利益，因而是困难和持久的。加拿大政府十分小心地对待这次谈判。它任命富有谈判经验的西门·赖斯曼为首席代表，并派遣一百多名有经验的专家参加谈判。同时加拿大政府还随时将谈判的有关问题同工商界协调。

谈判进展缓慢的主要原因在于双方都坚持为自己的重要商品谋取最大的利益，并对可能冲击本国工商业的进口商品保留某些保护措施。例如，美国要求对加拿大的木材征进口税，加拿大则要求对美国的计算机零件征税。到1987年9月，谈判几乎破裂。马尔罗尼总理曾于9月14日向各省省长通报谈判的困难状况，而加方谈判的主要负责人赖斯曼在几天后甚至表示要退出谈判。经过激烈的、困难的讨价还价，1988年1月2日，里根和马尔罗尼总算是签署了《美加自由贸易协定》。1989年1月，协定正式生效。协定有如下几项主要内容：

（一）对于两国的货物基本上实行自由贸易原则。在《美加自由贸易协定》签订以前，大约有70%的货物是免税的，协定只对其余30%的货物制定一个减免税的时间表。其中15%的货物将于1989年1月1日免税，35%的货物在五年内分期减免关税，其余50%货物的关税减免将于十年内完成。其他非关税限制，例如配额等也将予以废除。但由于美加自由贸易是双边贸易，减免关税的规定不适用于第三国。为了防止用第三国货物冒充美国或加拿大的产品以享受优待，协定有专门条文规定出口商必须填具表格据实报明商品的产地。

（二）协定对农产品、汽车、汽车零部件和能源方面的商品设置特殊条款，不按普通商品处理。例如，双方同意取消对出口农产品的补贴，但加拿大对园艺产品还可以实行二十年的保护政策。

（三）在劳务出口方面，也有一些项目不属于协定规定的自由贸易范围。例如，交通运输和大部分文化服务都被排除在外，对于旅游、计算机、电子通信服务也有一定的限制。

（四）协定允许货币自由流动，但后来加拿大对巨额的直接投资要进行审查。从1992年1月1日起，开始受审查的最低金额为15000万美元。并且协定禁止人员的自由流动，只允许商务人员短期越境停留。

（五）协定还要求双方应随时通过磋商解决有争议的问题，并为此设置了办事机构，由双方的最高商务官员担任领导职务，下设秘书处和调解小组。秘书处分设在华盛顿和渥太华两地，负责日常的行政事务工作。调解机构由双方各任命25人、共50人组成。当发现任何一方政府准备征收反倾销税或报复性关税时，双方可在50人中选出5人进行审理。

从协定的上述主要内容来看，1988年《美加自由贸易协定》并不是真正意义上的自由贸易协定。不少的商品和劳务都作为特殊问题处理，而被排除在自由贸易之外。正如马汉特所说："除去工业产品和少数劳务以外，《美加自由贸易协定》并不是真正趋向自由贸易的。它是一个解决两个国家之间多年争端的经济协定。"①

协定从签署到生效经过整整一年时间。在辩论和批准协定的过程中，美国和加拿大政府对待协定的态度迥然不同。美国对协定的审议过程比较顺利，众议院的八个委员会和参议院的七个委员会都持赞成态度。1988年8月9日，众议院只用了三个小时进行辩论（比预定时间少两个小时），就以366票对40票通过。参议院也于9月19日以83票对9票通过。9月28日里根总统签署，审议过程顺利结束。

在美国国会审议的过程中，出现了一个号称有530个企业做后盾的院外集团，几乎包括了美国的所有重要企业。该集团向国会递交了支持协定的信件，只有少数石油公司和汽车零部件商反对协定。农业方面除去土豆生产者和某些渔业部门的商人以外，其余人也都热情支持协定。全国州长协会支持和反对协定的比例为30∶5。此外，《纽约时报》《华盛顿邮报》《洛杉矶时报》《芝加哥论坛报》《华尔街日报》等主要报刊都纷纷发表支持协定的文章。可以说美国上下对协定都是抱欢迎态度的。不过，劳联-产联等工会组织却对协定抱敌视态度，他们担心协定可能会使美国工人丧失更多的就业机会。

然而，加拿大上下对协定持怀疑和反对态度的人很多。1988年8月31日，协定在众议院虽以177票对64票的多数通过，但在参议院受阻。马尔罗尼总理不得不解散国会实行大选，改选后，协定才于1988年底在参、众两院通过。

加拿大自由党是《美加自由贸易协定》最大的反对派。该党的领导人约

---

① Edelgard E. Mahant, *Free Trade in American-Canadian Relations*, p. 55.

翰·特纳认为:"这是一个出卖加拿大的行为!这是我们历史上对加拿大的经济独立和主权的最大出卖。"①加拿大新民主党的领导人E.布罗德本特也反对协定,认为协定将使数以万计的加拿大人失去工作。根据马尔罗尼政府一位部长的估计,由于《美加自由贸易协定》而失去工作的加拿大人将会达到50万。此外,包括著名加拿大作家玛格丽特·阿特伍德在内的社会人士,大多对协定持怀疑和反对态度。

然而,无论有多少曲折还是存在多少问题,美加的自由贸易关系终于以协定的签署生效而最后形成了。如果从历史的角度加以探讨,那就会发现其间有不少值得我们注意和吸取的启迪和经验。

第一,自由贸易是世界各国经济发展的需要,是符合各国利益的。但是,由于各国经济发展程度不同,全面实现自由贸易将是一个长期的过程。从自由贸易思想的出现到若干国家之间实现局部自由贸易已经过了许多年,今后的路程也还相当遥远。

第二,自由贸易关系不是凭着善良愿望,而是随着经济发展而逐步形成的。美加自由贸易关系的形成过程充分说明了这个问题。当两国经济还不够发展的时候,虽然彼此都有互补贸易的需要,而且在某些方面也实行过互惠政策,但那只是局部的、低水平的,基本上还是以保护政策为主。后来,随着经济的发展,双方都成为发达国家以后才转向以互惠贸易(更大范围的局部自由贸易)为主,并最后基本上实现自由贸易。

第三,自由贸易只有在经济水平比较接近的国家间才容易被接受。即使这样,发展水平较低的国家仍然对自由贸易持有戒心。因为自由贸易对于发展水平不同的国家来说是一种不平等的贸易。正如马汉特在他的著作《美国、加拿大的自由贸易关系》一书的序言中所说:"自由贸易是一个拥有种种内涵和价值的词汇。对某些人来说,它意味着生产、贸易和繁荣,对另一些人来说,它意味着竞争和对这个世界上的穷人继续进行压迫。"②我们从美加自由贸易谈判过程中可以清楚看到这一点。加拿大政府对美加自由贸易显然是有戒心和保留的。

---

① 《多伦多星报》,1987年12月15日号,见马汉特:《美国、加拿大的自由贸易关系》,第173页。

② Edelgard E. Mahant, *Free Trade in American-Canadian Relations*, p. 13.

第四,各国之间即使在发达国家之间,全面实现自由贸易的条件显然还远未成熟。美国虽然是经济上的超级大国,但它在同加拿大的贸易中也有许多保护性措施。例如,美国为了保护本国的某些竞争能力较为薄弱的经济部门,一直对加拿大的生猪及猪肉制品、软木及软木制品、鱼粉等商品采取限制政策。1980年到1985年间发生了六起对加拿大的农产品和食品进行反倾销调查的事件。[①]甚至在《美加自由贸易协定》生效后,美国仍然对加拿大的某些商品采取进口限制。例如,1989年美国曾就生猪和猪肉制品同加拿大进行谈判,并最后决定向上述商品征收关税。正如有的美国学者所说的,尽管美加签署了贸易协定,但"两国之间的商业敏感问题并没有消失"[②]。美国尚且如此,其他国家当然需要更多的保护。由此可见,在世界各国之间实行全面自由贸易将是一个相当遥远的目标。

原载《世界历史》1996年第4期

[①] Andrew Schmitz ed., *Free Trade and Agricultural Diversification: Canada and the United States*, Boulder: Westview Press, 1989, p. 9, 26.

[②] Andrew Schmitz ed., *Free Trade and Agricultural Diversification*, p. 26.

1848—1852年伊朗巴布教徒起义

伊朗巴布教徒起义、中国太平天国运动和印度民族大起义是19世纪中期亚洲的三大革命运动。这三次运动几乎发生在同一个时期,构成了亚洲民族独立运动的第一次高潮,而在此以前亚洲国家的反殖民反封建斗争还是分散的、此起彼伏的,没有具备这样大的规模。

亚洲民族独立运动第一次高潮的出现是和这些国家内部阶级矛盾的尖锐化分不开的,同时英、法等国的殖民掠夺把亚洲国家推向民族危机的边缘,大大加深了这些国家的矛盾,最终导致了革命的爆发。伊朗巴布教徒起义正是在这种情况下发生的。

一

起义前,伊朗是一个经济落后的国家,封建生产关系仍然占主导地位,军事采邑制是土地占有的基本形式。国王(沙)在名义上是全国土地的最高所有者。大封建主(汗)、部落酋长(汗)和伊斯兰教会都从国王手里取得对所辖城市、土地的占有权。世俗封建主在战时有向国王提供军队的义务。国王的军队主要由诸汗的亲兵和地方军队组成。直接由王室占领的土地叫作赫里斯,赫里斯的全部收入归国王。地方封建主的土地收入大部分为他们自己据有,国家只在这些土地上征课马里亚特(土地税,相当于收成的1/10到1/3)。伊斯兰教会土地叫作瓦库夫,瓦库夫实际上控制在少数上层教士(阿訇)手中,这些人也是伊朗的大封建主,而且还享有世俗封建主享受不到的特权,例如一部分瓦库夫持有者可以不向国家缴纳马里亚特。

除了军事采邑制的土地占有形式以外,还有新地主的私有土地——阿尔巴比或米里克,农民土地——胡拉塔里克,村社土地——乌米蒙。不过这三种土地数量都很小，不是当时伊朗的主要土地占有形式。

　　伊朗是一个农业、畜牧业为主的国家，主要生产者是农民和牧民。大多数农民都没有土地，不得不在地主土地上耕种。他们按中世纪的五分制（土地、水、种子、人力、耕畜）缴纳地租。农民通常都使用地主的水、耕畜和种子，因此只能得到收成的五分之一。然而他们的负担还不止于此，他们尚须从这点微薄的收入中拿出相当大的部分来支付名目繁多的苛捐杂税：毛、油、鸡、蛋等实物贡赋，人头税、蜂房捐、织布、缲丝等捐税，甚至连汗、官吏及其侍从的过境费也要由农民负担。此外，还有赠献礼品和战争时期的非常税。赋税通常由村长和汗的税吏征收，这些人利用权势从中渔利，农民经常遭到他们的敲诈勒索。有些赋税由包税人承揽，包税人可以任意增大税额。封建社会上层的层层盘剥使农民陷入走投无路的境地，不得不饮鸩止渴，"求救"于高利贷者。当时在农村中的高利贷大致有两种形式：一种是高利贷款，利息率达到100%；一种是卖青，卖青的条件更为苛刻，卖主往往得不到实价的一半。1848年，在大不里士的俄国商人曾做过一则商情报道："要是现在购买大批棉花，每个卢布可以赚20%、30%甚至40%，而如果付出定金或是预付棉农一半现金，还可能把赚项增加到50%至60%以上。"[1]可见，伊朗农民的处境是极端困苦的。

　　伊朗牧民的命运也是同样悲惨。他们每年用牲畜和畜产品向部落酋长缴纳沉重的赋税，并替他们放牧，而自己却处于贫困交加的境遇。

　　手工业者的境遇更是每况愈下。19世纪初，伊朗的手工业已经有了相当发展。伊斯法罕、法沙、伊斯得、布鲁尔得等地的棉纺业和丝织业都比较发达，产品不仅供应全国各地而且运销国外。伊朗的蚕丝年输出总值曾达600万卢布[2]，米安勒的地毯更是驰名世界。当时伊朗的家庭手工业虽然仍占主导地位，但已出现分散的小手工工场。从19世纪30年代起，欧洲资本主义国家尤其英国的商品大量输入伊朗，英国纺织品几乎占伊朗全部进口总值的90%。1833年，运到大不里士的欧洲商品总值达1500万卢布，1836年增至

---

　　① М. С. Иванов, «Бабидские восстания в Иране (1848—1852)» , Москва Ленинград: Изд-во Акад. наук СССР, 1939, стр. 53.

　　②[苏]米·谢·伊凡诺夫：《伊朗史纲》，生活·读书·新知三联书店，1958年，第130页。

4000万卢布。①外国资本家依靠其先进技术和在伊朗取得的贸易特许权,它的商品价格比伊朗同类商品价格一般要低二三倍。廉价外货的充斥使伊朗手工业品滞销,造成大批家庭手工业者的破产,手工业工场倒闭,大批手工业者失业。

伊朗小商人的境况也日益困难。1836—1837年经济危机发生以前,外国资本通过伊朗商人推销进口商品,而在此之后,就排斥了他们,直接经营这项交易。英、俄等国在19世纪30年代末和40年代直接在伊朗开设商行,控制伊朗的对外贸易。例如,95%的英国进口纺织品都是经过这些商行销售到伊朗各地的。伊朗的中小商人经不起外商的排挤,纷纷破产。同时国内的封建割据局面又给他们带来巨大的困难。各州、省之间关卡林立、税目繁多,从列什特到布什尔就要经过十四道关卡。加之各汗军队还要经常拦路抢劫,他们不仅抢夺居民的粮食,而且也劫取满载商品的驼马。

此外,伊朗还遭到了英、法、俄等殖民者的侵略。1804—1813年、1826—1828年先后发生两次伊俄战争,1838—1841年又发生伊英冲突。每次事件都以伊朗的失败而告终,结果签订了一系列不平等条约。其中以1828年2月10日《土库曼查伊条约》最为苛刻。条约规定:伊朗将埃里温汗国、纳希切凡汗国、奥尔都巴德行政区割让给俄国;伊朗赔偿俄国500万金土曼(2000万卢布),并不得在里海拥有舰队;俄国有权在伊朗各大城市设立领事馆,享受治外法权。除此以外,还签订了一个《伊俄通商协定》,规定俄国商人有权在伊朗境内自由贸易,俄国入口商品关税率为商品价格的5%,并且蠲免俄国商品在伊朗境内的关卡税。②1841年,英国也和伊朗签订了同样的通商条约。四年后,伊朗政府把这些权利又让与法国。正是这些不平等条约,加强了殖民主义者对伊朗的掠夺。

殖民主义者的直接掠夺和经济侵略及商品货币经济的发展,打击了伊朗封建社会的经济基础。许多封建主为了满足日益增长的需求,大量出卖土地。如1845—1846年间,封建主阿卜杜拉、阿赫美德以200土曼的价钱出卖

---

① 古柏尔等合著:《殖民地·附属国新历史》(上卷·第2册),读书出版社,1947年,第136页。

② 古柏尔等合著:《殖民地·附属国新历史》(上卷·第2册),第131页。

半个厄蒙比村,以50土曼的价钱出卖谢班村。①私有土地数量因而迅速增长,引起了伊朗社会土地关系的变化。王室的支柱——汗的力量相应削弱。巨额赔款和王室的浩大开支使伊朗财政濒于破产。因此国家经常用预征捐税的办法来弥补亏空。伊朗人民的负担更加沉重,陷于极端贫困的境地。而总督、省长作福作威、贿赂公行,审理民案的伊斯兰教会的贪污受贿,国内关卡林立,封建集团的内战,都使广大人民不满。伊朗的革命已处于一触即发之势。19世纪中期的巴布教徒起义,就是在这种情况下发生的。

巴布教徒起义发生在19世纪中期,为什么还带有宗教色彩呢? 这除了由于当时伊朗社会经济发展的落后以外,还和伊斯兰教与世俗政权的紧密结合分不开。伊斯兰教什叶派在伊朗社会的各方面都有很大影响。什叶派长老有依据《古兰经》解释法律的权力。国民教育和民事诉讼也全部掌握在什叶派手中,甚至乡间传教士——毛拉实际上也握有村里的司法权。正如恩格斯所指出的,由于神学控制了社会政治生活的一切领域,因此"一般针对封建制度发出的一切攻击必然首先就是对教会的攻击,而一切革命的社会政治理论大体上必然同时就是神学异端。为要触犯当时的社会制度,就必须从制度身上剥去那一层神圣外衣"②。

二

巴布教运动始于19世纪40年代初,它的创始人是阿里·穆罕默德(1820—1850)。阿里·穆罕默德生于设拉子的一个布商家里,十八岁迁居本德布什尔,在那里经商五年,并着手研究什叶派、神秘派和印度瓦哈比派的学说。他受后两个教派的影响较深,在后来创立巴布教派时吸收了二者的主要观点。瓦哈比派运动是19世纪30年代印度人民反殖民、反封建斗争的一种形式。它的目标是驱逐英国人,推翻封建王公,打垮亵渎"圣教""先知"的上层教士。这个运动在印度北部和孟加拉省发展为长期的武装斗争。神秘派是伊朗的异端,反映了中下层教士对什叶派长老统治的不满心情。神秘派也

---

① М. С. Иванов, «Бабидские восстания в Иране (1848—1852)» , стр. 50.

②《马克思恩格斯全集》第7卷,人民出版社,1959年,第401页。

就是苏斐派,最早出现于伊拉克(9世纪),曾反映过城乡小生产者对封建主、高利贷者的不满。神秘派教徒认为,罪恶的起因是私有财产和一切财富。11世纪以后,神秘派的上层背弃了教义,投靠统治阶级,不过在下层教士当中还保存了这种反封建统治的传统。[1]在11世纪三四十年代,神秘派开始宣传十二世教长马赫迪即将降世的说法,他们认为十二世教长已有千年不在人间,现在尘世已充满压迫和苦难,恐怖审判日就要到来,那时,十二世教长会降临人世,拯救人民,建立理想的幸福国。

1844年,阿里·穆罕默德自称巴布。伊朗文"巴布"是门槛之意,即人们通过他可以得到上帝的启示,巴布是十二世教长降世以前沟通他和人们的使者。按照巴布教的说法,"上帝是永存的和不能接近的……人们除了通过指定的中介是不能接近他的。所以转化成先知的最初的意旨并不是上帝。这种最初的意旨,通过巴布说出来,也将通过'上帝要在他身上显灵的那个人'说出来,而在他以后,再传到别人身上,因为这种显灵是永不休止的"[2]。就在这年,巴布周围形成一个团体——团结会社。会社的成员有巴布和他的十九个门徒,即这次运动的领导者。

巴布教最初的教义主要反映在巴布的著作里。巴布的著作有《默示录》《两圣地之间》《诗集》《约瑟章注释》等。[3]其中最主要的著作是《默示录》。巴布教的教义:人类社会可分为若干时期,每一时期都比前一时期更加进步,都有该时期的先知和圣经,人们可以从这里得到启示,从而能够了解各个时期的秩序。现在距穆罕默德逝世已经非常久远,伊朗面临着一个新时期,新时期的先知和圣经就是巴布和他带到人世的《默示录》。这样,巴布就否定了《古兰经》、教典、语录的权威性,触动了封建阶级的思想统治工具。接着,巴布对现存社会进行了谴责。他指出,高级教士——乌列马和官吏的统治使伊朗陷入灾难的深渊,恐怖审判日就要到来。他号召人们"不要为害他人,应当造福于人"。巴布还提出了平等思想,认为未来的理想国是一个平等、公道的社会,甚至曾主张用公共基金供养贫困人民,没收非巴布教徒的财产。这些

---

[1] 纳忠:《伊朗巴布农民运动及对"巴哈主义"的批判》,《云南大学学报》1956年第1期,第25页。

[2] Percy M. Sykes, *A History of Persia*, London: Macmillan, 1915, p. 344.

[3] 纳忠:《伊朗巴布农民运动及对"巴哈主义"的批判》,《云南大学学报》1956年第1期,第26页。

观点在一定程度上反映了农民和城市贫民的要求,但是巴布的学说更多地反映了商人的利益,他在根本上是反对取消私有财产、取消债务的。巴布在《默示录》第三部分第七章写道,债务人应该偿清自己的欠款,又在另一地方指出,只要取得双方同意,牟取利息是合法的。①《默示录》还规定禁止检查商业信函,允许外国商人和异教徒商人和手工业者留居巴布国家。巴布的教义也带有狭隘的宗派性,除商人、手工业者以外,一切非巴布教徒都将被逐出巴布国家。巴布宣布,他的学说将在全世界取得胜利,不过这是要分阶段实现的。首先建立起的巴布教圣国只包括伊朗五个省:南阿塞拜疆、马赞德朗、法斯、呼罗珊、伊朗属伊拉克。②

综上所述,可以看出,初期的巴布教教义还是比较保守的,同时巴布和他的门徒都对统治阶级抱有幻想,在统治阶级中间宣传教义。如巴布教徒毛拉·胡赛因在伊斯法罕向总督曼努契赫和什叶派教士穆罕默德说教,又在德黑兰劝说沙王和首相皈依,结果遭到放逐。伊朗的统治阶级一开始就把巴布教视为异端,采取敌视的态度。1845年,设拉子封建主胡赛因汗命令逮捕巴布教徒,并于8月派遣一队骑兵到本得布什尔捉拿巴布。9月,巴布在设拉子接受了第一次宗教审讯,他们企图迫使巴布放弃自己的学说,但是没有达到目的。于是设拉子的政教当局就宣布巴布是疯子,企图用这个办法来削弱巴布教的影响,但结果却适得其反,信巴布教者日众。1846年,巴布在门徒的援助下逃到伊斯法罕,直到1847年再次被捕,囚于离俄境不远的马卡要塞(以后又移禁于契列克要塞)。巴布在监狱中写成了《默示录》的未完部分,并和门徒保持不断的联系。

统治阶级的镇压使得巴布教徒改变了态度,开始面向人民,1848年秋巴布教徒的毕达斯村会议,开始了这种转变。会议对巴布教教义做了新的激进的解释。会议领导人曾宣布在新秩序未建立前,应当废除一切赋税和劳役。他们正式表示反对私有财产,认为私有制是对他人权利的剥夺,谁占有一种东西,就剥夺了别人享用这种东西的权利,一切财产都只能属于上帝和他的

———————————

① М. С. Иванов, «Бабидские восстания в Иране (1848—1852)» , стр. 73.

② 古柏尔等合著:《殖民地·附属国新历史》(上卷·第2册),第139页。

使者。穆罕默德·阿里说,在理想王国实现的时候,"迄今的一切上层和显贵人物要成为下层人物,而迄今的一切下层人物要成为上层人物"[1]。毕达斯村会议没有像巴布那样,提出专门保护商人利益的措施。这些新的解释在更大程度上反映了农民和手工业者的观点,为起义做好了思想准备。

毕达斯村会议结束后,巴布教徒到各地宣传教义:女教师库拉爱因到鲁诺尔进行活动,但很快被当地政府逮捕起来;穆罕默德·阿里和一批门徒到达巴尔弗鲁什;胡赛因先在纳沙浦尔集合一些农民和城市贫民,然后转移到马赞德兰,并在那里成立一支约二百三十人的武装队伍。在其他地区也有巴布教徒在进行活动,起义迫在眉睫。

1848年9月,穆罕默德王死去,新王纳斯雷丁即位,政府内部非常紊乱。在呼罗珊、伊斯法罕、设拉子等地都有起义事件发生,巴布教徒利用了这一有利形势于10月举行了武装起义。

最先爆发起义的地区是马赞德兰,起义领袖是巴布十九门徒中的胡赛因和穆罕默德·阿里。他们各率领一支起义队伍到达距巴尔弗鲁什城约二十公里的塞克·塔别尔西陵墓,并在那里驻扎下来。巴布教徒一方面要建立防务,在陵墓周围修筑了十二座城堡,一方面着手实现"巴布教圣国"的理想。他们首先废除了私有制,在人民群众中平分财产。起义领袖胡赛因曾宣布:"现在一切财产都是真主的产业,你们只可共同使用和平均分配这些财产,将彼此间的差别予以根除。"[2]巴布教徒还实行了共餐制。密尔扎·扎尼曾对此做过描述:"他们推定厨师做饭,每两人配给一盆食物,他们围坐在一起,兄弟般极端愉快地过着生活,不知贫穷和悲痛。"[3]但是平等、自由的生活很快就遭到反动势力的侵扰。巴布教徒被迫拿起武器,进行坚决的斗争。

马赞德兰地方武装穆斯塔法汗上校的军队首先进攻起义者。他的兄弟阿加·阿卜杜拉率领二百士兵在阿弗拉村与起义者战斗,被击败身死,穆斯塔法汗所率全军闻风溃散。1848年11月,由王叔密尔扎·马赫底·库里率领的两千(后增至七千人)正规军开到马赞德兰,加强了对塞克·塔别尔西陵墓的包围。

---

① М. С. Иванов, «Бабидские восстания в Иране (1848—1852)» , стр. 82.

②③ М. С. Иванов, «Бабидские восстания в Иране (1848—1852)» , стр. 90.

与此同时,起义者也加紧打击敌人,胡赛因和穆罕默德·阿里组织了夜袭。1849年1月,在一次夜袭中,起义者烧死两个亲王,总督密尔扎·马赫底·库里狼狈地逃窜。王军接连遭到挫败之后,2月中旬又增派援军,同时,马赞德兰的教长也向起义者宣布圣战,并纠合了一批什叶派教徒参加对起义者的包围,双方相持到5月。密尔扎·马赫底·库里汗看到利用武力进攻无法击败起义者,便开始玩弄欺骗的伎俩企图解除起义者的武装,以达到一举消灭起义者的目的。由于起义者没有认清统治阶级的真正面目,轻信了敌人的"诺言",停止抵抗,起义遭到失败。密尔扎·马赫底·库里汗答应保留他们的生命与自由,却背信弃义,将起义者全部杀掉。穆罕默德·阿里和其余起义领袖也惨遭毒手。

在塞克·塔别尔西陵墓起义的同时,1849年初,在伊斯得、伊斯法罕、设拉子、基尔曼等地都有起义发生。但这些起义并未和塞克·塔别尔西陵墓的起义发生联系,最后被各个击破。

马赞德兰起义虽然失败,但巴布教徒的斗争并未停止,接着,他们在赞詹和尼里兹又重新展开了武装斗争,在那里建立起自己的"正义王国",声势相当浩大。统治阶级在起义者的打击下,采取了最恶毒的手法,他们于1850年7月19日,在大不里士杀害了巴布和许多巴布教徒,以为这样就可以吓倒起义者,动摇起义者的斗志。但是恰好相反,巴布的死难并未动摇起义者的斗争决心,更加深了他们对封建王朝的仇恨。起义在继续高涨。

赞詹起义发生在1850年5月8日,起义人数近三千人。他们占据了城市东部和德黑兰、勒什特、哈马丹三座城门。国王军队退到西部和大不里士门。赞詹的低级教士、小商人、手工业者都参加了起义。铁匠卡节姆、面包师哈只·阿卜杜拉都是巴布门徒毛拉·穆罕默德·阿里的助手。起义者建立了五十个街垒,妇女、儿童也都参加了战斗。女教徒鲁斯腾·阿里受命为一支武装分遣队的领导人,她英勇作战,奋不顾身,经常出没于枪林弹雨之中。最后国王调集三万大军,围城七月,用大炮进行疯狂轰击,到1850年12月底,起义地区几乎被夷为平地,毛拉·穆罕默德·阿里战死,城破时,起义者只剩下一百人,这一百人也均惨遭杀害。

在尼里兹起义的巴布教徒约有二千人,他们固守在离城不远的一个旧堡里,起义领袖是雅西·达拉比。这里的巴布教徒也受了敌人的欺骗,和敌人举行会谈,结果敌人乘虚攻入要塞,将巴布教徒杀戮殆尽。

王军的暴行激起了四乡农民的愤怒。不久后,在尼里兹城郊又发生了第二次起义,起义者驻扎在山里,不时突袭,并曾潜入市内,杀死州长。最后国王调动一万多大军,才于1851年镇压了这次起义。这次起义失败后,巴布教徒的大规模斗争基本结束,从此巴布教徒转入隐蔽活动。1852年8月,巴布教徒谋杀国王未遂,又有数百教徒遭到残酷屠杀。

三

1848—1852年巴布教起义是伊朗历史上的一次反封建反外国殖民势力的伟大起义。起义的主要参与者是手工业者和一部分农民,也有小商人和低级阿訇。起义失败的原因主要是:第一,由于当时伊朗历史发展条件的限制,无论是资产阶级还是无产阶级都没有形成,起义的领导者主要是低级阿訇和商人,缺乏一个先进阶级的领导。第二,起义者没有提出明确的土地纲领,只是实行简单的平均主义措施,不能满足农民的土地要求,因此,不能把广大农民都发动起来。起义者被包围,就完全陷于孤立无援的地位。第三,起义缺乏严密的组织,在战略上也犯了错误。各地先后发生的起义虽然一时声势浩大,但都是分散的,没有联系起来。并且在起义发动后没有积极地组织进攻,一开始就采取消极的守势,只夺取个别城市,坐受围攻,处处陷于被动,结果被敌人各个击破而陷于失败。第四,起义参加者的成分也是复杂的,一小撮统治阶级也混入了起义队伍,从内部破坏起义。他们散布"忍让""爱天下人"的思想动摇了军心,从思想上瓦解巴布教运动,为害极大。

巴布教徒起义的主要斗争锋芒指向封建王朝,斗争持续达四年之久,在历次战斗中都给王军以重创。伊朗王朝为镇压起义,军事开支激增,财政状况更加恶化,动摇了王朝的封建统治。

伊朗巴布教徒起义时,正是反对英、法、美、德、俄等殖民主义国家侵略的民族独立运动席卷亚洲各国的时期。由于各个国家的处境不同,运动的具体表现形式也不一致。伊朗在19世纪中期还没有完全沦为半殖民地,殖民侵略主要通过伊朗封建王朝来实现,以国王为首的封建统治者同时是外国侵略势力的代理人。巴布教起义打击了直接压榨伊朗人民的封建统治者,客观上也就打击了外国殖民侵略者。因此这次起义也具有反殖民侵略的性质，它是当时亚洲民族独立运动第一次高潮的一个重要部分。

原载《历史教学》1964年第9期

1910—1917年墨西哥资产阶级革命

一

1910—1917年墨西哥资产阶级革命是拉丁美洲国家中历时教长、规模较大的一次民族民主运动。这次革命是由革命前夕墨西哥政治、经济状况的急剧变化所引起的。

从16世纪初西班牙侵占墨西哥起,封建压迫和殖民掠夺一直压在墨西哥人民的头上。19世纪末,资本主义国家开始向帝国主义过渡,资本输出逐步代替商品输出,对殖民地的争夺也随之加剧。英、美、法等国和墨西哥的封建势力勾结起来,扶植代表他们共同利益的狄亚斯政府(1876—1911)。在这个反人民、反民族利益政府的统治下,墨西哥人民身受的压迫和剥削比以前更加沉重。

狄亚斯是甘蔗种植场主,他和代表美帝国主义、国内大地主和天主教会反动势力的学者派勾结在一起,实行独裁统治。狄亚斯政府采取镇压手段,剥夺了人民最起码的民主权利,集会、结社受到禁止;任何反对政府的言行都会成为政府迫害人民的借口;总统选举完全成了形式,甚至一位资产阶级史学家也这样写道:"如果不是总统的军队完全控制选举场所,那就太奇怪、太难令人置信了,而事情正是这样。在整个狄亚斯统治时期没有举行过一次真正的选举。"[①]

墨西哥政府利用独裁统治把反人民、反民族利益的措施强加在墨西哥人民身上。19世纪80年代初,墨西哥政府开始允许外国资本家任意掠夺墨西哥

---

① Louis Hasbrouck, *Mexico, From Cortes to Carranza*, New York: D. Appleton and Company, 1918, p. 294.

的自然资源。1884年,国会修改了墨西哥原来的矿业法。原矿业法规定墨西哥的一切矿藏均属国家所有,修改后的新矿业法规定,石油、煤等自然资源应属于土地所有者,土地所有者无须得到专门批准即可自行采伐。墨西哥政府允许外国人在国内购置土地。这样,外国资本家只要花费低廉的地价就可以得到丰富的地下资源。1887年,政府又通过新法令,奖励外资投入石油工业。新法令规定,石油企业除交纳印花税外,可以豁免一切政府和地方捐税。[①]

墨西哥政府还把铁路修建权交给外国资本家,并且向他们提供非常有利的条件:外国的铁路建筑器材可以免税运进墨西哥;政府发给承建企业巨额补助金,据统计,在狄亚斯统治时期建成的铁路共有24000公里,政府为此付出8000万美元的补助费,相当于铁路成本的15%—20%[②];承建企业还可以无偿从政府手里获得筑路用地。墨西哥政府以巨大代价换来的铁路网,只对帝国主义有利,大部分铁路都是从内地直接通向进出口的贸易中心,使墨西哥的原料产地和国际市场密切联系起来。但墨西哥内地的交通却依然阻塞如故,而且墨西哥的铁路控制权是掌握在美国人手里,英国资本家也拥有相当数量的投资,可见铁路的修建只加速了墨西哥的半殖民地化。

墨西哥政府把这些出卖民族利益、投靠外国的经济政策叫作"国家工业化"。工业化的结果是美国经济势力在墨西哥的急剧增长。到革命前夕,美国在墨西哥的投资达到105800万美元,超过墨西哥本国资本总额2亿多美元。美国资本家拥有墨西哥80%的油田和许多采矿企业。法国和英国资本也分别控制了贵重金属开采、制糖、咖啡、纺织工业和公用事业部门。墨西哥民族工业在外国垄断资本的打击下,发展非常缓慢,所经营的部门只局限于轻工业和少数加工工业。

随着帝国主义在墨西哥经济势力的加强,其在政治上也加紧了控制。美国的外交压力对狄亚斯的政策有直接影响。十分明显,不摆脱帝国主义,特别是美帝国主义的政治控制和经济控制,墨西哥就不能走上独立自主的道路。因此,反对帝国主义的压迫和掠夺是墨西哥人民的重要革命任务之一。

---

① Б. Т. Руленко, Мексика накаяуне революции 1910—1917 гг, «Учёные задискипэ новой и новей исей истории» , т. 1. стр. 213.

② Б. Т. Руденко, «Учёные задискипэ новой и новей исей истории» , т. 1. стр. 204.

给墨西哥人民带来更大苦难的是墨西哥政府的土地政策。墨西哥是一个农业国家,农民占全国总人口的3/4以上。土地问题在国民经济生活中的地位是极为重要的。狄亚斯在执政时期和在受他操纵的龚沙雷斯政府当政之际,颁布了一系列土地法令。他通过这些法令把大片土地献给大地主和外国资本家。1883年,龚沙雷斯政府颁布分配和垦殖国家土地的法令,声称:"为了寻找必需的地段来安置移民,总统命令划界、丈量、分配和估价空闲土地、公共土地和共和国土地。"[①]土地丈量工作由专门的丈量公司承办。公司可以在丈量的土地中提取1/3,作为政府给它的报酬。这个公司是大地主和外国资本家夺取墨西哥国有土地和农民土地的工具。公司经常利用职权强行丈量农民的土地,到1889年,共计丈量了3200多万公顷土地,由政府将其中的2000万公顷拍卖给大地主和外国资本家,公司也得到1200万公顷土地。墨西哥政府又于1890年规定对印第安人的乡村公地和城市公地实行分配,政府从中侵占了大量土地。1894年,政府取消对个人占有土地数量的限制。随着土地集中的加速,农民丧失土地的情况也愈加严重。到1910年,在好些州里,98%的农户完全丧失了土地,而在莫瑞洛斯州和墨西哥州,无地农民竟占99.5%。[②]从整个墨西哥来看,从事农业劳动的1000万墨西哥人中,有950万人以上实际上没有土地。[③]无地农民在地主土地上劳动,受到沉重剥削,生活十分困苦。他们每天的收入大约是1/4比索到2/5比索[④],几个世纪来没有显著变动,但1890年到1910年间,主要食品的价格却几乎上涨一倍。所以,农民的实际收入大大降低,以至难以维持最低的生活需要。史学家派克斯曾对当时的农民生活做了这样的描述:"他们的食物差不多还只是玉米、酸辣酱和菜豆。他们还是睡在木头或者石头堆起来的小屋里,在光地上铺草席。因为食物与饮用水不洁净所引起的伤寒症,因为缺少住处所引起的肺炎,以及花柳病的流行,较之世界上任何地方为高。"[⑤]

另一方面,大庄园制度遍及全国。革命前夕,将近半个墨西哥的土地掌

---

① Б. Т. Руденко, «Учёные задискипэ новой и новей исей истории», т. 1. стр. 183.

② «Очерки новой иовейшей исгорин Мексики 1960», м. стр. 228.

③ [美]派克斯:《墨西哥史》,生活·读书·新知三联书店,1957年,第249页。

④ 1931年以前1比索相当于0.5美元。

⑤ [美]派克斯:《墨西哥史》,第251页。

握在不到3000户地主手中。外国垄断公司和私人也侵占了大片土地。据统计,296个外国地主共占有相当墨西哥总面积16.2%的土地。

从上述情况来看,土地问题在墨西哥已经达到非常尖锐的程度,成为墨西哥社会的矛盾焦点。反对大地主和外国资本侵占土地的斗争和反对帝国主义的经济控制、政治控制的斗争结合起来,构成1910—1917年革命的中心内容。

二

狄亚斯为大地主和帝国主义效劳的政策给墨西哥的财政经济带来严重后果。墨西哥的外债从1880年的191385000比索增到1910—1911年的823000000比索。①20世纪初,墨西哥关税的62%已被抵押给外国债主。②政府的财政濒于破产的绝境。狄亚斯政府用增加税收的办法,来偿付外债的大宗利息,进一步加深了人民的苦难,这就促使革命时机的成熟。与此同时,1905年俄国革命对墨西哥的革命运动也起了很大的推动作用,墨西哥社会的各个阶层都卷入了一场反帝反封建的斗争。

农民人数最多,所受的压迫也最沉重,他们的革命态度是坚决的,是这次运动的主要动力。在革命前夕,墨西哥农民运动已达到相当巨大的规模。奇华华、圭瑞罗、莫瑞洛斯、委拉克鲁斯等州都有农民武装进行活动。在南部和北部各有一个活动中心。南部的中心在莫瑞洛斯,这里的土地非常集中,二十七家大地主几乎占据了全州的土地。中世纪的封建义务大多被保留下来,甚至"初夜权"也未废除。莫瑞洛斯的农民要求废除大庄园制的愿望特别迫切,他们在艾米利诺·查巴塔的领导下组织了一支强大的游击队。查巴塔生于阿伊亚拉村一个贫农家庭,幼年失去双亲,受尽了封建压迫的痛苦,他在青年时代就加入了争取土地的斗争。革命前夕,他和大批甘蔗种植园中的印第安人农奴,不甘忍受地主的沉重剥削,共同发动了武装起义。查巴塔领导的这支游击队在南部各州有很大影响。北部的中心是奇华华州,这里也组成了一支农民游击队,游击队的领袖是弗朗西斯科·维亚(或称班卓)。

---

① ② Б. Т. Руденко, «Учёные записки по новой и новейшей истории», т. 1. стр. 224.

维亚是杜兰哥州一个债务奴的儿子。据说,他在十六岁时打死了奸污他妹妹的地主,旋即逃到山里,组织游击队。维亚率领这支农民武装,到处攻打地主庄园,并把地主的财产、粮食分给贫困农民,因此深受他们的爱戴。维亚在人民心目中成了传奇式的人物。曾在这支农民武装中工作过的美国记者约翰·里德写道:"到处都把维亚看作'人民之友',他是墨西哥的罗宾汉。"大批农民和受到政治迫害的"犯人"纷纷加入维亚的游击队。游击队的实力日益强大,在革命前夕已经有力量击退政府讨伐军队的大规模进攻。1910年底,维亚领导的游击武装在拉洪特战役中取得了辉煌胜利,奇华华州的大部分地区处于游击队的控制下。以南北两支游击队为骨干的农民武装斗争从根本上动摇了狄亚斯的统治。

墨西哥工人阶级遭受国内外资本家的残酷剥削,从19世纪70年代就已经开始进行争取改善劳动和生活条件的斗争。同时,社会主义思想在墨西哥工人中逐渐传播开来,到20世纪初,墨西哥工人阶级在俄国1905年革命的影响下,反对政府的斗争更加高涨。1906年,自由工人大同盟成立,它号召墨西哥工人阶级起来保卫自己的利益,推翻狄亚斯政权。1906年6月,卡纳尼亚铜矿工人举行大罢工,同年12月,纺织工人也进行了罢工斗争。接着在奇华华、下加利福尼亚、桑诺拉等州展开一场规模宏大的反政府斗争。但是,由于墨西哥工人阶级的人数不多(当时大小企业的工人都算在内,总共不超过25万人)[1],而且还没有自己的独立的革命政党。因此,它不能担负领导这次革命的任务。

狄亚斯政府投靠帝国主义的政策和资产阶级、资产阶级化地主的利益是有矛盾的。因此,他们也加入了反对政府的斗争,企图建立资产阶级政权。20世纪初,他们掀起了资产阶级自由派运动。这个运动和人民群众距离很远,没有获得任何成果。资产阶级只是在革命开始后才被迫和人民革命运动结合起来,窃取了革命的领导权后,转过头来又反对革命群众。

资产阶级自由派的领袖是弗朗西斯科·马德罗。马德罗于1873年出生在柯阿辉拉州。他的家庭是墨西哥前十大家族之一,在革命前夕约拥有3000万比索财产、18728000英亩土地。马德罗在青年时期曾留学法国、美国。1905

---

① Б. Т. Руденко, «Учёные задискипэ новой и новей исей истории» , т. 1. стр. 230.

年,他创办了伯尼托·华瑞斯俱乐部和《民主报》,1908年,又创办《自由墨西哥》,并出版了《1910年总统选举》一书。这本书集中反映了资产阶级自由派的主张。马德罗一方面谴责狄亚斯政府的专制腐败,指出:狄亚斯政权的继续存在会导致"墨西哥的无政府状态,并且使它的独立受到威胁"[①]。但另一方面,他只提出"有效选举"的口号来反对政府,把斗争的范围只局限于争取"自由选举"和"反对总统连任"。资产阶级自由派以为他们只要在总统选举中击败狄亚斯就可以得到政权,但是他们的希望很快就破灭了。狄亚斯政府在选举前夕逮捕了大批反对派,马德罗也于1910年6月3日被捕入狱。狄亚斯仍然当选总统。事实证明,资产阶级的改良是丝毫不能触动旧势力的统治的。

政府的财政危机、人民革命运动的高涨和资产阶级改良运动的产生,标志着革命时机的成熟。

三

1910年10月,革命以反对政府力量的联合发动而宣告开始。

资产阶级自由派的竞选活动遭到挫败后,马德罗不得不转而乞助于农民武装。他在1910年10月逃到美国,并随即发表了《圣路易斯波多西计划》。这个文件中有两点主张是农民乐于接受的:(一)马德罗表示要通过武装斗争推翻狄亚斯政府,声明愿意"接受墨西哥合众国总统的职务,拥有必要的全权来进行反对狄亚斯将军篡夺者政府的战争"[②];(二)特别重要的是文件谴责了狄亚斯的土地法,并且表示要重新考虑土地问题。文件指出:"由于滥用关于荒地法令的结果,大量小土地所有者,其中大多数是印第安人,依照农业部法令或者共和国司法机构的决定被剥夺了土地。由于公正要求把土地归还原主,所以如同上述的命令和决定应该予以重新审查。"[③]"圣路易斯波多西计划"很快得到农民的支持,促进了资产阶级和农民武装的接近。不久,马德罗

---

① М. С. Альперович и Б. Т. Руденко, «Мексиканская революция 1910–1917 гг. и политика США», 1958. М. стр. 65.

②③ «Очерки новой иовейшей исгорин Мексики» сгр. 254.

和两支农民游击队取得直接联系。

与此同时,查巴塔和维亚的游击队接连挫败政府军队,解放了大部分地区。里约布郎科等地的工人也掀起了罢工运动。各种革命力量已经汇合起来,形成一股巨大的洪流。

这次革命的特点是对农民的发动比较充分,拥有强大的农民武装。因此,资产阶级窃取胜利果实、背叛人民的企图并不是一下子就能得逞的。农民反对资产阶级叛变行径的斗争推动了革命不断深入发展。

从革命开始到1911年10月马德罗当选总统,资产阶级虽然别有用心,但不得不依靠农民武装推翻狄亚斯政府,所以只是暗地里着手准备政变。

1911年2月,马德罗回到墨西哥,在奇华华州活动。他只拥有一支很小的武装力量,完全依赖维亚游击队的支持才能存在下去。5月10日,在边境线上的华瑞思城发生一场激战。农民游击队严重地打击了政府军队,并占领了这个城市。马德罗不主张攻击政府军队,以便留出谈判的余地。他甚至在游击队占领城市的时候,竟然帮助联邦军官纳伐罗逃越国境,并且随即和狄亚斯政府进行谈判。5月21日,双方签订停战协定。协定的主要条件是:狄亚斯政府辞职,同时农民游击队也应立即解散。两天后协定正式公布,停战协定是资产阶级和反动政府的妥协,是出卖革命的阴谋。

革命群众没有认清马德罗的真正面目,热烈支持他组织新政府。5月24日,当议会讨论政府辞职问题时,"愤怒的人群冲进议会,叫道:'马德罗万岁!''狄亚斯滚蛋!''辞职!''辞职!'一个议员高声回答道:'明天就会辞职!''不! 不! 今天! 现在! 我们要求辞职'"[1]。

农民游击队遵守停战协定,查巴塔停止向首都进军,但不同意解散队伍。马德罗企图利用他的影响力,说服查巴塔放弃自己的意见。8月,马德罗到莫瑞洛斯首府库尔纳伐加和查巴塔会晤。马德罗曾向查巴塔保证,只要他解散游击队,马德罗同意在执政后实现《圣路易斯波多西计划》,并且从莫瑞洛斯撤走卫塔率领的军队。此外,还可以赠送查巴塔两座富裕农庄或者资助他游历欧洲。可是,查巴塔严正地拒绝了这笔贿赂,马德罗的企图没有实现。

10月,马德罗当选总统。他竭力设法解散农民游击队,根本无意实现《圣

---

[1] Louis Hasbrouck, *Mexico, From Cortes to Carranza*, p. 302.

路易斯波多西计划》的土地政策。后来,马德罗甚至公开表明他并不主张满足农民的土地要求。他说:"我永远主张建立小私有制,因此我并不想说,我打算从某个地主手里剥夺他们的财产。"①

马德罗的背叛行为引起了革命群众的愤怒,农民武装反对资产阶级出卖革命的斗争从此开始,革命进入新阶段。

事变发生后,查巴塔立即进入山区,加强了自己的武装力量,和政府军相对峙。1911年11月28日,查巴塔发表了著名的《阿伊亚拉计划》。它是这次革命中农民提出的唯一的政治纲领和土地纲领。《阿伊亚拉计划》规定:凡是从公社和农民手中非法夺取的土地一律归还原主;没收大地主的土地,但给予相当于地价1/3的赔偿费;对于那些反抗规定的地主则无偿没收其土地。这个计划没有直接提出无偿没收全部地主土地,多少还带有改良主义色彩,其动员作用不免要受到影响。但总的来说,它不失为一个具有重大意义的农民革命纲领。查巴塔在宣布文件时沉痛地说道:"墨西哥人民在弗朗西斯科·马德罗的领导下,以争取自由和恢复被剥夺权利的名义流出了自己的鲜血,而不是为了某个人在破坏要在'真正选举''反对连任'的口号下捍卫的神圣原则之后,窃取政权。"②接着他又指出:马德罗"没有把如此光荣开始的革命引导向幸福的终结"③。

《阿伊亚拉计划》在查巴塔控制的地区立即得到实现。而且农民在执行的时候,又往往超出了该计划的限制范围。他们起来焚毁庄园、惩治地主、夺取土地。农民运动的高潮再一次席卷墨西哥。俄国驻墨西哥大使曾写道:"国内状况发生了严重转变,反对马德罗的情绪正在高涨,他主要是由于破坏从国有财产中把土地分给印第安人的诺言而受到指责。"④

马德罗政府背叛人民之后,处于危急状态。反革命势力趁机发动政变。军人卫塔在美帝国主义的唆使下于1913年2月推翻政府,窃取了政权,卫塔的反动政变使资产阶级利益受到威胁。

---

① М. С. Альперович и Б. Т. Руденко, «Мексиканская революция 1910–1917 гг. и политика США», стр. 105.

②③ «Очерки новой новейшей истории Мексики», стр. 259.

④ М. С. Альперович и Б. Т. Руденко, «Мексиканская революция 1910–1917 гг. и политика США», стр. 109.

在此情况下,资产阶级被迫再一次面向农民。资产阶级代表卡兰沙把反对卫塔的军队联合起来,统称为"宪法军",并试图把农民游击队也吸收进来归他统一领导。1913年3月26日,卡兰沙发表了由六十四个宪法派人签署的宪法军政治纲领——《瓜达鲁普计划》,号召全国人民起来反对卫塔、恢复宪法,但却没有提到社会改革。这个计划对农民的吸引力不是很大,而且农民对资产阶级的叛变行为记忆犹新。因此,农民游击队并没有立即和卡兰沙联合起来。直到1914年4月,由于美国军队进攻委拉克鲁斯,农民游击队才和卡兰沙采取共同行动,但并没有放松对他的警惕。1914年7月8日,维亚和卡兰沙签订了《托勒昂协定》。维亚承认卡兰沙的领导地位,他自己担任北方师师长,并保留了军事上、政治上的自主权。协定还规定宪法军的纲领是:"在……国内建立民主秩序,保证劳动人民的福利,通过平等的按比例分配土地及采取旨在解决土地问题的其他措施。惩办和判处那些曾给予篡夺者维克多利安诺·卫塔以物质和精神支持的天主教徒的罪行。"①

南方的农民武装根本不承认卡兰沙的领导,宣布查巴塔是革命领袖。对卡兰沙来说,笼络查巴塔是非常重要的,他在8月27日派代表和查巴塔谈判,企图加以收买。但是,查巴塔坚持革命立场,并提出谈判的先决条件:(一)卡兰沙正式声明,他们在原则上和细节上承认《阿伊亚拉计划》;(二)把墨西哥城近郊地区交给南方游击队管理;(三)卡兰沙放弃行政权,如果不放弃的话,那就必须给予查巴塔以监督政府的权力。②卡兰沙没有接受查巴塔的条件,谈判遂告破裂。

在南方游击队的影响下,维亚也逐渐识破卡兰沙的真面目,并于9月22日发表声明,宣称不承认卡兰沙是革命的最高领袖,号召人民起来反对他。维亚呼吁道:"弟兄们,同胞们,我很沉痛地要求墨西哥人民做出新的牺牲,但我确信,每一个诚实的公民定会看见,没有人民的这种最后努力,整个革命事

① М. С. Альперович и Б. Т. руденко, «Мексиканская революция 1910–1917 гг. и политика США», стр. 215.

② М. С. Альперович Гратданская войнав Мексике, «Учёные записки по новой я новейшей» т. Г, 1957, М., стр. 296.

业就要付诸东流。"①

卡兰沙兼并农民武装的阴谋没有得逞,他和维亚、查巴塔的矛盾日益尖说。

1914年7月中旬,在革命浪潮的冲击下,卫塔政府宣告垮台,卡兰沙占据首都墨西哥,从此卡兰沙集中全部力量加紧反对农民武装。他准备于10月初在首都召开宪法军代表会议,企图迫使与会代表承认他的领导地位。但是,维亚和查巴塔都拒绝派代表出席。后来,代表会议不得不迁到中立地区阿瓜斯喀利恩脱举行。在会议上,农民代表一致反对卡兰沙执政,但没有去夺取领导权,反而建议由小资产阶级知识分子代表古帝野瑞斯担任临时总统。会议采纳了这个建议,随即组成了小资产阶级和农民的联合政府,维亚受任为新政府军队总司令。卡兰沙拒绝承认新政府,于是形成两个政权、两个阶级对峙的局面。双方都在准备一场严重的战斗。

11月底到12月初,人民力量进一步壮大,美帝国主义被迫从委拉克鲁斯撤兵,查巴塔和维亚的游击队相继进入首都墨西哥。12月4日,两位农民领袖第一次在墨西哥近郊会面。卡兰沙退向委拉克鲁斯,形势对革命非常有利。但是,无论是查巴塔还是维亚都没有夺取政权的要求,只希望得到一个善良的颁袖来为人民谋福利。维亚曾说:"我受的教育不够去做总统……我从来没有在任何地方上过学,难道说竟然能够和外国使节、议会中有教养的先生们交谈?如果领导我国政府的人是没有教养的人,这对于它是有害的,我决不占据自己认为不能胜任的职位。"②维亚和查巴塔一心一意地支持临时总统,希望他能够造福人民,但是他却暗地里和卡兰沙勾结,力图置农民武装于死地。1915年初,古帝野瑞斯潜逃出墨西哥,不久,向卡兰沙投降。农民对小资产阶级的轻信使革命受到重大损失。

在卡兰沙方面却是另外一种情况。卡兰沙虽然面临着非常困难的处境,但他竭力争夺领导权,不放掉任何一个有利的时机。他为了取得农民的好感,在1914年底到1915年初颁布了一系列土地法令。12月12日,《委拉克鲁斯法令》宣布进行土地改革。1月6日的土地法令规定:一切从印第安乡村和

---

① М. С. Альперович и Б. Т. руденко, «Мексиканская революция 1910–1917 гг. и политика США» , стр. 297.

② М. С. Альперович и Б. Т. Руденко, «Мексиканская революция 1910–1917 гг. и политика США» , стр. 223.

个人手中夺取的土地应予归还,如果还不能满足实际需要,就从大农庄划出相当土地进行分配。为了实施这些法令他专门成立了一个全国土地委员会。卡兰沙的措施迷惑了农民的视线,涣散了游击队的军心,使他在政治上和军事上迅速取得压倒优势。

1915 年初,卡兰沙和维亚、查巴塔的力量对比发生了变化。维亚的游击队不得不于 1 月 19 日退出首都。随后,这支游击队穿越山区到达边境线,并在那里遭到挫败,只剩下少数人。维亚和他的战友们又折回奇华华州,继续进行游击活动,不过,活动范围却是大为缩小了。查巴塔也率领游击队,回到莫瑞洛斯,进行艰苦的战斗。革命运动逐渐走向低潮。1916 年美国对墨西哥进行第二次武装干涉时,革命斗争又开始高涨,群众拥护维亚领导反美斗争,高呼"维亚万岁"!维亚曾在 1916 年 10 月发表宣言,号召全国人民团结起来击败共同的外敌。但是,这场斗争的规模并没有恢复到革命高涨时期,一方面是因为维亚和查巴塔的武装力量已经大大削弱;另一方面是因为卡兰沙也在竭力争夺民族独立这面旗帜。1916 年底,美帝国主义又被迫撤兵,卡兰沙实际上已经控制了整个墨西哥。不过,他是戴着"农民之友"和"民族利益保卫者"的面具而夺得领导权。所以,不得不把人民的要求在法律上肯定下来。

1916 年 12 月,召开了立宪会议。在会议中,以弗朗西斯科·姆希卡和莫里纳·恩利凯西为首的民主力量占优势,他们力主通过比较民主的宪法。不过,更重要的是议会外人民群众要求归还土地、民族独立的呼声。在这两种力量的逼迫下,立宪会议通过了宪法,并于 1917 年公布。福斯特曾指出这部宪法是当时欧美国家中最民主的宪法,它反映了墨西哥人民的反帝反封建要求。宪法严格限制外国人占有和使用墨西哥的土地、资源;规定收回狄亚斯时期出卖的租借地,宣布土地、资源均为国有;决定废除大地产制、归还印第安人被非法剥夺的土地,禁止股份公司和天主教会占有地产。此外,宪法还肯定了一些民主的和社会的措施,这部宪法是墨西哥人民长期斗争的成果。资产阶级对宪法的制定并没有什么功绩,相反的,他们在制定宪法后就竭力阻挠其实现。宪法中的许多重要规定都变成一纸空文。

在制定宪法的同时,资产阶级政府加紧迫害农民领袖,并用卑鄙的手段于 1919 年暗杀了查巴塔,1923 年又陷害了维亚。

1917 年宪法的公布,标志着革命的结束。

四

在1910—1917年墨西哥资产阶级革命进程中，农民是革命的主要力量，农民游击队是革命军的主力，推动了革命的向前发展。但是由于农民没有明确的政治目标，而工人阶级当时人数还很少，且没有组织起来并建立起自己的政党。因此，革命的领导权始终掌握在资产阶级和资产阶级化地主手中，革命的胜利果实完全为资产阶级所窃取。

革命后建立起来的资产阶级政权根本没有也不可能彻底完成这次革命的基本任务。资产阶级只有在大敌当前，才联合工农反对敌人，而在工农运动高涨时，则又和敌人携起手来反对工农，因此不可能和帝国主义、封建势力彻底决裂。例如，革命后资产阶级政府进行土地改革时，把分配大庄园主多余土地的工作交由庄园主本人处理，只有在大庄园主愿意把这项工作交给市政当局的时候，国家才能直接过问。大庄园主把多余土地交出后还可以从国家手里取得债券，他们在经济上并未受到过分削弱。从革命结束到1930年，土地改革进行得异常缓慢，而在1930年以后，这项工作实际上已完全陷于停顿。据1930年统计，全国土地面积总数的83%掌握在15500个大地主手中。[①]封建土地关系仍然在墨西哥占统治地位。

资产阶级政府在收回国家权益方面，也没有真正实现宪法中规定的反帝措施。在帝国主义的压力下，墨西哥政府于1922年开始和外国资本家代表交涉恢复对外债利息的偿还问题，并指定以石油税收作为付息专款。次年，墨西哥政府又同意赔偿革命时期美国所遭受的损失（1934年，审定赔款数为550万美元），同时还在口头上宣布对宪法二十七条的新解释，即地下资源国有化的规定不追溯到1917年以前，这样就肯定了外国资本家在革命前已经取得的特权。美国在墨西哥的势力又逐渐增长起来。

尽管如此，墨西哥资产阶级革命仍然取得了很大的成就。在革命过程中，农民游击队严重地打击了封建地主，焚毁庄园、分配土地的事件不胜枚

[①] М. С. Альперович и Б. Т. Руденко, «Мексиканская революция 1910–1917 гг. и политика США» , стр. 306.

举。革命结束后,资产阶级政府在人民武装斗争的余威下,不得不把土地改革进行到1930年。在这十三年当中,前后共分了地主土地1145万英亩,虽然为数不多,但对大封建所有制却是一次严重的打击。同时土地划分为小块以后小农逐渐增多,给资本主义在农业中的发展提供了有利条件。墨西哥人民在革命过程中,也沉重地打击了帝国主义,特别是美帝国主义,他们先后粉碎了美国的两次武装干涉,最后又把收回国家权益的要求写到宪法里去。资产阶级政府虽然不敢立即实现这些要求,但它毕竟采取了一些旨在削弱帝国主义影响的措施。1918年2月,政府颁布了《增加石油税额法》,这个法令打击的主要对象是控制墨西哥大部分石油生产的美国资本家。20世纪20年代初,石油税额又有提高,美国人曾称之为"变相的没收"。1926年,政府宣布实行的宪法第二十七条规定,由国家收回油田所有权,油田主只有为期五十年的租借权。后来这些措施虽然曾被修改或者废止,但在当时对美帝国主义来说,确实是沉重的打击。

最后还应该指出的是:革命建立起墨西哥的资产阶级政权,为以后20世纪二三十年代的资产阶级改革和资本主义发展创造了极为重要的前提。

墨西哥资产阶级革命发生在欧洲无产阶级革命运动重新高涨和亚、非、拉殖民地民族民主运动蓬勃发展时期,是这一系列斗争中的一环。墨西哥人民反帝反封建的斗争,在世界革命运动中应该占有一席之地。

原载《历史教学》1963年第13期